HERMANN HESSE

BILDERBUCH DER ERINNERUNGEN

HERMANN HESSE

BILDERBUCH
DER ERINNERUNGEN

Aufbau-Verlag Berlin und Weimar
1986

Herausgegeben von Fritz Hofmann

ISBN 3-351-00135-5

DER MOHRLE

Der Schlosser Mohr, Hermann Mohrs Vater, wohnte am Eingang der Badgasse in einem alten, merkwürdigen und etwas finsteren Hause, zu dem ein steiler, gepflasterter Aufstieg und dann noch einige Stufen aus rotem Sandstein hinanführten. Neben dem Tor der Schlosserwerkstatt, die ich nie betreten habe, führte dicht hinter der Haustür eine steile, enge Treppe zur Wohnung hinauf, und auch diese Haustür, diese steile Treppe und diese Wohnung habe ich nur ein einziges Mal betreten, es ist lange her, und seit Jahrzehnten ist die Familie Mohr aus meiner Vaterstadt weggezogen und verschwunden, und auch ich selber bin seit Jahrzehnten fort und fremd geworden, und die dortigen Dinge, Bilder und Ereignisse gehören der fernen Vorwelt der Jugend und der Erinnerungen an, in Jahrzehnten habe ich Tal und Stadt nur wenigemal für wenige Stunden wiedergesehen, aber nie mehr ist eine andere Stadt in den Ländern, in denen ich seither gewohnt habe und gereist bin, mir so bekannt geworden; noch immer ist die Vaterstadt für mich Vorbild, Urbild der Stadt, und die Gassen, Häuser, Menschen und Geschichten dort Vorbild und Urbild aller Menschenheimaten und Menschengeschicke. Lerne ich in der Fremde Neues kennen, eine Gasse, ein Tor, einen Garten, einen alten Mann, eine Familie, so wird das Neue mir erst in dem Augenblick wirklich und voll lebendig, wo irgend etwas an ihm mich, sei es noch so leise und hauchdünn, an das Dort und Damals erinnert.

Die Familie Mohr war mir nicht eigentlich bekannt. Was ich kannte, das war ihr Haus, vielmehr das Äußere ihres Hauses, mit dem steilen Aufstieg, dessen Pflastersteine wenig Sonne sahen und immer etwas feucht und finster waren. Da war die offenstehende Werkstatt, manchmal sah man hinten durch ihre Schwärze ein kleines Schmiedefeuer sprühen und hörte den schönen, vollen Ton des Ambosses, und außen am Hause standen Bündel von dünnen Eisenstangen schräg angelehnt, so wie beim Wagner die geschälten Eschenstämme standen, und es roch hier winklig und streng, etwas nach Feuchte und Stein, etwas nach Ruß und Eisen und dazwischen auch noch etwas nach Haarwasser und Pomade, von dem kleinen Friseurladen her, der etwas tiefer daneben lag und wo ich alle Halbjahr das Haar geschoren bekam.

Weiter kannte ich von den Mohrs die drei Söhne. Sie galten alle für gescheit und aufgeweckt, einer war schon in einer Lehre oder studierte, der zweite, ein Jahr älter als ich, ging gleich mir in die Lateinschule, und der dritte, Hermann, „der Mohrle", gehörte, noch ehe ich ihn kannte, für mich mit zum Anblick des Hauses, denn selten kam ich dort vorüber, ohne ihn sitzen und irgendwelche Kunstwerke verfertigen zu sehen, er saß entweder, hoch über der finsteren Gasse, auf der Mauerbrüstung neben seiner Haustür oder auch ein Stockwerk höher am Fenster, ein kleiner, sehr blasser, zart und kränklich aussehender Knabe, mehrere Jahre jünger als ich. Und dieser Mohrle galt für noch begabter und merkwürdiger als seine großen Brüder, er schien immer zu Hause zu sitzen und immer allein zu sein und war jederzeit mit zarten, sinnreichen Handarbeiten beschäftigt. Namentlich tat er sich als Zeichner hervor, er galt für ein Wunderkind, und man sprach in der Nachbarschaft mit Respekt von ihm, obwohl er noch in einer der ersten Schulklassen war. In der Schule wußte man damals nichts von Zeichnen, er hatte sich ohne Lehrer und Vorbild auf diese Kunst geworfen, und was ich davon zu sehen bekam, weckte jedesmal meine Bewunderung und auch meinen Neid. Manchmal brachte sein Bruder eine Zeichnung von ihm mit in die Schule und zeigte sie herum, und alle bewunderten sie, und wenn ich ihn auf der Gassenmauer oder oben im Eckfenster sitzen und zeichnen sah, dann hatte ich nicht das Zutrauen, hinaufzugehen, mich hinter ihn zu stellen und ihm zuzusehen, wie ich es allzu gern gemacht hätte, sondern es schien mir richtig und geboten, die einsame Arbeitsamkeit des Wunderkindes zu achten und seine Stille nicht durch Neugierde zu stören. Wäre er nicht gar so klein gewesen, so hätte ich versucht, ihn zu meinem Freund zu machen. Aber er war vier, fünf Jahre jünger als ich, und mochte er auch ein Genie sein, so verbot es mir doch meine Schülerehre, mich näher mit einem so Kleinen einzulassen. Dennoch liebte ich ihn und blickte gern hinüber, wenn er so schmächtig und gebückt vor seinem Hause saß und an einer Zeichnung strichelte oder eine seiner vielen erfinderischen Arbeiten auf den Knien liegen hatte, etwa das Wasserrad einer kleinen Hammermühle aus Schindeln, den Rumpf eines Segelschiffes aus Tannenrinde oder die Hülse einer Schlüsselbüchse. Während wir andern in Haufen durch die Gassen sprangen, spielten, Lärm machten und viele Streiche verübten, führte der bleiche, kleine Wundermann abseits mit Griffel, Bleistift, Hammer oder Schnitzmesser sein besonderes und abgetrenntes Leben zufrieden, fleißig und nachdenklich wie ein Alter.

Vielleicht war der kleine Knabe sehr frühreif und war in seiner Seele schon der Leiden und tiefen Wonnen fähig, welche in jungen Jahren dem Künstler seine noch unerprobten Kräfte bescheren, und vielleicht glaubte er an eine glänzende Zukunft, denn trotz seiner Kränklichkeit und Einsamkeit schien er uns und unsere Spiele weder zu beneiden noch zu entbehren, er war zufrieden. Etwas später, als in mir die erste Leidenschaft für die Studien und für die Dichtkunst wach wurde, dachte ich manchmal an ihn und wäre jetzt vielleicht wirklich sein Freund geworden, aber da war er schon nicht mehr da.

Bald nämlich umgab sich der Mohrle mit einem noch tieferen Geheimnis und entrückte sich unserem Umgang und Verständnis noch völliger. Er sollte nicht die

Kämpfe und Enttäuschungen erleben, die auf seinesgleichen warten; er sollte auch nicht bis an jenen Scheideweg kommen, vor den jeder Künstler gestellt wird, wo es zu wählen gilt zwischen Vorteil und Kunst, zwischen Bequemlichkeit und Kunst, zwischen Treue und Verrat, und wo die meisten untreu werden. Das blieb ihm alles erspart.

Eines Tages fehlte der Mohrle in der Schule, andern Tages· fehlte auch sein Bruder, und am nächsten Tag hörte ich, daß er gestorben sei. Die Nachricht bewegte mich wunderlich.

Und dann traf ich auf der Gasse seinen Bruder und war sehr in Verlegenheit, was ich zu ihm sagen solle. Er war nur ein Jahr älter als ich, aber viel reifer und fertiger, ein geschickter und etwas flotter Knabe, und mir zwar nicht an „Kinderstube", aber an Auftreten und Anpassung weit überlegen.

„Dein. Bruder ist ja gestorben", sagte ich zögernd. „Ist es denn wahr?"

Er erzählte mir, was für eine Krankheit er gehabt habe und wie und warum er gestorben sei, es waren Ausdrücke, die ich alle nicht verstand.

Und zuletzt sagte er etwas, was mich bis ins Herz hinein erschreckte und beängstigte. Er sagte: „Willst du hinaufkommen und ihn sehen?"

Er sagte es in einem Ton, aus dem ich erfuhr, daß er mir damit eine Artigkeit und Ehre erweisen wolle. Ach, aber ich wäre am liebsten auf und davon gelaufen, ich hatte noch niemals einen Toten gesehen und begehrte auch nicht danach. Aber vor dem Blick des älteren Knaben schämte ich mich, ängstlich oder wehleidig zu scheinen, ich durfte und wollte nicht nein sagen, es hätte ihn vielleicht auch beleidigt, und so ging ich schweigend mit. Ich folgte ihm wie ein Verurteilter über die Gasse und am Brunnen und Friseurladen vorbei, die schlüpfrigen Pflastersteine hinan, ins Haus und die steile Treppe empor. Das Herz stand mir still vor Angst, und zugleich spürte ich eine grausige Neugierde, es drang lauter

Neues, Feindliches, Wildes auf mich ein, aus den kühlen Worten des Bruders, aus dem Knarren der Treppendielen und am meisten aus dem Geruch, von dem ich nicht wußte, ob er immer in diesem Hause sei oder ob er von einer Arznei herkomme oder ob es der Geruch des Todes sei. Es war kein heftiger Geruch, er war herb, essigartig und zog die Kehle etwas zusammen, es schien mir ein fataler, ein böser, liebloser, vernichtender Geruch zu sein, ich roch alles darin voraus, was ich über den Tod und das Sterben noch nicht wußte. Ich ging immer langsamer, die letzten Stufen der Treppe machten mir große Mühe.

Jetzt öffnete Mohrles Bruder leise eine Stubentür, und hinter ihm, von der bösen Macht gezogen, trat ich in die Kammer, wo der kleine Tote aufgebettet lag. Da blieben wir stehen, und der Bruder hatte auf einmal Tränen in den Augen, wollte es verbergen, gab es dann aber auf, und bald lächelte er wieder ein wenig. Ich stand und starrte auf das tote Kind, noch nie hatte ich so etwas gesehen. Das Körperchen sah unscheinbar aus, so dürftig und flach, und vom Gesicht war die untere Hälfte ebenfalls traurig, kümmerlich anzusehen, uralt und zugleich doch kinderhaft. Aber auf Nase und Stirn und Augenlidern lag etwas Schönes und Würdiges, über dem weißen, faden Wachs der starren Haut schimmerte es magisch beseelt. Die feinen, alabasternen Schläfen, bläulich unterlaufen, und die Stirnwölbung hatten ein wunderliches Licht, das ich anstarrte, ohne zu wissen, ob es mich anziehe oder abstoße.

Zu Ehren des Toten waren nebenan auf einem Tische einige Zeichnungen von ihm aufgelegt. Ehe ich sie betrachtete, blickte ich noch einmal scheu auf die weißen, kleinen Knochenhändchen, die diese Striche noch vor Tagen gezogen hatten. Ich brachte es nicht fertig, die Blätter anzufassen, sowenig wie ich den Toten selbst hätte berühren können. Das Ganze, was ich da erlebte, war ein schreckliches Gemisch von Größe und Widrigkeit, von Anklang an Gott und Ewigkeit und elendem

9

Los der Kreatur, es schmeckte bitter und giftig, man konnte es nicht lange ertragen. Die Zeichnungen lenkten ab, ich blieb eine Weile vor ihnen stehen. Es war eine geharnischte Germania auf einem der Blätter gezeichnet, auf einem anderen eine romantische Schloßruine im Walde, aber ich hatte jetzt wenig Aufmerksamkeit für sie, sie waren wertlos geworden, man würde sie aufbewahren und zeigen und dann vergessen.

Ich lief nach Hause, sobald ich mich hatte losmachen können, es war Abend, ich ging in den Garten, ich roch an den Kapuzinern und Levkojen, um den Todesgeruch loszuwerden, und hatte, bis es nach acht Tagen verklungen war, ein Gefühl, wie wenn etwas Kleines, ein Zahn oder Knöchlein, in meinem Leibe morsch geworden und ins Bröckeln geraten wäre. Plötzlich aber gelang es mir, das ganze Erlebnis für eine lange Zeit vollkommen zu vergessen.

1902

PORTRÄT

Man hätte ihn für einen verbummelten Künstler halten können. Er trug breitkrempige Hüte und lebhaft farbige Halsbinden, war in sämtlichen Ausstellungen des Kunstvereins zu sehen und pflegte dort die Bilder aufmerksam, doch ohne Kritik zu betrachten, die Hände in den Hosentaschen und auf einem Beine balancierend. Häufig sah man ihn in kleine, billige Blumenläden gehen, wo er immer große Bündel gleichartiger Blumen kaufte, bald Nelken, bald Narzissen oder Flieder, aber niemals Rosen. „Rosen machen melancholisch", war einer seiner Sprüche.

Er trug eine Brille mit schmalen Goldrändern, ließ den unscheinbaren Schnurrbart ohne Pflege nach unten hängen und rauchte den ganzen Tag Virginiazigarren. Das Haar, wenn es nicht kurz geschnitten war, trug er ohne Scheitel in die Stirn herabgekämmt. Dies Haar war braunblond und wenig gepflegt, kein Haar, wie es Frauen zu streicheln lieben. Es war weder mißfarben noch struppig, aber unansehnlich und gewöhnlich.

Man hätte ihn für sehr, jung halten können. Seine Sprache, sein Gang, seine Gesten und seine Kleidung hatten etwas Ungleiches und Mißglücktes, wie bei jungen Leuten, die sich nicht zu geben wissen. Aber dieser unschöne Gang war oft sehr müde, schwer und verdrossen. Und seine Stimme war oft verhalten und von einem anspruchslos ironischen Klang, den die Jugend nicht kennt, sein Mund war oft gekrümmt und bitter, und seiner Stirn waren die Spuren von Denkarbeit, Kopfweh und schlaflosen Nächten aufgegraben. Auch hatte er in Gesellschaften oft eine unverschämte Art zu schweigen und fremden Gesprächen eine übertriebene, höhnische Aufmerksamkeit zu schenken.

Man hätte ihn für einen Philosophen oder doch für einen Grübler halten können. Aber seine Gesinnungen waren ebenso wechselnd und flüchtig wie seine Gewohnheiten, ja es war vielleicht gerade seine Tugend, daß Eigensinn und Rechthabenwollen ihm fernlagen. Nur bringt man es damit nicht weit.

Unter Philistern sah er provokant und fast wie ein Wunderkind aus, unter bedeutenden Menschen fast albern. Er schien unter jungen Leuten gesetzt und alt, unter Alten unfertig und verlegen.

Dieser Mensch war zuweilen beim Weinglase unterhaltend und gesprächig, doch seine Reden waren kühl, bitter und herausfordernd. Man kannte ihn nicht wieder, wenn man ihn in einer der wenigen Familien, in denen er verkehrte, mit den Kindern reden und spielen sah. Er duldete sie auf Knie und Schoß, erzählte ihnen naive Märchen, ließ sich ihre Schulhefte zeigen und ihre Anfängerübungen auf dem Klavier vorspielen.

Von allen jenen Künsten, mit welchen naive Glückliche sich die Zeit zu vertreiben wissen, verstand er nur zwei: auf der Geige zu phantasieren und warme Nachmittage lang auf dem Rücken im Grase zu liegen und mit ernsthaften Augen den Wolkenflug zu betrachten. Er übte jedoch beide nur selten.

Er hatte auch einen Freund, einen wahren Freund, der fern von ihm lebte und dem er zärtliche Briefe schrieb, oft zweimal in der Woche. Aber wenn dieser Freund ihn besuchte, zeigte er sich verschlossen, kühl, ironisch und quälte ihn durch Witze oder durch Schweigsamkeit. Im nächsten Brief standen dann herzliche Entschuldigungen wie: „Ja, wenn man könnte, wie man wollte!" oder „Aber nächstens will ich mich ernstlich mit der sogenannten Lebenskunst befassen."

Was in seiner Seele gut und unbeschädigt war, das verloderte alles in der hoffnungslosen Liebe zu einer schönen Frau, die er sich selbst nicht eingestand, und in nächtlich mit hastiger Hand geschriebenen Versen.

Zuweilen auch beobachtete er sich selbst, erstaunt und mißtrauisch. In einer solchen Stunde schrieb er diese Zeilen nieder.

1902

AUS KINDERZEITEN

Der ferne braune Wald hat seit wenigen Tagen einen heiteren Schimmer von jungem Grün; am Lettensteg fand ich heute die erste halberschlossene Primelblüte; am feuchten Himmel träumen die sanften Aprilwolken, und die weiten, kaum gepflügten Äcker sind so glänzend braun und breiten sich der lauen Luft so verlangend entgegen, als hätten sie Sehnsucht, zu empfangen und zu treiben und ihre stummen Kräfte in tausend grünen Keimen und aufstrebenden Halmen zu erproben, zu fühlen und wegzuschenken. Alles wartet, alles bereitet sich vor, alles träumt und sproßt in einem feinen, zärtlich drängenden Werdefieber – der Keim der Sonne, die Wolke dem Acker, das junge Gras den Lüften entgegen. Von Jahr zu Jahr steh ich um diese Zeit mit Ungeduld und Sehnsucht auf der Lauer, als müßte ein besonderer Augenblick mir das Wunder der Neugeburt erschließen, als müsse es geschehen, daß ich einmal, eine Stunde lang, die Offenbarung der Kraft und der Schönheit ganz sähe und begriffe und miterlebte, wie das Leben lachend aus der Erde springt und junge große Augen zum Lichte aufschlägt. Jahr für Jahr auch tönt und duftet das Wunder an mir vorbei, geliebt und angebetet – und unverstanden; es ist da, und ich sah es nicht kommen, ich sah nicht die Hülle des Keimes brechen und den ersten zarten Quell im Lichte zittern. Blumen stehen plötzlich allerorten, Bäume glänzen mit lichtem Laube oder mit schaumig weißer Blust, und Vögel werfen sich jubelnd in schönen Bogen durch die warme Bläue. Das Wunder ist erfüllt, ob ich es auch nicht gesehen habe, Wälder wölben sich, und ferne Gipfel rufen, und es ist Zeit, Stiefel und Tasche, Angelstock und Ruderzeug zu rüsten und sich mit allen Sinnen des jungen Jahres zu freuen, das jedesmal eiliger zu schreiten scheint. – Wie lang, wie unerschöpflich lang ist ein Frühling vorzeiten gewesen, als ich noch ein Knabe war!

Und wenn die Stunde es gönnt und mein Herz guter Dinge ist, leg ich mich lang ins feuchte Gras oder klettere den nächsten tüchtigen Stamm hinan, wiege mich im Geäste, rieche den Knospenduft und das frische Harz, sehe Zweigenetz und Grün und Blau sich über mir verwirren und trete traumwandelnd als ein stiller Gast in den seligen Garten meiner Knabenzeit. Das gelingt so selten und ist so köstlich, einmal wieder sich dort hinüberzuschwingen und die klare Morgenluft der ersten Jugend zu atmen und noch einmal, für Augenblicke, die Welt so zu sehen, wie sie aus Gottes Händen kam und wie wir alle sie in Kinderzeiten gesehen haben, da in uns selber das Wunder der Kraft und der Schönheit sich entfaltete.

Da stiegen die Bäume so freudig und trotzig in die Lüfte, da sproß im Garten Narziß und Hyazinth so glanzvoll schön; und die Menschen, die wir noch so wenig kannten, begegneten uns zart und gütig, weil sie auf unserer glatten Stirn noch den Hauch des Göttlichen fühlten, von dem wir nichts wußten und das uns ungewollt und ungewußt im Drang des Wachsens abhanden kam. Was war ich für ein wilder und ungebändigter Bub, wieviel Sorgen hat der Vater von klein auf um mich gehabt und wieviel Angst und Seufzer die Mutter! – und doch lag auch auf meiner Stirne Gottes Glanz, und was ich ansah, war schön und lebendig, und in meinen Gedanken und Träumen, auch wenn sie gar nicht frommer Art waren, gingen Engel und Wunder und Märchen geschwisterlich aus und ein.

Mir ist aus Kinderzeiten her mit dem Geruch des frischgepflügten Ackerlandes und mit dem keimenden Grün der Wälder eine Erinnerung verknüpft, die mich in jedem Frühling heimsucht und mich nötigt, jene halbvergessene und unbegriffene Zeit für Stunden wieder zu leben. Auch jetzt denke ich daran und will versuchen, wenn es möglich ist, davon zu erzählen.

In unserer Schlafkammer waren die Läden zu, und ich lag im Dunkel halbwach, hörte meinen kleinen Bruder neben mir in festen, gleichen Zügen atmen und wunderte mich wieder darüber, daß ich bei geschlossenen Augen statt des schwarzen Dunkels lauter Farben sah, violette und trüb-dunkelrote Kreise, die beständig weiter wurden und in die Finsternis zerflossen und beständig von innen her quellend sich erneuerten, jeder von einem dünnen gelben Streifen umrändert. Auch horchte ich auf den Wind, der von den Bergen her in lauen, lässigen Stößen kam und weich in den großen Pappeln wühlte und sich zuzeiten schwer gegen das ächzende Dach lehnte. Es tat mir wieder so leid, daß Kinder nachts nicht aufbleiben und hinausgehen oder wenigstens am Fenster sein dürfen, und ich dachte an eine Nacht, in der die Mutter vergessen hatte, die Läden zu schließen.

Da war ich mitten in der Nacht aufgewacht und leise aufgestanden und mit Zagen ans Fenster gegangen, und vor dem Fenster war es seltsam hell, gar nicht schwarz und todesfinster, wie ich mir vorgestellt hatte. Es sah alles dumpf und verwischt und traurig aus, große Wolken stöhnten über den ganzen Himmel, und die bläulichschwarzen Berge schienen mitzufluten, als hätten sie alle Angst und strebten davon, um einem nahenden Unglück zu entrinnen. Die Pappeln schliefen und sahen ganz matt aus wie etwas Totes oder Erloschenes, auf dem Hof aber stand wie sonst die Bank und der Brunnentrog und der junge Kastanienbaum, auch sie ein wenig müd und trüb. Ich wußte nicht, ob es kurz oder lang war, daß ich im Fenster saß und in die bleiche verwandelte Welt hinüberschaute; da fing in der Nähe ein Tier zu klagen an, ängstlich und weinerlich. Es konnte ein Hund oder auch ein Schaf oder Kalb sein, das erwacht war und im Dunkeln Angst verspürte. Sie faßte auch mich, und ich floh in meine Kammer und in mein Bett zurück, ungewiß, ob ich weinen sollte oder nicht. Aber ehe ich dazu kam, war ich eingeschlafen.

Das alles lag jetzt wieder rätselhaft und lauernd draußen, hinter den verschlossenen Läden, und es wäre so schön und gefährlich gewesen, wieder hinauszusehen. Ich stellte mir die trüben Bäume wieder vor, das müde, ungewisse Licht, den verstummten Hof, die samt den Wolken fortfliehenden Berge, die fahlen Streifen am Himmel und die bleiche, undeutlich in die graue Weite verschimmernde Landstraße. Da schlich nun, in einen großen schwarzen Mantel verhüllt, ein Dieb, oder ein Mörder, oder war jemand verirrt und lief dort hin und her, von der Nacht geängstigt und von Tieren verfolgt. Es war vielleicht ein Knabe, so alt wie ich, der verlorengegangen oder fortgelaufen oder geraubt worden oder ohne Eltern war, und wenn er auch Mut hatte, so konnte doch der nächste Nachtgeist ihn umbringen oder der Wolf ihn holen. Vielleicht nahmen ihn auch Räuber mit in den Wald, und er wurde selber ein Räuber, bekam ein Schwert oder eine zweiläufige Pistole, einen großen Hut und hohe Reiterstiefel.

Von hier war es nur noch ein Schritt, ein willenloses Sichfallenlassen, und ich stand im Träumerland und konnte alles mit Augen sehen und mit Händen anfassen, was jetzt noch Erinnerung und Gedanke und Phantasie war.

Ich schlief aber nicht ein, denn in diesem Augenblick floß durch das Schlüsselloch der Kammertür, aus der Schlafstube der Eltern her, ein dünner, roter Lichtstrom zu mir herein, füllte die Dunkelheit mit einer schwachen zitternden Ahnung von Licht und malte auf die plötzlich matt aufschimmernde Tür des Kleiderkastens einen gelben zackigen Fleck. Ich wußte, daß jetzt der Vater ins Bett ging. Sachte hörte ich ihn in Strümpfen herumlaufen, und gleich darauf vernahm ich auch seine gedämpfte tiefe Stimme. Er sprach noch ein wenig mit der Mutter.

„Schlafen die Kinder?" hörte ich ihn fragen.

„Ja, schon lang", sagte die Mutter, und ich schämte mich, daß ich nun doch wach war. Dann war es eine Weile still, aber das Licht brannte fort. Die Zeit wurde mir lang, und der Schlummer wollte mir schon bis in die Augen steigen, da fing die Mutter noch einmal an.

„Hast auch nach dem Brosi gefragt?"

„Ich hab ihn selber besucht", sagte der Vater. „Am Abend bin ich dort gewesen. Der kann einem leid tun."

„Geht's denn so schlecht?"

„Ganz schlecht. Du wirst sehen, wenn 's Frühjahr kommt, wird es ihn wegnehmen. Er hat schon den Tod im Gesicht."

„Was denkst du", sagte die Mutter, „soll ich den Buben einmal hinschicken? Es könnt vielleicht guttun."

„Wie du willst", meinte der Vater, „aber nötig ist's nicht. Was versteht so ein klein Kind davon?"

„Also gut Nacht."

„Ja, gut Nacht."

Das Licht ging aus, die Luft hörte auf zu zittern, Boden und Kastentür waren wieder dunkel, und wenn ich die Augen zumachte, konnte ich wieder violette und dunkelrote Ringe mit einem gelben Rand wogen und wachsen sehen.

Aber während die Eltern einschliefen und alles stille war, arbeitete meine plötzlich erregte Seele mächtig in die Nacht hinein. Das halbverstandene Gespräch war in sie gefallen wie eine Frucht in den Teich, und nun liefen schnellwachsende Kreise eilig und ängstlich über sie hinweg und machten sie vor banger Neugierde zittern.

Der Brosi, von dem die Eltern gesprochen hatten, war fast aus meinem Gesichtskreis verloren gewesen, höchstens war er noch eine matte, beinahe schon verglühte Erinnerung. Nun rang er sich, dessen Namen ich kaum mehr gewußt hatte, langsam kämpfend empor und wurde wieder zu einem lebendigen Bilde. Zuerst wußte ich nur, daß ich diesen Namen früher einmal oft gehört und selber gerufen habe. Dann fiel ein Herbsttag mir ein, an dem ich von jemand Äpfel geschenkt bekommen hatte. Da erinnerte ich mich, daß das Brosis Vater gewesen sei, und da wußte ich plötzlich alles wieder.

Ich sah also einen hübschen Knaben, ein Jahr älter, aber nicht größer als ich, der hieß Brosi. Vielleicht vor einem Jahre war sein Vater unser Nachbar und der Bub mein Kamerad geworden; doch reichte mein Gedächtnis nimmer dahin zurück. Ich sah ihn wieder deutlich: er trug eine gestrickte blaue Wollenkappe mit zwei merkwürdigen Hörnern, und er hatte immer Äpfel oder Schnitzbrot im Sack, und er hatte gewöhnlich einen Einfall und ein Spiel und einen Vorschlag parat, wenn es anfangen wollte, langweilig zu werden. Er trug eine Weste, auch werktags, worum ich ihn sehr beneidete, und früher hatte ich ihm fast gar keine Kraft zugetraut, aber da hieb er einmal den Schmiedsbarzle vom Dorf, der ihn wegen seiner Hörnerkappe verhöhnte (und die Kappe war von seiner Mutter gestrickt), jämmerlich durch, und dann hatte ich eine Zeitlang Angst vor ihm. Er besaß einen zahmen Raben, der hatte aber im Herbst zuviel junge Kartoffeln ins Futter bekommen und war gestorben, und wir hatten ihn begraben. Der Sarg war eine Schachtel, aber sie war zu klein, und der Deckel ging nimmer drüber, und ich hielt eine Grabrede wie ein Pfarrer, und als der Brosi dabei anfing zu weinen, mußte mein kleiner Bruder lachen; da schlug ihn der Brosi, da schlug ich ihn wieder, der Kleine heulte, und wir liefen auseinander, und nachher kam Brosis Mutter zu uns herüber und sagte, es täte ihm leid, und wenn wir morgen nachmittag zu ihr kommen wollten, so gäbe es Kaffee und Hefenkranz, er sei schon im Ofen. Und bei dem Kaffee erzählte der Brosi uns eine Geschichte, die fing mittendrin immer wieder von vorne an, und obwohl ich die Geschichte nie behalten konnte, mußte ich doch lachen, sooft ich daran dachte.

Das war aber nur der Anfang. Es fielen mir zu gleicher Zeit tausend Erlebnisse ein, alle aus dem Sommer und Herbst, wo Brosi mein Kamerad gewesen war, und alle hatte ich in den paar Monaten, seit er nimmer kam, so gut wie vergessen. Nun drangen sie von allen Seiten her, wie Vögel, wenn man im Winter Körner wirft, alle zugleich, ein ganzes Gewölk.

Es fiel mir der glänzende Herbsttag wieder ein, an dem des Dachtelbauers Turmfalk aus der Remise durchgegangen war. Der beschnittene Flügel war ihm gewachsen, das messingene Fußkettlein hatte er durchgerieben und den engen finsteren Schuppen verlassen. Jetzt saß er dem Haus gegenüber ruhig auf einem Apfelbaum, und wohl ein Dutzend Leute stand auf der Straße davor, schaute hinauf und redete und machte Vorschläge. Da war uns Buben sonderbar beklommen zumute, dem Brosi und mir, wie wir mit allen anderen Leuten dastanden und den Vogel anschauten, der still im Baume saß und scharf und kühn herabäugte. „Der kommt nicht wieder", rief einer. Aber der Knecht Gottlob sagte: „Fliegen, wann er noch könnt, dann wär er schon lang über Berg und Tal." Der Falk probierte, ohne den Ast mit den Krallen loszulassen, mehrmals seine großen Flügel; wir waren schrecklich aufgeregt, und ich wußte selber nicht, was mich mehr freuen würde, wenn man ihn finge oder wenn er davonkäme. Schließlich wurde vom Gottlob eine Leiter angelegt, der Dachtelbauer stieg selber hinauf und streckte die Hand nach seinem Falken aus. Da ließ der Vogel den Ast fahren und fing an, stark mit den Flügeln zu flattern. Da schlug uns Knaben das Herz so laut, daß wir kaum atmen konnten; wir starrten bezaubert auf den schönen, flügelschlagenden Vogel, und dann kam der herrliche Augenblick, daß der Falke ein paar große Stöße tat, und wie er sah, daß er noch fliegen konnte, stieg er langsam und stolz in großen Kreisen höher und höher in die Luft, bis er so klein wie eine Feldlerche war und still im flimmernden Himmel verschwand. Wir aber, als die Leute schon lang verlaufen waren, standen noch immer da, hatten die Köpfe nach oben gestreckt und suchten den ganzen Himmel ab, und da tat der Brosi plötzlich einen hohen Freudensatz in die Luft und schrie dem Vogel nach: „Flieg du, flieg du, jetzt bist du wieder frei."

Auch an den Karrenschuppen des Nachbars mußte ich denken. In dem hockten wir, wenn es so recht herunterregnete, im Halbdunkel beisammengekauert, hörten dem Klingen und Tosen des Platzregens zu und betrachteten den Hofboden, wo Bäche, Ströme und Seen entstanden und sich ergossen und durchkreuzten und veränderten. Und einmal, als wir so hockten und lauschten, fing der Brosi an und sagte: „Du, jetzt kommt die Sündflut, was machen wir jetzt? Also alle Dörfer sind schon ertrunken, das Wasser geht jetzt schon bis an den Wald." Da dachten wir uns alles aus, spähten im Hof umher, horchten auf den schüttenden Regen und vernahmen darin das Brausen ferner Wogen und Meeresströmungen. Ich sagte, wir müßten ein Floß aus vier oder fünf Balken machen, das würde uns zwei schon tragen. Da schrie mich der Brosi aber an: „So, und dein Vater und die Mutter, und mein Vater und meine Mutter, und die Katz und dein Kleiner? Die nimmst nicht mit?" Daran hatte ich in der Aufregung und Gefahr freilich nicht gedacht, und ich log zur Entschuldigung: „Ja, ich hab mir gedacht, die seien alle schon untergegangen." Er aber wurde nachdenklich und traurig, weil er sich das deutlich vorstellte, und dann sagte er: „Wir spielen jetzt was anderes."

Und damals, als sein armer Rabe noch am Leben war und überall herumhüpfte, hatten wir ihn einmal in unser Gartenhaus mitgenommen, wo er auf den Querbalken gesetzt wurde und hin und her lief, weil er nicht herunter konnte. Ich streckte ihm den Zeigefinger hin und sagte im Spaß: „Da, Jakob, beiß!" Da hackte er mich in den Finger. Es tat nicht besonders weh, aber ich war zornig geworden und schlug nach ihm und wollte ihn strafen. Der Brosi packte mich aber um den Leib und hielt mich fest, bis der Vogel, der in der Angst vom Balken heruntergeflügelt war, sich hinausgerettet hatte. „Laß mich los", schrie ich, „er hat mich gebissen", und rang mit ihm.

„Du hast selber zu ihm gesagt: Jakob, beiß!" rief der Brosi und erklärte mir deutlich, der Vogel sei ganz in seinem Recht gewesen. Ich war ärgerlich über seine Schulmeisterei, sagte „meinetwegen" und beschloß aber im stillen, mich ein anderes Mal an dem Raben zu rächen.

Nachher, als Brosi schon aus dem Garten und halbwegs daheim war, rief er mir noch einmal und kehrte um, und ich wartete auf ihn. Er kam her und sagte: „Du, gelt, du versprichst mir ganz gewiß, daß du dem Jakob nichts mehr tust?" Und als ich keine Antwort gab und trotzig war, versprach er mir zwei große Äpfel, und ich nahm an, und dann ging er heim.

Gleich darauf wurden auf dem Baum in seines Vaters Garten die ersten Jakobi-Äpfel reif; da gab er mir die versprochenen zwei Äpfel, von den schönsten und größten. Ich schämte mich jetzt und wollte sie nicht gleich annehmen, bis er sagte: „Nimm doch, es ist ja nicht mehr wegen dem Jakob; ich hätt sie dir auch so gegeben, und dein Kleiner kriegt auch einen." Dann nahm ich sie.

Aber einmal waren wir den ganzen Nachmittag auf dem Wiesenland herumgesprungen und dann in den Wald hineingegangen, wo unter dem Gebüsche weiches Moos wuchs. Wir waren müd und setzten uns auf den Boden. Ein paar Fliegen sumsten über einen Pilz, und allerlei Vögel flogen; von denen kannten wir einige, die meisten aber nicht; auch hörten wir einen Specht fleißig klopfen, und es wurde uns ganz wohl und froh zumute, so daß wir fast gar nichts zueinander sagten, und nur wenn einer etwas Besonderes entdeckt hatte, deutete er dorthin und zeigte es dem andern. In dem überwölbten grünen Raume floß ein grünes mildes Licht, während der Waldgrund in die Weite sich in ahnungsvolle braune Dämmerung verlor. Was sich dort hinten regte, Blättergeräusch und Vogelschlag, das kam aus verzauberten Märchengründen her, klang mit geheimnisvoll fremdem Ton und konnte viel bedeuten.

Weil es dem Brosi zu warm vom Laufen war, zog er seine Jacke aus und dann auch noch die Weste und legte sich ganz ins Moos hin. Da kam es, daß er sich umdrehte, und sein Hemd ging am Halse auf, und ich erschrak mächtig, denn ich sah über seine weiße Schulter eine lange rote Narbe hinlaufen. Gleich wollte ich ihn ausfragen, wo denn die Narbe herkäme, und freute mich schon auf eine rechte Unglücksgeschichte; aber wer weiß, wie es kam, ich mochte auf einmal doch nicht fragen und tat so, als hätte ich gar nichts gesehen. Jedoch zugleich tat mir Brosi mit seiner großen Narbe furchtbar leid, sie hatte sicher schrecklich geblutet und weh getan, und ich faßte in diesem Augenblick eine viel stärkere Zärtlichkeit zu ihm als früher, konnte aber nichts sagen. Also gingen wir später miteinander aus dem Wald und kamen heim, dann holte ich in der Stube meine beste Kugelbüchse aus einem dicken Stück Holderstamm, die hatte mir der Knecht einmal gemacht, und ging wieder hinunter und schenkte sie dem Brosi. Er meinte zuerst, es sei ein Spaß, dann aber wollte er sie nicht nehmen und legte sogar die Hände auf den Rücken, und ich mußte ihm die Büchse in die Tasche stecken.

Und eine Geschichte um die andere, alle kamen sie mir wieder. Auch die vom Tannenwald, der stand auf der anderen Seite vom Bach, und einmal war ich mit meinem Kameraden hinübergegangen, weil wir gern die Rehe gesehen hätten. Wir traten in den weiten Raum, auf den glatten braunen Boden zwischen den himmelhohen geraden Stämmen, aber so weit wir liefen, wir fanden kein einziges Reh. Dafür sahen wir eine Menge große Felsenstücke zwischen den bloßen Tannenwurzeln liegen, und fast alle diese Steine hatten Stellen, wo ein schmales Büschelchen helles Moos auf ihnen wuchs wie kleine grüne Male. Ich wollte so ein Moosplätzchen abschälen, es war nicht viel größer als eine Hand. Aber der Brosi sagte schnell: „Nein, laß es dran!" Ich fragte warum, und er erklärte mir: „Das ist, wenn ein Engel durch den Wald geht, dann sind das seine Tritte; überall wo er hintritt, wächst gleich so ein Moosplatz in den Stein." Nun vergaßen wir die Rehe und warteten, ob vielleicht gerade ein Engel käme. Wir blieben stehen und paßten auf; im ganzen Wald war eine Todesstille, und auf dem braunen Boden fackelten helle Sonnenflekken, in der Ferne gingen die senkrechten Stämme wie eine hohe rote Säulenwand zusammen, in der Höhe stand hinter den dichten schwarzen Kronen der blaue Himmel. Ein ganz schwaches kühles Wehen lief unhörbar hin und wieder vorüber. Da wurden wir beide bang und feierlich, weil es so ruhig und einsam war und weil vielleicht bald ein Engel kam, und wir gingen nach einer Weile ganz still und schnell miteinander weg, an den vielen Steinen und Stämmen vorbei und aus dem Wald hinaus. Als wir wieder auf der Wiese und über dem Bach waren, sahen wir noch eine Zeitlang hinüber, dann liefen wir schnell nach Haus.

Später hatte ich noch einmal mit dem Brosi Streit, dann versöhnten wir uns wieder. Es ging schon gegen den Winter hin, da hieß es, der Brosi sei krank und ob ich nicht zu ihm gehen wollte. Ich ging auch ein- oder zweimal, da lag er im Bett und sagte fast gar nichts, und es war mir bang und langweilig, obgleich seine Mutter mir eine halbe Orange schenkte. Und dann kam nichts mehr; ich spielte mit meinem Bruder und mit dem Löhnersnikel oder mit den Mädchen, und so ging eine lange, lange Zeit vorbei. Es fiel Schnee und schmolz wieder und fiel noch einmal; der Bach fror zu, ging wieder auf und war braun und weiß und machte eine Überschwemmung und brachte vom Obertal eine ertrunkene Sau und eine Menge Holz mit; es wurden kleine Hühner geboren, und drei davon starben; mein Brüderlein wurde krank und wurde wieder gesund; es war in den Scheuern gedroschen und in den Stuben gesponnen worden, und jetzt wurden die Felder wieder gepflügt, alles ohne den Brosi. So war er ferner und ferner geworden und am Ende verschwunden und von mir vergessen worden – bis jetzt, bis auf diese Nacht, wo das rote Licht durchs

Schlüsselloch floß und ich den Vater zur Mutter sagen hörte: „Wenn 's Frühjahr kommt, wird's ihn wegnehmen."

Unter vielen sich verwirrenden Erinnerungen und Gefühlen schlief ich ein, und vielleicht wäre schon am nächsten Tage im Drang des Erlebens das kaum erwachte Gedächtnis an den entschwundenen Spielgefährten wieder untergesunken und wäre dann vielleicht nie mehr in der gleichen, frischen Schönheit und Stärke zurückgekommen. Aber gleich beim Frühstück fragte mich die Mutter: „Denkst du auch noch einmal an den Brosi, der immer mit euch gespielt hat?"

Da rief ich „ja", und sie fuhr fort mit ihrer guten Stimme: „Im Frühjahr, weißt du, wäret ihr beide miteinander in die Schule gekommen. Aber jetzt ist er so krank, daß es vielleicht nichts damit sein wird. Willst du einmal zu ihm gehen?"

Sie sagte das so ernsthaft, und ich dachte an das, was ich in der Nacht den Vater hatte sagen hören, und ich fühlte ein Grauen, aber zugleich eine angstvolle Neugierde. Der Brosi sollte, nach des Vaters Worten, den Tod im Gesicht haben, und das schien mir unsäglich grauenhaft und wunderbar.

Ich sagte wieder „ja", und die Mutter schärfte mir ein: „Denk dran, daß er krank ist! Du kannst jetzt nicht mit ihm spielen und darfst kein Lärmen verführen."

Ich versprach alles und bemühte mich schon jetzt, ganz still und bescheiden zu sein, und noch am gleichen Morgen ging ich hinüber. Vor dem Hause, das ruhig und ein wenig feierlich hinter seinen beiden kahlen Kastanienbäumen im kühlen Vormittagslichte lag, blieb ich stehen und wartete eine Weile, horchte in den Flur hinein und bekam fast Lust, wieder heimzulaufen. Da faßte ich mir ein Herz, stieg schnell die drei roten Steinstufen hinauf und durch die offenstehende Türhälfte, sah mich im Gehen um und klopfte an die nächste Tür. Des Brosi Mutter war eine kleine, flinke und sanfte Frau, die kam heraus und hob mich auf und gab mir einen Kuß, und dann fragte sie: „Hast du zum Brosi kommen wollen?"

Es ging nicht lang, so stand sie im oberen Stockwerk vor einer weißen Kammertür und hielt mich an der Hand. Auf diese ihre Hand, die mich zu den dunkel vermuteten, grauenhaften Wunderdingen führen sollte, sah ich nicht anders als auf die eines Engels oder eines Zauberers. Das Herz schlug mir geängstigt und ungestüm wie ein Warner, und ich zögerte nach Kräften und strebte zurück, so daß die Frau mich fast in die Stube ziehen mußte. Es war eine große, helle und behaglich nette Kammer; ich stand verlegen und grausend an der Tür und schaute auf das lichte Bett hin, bis die Frau mich hinzuführte. Da drehte der Brosi sich zu uns herum.

Und ich blickte aufmerksam in sein Gesicht, das war schmal und spitzig, aber den Tod konnte ich nicht darin sehen, sondern nur ein feines Licht, und in den Augen etwas Ungewohntes, gütig Ernstes und Geduldiges, bei dessen Anblick mir ähnlich ums Herz ward wie bei jenem Stehen und Lauschen im schweigenden Tannenwald, da ich in banger Neugierde den Atem anhielt und Engelsschritte in meiner Nähe vorbeigehen spürte.

Der Brosi nickte und streckte mir eine Hand hin, die heiß und trocken und abgezehrt war. Seine Mutter streichelte ihn, nickte mir zu und ging wieder aus der Stube; so stand ich allein an seinem kleinen hohen Bett und sah ihn an, und eine Zeitlang sagten wir beide kein Wort.

„So, bist du's denn noch?" sagte dann der Brosi.

Und ich: „Ja, und du auch noch?"

Und er: „Hat dich deine Mutter geschickt?"

Ich nickte.

Er war müde und ließ jetzt den Kopf wieder auf das Kissen fallen. Ich wußte gar nichts zu sagen, nagte an meiner Mützentroddel und sah ihn nur immer an und er mich, bis er lächelte und zum Scherz die Augen schloß.

Da schob er sich ein wenig auf die Seite, und wie er es

tat, sah ich plötzlich unter den Hemdknöpfen durch den Ritz etwas Rotes schimmern, das war die große Narbe auf seiner Schulter, und als ich die gesehen hatte, mußte ich auf einmal heulen.

„Ja, was hast du denn?" fragte er gleich.

Ich konnte keine Antwort geben, weinte weiter und wischte mir die Backen mit der rauhen Mütze ab, bis es weh tat.

„Sag's doch. Warum weinst du?"

„Bloß weil du so krank bist", sagte ich jetzt. Aber das war nicht die eigentliche Ursache. Es war nur eine Woge von heftiger und mitleidiger Zärtlichkeit, wie ich sie schon früher einmal gespürt hatte, die quoll plötzlich in mir auf und konnte sich nicht anders Luft machen.

„Das ist nicht so schlimm", sagte der Brosi.

„Wirst du bald wieder gesund?"

„Ja, vielleicht."

„Wann denn?"

„Ich weiß nicht. Es dauert lang."

Nach einer Zeit merkte ich auf einmal, daß er eingeschlafen war. Ich wartete noch eine Weile, dann ging ich hinaus, die Stiege hinunter und wieder heim, wo ich sehr froh war, daß die Mutter mich nicht ausfragte. Sie hatte wohl gesehen, daß ich verändert war und etwas erlebt hatte, und sie strich mir nur übers Haar und nickte, ohne etwas zu sagen.

Trotzdem kann es wohl sein, daß ich an jenem Tage noch sehr ausgelassen, wild und ungattig war, sei es, daß ich mit meinem kleinen Bruder händelte oder daß ich die Magd am Herd ärgerte oder im nassen Feld strolchte und besonders schmutzig heimkam. Etwas Derartiges ist jedenfalls gewesen, denn ich weiß noch gut, daß am selben Abend meine Mutter mich sehr zärtlich und ernst ansah – mag sein, daß sie mich gern ohne Worte an heute morgen erinnert hätte. Ich verstand sie auch wohl und fühlte Reue, und als sie das merkte, tat sie etwas Besonderes. Sie gab mir von ihrem Ständer am Fenster einen kleinen Tonscherben voll Erde, darin steckte eine schwärzliche Knolle, und diese hatte schon ein paar spitzige, hellgrüne, saftige junge Blättlein getrieben. Es war eine Hyazinthe. Die gab sie mir und sagte dazu: „Paß auf, das geb ich dir jetzt. Später wird's eine große rote Blume. Dort stell ich sie hin, und du mußt darauf achtgeben, man darf sie nicht anrühren und herumtragen, und jeden Tag muß man sie zweimal gießen; wenn du es vergißt, sag ich dir's schon. Wenn es aber eine schöne Blume werden will, darfst du sie nehmen und dem Brosi hinbringen, daß er eine Freude hat. Kannst du dran denken?"

Sie tat mich ins Bett, und ich dachte indessen mit Stolz an die Blume, deren Wartung mir als ein ehrenvoll wichtiges Amt erschien, aber gleich am nächsten Morgen vergaß ich das Begießen, und die Mutter erinnerte mich daran. „Und was ist denn mit dem Brosi seinem Blumenstock?" fragte sie, und sie hat es in jenen Tagen mehr als das eine Mal sagen müssen. Dennoch beschäftigte und beglückte mich damals nichts so stark wie mein Blumenstock. Es standen noch genug andere, auch größere und schönere, im Zimmer und im Garten, und Vater und Mutter hatten sie mir oft gezeigt. Aber es war nun doch das erstemal, daß ich mit dem Herzen dabei war, ein solches kleines Wachstum mit anzuschauen, zu erwünschen und zu pflegen und Sorge darum zu haben.

Ein paar Tage lang sah es mit dem Blümlein nicht erfreulich aus, es schien an irgendeinem Schaden zu leiden und nicht die rechten Kräfte zum Wachsen zu finden. Als ich darüber zuerst betrübt und dann ungeduldig wurde, sagte die Mutter einmal: „Siehst du, mit dem Blumenstock ist's jetzt gerade so wie mit dem Brosi, der so krank ist. Da muß man noch einmal so lieb und sorgsam sein wie sonst."

Dieser Vergleich war mir verständlich und brachte mich bald auf einen ganz neuen Gedanken, der mich nun völlig beherrschte. Ich fühlte jetzt einen geheimen Zusammenhang zwischen der kleinen, mühsam strebenden Pflanze und dem kranken Brosi, ja ich kam schließlich zu dem festen Glauben, wenn die Hyazinthe gedeihe, müsse auch mein Kamerad wieder gesund werden. Käme sie aber nicht davon, so würde er sterben, und ich trüge dann vielleicht, wenn·ich die Pflanze vernachlässigt hätte, mit Schuld daran. Als dieser Gedankenkreis in mir fertig geworden war, hütete ich den Blumentopf mit Angst und Eifersucht wie einen Schatz, in welchem besondere, nur mir bekannte und anvertraute Zauberkräfte verschlossen wären.

Drei oder vier Tage nach meinem ersten Besuch – die Pflanze sah noch ziemlich kümmerlich aus, ging ich wieder ins Nachbarhaus hinüber. Brosi mußte ganz stillliegen, und da ich nichts zu sagen hatte, stand ich nahe am Bett und sah das nach oben gerichtete Gesicht des Kranken an, das zart und warm aus weißen Bettüchern schaute. Er machte hin und wieder die Augen auf und wieder zu, sonst bewegte er sich nicht, und ein klügerer und älterer Zuschauer hätte vielleicht etwas davon gefühlt, daß des kleinen Brosi Seele schon unruhig war und sich auf die Heimkehr besinnen wollte. Als gerade eine Angst vor der Stille des Stübleins über mich kommen wollte, trat die Nachbarin herein und holte mich freundlich und leisen Schrittes weg.

Das nächste Mal kam ich mit viel froherem Herzen, denn zu Hause trieb mein Blumenstock mit neuer Lust und Kraft seine spitzigen freudigen Blätter heraus. Diesmal war auch der Kranke sehr munter.

„Weißt du auch noch, wie der Jakob noch am Leben war?" fragte er mich.

Und wir erinnerten uns an den Raben und sprachen von ihm, ahmten die drei Wörtlein nach, die er hatte sagen können, und redeten mit Begierde und Sehnsucht von einem grau und roten Papagei, der sich vorzeiten einmal hierher verirrt haben sollte. Ich kam ins Plaudern, und während der Brosi bald wieder ermüdete, hatte ich sein Kranksein für den Augenblick ganz vergessen. Ich erzählte die Geschichte vom entflogenen Papagei, die zu den Legenden unseres Hauses gehörte. Ihr

Glanzpunkt war der, daß ein alter Hofknecht den schönen Vogel auf dem Dach des Schuppens sitzen sah, sogleich eine Leiter anlegte und ihn einfangen wollte. Als er auf dem Dach erschien und sich dem Papagei vorsichtig näherte, sagte dieser: „Guten Tag!" Da zog der Knecht seine Kappe herunter und sagte: „Bitt um Vergebung, jetzt hätt ich fast gemeint, Ihr wäret ein Vogeltier."

Als ich das erzählt hatte, dachte ich, der Brosi müsse nun notwendig herauslachen. Da er es nicht gleich tat, sah ich ihn ganz verwundert an. Ich sah ihn fein und herzlich lächeln, und seine Backen waren ein wenig röter als vorher, aber er sagte nichts und lachte nicht laut.

Da kam es mir plötzlich vor, als sei er um viele Jahre älter als ich. Meine Lustigkeit war im Augenblick erloschen, statt ihrer befiel mich Verwirrung und Bangigkeit, denn ich empfand wohl, daß zwischen uns beiden jetzt etwas Neues fremd und störend aufgewachsen sei.

Es surrte eine große Winterfliege durchs Zimmer, und ich fragte, ob ich sie fangen solle.

„Nein, laß sie doch!" sagte der Brosi.

Auch das kam mir vor wie von einem Erwachsenen gesprochen. Befangen ging ich fort.

Auf dem Heimweg empfand ich zum erstenmal in meinem Leben etwas von der ahnungsvollen verschleierten Schönheit des Vorfrühlings, das ich erst um Jahre später, ganz am Ende der Knabenzeiten, wieder gespürt habe.

Was es war, und wie es kam, weiß ich nicht. Ich erinnere mich aber, daß ein lauer Wind strich, daß feuchte dunkle Erdschollen am Rande der Äcker aufragten und streifenweise blank erglänzten und daß ein besonderer Föhngeruch in der Luft war. Ich erinnere mich auch dessen, daß ich eine Melodie summen wollte und gleich wieder aufhörte, weil irgend etwas mich bedrückte und still machte.

Dieser kurze Heimweg vom Nachbarhaus ist mir eine merkwürdig tiefe Erinnerung. Ich weiß kaum etwas Einzelnes mehr davon; aber zuweilen, wenn es mir gegönnt ist, mit geschlossenen Augen mich dahin zurückzufinden, meine ich die Erde noch einmal mit Kindesaugen zu sehen – als Geschenk und Schöpfung Gottes, im leise glühenden Träumen unberührter Schönheit, wie wir Alten sie sonst nur aus den Werken der Künstler und Dichter kennen. Der Weg war vielleicht nicht ganz zweihundert Schritt lang, aber es lebte und geschah auf ihm und über ihm und an seinem Rande unendlich viel mehr als auf mancher ganzen Reise, die ich später unternommen habe.

Es streckten kahle Obstbäume verschlungene und drohende Äste und von den feinen Zweigspitzen rotbraune und harzige Knospen in die Luft, über sie hinweg ging Wind und schwärmende Wolkenflucht, unter ihnen quoll die nackte Erde in der Frühlingsgärung. Es rann ein vollgeregneter Graben über und sandte einen schmalen trüben Bach über die Straße, auf dem schwammen alte Birnenblätter und braune Holzstückchen, und jedes von ihnen war ein Schiff, jagte dahin und strandete, erlebte Lust und Pein und wechselnde Schicksale, und ich erlebte sie mit.

Es hing unversehens vor meinen Augen ein dunkler Vogel in der Luft, überschlug sich und flatterte taumelnd, stieß plötzlich einen langen schallenden Triller aus und stob verglitzernd in die Höhen, und mein Herz flog staunend mit.

Ein leerer Lastwagen mit einem ledigen Beipferd kam gefahren, knarrte und rollte fort und fesselte noch bis zur nächsten Krümme meinen Blick, mit seinen starken Rossen aus einer unbekannten Welt gekommen und in sie verschwindend, flüchtige schöne Ahnungen aufregend und mit sich nehmend.

Das ist eine kleine Erinnerung oder zwei und drei; aber wer will die Erlebnisse, Erregungen und Freuden zählen, die ein Kind zwischen einem Stundenschlag und dem andern an Steinen, Pflanzen, Vögeln, Lüften, Farben und Schatten findet und sogleich wieder vergißt und doch mit hinübernimmt in die Schicksale und Veränderungen der Jahre? Eine besondere Färbung der Luft am Horizont, ein winziges Geräusch in Haus oder Garten oder Wald, der Anblick eines Schmetterlings oder irgendein flüchtig herwehender Geruch rührt oft für Augenblicke ganze Wolken von Erinnerungen an jene frühen Zeiten in mir auf. Sie sind nicht klar und einzeln erkennbar, aber sie tragen alle denselben köstlichen Duft von damals, da zwischen mir und jedem Stein und Vogel und Bach ein inniges Leben und Verbundensein vorhanden war, dessen Reste ich eifersüchtig zu bewahren bemüht bin.

Mein Blumenstock richtete sich indessen auf, reckte die Blätter höher und erstarkte zusehends. Mit ihm wuchs meine Freude und mein Glaube an die Genesung meines Kameraden. Es kam auch der Tag, an welchem zwischen den feisten Blättern eine runde rötliche Blütenknospe sich zu dehnen und aufzurichten begann, und der Tag, an dem die Knospe sich spaltete und ein heimliches Gekräusel schön roter Blütenblätter mit weißlichen Rändern sehen ließ. Den Tag aber, an dem ich den Topf mit Stolz und freudiger Behutsamkeit ins Nachbarhaus hinübertrug und dem Brosi übergab, habe ich völlig vergessen.

1903

DER HAUSIERER

Der krumme alte Hausierer, ohne den ich mir die Falkengasse und unser Städtchen und meine Knabenzeit nicht denken kann, war ein rätselhafter Mensch, über dessen Alter und Vergangenheit nur dunkle Vermutungen im Umlauf waren. Auch sein bürgerlicher Name war ihm seit Jahrzehnten abhanden gekommen, und schon unsre Väter hatten ihn nie anders als mit dem mythischen Namen Hotte Hotte Putzpulver gerufen.

Obwohl das Haus meines Vaters groß, schön und herrschaftlich war, lag es doch nur zehn Schritt von einem finsteren Winkel entfernt, in welchem einige der elendesten Armutgassen zusammenliefen. Wenn der Typhus ausbrach, so war es gewiß dort; wenn mitten in der Nacht sich betrunkenes Schreien und Fluchen erhob und die Stadtpolizei zwei Mann hoch langsam und ängstlich sich einfand, so war es dort; und wenn einmal ein Totschlag oder sonst etwas Grausiges geschah, so war es auch dort. Namentlich die Falkengasse, die engste und dunkelste von allen, übte stets einen besonderen Zauber auf mich aus und zog mich mit gewaltigem Reize an, obwohl sie von oben bis unten von lauter Feinden bewohnt war. Es waren sogar die gefürchtetsten von ihnen, die dort hausten. Man muß wissen, daß in Gerbersau seit Menschengedenken zwischen Lateinern und Volksschülern Zwiespalt und blutiger Hader bestand, und ich war natürlich Lateiner. Ich habe in jener finsteren Gasse manchen Steinwurf und manchen bösen Hieb auf Kopf und Rücken bekommen und auch manchen ausgeteilt, der mir Ehre machte. Namentlich dem Schuhmächerle und den beiden langen Metzgerbuben zeigte ich öfters die Zähne, und das waren Gegner von Ruf und Bedeutung.

Also in dieser schlimmen Gasse verkehrte der alte Hotte Hotte, sooft er mit seinem kleinen Blechkarren nach Gerbersau kam, was sehr häufig geschah. Er war ein leidlich robuster Zwerg mit zu langen und etwas verbogenen Gliedern und dumm-schlauen Augen, schäbig und mit einem Anstrich von ironischer Biederkeit gekleidet; vom ewigen Karrenschieben war sein Rücken krumm und sein Gang trottend und schwer geworden. Man wußte nie, ob er einen Bart habe oder keinen, denn er sah immer aus, als wenn er sich vor einer Woche rasiert hätte. In jener üblen Gasse bewegte er sich so sicher, als wäre er dort geboren, und vielleicht war er das auch, obwohl er uns immer für einen Fremden galt. Er trat in all diese hohen finstern Häuser mit den niedrigen Türen, er tauchte da und dort an hochgelegenen Fenstern auf, er verschwand in die feuchten, schwarzen, winkligen Flure, er rief und plauderte und fluchte zu allen Erdgeschoß- und Kellerfenstern hinein. Er gab allen diesen alten, faulen, schmutzigen Männern die Hand, er schäkerte mit den derben, ungekämmten, verwahrlosten Weibern und kannte die vielen strohblonden, frechen, lärmigen Kinder mit Namen. Er stieg auf und ab, ging aus und ein und hatte in seinen Kleidern, Bewegungen und Redensarten ganz den starken Lokalduft der lichtlosen Winkelwelt, die mich mit wohligem Grausen anzog und die mir trotz der nahen Nachbarschaft doch seltsam fremd und unerforschlich blieb.

Wir Kameraden aber standen am Ende der Gasse, warteten, bis der Hausierer zum Vorschein kam, und schrien ihm dann jedesmal das alte Schlachtgeheul in allen Tonarten nach: „Hotte Hotte Putzpulver!" Meistens ging er ruhig weiter, grinste auch wohl verachtungsvoll herüber; zuweilen aber blieb er wie lauernd stehen, drehte den schwerfälligen Kopf mit bösartigem Blick herüber und senkte langsam mit verhaltenem Zorn die Hand in seine tiefe Rocktasche, was eine seltsam tückische und drohende Gebärde ergab.

Dieser Blick und dieser Griff der breiten braunen

Hand war schuld daran, daß ich mehreremal von Hotte Hotte träumte. Und die Träume wieder waren schuld daran, daß ich viel an den alten Hausierer denken mußte, Furcht vor ihm hatte und zu ihm in ein seltsames, verschwiegenes Verhältnis kam, von welchem er freilich nichts wußte. Jene Träume hatten nämlich immer irgend etwas aufregend Grausiges und beklemmten mich wie Alpdrücken. Bald sah ich den Hotte Hotte in seine tiefe Tasche greifen und lange scharfe Messer daraus hervorziehen, während mich ein Bann am Platze festhielt und mein Haar sich vor Todesangst sträubte. Bald sah ich ihn mit scheußlichem Grinsen alle meine Kameraden in seinen Blechkarren schieben und wartete gelähmt vor Entsetzen, bis er auch mich ergreifen würde.

Wenn der Alte nun wiederkam, fiel mir das alles beängstigend und aufregend wieder ein. Trotzdem stand ich aber mit den anderen an der Gassenecke und schrie ihm seine Übernamen nach und lachte, wenn er in die Tasche griff und sein unrasiertes, farbloses Gesicht verzerrte. Dabei hatte ich heimlich ein heillos schlechtes Gewissen und wäre, solange er um den Weg war, um keinen Preis allein durch die Falkengasse gegangen, auch nicht am hellen Mittag.

Vom Besuch in einem befreundeten gastlichen Landpfarrhause zurückkehrend, wanderte ich einmal durch den tiefen schönen Tannenforst und machte lange Schritte, denn es war schon Abend, und ich hatte noch gute anderthalb Stunden Weges vor mir. Die Straße begann schon stark zu dämmern, und der ohnehin dunkle Wald rückte immer dichter und feindseliger zusammen, während oben an hohen Tannenstämmen noch schräge Strahlen roten Abendlichtes glühten. Ich schaute oft hinauf, einmal aus Freude an dem weichen, schönfarbigen Lichte und dann auch aus Trostbedürfnis, denn die rasche Dämmerung im stillen tiefen Walde legte sich bedrückend auf mein elfjähriges Herz. Ich war gewiß nicht feig, wenigstens hätte mir das niemand ungestraft sagen dürfen. Aber hier war kein Feind, keine sichtbare Gefahr – nur das Dunkelwerden und das seltsam bläuliche, verworrene Schattengewimmel im Waldinnern. Und gar nicht weit von hier, gegen Ernstmühl talabwärts, war einmal einer totgeschlagen worden.

Die Vögel gingen zu Nest; es wurde still, still, und kein Mensch war auf der Straße unterwegs außer mir. Ich ging möglichst leise, Gott weiß warum, und erschrak, sooft mein Fuß wider eine Wurzel stieß und ein Geräusch machte. Darüber wurde mein Gang immer langsamer statt schneller, und meine Gedanken gingen allmählich ganz ins Fabelhafte hinüber. Ich dachte an den Rübezahl, an die „Drei Männlein im Walde" und an den, der drüben am Ernstmühler Fußweg umgekommen war.

Da erhob sich ein schwaches, schnurrendes Geräusch. Ich blieb stehen und horchte – es machte wieder rrrr –, das mußte hinter mir auf der Straße sein. Zu sehen aber war nichts, denn es war unterdessen fast völlig dunkel geworden. Es ist ein Wagen, dachte ich und beschloß, ihn abzuwarten. Er würde mich schon mitnehmen. Ich besann mich, wessen Gäule wohl um diese Zeit hier fahren könnten. Aber nein, von Rossen hörte man nichts, es mußte ein Handwagen sein, nach dem Geräusch zu schließen, und er kam auch so langsam näher. Freilich, ein Handkarren! Und ich wartete. Vermutlich war es ein Milchkarren, vielleicht vom Lützinger Hof. Aber jedenfalls mußte er nach Gerbersau fahren, vorher lag keine Ortschaft mehr am Wege. Und ich wartete.

Und nun sah ich den Karren, einen kleinen hochgebauten Kasten auf zwei Rädern, und einen Mann gebückt dahinter gehen. Warum bückte sich wohl der so schrecklich tief? Der Wagen mußte schwer sein.

Da war er endlich. „Guten Abend", rief ich ihn an. Eine klebrige Stimme hüstelte den Gruß zurück. Der Mann schob sein Wägelchen zwei, drei Schritt weiter und stand neben mir.

Gott helfe mir – der Hotte Hotte Putzpulver! Er sah mich einen Augenblick an, fragte: „Nach Gerbersau?"

und ging weiter, ich nebenher. Und so eine halbe Stunde lang – wir zwei nebeneinander durch die stille Finsternis. Er sprach kein Wörtlein. Aber er lachte alle paar Minuten in sich hinein, leise, innig und schadenfroh. Und jedesmal ging das böse, halb irre Lachen mir durch Mark und Bein. Ich wollte sprechen, wollte schneller gehen. Es gelang mir nicht. Endlich brachte ich mühsam ein paar Worte heraus.

„Was ist in dem Karren da drin?" fragte ich stockend. Ich sagte es sehr höflich und schüchtern – zu demselben Hotte Hotte, dem ich hundertmal auf der Straße nachgehöhnt hatte. Der Hausierer blieb stehen, lachte wieder, rieb sich die Hände, grinste mich an und fuhr langsam mit der breiten Rechten in die Rocktasche. Es war die hämisch häßliche Geste, die ich so oft gesehen hatte und deren Bedeutung ich aus meinen Träumen kannte – der Griff nach den langen Messern!

Wie ein Verzweifelter rannte ich davon, daß der finstere Wald widerhallte, und hörte nicht auf zu rennen, bis ich verängstigt und atemlos an meines Vaters Haus die Glocke zog.

Das war der Hotte Hotte Putzpulver. Seither bin ich aus dem Knaben ein Mann geworden, unser Städtlein ist gleichfalls gewachsen, ohne dabei schöner geworden zu sein, und sogar in der Falkengasse hat sich einiges verändert. Aber der alte Hausierer kommt noch immer, schaut in die Kellerfenster, tritt in die feuchten Flure, schäkert mit den verwahrlosten Weibern und kennt alle die vielen ungewaschenen, strohblonden Kinder mit Namen. Er sieht etwas älter aus als damals, doch wenig verändert, und es ist mir seltsam zu denken, daß vielleicht noch meine eigenen Kinder einmal ihn an der Falkenecke erwarten und ihm seinen alten Übernamen nachrufen werden.

1904

DAS ERSTE ABENTEUER

Sonderbar, wie Erlebtes einem fremd werden und entgleiten kann! Ganze Jahre, mit tausend Erlebnissen, können einem verlorengehen. Ich sehe oft Kinder in die Schule laufen und denke nicht an die eigene Schulzeit, ich sehe Gymnasiasten und weiß kaum mehr, daß ich auch einmal einer war. Ich sehe Maschinenbauer in ihre Werkstätten und windige Kommis in ihre Büros gehen und habe vollkommen vergessen, daß ich einst die gleichen Gänge tat, die blaue Bluse und den Schreibersrock mit glänzigen Ellenbogen trug. Ich betrachte in der Buchhandlung merkwürdige Versbüchlein von Achtzehnjährigen, im Verlag Pierson in Dresden erschienen, und ich denke nicht mehr daran, daß ich auch einmal derartige Verse gemacht habe und sogar demselben Autorenfänger auf den Leim gegangen bin.

Bis irgendeinmal auf einem Spaziergang oder auf einer Eisenbahnfahrt oder in einer schlaflosen Nachtstunde ein ganzes vergessenes Stück Leben wieder da ist und grell beleuchtet wie ein Bühnenbild vor mir steht, mit allen Kleinigkeiten, mit allen Namen und Orten, Geräuschen und Gerüchen. So ging es mir vorige Nacht. Ein Erlebnis trat wieder vor mich hin, von dem ich seinerzeit ganz sicher wußte, daß ich es nie vergessen würde, und das ich doch jahrelang spurlos vergessen hatte. Ganz so wie man ein Buch oder ein Taschenmesser verliert, vermißt und dann vergißt, und eines Tages liegt es in einer Schublade zwischen altem Kram und ist wieder da und gehört einem wieder.

Ich war achtzehnjährig und am Ende meiner Lehrzeit in der Maschinenschlosserei. Seit kurzem hatte ich eingesehen, daß ich es in dem Fache doch nicht weit bringen würde, und war entschlossen, wieder einmal umzusatteln. Bis sich eine Gelegenheit böte, dies meinem Vater zu eröffnen, blieb ich noch im Betrieb und tat die Arbeit halb verdrossen, halb fröhlich, wie einer, der schon gekündigt hat und alle Landstraßen auf sich warten weiß.

Wir hatten damals einen Volontär in der Werkstatt, dessen hervorragendste Eigenschaft darin bestand, daß er mit einer reichen Dame im Nachbarstädtchen verwandt war. Diese Dame, eine junge Fabrikantenwitwe, wohnte in einer kleinen Villa, hatte einen eleganten Wagen und ein Reitpferd und galt für hochmütig und exzentrisch, weil sie nicht an den Kaffeekränzchen teilnahm und statt dessen ritt, angelte, Tulpen züchtete und Bernhardiner hielt. Man sprach von ihr mit Neid und Erbitterung, namentlich seit man wußte, daß sie in Stuttgart und München, wohin sie häufig reiste, sehr gesellig sein konnte.

Dieses Wunder war, seit ihr Neffe oder Vetter bei uns volontierte, schon dreimal in der Werkstatt gewesen, hatte ihren Verwandten begrüßt und sich unsere Maschinen zeigen lassen. Es hatte jedesmal prächtig ausgesehen und großen Eindruck auf mich gemacht, wenn sie in feiner Toilette mit neugierigen Augen und drolligen Fragen durch den rußigen Raum gegangen war, eine große hellblonde Frau mit einem Gesicht so frisch und naiv wie ein kleines Mädchen. Wir standen in unseren öligen Schlosserblusen und mit unseren schwarzen Händen und Gesichtern da und hatten das Gefühl, eine Prinzessin habe uns besucht. Zu unseren sozialdemokratischen Ansichten paßte das nicht, was wir nachher jedesmal einsahen.

Da kommt eines Tags der Volontär in der Vesperpause auf mich zu und sagt: „Willst du am Sonntag mit zu meiner Tante kommen? Sie hat dich eingeladen."

„Eingeladen? Du, mach keine dummen Witze mit mir, sonst steck ich dir die Nase in den Löschtrog." Aber es war Ernst. Sie hatte mich eingeladen auf Sonntagabend. Mit dem Zehnuhrzug konnten wir heimkehren, und wenn wir länger bleiben wollten, würde sie uns vielleicht den Wagen mitgeben.

Mit der Besitzerin eines Luxuswagens, der Herrin eines Dieners, zweier Mägde, eines Kutschers und eines Gärtners Verkehr zu haben war nach meiner damaligen Weltanschauung einfach ruchlos. Aber das fiel mir erst ein, als ich schon längst mit Eifer zugesagt und gefragt hatte, ob mein gelber Sonntagsanzug gut genug sei.

Bis zum Samstag lief ich in einer heillosen Aufregung und Freude herum. Dann kam die Angst über mich. Was sollte ich dort sagen, wie mich benehmen, wie mit ihr reden? Mein Anzug, auf den ich immer stolz gewesen war, hatte auf einmal so viele Falten und Flecken, und meine Krägen hatten alle Fransen am Rand. Außerdem war mein Hut alt und schäbig, und alles das konnte durch meine drei Glanzstücke – ein Paar nadelspitze Halbschuhe, eine leuchtend rote, halbseidene Krawatte und einen Zwicker mit Nickelrändern – nicht aufgewogen werden.

Am Sonntagabend ging ich mit dem Volontär zu Fuß nach Settlingen, krank vor Aufregung und Verlegenheit. Die Villa ward sichtbar, wir standen an einem Gitter vor ausländischen Kiefern und Zypressen, Hundegebell vermischte sich mit dem Ton der Torglocke. Ein Diener ließ uns ein, sprach kein Wort und behandelte uns geringschätzig, kaum daß er geruhte, mich vor den großen Bernhardinern zu schützen, die mir an die Hosen wollten. Ängstlich sah ich meine Hände an, die seit Monaten nicht so peinlich sauber gewesen waren. Ich hatte sie am Abend vorher eine halbe Stunde lang mit Petroleum und Schmierseife gewaschen.

In einem einfachen, hellblauen Sommerkleid empfing uns die Dame im Salon. Sie gab uns beiden die Hand und hieß uns Platz nehmen, das Abendessen sei gleich bereit.

„Sind Sie kurzsichtig?" fragte sie mich.

„Ein klein wenig."

„Der Zwicker steht Ihnen gar nicht, wissen Sie." Ich nahm ihn ab, steckte ihn ein und machte ein trotziges Gesicht.

„Und Sozi sind Sie auch?" fragte sie weiter.

„Sie meinen Sozialdemokrat? Ja, gewiß."

„Warum eigentlich?"

„Aus Überzeugung."

„Ach so. Aber die Krawatte ist wirklich nett. Na, wir wollen essen. Ihr habt doch Hunger mitgebracht?"

Im Nebenzimmer waren drei Couverts aufgelegt. Mit Ausnahme der dreierlei Gläser gab es wider mein Erwarten nichts, was mich in Verlegenheit brachte. Eine Hirnsuppe, ein Lendenbraten, Gemüse, Salat und Kuchen, das waren lauter Dinge, die ich zu essen verstand, ohne mich zu blamieren. Und die Weine schenkte die Hausfrau selber ein. Während der Mahlzeit sprach sie fast nur mit dem Volontär, und da die guten Speisen samt dem Wein mir angenehm zu tun gaben, wurde mir bald wohl und leidlich sicher zumute.

Nach der Mahlzeit wurden uns die Weingläser in den Salon gebracht, und als mir eine feine Zigarre geboten und zu meinem Erstaunen an einer rot und goldenen Kerze angezündet war, stieg mein Wohlsein bis zur Behaglichkeit. Nun wagte ich auch die Dame anzusehen, und sie war so fein und schön, daß ich mich mit Stolz in die seligen Gefilde der noblen Welt versetzt fühlte, von der ich aus einigen Romanen und Feuilletons eine sehnsüchtig vage Vorstellung gewonnen hatte.

Wir kamen in ein ganz lebhaftes Gespräch, und ich wurde so kühn, daß ich über Madames vorige Bemerkungen, die Sozialdemokratie und die rote Krawatte betreffend, zu scherzen wagte. „Sie haben ganz recht", sagte sie lächelnd. „Bleiben Sie nur bei Ihrer Überzeugung. Aber Ihre Krawatte sollten Sie weniger schief binden. Sehen Sie, so –"

Sie stand vor mir und bückte sich über mich, faßte meine Krawatte mit beiden Händen und rückte an ihr herum. Dabei fühlte ich plötzlich mit heftigem Erschrekken, wie sie zwei Finger durch meine Hemdspalte schob und mir leise die Brust betastete. Und als ich entsetzt aufblickte, drückte sie nochmals mit den beiden Fingern und sah mir dabei starr in die Augen.

O Donnerwetter, dachte ich und bekam Herzklopfen, während sie zurücktrat und so tat, als betrachte sie die Krawatte. Statt dessen aber sah sie mich wieder an, ernst und voll, und nickte langsam ein paarmal mit dem Kopf.

„Du könntest droben im Eckzimmer den Spielkasten holen", sagte sie zu ihrem Neffen, der in einer Zeitschrift blätterte. „Ja, sei so gut."

Er ging, und sie kam auf mich zu, langsam, mit großen Augen. „Ach du!" sagte sie leise und weich. „Du bist lieb."

Dabei näherte sie mir ihr Gesicht, und unsre Lippen kamen zusammen, lautlos und brennend, und wieder, und noch einmal. Ich umschlang sie und drückte sie an mich, die große schöne Dame, so stark, daß es ihr weh tun mußte. Aber sie suchte nur nochmals meinen Mund, und während sie küßte, wurden ihre Augen feucht und mädchenhaft schimmernd.

Der Volontär kam mit den Spielen zurück, wir setzten uns und würfelten alle drei um Pralinés. Sie sprach wieder lebhaft und scherzte bei jedem Wurf, aber ich brachte kein Wort heraus und hatte Mühe mit dem Atmen. Manchmal kam unter dem Tisch ihre Hand und spielte mit meiner oder lag auf meinem Knie.

Gegen zehn Uhr erklärte der Volontär, es sei Zeit für uns zu gehen.

„Wollen Sie auch schon fort?" fragte sie mich und sah mich an. Ich hatte keine Erfahrung in Liebessachen und stotterte, ja, es sei wohl Zeit, und stand auf.

„Na, denn", rief sie, und der Volontär brach auf. Ich folgte ihm zur Tür, aber eben als er über die Schwelle war, riß sie mich am Arm zurück und zog mich noch einmal an sich. Und im Hinausgehen flüsterte sie mir zu:

„Sei gescheit, du, sei gescheit!" Auch das verstand ich nicht.

Wir nahmen Abschied und rannten auf die Station. Wir nahmen Billette, und der Volontär stieg ein. Aber ich konnte jetzt keine Gesellschaft brauchen. Ich stieg nur auf die erste Stufe, und als der Zugführer pfiff, sprang ich wieder ab und blieb zurück. Es war schon finstere Nacht.

Betäubt und traurig lief ich die lange Landstraße heim, an ihrem Garten und an dem Gitter vorbei, wie ein Dieb. Eine vornehme Dame hatte mich lieb! Zauberländer taten sich vor mir auf, und als ich zufällig in meiner Tasche den Nickelzwicker fand, warf ich ihn in den Straßengraben.

Am nächsten Sonntag war der Volontär wieder eingeladen zum Mittagessen, aber ich nicht. Und sie kam auch nicht mehr in die Werkstatt.

Ein Vierteljahr lang ging ich noch oft nach Settlingen hinüber, sonntags oder spätabends, und horchte am Gitter und ging um den Garten herum, hörte die Bernhardiner bellen und den Wind durch die ausländischen Bäume gehen, sah Licht in den Zimmern und dachte: Vielleicht sieht sie mich einmal; sie hat mich ja lieb. Einmal hörte ich im Haus Klaviermusik, weich und wiegend, und lag an der Mauer und weinte.

Aber nie mehr hat der Diener mich hinaufgeführt und vor den Hunden beschützt, und nie mehr hat ihre Hand die meine und ihr Mund den meinen berührt. Nur im Traum geschah mir das noch einigemal, im Traum. Und im Spätherbst gab ich die Schlosserei auf und legte die blaue Bluse für immer ab und fuhr weit fort in eine andere Stadt.

1905

AUF DEM EISE

Damals sah mir die Welt noch anders aus. Ich war zwölfeinhalb Jahre alt und noch mitten in der vielfarbigen, reichen Welt der Knabenfreuden und Knabenschwärmereien befangen. Nun dämmerte schüchtern und lüstern zum ersten Male das weiche Ferneblau der gemilderten, innigeren Jugendlichkeit in meine erstaunte Seele.

Es war ein langer, strenger Winter, und unser schöner Schwarzwaldfluß lag wochenlang hart gefroren. Ich kann das merkwürdige, gruselig-entzückte Gefühl nicht vergessen, mit dem ich am ersten bitterkalten Morgen den Fluß betrat, denn er war tief und das Eis war so klar, daß man wie durch eine dünne Glasscheibe unter sich das grüne Wasser, den Sandboden mit Steinen, die phantastisch verschlungenen Wasserpflanzen und zuweilen den dunklen Rücken eines Fisches sah.

Halbe Tage trieb ich mich mit meinen Kameraden auf dem Eise herum, mit heißen Wangen und blauen Händen, das Herz von der starken rhythmischen Bewegung des Schlittschuhlaufs energisch geschwellt, voll von der wunderbaren gedankenlosen Genußkraft der Knabenzeit. Wir übten Wettlauf, Weitsprung, Hochsprung, Fliehen und Haschen, und diejenigen von uns, die noch die altmodischen beinernen Schlittschuhe mit Bindfaden an den Stiefeln befestigt trugen, waren nicht die schlechtesten Läufer. Aber einer, ein Fabrikantensohn, besaß ein Paar „Halifax", die waren ohne Schnur oder Riemen befestigt, und man konnte sie in zwei Augenblicken anziehen und ablegen. Das Wort Halifax stand von da an jahrelang auf meinem Weihnachtswunschzettel, jedoch erfolglos; und als ich zwölf Jahre später einmal ein Paar recht feine und gute Schlittschuhe kaufen wollte und im Laden Halifax verlangte, da ging mir zu meinem Schmerz ein Ideal und ein Stück Kinderglauben verloren, als man mir lächelnd versicherte, Halifax sei ein veraltetes System und längst nicht mehr das Beste.

Am liebsten lief ich allein, oft bis zum Einbruch der Nacht. Ich sauste dahin, lernte im raschesten Schnelllauf an jedem beliebigen Punkte halten oder wenden, schwebte mit Fliegergenuß balancierend in schönen Bogen. Viele von meinen Kameraden benutzten die Zeit auf dem Eise, um den Mädchen nachzulaufen und zu hofieren. Für mich waren die Mädchen nicht vorhanden. Während andere ihnen Ritterdienste leisteten, sie sehnsüchtig und schüchtern umkreisten oder sie kühn und flott in Paaren führten, genoß ich allein die freie Lust des Gleitens. Für die „Mädelesführer" hatte ich nur Mitleid oder Spott. Denn aus den Konfessionen mancher Freunde glaubte ich zu wissen, wie zweifelhaft ihre galanten Genüsse im Grunde waren.

Da, schon gegen Ende des Winters, kam mir eines Tages die Schülerneuigkeit zu Ohren, der Nordkaffer habe neulich abermals die Emma Meier beim Schlittschuhausziehen geküßt. Die Nachricht trieb mir plötzlich das Blut zu Kopfe. Geküßt! Das war freilich schon was anderes als die faden Gespräche und scheuen Händedrücke, die sonst als höchste Wonnen des Mädleführens gepriesen wurden. Geküßt! Das war ein Ton aus einer fremden, verschlossenen, scheu geahnten Welt, das hatte den leckeren Duft der verbotenen Früchte, das hatte etwas Heimliches, Poetisches, Unnennbares, das gehörte in jenes dunkelsüße, schaurig lockende Gebiet, das von uns allen verschwiegen, aber ahnungsvoll gekannt und streifweise durch sagenhafte Liebesabenteuer ehemaliger, von der Schule verwiesener Mädchenhelden beleuchtet war. Der „Nordkaffer" war ein vierzehnjähriger, Gott weiß wie zu uns verschlagener Hamburger Schuljunge, den ich sehr verehrte und dessen fern der Schule blühender Ruhm mich oft nicht schlafen ließ. Und Emma

Meier war unbestritten das hübscheste Schulmädchen von Gerbersau, blond, flink, stolz und so alt wie ich.

Von jenem Tage an wälzte ich Pläne und Sorgen in meinem Sinn. Ein Mädchen zu küssen, das übertraf doch alle meine bisherigen Ideale, sowohl an sich selbst, als weil es ohne Zweifel vom Schulgesetz verboten und verpönt war. Es wurde mir schnell klar, daß der solenne Minnedienst der Eisbahn hierzu die einzige gute Gelegenheit sei. Zunächst suchte ich denn mein Äußeres nach Vermögen hoffähiger zu machen. Ich wandte Zeit und Sorgfalt an meine Frisur, wachte peinlich über die Sauberkeit meiner Kleider, trug die Pelzmütze manierlich halb in der Stirn und erbettelte von meinen Schwestern ein rosenrot seidenes Foulard. Zugleich begann ich auf dem Eise die etwa in Frage kommenden Mädchen höflich zu grüßen und glaubte zu sehen, daß diese ungewohnte Huldigung zwar mit Erstaunen, aber nicht ohne Wohlgefallen bemerkt wurde.

Viel schwerer wurde mir die erste Anknüpfung, denn in meinem Leben hatte ich noch kein Mädchen „engagiert". Ich suchte meine Freunde bei dieser ernsten Zeremonie zu belauschen. Manche machten nur einen Bückling und streckten die Hand aus, andere stotterten etwas Unverständliches hervor, weitaus die meisten aber bedienten sich der eleganten Phrase: „Hab ich die Ehre?" Diese Formel imponierte mir sehr, und ich übte sie ein, indem ich zu Hause in meiner Kammer mich vor dem Ofen verneigte und die feierlichen Worte dazu sprach.

Der Tag des schweren ersten Schrittes war gekommen. Schon gestern hatte ich Werbegedanken gehabt, war aber mutlos heimgekehrt, ohne etwas gewagt zu haben. Heute hatte ich mir vorgenommen, unweigerlich zu tun, was ich so sehr fürchtete wie ersehnte. Mit Herzklopfen und todbeklommen wie ein Verbrecher ging ich zur Eisbahn, und ich glaube, meine Hände zitterten beim Anlegen der Schlittschuhe. Und dann stürzte ich mich in die Menge, in weitem Bogen ausholend und bemüht, meinem Gesicht einen Rest der gewohnten Sicherheit und Selbstverständlichkeit zu bewahren. Zweimal durchlief ich die ganze lange Bahn im eiligsten Tempo, die scharfe Luft und die heftige Bewegung taten mir wohl.

Plötzlich, gerade unter der Brücke, rannte ich mit voller Wucht gegen jemanden an und taumelte bestürzt zur Seite. Auf dem Eise aber saß die schöne Emma, offenbar Schmerzen verbeißend, und sah mich vorwurfsvoll an. Vor meinen Blicken ging die Welt im Kreise.

„Helft mir doch auf!" sagte sie zu ihren Freundinnen. Da nahm ich, blutrot im ganzen Gesicht, meine Mütze ab, kniete neben ihr nieder und half ihr aufstehen.

Wir standen nun einander erschrocken und fassungslos gegenüber, und keines sagte ein Wort. Der Pelz, das Gesicht und Haar des schönen Mädchens betäubten mich durch ihre fremde Nähe. Ich besann mich ohne Erfolg auf eine Entschuldigung und hielt noch immer meine Mütze in der Faust. Und plötzlich, während mir die Augen wie verschleiert waren, machte ich mechanisch einen tiefen Bückling und stammelte: „Hab ich die Ehre?"

Sie antwortete nichts, ergriff aber meine Hände mit ihren feinen Fingern, deren Wärme ich durch den Handschuh hindurch fühlte, und fuhr mit mir dahin. Mir war zumute wie in einem sonderbaren Traum. Ein Gefühl von Glück, Scham, Wärme, Lust und Verlegenheit raubte mir fast den Atem. Wohl eine Viertelstunde liefen wir zusammen. Dann machte sie an einem Halteplatz leise die kleinen Hände frei, sagte „Danke schön" und fuhr allein davon, während ich verspätet die Pelzkappe zog und noch lange an derselben Stelle stehenblieb. Erst später fiel mir ein, daß sie während der ganzen Zeit kein einziges Wort gesprochen hatte.

Das Eis schmolz, und ich konnte meinen Versuch nicht wiederholen. Es war mein erstes Liebesabenteuer. Aber es vergingen noch Jahre, ehe mein Traum sich erfüllte und mein Mund auf einem roten Mädchenmunde lag.

1909

NACHTGESICHT

Gegen Mitternacht kam ich von einem Gelage heim, vor dem Hause rauschte der Ulmenbaum, und Sterne hingen in seinen Zweigen, ein dünner Nebel stand über den gemähten Wiesen und schwamm kraftlos um den schwarzen Waldrand.

Ich summte müde und stumpf eine törichte Melodie weiter, die mich auf dem ganzen Heimweg durch die Stadt und durch die dunklen Alleen verfolgt hatte, und während ich den Schlüssel im Haustor umdrehte, wollten mir die Augen zufallen, ohne daß ich doch in aller Erschöpfung die dumme, schlechte Melodie loswerden konnte. Es war ein älteres italienisches Couplet, das wir heut abend beim Weine spaßeshalber gesungen hatten, und es begann mit den Worten:

Sono Francese,
Vengo da Parigi ...

Die Tür fiel schwer ins Schloß zurück, es hallte im hohen Treppenhause wider. Die brennende Flurlampe wartete auf mich, ich hob sie mit der rechten Hand, Lichtkegel schossen durch den Raum, die alten Bilder schwankten ungewiß an den Wänden, und mit der Kühle und Verschwiegenheit des schlafenden Hauses fiel mich Trauer an.

Im Studierzimmer lagen die Bücher, wie ich sie gegen Abend verlassen hatte, auf dem großen Tisch verstreut; ein goldgedrucktes Ornament auf dunklem Leder stach mir im Lampenlicht entgegen: ein Band Hölderlin. Post lag daneben, am Abend angekommmen, Adressen in Maschinenschrift, keine befreundete Hand, eine Zeitung, Drucksachen. Überm Kamin eine milde Helle, da hing und schaute friedevoll die große Landschaft vom Bodensee, grün und grau und bläulich, mit ein paar roten Dächern zwischen Bäumen.

Wie war ich müde! Jetzt noch die paar Schritte zum Schlafzimmer, Waschen, Auskleiden ... Ich zündete die Kerze an und blies die Lampe aus, es roch ölig-rußig und wurde kühl. Und nun war ich im Schlafzimmer und tat mechanisch das Alltägliche, legte die Manschetten weg, nestelte am Kragen, sah die Nacht hoch und blau in den offenen Fenstern stehen und begann willenlos nochmals das Lied vom Francese zu summen.

Jetzt stand ich vor dem Waschtische, hob den schweren Wasserkrug auf und goß das Becken voll, daß die Kerzenflimmer im klaren Wasser tanzten.

Indem ich mich bückte, gähnte eine traumhafte Raumtiefe mir entgegen: der Spiegel. Und da war ich auf einmal wach und nüchtern, und im schwachen rötlichen Kerzenschein sah mein Gesicht mir entgegen, in dem tiefen unergründlichen Raume hängend, vom alten Glase bläulich-schattenhaft gefärbt. Und ich sah in müde, rotgeränderte Augen ohne Glanz, ich sah ein abgespanntes nervöses Gesicht mit erschrocken suchenden Blicken, zerstört und verzogen, Falten in Stirn und Wangen und den Mund erschlafft. Das war ich.

Und indem ich die Kerze hinwegschob und die Blicke abwendete, sah ich oder träumte ein Bild der Erinnerung: mich selbst, zwanzigjährig, mit heller wachsamer Stirn, jung, ernst, den Blick nach allen Gipfeln des Lebens gerichtet, Weltverachtung um die frischen Lippen, den Hauch der Jugend auf den mageren Wangen.

Und ich blies die Kerze aus und setzte mich ins Fenster, und draußen klang das hohe, heilige Sausen der Nachtstille, in weiter Ferne hörte ich einen Wagen über den Feldweg rollen. Ich saß und lehnte mich ans Fensterkreuz. Sterne blickten ernst durch die Bäume, und in den Bäumen und Feldern, in Sternen und blauer Nachtstille sang gespenstisch und leise, aus unsäglicher Ferne und Versunkenheit herüber, das Lied meiner Jugend ...

1913

DER BRUNNEN
IM MAULBRONNER KREUZGANG

Zum erstenmal wieder nach Jahrzehnten fuhr ich mit
der kleinen Bahn durch die sommerlichen Waldhügel
der Maulbronner Gegend, stieg an der verschlafenen
Haltestelle aus und wanderte durch den feuchten, moo-
rigen Wald nach Maulbronn hinüber, froh zugleich und
beklommen in der Erwartung des Wiedersehens, denn
hier hatte ich in den sagenhaften Jahren der ersten Jugend Wichtiges erlebt.

Ich roch den bitteren Laubgeruch, ich sah zwischen
Buchenzweigen den Elfinger Berg und den runden
Eichenhügel über den Weinbergen und alle die anderen Spielplätze meiner Schülerzeit liegen, ich sah im
warmen Dampf des Tales hinter Lindenwipfeln die spitze
Turmnadel erscheinen und ein Stück des langen Kir-
chendaches, und es strömte mir aus hundert plötzlich
brechenden Dämmen unsagbares Gefühl des Wiedersehens entgegen: Erinnerung, Trauer, Mahnung, Lächeln,
Reue, Bangigkeit des Altgewordenen, tiefe, neu erweckte Liebe, aufgeschreckte Sehnsucht, auf flatternden
Flügeln taumelnd. O wie sehr liebte ich dies alles, was
meine Augen hier wiedererkannten und zu eigen nahmen, wie sehr hatte ich mich nach alledem gesehnt und
es vermißt, und wie wenig hatte ich von meiner Liebe
und Sehnsucht gewußt, wie tief hatte sie so viele Jahre
geschlafen! O Tal, o Wald und Teich, o Spielplatz unter
den rauh gewordenen Ästen der alten Eichen!

Und in der schwülen, feuchten Hitze niedersteigend,
nahm ich mein Herz zusammen und schritt in festem
Takt, an der alten Post vorüber und am „Hirschen"
durchs Tor hinein, auf den Klosterplatz und über ihn

hinweg den Linden, dem Brunnen und dem „Paradies"
entgegen, der wunderbar gewölbten Vorhalle der Som-
merkirche mit ihren überschlanken Pfeilern. Ich sah
Platz, Bäume und Gebäude in seliger Halbwirklichkeit
stehen, genau nach dem Bilde meiner Erinnerung gestaltet, hörte warm und dumpf in den blühenden Linden
Bienenvölker summen, trat unterm hohen, runden Bogen hindurch in das „Paradies", stand überrascht, von regungslos verzauberter Steinkühle umwittert, trank tief
den ersten Wohllaut der Fensterbogen und schlanken,
lebendig wachsenden Pfeiler, sog kalte Klosterluft in tiefem Atemzug – und wußte plötzlich alles wieder, alles,
jede Treppe und Tür, jedes Fenster, jede Stube, jedes
Bett im Schlafsaal, den Geruch der Dormente, den Geruch des Professorengartens und den der Klosterküche
und den Ton der Morgenglocke!
Es war alles wieder da, es fehlte nichts, ich konnte
hier blindlings weitergehen und jeden Weg im Dunkeln
finden wie vor Jahrzehnten. Ich atmete befreit das süße,
seltene Wunder: Heimatluft, dem Heimatlosen und
Wanderer so ungewohnt, so fremd und schön, so ganz
und gar neu! Als wäre eine längst zerbrochene und beiseite gestellte Kostbarkeit über Nacht wieder ganz und
schön und mir zu eigen geworden! Als stünden geliebte
Tote neben mir und sähen mir in die Augen, darüber
lächelnd, daß ich sie tot geglaubt. Als wäre nun alles
wieder vorhanden, was die fern und fabelhaft gewordene
Jugend einst so vertrauensvoll und reich und köstlich
gemacht: ein Vaterhaus, ein Vaterland, ein Glaube, eine
Mutter, Kameraden, Gespinst der goldenen Zukunfts-
träume.
Vom ersten Rausch etwas genesen, ging ich später
weiter, dahin und dorthin, ohne Eile, kleine vertraute
Gänge im friedlichen Bereiche des Klosters und seiner
paar Nachbargebäude, wo jeder Tritt, jede Stufe, jeder
vorstehende Nagel im alten Treppengeländer mir ehemals bekannt gewesen war und wo tausend kleine Dinge
dieser Art mir, wie ich mit Erstaunen sah, noch heute

ganz genau bekannt und vertraut waren. Überall lebendige Erinnerung, und hinter ihr, wie Reste alter Bilder
hinterm späteren Verputz, fanden hier und dort sich
Spuren noch tieferer Erinnerung aufleuchtend, geheimnisvolle Bruchstücke unbewußten Seelenlebens von damals, überwuchertes und vergessenes, kaum mehr verständliches Fortklingen tiefster und einsamer Erlebnisse
aus der Knabenzeit, da noch Ungeheures zu erleben und
Unerhörtes zu erproben war. Wohin ist das alles entschwunden? Was ist daraus geworden? Was ist aus mir
geworden, aus meinen Gaben und Träumen, meinen
Plänen von damals?

Eines aber inmitten dieser Klosterwelt hatte ich vergessen, an eines hatte ich nicht mehr gedacht und dachte
auch jetzt beim Umherschlendern und Wiedersehen
nicht daran, es kam erst zu seiner Stunde wieder hervor.

Da drehte ich, zu einer Zeit, wo niemand sonst die
verschlossenen Teile des Klosters betreten darf, leise
den dicken Schlüssel in der schweren Tür und öffnete
behutsam die Pforte zum Kreuzgang. Auch hier fand ich
nichts, was nicht in meinem Gedächtnis treulich vorgezeichnet lag: gotisches Gewölbe und reiches Fenster-
werk, rötliche und graue Steinfliesen mit gemeißelten
Grabsteinen dazwischen, Wappen und Abtstäbe, geheimnisvoll verwitterte Farbenflecken im alten Verputz,
zwischen steinernen Fensterkreuzen in beruhigtem
Licht das satte Grün der Gebüsche, zwei, drei Rosen dazwischen, zärtlich und traurig leuchtend. Nun aber, da
ich gegen die Ecke schritt, von keinem anderen Laut erreicht als vom Hall meiner eigenen Schritte im Gestein,
begann mir unendlich zart und hauchdünn eine selig
seltsame Musik entgegenzuklingen, leichte, traumhafte
Geistertöne mehrstimmig in versunkener Monotonie,
nicht fern noch nah, wundersam und doch selbstverständlich, als klänge die Harmonie des Bauwerkes ernst
und innig in sich selbst wider.

Ich tat noch einen Schritt, und zwei, ehe der holde

Klang mein Bewußtsein erreichte. Da aber stand ich still, und mein Herz begann plötzlich zu zittern, und wieder tat die Erinnerung feierliche Tore auf, höher als zuvor, und wieder kam ein entschwundener Zauber zurück, und ich wußte wieder: Du Lied meiner Jugendzeit! Kein Ton der Welt, kein heimatliches Kirchengeläut und keine Menschenstimme von denen, welche noch leben, spricht so zu mir wie du, Lied meiner Jugend – und dich habe ich vergessen können!

Verwirrt und beschämt trat ich dem Wunder näher, stand am Eingang der Brunnenkapelle und sah im klaren Schatten des gewölbten Raumes die drei Brunnenschalen übereinander schweben, und das singende Wasser fiel in acht feinen Strahlen von der ersten in die zweite, größere Schale und in acht feinen klingenden Strahlen von der zweiten in die riesige dritte, und das Gewölbe spielte, im ewigen Dornröschentraum verzaubert, mit den lebendigen Tönen, heute wie gestern, heute wie damals, die Jahre und Jahrzehnte hindurch, und stand herrlich in sich begnügt und vollkommen als ein Bild von der Zeitlosigkeit alles Schönen.

Viele edle Gewölbe haben mich beschattet, viele schöne Gesänge haben mich erregt und mich getröstet, viele Brunnen in vielen Ländern haben mir, dem Wanderer, gerauscht. Aber dieser Brunnen ist mehr, unendlich mehr, er singt das Lied meiner Jugend, er hat meine Liebe gehabt und meine Träume beherrscht in einer Zeit, da jede Liebe noch tief und glühend, da jeder Traum noch ein Sternhimmel voll Zukunft war. Was ich vom Leben erhoffte, was ich selbst dem Leben anbot und versprach, was ich zu sein und zu schaffen und zu dulden dachte, was von Heldenmut und Ruhm und ehrwürdiger Künstlerschaft meine ersten Lebensträume erfüllte und bis zum Schmerz mit Fülle überquoll, das alles hat dieser Brunnen in der Kapelle mir gesungen, das hat er belauscht und beschützt.

Und ich hatte ihn vergessen! Nicht freilich die Kapelle mit dem Sternengewölbe und den überschlanken

Fenstersäulen und auch nicht die Brunnenschalen und die lichte, grüne Garteninsel inmitten der schweigenden Mauern; dies alles hatte ich nicht vergessen. Aber das Brunnenlied, den süßen, gleichschwebenden Zaubergesang des sanft herabfallenden Gewässers, den Hort und Schatz meiner frühesten und reinsten Jünglingssehnsucht – ihn hatte ich vergessen können! und stand nun still und traurig im vertrauten Heiligtum und fühlte jede Sünde und jeden Verderb in mir tief und unauslöschlich und hatte nicht Heldentum noch Künstlertum erworben, welche, an jenen Träumen gemessen, nicht wertlos wären, und wagte nicht, mich über den Rand zu beugen und mein eigenes Bild im dunklen Wasser zu suchen. Ich tauchte nur meine Hand in die kalte, strenge Flut, bis ich fror, und hörte stehend das Lied des Brunnens in die Gartenstille und in die langen, toten Steinhallen strömen, zauberisch wie einstmals, für mich aber voll tiefer Anklage.

„Es muß für dich ein wunderliches Gefühl sein", sagte später mein Freund, „hier herumzugehen und an damals zu denken. Damals warst du ja voll Sehnsucht nach der Welt und nach der Kunst und voll Zweifel, du wußtest ja nicht, ob irgend etwas von deinen Träumen sich würde erfüllen können. Und jetzt kamst du zurück aus der Welt und hast wirklich dein Ziel erreicht und deine Träume erfüllt, bist wirklich ein Künstler geworden und kehrst wieder zurück aus einer eroberten schönen Welt, aus einem Künstlerleben mit Erfolgen, mit Reisen und Festen –"

„Ja, es ist wunderlich", konnte ich nur sagen. Dann setzte ich mich noch einmal unter den hohen Linden des Hofes nieder, stieg noch einmal zum alten Spielplatz bei den Eichen hinauf, schwamm noch einmal im tiefen See und reiste weiter, und wenn ich seither an Maulbronn denke, dann sehe ich wohl den Faustturm und das „Paradies", den Eichenplatz und den spitzen Kirchturm wieder, aber es sind nur Bilder, und sie kommen nicht recht zu Glanz und Leben vor dem sanften Brunnenge-

läute in der Kreuzgangskapelle und vor jenen Erinnerungen, die hinter den anderen Erinnerungen stehen
wie die Reste alter heiliger Malereien hinter der Tünche
einer Kirchenwand.

1914

EUGEN SIEGEL

Am Nachmittag bekam ich eine Postkarte aus dem Felde. Nichts Wichtiges darauf, aber der sie geschrieben hatte, hatte also am 16. abends noch gelebt und in einem belgischen Quartier Tee gekocht. Quartier, Tee, Bleistift, Postkarte, das ist ja schon recht viel dort draußen. Man atmet auf, man lächelt, man sieht seine Lieben in Gedanken für eine Stunde nicht mehr im kalten Felde kriechen, im Dampf und höllischen Gekrache, man sieht sie menschlich, lieb, vernünftig, einfach, ohne Krampf, einen Zwieback in der Hand, einen Apfel oder eine Zigarette, auf einem Stuhl und an einem Tisch oder Fenstersims, ein Dach über sich und mit der Aussicht auf ein trockenes Nachtlager, vielleicht sogar ein Bett. Das ist viel, sehr viel. Ich atmete auf, ich lächelte, und plötzlich hatte ich Lust, die weggelegte Zeitung vom Morgen doch noch zu lesen, einen Brief zu schreiben, später vielleicht noch in die Stadt zu gehen. Das Nebelwetter schien heller, die Stube wärmer.

Ehe ich die Postkarte weglegte, blieb ich nochmals an der kleinen quergeschriebenen Nachschrift hängen, welche schwierig zu entziffern war. „Von unseren Schulkameraden aus G. ist neulich noch ein dritter gefallen, Eugen Siegel." (Es konnte aber auch Singel, Seipel oder ähnlich heißen.) Ich wußte nicht recht damit Bescheid. Ich war in jener Schule von G. nur ein Jahr gewesen, hatte längst keine Beziehungen mehr dorthin, lebte seit Jahren im Auslande, und es war seit der Zeit von G. vierundzwanzig Jahre her. Nein, ich hatte keine Erinnerung mehr an diesen gefallenen Seigel oder Seipel. Überhaupt, jene ganze Zeit, jenes beklommene Schuljahr in der Fremde, zum erstenmal von Hause fort in Pension, vor mir ein gefürchtetes Examen, das lag alles seit vielen Jahren unberührt in einem Loch meines Gedächtnisses. Merkwürdig freilich und unheimlich bleibt es immer, wie so ein Stück Leben einem entgleiten und wegsinken kann, wie auf der Tafel der Erinnerung die Augenblicke, Stunden, Tage und Jahre wechseln, wie sie launisch und unbeherrschbar erscheinen und wieder verschwinden, viele für immer.

Ich las meine Zeitung und dann die übrige Post, ich schrieb einen Brief, ging rauchend im Zimmer auf und ab. Nein, dachte ich, ich muß so bald wie möglich wieder nach Deutschland fahren, Freunde besuchen, Nachrichten sammeln, Wirklichkeit atmen. Die Wirklichkeit hieß ja jetzt Krieg. Und diese schwer zu lesenden, sich zu nichts bekennenden, vielleicht oft unaufrichtigen Heeresberichte, aus denen soviel Phrase und Verlegenheit sprach!

Ausgehen mochte ich nicht mehr. Ich würde da draußen nichts finden, was Wirklichkeit für mich hätte. Wirklich war bloß noch der Krieg. Das andere, das private Leben, das lief so weiter und war durch eine rätselhafte Anämie ausgehöhlt und zu Schatten geworden. Ich sehne mich nach Wirklichkeit! Ich sehne mich ja keineswegs nach dem Kriege, ich will weder Rausch noch Heroismus; ich will ja gar nichts als leben, richtig und vernünftig leben, wie es dem Menschen zukommt, wie man es bis vor einem Jahr noch konnte – und das ist so schwer, so entrückt, so ganz unmöglich geworden!

Eugen Seipel, oder Siegel, oder Seigel . . .? Der Name ist wieder da, und ich kann feststellen, er war es, der heimlich alle meine Gedanken so unruhig gemacht hat. Eugen Seipel ist gefallen, ein Eugen ohne richtigen Namen, ohne ein Gesicht, aber ein Mensch, den ich einst gekannt, mit dem ich einst bei demselben Lehrer in derselben Schulstube gesessen bin, lange Vormittage und Nachmittage, schrecklich lastende, hoffnungslose Montagmorgen und gute, versöhnliche, milde, hoffnungsreiche

Samstage – ein Mensch, der mich etwas angeht, der mit seinem Tod eine Teilnahme von mir fordert, dessen Fremdheit meine, nicht seine Schuld ist und für mich eine Plage und einen Vorwurf bedeutet. Ich muß sein Gesicht finden, seinen Namen herausbringen. Ich muß das Unterste umstülpen. Wenn er wirklich in meiner Klasse gewesen ist, muß er ja zu finden sein. Mein Gott, wenn mir, dem Vierzehnjährigen, damals jemand gesagt hätte: ich würde einst einen von meinen Kameraden, ein Stück von meinem Leben, von meiner Klasse, nicht mehr kennen!

Ich schließe die Augen und denke an die Schule in G. Ich sehe das Schulzimmer. Vier Fenster, Katheder, Ofen, Schrank, Wandkarte. Da fehlt nichts, das Bild ist noch vollständig. Wir saßen in sechs, nein in acht Bänken, ich in der dritten. Neben mir Bollinger und Haas und vor mir Straus und Hagenbach und ganz vorne in der Ecke der mit dem Bürstenkopf und den langen Hosen. Wie hieß nur der? Einerlei, es fing gewiß nicht mit S. an. Dessen bin ich sicher. Aber warum eigentlich?

Aber halt – Siegel! Siegel heißt er! Ich habe ihn jetzt. Unbegreiflich, daß mir das nicht sogleich einfiel! Es war nicht der Bürstenkopf. Es war der Kleine, sehr Zierliche, Hübsche, der ganz hinten an der Wand in der Mitte der Bank saß, dem Stock des Lehrers unerreichbar, und wenn der alte Rektor etwas von ihm wollte und grade guter Laune war, dann rief er ihm zu: „Siegelein, Siegelein an der Wand, wer ist der Gescheiteste im ganzen Land?" Wie hatte ich das vergessen können! Aber doch ja, eigentlich war sein Name uns nicht geläufig, wir nannten ihn nie bei seinem Namen. Er hieß bei uns Prinz Eugenius.

Und kaum war dieser Name da, so stand der kleine feingliedrige Knabe ganz vor mir, deutlich und wohlbekannt wie vor vierundzwanzig Jahren, mit seinem hübschen Scheitel, mit dem netten Stehkragen, mit der geraden, schmalrückigen Nase und den hellen, etwas nah beisammenstehenden Augen. Er hatte geschickte Finger und schrieb zu meinem Neide eine entzückende, klare, kleine Handschrift und war der beste Rechner in unsrer Klasse. Jetzt war er also gefallen . . .

Wie wenn man im September über eine Wiese geht und die erste Herbstzeitlose sucht und man sieht schließlich eine, und weiter drüben noch eine, und dort wieder zwei, und plötzlich sind es eine ganze Menge, hundert und mehr – so geht es mit den Erinnerungen auch. Man sucht und findet lange nichts, aber wenn die erste und zweite da ist, dann sind es plötzlich zehn und hundert, unzählige, und drängen sich um einen wie ein Vogelschwarm.

Ich wußte jetzt alles wieder. Prinz Eugenius war einmal mein Freund gewesen. Nicht lange, zwei oder drei Wochen vielleicht. Wir paßten eigentlich nicht zueinander, aber seine Geschicklichkeit und sein nettes Benehmen machten ihn begehrt, und so liebte auch ich ihn und wollte sein Freund werden. Er war so hübsch und zierlich und immer so guter Laune, und er hatte nichts dagegen, ich durfte schon sein Freund sein. Ich begleitete ihn damals immer nach der Schule bis vor sein Haus, es war ein weiter Weg für mich, und unsre Pensionsmutter schalt mich für das beinah alltägliche Zuspätkommen jedesmal aus. Aber das war das einzige, was ich für meinen Freund tun und erleiden konnte, und mir war es viel zuwenig. Am liebsten hätte ich ihm das Leben gerettet, ich malte damals solche Szenen gern in meinen Träumen aus. Wenigstens wollte ich ihm meine Markensammlung schenken, das nahm er aber nicht an, und sonst besaß ich nichts. Nur wenn alle Monate mit der Wäsche etwas Gutes von meiner Mutter kam, eine Wurst oder Anisbrot, dann war ich reich und konnte spenden. Aber damals kam nichts, wochenlang nichts, und mein Freund ließ sich zwar von mir heimbegleiten, aber er war gegen jeden andern ebenso freundlich wie gegen mich und wollte nicht einsehen, daß das keine Freundschaft sei und mir nicht genüge. Meine Vorwürfe hörte er kaum an, er lachte mich aus und sagte, ich solle doch nicht so dummes Zeug reden.

Da hatte ich eines Sonntags ein neues herrliches Spiel entdeckt. Es waren schale Sonntage in unsrer Knabenpension, Zeugen mancher Wut und mancher Träne, morgens Kirchgang und Lernen, abends Tricktrack und wenige Bücher – wären nicht Schillers Gedichte und „Die Hallig" von Biernatzki darunter gewesen, so wäre ich verzweifelt und davongelaufen. Nur am Nachmittag hatten wir bei gutem Wetter zwei, drei Stunden für uns und durften ohne Aufsicht spazierengehen, nur nicht allzu weit und nicht ans Wasser oder in die Felsen, und auch der Weitsprung über die offenen Lohgruben in der nahen Gerberei war verboten. Nun, einige von uns hielten zusammen und nahmen es auf sich, sonntagabends nötigenfalls für schmutzige Stiefel, Löcher in den Hosen und nasse Strümpfe sich bestrafen zu lassen. Wir hatten soeben eine wundervolle neue Lustbarkeit entdeckt. Flußabwärts war zwischen den Fabrikhöfen eine öde Stelle, wo am Flußufer eine Strecke mit Abfall aus der Stadt aufgefüllt wurde. Dort war nun eine Wagenladung mit alten tönernen Sauerwasserkrügen ausgeleert worden, und wir Buben hatten damit begonnen, diese alten Krüge vollends klein zu hauen. Damit entdeckten wir aber bald eine Menge von Krügen, um die es schade war, denn sie waren fast unbeschädigt. Diese verschlossen wir nun mit Pfropfen aus gekautem Papier schön luftdicht und warfen sie in den Fluß, der sie schnell mit fortnahm. Wir aber hatten Steine bereit und einige von uns auch Schleudern, und es galt nun, jeden schwimmenden Krug mit einem guten Schuß zu treffen und zu versenken, ehe er außer Sicht kam und entrann.

Zu diesem neuen Sport lud ich Eugenius ein. Diese Schützenübungen waren mein und weniger Kameraden Geheimnis, und seine Preisgabe war das beste Geschenk, das ich meinem Freund machen konnte. Aber Eugen war enttäuschend wenig begeistert, ich hatte geglaubt, ihm Köstliches anzubieten, und hatte nun alle Mühe, ihn überhaupt am nächsten Sonntag für eine Stunde dorthin mitzubekommen. Und dann fand er unser Spiel grob und langweilig, und wie ich ihn so urteilen hörte, tat mir plötzlich das Herz unsäglich weh, ich stand verraten, und plötzlich sah ich selber die Armseligkeit unsres Tuns, die schäbige Häßlichkeit des Scherbenhaufens zwischen den Fabrikhöfen, und ich ging weg, in der Seele krank, und wollte nie mehr auf Tonkrüge schießen und wollte aber auch von der Freundschaft mit Eugen nichts mehr wissen. Später hatte ich ihn nur selten wiedergesehen und mit den Jahren aus dem Gedächtnis verloren. Und jetzt lag er in einem Soldatengrab in Belgien, und seine hübschen klugen Augen waren geschlossen, und seine kleine geschmeidige Gestalt stak zertrümmert im grauen Waffenrock.

Es kamen Besuche zu mir, und ich war bis zum Abend in Anspruch genommen. Erst als ich zu Bette ging, konnte ich wieder an die Sache denken. Sie griff mir nicht ans Herz, sie war traurig wie so viele ähnliche, und bald entliefen meine Gedanken von dem Soldatengrab in Belgien. Der Schlaf war mir schon nahe. Aber da nun einmal die dunkle Brunnenstube früher Erinnerungen geöffnet war, kamen andere Gestalten hervor, meine Freunde aus der Lehrzeit, aus der Studienzeit, aus meinen Reisejahren, Deutsche und Ausländer, und viele von ihnen wußte ich jetzt im Felde stehen, an beiden Fronten. Nachricht hatte ich nur von dreien. Der eine hatte seine letzte Postkarte an mich beim Einrücken geschrieben, in den ersten Tagen jenes August, zwei beim Ausmarsch ins Feld, seither nichts mehr als die paar kurzen Grüße aus Belgien, deren letzter heut gekommen war. Wo waren sie alle? Wer von ihnen lebte noch?

Ich schlief eine Stunde oder zwei und träumte von der Schulknabenzeit; aber die Mitschüler waren bärtige Männer und trugen Uniformen. Dann erwachte ich plötzlich, der Wind rüttelte am Fensterladen. Ich schreckte empor und wußte nicht, wo ich sei. Ich fühlte nur eine dunkle Erschütterung in der Seele und ein nächtlich grauenvolles Weh im Herzen, das weh tat, als sei es plötzlich schwer erkrankt; ich saß halbwach im Bette aufrecht und erwachte erst völlig, als ich Träne um Träne auf meine Hände tropfen fühlte.

1914

ZUM GEDÄCHTNIS

Ich stand auf einem großen Bahnhof am Gepäckschalter, mein Zug sollte in wenigen Minuten abgehen. Es war abends beim Eindunkeln, Lichter begannen schon zu glühen. Ich war seit dem Morgen von Hause fort, hatte hier ein paar Stunden haltgemacht und meinen Freund vergebens gesucht. Dann war ich in die Werkstatt eines Künstlers, den ich kenne, eingetreten und hatte dort zwischen den Bildern und Tonmodellen meine Zeit verbracht, im Herzen unruhig, denn zu Hause lag viel Arbeit ungetan, und morgen und übermorgen sollte ich, eben zugunsten jener Arbeit, an zwei Orten Vorträge halten.

Es war eine gute Sache, ohne Zweifel, es galt, den armen Opfern des Krieges zu helfen, den unschuldig heimatlos Gewordenen, den in Feindesland Gefangenen. Aber – so fühlte ich zuweilen und dachte es auch jetzt – war nicht die ganze Emsigkeit und Betriebsamkeit unsres guten und wohltätigen Tuns ein wenig falsch, ein wenig überhitzt im Tempo, ein bißchen angesteckt vom fatalen Geist der Welt, die unsrer Seele fremd ist, von jenem Geist, der sich jetzt im großen Kriege so erschreckend und demütigend austobte? Floh nicht seit Monaten hundertmal in unbewachten Augenblicken mein ganzes Wesen erkrankt und sehnsuchtsvoll in die alte heilige Klage: Laß, o Welt, o laß mich sein!

Ich nahm dem Beamten meinen Koffer ab und wollte ihn zum Zuge tragen, der schon erleuchtet und dampfend in der Halle stand. Da klopfte jemand mir auf die Schulter, und mein lieber Freund, den ich in der Stadt nicht gefunden, stand da und sah mir ins Gesicht.

„Bleib hier", sagte er freundlich, „bleibe den Abend bei mir! Du mußt heut nicht weiterreisen!"

Ich lachte rasch und winkte ab, da sagte er leise: „Ich habe eine Nachricht für dich, man hat mir telegrafiert."

„Was denn?" fragte ich, noch immer ohne Ahnung.

Da nahm er mir den Koffer ab und sagte: „Es ist keine gute Nachricht. Dein Vater ist plötzlich gestorben."

Eine Viertelstunde später saß ich im Zug, nicht in dem geplanten, sondern in einem andern, der noch heut nacht in meinem Wohnort ankommen sollte. Noch war ich zu keiner Ruhe gekommen, ich hatte nichts getan als hastige Telegramme geschrieben und Züge gesucht. Jetzt fuhr ich heimwärts – nicht dem Ruf des Herzens nach zu meinem toten Vater hin, sondern von ihm fort, in umgekehrter Richtung, nach Hause. Denn ich konnte nicht nach Deutschland reisen, ohne mir erst daheim einen neuen Paß zu besorgen. Es war ja Krieg, man durfte ja jetzt keine Privatangelegenheiten, keinen Schmerz haben, man durfte jetzt nicht tun, was natürlich und richtig war, sondern man mußte sich ins Glied stellen, sich um Stempel bemühen, sich photographieren lassen, Zettel unterschreiben und Beamten Auskünfte geben, die niemand interessierten. Nun denn, es war mir nichts Neues mehr. Aber über alledem kam ich auch auf der langen Bahnfahrt zu keiner Ruhe im Herzen. Es tat zwar weh, und mit dem teuflischen Takt der Räder schlug mir's tausendmal dumpf und öd ins Ohr: „Dein Vater ist tot, jetzt hast du keinen Vater mehr!"

Aber es waren viele andre Stimmen daneben wach: Werde ich daheim noch jemand finden? Werde ich schnell genug meinen Paß bekommen? Was machen meine Schwestern? Und mein Bruder? Und plötzlich fiel mir ein: ich muß ja einen schwarzen Anzug haben! Und zwischen alledem quälte mich eine tiefe Scham und Trauer, daß ich jetzt nicht still und gesammelt mein Herz dem Vater darbieten konnte, daß meine Seele wirr verstimmt und vielspältig geteilt war, daß hundert dumme kleine Sorgen noch Platz in mir hatten.

Zuweilen stieg ein halberwachtes Bewußtsein des Verlustes beklemmend herauf, nahm mir den Atem und tat im Kopfe weh, hinter den Augen. Dann versuchte ich, mich zusammenzuraffen und mit gesammelter Innigkeit das Bild des Gestorbenen in mir herzustellen. Doch ward es nie vollkommen hell und wahr. Das einzige gute Gefühl, das für Augenblicke rein und tröstend in mir atmete, war dieses: Er hat es gut, er hat Ruhe; er ist da, wohin er sich sehnte. Dann fielen mir Zeiten ein, in denen ich meinen Vater krank gekannt hatte, krank und von endlosen Schmerzen gepeinigt, und plötzlich sah ich sein Bild deutlich und überscharf, mit seiner lieben, ergreifend schmerzvollen Gebärde, wie er tief atmend mit flachen Händen das lange Haar von den Schläfen zurückstrich, während sein Blick still und traurig wie aus einer fremden Ferne her auf mir ruhte. Und jetzt empfand ich, endlich wieder, sein Wesen rein und deutlich in mir und sagte zu mir: „Sie haben ihn nie verstanden, niemand, auch alle seine Freunde nicht. Nur ich verstehe ihn ganz, weil ich bin wie er, allein und von keinem verstanden."

In der Nacht kam ich in meinem Wohnort an, stieg in die Trambahn, sah innen Bekannte plaudernd sitzen und wandte mich ab gegen die Scheiben; mit entfremdeten Blicken sah ich die vertrauten nächtlichen Straßen und Brücken, als führe ich müde auf Reisen durch einen unbekannten Ort. Meine Frau kam mir draußen am Rande der Stadt entgegen, wir gingen über die dunklen Felder in unser Haus, das ich erst am Morgen verlassen hatte.

Auf meinem Tisch lagen Briefe, und darüber lag das Telegramm, und ich las und mußte lächeln. „Ganz schnell entschlafen", stand da, das klang gut und zart, und es paßte so zu dem Hinweggegangenen! Das war so ganz seine Art, das verstand ich so im Grunde und fühlte es wie einen kleinen Triumph mit, daß es ihm gelungen war, uns allen so ganz unvermerkt und unbeschrien zu entschlüpfen. Wie ein Vogel, wie ein gefangener Waldvogel, wenn das Fenster offen und niemand im Zimmer ist.

Erst spät in der Nacht, im Bett, spürte ich die Erschütterung an meinen Wurzeln, tief im Geheimnisvollen, fühlte die traurige Schönheit und Unwiederbringlichkeit von allem und konnte weinen.

Den andern Tag bis zum Mittag mußte ich um den Reisepaß bemüht sein. Es ging alles so behindert und harzig wie in einem Angsttraum, überall fehlte eine Kleinigkeit, überall war noch eine Viertelstunde zu warten, mein einziger Zug war längst weggefahren, und ich stand noch immer mit müdem Kopf und kalten Händen in den Kanzleien herum, unselig und verzaubert inmitten jener furchtbaren Welt der gelbgemalten Kanzleistühle und an die Wände genagelten amtlichen Vorschriften und Kundgebungen. Diese seltsam harte, seltsam verfluchte, seltsam unzugängliche Welt, in der seit Pontius Pilatus das Leben entwirklicht und die Seele jeder Wesenheit beraubt wird, umgab mich phantastisch in ihrer nüchternen Unwirklichkeit und bestahl mich aufs neue um meinen Schmerz und meine Erhebung. Nur hin und wieder flohen die schalen Wände dieser wesenlosen Welt einen Augenblick auseinander, und über eine ungeheure Entfernung und Leere hinweg sah ich einen stillen Mann im Totenhemde liegen und auf mich warten. Dann mußte ich wieder Auskünfte geben und meinen Namen auf Papiere schreiben, und endlich stand ich betäubt auf der Straße und sprang in einen Wagen, kam nach Hause, fand den Tisch gedeckt und den Koffer bereit, stand lang am Telephon, aß schnell etwas, steckte Bücher in die Taschen und fuhr zum Bahnhof.

Zu meinem Vater konnte ich heut nicht mehr kommen; aber ich wollte reisen, so weit es eben ginge. Meine Kinder sah ich eben noch von der Schule heimkommen, ehe ich wegfuhr.

Dann saß ich im Zug und fuhr Stunde um Stunde, wieder denselben Weg, den ich gestern am Morgen hin- und am Abend zurückgefahren war, und gegen Abend fuhr ich auch an der Stadt und ganz nah an dem Saal vorbei, in dem ich eben an diesem Abend hätte sprechen sollen. Mit dem Nachtwerden erschien der Bodensee, und es ging noch ein Schiff, und im Laternenlicht des Hafens begrüßte ich den deutschen Boden wieder. Jahre meines Lebens hatten sich in dieser Landschaft gespiegelt; der Fisch, den ich aß, und der Wein, den ich trank, riß hundert verdunkelte Bilder plötzlich ins Licht. Noch ein Gang im Nachtwind durch das schlafende Friedrichshafen und ein Stück Seeufer entlang, dann schlief ich schwer bis zur Frühe.

Jetzt, als ich am Morgen in dem Eisenbahnwagen stand, der mich in die alte Heimat bringen mußte, jetzt fühlte ich deutlich, wie der Sarg meines Vaters mich zu sich zog, durch die wechselnden Landschaften, und er zog nicht mich allein, er zog in andern Zügen und Wagen durch andre Gegenden auch meine Geschwister her, deren jedem der Vater gestorben war, deren jedes ihn in irgendeinem besonderen Zuge seines Wesens ganz (und vielleicht allein) verstanden und gekannt hatte.

Und wieder reiste ich durch Landschaften und Städte, die mir heimatlich angehörten, wo ich Schulen besucht, wo ich Knaben- und Jünglingsgänge durch die waldigen Bergzüge getan. Von allem war heute der Schimmer genommen, ich sah mein Leben rückwärts nicht wie ein launig gewundenes Tal, sondern als eine einzige, harte, schnurgerade Straße unerbittlicher Notwendigkeit, vom Vater her und zu ihm zurückführend.

Wieder dachte ich an die Unverstandenheit, in der unser Vater so große Teile seines beschwerlichen Lebens hingebracht hatte, obwohl ihm die wunderbare Gabe geschenkt war, gerade das in seiner Natur, was leicht und licht und hell und vogelhaft war, zu zeigen und andern zum anmutigen Geschenk zu machen. Merkwürdig – im Leben dieses Mannes, der immer leidend und überzart und von Schmerzen verfolgt war, schimmerte eine eigentümliche Festlichkeit, ein edler Glanz von guter Form und Ritterlichkeit. Es war nicht die Frohmütigkeit gesunder, naiver Naturen, die ihn dankbar und dem Angenehmen erschlossen machte. Seine Dankbarkeit und Heiterkeit waren die des Leidenden, der in schweren Jahren gelernt hat, den Sonnenstrahlen und kleinen Tröstlichkeiten des Lebens mit Sorgfalt eine Tür offenzulassen.

Ich erinnerte mich an meinen letzten Besuch bei ihm, wie da gleich nach der Begrüßung unser Gespräch voll Verständnis, voll Licht und Vertrauen gewesen war. Obwohl er, der mich vermutlich viel besser kannte als ich ihn, Grund genug gehabt hätte, mir zu mißtrauen oder mich doch zu tadeln und anders zu wünschen, und obwohl ich im Vergleich zu seiner zarten Frömmigkeit ein roher Weltmensch war, stand doch über uns wie ein warmer Himmel ein Gefühl von Gemeinsamkeit und Einander-nicht-verlieren-Können, und ohne Zweifel war die Toleranz und das Nachgebenmüssen bei ihm größer als bei mir. Denn er war, wenn auch nicht ein Heiliger, doch aus dem seltenen Stoffe, aus dem die Heiligen gemacht werden. Damals, als ich das letztemal bei ihm in dem friedevollen Stübchen saß – für mich ein Hort und Schlupfwinkel weltferner Ruhe, für ihn ein Kerker und quälender Käfig –, da hatte er, der seit einiger Zeit blind geworden war, mir von einem seiner kleinen Mittel erzählt, mit denen er sich je und je durch schlaflose Nächte hindurchhalf. Er besann sich dann auf gute lateinische Sätze und Sprichwörter, und zwar in alphabetischer Folge, was außer der Gedankenzucht noch die Tugend hatte, den Reichtum des im Gedächtnis Vorhandenen viel eindringlicher aufzuzeigen. Er forderte mich auf, das Spiel mit ihm zu machen und mit dem Buchstaben A zu beginnen. Ich brauchte lange, bis ich zwei, drei Sprüche beisammen hatte. „Alea iacta est" fiel mir zuerst ein und: „Ars longa, vita brevis." Er aber, die Lider über den blinden Augen nachdenkend geschlossen, zog wie ein Kristallsucher behutsam einen schönen, runden Satz um den andern hervor, genau in alphabetischer Reihenfolge – ich erinnerte mich, daß sein letzter Spruch „Aut Caesar aut nihil" war –, und jeden sprach er mit einem frohen Respekt vor der schönen, knappen und klingenden Sprache klar und behutsam aus, so wie ein Sammler seine Stücke in liebende und wohlerzogene Finger nimmt.

Jetzt sah ich ihn auch wieder ganz, das ritterliche Gesicht unterm langen zurückgekämmten Haar, die edle hohe Stirn und alle ihre schönen Flächen, die hohe Wölbung der über erblindeten Augen geschlossenen Lider, und zum erstenmal, seit ich von seinem Tode wußte, empfand ich erkaltend im Innersten die Unwiederbringlichkeit all dieser lieben, feinen, kostbaren Dinge. Ich empfand plötzlich, welch ein Verlust das war, niemals mehr seine zarte Hand zu fühlen, wie sie segnend meinen Scheitel suchte, und gar niemals wieder seine Stimme zu hören. Für eine Weile fühlte ich, im schüttelnden Zug am Fenster stehend, nichts mehr als den Schmerz des Beraubten und etwas wie Erbitterung gegen alle Menschen, denen er nicht verloren war, die ihn nicht gekannt hatten, die nicht wußten, was für ein außerordentlicher Mensch da gelebt hatte und gestorben war.

Und alsbald fiel etwas noch viel Schlimmeres, viel Furchtbareres mir ein – wie hatte ich daran bis jetzt nicht denken können! Es war meine letzte Nachricht an ihn, vielleicht hatte er sie noch in seinen letzten Stunden erhalten – eine kurze, hastige, lieblose Postkarte mit flüchtigen Grüßen und mit der Klage, daß ich jetzt gar keine Zeit zum Briefschreiben finden könne! O Gott, wie war das jammervoll und häßlich und beschämend, viel schlimmer, als wenn ich gar nicht geschrieben hätte! Die Schmerzen, die ich meinem Vater in Jugendjahren bereitet, waren nichts, die waren bitter, aber selbstverständlich und notwendig gewesen. Aber diese Gleichgültigkeit, dieses Verlorensein an leere Geschäfte und Pflichten, über denen ich die ersten Pflichten der Liebe versäumte, wie war das gemein und unverzeihlich! Schuld wälzte sich über mich wie ein dunkler Strom von Schlamm . . .

Der Zug hielt im Bahnhof der Hauptstadt, ein Freund holte mich ab und nahm mich in sein Haus, bis ich weiterfahren konnte. Dann ging der langsame, ländliche Eisenbahnzug in die Dörfer hinaus, hielt endlich bei der kleinen Station. Ich sah Menschen dort stehen, sah plötzlich meinen Bruder unter ihnen und umarmte ihn und meine Schwester, und wir gehörten wieder zusammen und waren *ein* Blut wie in Kinderzeiten. Verlorene Kinderheimat, Erinnerungen unschuldiger Gemeinsamkeit, die braunen warmen Augen unsrer lang gestorbenen Mutter, alles war plötzlich da und brachte Wärme und Geborgenheit, duftete heimatlich, redete Kinder-Mundart, floß beruhigend durchs Blut. O wie arm gehen wir unsere staubigen Straßen und könnten so viel Liebe atmen! O wie arm, wie arm! Aber jetzt war es gut, jetzt war ich heimgekehrt.

Friedlicher Gang durchs Dorf und die Vorfrühlingswiesen, Schneereste noch überall. O wie gut, wie unsäglich gut, daß ich gekommen war, daß ich da war, daß ich den Arm meiner Schwester hielt und meinem Bruder auf die Schulter klopfen konnte! Und wie traurig und wunderbar, den kleinen Berg hinan nach dem Hause zu gehen, in dem unser Vater lag und auf uns wartete. Das Fenster wiederzusehen, aus dem er bei jeder Abreise seinen Kindern gewinkt hatte. Die Treppe hinaufzusteigen und bei der Glastüre den Haken zu sehen, wo immer sein weicher Filzhut hing. Und in Flur und Stube die Atmosphäre von einfacher, wohlriechender Sauberkeit, von zarter Reinlichkeit zu atmen, die ihn stets umgeben hatte.

Zuerst wurde erzählt, und die Schwestern hatten Kaffee bereit. Ja, er war ganz leicht und schnell entflogen, er war fast schelmisch von dannen geschlüpft, ohne Geräusch und Gebärden. Wir wußten, daß er, der von vielen Leiden her Mißtrauische, nicht ohne Furcht vor dem Tode gewesen war, den er doch oft und herzlich ersehnte. Das war nun gut, das war gelöst, da war nichts anders zu wünschen. Ich fand gedruckte Todesanzeigen daliegen; darin stand eine Psalmstelle bezeichnet, die nach seinem Wunsch auf seinem Grabe stehen soll. Ich fragte die Schwestern, wie der Spruch laute; sie lächelten beide und sagten: „Der Strick ist zerrissen, der Vogel ist frei!"

Nun ging ich leise beiseite und hinüber und tat die Tür zu seiner Stube auf. Das Fenster stand offen, Schneekühle wehte in den Blumenduft herein.

Unser Vater lag weiß in Blumen gebettet, die Hände leicht aufeinandergelegt. Sein Kopf lag weit zurückgelehnt, wie in einem tiefen Aufatmen, die hohe Stirn mächtig und königlich, die Augen still geschlossen. Und wie tief, wie innig atmete das Antlitz die erreichte Ruhe! Wie lag Rast und Erlösung und herzliches Genügen in seinen lieben Zügen! Er, den Schmerzen und Unrast sein Leben lang verfolgt und zum Kämpfer und Ritter gemacht hatten, er schien mit tiefem, innigem Erstaunen der unendlichen Stille zu lauschen, die ihn jetzt umgab. O Vater, Vater!

Als ich weinend seine Hände küßte und meine lebenden, warmen Hände auf seine steinerne Stirne legte, da fiel mir aus den Knabenzeiten ein, wie mein Vater oft, wenn im Winter eines von uns mit kalten Händen nach Hause kam, uns gebeten hatte, ihm die Hände ein wenig auf die Stirn zu legen; denn er war oft tagelang von schweren Kopfschmerzen heimgesucht. Jetzt lagen meine unruhigen, warmen Hände auf seiner Stirn und holten Kühle von ihm. Und alles Ritterliche und überlegen Edle, das er im Wesen gehabt, stand überklar in seinem Gesicht geschrieben, wie die Würde auf einem stillen Schneegipfel. O Vater, Vater!

Am Abend gab mir eine der Schwestern einen goldenen Trauring. Den hatte einst meine Mutter, am Anfang der sechziger Jahre, für ihren ersten Bräutigam machen lassen, ein Spruch stand innen eingegraben, und hatte ihn zehn Jahre später bei der Hochzeit meinem Vater gegeben.

Ich drehte den schmalen Goldring und las die alte Inschrift und steckte ihn an meinen Finger. Er paßte gut, und als ich den Finger mit dem Ring ansah, den ich vieltausendmal an meines Vaters Hand gesehen und als Knabe oft im Spiel gedreht, da blickte auch meine ältere Schwester her, und wir sahen beide, wie ähnlich mein Finger und meine Hand den Händen unsres Vaters war. In der Nacht erwachte ich zweimal an dem ungewohnten Ring, denn ich hatte bisher niemals einen getragen, und ich lag und fühlte ahnend, wie der Ring nur ein schwaches Gleichnis war für hundert Notwendigkeiten, die mein Sein und Schicksal an den Vater knüpften.

Am andern Tage war ich nochmals eine Zeit allein bei ihm, und noch immer schien er innig und erstaunt dem großen Frieden zu lauschen und ganz eins mit ihm zu sein; und wieder kühlte ich Stirn und Hände an der heiligen Quelle. Und alles, was weh tat, war nichts gegen diese gute Kühle. Und wenn ich ein schlechter Sohn und dieses Vaters noch so sehr unwürdig war, so würde doch einst auch mir die Seele so gestillt und der rastlose Puls so gekühlt werden. Und wenn gar kein anderer Trost im Leiden mehr zu finden wäre, so doch immer dieser: auch meine Stirn wird einmal so voll Kühle und mein Sinn so ins Wesentliche hinübergeflossen sein.

Erst seit den schönen, innig erfüllten Stunden, die ich im kalten, hellen Stüblein meines toten Vaters zu Gast war, ist das Wissen um den Tod mir wichtig und köstlich geworden. Bisher hatte ich den Tod wenig bedacht, nie gescheut, oft in verzweifelnder Ungeduld gewünscht. Erst jetzt sah ich ganz seine Wirklichkeit und Größe, wie er als Gegenpol da drüben steht und uns erwartet, damit ein Schicksal vollendet und ein Kreis geschlossen werde. Bisher war mein Leben ein Weg gewesen, bei dessen Anfängen ich viel in Liebe verweilte, bei Mutter und Kindheit, ein Weg, den ich oft singend und oft verdrossen ging und den ich oft verwünschte – aber nie war das Ende dieses Weges klar vor mir gestanden. Aller Antrieb, alle Kraft, die mein Dasein speiste, schien mir nur vom dunklen Anfang auszugehen, von Geburt und Mutterschoß, und der Tod schien mir nur der zufällige Punkt zu sein, wo diese Kraft, dieser Schwung und Antrieb einmal erlahmen und erlöschen würde. Jetzt erst sah ich die Größe und Notwendigkeit auch in diesem „Zufälligen" und fühlte mein Leben an beiden Enden gebunden und bestimmt und sah meinen Weg und meine Aufgabe, dem Ende entgegenzugehen als der Vollendung, ihm zu reifen und zu nahen als dem ernsten Fest aller Feste.

Wir sprachen viel, und wer sich an besondere Erzählungen des Vaters aus dessen frühern Jahren erinnerte, der suchte sie wiederherzustellen, dazwischen lasen wir einander Stücke aus seinen Aufzeichnungen vor. Hier und dort nahm eines von uns ein Familienbild von der Wand, studierte daran, suchte Daten auf der Rückseite. Hie und da verschwand eines von uns, um ein wenig „hinüber" zu gehen und beim Vater zu sein, und hie und da begann eines von uns zu weinen. Eine von meinen Schwestern hatte mehr verloren als wir andern, ihr wurde der Tod des Vaters zu Wende und Schicksal auch im äußern Leben. Um diese eine stellten wir andern uns und nahmen sie in die Mitte unsrer Liebe. Über Jahre und Jahrzehnte eines Auseinandergleitens hinweg umarmte uns, mit hundert teuren Erinnerungen an Vater und Mutter, die Gemeinsamkeit des Blutes und Geistes. Denn dies erkannten wir alle als das Wesentliche in der Erbschaft des Entschlafenen, die wir alsbald angetreten hatten: es war nicht bloß das Band des Blutes da, das uns in der Stunde der Angst zueinanderdrängte. Es war darüber hinaus das Vermächtnis einer Zucht und eines Glaubens da, dem unser Vater und unsre Mutter gedient hatten und dem sich keines von uns Kindern zu entziehen dachte, der auch mich nach dem Zerschneiden aller Wort- und Gemeindefesseln immer noch innig mit umfaßt hatte. Diesen Glauben fühlten wir jetzt alle, den Glauben an eine Bestimmung, den Glauben an eine Berufung und Verpflichtung. Dieser Glaube, nicht in Worten auszudrücken und niemals durch Taten in seinem Trieb zu stillen, war uns allen gemeinsam wie das Blut. Auch wenn wir einander verlieren sollten, wußten wir uns doch für immer einem Orden, einer heimlichen Ritterschaft angehörig, aus der es keinen Austritt gibt. Denn man kann so einen Glauben wohl mit Füßen treten, nicht aber auslöschen.

Aber davon sprachen wir kein Wort.

Jetzt ist die braune Frühlingserde zwischen ihm und uns, und vielleicht sind heute auf seinem Grabe schon die ersten Blumen eingewurzelt. Eine Heimat habe ich jetzt nicht mehr, Mutter und Vater sind an verschiedenen Orten begraben. Erinnerungsstücke und Andenken habe ich keine mitgenommen, nur den dünnen goldenen Ring, an den sich meine Hand nun schon gewöhnt hat. Meine Heimat wird einmal dort sein, wo auch mir die Erde letzte Mutterdienste tut. Dennoch bin ich nicht in der Welt verloren, die ich liebe und der ich fremd bin, wie es der Tote war. Und habe mehr gewonnen als verloren an dem feuchten braunen Grab im schwäbischen Boden. Wer den Weg der Reife einmal betreten hat, der kann nicht mehr verlieren, nur gewinnen. Bis einmal auch ihm die Stunde kommt, wo er die Käfigtür offen findet und mit einem letzten Herzklopfen dem Unzulänglichen entschlüpft.

Wer dann für einen Menschen von unserer Art in der Bibel und in andern Büchern nach einem guten Spruch und Ausruf fahndet, der nicht alles sagt und sagen will, aber den holdesten Glanz der Sache doch im Spiegel fängt, der wird wohl nirgendwo einen bessern finden als den Psalmvers: „Der Strick ist zerrissen, der Vogel ist frei."

1916

ÜBER ALBERT WELTI

Wann und wo ich zuerst Weltis Namen gehört habe, ist mir nicht erinnerlich. Desto deutlicher erinnere ich mich des ersten Werkes von ihm, das ich sah. Es war die Radierung „Mondnacht" und bald darauf eine Abbildung des Hochzeitszuges auf der Brücke. Ich hatte aus den Bechern des Impressionismus, zumal der Franzosen, damals schon manchen tiefen Trunk getan und war keineswegs unbedingt auf „Heimatkunst" und dergleichen eingestellt; aber diese Werke sprachen gleich beim ersten Anblick stark und klar zu mir als schöne und wohlabgewogene Gebilde nicht nur, sondern vor allem als Äußerungen eines Geistes, den ich als verwandt empfand, dessen Kleid und Mundart mir ohne weiteres vertraut und verständlich war. Seit der Stunde, in der ich die „Mondnacht" gesehen, hat Welti für mich zu den Künstlern gehört, mit denen ich lebte, deren Stimme ich zuweilen in der Natur zu hören glaubte, an deren Art ich mich und andere maß. Dabei war ein gewisser Mangel an bestechender Technik, den ich sonst leicht peinlich empfand, mir bei ihm von allem Anfang an lieb und rührend, ich habe bei ihm niemals artistische Entzückungen des Pinsels und der Nadel gesucht. Sein Wesen empfand ich vom ersten Kennenlernen an als ganz und gar deutsch, als deutsch mit einem Beiklang von Romantik und mittelalterlicher Seelenkultur. Daneben war aber noch etwas, was ihn mir erst ganz lieb machte, etwas, was er mit niemand teilte, ein ganz eigener Zug, eine eigene Sprache und Gebärde, in der die Gabe einer tüchtigen Rasse und Stammesart noch mit dem köstlichen Stempel einer eigenen, sehr eigenwillig verzweigten Geistesart ausgezeichnet schien. Dieser Künstler konnte sich keines Ausdrucks, keines Symbols, keiner noch so verbrauchten Allegorie bedienen, ohne daß sie in seinen Händen neu und anders wurde, einen Unterton und Reiz mitbekam. Man mußte, so schien mir, zu diesem Manne unbedingt Vertrauen haben und ihn lieben, weil soviel Geradheit, soviel Natur, soviel Kindheit in ihm war; aber man hatte ihn damit noch lange nicht erschöpft, es war außerdem in diesem Künstler eine seltene Gewalt der persönlichen Phantasie, eine urtümlich-wilde Stärke des Trieb- und Traumlebens, ja ein auffallender Zug von Dämonie vorhanden. Dieser Mann konnte kein Naturalist und kein Impressionist sein; er sah die ganze Welt aus einem Herzen heraus, dessen Leidenschaftlichkeit und Träumerei alle Wirklichkeiten überwog und verlachte. Vielleicht hatte man recht, wenn man ihn mehr einen Dichter als einen Maler nannte, dann war er also ein verirrtes Talent, eine Art von Dilettant und Eindringling, und gerade das paßte ausgezeichnet zu der urwüchsigen Rassigkeit und Wildheit mancher seiner Einfälle und Launen. Doch fühlte ich schon damals, daß auch dies, trotz seinem guten Kern von Wahrheit, nicht die Formel für diesen Menschen war, der innerhalb seiner Art oder Unart eine Meisterschaft, Treue und Selbstbezwingung in seiner Arbeit erreicht hat, wie sie einem bloßen Wildling und Naturspiel versagt wären.

Alles, was ich so über ihn gedacht und phantasiert hatte, fand ich später treu bestätigt. Es vergingen noch Jahre, ehe ich etwas Näheres über ihn erfuhr oder ein Originalgemälde von ihm zu sehen bekam. Als ich verheiratet war und mich am Bodensee niedergelassen hatte, lernte ich beim Maler Würtenberger in Zürich und bei Emil Strauß in Überlingen noch mehrere Blätter Weltis kennen, von denen namentlich die Lithographie „Das Haus der Träume" mir wieder einen tiefen, lang nachhallenden Eindruck machte. Hier erfuhr ich auch zum erstenmal Persönliches über den Maler, sah seine Handschrift und seine radierten Postkarten, und wenn ich zuweilen durch die Gäßchen des alten Zürich ging, mußte ich neben Gottfried Keller oft auch an ihn denken.

Und nun dauerte es nimmer lange, bis ich ihn selber in München kennenlernte.

Ich trat ihm mit einer leisen Furcht entgegen. Diese Furcht, beruhend auf einer hohen Verehrung des Mannes, war doch auch gemischt aus einem Bangen vor der Möglichkeit einer Enttäuschung, vor der möglichen Erschütterung und Änderung eines innern Bildes, das ich fest in mir trug, und aus der Schüchternheit einem Manne gegenüber, den ich als einen Meister kannte und liebte und in dem ich junger Mensch einen überlegenen, reifen, vielleicht ablehnenden Charakter vermutete. Daß man sich vor einen verehrten Künstler einfach hinstelle, ihn mit seiner Verehrung belästige und sein Interesse in Anspruch nehme, schien mir eigentlich unerlaubt, und ohne vermittelnde Freunde hätte ich es nicht unternommen.

Aber kaum hatten wir uns begrüßt, so war alle Bangigkeit verschwunden. Von Enttäuschung war keine Spur, er war fast ganz so, wie ich ihn gesucht und erwartet hatte, nur freundlicher, herzlicher, aufgeschlossener, und zu den erwarteten zeigte er noch eine ganze Reihe von überraschenden neuen kleinen Zügen. Eine kleine Beschämung und Kritik freilich, wie ich sie halb und halb gefürchtet hatte, blieb mir nicht erspart. Gleich im ersten Gespräch kamen wir auf Wohnungswechsel und Umzüge zu sprechen, und ich gestand meine tiefe Abneigung und Furcht vor solchen Prozeduren, denen ich mich nicht gewachsen fühlte, fügte aber hinzu, ich sei einigermaßen gesichert, da meine Frau mir längst versprochen habe, im Notfalle so etwas allein zu besorgen. Da blitzte mich Welti aus seinen leuchtend hellblauen Augen kampflustig an und rief kräftig: „Was, so ein Feigling sind Sie?!" Aber wir verstanden uns gut und wurden am selben Abend Freunde. Ich besuchte ihn in Solln draußen, ich saß einen Abend mit ihm in einer Italienerkneipe, ich brachte einen Vormittag mit ihm in der Druckerei beim Druck einer Radierung zu. Und von da an waren wir oft beisammen, in München, am Bodensee und in der Schweiz, unsere Frauen wurden ebenfalls Freundinnen, und es ging mit Besuchen, Briefen und Sendungen alle die Jahre bis zu seinem Tod ein Freundesverkehr zwischen uns und unsern Häusern hin und wider. Dabei mußte man mit ihm nur in einer Hinsicht vorsichtig sein: er war so freigebig, daß er blindlings wegschenkte, und wenn man ihm eine Radierung lobte, so rollte er sie sofort zusammen und gab sie her. Wehrte man sich, so konnte er grimmig werden und sagen, wenn man das Blatt nicht haben wolle, so sei offenbar das Lob vorher nicht aufrichtig gewesen. Etwas von ihm zu kaufen, selbst im Auftrag anderer, war immer schwierig und kostete Diplomatenschweiß.

Als ich Weltis Bekanntschaft machte, war er auf der Höhe seines reichen Lebens, die herrlichen „Penaten" hingen im Glaspalast, und zu Hause auf seiner Staffelei stand das Basler Eremitenbild, damals noch mit Einzelheiten, die er später weggetilgt hat, aber im ganzen schon durchaus so still und fertig, so kühlblau und schweigsam fromm, wie wir es heute sehen. Er wollte es für mich, als Beigabe zu einem geplanten Buche, in kleinem Format radieren; weder Radierung noch Buch sind aber zustande gekommen.

Zu den späten Auszeichnungen und Erfolgen, die Albert Welti erlebte, gehörte der Auftrag zu den Berner Fresken, an dem er damals eine rechte Freude hatte. Aber schon begann sein Leben sich zu senken, der Wegzug von München und den dortigen treuen Freunden fiel ihm bitter schwer, in Bern gab es manche Schwierigkeiten (sein Freund und Mitarbeiter Balmer stand ihm treulich bei), und bald nach dem Beginn der großen Arbeit für den Ständeratssaal begann Weltis schon unfest gewordene Gesundheit ihm und den Seinen Sorge zu machen. Im Jahr 1908 war ich im Frühling eine Woche in dem tief in alten Bäumen eingewachsenen Berner Häuschen zu Gast, damals lachte durchs Haus noch der alte frohe Geist, Kinder und Hunde, Gäste und Ausflüge und schöne Abendstunden mit Schubert-Liedern. Er führte mich weit in der Landschaft herum und bis nach Freiburg hinüber. In dieses romantische Nest, das er sehr liebte, hat Welti mich auch noch drei Jahre später als kranker Mann begleitet.

Später sah ich ihn nur noch krank und verfallend, doch immer für die Freunde aufgeschlossen und immer wieder für einen Witz, für eine gute Musik, für ein Buch empfänglich. Manchmal grollte er mit dem alten wilden Temperament über die neueste Kunst, mit der er ganz zerfallen war, und manchmal, in unvergeßlich lichten Stunden, sprach er bescheiden und fein von Plänen künftiger Arbeiten. Nach dem Radieren, das über der Berner Arbeit ganz beiseite gelegt worden war, spürte er einen wahren Hunger. Unersetzlich ist der Verlust zweier seiner schönsten Blätter, des „Gang zum Hades" und der Lithographie „Das Haus der Träume". Die Steine dazu waren, da das Blatt seinerzeit keinen Erfolg hatte, vom Verleger wieder abgeschliffen worden. Die vorhandenen Abzüge sind heute Kostbarkeiten. Und die Platte des „Gang zum Hades" hat ein Drucker durch falsche Behandlung verdorben.

Als ich Welti zuletzt sah, hatte er seine Frau, nächst der Kunst das beste Stück seines Lebens, vor kurzem verloren und lag selber krank und abgezehrt in dem verödeten Häuschen; er sprach mild und gut, aber müde, und ich sah mit tiefem Erschrecken dies kraftvolle und saftige Leben an den Wurzeln verletzt. Einige Monate später ist er gestorben, kurz nachdem ich mich entschlossen hatte, vor allem seinetwegen, nach Bern zu ziehen. Im Jahr 1912, an einem blaudunstigen Sommertag, haben wir ihn begraben. Viele Freunde standen am Grab, denen sein Andenken zum Besten gehört, was sie vom Leben erhielten.

Ich schreibe diese Worte in Weltis einstigem Atelier, das nun mein Studierzimmer ist; draußen schütteln meine Buben die Äpfel von seinen Bäumen. Manchmal hat mich mein Weg in die Stadt an seinem Grab vorbeigeführt, und wenn ich in Leid oder in Hast und Sorgen war, sah ich oft sein gutes Gesicht mit den kristallenen Augen wieder, voll von Begütigung und heiterm Spott. Er hat in einer Welt gelebt, die keine häßliche Hast und Wirrnis kannte, obwohl Abgründe genug, und er hat denen, die ihn kannten, außer seinem Werk auch noch ein Andenken und Beispiel hinterlassen, das sich in der Not bewährt.

Die beiden Quellen seiner Meisterschaft waren eine starke, eigenwillige, aus tiefen Seelengründen genährte Phantasie und ein altmeisterlicher Formwille. In den Radierungen hat diese kühne, ganz männliche, aber tief musikalische Phantasie sich fast ohne Schranken ausgelebt. In der Mehrzahl der Tafelbilder hat der Formwille sie in langen Kämpfen gereift und vereinfacht. An einigen seiner Bilder, an den meisten sogar, hat er Jahre gemalt; das Eremitenbild habe ich zwei Jahre auf seiner Staffelei stehen sehen, ohne daß er in dieser Zeit an einem andern Bild gemalt hätte. Was er an fertig ausgeführten Tafelbildern hinterließ, ist an Zahl nicht eben viel; aber es sind keine Zufallsstücke und Halbgeburten darunter. Und die Meisterwerke seiner Höhezeit, obenan die „Penaten", sind von einer wahrhaft magischen, kristallenen Reife und Durchglühtheit. In jeder Arbeit seiner Hände aber, noch im verlorensten Skizzenblatt, spricht unmittelbar seine rassige, starke Natur und ein edles Herz, dem die frohe Unschuld der Kindheit auch in den trübsten Tagen niemals ganz erloschen ist.

Als Maler hat Albert Welti zu seinen Lebzeiten auf viele als ein Altmodischer und Unzeitgemäßer gewirkt. Man hat das „Altmeisterliche" seiner Bilder oft schlecht verstanden. Nun aber sehen wir mehr und mehr, daß sein Weg und seine Gedankenwelt nur scheinbar unmodern waren. Wertvolle Neubildungen im persönlichen wie im Kulturleben haben stets eine Abwendung vom Gestrigen und ein Wiederaufnehmen älterer, vergessener Werte zur Grundlage. In diesem Sinn soll uns ein Wort aus einem von Weltis Briefen wichtig sein: „Viel ist der deutschen Kunst seit dem Mittelalter verlorengegangen. Mit dem will ich nicht sagen, daß ich jene Zeiten zurückwünsche; aber das viele Gute, das im Laufe der Zeiten verlernt wurde über dem Neuen, muß zurückgewonnen und von dem Neuen muß viel hohles Zeug auf die Seite geschafft werden."

1916

HEIMAT

Zwischen Bremen und Neapel, zwischen Wien und Singapore habe ich manche hübsche Stadt gesehen, Städte am Meer und Städte hoch auf Bergen, und aus manchem Brunnen habe ich als Pilger einen Trunk getan, aus dem mir später das süße Gift des Heimwehs wurde.

Die schönste Stadt von allen aber, die ich kenne, ist Calw an der Nagold, ein kleines, altes, schwäbisches Schwarzwaldstädtchen.

Wenn ich jetzt etwa wieder einmal nach Calw komme, dann gehe ich langsam vom Bahnhof hinabwärts, an der katholischen Kirche, am „Adler" und am „Waldhorn" vorbei und durch die Bischofstraße an der Nagold hin bis zum Weinsteg oder auch bis zum Brühl, dann über den Fluß und durch die untere Ledergasse, durch eine der steilen Seitengassen zum Marktplatz hinauf, unter der Halle des Rathauses durch, an den zwei mächtigen alten Brunnen vorbei, tue auch einen Blick hinauf gegen die alten Gebäude der Lateinschule, höre im Garten des Kannenwirts die Hühner gackern, wende mich wieder abwärts, am „Hirschen" und „Rößle" vorüber, und bleibe dann lang auf der Brücke stehen. Das ist mir der liebste Platz im Städtchen, der Domplatz von Florenz ist mir nichts dagegen.

Wenn ich nun von der schönen steinernen Brücke aus dem Fluß nachblicke, hinab und hinauf, dann sehe ich Häuser, von denen ich nicht weiß, wer in ihnen wohnt. Und wenn aus einem der Häuser ein hübsches Mädchen blickt (die es in Calw stets gegeben hat), dann weiß ich nicht, wie sie heißt.

Aber vor dreißig Jahren, da saß hinter allen diesen vielen Fenstern kein Mädchen und kein Mann, keine alte Frau, kein Hund und keine Katze, die ich nicht gekannt hätte. Über die Brücke lief kein Wagen und trabte kein Gaul, von dem ich nicht wußte, wem er gehöre. Und so kannte ich alles, die vielen Schulbuben und ihre Spiele und Spottnamen, die Bäckerläden und ihre Ware, die Metzger und ihre Hunde, die Bäume und die Maikäfer und Vögel und Nester darauf, die Stachelbeersorten in den Gärten.

Daher hat die Stadt Calw diese merkwürdige Schönheit. Zu beschreiben brauche ich sie nicht, das steht fast in allen Büchern, die ich geschrieben habe. Ich hätte sie nicht zu schreiben brauchen, wenn ich in diesem schönen Calw sitzengeblieben wäre. Das war mir nicht bestimmt.

Aber wenn ich jetzt (wie es bis zum Krieg alle paar Jahre einmal geschah) wieder eine Viertelstunde auf der Brückenbrüstung sitze, über die ich als Knabe tausendmal meine Angelschnur hinabhängen hatte, dann fühle ich tief und mit einer wunderlichen Ergriffenheit, wie schön und merkwürdig dies Erlebnis für mich war: einmal eine Heimat gehabt zu haben! Einmal an einem kleinen Ort der Erde alle Häuser und ihre Fenster und alle Leute dahinter gekannt zu haben! Einmal an einen bestimmten Ort dieser Erde gebunden gewesen zu sein, wie der Baum mit Wurzeln und Leben an seinen Ort gebunden ist.

Wenn ich ein Baum wäre, stünde ich noch dort. So aber kann ich nicht wünschen, das Gewesene zu erneuern. Ich tue das in meinem Träumen und Dichten zuweilen, ohne es in der Wirklichkeit tun zu wollen.

Jetzt habe ich hie und da eine Nacht Heimweh nach Calw. Wohnte ich aber dort, so hätte ich jede Stunde des Tags und der Nacht Heimweh nach der schönen alten Zeit, die vor dreißig Jahren war und die längst unter den Bogen der alten Brücke hinweggeronnen ist. Das wäre nicht gut. Schritte, die man getan hat, und Tode, die man gestorben ist, soll man nicht bereuen.

Man darf nur zuweilen einen Blick dorthinein tun, durch die Ledergasse schlendern, eine Viertelstunde auf der Brücke stehen, sei es auch nur im Traum, und auch das nicht allzu oft.

1918

EINKEHR

In meinem Leben ist es jetzt Mittag, ich bin an Vierzig vorbei, und ich spüre, wie sich, seit Jahren vorbereitet, neue Einstellungen, neue Gedanken, neue Auffassungen melden, wie sich das Ganze meines Lebens neu und anders kristallisieren will.

Das hat nie einen Anfang gehabt. Das klang schon voraus und war schon Ahnung und Möglichkeit, als ich noch Kind war, als ich noch nicht Kind war. Spürbar ist es mir auch schon früh geworden. Überhaupt, wenn ich heute an meine früheren Jahre denke, so sehen sie anders aus, als ich sie zu sehen gewohnt war. Anders duftet die Zeit der Kindheit, anders klingt die Zeit des Jünglings mir jetzt, als sie mir noch vor zwei, drei Jahren klang. Und so sehe ich jetzt Ahnungen und Vordeutungen des Heutigen schon in Ereignissen und Gefühlen sehr früher Jahre. Man wird sagen, ich deute nun eben den neuen Sinn, den ich jetzt meinem Leben zuschreibe, rückwärts in alles Gewesene hinein, konstruiere Geschichte, wende neue Dogmen nach rückwärts an, belüge mich mit einer neuen Theologie.

Aber was liegt denn daran, wenn ich mich belüge, wenn ich Theologie oder Geschichtskonstruktion treibe? Das Neue bei mir ist ja nicht, daß einer bisherigen Täuschung eine nunmehrige Wahrheit gefolgt wäre. Ich bin weiter von jeder Wahrheit entfernt als jemals. Ich bin ungläubiger gegen jede Wahrheit und gläubiger gegen jede Illusion als jemals.

Aber ich spüre mich wieder leben, ich bin jünger, fühle Zukunft, fühle Kräfte und Wirkungsmöglichkeiten, und das alles war jahrelang fort gewesen. Es ist eine Häutung im Gang, ein ausgewachsenes Kleid will abfallen, und was ich jahrelang für den Schmerz des Sterbenmüssens angesehen habe, will nun Schmerz der Neugeburt bedeuten.

Furchtbar sind die Schmerzen des Sterbenmüssens, ich sehe sie hinter mir wie eine lange, schwarze Schlucht des Grauens, durch die ich gegangen bin. Jahre und Jahre gegangen, allein und hoffnungslos. Noch friert mich tief im Gedanken an sie. Es war eine Hölle, eine kalte und stille Hölle. Es war ein Weg ohne Hoffnung, an dessen Ende nichts stand als Dunkel und Tod – vielleicht ein Ende, hoffentlich ein Ende.

Aber wie es scheint, gibt es für jedes Leid eine Grenze, bis wohin es Leid ist. Dann hat es entweder sein Ende, oder es verwandelt sich, nimmt Lebensfarben an, tut vielleicht noch weh, aber Schmerz ist dann Hoffnung und Leben. So ging es mir. mit der Einsamkeit. Ich bin jetzt nicht weniger einsam als in meiner schlechtesten Zeit. Aber Einsamkeit ist ein Trank, der mich weder betäuben noch schmerzen mehr kann, aus diesem Becher habe ich genug getrunken, um gegen sein Gift hart geworden zu sein. Aber es ist ja nicht Gift – das war es nur, das hat sich gewandelt. Alles ist Gift, was wir nicht annehmen, nicht lieben, nicht dankbar schlürfen können. Und alles ist Leben und Wert, was wir lieben, woraus wir Leben saugen können. Wenn ich versuche, über ein Stück meines Lebens Rechenschaft zu geben, so tue ich es nicht in der Meinung, ich könne damit lehren, ich könne Formeln finden und eine Weisheit destillieren. Obwohl ich mein Leben lang, seit den Jünglingsjahren, den Zug zur Philosophie empfand und eine Bibliothek von Denkern gelesen habe, ist mir doch der Glaube an meine Fähigkeit vergangen, mein Weltbild mitteilbar zu formulieren. Ich bin kein Denker und will auch keiner sein. Ich habe das Denken viele Jahre lang überschätzt, ich habe ihm viel Blut geopfert, ich habe dabei verloren und dabei gewonnen, je nachdem. Aber ich hätte ebensowohl dies alles nicht tun können und wäre heute bei demselben Ergebnis. Nicht aus dem Denken habe ich gelernt, am wenigsten aus dem Denken der vielen anderen, deren Werke ich studiert habe.

Noch erinnere ich mich wohl der überaus holden Täuschung, die ich erlebte, als ich den ersten Philosophen gelesen und nach manchem Kopfschütteln verstanden hatte. Es war Spinoza, und bei Kant wiederholte sich die schöne Täuschung nochmals. Ich empfand über mein Verstandenhaben, über der Feststellung meiner Fähigkeit, diesen Gedankenbau zu begreifen und die Lebensgesetze seiner Konstruktion mitfühlen zu können − darüber empfand ich eine Befriedigung und ein Wohlsein, das an sich eine schöne Sache war, das ich aber so deutete, als habe ich nun „die" Wahrheit gefunden. Ich meinte die Welt ein für allemal verstanden zu haben, während ich nichts erlebt hatte als einen der schönen Augenblicke, in denen man im unendlichen Wirbel der Bilder eine Kristallisation, einen Halt, eine Fixierung in sich fertigbekommt. Die Welt verstehen hieße ein Leben führen, das ununterbrochen aus lauter solchen seltenen Augenblicken bestünde. Daß die Philosophie nur einer von tausend Wegen war, um solche Augenblicke zu erleben, empfand ich wohl, glaubte es aber lange nicht. In Wirklichkeit war mein Erlebnis bei Kant, bei Schopenhauer, bei Schelling kein anderes als das, was ich auch bei der Matthäus-Passion, bei Mantegna, beim „Faust" gehabt hatte. Heute sehe ich das etwa so: Eine Philosophie von überwiegendem Wert gibt es nur für den schöpferischen Philosophen, nicht für seinen Schüler, nicht für seinen Leser, nicht für seinen Kritiker. In seiner Weltschöpfung erlebt der Philosoph das, was jedes Wesen in seinen Augenblicken der Reife und Erfüllung empfindet, die Frau beim Gebären, der Künstler beim Schaffen, der Baum bei den Stationen der Jahreszeit und Lebensalter. Daß der Denker dies Erlebnis *bewußt* erlebe, die andern Wesen „nur" unbewußt, ist ein alter Glaubenssatz, an dem ich schweigend zweifle. Mag er selbst richtig sein (er ist es nicht, denn der Denker erliegt im Erleben seines Werkes hundert Illusionen, und wie oft hängt sich seine Liebe und Eitelkeit gerade an die zweifelhaftesten seiner Funde!) – so bestreitet doch meine Erfahrung diesen überragenden Wert des Bewußtseins. Daß ich den mir wichtigen Kreis der Dinge dauernd im Blickfeld meines Bewußtseins habe, ist nicht entscheidend für den Wert und die Steigerung meines Ichs, sondern nur das, daß ich zwischen dem Bezirk des Bewußtseins und dem Unbewußten gute, leichte, flüssige Beziehungen habe. Wir sind nicht Denkmaschinen, sondern Organismen, und in unsrem Organismus nimmt das Unbewußte eine ähnliche Stelle ein wie der Magen im berühmten Gleichnis des römischen Redners. Für den, der nicht gewillt ist, sich um Worte zu streiten, ist es nicht leicht, das auszudrücken, was ich meine. Aber als Gleichnis scheint mir das Wort „bewußt" und „unbewußt" so wertvoll, daß ich den Versuch doch mache.

Also: Stelle dir dein Wesen als einen tiefen See mit kleiner Oberfläche vor. Die Oberfläche ist das Bewußtsein. Dort ist es hell, dort geht das vor sich, was wir Denken heißen. Der Teil des Sees aber, der diese Oberfläche bildet, ist ein unendlich kleiner. Er mag der schönste, der interessanteste Teil sein, denn in der Berührung mit Luft und Licht erneuert, verändert, bereichert sich das Wasser. Aber die Wasserteile selbst, die an der Oberfläche sind, wechseln unaufhörlich. Immer steigt es von unten, sinkt von oben, immer geschehen Strömungen, Ausgleichungen, Verschiebungen, jeder Teil Wassers will auch einmal oben sein. – Wie nun der See aus Wasser, so besteht unser Ich, oder unsre Seele (es ist nichts an den Worten gelegen), aus tausend und Millionen Teilen, aus einem stets wachsenden, stets wechselnden Gut von Besitz, von Erinnerungen, von Eindrücken. Was unser Bewußtsein davon sieht, ist die kleine Oberfläche. Den unendlich größeren Teil ihres Inhalts sieht die Seele nicht: reich und gesund nun und zum Glück fähig scheint mir die Seele, in der aus dem großen Dunkel nach dem kleinen Lichtfelde hin ein beständiger, frischer Zuzug und Austausch vor sich geht.

Die allermeisten Menschen hegen tausend und tausend
Dinge in sich, welche niemals an die helle Oberfläche
kommen, welche unten faulen und sich quälen. Darum,
weil sie faulen und Qual machen, werden diese Dinge
vom Bewußtsein immer und immer wieder zurückgewie-
sen, sie stehen unter Verdacht und werden gefürchtet.
Dies ist der Sinn jeder Moral – was als schädlich erkannt
ist, darf nicht nach oben kommen! Es ist aber nichts
schädlich und nichts nützlich, alles ist gut, oder alles ist
indifferent. Jeder einzelne trägt Dinge in sich, die ihm
angehören, die ihm gut und zu eigen sind, die aber nicht
nach oben kommen dürfen. Kämen sie nach oben, sagt
die Moral, so gäbe es ein Unglück. Es gäbe aber vielleicht gerade ein Glück! Darum soll alles nach oben
kommen, und der Mensch, der sich einer Moral unter-
wirft, verarmt.

Das, was ich in den letzten Jahren erlebt habe, erscheint mir im Bild dieses Gleichnisses so, als sei ich ein
See gewesen, dessen Tiefenschicht abgeschlossen lag,
woraus Qual und Todesnähe entstand. Nun aber fließt
wieder Oben und Unten reger ineinander, vielleicht
noch mangelhaft, vielleicht noch lange nicht rege genug
– aber immerhin, es fließt.

1918/19

ALEMANNISCHES BEKENNTNIS

Was man unter Alemannen und Alemannentum zu verstehen habe, darüber gibt es verschiedene Meinungen, deren Kritik nicht meine Sache ist. Mein Glaube an „Rassen" ist niemals lebhaft gewesen, und mich in diesem Sinne einen Alemannen zu nennen, würde ich nicht wagen. Dennoch bin ich Alemanne, und bin es stärker und bewußter als die meisten von denen, die es der „Rasse" nach wirklich und zweifellos sind.

Für mich ist die Zugehörigkeit zu einem Lebens- und Kulturkreise, der von Bern bis zum nördlichen Schwarzwald, von Zürich und dem Bodensee bis an die Vogesen reicht, ein erlebtes, erworbenes Gefühl geworden. Dies südwestdeutsch-schweizerische Gebiet ist mir Heimat, und daß durch dies Gebiet mehrere Landesgrenzen und eine Reichsgrenze liefen, bekam ich zwar im kleinen wie im großen oft genug einschneidend zu spüren, doch habe ich diese Grenzen in meinem innersten Gefühl niemals als natürliche empfinden können. Für mich war Heimat zu beiden Seiten des Oberrheins, ob das Land nun Schweiz, Baden oder Württemberg hieß. Im nördlichsten Schwarzwald geboren, kam ich schon als Kind nach Basel, neunjährig wieder in die erste Heimat zurück und habe mein späteres Leben, von kurzen Reisen abgesehen, ganz in diesem alemannischen Heimatlande verbracht, in Württemberg, in Basel, am Bodensee, in Bern. Auch politisch habe ich beiden Rheinufern angehört: mein Vater stammte aus den baltischen Ostseeprovinzen, meine Mutter war die Tochter eines Stuttgarters und einer französischen Schweizerin; in den achtziger Jahren erwarb mein Vater für die Familie das Bürgerrecht von Basel, und ein Bruder von mir ist heute noch Schweizer, während ich noch als Knabe, der Schulen wegen, in die württembergische Staatsangehörigkeit übertrat.

Ich schreibe es zum Teil diesen Umständen und Herkünften zu, daß ich, bei immer zärtlicher Heimatliebe, nie ein großer Patriot und Nationalist sein konnte. Ich lernte mein Leben lang, und gar in der Kriegszeit, die Grenzen zwischen Deutschland und der Schweiz nicht als etwas Natürliches, Selbstverständliches und Heiliges kennen, sondern als etwas Willkürliches, wodurch ich brüderliche Gebiete getrennt sah. Und schon früh erwuchs mir aus diesem Erlebnis ein Mißtrauen gegen Landesgrenzen und eine innige, oft leidenschaftliche Liebe zu allen menschlichen Gütern, welche ihrem Wesen nach die Grenzen überfliegen und andere Zusammengehörigkeiten schaffen als politische. Darüber hinaus fand ich mich mit zunehmenden Jahren immer unentrinnbarer getrieben, überall das, was Menschen und Nationen verbindet, viel höher zu werten als das, was sie trennt.

Im kleinen fand und erlebte ich das in meiner natürlichen, alemannischen Heimat. Daß sie von Landesgrenzen durchschnitten war, konnte mir, der ich viele Jahre dicht an solchen Grenzen lebte, nicht verborgen bleiben. Das Vorhandensein dieser Grenzen äußerte sich nirgends und niemals in wesentlichen Verschiedenheiten der Menschen, ihrer Sprache und Sitte, es zeigten sich diesseits und jenseits dieser Grenze weder in der Landschaft noch in der Bodenkultur, weder im Hausbau noch im Familienleben merkliche Unterschiede. Das Wesentliche der Grenze bestand in lauter teils drolligen, teils störenden Dingen, welche alle von unnatürlicher und rein phantastischer Art waren: in Zöllen, Paßämtern und dergleichen Einrichtungen mehr. Diese Dinge zu lieben und heiligzuhalten, dagegen aber die Gleichheit von Rasse, Sprache, Leben und Gesittung, die ich zu beiden Seiten der Grenze fand, für nichts zu achten, ist mir nicht möglich gewesen, und so geriet ich, zu meinem schweren Schaden namentlich in der Kriegszeit, immer mehr in das Lager jener Phantasten, denen Heimat mehr bedeutet als Nation, Menschentum und Natur mehr als Grenzen, Uniformen, Zölle, Kriege und dergleichen. Wie verpönt und wie „unhistorisch gedacht" dies sei, wurde mir von vielen Seiten vielmals unter den wildesten Schmähungen mitgeteilt. Ich konnte es jedoch nicht ändern. Wenn zwei Dörfer miteinander verwandt und ähnlich sind wie Zwillinge, und es kommt ein Krieg, und das eine Dorf schickt seine Männer und Knaben aus, verblutet und verarmt, das andere aber behält Frieden und gedeiht ruhig weiter, so scheint mir das keineswegs richtig und gut, sondern seltsam und haarsträubend. Und wenn ein Mensch seine Heimat verleugnen und die Liebe zu ihr opfern muß, um einem politischen Vaterland besser zu dienen, so erscheint er mir wie ein Soldat, der auf seine Mutter schießt, weil er Gehorsam für heiliger hält als Liebe.

Nun, meine Liebe zur Heimat, zu dem Land, durch dessen Mitte der Oberrhein fließt, ist mir nie verkümmert und verdunkelt worden. Wie ich schon als Kind den Basler Rhein und die schwäbische Nagold liebte, Schwarzwälder und Schweizer Mundart erlernte und sprach, so fühle ich mich auch heute noch in allen „alemannischen" Landen zu Hause. Wohl hatte ich sehr oft im Leben einen starken Reisetrieb, stets dem Süden und der Sonne nach. Heimisch gefühlt aber habe ich mich weder in Italien noch in Bremen, weder in Frankfurt noch in München oder Wien, sondern immer nur da, wo Luft und Land, Sprache und Menschenart alemannisch war. Bauernhäuser mit rotgestrichenem Fachwerk, alte Städte mit Brücken über den hellgrünen wilden Rhein, blaue Abendberge, Obstland und Fruchtbarkeit und in den Lüften etwas, was an nahe Alpen erinnert, auch wenn man sie nicht sieht, das und noch viel anderes spricht zu mir heimatlich und vertrauensvoll, das lebt in mir, dahin gehöre ich. Und dazu die Sprache, die vielfältigen, doch nah verwandten schwäbischen und deutschschweizerischen Mundarten, eine Sprache von besonderem Klang, von besonderer Melodie. Ich kann sie nicht beschreiben, sie ist für mich Heimat und Mutter, Geborgenheit und Vertrauen.

Als Knabe, nachdem ich neunjährig aus der Schweiz in den Schwarzwald zurückgekehrt war, pflegte ich durch manche Jahre eine gewisse romantische Sehnsucht nach Basel und fühlte mich mit einem richtigen Kinderstolz als Fremdling und Ausländer, obwohl ich nach wenigen Wochen den schwäbischen Heimatdialekt wieder vollkommen wie in meinen ersten Lebensjahren sprach. Später kamen Zeiten, in denen ich mir ganz Schwabe zu sein schien und den schweizerischen Zuschuß stark unterschätzte. Erst allmählich wurde mir klar, daß meine gleichmäßige Liebe zu beiden Heimaten meiner Kindheit (zu welchen später noch der Bodensee hinzukam) nicht eine persönliche Laune von mir war, sondern daß es eine Landschaft, Atmosphäre, Volksart und Kultur gab, die ich schon früher von zwei verschiedenen Seiten her kennengelernt und mitgelebt hatte, die aber in sich eins war. Seither rechne ich mich zu den Alemannen und bin nicht betrübt, sondern froh darüber, daß unser Alemannien nicht ein politisch abgegrenzter Staat ist und nicht auf Landkarten und in Staatsverträgen zu finden ist.

Als Gegner der National-Eitelkeiten darf ich nun die Alemannen nicht rühmen und sie mit Tugenden beladen, wie Völker es gerne voreinander tun. Ich halte weder die Treue noch die Schlauheit, weder die Tapferkeit noch den Humor für reservierte Spezialbegabungen der Alemannen, obwohl sie von alledem gute Proben geliefert haben. Ich liebe auch nicht einen alemannischen Dichter, eine alemannische Bauernstube, ein alemannisches Volkslied mehr als andere solche schöne Dinge auf Erden. Die Alemannen haben weder eine Peterskirche gebaut, noch haben sie einen Dostojewski, und wenn sie aus heimatlichem Dünkel nichts von fremder Art und Kunst wissen wollen, so tue ich nicht mit. Aber alles, was von alemannischer Herkunft ist, hat Heimatgeruch für mich, ist mir ohne weiteres verständlich und nah. Manches gefällt mir bei den Schwaben besser: so die wunderbare Musik bei den schwäbischen Dichtern, bei Hölderlin und Mörike. Anderes liebe ich wieder speziell bei den Schweizern: Phantasie hinterm Anschein von Nüchternheit wie bei G. Keller. Und noch etwas, worin die Schweizer anderen Alemannen voraus waren: eine bürgerlich-demokratische Mischung der Stände und Gesellschaftsschichten ohne scharfe Grenzen, Selbstbewußtsein und Selbstgenügsamkeit beim „Volk" und Aufgeschlossenheit des „Gebildeten" gegen Volksgenossen aller Stände. Darin hatten wir auf der reichsdeutschen Seite manches verlernt und versäumt, was wir jetzt neu zu lernen im Begriff sind.

Das alemannische Land hat vielerlei Täler, Ecken und Winkel. Aber jedes alemannische Tal, auch das engste, hat seine Öffnung nach der Welt, und alle diese Öffnungen und Ausgänge zielen nach dem großen Strom, dem Rhein, in den alles alemannische Wasser rinnt. Und durch den Rhein hängt es von alters her mit der großen Welt zusammen.

1919

KINDHEIT DES ZAUBERERS

Nicht von Eltern und Lehrern allein wurde ich erzogen, sondern auch von höheren, verborgeneren und geheimnisvolleren Mächten, unter ihnen war auch der Gott Pan, welcher in der Gestalt einer kleinen tanzenden indischen Götzenfigur im Glasschrank meines Großvaters stand. Diese Gottheit und noch andre haben sich meiner Kinderjahre angenommen und haben mich, lange schon ehe ich lesen und schreiben konnte, mit morgenländischen, uralten Bildern und Gedanken so erfüllt, daß ich später jede Begegnung mit indischen und chinesischen Weisen als eine Wiederbegegnung, als eine Heimkehr empfand. Und dennoch bin ich Europäer, bin sogar im aktiven Zeichen des Schützen geboren und habe mein Leben lang tüchtig die abendländischen Tugenden der Heftigkeit, der Begehrlichkeit und der unstillbaren Neugierde geübt. Zum Glück habe ich, gleich den meisten Kindern, das fürs Leben Unentbehrliche und Wertvollste schon vor dem Beginn der Schuljahre gelernt, unterrichtet von Apfelbäumen, von Regen und Sonne, Fluß und Wäldern, Bienen und Käfern, unterrichtet vom Gott Pan, unterrichtet vom tanzenden Götzen in der Schatzkammer des Großvaters. Ich wußte Bescheid in der Welt, ich verkehrte furchtlos mit Tieren und Sternen, ich kannte mich in Obstgärten und im Wasser bei den Fischen aus und konnte schon eine gute Anzahl von Liedern singen. Ich konnte auch zaubern, was ich dann leider früh verlernte und erst in höherem Alter von neuem lernen mußte, und verfügte über die ganze sagenhafte Weisheit der Kindheit.

Hinzu kamen nun also die Schulwissenschaften, welche mir leichtfielen und Spaß machten. Die Schule befaßte sich klugerweise nicht mit jenen ernsthaften Fertigkeiten, welche für das Leben unentbehrlich sind, sondern vorwiegend mit spielerischen und hübschen Unterhaltungen, an welchen ich oft mein Vergnügen fand, und mit Kenntnissen, von welchen manche mir lebenslänglich treu geblieben sind; so weiß ich heute noch viele schöne und witzige lateinische Wörter, Verse und Sprüche sowie die Einwohnerzahlen vieler Städte in allen Erdteilen, natürlich nicht die von heute, sondern die der achtziger Jahre.

Bis zu meinem dreizehnten Jahre habe ich mich niemals ernstlich darüber besonnen, was einmal aus mir werden und welchen Beruf ich erlernen könnte. Wie alle Knaben, liebte und beneidete ich manche Berufe: den Jäger, den Flößer, den Fuhrmann, den Seiltänzer, den Nordpolfahrer. Weitaus am liebsten aber wäre ich ein Zauberer geworden. Dies war die tiefste, innigst gefühlte Richtung meiner Triebe, eine gewisse Unzufriedenheit mit dem, was man die „Wirklichkeit" nannte und was mir zuzeiten lediglich wie eine alberne Vereinbarung der Erwachsenen erschien; eine gewisse bald ängstliche, bald spöttische Ablehnung dieser Wirklichkeit war mir früh geläufig und der brennende Wunsch, sie zu verzaubern, zu verwandeln, zu steigern. In der Kindheit richtete sich dieser Zauberwunsch auf äußere, kindliche Ziele: ich hätte gern im Winter Äpfel wachsen und meine Börse sich durch Zauber mit Gold und Silber füllen lassen, ich träumte davon, meine Feinde durch magischen Bann zu lähmen, dann durch Großmut zu beschämen und zum Sieger und König ausgerufen zu werden; ich wollte vergrabene Schätze heben, Tote auferwecken und mich unsichtbar machen können. Namentlich dies, das Unsichtbarwerden, war eine Kunst, von der ich sehr viel hielt und die ich aufs innigste begehrte. Auch nach ihr, wie nach all den Zaubermächten, begleitete der Wunsch mich durchs ganze Leben in vielen Wandlungen, welche ich selbst oft nicht gleich erkannte. So geschah es mir später, als ich längst erwachsen war

und den Beruf eines Literaten ausübte, daß ich häufige
Male den Versuch machte, hinter meinen Dichtungen
zu verschwinden, mich umzutaufen und hinter bedeu-
tungsreiche spielerische Namen zu verbergen – Versuche, welche mir seltsamerweise von meinen Berufs-
genossen des öftern verübelt und mißdeutet wurden.
Blicke ich zurück, so ist mein ganzes Leben unter dem
Zeichen dieses Wunsches nach Zauberkraft gestanden;
wie die Ziele der Zauberwünsche sich mit den Zeiten
wandelten, wie ich sie allmählich der Außenwelt entzog
und in mich selbst einsog, wie ich allmählich dahin
strebte, nicht mehr die Dinge, sondern mich selbst zu
verwandeln, wie ich danach trachten lernte, die plumpe
Unsichtbarkeit unter der Tarnkappe zu ersetzen durch
die Unsichtbarkeit des Wissenden, welcher erkennend
stets unerkannt bleibt – dies wäre der eigentlichste Inhalt meiner Lebensgeschichte.

Ich war ein lebhafter und glücklicher Knabe, spielend
mit der schönen farbigen Welt, überall zu Hause, nicht
minder bei Tieren und Pflanzen wie im Urwald meiner
eigenen Phantasie und Träume, meiner Kräfte und Fähigkeiten froh, von meinen glühenden Wünschen mehr
beglückt als verzehrt. Manche Zauberkunst übte ich damals, ohne es zu wissen, viel vollkommener, als sie mir
je in späteren Zeiten wieder gelang. Leicht erwarb ich
Liebe, leicht gewann ich Einfluß auf andre, leicht fand
ich mich in die Rolle des Anführers, oder des Umworbe-
nen, oder des Geheimnisvollen. Jüngere Kameraden und
Verwandte hielt ich jahrelang im ehrfürchtigen Glauben
an meine tatsächliche Zaubermacht, an meine Herrschaft
über Dämonen, an meinen Anspruch auf verborgene
Schätze und Kronen. Lange habe ich im Paradies gelebt,
obwohl meine Eltern mich frühzeitig mit der Schlange
bekannt machten. Lange dauerte mein Kindheitstraum,
die Welt gehörte mir, alles war Gegenwart, alles stand
zum schönen Spiel um mich geordnet. Erhob sich je ein
Ungenügen und eine Sehnsucht in mir, schien je einmal
die freudige Welt mir beschattet und zweifelhaft, so

fand ich meistens leicht den Weg in die andere, freiere, widerstandslose Welt der Phantasien und fand, aus ihr wiedergekehrt, die äußere Welt aufs neue hold und liebenswert. Lange lebte ich im Paradiese.

Es war ein Lattenverschlag in meines Vaters kleinem Garten, da hatte ich Kaninchen und einen gezähmten Raben leben. Dort hauste ich unendliche Stunden, lang wie Weltzeitalter, in Wärme und Besitzerwonne, nach Leben dufteten die Kaninchen, nach Gras und Milch, Blut und Zeugung; und der Rabe hatte im schwarzen harten Auge die Lampe des ewigen Lebens leuchten. Am selben Ort hauste ich andere, endlose Zeiten, abends, bei einem brennenden Kerzenrest, neben den warmen schläfrigen Tieren, allein oder mit einem Kameraden, und entwarf die Pläne zur Hebung ungeheurer Schätze, zur Gewinnung der Wurzel Alraun und zu siegreichen Ritterzügen durch die erlösungsbedürftige Welt, wo ich Räuber richtete, Unglückliche erlöste, Gefangene befreite, Raubburgen niederbrannte, Verräter ans Kreuz schlagen ließ, abtrünnigen Vasallen verzieh, Königstöchter gewann und die Sprachen der Tiere verstand.

Es gab ein ungeheuer großes, schweres Buch im großen Büchersaal meines Großvaters, darin suchte und las ich oft. Es gab in diesem unausschöpflichen Buch alte wunderliche Bilder – oft fielen sie einem gleich beim ersten Aufschlagen und Blättern hell und einladend entgegen, oft auch suchte man sie lang und fand sie nicht, sie waren weg, verzaubert, wie nie gewesen. Es stand eine Geschichte in diesem Buch, unendlich schön und verständlich, die las ich oft. Auch sie war nicht immer zu finden, die Stunde mußte günstig sein, oft war sie ganz und gar verschwunden und hielt sich versteckt, oft schien sie Wohnort und Stelle gewechselt zu haben, manchmal war sie beim Lesen sonderbar freundlich und beinahe verständlich, ein andres Mal ganz dunkel und verschlossen wie die Tür im Dachboden, hinter welcher man in der Dämmerung manchmal die Geister hören konnte, wie sie kicherten oder stöhnten. Alles war voll

Wirklichkeit, und alles war voll Zauber, beides gedieh vertraulich nebeneinander, beides gehörte mir.

Auch der tanzende Götze aus Indien, der in des Großvaters schätzereichem Glasschrank stand, war nicht immer derselbe Götze, hatte nicht immer dasselbe Gesicht, tanzte nicht zu allen Stunden denselben Tanz. Zuzeiten war er ein Götze, eine seltsame und etwas drollige Figur, wie sie in fremden, unbegreiflichen Ländern von anderen, fremden und unbegreiflichen Völkern gemacht und angebetet wurden. Zu anderen Zeiten war er ein Zauberwerk, bedeutungsvoll und namenlos unheimlich, nach Opfern gierig, bösartig, streng, unzuverlässig, spöttisch, er schien mich dazu zu reizen, daß ich etwa über ihn lache, um dann Rache an mir zu nehmen. Er konnte den Blick verändern, obwohl er aus gelbem Metall war; manchmal schielte er. Wieder in anderen Stunden war er ganz Sinnbild, war weder häßlich noch schön, war weder böse noch gut, weder lächerlich noch furchtbar, sondern einfach, alt und unausdenklich wie eine Rune, wie ein Moosfleck am Felsen, wie die Zeichnung auf einem Kiesel, und hinter seiner Form, hinter seinem Gesicht und Bild wohnte Gott, weste das Unendliche, das ich damals, als Knabe, ohne Namen nicht minder verehrte und kannte als später, da ich es Shiva, Vishnu, da ich es Gott, Leben, Brahman, Atman, Tao oder ewige Mutter nannte. Es war Vater, war Mutter, es war Weib und Mann, Sonne und Mond.

Und in der Nähe des Götzen im Glasschrank und in anderen Schränken des Großvaters stand und hing und lag noch viel anderes Wesen und Geräte, Ketten aus Holzperlen wie Rosenkränze, palmblätterne Rollen, mit eingeritzter alter indischer Schrift beschrieben, Schildkröten, aus grünem Speckstein geschnitten, kleine Götterbilder aus Holz, aus Glas, aus Quarz, aus Ton, gestickte seidene und leinene Decken, messingene Becher und Schalen, und dies alles kam aus Indien und aus Ceylon, der Paradiesinsel mit den Farnbäumen und Palmenufern und den sanften, rehäugigen Singhalesen, aus

Siam kam es und aus Birma, und alles roch nach Meer, Gewürz und Ferne, nach Zimmet und Sandelholz, alles war durch braune und gelbe Hände gegangen, befeuchtet von Tropenregen und Gangeswasser, gedörrt an Äquatorsonne, beschattet von Urwald. Und alle diese Dinge gehörten dem Großvater, und er, der Alte, Ehrwürdige, Gewaltige, im weißen breiten Bart, allwissend, mächtiger als Vater und Mutter, er war im Besitz noch ganz anderer Dinge und Mächte, sein war nicht nur das indische Götter- und Spielzeug, all das Geschnitzte, Gemalte, mit Zaubern Geweihte, Kokosnußbecher und Sandelholztruhe, Saal und Bibliothek, er war auch ein Magier, ein Wissender, ein Weiser. Er verstand alle Sprachen der Menschen, mehr als dreißig, vielleicht auch die der Götter, vielleicht auch der Sterne, er konnte Pali und Sanskrit schreiben und sprechen, er konnte kanaresische, bengalische, hindostanische, singhalesische Lieder singen, kannte die Gebetsübungen der Mohammedaner und der Buddhisten, obwohl er Christ war und an den dreieinigen Gott glaubte, er war viele Jahre und Jahrzehnte in östlichen, heißen, gefährlichen Ländern gewesen, war auf Booten und in Ochsenkarren gereist, auf Pferden und Mauseln, niemand wußte so wie er Bescheid darum, daß unsre Stadt und unser Land nur ein sehr kleiner Teil der Erde war, daß tausend Millionen Menschen anderen Glaubens waren als wir, andere Sitten, Sprachen, Hautfarben, andre Götter, Tugenden und Laster hatten als wir. Ihn liebte, verehrte und fürchtete ich, von ihm erwartete ich alles, ihm traute ich alles zu, von ihm und seinem verkleideten Gotte Pan im Gewand des Götzen lernte ich unaufhörlich. Dieser Mann, der Vater meiner Mutter, stak in einem Wald von Geheimnissen, wie sein Gesicht in einem weißen Bartwalde stak, aus seinen Augen floß Welttrauer und floß heitere Weisheit, je nachdem, einsames Wissen und göttliche Schelmerei, Menschen aus vielen Ländern kannten, verehrten und besuchten ihn, sprachen mit ihm englisch, französisch, indisch, italienisch, malaiisch und reisten nach langen Gesprächen wieder spurlos hinweg, vielleicht seine Freunde, vielleicht seine Gesandten, vielleicht seine Diener und Beauftragten. Von ihm, dem Unergründlichen, wußte ich auch das Geheimnis herstammen, das meine Mutter umgab, das Geheime, Uralte, und auch sie war lange in Indien gewesen, auch sie sprach und sang Malajalam und Kanaresisch, wechselte mit dem greisen Vater Worte und Sprüche in fremden, magischen Zungen. Und wie er, besaß auch sie zuzeiten das Lächeln der Fremde, das verschleierte Lächeln der Weisheit.

Anders war mein Vater. Er stand allein. Weder der Welt des Götzen und des Großvaters gehörte er an noch dem Alltag der Stadt, abseits stand er, einsam, ein Leidender und Suchender, gelehrt und gütig, ohne Falsch und voll von Eifer im Dienst der Wahrheit, aber weit weg von jenem Lächeln, edel und zart, aber klar, ohne jenes Geheimnis. Nie verließ ihn die Güte, nie die Klugheit, aber niemals verschwand er in diese Zauberwolke des Großväterlichen, nie verlor sich sein Gesicht in diese Kindlichkeit und Göttlichkeit, dessen Spiel oft wie Trauer, oft wie feiner Spott, oft wie stumm in sich versunkene Göttermaske aussah. Mein Vater sprach mit der Mutter nicht in indischen Sprachen, sondern sprach englisch und ein reines, klares, schönes, leise baltisch gefärbtes Deutsch. Diese Sprache war es, mit der er mich anzog und gewann und unterrichtete, ihm strebte ich zuzeiten voll Bewunderung und Eifer nach, allzu eifrig, obwohl ich wußte, daß meine Wurzeln tiefer im Boden der Mutter wuchsen, im Dunkeläugigen und Geheimnisvollen. Meine Mutter war voll Musik, mein Vater nicht, er konnte nicht singen.

Neben mir wuchsen Schwestern auf und zwei ältere Brüder, große Brüder, beneidet und verehrt. Um uns her war die kleine Stadt, alt und bucklig, und um sie her die waldigen Berge, streng und etwas finster, und mittendurch floß ein schöner Fluß, gekrümmt und zögernd, und dies alles liebte ich und nannte es Heimat, und im

Walde und Fluß kannte ich Gewächs und Boden, Gestein und Höhlen, Vogel, Eichhorn, Fuchs und Fisch genau. Dies alles gehörte mir, war mein, war Heimat – aber außerdem war der Glasschrank und die Bibliothek da, und der gütige Spott im allwissenden Gesicht des Großvaters, und der dunkelwarme Blick der Mutter, und die Schildkröten und Götzen, die indischen Lieder und Sprüche, und diese Dinge sprachen mir von einer weiteren Welt, einer größeren Heimat, einer älteren Herkunft, einem größeren Zusammenhang. Und oben auf seinem hohen drahtenen Gehäuse saß unser grauroter Papagei, alt und klug, mit gelehrtem Gesicht und scharfem Schnabel, sang und sprach und kam, auch er, aus dem Fernen, Unbekannten her, flötete Dschungelsprachen und roch nach Äquator. Viele Welten, viele Teile der Erde streckten Arme und Strahlen aus und trafen und kreuzten sich in unserem Hause. Und das Haus war groß und alt, mit vielen, zum Teil leeren Räumen, mit Kellern und großen hallenden Korridoren, die nach Stein und Kühle dufteten, und unendlichen Dachböden voll Holz und Obst und Zugwind und dunkler Leere. Viele Welten kreuzten ihre Strahlen in diesem Hause. Hier wurde gebetet und in der Bibel gelesen, hier wurde studiert und indische Philologie getrieben, hier wurde viel gute Musik gemacht, hier wußte man von Buddha und Lao Tse, Gäste kamen aus vielen Ländern, den Hauch von Fremde und Ausland an den Kleidern, mit absonderlichen Koffern aus Leder und aus Bastgeflecht und dem Klang fremder Sprachen, Arme wurden hier gespeist und Feste gefeiert, Wissenschaft und Märchen wohnten nah beisammen. Es gab auch eine Großmutter, die wir etwas fürchteten und wenig kannten, weil sie kein Deutsch sprach und in einer französischen Bibel las. Vielfach und nicht überall verständlich war das Leben dieses Hauses, in vielen Farben spielte hier das Licht, reich und vielstimmig klang das Leben. Es war schön und gefiel mir, aber schöner noch war die Welt meiner Wunschgedanken, reicher noch spielten meine

Wachträume. Wirklichkeit war niemals genug, Zauber tat not.

Magie war heimisch in unsrem Hause und in meinem Leben. Außer den Schränken des Großvaters gab es noch die meiner Mutter, voll asiatischer Gewebe, Kleider und Schleier, magisch war auch das Schielen des Götzen, voll Geheimnis der Geruch mancher alten Kammern und Treppenwinkel. Und in mir innen entsprach vieles diesem Außen. Es gab Dinge und Zusammenhänge, die nur in mir selber und für mich allein vorhanden waren. Nichts war so geheimnisvoll, so wenig mitteilbar, so außerhalb des alltäglich Tatsächlichen wie sie, und doch war nichts wirklicher. Schon das launische Auftauchen und wieder Sichverbergen der Bilder und Geschichten in jenem großen Buche war so und die Wandlungen im Gesicht der Dinge, wie ich sie zu jeder Stunde sich vollziehen sah. Wie anders sahen Haustür, Gartenhaus und Straße an einem Sonntagabend aus als an einem Montagmorgen! Welch völlig anderes Gesicht zeigten Wanduhr und Christusbild im Wohnzimmer an einem Tage, wo Großvaters Geist dort regierte, als wenn es der Geist des Vaters war, und wie sehr verwandelte sich alles aufs neue in den Stunden, wo überhaupt kein fremder Geist den Dingen ihre Signatur gab, sondern mein eigener, wo meine Seele mit den Dingen spielte und ihnen neue Namen und Bedeutungen gab! Da konnte ein wohlbekannter Stuhl oder Schemel, ein Schatten beim Ofen, der gedruckte Kopf einer Zeitung schön oder häßlich und böse werden, bedeutungsvoll oder banal, sehnsuchtweckend oder einschüchternd, lächerlich oder traurig. Wie wenig Festes, Stabiles, Bleibendes gab es doch! Wie lebte alles, erlitt Veränderung, sehnte sich nach Wandlung, lag auf der Lauer nach Auflösung und Neugeburt!

Von allen magischen Erscheinungen aber die wichtigste und herrlichste war „der kleine Mann". Ich weiß nicht, wann ich ihn zum ersten Male sah, ich glaube, er war schon immer da, er kam mit mir zur Welt. Der kleine Mann war ein winziges, grau schattenhaftes Wesen, ein Männlein, Geist oder Kobold, Engel oder Dämon, der zuzeiten da war und vor mir herging, im Traum wie auch im Wachen, und dem ich folgen mußte, mehr als dem Vater, mehr als der Mutter, mehr als der Vernunft, ja oft mehr als der Furcht. Wenn der Kleine mir sichtbar wurde, gab es nur ihn, und wohin er ging oder was er tat, das mußte ich ihm nachtun. Bei Gefahren zeigte er sich. Wenn mich ein böser Hund, ein erzürnter größerer Kamerad verfolgte und meine Lage heikel wurde, dann, im schwierigsten Augenblick, war das kleine Männlein da, lief vor mir, zeigte mir den Weg, brachte Rettung. Er zeigte mir die lose Latte im Gartenzaun, durch die ich im letzten bangen Augenblick den Ausweg gewann, er machte mir vor, was gerade zu tun war: sich fallen lassen, umkehren, davonlaufen, schreien, schweigen. Er nahm mir etwas, was ich essen wollte, aus der Hand, er führte mich an den Ort, wo ich verlorengegangene Besitztümer wiederfand. Es gab Zeiten, da sah ich ihn jeden Tag. Es gab Zeiten, da blieb er aus. Diese Zeiten waren nicht gut, dann war alles lau und unklar, nichts geschah, nichts ging vorwärts.

Einmal, auf dem Marktplatz, lief der kleine Mann vor mir her und ich ihm nach, und er lief auf den riesigen Marktbrunnen zu, in dessen mehr als mannstiefes Steinbecken die vier Wasserstrahlen sprangen, turnte an der Steinwand empor bis zur Brüstung und ich ihm nach, und als er von da mit einem hurtigen Schwung hinein ins tiefe Wasser sprang, sprang auch ich, es gab keine Wahl, und wäre ums Haar ertrunken. Ich ertrank aber nicht, sondern wurde herausgezogen, und zwar von einer jungen hübschen Nachbarsfrau, die ich bis dahin kaum gekannt hatte und zu der ich nun in ein schönes Freundschafts- und Neckverhältnis kam, das mich lange Zeit beglückte.

Einmal hatte mein Vater mich für eine Missetat zur Rede zu stellen. Ich redete mich so halb und halb heraus, wieder einmal darunter leidend, daß es so schwer war, sich den Erwachsenen verständlich zu machen. Es gab einige Tränen und eine gelinde Strafe, und zum Schluß schenkte mir der Vater, damit ich die Stunde nicht vergesse, einen hübschen kleinen Taschenkalender. Etwas beschämt und von der Sache nicht befriedigt, ging ich weg und ging über die Flußbrücke, plötzlich lief der kleine Mann vor mir, er sprang auf das Brückengeländer und befahl mir durch seine Gebärde, das Geschenk meines Vaters wegzuwerfen, in den Fluß. Ich tat es sofort, Zweifel und Zögern gab es nicht, wenn der Kleine da war, die gab es nur, wenn er fehlte, wenn er ausblieb und mich im Stich ließ. Ich erinnerte mich eines Tages, da ging ich mit meinen Eltern spazieren, und der kleine Mann erschien, er ging auf der linken Straßenseite und ich ihm nach, und sooft mein Vater mich zu sich auf die andere Seite hinüber befahl, der Kleine kam nicht mit, beharrlich ging er links, und ich mußte jedesmal sofort wieder zu ihm hinüber. Mein Vater ward der Sache müde und ließ mich schließlich gehen, wo ich mochte, er war gekränkt, und erst später, zu Hause, fragte er mich, warum ich denn durchaus habe ungehorsam sein und auf der anderen Straßenseite gehen müssen. In solchen Fällen kam ich sehr in Verlegenheit, ja richtig in Not, denn nichts war unmöglicher, als irgendeinem Menschen ein Wort vom kleinen Mann zu sagen. Nichts wäre verbotener, schlechter, todsündiger gewesen, als den kleinen Mann zu verraten, ihn zu nennen, von ihm zu sprechen. Nicht einmal an ihn denken, nicht einmal ihn rufen oder herbeiwünschen konnte ich. War er da, so war es gut, und man folgte ihm. War er nicht da, so war es, als sei er nie gewesen. Der kleine Mann hatte keinen Namen. Das Unmöglichste auf der Welt aber wäre es gewesen, dem kleinen Mann, wenn er einmal da war, nicht zu folgen. Wohin er ging, dahin ging ich ihm nach, auch ins Wasser, auch ins Feuer. Es war nicht so, daß er mir dies oder jenes befahl oder riet. Nein, er tat einfach dies oder das, und ich tat es nach. Etwas, was er tat, nicht nachzutun war ebenso unmöglich, wie es meinem Schlagschatten unmöglich wäre, meine Bewegungen nicht mitzumachen. Vielleicht war ich nur der Schatten oder Spiegel des Kleinen, oder er der meine; vielleicht tat ich, was ich ihm nachzutun meinte, vor ihm oder zugleich mit ihm. Nur war er nicht immer da, leider, und wenn er fehlte, so fehlte auch meinem Tun die Selbstverständlichkeit und Notwendigkeit, dann konnte alles auch anders sein, dann gab es für jeden Schritt die Möglichkeit des Tuns oder Lassens, des Zögerns, der Überlegung. Die guten, frohen und glücklichen Schritte meines damaligen Lebens sind aber alle ohne Überlegung geschehen. Das Reich der Freiheit ist auch das Reich der Täuschungen, vielleicht.

Wie hübsch war meine Freundschaft mit der lustigen Nachbarsfrau, die mich damals aus dem Brunnen gezogen hatte! Sie war lebhaft, jung und hübsch und dumm, von einer liebenswerten, fast genialen Dummheit. Sie ließ sich von mir Räuber- und Zaubergeschichten erzählen, glaubte mir bald zuviel, bald zuwenig und hielt mich mindestens für einen der Weisen aus dem Morgenlande, womit ich gerne einverstanden war. Sie bewunderte mich sehr. Wenn ich ihr etwas Lustiges erzählte, lachte sie laut und inbrünstig, noch lang, ehe sie den Witz begriffen hatte. Ich hielt ihr das vor, ich fragte sie: „Höre, Frau Anna, wie kannst du über einen Witz lachen, wenn du ihn noch gar nicht verstanden hast? Das ist sehr dumm, und es ist außerdem beleidigend für mich. Entweder verstehst du meine Witze und lachst, oder du kapierst sie nicht, dann brauchst du aber nicht zu lachen und zu tun, als hättest du verstanden." Sie lachte weiter. „Nein", rief sie, „du bist schon der gescheiteste Junge, den ich je gesehen habe, großartig bist du. Du wirst ein Professor werden oder Minister oder ein Doktor. Das Lachen, weißt du, daran ist nichts übelzunehmen. Ich lache einfach, weil ich eine Freude an dir habe und weil du der spaßigste Mensch bist, den es gibt. Aber jetzt erkläre mir also deinen Witz!" Ich erklärte ihn umständlich, sie mußte noch dies und jenes fragen, schließlich begriff sie ihn wirklich, und wenn sie vorher herzlich und reichlich gelacht hatte, so lachte sie jetzt erst recht, lachte ganz toll und hinreißend, daß es auch mich ansteckte. Wie haben wir oft miteinander gelacht, wie hat sie mich verwöhnt und bewundert, wie war sie von mir entzückt! Es gab schwierige Sprechübungen, die ich ihr manchmal vorsagen mußte, ganz schnell dreimal nacheinander, zum Beispiel: „Wiener Wäscher waschen weiße Wäsche" oder die Geschichte vom Cottbuser Postkutschkasten. Auch sie mußte es probieren, ich bestand darauf, aber sie lachte schon vorher, keine drei Worte brachte sie heraus, wollte es auch gar nicht, und jeder begonnene Satz verlief in neues Gelächter. Frau Anna ist der vergnügteste Mensch gewesen, den ich gekannt habe. Ich hielt sie, in meiner Knabenklugheit, für namenlos dumm, und am Ende war sie es auch, aber sie ist ein glücklicher Mensch gewesen, und ich neige manchmal dazu, glückliche Menschen für heimliche Weise zu halten, auch wenn sie dumm scheinen. Was ist dümmer und macht unglücklicher als Gescheitheit!

Jahre vergingen, und mein Verkehr mit Frau Anna war schon eingeschlafen, ich war schon ein großer Schulknabe und unterlag schon den Versuchungen, Leiden und Gefahren der Gescheitheit, da brauchte ich sie eines Tages wieder. Und wieder war es der kleine Mann, der mich zu ihr führte. Ich war seit einiger Zeit verzweifelt mit der Frage nach dem Unterschied der Geschlechter und der Entstehung der Kinder beschäftigt, die Frage wurde immer brennender und quälender, und eines Tages schmerzte und brannte sie so sehr, daß ich lieber gar nicht mehr leben wollte, als dies bange Rätsel ungelöst lassen. Wild und verbissen ging ich, von der Schule heimkehrend, über den Marktplatz, den Blick am Boden, unglücklich und finster, da war plötzlich der kleine Mann da! Er war ein seltener Gast geworden, er war mir seit langem untreu, oder ich ihm – nun sah ich ihn plötzlich wieder, klein und flink lief er am Boden vor mir her, nur einen Augenblick sichtbar, und lief ins Haus der Frau Anna hinein. Er war verschwunden, aber schon war ich ihm in dies Haus gefolgt, und schon wußte ich, warum, und Frau Anna schrie auf, als ich unerwartet ihr ins Zimmer gelaufen kam, denn sie war eben beim Umkleiden, aber sie ward mich nicht los, und bald wußte ich fast alles, was zu wissen mir damals so bitter notwendig war. Es wäre eine Liebschaft daraus geworden, wenn ich nicht noch allzu jung dafür gewesen wäre.

Diese lustige dumme Frau unterschied sich von den meisten andern Erwachsenen dadurch, daß sie zwar dumm, aber natürlich und selbstverständlich war, immer gegenwärtig, nie verlogen, nie verlegen. Die meisten Erwachsenen waren anders. Es gab Ausnahmen, es gab die Mutter, Inbegriff des Lebendigen, rätselhaft Wirksamen, und den Vater, Inbegriff der Gerechtigkeit und Klugheit, und den Großvater, der kaum mehr ein Mensch war, den Verborgenen, Allseitigen, Lächelnden, Unausschöpflichen. Die allermeisten Erwachsenen aber, obwohl man sie verehren und fürchten mußte, waren sehr tönerne Götter. Wie waren sie komisch mit ihrer ungeschickten Schauspielerei, wenn sie mit Kindern redeten! Wie falsch klang ihr Ton, wie falsch ihr Lächeln! Wie nahmen sie sich wichtig, sich und ihre Verrichtungen und Geschäfte, wie übertrieben ernst hielten sie, wenn man sie über die Gasse gehen sah, ihre Werkzeuge, ihre Mappen, ihre Bücher unter den Arm geklemmt, wie warteten sie darauf, erkannt, gegrüßt und verehrt zu werden! Manchmal kamen am Sonntag Leute zu meinen Eltern, um „Besuch zu machen", Männer mit Zylinderhüten in ungeschickten Händen, die in steifen Glacéhandschuhen staken, wichtige, würdevolle, vor lauter Würde verlegene Männer, Anwälte und Amtsrichter, Pfarrer und Lehrer, Direktoren und Inspektoren, mit ihren etwas ängstlichen, etwas unterdrückten Frauen. Sie saßen steif auf den Stühlen, zu allem mußte man sie nötigen, bei allem ihnen behilflich sein, beim Ablegen, beim Eintreten, beim Niedersitzen, beim Fragen und Antworten, beim Fortgehen. Diese kleinbürgerliche Welt so ernst zu nehmen, wie sie es verlangte, war mir leichtgemacht, da meine Eltern ihr nicht angehörten und sie selber komisch fanden. Aber auch wenn sie nicht Theater spielten, Handschuhe trugen und Visiten machten, waren die meisten Erwachsenen mir reichlich seltsam und lächerlich. Wie taten sie wichtig mit ihrer Arbeit, mit ihren Handwerken und Ämtern, wie groß und heilig kamen sie sich vor! Wenn ein Fuhrmann, Polizist oder Pflasterer die Straße versperrte, das war eine heilige Sache, da war es selbstverständlich, daß man auswich und Platz machte oder gar mithalf. Aber Kinder mit ihren Arbeiten und Spielen, die waren nicht wichtig, die wurden beiseitegeschoben und angebrüllt. Taten sie denn weniger Richtiges, weniger Gutes, weniger Wichtiges als die Großen? O nein, im Gegenteil, aber die Großen waren eben mächtig, sie befahlen, sie regierten. Dabei hatten sie, genau wie wir Kinder, ihre Spiele, sie spielten Feuerwehrübung, spielten Soldaten, sie gingen in Vereine und Wirtshäuser, aber alles mit jener Miene von Wichtigkeit und Gültigkeit, als müsse das alles so sein und gäbe es nichts Schöneres und Heiligeres.

Gescheite Leute waren unter ihnen, zugegeben, auch unter den Lehrern. Aber war nicht das eine schon merkwürdig und verdächtig, daß unter allen diesen „großen" Leuten, welche doch alle vor einiger Zeit selbst Kinder gewesen waren, so sehr wenige sich fanden, die es nicht vollkommen vergessen und verlernt hatten, was ein Kind ist, wie es lebt, arbeitet, spielt, denkt, was ihm lieb und leid ist? Wenige, sehr wenige, die das noch wußten! Es gab nicht nur Tyrannen und Grobiane, die gegen Kinder böse und häßlich waren, sie überall wegjagten, sie scheel und haßvoll ansahen, ja manchmal anscheinend etwas wie Furcht vor ihnen hatten. Nein, auch die andern, die es gut meinten, die gern zuweilen zu einem Gespräch mit Kindern sich herabließen, auch sie wußten meistens nicht mehr, worauf es ankam, auch sie mußten fast alle sich mühsam und verlegen zu Kindern herunterschrauben, wenn sie sich mit uns einlassen wollten, aber nicht zu richtigen Kindern, sondern zu erfundenen, dummen Karikaturkindern.

Alle diese Erwachsenen, fast alle, lebten in einer andern Welt, atmeten eine andere Art von Luft als wir Kinder. Sie waren häufig nicht klüger als wir, sehr oft hatten sie nichts vor uns voraus als jene geheimnisvolle Macht. Sie waren stärker, ja, sie konnten uns, wenn wir nicht freiwillig gehorchten, zwingen und prügeln. War das aber eine echte Überlegenheit? War nicht jeder Ochs und Elefant viel stärker als so ein Erwachsener? Aber sie hatten die Macht, sie befahlen, ihre Welt und Mode galt als die richtige. Dennoch, und das war mir ganz besonders merkwürdig und einige Male beinah grauenhaft – dennoch gab es viele Erwachsene, die uns Kinder zu beneiden schienen. Manchmal konnten sie es ganz naiv und offen aussprechen und etwa mit einem Seufzer sagen: „Ja, ihr Kinder habet es noch gut!" Wenn das nicht gelogen war – und es war nicht gelogen, das spürte ich zuweilen bei solchen Aussprüchen –, dann waren also die Erwachsenen, die Mächtigen, die Würdigen und Befehlenden gar nicht glücklicher als wir, die wir gehorchen und ihnen Hochachtung erweisen mußten. In einem Musikalbum, aus dem ich lernte, stand auch richtig ein Lied mit dem erstaunlichen Kehrreim: „O selig, o selig, ein Kind noch zu sein!" Dies war ein Geheimnis. Es gab etwas, was wir Kinder besaßen und was den Großen fehlte, sie waren nicht bloß größer und stärker, sie waren in irgendeinem Betracht auch ärmer als wir! Und sie, die wir oft um ihre lange Gestalt, ihre Würde, ihre anscheinende Freiheit und Selbstverständlichkeit, um ihre Bärte und langen Hosen beneideten, sie beneideten zuzeiten, sogar in Liedern, die sie sangen, uns Kleine!

Nun, einstweilen war ich trotz allem glücklich. Es gab vieles in der Welt, was ich gern anders gesehen hätte, und gar in der Schule; aber ich war dennoch glücklich. Es wurde mir zwar von vielen Seiten versichert und eingebleut, daß der Mensch nicht bloß zu seiner Lust auf Erden wandle und daß wahres Glück erst jenseits den

Geprüften und Bewährten zuteil werde, es ging dies aus vielen Sprüchen und Versen hervor, die ich lernte und die mir oft sehr schön und rührend erschienen. Allein diese Dinge, welche auch meinem Vater viel zu schaffen machten, brannten mich nicht sehr, und wenn es mir einmal schlecht ging, wenn ich krank war oder unerfüllte Wünsche hatte, oder Streit und Trotz mit den Eltern, dann flüchtete ich selten zu Gott, sondern hatte andere Schleichwege, die mich wieder ins Helle führten. Wenn die gewöhnlichen Spiele versagten, wenn Eisenbahn, Kaufladen und Märchenbuch verbraucht und langweilig waren, dann fielen mir oft gerade die schönsten neuen Spiele ein. Und wenn es nichts anderes war, als daß ich abends im Bett die Augen schloß und mich in den märchenhaften Anblick der vor mir erscheinenden Farbenkreise verlor – wie zuckte da Beglückung und Geheimnis aufs neue auf, wie ahnungsvoll und vielversprechend wurde die Welt!

Die ersten Schuljahre gingen hin, ohne mich sehr zu verändern. Ich machte die Erfahrung, daß Vertrauen und Aufrichtigkeit uns zu Schaden bringen kann, ich lernte unter einigen gleichgültigen Lehrern das Notwendigste im Lügen und Sichverstellen; von da an kam ich durch. Langsam aber welkte auch mir die erste Blüte hin, langsam lernte auch ich, ohne es zu ahnen, jenes falsche Lied des Lebens, jenes Sichbeugen unter die „Wirklichkeit", unter die Gesetze der Erwachsenen, jene Anpassung an die Welt, „wie sie nun einmal ist". Ich weiß seit langem, warum in den Liederbüchern der Erwachsenen solche Verse stehen wie der: „O selig, ein Kind noch zu sein", und auch für mich gab es viele Stunden, in welchen ich die beneidete, die noch Kinder sind.

Als es sich, in meinem zwölften Jahre, darum handelte, ob ich Griechisch lernen solle, sagte ich ohne weiteres ja, denn mit der Zeit so gelehrt zu werden wie mein Vater, und womöglich wie mein Großvater, schien mir unerläßlich. Aber von diesem Tage an war ein Lebensplan für mich da; ich sollte studieren und entweder Pfarrer oder

Philologe werden, denn dafür gab es Stipendien. Auch der Großvater war einst diesen Weg gegangen.

Scheinbar war dies ja nichts Schlimmes. Nur hatte ich jetzt auf einmal eine Zukunft, nur stand jetzt ein Wegweiser an meinem Wege, nur führte mich jetzt jeder Tag und jeder Monat dem angeschriebenen Ziele näher, alles wies dorthin, alles führte weg, weg von der Spielerei und Gegenwärtigkeit meiner bisherigen Tage, die nicht ohne Sinn, aber ohne Ziel, ohne Zukunft gewesen waren. Das Leben der Erwachsenen hatte mich eingefangen, an einer Haarlocke erst oder an einem Finger, aber bald würde es mich ganz gefangen haben und festhalten, das Leben nach Zielen, nach Zahlen, das Leben der Ordnung und der Ämter, des Berufs und der Prüfungen; bald würde auch mir die Stunde schlagen, bald würde auch ich Student, Kandidat, Geistlicher, Professor sein, würde Besuche mit einem Zylinderhut machen, lederne Handschuhe dazu tragen, die Kinder nicht mehr verstehen, sie vielleicht beneiden. Und ich wollte ja doch in meinem Herzen dies alles nicht, ich wollte nicht fort aus meiner Welt, wo es gut und köstlich war. Ein ganz heimliches Ziel allerdings gab es für mich, wenn ich an die Zukunft dachte. Eines wünschte ich mir sehnlich, nämlich ein Zauberer zu werden.

Der Wunsch und Traum blieb mir lange treu. Aber er begann an Allmacht zu verlieren, er hatte Feinde, es stand ihm anderes entgegen, Wirkliches, Ernsthaftes, nicht zu Leugnendes. Langsam, langsam welkte die Blüte hin, langsam kam mir aus dem Unbegrenzten etwas Begrenztes entgegen, die wirkliche Welt, die Welt der Erwachsenen. Langsam wurde mein Wunsch, ein Zauberer zu werden, obwohl ich ihn noch sehnlich weiterwünschte, vor mir selber wertloser, wurde vor mir selber zur Kinderei. Schon gab es etwas, worin ich nicht mehr Kind war. Schon war die unendliche, tausendfältige Welt des Möglichen mir begrenzt, in Felder geteilt, von Zäunen durchschnitten. Langsam verwandelte sich der Urwald meiner Tage, es erstarrte das Paradies um mich her. Ich blieb nicht, was ich war, Prinz und König im Land des Möglichen, ich wurde nicht Zauberer, ich lernte Griechisch, in zwei Jahren würde Hebräisch hinzukommen, in sechs Jahren würde ich Student sein.

Unmerklich vollzog sich die Einschnürung, unmerklich verrauschte ringsum die Magie. Die wunderbare Geschichte im Großvaterbuch war noch immer schön, aber sie stand auf einer Seite, deren Zahl ich wußte, und da stand sie heute und morgen und zu jeder Stunde, es gab keine Wunder mehr. Gleichmütig lächelte der tanzende Gott aus Indien und war aus Bronze, selten sah ich ihn mehr an, nie mehr sah ich ihn schielen. Und – das Schlimmste – seltener und seltener sah ich den Grauen, den kleinen Mann. Überall war ich von Entzauberung umgeben, vieles wurde eng, was einst weit, vieles wurde ärmlich, was einst kostbar gewesen war.

Doch spürte ich das nur im verborgenen, unter der Haut, noch war ich fröhlich und herrschsüchtig, lernte schwimmen und Schlittschuh laufen, ich war der Erste im Griechischen, alles ging scheinbar vortrefflich. Nur hatte alles eine etwas blassere Farbe, einen etwas leereren Klang, nur war es mir langweilig geworden, zur Frau Anna zu gehen, nur ging ganz sachte aus allem, was ich lebte, etwas verloren, etwas nicht Bemerktes, nicht Vermißtes, das aber doch weg war und fehlte. Und wenn ich jetzt einmal wieder mich selber ganz und glühend fühlen wollte, dann bedurfte ich stärkerer Reize dazu, mußte mich rütteln und einen Anlauf nehmen. Ich gewann Geschmack an stark gewürzten Speisen, ich naschte häufig, ich stahl zuweilen Groschen, um mir irgendeine besondere Lust zu gönnen, weil es sonst nicht lebendig und schön genug war. Auch begannen die Mädchen mich anzuziehen; es war kurz nach der Zeit, da der kleine Mann noch einmal erschienen und mich noch einmal zu Frau Anna geführt hatte.

1923

BIOGRAPHISCHE NOTIZEN

Die Großeltern waren alle vier im eigentlichen Sinne fromme, „erweckte" protestantische Christen, die Färbung ihrer Frömmigkeit war beeinflußt durch die Herrnhuter Brüdergemeinde und durch die Basler Mission, beziehungsweise den Geist, aus welchem diese entstand.

An Nationalität dagegen waren sie sehr verschieden. Die Eltern meines Vaters waren Balten, russische Ostseeprovinzialen, aus Estland. Sie waren rein deutscher Herkunft (die Vorfahren des Großvaters um 1750 aus Lübeck eingewandert), aber russische Staatsangehörige, ohne übrigens Russisch und Estnisch richtig sprechen zu können, sie sprachen nur Deutsch. Dort kam mein Vater Johannes zur Welt, in Weißenstein bei Reval, wo sein Vater, Staatsrat Dr. Hermann Hesse, ein weitbekannter Arzt und Wohltäter und ein beliebtes Original war. Mein Vater verließ seine Heimat als Student, infolge einer plötzlichen Bekehrung und Zerknirschung, die ihn trieb, als Zögling ins Missionshaus nach Basel zu gehen (das heißt, sich Gott zu opfern), was für den zarten, verwöhnten Jüngling keine Kleinigkeit war. Mein Vater wurde dort zum Missionar ausgebildet, war anfangs der siebziger Jahre ein Jahr lang Missionar in Indien, war dort aber beständig krank und wurde des Klimas wegen zurückgeschickt. Nachher hat er bis zum Ende der Basler Mission weitergedient, zuerst als Lehrer am Missionshaus, als Gehilfe des Inspektors, als Redakteur einer Missionszeitschrift, später in Calw als Leiter des „Verlagsvereins", einer frommen Stiftung, deren Einkünfte der Mission zugute kamen. Er war in Missionsfragen eine Autorität, besuchte manche internationale Missionskongresse. Von ihm habe ich einen Teil meines Temperaments geerbt, von ihm das Verlangen nach Unbedingtheit, zugleich die Anlage zu Skepsis, Kritik und Selbstkritik, von ihm namentlich auch den Sinn für Präzision im sprachlichen Ausdruck.

Die Familie meiner Mutter war von zweierlei Herkunft. Ihr Vater stammte aus einem alten, frommen Stuttgarter, schwäbischen Geschlecht, ihre Mutter, Dubois, aus Neuchâtel in der französischen Schweiz, sie hat bis ins hohe Alter nie richtig Deutsch gelernt, und sie brachte in die Familie ein dort bisher unbekanntes Element, die kalvinistische Glut, verbunden mit allerlei Pedanterie und Fanatismus. Der Vater meiner Mutter, ebenfalls ein Frommer, ebenfalls ein berühmter Missionar, Dr. Gundert, ein großer Sprachkenner (er sprach unter andrem eine ganze Reihe der indischen Sprachen und war ein geschätzter Sanskritist), war in der Jugend als Student bekehrt worden, nachdem er vorher ein strahlender, genialischer, hegelianisch angehauchter, höchst musikalischer, stark humoristisch begabter Student gewesen war. Er war sehr viele Jahre in Indien Missionar, wo auch meine Mutter zur Welt kam. Dort trat er erst spät in Beziehung zur Basler Mission, anfangs war er in englischem Auftrag in Indien, wo er auch philologische Arbeiten (ein Wörterbuch des Malajalam und andres) im Auftrag der englischen Sprache leistete.

Meine Eltern lernten sich in Calw kennen, wo der Vater meiner Mutter den Verlagsverein leitete, mehrere Missionsblätter redigierte und zum Gehilfen meinen aus Indien zurückgekommenen Vater zugewiesen bekam. Sie heirateten 1874 in Calw (Württemberg), wo ich am 2. Juli 1877 geboren bin.

Welches damals meine Staatsangehörigkeit war, weiß ich nicht, vermutlich Russe, denn mein Vater war russischer Untertan und hatte einen russischen Paß. Die Mutter war, wie gesagt, Tochter eines Schwaben und einer französischen Schweizerin. Diese gemischte Herkunft verhinderte mich, je viel Respekt vor Nationalismus und Landesgrenzen zu haben.

Im Jahr 1880 wurde mein Vater wieder nach Basel berufen, ans Missionshaus. Dort hat er etwas später das Bürgerrecht erworben, so daß ich also als kleiner Junge Schweizer und Basler Bürger wurde.

In Basel waren meine Eltern bis Sommer 1886, dann wurde mein Vater nochmals nach Calw berufen, wo er zuerst der Mitarbeiter seines alternden Schwiegervaters, später dessen Nachfolger wurde. Mein Vater blieb in Süddeutschland und der Schweiz stets ein Fremder, behielt stets seine reine, sehr schöne Aussprache des Deutschen bei, im übrigen wurde im Hause auch viel Englisch gesprochen, das beide Eltern, ebenso wie die Großeltern, geläufig sprachen. Französisch sprach man kaum, nur der Großvater, zuweilen auch meine Mutter, sprach öfter mit der Großmutter Französisch.

Von der Mutter habe ich die Leidenschaftlichkeit des Temperaments geerbt, die heftige, etwas sensationslustige Phantasie, außerdem die musikalische Begabung. Zur Musik und zur Sprache hatte ich von Kind auf ein nahes, inniges Verhältnis. Ebenso zur Religion und zur Spekulation, im Sinn eines Suchens nach Unbedingtheit, nach direkter Einordnung in eine göttliche, überzeitliche Ordnung.

Fromm war ich aber nur bis etwa zum dreizehnten Jahr. Bei meiner Konfirmation, mit vierzehn Jahren, war ich schon ziemlich skeptisch, und bald darauf begann mein Denken und meine Phantasie ganz weltlich zu werden, ich empfand, trotz großer Liebe und Verehrung für sie, doch die Art von pietistischer Frömmigkeit, in der meine Eltern lebten, als etwas Ungenügendes, irgendwie Subalternes, auch Geschmackloses, und revoltierte im Beginn der Jünglingsjahre oft heftig dagegen.

Die ersten Schuljahre hatte ich in Basel und Calw verbracht, als guter Schüler, der leicht lernte und ohne Mühe meist obenan in der Klasse saß. Nun aber begannen die Nöte der Berufswahl. Es schien, bei der Tradition der Familie und meiner guten Begabung, das Gegebene, mich studieren zu lassen, und zwar Theologie, denn nicht nur entsprach das den Wünschen der Familie, es war außerdem das Billigste, denn für württembergische Theologen gab es vom vierzehnten Jahr an eine kostenlose Ausbildung für alle Knaben, welche das „Landexamen" mit Erfolg bestanden. Dies Examen diente dazu, jedes Jahr im Lande etwa fünfundvierzig Knaben im Alter von vierzehn Jahren auszuwählen, die dann als Stipendiaten in ein Seminar und später an die Tübinger Universität (ins theologische „Stift") aufgenommen wurden. Diese Prüfung mußte ich im Jahr 1891 machen, und um sie überhaupt machen zu können, mußte ich zuerst die württembergische Staatsangehörigkeit erwerben. Ich wurde also, ohne viel gefragt zu werden, anno 90 oder 91 in Württemberg naturalisiert, ein Akt, den ich später durch mehrere Jahre Kriegsdienst bezahlen mußte.

Das Landexamen wurde gemacht und wurde bestanden, ich wurde Herbst 1891 ins Seminar Maulbronn aufgenommen. Maulbronn ist geschildert in meinem Buch „Unterm Rad". Milieu und Stimmung meiner Kinderzeit ist oft von mir geschildert, besonders im „Lauscher" und in „Kinderseele", auch im „Demian".

Im Seminar fingen meine Nöte an. Die Not der Pubertätszeit traf zusammen mit der der Berufswahl, denn es war mir schon damals durchaus klar, daß ich nichts andres als ein Dichter werden wollte, ich wußte aber, daß dies kein anerkannter Beruf war und kein Brot einbrachte. Und nun probierte ich es mit einem Beruf um den andern, mehrere Jahre lang, vom vierzehnten bis zum zwanzigsten Jahr. In Maulbronn war ich nicht lange, noch vor Ablauf des ersten Jahres entlief ich dort, es kam meine erste Verliebtheit (in der ich den „Werther" las) dazu, es gab eine Krise und Katastrophe, lange galt ich für krank, nervenkrank, wurde geschont und zu Hause gepflegt, und in der Tat habe ich damals eine schwere Neurose notdürftig überstanden.

Herbst 1892 kam ich, nach monatelangem Herumsitzen (siehe „Unterm Rad"), ins Gymnasium Cannstatt, wo ich wenig länger als ein Jahr blieb, bis in die Obersekunda, aus der ich während des Schuljahrs austrat. Ich war in Sprachen, Geschichte etc. gut, das hielt mich, dagegen kam ich in der Mathematik, gegen die ich ganz gleichgültig war, nicht mit und geriet damals in Kameradschaft mit den „Lumpen" und übel angesehenen ältern Schülern, lernte die Abende verbotenerweise in Wirtshäusern hinbringen, tüchtig saufen etc. Einiges davon steht im „Demian".

Als ich mich im Gymnasium nicht mehr halten konnte, wurde ich in die Lehre zu einem kleinen Buchhändler nach Eßlingen geschickt, wo ich, von der Öde des Lebens als Lehrling in einem Landstädtchen angewidert, schon nach drei Tagen davonlief. Ich trieb mich mehrere Tage herum und wurde von Eltern etc. mit Angst gesucht, schließlich stellte ich mich dem Vater, wurde betrübt, aber nicht allzu böse empfangen und mit nach Calw genommen, und dort saß ich nun gegen zwei Jahre herum, eine Unglückszeit, in der meine Eltern an mir verzweifelten, und auch ich selber oft, in der ich aber, in der sehr großen Bibliothek meines Großvaters und Vaters, ziemlich gründliche und mannigfaltige Privatstudien machte, das heißt vor allem die deutsche Literatur des achtzehnten Jahrhunderts, die dort sehr gut vertreten war, kennenlernte. Ich las damals Goethe, Gellert, Weiße, Hamann, Jean Paul, Hettners Literaturgeschichte, einiges von David Friedrich Strauß und viel andres und legte den Grund zu meiner späteren Belesenheit, die ziemlich groß war, bis zunehmende Augenschmerzen mich einschränkten.

Ein Schulkamerad von mir war damals „Praktikant" in einer mechanischen Werkstätte, es begann damals bei der Jugend das Interesse für die technischen Berufe, und spätere Ingenieure traten als Lehrlinge mit verkürzter Lehrzeit in solche Werkstätten ein. Mein Kamerad war in unserm Städtchen Calw der erste dieser Art, und es

galt für eine auffallende Sache, daß der zum Studieren
bestimmte Sohn eines Gebildeten und hohen Beamten
(sein Vater war der höchste Zivilbeamte der Stadt) in
einer blauen Schlosserbluse herumlaufe und Arbeiter
in einer Werkstatt sei. Eine gewisse Romantik daran gefiel mir, und da ich ohnehin in der Klemme war und mir
die Frage, was ich denn werden solle, auf den Nägeln
brannte, entschied ich mich für diesen Beruf und trat als
Praktikant in blauer Schlosserbluse in Calw in eine me-
chanische Werkstätte und Turmuhrfabrik ein. Dort war
ich gegen anderthalb Jahre tätig, bis Herbst 1895. Obwohl
ich gar keine Begabung und kein Interesse für Technik
und Mechanik hatte und schon bald sah, daß aus diesem
Beruf nie etwas werden könne, blieb ich doch so lange
dabei und habe dort recht viel gelernt und zum ersten
und einzigen Mal im Leben eng mit dem arbeitenden
Volk zusammengelebt.

Dann, im Herbst 1895, faßte ich den Entschluß, es
nochmals mit dem Buchhandel zu probieren, aber womöglich nicht in einem uninteressanten Geschäft in
irgendeiner Landstadt, sondern irgendwo, wo mein Interesse für Bücher und Literatur wirklich Nahrung finden könne, und mein Vater war einverstanden, er sah,
daß es mir diesmal Ernst war, und es gelang, mich als
Lehrling in einer alten soliden Buchhandlung in Tübingen unterzubringen, deren Kunden vorwiegend Studenten und Professoren waren, und zwar meist Theologen
und Philologen. Dort biß ich mich durch die nicht
leichte dreijährige Lehrzeit durch, blieb auch noch ein
Jahr als jüngster Gehilfe im Hause, mit monatlich achtzig Mark. In diesen Jahren las ich sehr viel und schrieb
meine ersten Sachen. Erhalten geblieben ist davon nur
der „Lauscher", der aber zum Teil erst in Basel entstand,
sowie die „Romantischen Lieder" und die „Stunde hinter
Mitternacht" (beide um 1899). In den ersten Tübinger
Zeiten war ich sehr strebsam und solide, später soff ich
viel mit Studenten herum (siehe „Lauscher"), erfüllte
meinen Beruf aber gut. Die ersten Jahre war ich in mei-

nen Privatstudien fast ganz mit Goethe beschäftigt, mit seinen Schriften und seinem Leben. Dieser Kult wurde etwa von 1897 oder 1898 durch Nietzsche abgelöst. Auch die erste Bekanntschaft mit der damaligen deutschen Dichtung wurde gemacht (ich las viel Storm, Keller, Meyer, dann Liliencron, Dehmel, Falke, Bierbaum, Hartleben, Ibsen).

Dies die Jugendgeschichte. Das weitere kann ich nur andeuten. Ich kam 1899 von Tübingen nach Basel, als Buchhandlungsgehilfe, in Basel trat ich etwas später ganz zum Antiquariat, dem interessantesten Teil des Buchhandels, über. Von der Basler Zeit steht manches im „Lauscher" und im „Camenzind". 1902 erschienen meine Gedichte bei Grote. Durch Vermittlung eines mir persönlich nicht bekannten Literaten wurde mein 1901 in Basel pseudonym erschienener „Lauscher" dem Verlag S. Fischer bekannt, und es war die erste literarische Anerkennung und Ermunterung in meinem Leben, als ich völlig unerwartet einige Zeilen von diesem Verlag bekam, mit der Einladung, etwaige künftige Dichtungen ihm zur Prüfung vorzulegen. Ich hatte damals den „Camenzind" begonnen, und Fischers Einladung spornte mich sehr an. Ich schrieb ihn fertig, er wurde sofort angenommen, der Verlag schrieb freundlich, ja herzlich, das Buch wurde in der „Neuen Rundschau" vorabgedruckt, Emil Strauß und andre von\mir verehrte Männer anerkannten es. Ich war arriviert.

Infolge des „Camenzind"-Erfolgs konnte ich 1904 im Sommer heiraten (eine Baslerin) und zog in das kleine entlegene Dorf Gaienhofen am Bodensee. Dort wohnte ich die ersten drei Jahre in einem primitiven Bauernhaus sehr bescheiden, dann baute ich mir selbst ein Haus, in dem ich bis 1912 wohnen blieb. In Gaienhofen, wohin mein Tübinger Freund Ludwig Finckh mir folgte, lebte ich acht Jahre, im Versuch, ein natürliches, fleißiges, der Erde nahes Leben zu führen, baute meinen Garten, bekam meine drei Söhne. Es war die bürgerliche Epoche in meinem Leben. Unterirdisch freilich war ich auch damals von Problematik erschüttert, 1911 trat ich aus lauter innerer Not eine indische Reise an.

Im Herbst 1912 verließ ich mit meiner Familie Gaienhofen und zog nach Bern, aber nicht in die Stadt, sondern wieder aufs Land, in ein schönes altes Berner Landhaus mit altem Garten und uralten Bäumen, das ich mietete. Die Söhne wuchsen heran. Mit dem Krieg 1914 begann meine Problematik eklatant zu werden, ich kam rasch in Konflikt mit der öffentlichen Meinung, wurde sehr bald Kriegsgegner, verlor sehr früh den Glauben an die Möglichkeit eines deutschen Sieges. Doch kam ich, trotz heftiger Angriffe von seiten der nationalistischen Presse, ohne Bruch mit der offiziellen Welt, hindurch. Ich trat 1915 bei der deutschen Gesandtschaft in Bern als Freiwilliger ein, half eine Abteilung der Fürsorge für die deutschen Gefangenen im Feindesland organisieren und leiten und habe von da bis Anfang 1919 in diesem Dienst gearbeitet, zuerst als Freiwilliger, dann als Beamter des Kriegsministeriums, abkommandiert nach Bern. Während ich zusah, wie Deutschland den Krieg verlor, ohne seine eigene Lage sehen zu wollen, ohne an irgendeine Selbstkritik zu denken, mußte ich ständig in dem hochoffiziellen Apparat Dienst tun, bekam auch mehrmals offizielle Rüffel, wenn ich friedensliebende Aufsätze in der Zürcher Zeitung gebracht hatte. Während dieser Jahre bereitete sich mein Abschied von der ganzen bürgerlichen Welt vor, von der öffentlichen Meinung, vom Vaterland, vom Familienleben. Während der Krieg eben zu Ende ging, erschütterte eine Gemütskrankheit der Frau meine Ehe so, daß ich sie löste. Vorerst lebten wir getrennt, einige Jahre später wurden wir geschieden. Seither lebe ich allein. Bis Anfang 1919 hielt mich der Dienst in Bern fest. Sobald ich frei wurde, zog ich ins Tessin, wo ich seither lebe.

1919 ist „Klingsor" entstanden, in den drei folgenden Jahren der „Siddhartha" (dessen Wurzeln weit zurückreichen).

Die Psychoanalyse, die für mich wichtig wurde, lernte

ich zuerst, etwa 1913 oder 1914, literarisch kennen. 1916 ließ ich mich selbst analysieren. Zum Teil die Frucht davon war „Demian".

Aus dem erfolgreichen bürgerlichen idyllischen Literaten war ein Problematiker und Outsider geworden, das bin ich seither geblieben.

1923

DAS VERLORENE TASCHENMESSER

Gestern habe ich ein Taschenmesser verloren und habe dabei die Erfahrung gemacht, daß meine Philosophie und Schicksalsbereitschaft auf schwachen Füßen stehen, denn der kleine Verlust hat mich unverhältnismäßig betrübt, und ich bin auch heute noch mit meinen Gedanken bei jenem verlorenen Messer, nicht ohne mich selbst wegen solcher Sentimentalitäten auszulachen.

Es ist ein schlechtes Zeichen, daß der Verlust dieses Messers mich so betrüben konnte. Es gehört zu meinen Schrulligkeiten, die ich wohl kritisieren und bekämpfen, nicht aber völlig abtun kann, daß ich an Dingen, die ich eine Weile besessen, mit großer Anhänglichkeit festhalte, und es ist mir jedesmal ein Unbehagen, zuweilen sogar ein kleiner Schmerz, wenn ich mich von einem lang getragenen Kleide oder Hut oder Stock trennen muß oder gar von einer Wohnung, in der ich lange gewohnt habe, um von schlimmeren Trennungen und Abschieden ganz zu schweigen. Und jenes Messer gehörte nun zu den ganz wenigen Gegenständen, die bisher die Veränderungen meines Lebens überdauert und mich durch alle Wechsel jahrzehntelang begleitet haben.

Zwar besitze ich noch einigen geheiligten Trödel aus fernerer Vergangenheit, einen Ring meiner Mutter, eine Uhr meines Vaters, ein paar Photographien und Andenken aus meiner frühen Kinderzeit, aber alle diese Dinge sind ja eigentlich tot, sind Museum, liegen im Schrank und werden kaum alle Jahre einmal betrachtet. Das Messer aber ist viele Jahre lang ein beinahe täglich gebrauchtes Ding gewesen, ich habe es viele tausend Male in meine Tasche gesteckt, aus der Tasche gezogen, es zu Arbeit und Spielerei benützt, habe es hundertmal mit dem Abziehstein nachgeschliffen, habe es in früheren Zeiten mehrmals verloren und wiedergefunden. Es war mir lieb, dies Messer, und es ist wohl eines Klageliedes wert.

Es war kein gewöhnliches Taschenmesser – deren habe ich in meinem Leben sehr viele besessen und verbraucht. Es war ein Gartenmesser, eine einzige, sehr starke, halbmondförmig gebogene Klinge in festem, glattem Holzgriff, kein Gegenstand des Luxus und der Spielerei, sondern eine ernste, solide Waffe, ein gediegenes Werkzeug von uralter, bewährter Form. Diese Formen stammen aus den Erfahrungen der Väter, aus hundert und tausend Jahren her, und sie widerstehen oft lange dem Ansturm der Industrie, welche den Ehrgeiz hat, an Stelle dieser bewährten Formen unbewährte, neue, sinnlose und spielerische zu setzen, denn die Industrie baut ihre Existenz darauf, daß der moderne Mensch die Gegenstände, mit denen er arbeitet und spielt, nicht mehr liebt und sie leicht und häufig wechselt. Wenn, wie in alten Zeiten, jeder Mann ein einziges Mal in seinem Leben sich ein starkes, gutes, edles Messer kaufen und es sorgfältig bis zu seinem Tode bewahren würde, wo blieben da die Messerfabriken? Nein, heute wechselt man Messer und Gabel, Manschettenknopf und Hut, Spazierstock und Schirm alle Augenblicke, es ist der Industrie gelungen, alle diese Dinge der Mode zu unterwerfen, und von diesen Modeformen, die für eine Saison berechnet sind, kann man ja wohl nicht verlangen, daß sie die Schönheit, Lebendigkeit und Richtigkeit der uralten, bewährten, echten Formen haben sollen.

Des Tages, an welchem ich den Besitz meines schönen sichelförmigen Gartenmessers antrat, kann ich mich noch wohl entsinnen. Ich war damals sehr auf der Höhe, in jeder Hinsicht, und fühlte mich dementsprechend. Ich war seit kurzem verheiratet, ich war der Stadt und dem Gefängnis eines Brotberufes entronnen und saß unabhängig und nur mir selber verantwortlich in einem schönen Dorf am Bodensee, ich hatte Erfolg mit Büchern, die ich schrieb und die mir sehr gut schienen, ich hatte auf dem See ein Ruderboot schwimmen, meine Frau erwartete ihr erstes Kind, und nun ging ich eben an eine große Unternehmung, deren Wichtigkeit mich ganz erfüllte: an den Bau eines eigenen Hauses und die Anlage eines eigenen Gartens. Der Boden war schon gekauft und die Maße abgesteckt, und wenn ich über das Grundstück ging, empfand ich manchmal feierlich die Schönheit und Würde dieses Tuns, es schien mir, daß ich da einen Grundstein für alle Zeiten lege und für mich, meine Frau und meine Kinder hier eine Heimat und Zuflucht gründe. Die Hauspläne waren fertig, und der Garten nahm in meiner Vorstellung allmählich Gestalt an, mit dem breiten langen Mittelweg, dem Brunnen, der Wiese mit den Kastanienbäumen.

Damals, ich mochte so gegen dreißig Jahre alt sein, kam eines Tages ein schweres Frachtstück für mich mit dem Dampfer an, und ich half es vom Landungssteg mit heraufschleppen. Es kam von einer Gartenbaufirma und enthielt lauter Gartenwerkzeuge: Spaten, Schaufeln, Pikkel, Rechen, Hacken (unter denen namentlich die mit dem Schwanenhals mich sehr entzückte) und manche andere solche Dinge. Dazwischen lagen, sorgfältig in Lappen eingeschlagen, einige kleinere und zartere Gegenstände, die ich mit Freude enthüllte und besichtigte, und unter ihnen war auch das krumme Messer, das ich sogleich öffnete und prüfte. Blank funkelte mir sein neuer Stahl entgegen, hart und straff sprang die Rückenfeder, und die vernickelten Heftbeschläge blitzten. Damals war es ein kleines Anhängsel, ein winziges Nebenstück meiner Einrichtung. Ich dachte nicht, daß einmal dies Messer von all meinem schönen jungen Besitz, von Haus und Garten, Familie und Heimat das einzige kleine Stück sein würde, das noch mir gehörte und bei mir blieb.

Es dauerte nicht lange, so schnitt ich mir mit dem neuen Messer beinahe einen Finger ab, die Narbe trage ich noch heute. Und inzwischen war der Garten angelegt und bepflanzt, das Haus gebaut, und viele Jahre lang war das Messer mein Begleiter, sooft ich in den Garten ging. Ich habe mit ihm meine Obstbäume beschnitten und Sonnenblumen und Dahlien zu Sträußen abgeschnitten, habe Peitschenstiele und Pfeilbögen für meine kleinen Söhne damit geschnitzt. Täglich, mit Ausnahme kurzer Reisezeiten, brachte ich einige Stunden im Garten zu, den ich alle die Jahre hindurch selbst besorgt habe, mit Graben und Pflanzen, Säen und Begießen, Düngen und Ernten, und in den kühleren Jahreszeiten hatte ich stets ein Feuerlein in einer Gartenecke brennen, wo Unkraut und alte Wurzelstöcke und Abfall jeder Art zu Asche gebrannt wurden. Meine Söhne waren gern dabei, steckten ihre Gerten und Schilfrohre ins Feuer, brieten Kartoffeln und Kastanien darin. Dabei fiel mir einmal das Messer ins Feuer, und am Heft entstand ein kleiner Brandfleck, den es von da an trug und an dem ich es aus allen Messern der Welt heraus gekannt hätte.

Es kam eine Zeit, da reiste ich viel, denn es war mir nicht mehr so sehr wohl in dem hübschen Hause am Bodensee. Ich ließ oft meinen Garten stehen und fuhr in der Welt herum, als hätte ich irgendwo die Hauptsache liegenlassen und vergessen, ich fuhr bis nach dem hintersten Südosten von Sumatra und sah die großen grünen Schmetterlinge im Dschungel schimmern. Und als ich zurückkam, da wurde meine Frau mit mir einig, daß wir unser Haus und Dorf verlassen wollten. Es zeigte sich, daß für die heranwachsenden Söhne Schulen nötig waren und manches andere, und wir sprachen viel darüber. Aber darüber sprach ich mit niemand, daß das Hierbleiben eben seinen Sinn verloren hatte und daß mein Traum von Glück und Behagen in diesem Hause ein falscher Traum gewesen war und begraben werden mußte.

In einem herrlichen alten Garten mit gewaltigen uralten Bäumen, nahe bei einer schönen Schweizer Stadt, mit dem Blick auf die nahen feierlichen Schneeberge, zündete ich meine gewohnten Herbst- und Frühlingsfeuer wieder an, und wenn das Leben mir weh tat und auch an diesem neuen Ort vieles so schwierig ging und so verstimmt klang, dann suchte ich die Schuld bald hier, bald dort, oft auch im eigenen Herzen, und wenn ich mein starkes Gartenmesser betrachtete, dachte ich an Goethes vorzügliche Anweisung für sentimentale Selbstmörder, sich den Tod nicht allzu bequem zu machen, sondern ihn sich durch Heroismus zu verdienen und sich zumindest mit eigener Hand das Messer ins Herz zu stoßen. Und das konnte ich sowenig wie Goethe.

Es kam der Krieg, und nun dauerte es nicht mehr lange, bis ich die Gründe meiner Unzufriedenheit und Melancholie nicht mehr weit zu suchen brauchte, sondern sie klar erkannte und wußte, daß da nichts zu heilen war und daß die Hölle dieser Zeit zu durchleben trotz allem eine gute Kur gegen eigensüchtige Schwermut und Enttäuschung sei. Es kamen Zeiten, wo ich mein Messer wenig mehr brauchte, es war allzuviel andere Arbeit zu tun. Und es kam so allmählich alles ins Rutschen, zuerst das Deutsche Reich und sein Krieg, dem vom Auslande her zuzuschauen damals eine Qual ohnegleichen war. Und als der Krieg zu Ende war, da war auch in meinem Leben allerlei gewendet und verändert, ich besaß keinen Garten und kein Haus mehr und mußte mich auch von der Familie trennen und mußte Jahre der Einsamkeit und Besinnung antreten und durchkosten. Da saß ich oft, in den langen, langen Wintern der Verbannung, im kalten Zimmer vor dem kleinen Kamin, verbrannte Briefe und Zeitungen und schnitzelte mit meinem alten Messer am Holz herum, ehe ich es ins Feuer steckte, und sah in die Flammen und sah mein Leben und meinen Ehrgeiz und mein Wissen und mein ganzes Ich allmählich verbrennen und zu reinlicher Asche werden. Und wenn auch das Ich, der Ehrgeiz, die Eitelkeit und der ganze trübe Lebenszauber mich nachher wieder und wieder einspann, so war doch eine Zuflucht gefunden, eine Wahrheit erkannt, und die Heimat, die zu gründen und zu besitzen mir im Leben nie hatte glücken wollen, begann mir im eigenen Herzen zu wachsen.

Wenn ich nun das Gartenmesser, das mich diesen langen Weg begleitet hat, so sehr vermisse, so ist das weder heroisch noch weise. Ich will aber heute nun einmal weder heroisch noch weise sein, dazu ist morgen wieder Zeit.

1924

AUS MEINER SCHÜLERZEIT

Zweimal während meiner Schülerjahre habe ich einen Lehrer gehabt, den ich verehren und lieben konnte, dem ich ohne Sträuben die höchste Autorität zugestand und der mich mit einem Augenzwinkern lenken konnte. Der erste hieß Schmid und war Lehrer an der Calwer Lateinschule, ein bei allen andern Schülern sehr unbeliebter, als streng und bitter, übellaunisch und unerbittlich gefürchteter Lehrer. Wichtig wurde er mir dadurch, daß in seiner Klasse (wir Schüler waren zwölfjährig) der Unterricht im Griechischen begann. Wir Schüler einer kleinen, halb ländlichen Lateinschule waren an Lehrer gewöhnt, die wir entweder fürchteten und haßten, denen wir auswichen und die wir belogen oder die wir belächelten und verachteten. Macht besaßen sie, daran war nicht zu zweifeln, eine gewaltige, durch nichts verdiente, oft furchtbar und unmenschlich mißbrauchte Macht – es kam damals noch häufig vor, daß das Auf-die-Hände-Schlagen oder An-den-Ohren-Reißen bis zum Blutfließen betrieben wurde –, aber diese Lehrermacht war lediglich eine feindliche, gefürchtete und verhaßte. Daß ein Lehrer dadurch Macht besitzen könne, daß er hoch über uns stand, daß er den Geist und die Menschlichkeit vertrat, daß er uns Ahnungen einer höhern Welt in die Seelen senkte, das hatten wir bei all unsern Lehrern in den unteren Klassen der Lateinschule noch nicht erlebt. Wir hatten einige gutmütige Lehrer kennengelernt, die sich selber und uns die langweilige Schule dadurch erleichterten, daß sie fünfe grade sein ließen und durchs Fenster spazierenblickten oder Romane lasen, während wir irgendeine schriftliche Aufgabe voneinander abschrieben. Wir hatten auch böse, finstere, wütende, tobsüchtige Lehrer kennengelernt, von welchen wir an den Haaren gerissen und auf den Kopf geschlagen wurden – (einer davon, ein besonders ausgewachsener Wüterich, pflegte seine Strafreden an schlechte Schüler dadurch zu begleiten, daß er seinen schweren Hausschlüssel im Takt auf den Kopf des Schülers schlug). Daß es auch Lehrer geben könne, welchen der Schüler bezaubert und gerne folgt, für die er gern sich anstrengt, denen er sogar Ungerechtigkeit und Launen zugute hält, denen er für die Erschließung der höhern Welt dankbar ist und Dank abzutragen trachtet – diese Möglichkeit war uns bisher unbekannt geblieben.

Und nun kam ich zu Professor Schmid in die vierte Klasse. Von den etwa fünfundzwanzig Schülern dieser Klasse hatten sich unser fünf für die humanistischen Studien entschieden, sie hießen „Humanisten" oder „Griechen", und während die übrige Klasse profane Lektionen, wie Zeichnen, Naturkunde und dergleichen, betrieb, wurden wir fünf von Professor Schmid ins Griechische eingeführt. Der Professor war keineswegs beliebt; er war ein kränklicher, bleich, versorgt und bitter blickender Mann, glatt rasiert, mit dunklem Haar, meist ernst und streng gestimmt, und wenn er einmal witzig war, so war sein Ton sarkastisch. Was mich eigentlich, entgegen dem allgemeinen Urteil der Klasse, für ihn gewann, weiß ich nicht. Vielleicht war es der Eindruck seines Unglücks. Er war kränklich und sah leidend aus, hatte eine kranke, zarte Frau, die beinahe niemals sichtbar wurde, und lebte im übrigen, wie alle unsre Lehrer, in einer schäbigen Armut. Irgendwelche Umstände, wahrscheinlich die Krankheit seiner Frau, hinderten ihn daran, gleich den andern Lehrern sein schmales Einkommen durch das Aufnehmen von Pensionären zu verbessern, und dieser Umstand gab ihm schon einen gewissen Anstrich von Vornehmheit den anderen Lehrern gegenüber. Dazu kam nun das Griechische. Wir fünf Auserwählten unter den Mitschülern kamen uns immerhin wie eine geistige Aristokratie vor, unser Ziel waren die höheren Studien, während die Mitschüler zu Handwerkern oder Kaufleuten bestimmt waren – und nun begannen wir also diese geheimnisvolle, alte Sprache zu lernen, noch viel älter, geheimnisvoller und vornehmer als das Latein, diese Sprache, welche man nicht lernte, um Geld zu verdienen oder um die Welt reisen zu können, sondern nur um mit Sokrates, Plato und Homer bekannt zu werden. Von dieser Welt war mir dies und jenes schon bekannt, denn das Griechische und die Gelehrsamkeit waren auch schon meinen Vätern und Großvätern vertraut gewesen, und in den Schwabschen „Sagen des klassischen Altertums" hatte ich längst schon den Odysseus und Polyphem, den Phaethon und den Ikarus, die Argonauten und den Tantalus kennengelernt. Und in unserm Lesebuch, das wir seit kurzem in der Schule benutzten, stand zwischen lauter ziemlich prosaischen Sachen einsam wie ein Paradiesvogel ein wunderbares Gedicht von Hölderlin, das ich zwar nur halb verstand, das mir aber unendlich süß und verführend klang und dessen geheimen Zusammenhang mit der griechischen Welt ich dunkel empfand.

Leicht machte uns dieser Herr Schmid unser Schuljahr keineswegs. Er machte es uns sogar reichlich schwer, oft unnötig schwer. Er verlangte viel, wenigstens von uns „Humanisten", und war nicht bloß streng und oft hart, sondern häufig auch sehr launisch; er konnte Anfälle von Jähzorn haben und wurde dann von uns allen, mich einbegriffen, richtig gefürchtet, so wie die junge Fischbrut in einem Weiher den jagenden Hecht fürchten mag. Nun, das hatte ich schon bei anderen Lehrern kennengelernt. Bei Schmid erlebte ich etwas Neues. Ich erlebte neben der Furcht die Ehrfurcht, ich erfuhr, daß man einen Menschen lieben und verehren kann, auch wenn man ihn gerade zum Gegner hat, auch wenn er launisch, ungerecht und furchtbar ist. Manchmal, wenn er seine finsteren Stunden hatte und aus dem hageren Gesicht unter den langen schwarzen Haaren hervor so leidend, schwer und böse blickte, mußte ich an den König Saul und seine Verfinsterungen denken. Aber dann genas er wieder, glättete sein Gesicht, malte griechische Buchstaben an die Wandtafel und sagte über die griechische Grammatik und Sprache Dinge, von denen ich fühlte, daß sie mehr als Schulmeisterkram waren. Ich verliebte mich sehr in das Griechische, obschon ich mich vor den Griechischstunden fürchtete, und manche griechische Buchstaben wie das Ypsilon, das Psi, das Omega malte ich zuweilen ganz gebannt und besessen wie magische Zeichen in mein Heft.

Während dieses ersten Humanistenjahres wurde ich plötzlich krank. Es war eine Krankheit, die man meines Wissens heute nicht mehr kennt und schätzt und die damals von den Ärzten „Gliederweh" genannt wurde. Ich bekam Lebertran zu schlucken und Salizyl, und die Knie wurden mir eine Zeitlang mit Ichthyol eingerieben. Ich genoß das Kranksein sehr, denn trotz allem Humanistenidealismus war ich doch allzusehr daran gewöhnt, die Schule zu hassen und zu fürchten, als daß ich eine halbwegs erträgliche Krankheit nicht als Gnadengeschenk und Erlösung empfunden hätte. Lange lag ich in meinem Bett, und da die Wand neben meinem Bett mit weißgestrichenem Holz bekleidet war, begann ich auf diese angenehme Fläche mit Wasserfarben zu malen und malte in der Höhe meines Kopfes ein Gemälde an die Wand, das die Sieben Schwaben darstellen sollte und von meinen Geschwistern sehr belacht wurde. Aber als die zweite und dritte Woche vergangen war und ich immer noch krank lag, da entstand die Sorge, ob ich, wenn das noch länger dauerte, im Griechischen nicht allzusehr zurückbleiben werde. Es wurde einer meiner Kameraden berufen, der mich über die Fortschritte der Klasse auf dem laufenden halten mußte, und da zeigte es sich, daß Herr Schmid mit den Humanisten inzwischen in der griechischen Grammatik eine bedenkliche Zahl von Kapiteln hinter sich gebracht hatte. Die mußte ich jetzt nachholen und kämpfte, angesichts der Sieben Schwaben, manche Stunde einsam mit meiner Trägheit und mit den Hindernissen der griechischen Konjugation. Zuweilen half mir mein Vater, aber als ich wieder gesund war und aufstehen durfte, war ich doch stark zurückgeblieben, und man fand es notwendig, daß ich einige Privatstunden bei Professor Schmid nehme. Er war bereit, sie zu geben, und ich kam nun kurze Zeit hindurch jeden zweiten Tag in seine Wohnung, wo es düster und unfroh war und wo Schmids bleiche, schweigsame Frau mit einem tödlichen Leiden kämpfte. Ich bekam sie selten zu sehen, sie starb bald darauf. Die Stunden in dieser bedrückenden Wohnung waren wie verzaubert, mit dem Überschreiten der Türschwelle trat ich in ein andres, unwirkliches, schauerliches Reich, fand den verehrten Weisen, den gefürchteten Tyrannen, wie ich ihn von der Schule her kannte, sonderbar und unheimlich verändert, begann den leidvollen Ausdruck seines mageren Gesichts ahnungsweise zu verstehen, litt für ihn, litt auch unter ihm, denn seine Stimmung war meistens sehr übel. Aber zweimal ging er mit mir spazieren, wandelte mit mir ins Freie, ohne Grammatik, ohne Griechisch, und auf diesen beiden kurzen Spaziergängen war er lieb und freundlich mit mir, ohne Sarkasmen, ohne Zornanfälle, fragte nach meinen Liebhabereien, nach meinen Zukunftsträumen, und von da an habe ich ihn geliebt, obwohl er, sobald ich wieder in seiner Schule saß, die Spaziergänge ganz und gar vergessen zu haben schien. Seine Frau wurde begraben, und ich erinnere mich, wie Schmids charakteristische Gebärde, das Zurückstreichen des langen Haares aus der Stirn, damals häufiger und hastiger wurde. Als Lehrer war er damals recht schwierig, und ich glaube, daß ich der einzige seiner Schüler war, der ihn trotz seiner Härte und trotz seinen Unberechenbarkeiten liebhatte.

Nicht lange nachdem ich die Jahresklasse absolviert hatte, deren Ordinarius Schmid war, verließ ich die Heimat und die heimatliche Schule und wurde zum erstenmal in die Fremde gebracht. Es geschah dies zum Teil aus erzieherischen Gründen, denn ich war damals ein schwieriger und sehr unartiger Sohn geworden, und die Eltern wurden nicht mehr fertig mit mir. Außerdem aber war es notwendig, daß ich möglichst gut auf das „Landexamen" vorbereitet werde. Diese staatliche Prüfung, die jedes Jahr im Sommer für das ganze Land Württemberg stattfand, war sehr wichtig, denn wer sie bestand, der bekam eine Freistelle in einem der theologischen „Seminare" und konnte als Stipendiat studieren. Diese Laufbahn war auch für mich vorgesehen. Nun gab es einige Schulen im Lande, an denen die Vorbereitung auf diese Prüfung ganz speziell betrieben wurde, und auf eine von diesen Schulen wurde ich also geschickt. Es war die Lateinschule in Göppingen, wo seit Jahren der alte Rektor Bauer als Einpauker fürs Landexamen wirkte, im ganzen Lande berühmt und Jahr für Jahr von einem Rudel strebsamer Schüler umgeben, die ihm aus allen Landesteilen zugesandt wurden.

Der Rektor Bauer hatte in früheren Jahren im Ruf eines rauhen Prügelpädagogen gestanden; ein älterer Verwandter von mir war vor manchen Jahren sein Schüler gewesen und hart von ihm gepeinigt worden. Jetzt war er ein alter Mann und galt für ein wunderliches Original, dazu für einen Lehrer, der sehr viel von seinen Schülern verlangte, aber auch nett mit ihnen sein könne. Immerhin hatte ich keine kleine Furcht vor ihm, als ich an der Hand meiner Mutter, nach dem ersten schmerzlichen Abschied vom Vaterhaus, vor dem Studierzimmer des berühmten Rektors wartete. Ich glaube, meine Mutter war zunächst gar nicht von ihm entzückt, als er uns entgegentrat und uns in seine Klause eintreten ließ, ein gebeugter alter Mann mit wirren grauen Haaren, etwas vorstehenden rotgeäderten Augen, gekleidet in ein grünlich verschossenes, unbeschreibliches Gewand von großväterlichem Schnitt, eine Brille tief unten auf der Nasenspitze tragend und in der rechten Hand eine lange, beinahe bis zum Boden reichende Tabakspfeife mit großem Porzellankopf haltend, aus der er ununterbrochen gewaltige Rauchwolken emporzog und in die verräucherte

Stube blies. Auch in den Schulstunden trennte er sich nicht von dieser Pfeife. Mir erschien dieser wunderliche alte Mann mit seiner gebückten, vernachlässigten Haltung, seiner alten, verwahrlosten Kleidung, seinem traurig-grüblerischen Blick, seinen zertretenen Pantoffeln, seiner langen, qualmenden Pfeife wie ein alter Zauberer, dessen Obhut ich jetzt übergeben würde. Es konnte vielleicht schrecklich sein bei diesem grauen, verstaubten und weltfremden Greis, es konnte möglicherweise auch reizvoll und entzückend sein – auf jeden Fall war es etwas Besonderes, war ein Abenteuer, war ein Erlebnis. Ich war bereit und begierig, ihm entgegenzugehen.

Aber erst war der Augenblick zu bestehen, wo meine Mutter am Bahnhof mich küßte und segnete und in den Zug stieg und der Zug davonfuhr und ich zum erstenmal allein in der „Welt" draußen stand, in der mich zurechtzufinden und zu bewähren ich jetzt lernen sollte – ich habe es aber bis heute, wo meine Haare grau zu werden beginnen, nicht richtig gelernt. Vor dem Abschied hatte die Mutter noch mit mir gebetet, und obwohl es damals mit meiner Frömmigkeit schon nicht mehr rühmlich stand, hatte ich doch während ihres Gebets und während ihres Segens mir feierlich im Herzen vorgenommen, hier in der Fremde mich brav zu halten und der Mutter keine Schande zu machen. Auf die Dauer ist mir das nicht gelungen, meine späteren Schuljahre brachten mir und ihr schwere Stürme, Prüfungen und Enttäuschungen, viel Leid und Tränen, viel Streit und Mißverständnis. Aber damals, in Göppingen, habe ich mein Gelübde leidlich eingelöst und mich brav gehalten. Allerdings nicht in den Augen der Musterknaben oder gar in den Augen meiner Pensionsmutter, bei der ich mit vier anderen Knaben zusammen wohnte, speiste und erzogen wurde und der ich nicht die Hochachtung und den Gehorsam entgegenbringen konnte, welche sie von ihren Kostbuben erwartete. Nein, bei ihr stand ich, obwohl ich an manchen Tagen ein Charmeur war und sie zum Lächeln und Wohlwollen verführte, niemals in hohem Ansehen, sie war eine Instanz, der ich keine Macht und Wichtigkeit zugestand, und als sie einst an einem bittern Tage, nach einem kleinen knabenhaften Vergehen, ihren groß und stark gewachsenen Bruder holen ließ, damit er mich körperlich strafe, setzte ich ihr und ihrem Helfer den härtesten Widerstand entgegen und hätte mich eher aus dem Fenster gestürzt oder den Mann in die Gurgel gebissen, als mich von ihm, der dies Recht nach meiner Meinung nicht hatte, strafen zu lassen. Er durfte mich nicht anrühren und mußte sich unverrichteter Dinge wieder zurückziehen.

Göppingen gefiel mir nicht. Die „Welt", in die man mich hineingestoßen hatte, mundete mir nicht, sie war kahl und nüchtern, rauh und kärglich. Damals war Göppingen noch nicht die Fabrikstadt von heute, doch standen immerhin auch damals schon siebzig oder achtzig hohe Fabrikschlote dort, und der kleine Fluß war im Vergleich mit dem meiner Heimat ein Proletarier, der schäbig zwischen Scherbenhaufen dahinkroch, und daß die weitere Umgebung der Stadt sehr schön war, davon merkten wir wenig, denn wir hatten immer nur kurze Ausgangszeiten, und auf den Hohenstaufen bin ich nur ein einziges Mal gekommen. O nein, dies Göppingen mißfiel mir durchaus, diese prosaische Fabrikstadt konnte sich mit meiner Heimat wahrlich nicht vergleichen, und wenn ich meinen Kameraden, die alle gleich mir in der Fremde und Gefangenschaft schmachteten, von Calw und vom dortigen Leben erzählte, dann trug ich die Farben dick auf und schuf Dichtungen der Sehnsucht und der Renommierlust, für die niemand mich zur Rechenschaft ziehen konnte, denn ich war der einzige Calwer in unsrer Schule. Im übrigen waren fast alle Landschaften und Städte des Landes vertreten, in unserer Klasse saßen kaum sechs oder sieben Göppinger, alle anderen waren von weit her gekommen, um hier, auf dem bewährten Sprungbrett, den Anlauf zum Landexamen zu nehmen.

Das Sprungbrett bewährte sich denn auch bei unserer

Klasse wie schon bei so vielen. Am Ende unsrer Göppinger Zeit waren wir eine stattliche Anzahl von Erfolgreichen, die das Examen bestanden hatten, und auch ich gehörte zu ihnen. Göppingen war nicht daran schuld, wenn nichts Rechtes aus mir geworden ist.

Wenn mir nun auch die nüchterne Industriestadt, die Gefangenschaft unter der Aufsicht einer strengen Pensionsmutter und die ganze Außenseite meines Göppinger Lebens höchlich mißfiel, so war diese Zeit (es sind nahezu anderthalb Jahre gewesen) dennoch außerordentlich fruchtbar und wichtig für mein Leben. Jenes Verhältnis zwischen Lehrer und Schüler, von dem ich in Calw bei Professor Schmid eine Ahnung bekommen hatte, jene so unendlich fruchtbare, dabei so subtile Beziehung zwischen einem geistigen Führer und einem begabten Kinde, kam zwischen Rektor Bauer und mir zur vollen Blüte. Der sonderbare, beinah abschreckend aussehende, mit zahllosen Originalitäten und Schrulligkeiten ausgestattete alte Mann, der hinter seinen schmalen grünlichen Augengläsern hervor so lauernd und schwermütig blickte, der unsre enge, überfüllte Schulstube beständig aus seiner langen Pfeife vollrauchte, wurde mir für einige Zeit zum Führer, zum Vorbild, zum Richter, zum verehrten Halbgott. Wir hatten neben ihm noch zwei andere Lehrer, aber die waren für mich wie nicht vorhanden; sie verschwanden, als hätten sie eine Dimension weniger, hinter der geliebten, gefürchteten, verehrten Gestalt des alten Bauer wie Schatten. Und ebenso verschwand das mir so wenig sympathische Göppinger Leben, verschwanden sogar meine damaligen Freundschaften mit Mitschülern und wurden unwichtig neben dieser Hauptfigur. In jener Zeit, während doch mein Knabenalter in voller Blüte stand und sogar schon die ersten Ahnungen und Vorgefühle der Geschlechtsliebe sich regten, war in der Tat mehr als ein Jahr lang die Schule, diese sonst so gleichgültige, verachtete Anstalt, der Mittelpunkt meines Lebens, um den sich alles drehte, sogar die Träume, sogar die Gedanken in den Ferienzeiten. Ich, der ich stets ein empfindlicher und auch kritischer Schüler gewesen war und mich gegen jede Abhängigkeit und Untertanenschaft bis aufs Blut zu wehren pflegte, war von diesem geheimnisvollen Alten eingefangen und völlig bezaubert worden, einfach dadurch, daß er an die höchsten Strebungen und Ideale in mir appellierte, daß er meine Unreife, meine Unarten, meine Minderwertigkeiten scheinbar gar nicht sah, daß er das Höchste in mir voraussetzte und die höchste Leistung als selbstverständlich betrachtete. Er brauchte nicht viel Worte, um ein Lob auszusprechen. Wenn er zu einer lateinischen oder griechischen Arbeit sagte: „Das hast du ganz nett gemacht, Hesse", dann war ich für Tage glücklich und befeuert. Und wenn er einmal, nur so im Vorbeigehen, ohne mich dabei anzublicken, mir zuflüsterte: „Ich bin nicht recht mit dir zufrieden, du könntest mehr leisten", dann litt ich und gab mir wilde Mühe, den Halbgott wieder zu versöhnen. Oft sprach er lateinisch mit mir, meinen Namen übersetzte er mit Chattus.

Ich kann nun durchaus nicht sagen, wieweit dies Erlebnis einer ganz besonderen Beziehung von meinen Mitschülern geteilt wurde. Einige Bevorzugte allerdings, meine nächsten Kameraden und Rivalen, standen sichtlich ebenso wie ich im Bann des alten Seelenfängers und empfingen in jener Zeit ebenso wie ich die Weihe der Berufung, fühlten sich als Initianten auf den untersten Stufen eines Heiligtums. Wenn ich es versuche, meine eigene Jugend psychologisch verstehen zu wollen, so finde ich, daß das Beste und Wirksamste in ihr, trotz mancher Rebellion und auch mancher Fahnenflucht, eine Fähigkeit zur Ehrfurcht war und daß meine Seele am besten gedieh und am schönsten blühte, wenn sie verehren, anbeten, zu hohen Zielen streben durfte. Dies Glück, dessen erste Anfänge schon mein Vater verstanden und gepflegt hatte, das unter einer Reihe von unbegabten, durchschnittlichen, gleichgültigen Lehrern nahe am Verwelken gewesen, das unter dem galligen Professor Schmid wieder ein wenig aufgeblüht war, kam unter

Rektor Bauer zur vollen Entfaltung, zum ersten- und zum letztenmal in meinem Leben.

Hätte unser Rektor nun nichts andres gekonnt, als einzelne idealere Schüler ins Latein und ins Griechische verliebt zu machen und ihnen den Glauben an eine geistige Berufung und deren Verantwortung einzuflößen, so wäre schon dies etwas Großes und Dankenswertes gewesen. Das Eigene und Seltene an diesem Lehrer aber war seine Fähigkeit, nicht bloß die Geistigeren unter seinen Schülern herauszuspüren und ihrem Idealismus Nahrung und Halt zu geben, sondern auch dem Alter seiner Schüler, ihrer Knabenhaftigkeit, ihrer Spielsucht gerecht zu werden. Denn Bauer war nicht bloß ein verehrter Sokrates, er war außerdem auch ein geschickter und höchst origineller Schulmeister, der es verstand, seinen dreizehnjährigen Buben die Schule immer wieder schmackhaft zu machen. Dieser Weise, der uns die lateinische Syntax und die griechische Formenlehre so geistreich beizubringen wußte, hatte außerdem beständig pädagogische Einfälle, die uns Knaben entzückten. Man muß eine Ahnung von der Strenge, Steifheit und Langeweile einer damaligen Lateinschule haben, um sich vorstellen zu können, wie frisch, originell und genial dieser Mann inmitten einer Kaste von dürren Beamten wirkte. Schon sein Äußeres, seine phantastische Erscheinung, die anfänglich Kritik und Lachlust weckte, wurde bald zum Mittel der Autorität und Disziplin. Aus seinen Eigenheiten und Liebhabereien, die an sich keineswegs geeignet schienen, seine Autorität zu stützen, machte er neue Hilfsmittel der Erziehung. So war zum Beispiel seine lange Tabakspfeife, über die meine Mutter sich entsetzt hatte, für uns Schüler schon nach kürzester Zeit kein lächerliches oder lästiges Attribut mehr, sondern eine Art Zepter und Machtsymbol. Wer ihm die Pfeife einen Augenblick halten durfte, wen er mit dem Amt betraute, sie auszuklopfen und in Ordnung zu halten, der war ein beneideter Günstling. Es gab noch andere Ehrenämter, um die wir Schüler uns eifrig bewarben. Es existierte das Amt eines „Windbeutels", das ich einige Zeit hindurch mit Stolz bekleidete. Der Windbeutel hatte täglich das Pult des Rektors abzustauben, und zwar mit zwei Hasenfüßen, die zuoberst auf dem Pulte lagen. Als mir dies Amt eines Tages wieder entzogen und einem andern Schüler übertragen wurde, war es eine schwere Strafe für mich.

An einem Wintertag, wenn wir im überheizten und vollgerauchten Schulraum saßen und draußen vor den gefrorenen Fenstern die Sonne schien, konnte unser Rektor plötzlich sagen: „Buben, hier drinnen stinkt es erbärmlich, und draußen scheint die Sonne. Machet einen Wettlauf ums Haus herum und reißet vorher die Fenster auf!" Oder er lud, in Zeiten, wo wir Landexamens-Kandidaten sehr mit Extraarbeiten überhäuft waren, uns unvermutet ein, nach oben in seine Wohnung zu kommen, und dort fanden wir in einem besonderen Zimmer einen riesigen Tisch und darauf viele Schachteln voll Zinnsoldaten stehen, die wir nun zu Heeren und Schlachtreihen aufbauten, und wenn die Schlacht losging, blies der Rektor aus seiner Pfeife feierliche Rauchwolken zwischen die Bataillone.

Die schönen Dinge sind vergänglich, und die schönen Zeiten dauern nie lange. Wenn ich an die Göppinger Zeit denke, an die einzige kurze Periode meiner Schuljahre, in der ich ein guter Schüler war, meinen Lehrer verehrte und liebte und mit vollem Ernst bei der Sache war, dann muß ich immer auch an die Sommerferien des Jahres 1890 denken, die ich zu Hause bei meinen Eltern in Calw zubrachte. Wir waren für die Ferien nicht mit Schulaufgaben beladen worden. Dagegen hatte der Rektor Bauer uns auf die „Lebensregeln" des Isokrates aufmerksam gemacht, die in unsrer griechischen Chrestomathie standen, und uns erzählt, daß in früheren Zeiten einige seiner besten Schüler diese Lebensregeln auswendig gelernt hatten. Es blieb jedem von uns überlassen, diesem Wink zu folgen oder nicht.

Aus jenen Sommerferien sind mir einige Spaziergänge mit meinem Vater im Gedächtnis geblieben. Wir brachten zuweilen einen Nachmittag in den Wäldern über Calw zu; unter den alten Weißtannen gab es Heidelbeeren und Himbeeren genug, und in den Waldlichtungen blühte der Weiderich und flogen die Sommerfalter, Admiral und Fuchs. Es duftete stark nach Tannenharz und nach Pilzen, und gelegentlich bekamen wir Rehe zu Gesicht. Da strich ich mit meinem Vater durch den Wald und rastete mit ihm da und dort im Heidekraut an den Waldrändern. Und hie und da fragte er mich, wie weit ich jetzt mit dem Isokrates gekommen sei. Denn ich saß jeden Tag eine Weile überm Buch und lernte jene „Lebensregeln" auswendig. Und heute noch ist der Anfangssatz des Isokrates das einzige Stück griechischer Prosa, das ich auswendig weiß. Dieser Isokrates-Satz und dann noch ein paar Homer-Verse sind die letzten Reste der ganzen griechischen Schülergelehrsamkeit, die mir übriggeblieben sind. Übrigens gelang es mir doch nicht, die ganzen „Lebensregeln" zu bewältigen. Es blieb bei einigen Dutzend Sätzen, die ich auswendig lernte und eine Weile bei mir trug und beliebig hervorholen konnte, bis sie sich im Laufe der Jahre verloren und verkrümelten wie alles, was der Mensch eine Weile besitzt und zu eigen zu haben glaubt.

Heute kann ich kein Griechisch mehr, und auch vom Latein hat das meiste sich längst wieder verloren – ich hätte es ganz und gar vergessen, wäre nicht einer meiner Göppinger Schulkameraden heute noch am Leben und heute noch mein Freund. Er schreibt mir von Zeit zu Zeit einen lateinischen Brief, und wenn ich ihn lese und mich durch die schönen klassischen Satzkonstruktionen pirsche, dann duftet es ein wenig nach den Gärten der Jugend und nach der Tabakspfeife des alten Rektors Bauer.

1926

STILLER ABEND

Langsam vergehen die Tage, wenn man krank und allein ist. Wie immer, habe ich im Herbst meinen ländlichen Wohnort verlassen und mein kleines Winterquartier in der Stadt bezogen, ein stilles Junggesellenzimmer mitten in der Stadt, und doch friedlich, mit dem Blick auf alte Bäume, auf einen stillen grünen Kanal, auf eine kleine Brücke und auf einen Garten, in dessen kleinen Rasenflächen die in Tannenreiser verpackten Rosenstöcke wie kleine Zypressen aussehen. Das ist für eine Stadtwohnung ein ungewöhnlich schöner Blick – ich habe zeit meines Lebens immer ungewöhnlich schön gewohnt –, aber so für die zwölf Stunden eines Tages reicht er doch nicht aus, ein Kanal ist kein Meer, und Rosenstöcke sind eigentlich doch hübscher, wenn sie Blätter haben und wenn aus ihrem geschmeidigen Sommerlaub die festen strengen Knospen emporstehen und die zarten duftenden Rosen weich und gelöst herabhängen. Zuweilen kommt Besuch, jedoch nicht jeden Tag. Zuweilen vergesse ich die Zeit über einer Erinnerung oder über dem Versemachen und halte mich für Stunden im Jenseits auf, im Zeitlosen. Aber immer wieder folgt die Rückkehr ins Diesseits, in die Zeit, in die Stadt und Stube, in den Winter, in das Kranksein und Alleinsein.

Immerhin gibt es Tröster. Außer ein paar Büchern, die ich beinahe immer am Bett oder auf dem Fensterbrett liegen habe (dem Jean Paul, einem Band Goethe, einem Band Herodot oder Plutarch, einem Teil der Bibel), sind immer auch ein paar neue in meiner Nähe, die ich je und je betrachte, mit denen ich Freundschaft zu schließen suche. Manchmal glückt es, dann kommt das Buch in meine Bibliothek und wird auch später je und je wieder zur Hand genommen. Häufiger glückt es nicht, dann verschwindet das Buch wieder, wird verschenkt, und ich vergesse es schnell. Tausende von Büchern habe ich in meinem Leben so gelesen und schnell wieder vergessen. Wäre das Vergessen nicht, die unentbehrlichste aller Fähigkeiten, so sähe mein Kopf wie eine Buchhandlung aus; das tut er aber nicht, ich habe Übung im Vergessen.

In diesen Tagen habe ich zwei Bücher bei mir liegen, beide handeln von alten Zeiten und fremden Völkern; eins ist ein Roman, eins ein Bilderbuch. Der Roman ist aus China, heißt „Die Rache des jungen Meh" und gehört nicht zu den Meisterwerken der Weltliteratur, er ist eine schwache Dichtung, aber dafür ist er ein kleines Hausbuch chinesischer Sitten, Ideale, Bräuche und Denkweisen, dadurch wird er liebenswert. Das Bilderbuch aber (es hat auch einen Text, und einen sehr wertvollen, aber bei Kunstbüchern sind nun einmal die Bilder das Substantielle), das Bilderbuch gehört zu den Büchern, die man nicht rasch erledigt und zu denen man oft zurückkehrt. Es ist G. Steindorffs „Kunst der Ägypter", im Insel-Verlag, jetzt die schönste deutsche Monographie über die Kunst Ägyptens. Namentlich das erste Drittel des Bilderteils mit den Bauten zieht mich immer wieder an, es zeigt am gewaltigsten jenen ergreifenden Versuch der ägyptischen Weltepoche, den Tod zu überwinden und Werke für die Ewigkeit zu schaffen. Sie sind nicht ewig geblieben, diese Werke, sie haben den Tod nicht besiegt, aber sie haben ihm drei bis vier Jahrtausende lang standgehalten, ein riesiger Protest des Geistes gegen das Sterbenmüssen. Noch heute strahlen die Ruinen der Pyramiden und der großen Tempel jenen ungeheuren Antrieb wider. Das Urgefühl aller Kultur, aller Religion, das von uns so wenig gekannte, so wenig gepflegte Gefühl der Ehrfurcht weht uns aus diesen herrlichen Tafeln an, beklemmend und doch befreiend, kleinmachend und doch erhebend. Es schafft Raum, es schafft Distanz, es macht uns und unsre Angelegenheiten in ähnlicher Weise klein und belanglos, wie es der

Anblick des Sternenhimmels tut. Dies Buch ist ein Tröster für einsame und kranke Menschen, und ich zweifle
nicht, daß es auch die Gesunden beglücken wird.

Die Bücher hatten mir geholfen, den Nachmittag her-
umzubringen, es war Abend geworden, sternig in der
kalt-feuchten Winterluft strahlten unter meinem Fenster
die Gaslaternen, spiegelten sich stumpf im feuchten
Asphalt und spitz im schwarzen Kanal, schauten traurig
mit grünem Licht in mein Fenster herein. Lange saß ich
in der dunklen Stube, sah die fahlen Lichter der Later-
nen zu mir hereinfingern, dachte an die Könige in ihren
Pyramidengräbern in der Wüste, dachte an die Rosen-
stämme im Nachbargarten, wie sie unter ihren Tannen-
reisern schlafen und frösteln und in den zarten Augen
traumhafte Vorgefühle von kommenden Frühlingen
und kommenden Rosen haben mögen. Jetzt machte ich
Licht.

Indem ich nach meiner Taschenuhr tasten wollte, entdeckten meine Finger einen Knopf an meiner Weste,
der lose am Faden hing. Ich zog leise an ihm, und schon
blieb er mir in den Fingern. Soll man jemand halten,
wenn er von uns Abschied nehmen will? Nein, dachte
ich und ließ den Knopf zu Boden sinken. Die ägyptischen Könige in ihren goldenen Gräbern rührten sich
nicht, auch wenn ihnen noch ganz andre Dinge abfielen
als bloß ein Knopf.

Aber eine Minute später bückte ich mich dann doch
und hob den Westenknopf auf. Ich beschloß, ihn anzunähen. Es gab zwar ein Dienstmädchen, dem man läuten
und solche Dienste auftragen konnte, aber manchmal
strengt man sich lieber selbst an, nur damit man nicht zu
läuten und nichts zu sprechen und keine Gesichter zu
sehen braucht. Auch Freundinnen gab es ja, die mich gelegentlich besuchten und die den Knopf hätten annähen
können; aber auch die mußte man bitten, und ich erinnerte mich plötzlich jener Geliebten, welche mir einst
mehrmals Tee gekocht und nachher jahrelang die Vorstellung hatte, sie habe sich für mich aufgerieben und

mir unerhörte Opfer gebracht. Wer möchte solche Erfahrungen wiederholen? Nein, die Axt im Haus erspart den Zimmermann, und die eigne Nähnadel sollte mir psychologische Enttäuschungen ersparen.

Irgendwo unter meinem Reisezeug gab es ein winziges Leinwandsäckchen; das enthielt zwei, drei Nadeln und je einen kleinen Kartonstern mit schwarzem und weißem Faden. Das also suchte ich nun heraus. Ich mußte eine Weile suchen, über Schiebladen gebeugt; endlich geriet es mir in die Hände, und es war auch noch eine Nadel und ein Rest vom schwarzen Faden darin. Ich nahm die dünne Nadel zwischen Zeigefinger und Daumen, in die Linke ebenso den Faden, und nach einigem Geduldspiel gelang es mir, einzufädeln. Es war lange her, seit ich das zum letztenmal getan hatte, aber es ging also noch. Und so nähte ich denn den braunen Hornknopf an seine Stelle, zwang den Fahnenflüchtigen, aufs neue Dienst zu tun, und war verwundert darüber, daß ich das noch ganz gut konnte. Kurz war einst mein Unterricht in dieser wertvollen Kunst gewesen, und wenig hatte ich sie geübt. Hätte ich versucht, statt des Nähens eine Seite Thukydides zu lesen, so wäre der Erfolg beschämender gewesen, obwohl ich einst auf die Kunst des Griechisch-Lesens so viele Jahre verwandt hatte.

Und wie ich die Nadel durch den Knopf zwängte und den Rest des Fadens auf der Innenseite der Weste schön vernähte, wie ich die glatte kühle Nadel zwischen den Fingern fühlte und den schwarzen Fadenstern halb aus dem leinernen Säckchen hervorschauen sah, in dem er seit vielen Jahren wohnte, da fiel die Stunde mir wieder ein, in der ich einst die Kunst des Knopfannähens erlernt hatte. Es war in meinem dreizehnten Jahr, als meine Mutter, die an meinen Knöpfen und Kleidern schon so viele Nadeln abgebrochen und manche Meilen von Faden vernäht hatte, auf den Gedanken kam, mich selbst diese Kunst erlernen zu lassen. Denn es war eine wichtige Stufe in meinem Leben erreicht: Ich sollte in kurzem zum erstenmal mein Vaterhaus verlassen und in die Fremde gehen, zu andern Leuten, in eine andre Stadt und auf fremde Schulen. Und jedem ihrer Kinder, wenn es so zum erstenmal die Heimat verließ, gab meine Mutter solch ein Leinwandsäckchen mit, in dem ein paar Nähnadeln, eine Stopfnadel, ein Knäuelchen Wolle und je ein Fadenstern mit schwarzem und mit weißem Garn steckten. Und diese Mitgift ins gefährliche und wilde Leben hätte ja wenig genützt, wenn wir Kinder nicht auch die Kunst des Nähens gelernt hätten.

Darum rief mich an jenem Tage meine Mutter zu sich an ihren Nähtisch und sagte mir, daß ich nun bald ins Leben hinausgehen und lernen müsse, mir selber zu helfen, und wie sollte ich mir selber helfen können, wenn ich nicht einmal einen Knopf annähen konnte! Ein richtiges Loch in einer Hose zu flicken, nein, dazu würde ich die Begabung und die Geduld wohl nicht haben, sie kenne mich ja und wolle mir das erlassen. Aber einen Knopf anzunähen, dazu müsse jeder junge Mann fähig sein. Und nun folgte der Unterricht. Zuerst nähte sie selbst einen Knopf an, sie hatte dazu einen Rock des Vaters schon bereitgelegt, und ich mußte genau zusehen, wie man es machte, wie man einfädelte, wie man dann den Faden doppelt nahm und am Ende mit einem Knoten versah, wie man dann die Stelle, an der der Knopf zu sitzen kommen sollte, listig von hintenher anstach, den Knopf mit der Nadel einfing und so weiter bis zum sauberen und haltbaren Einnähen des Fadenrestes. Ich sah gern zu, obwohl ich es ja schon tausendmal gesehen hatte, und als sie fertig war, sagte ich, jawohl, ich habe alles wohl begriffen und mir gemerkt, und ich wisse nun, wie das gemacht werde. Aber damit war sie nicht zufrieden, nein, sondern nun mußte ich unter ihren Augen selber zeigen, was ich könne, und mußte auf ein Stück Stoffrest einen Knopf annähen. Und siehe da, ich konnte es, und es war zwar an meiner Arbeit einiges zu tadeln, aber der Knopf saß, und ich hatte in einer Viertelstunde etwas gelernt, was ich noch als alter Trottel würde brauchen können.

Ich dachte den ganzen Abend an damals und an meine Mutter, und es fiel mir ein, wie vieles sie mich einst gelehrt hatte und wie wenig Wert ich eigentlich auf das von ihr Gelernte später gelegt habe und daß es wohl gut wäre und besser um mich stünde, wenn ich von den Künsten und Wissenschaften der Mutter diese und jene geübt und mir recht zu eigen gemacht hätte. Nun, dazu war es wohl zu spät, und es war eigentlich erstaunlich, daß ich wenigstens das Knopfannähen noch konnte. Es war eine kleine Befriedigung, eine kleine Freude, wie man sie an einsamen und schweren Tagen schätzenlernt: bescheidene Freuden allerdings, winzige Befriedigungen, aber immer doch besser als gar nichts.

1927

FLOSSFAHRT

Vermutlich laufen auch heute noch da und dort auf Erden Bäche und Ströme durch Gras und Wald, stehen frühmorgens an Waldrändern im betauten Laubwerk sanftblickende Rehe, vielleicht auch kommt den Kindern von heute ihr Bach mit seinen Zementufern und ihre Wiese mit dem Sportplatz und den Fahrradgestellen ebenso schön und ehrwürdig vor, wie uns Unzeitgemäßen einst, vor einem halben Jahrhundert, ein wirklicher Bach und eine wirkliche Wiese vorkam. Es hat keinen Sinn, darüber zu streiten, vielleicht ist tatsächlich die Welt inzwischen vollkommener geworden. Sei dem, wie ihm wolle, wir Ältern sind dennoch der Meinung, wir hätten vor vierzig bis fünfzig Jahren noch etwas eingeatmet, etwas gekostet und miterlebt, was seither vollends aus der vervollkommneten Welt entschwunden ist: den Rest einer Unschuld, den Rest einer Harmlosigkeit und Ländlichkeit, welche damals noch da und dort mitten in Deutschland anzutreffen war, während sie heute auch in Polynesien vergebens gesucht wird. Darum erinnern wir uns gern der Kindheit und genießen froh, dumm und egoistisch das Recht unseres Alters, die vergangenen Zeiten auf Kosten der heutigen zu loben. Eine Erinnerung an die sagenhaft gewordene Kindheit kam mir dieser Tage. Sei willkommen, schöne Erinnerung!

Durch meine Vaterstadt im Schwarzwald floß ein Fluß, ein Fluß, an dem damals nur erst ganz wenige Fabriken standen, wo es viele alte Mühlen und Brücken, Schilfufer und Erlengehölze, wo es viele Fische und im Sommer Millionen von dunkelblauen Wasserjungfern gab. Es ist mir unbekannt, wie sich die Fische und die Wasserjungfern zwischen dem zunehmenden Zementgemäuer der Ufer und den zunehmenden Fabriken gehalten haben, vielleicht sind sie noch immer da. Vermutlich längst verschwunden aber ist etwas, was es damals auf dem Flusse gab, etwas Schönes und Geheimnisvolles, etwas Märchenhaftes, etwas vom Allerschönsten, was dieser schöne sagenhafte Fluß besaß: die Flößerei. Damals, zu unseren Zeiten, wurden die Schwarzwälder Tannenstämme den Sommer über in gewaltigen Flößen alle die kleinen Flüsse bis nach Mannheim und zuweilen noch bis nach Holland hinunter auf dem Wasser befördert, die Flößerei war ein eigenes Gewerbe, und für jedes Städtchen war im Frühjahr das Erscheinen des ersten Floßes noch wichtiger und merkwürdiger als das der ersten Schwalben.

Ein solches Floß (das aber auf schwäbisch nicht „das Floß" hieß, sondern „der Flooz") bestand aus lauter langen Tannen- und Fichtenstämmen, sie waren entrindet, aber nicht weiter zugehauen, und das Floß bestand aus einer größeren Anzahl von Gliedern. Jedes Glied umfaßte etwa acht bis zwölf Stämme, die an den Enden verbunden waren, und an jedem Glied hing das nächste Glied elastisch, mit Weiden gebunden, so daß das Floß, war es auch noch so lang, mit seinen beweglichen Gliedern sich den Krümmungen des Flusses anschmiegen konnte. Dennoch passierte es nicht selten, daß ein Floß steckenblieb, eine aufregende Sache für die ganze Stadt und ein hohes Fest für die Jugend. Die Flößer, wegen ihres Mißgeschicks von den Brücken herab und aus den Fenstern der Häuser vielfach verhöhnt, waren wütend und hatten fieberhaft zu arbeiten, wateten schimpfend bis zum Bauch im Wasser, schrien und zeigten die ganze berühmte Wildheit und Rauhigkeit ihres Standes; noch ärgerlicher und böser waren die Müller und Fischer, und alles, was am Ufer sein Leben und seine Arbeit hatte, namentlich die vielen Gerber, rief den Flößern Scherzworte oder Schimpfworte zu. War das Floß unter einem offenen Schleusentor steckengeblieben, dann trabten und schimpften die Müller ganz besonders, und es gab dann zuweilen für uns Knaben ein besonderes Glück: das Flußbett rann eine Strecke weit beinahe leer, und unterhalb der Wehre konnten wir dann die Fische mit der Hand fangen, die breiten, glänzenden Rotaugen, die schnellen, stachligen Barsche und etwa auch ein Neunauge.

Die Flößer gehörten offensichtlich zu den Unseßhaften, Wilden, Wanderern, Nomaden, und Floß und Flößer waren bei den Hütern der Sitte und Ordnung nicht wohlgelitten. Umgekehrt war für uns Knaben, sooft ein Floß erschien, Gelegenheit zu Abenteuern, Aufregungen und Konflikten mit jenen Ordnungsmächten. So wie zwischen Müllern und Flößern ein ewiger Krieg bestand, in dem ich stets zur Partei der Flößer hielt, so bestand bei unseren Lehrern, Eltern, Tanten eine Abneigung gegen das Flößerwesen und ein Bestreben, uns mit ihm möglichst wenig in Berührung kommen zu lassen. Wenn einer von uns zu Hause mit einem recht unflätigen Wort, einem meterlangen Fluch aufwartete, dann hieß es bei den Tanten, das habe man natürlich wieder bei den Flößern gelernt. Und an manchem Tage, der durch die Durchreise eines Floßes uns zum Fest geworden war, gab es väterliche Prügel, Tränen der Mutter, Schimpfen des Polizisten. Eine schöne Sage, die wir Knaben über alles liebten, war die von einem kleinen Buben, der einst wider alle Verbote ein Floß bestiegen und damit bis nach Holland und ans Meer gekommen sei und erst nach Monaten sich wieder bei seinen trauernden Eltern eingefunden habe. Es diesem Märchenknaben gleichzutun war jahrelang mein innigster Wunsch.

Weit öfter, als mein guter Vater ahnte, bin ich als kleiner Bub für kurze Strecken blinder Passagier auf einem Floß gewesen. Es war streng verboten, man hatte nicht nur die Erzieher und die Polizei gegen sich, sondern leider meistens auch die Flößer. Schöneres und Spannenderes gibt es für einen Knaben nicht auf der Welt als eine Floßfahrt. Denke ich daran, so kommt mit hundert zauberhaften Düften die ganze Heimat und Vergangenheit herauf. Ein vorüberfahrendes Floß besteigen konnte man entweder vom Laufsteg eines Schleusentors, einer sogenannten „Stellfalle" aus – das galt für schneidig und forderte einigen Mut, oder aber vom Ufer aus, was oft gar nicht schwierig war, aber doch jedesmal mit einem halben oder ganzen Bad bezahlt werden mußte. Am besten noch ging es an ganz warmen Sommertagen, wenn man ohnehin sehr wenig Kleider und weder Schuhe noch Strümpfe anhatte. Dann kam man leicht aufs Floß, und wenn man Glück hatte und sich vor den Flößern verbergen konnte, war es wunderbar, ein paar Meilen weit zwischen den grünen stillen Ufern den Fluß hinunterzufahren, unter den Brücken und Stellfallen hindurch.

Während des Fahrens aber, wenn nicht gerade ein Flößer freundlich war und einen auf einen Bretterstoß setzte, bekam man sehr bald auch die Unbilden des beneideten Flößerhandwerks zu kosten. Man stand unsicher auf den glitschigen Stämmen, zwischen denen das Wasser ununterbrochen heraufspritzte, man war naß bis auf die Knochen, und wenn es nicht sehr sommerlich war, fing man stets bald an zu frieren. Und dann kam der Augenblick näher, wo man das rasch fahrende Floß wieder verlassen mußte, es ging gegen den Abend, man schlotterte vor nasser Kühle, und man war bis in eine Gegend mitgefahren, wo man die Ufer nicht mehr so genau kannte wie zu Hause. Nun galt es, eine Stelle zu erspähen und unverweilt mit raschem Entschluß zu benützen, wo ein Absprung ans Land möglich schien – meistens gab es in diesem letzten Augenblick nochmals ein Bad, auch war es oft gefährlich, und hie und da passierte ein Unglück; auch mir ist bei diesem Anlaß einst der Schauder der Todesgefahr bekannt geworden.

Und wenn man dann glücklich wieder an Land war, Erde und Gras unter den Füßen hatte, dann war es weit, zuweilen sehr weit nach Hause zurück, man stand in nassen Schuhen, nassen Kleidern, man hatte die Mütze

verloren, und nun spürte man nach dem langen glitschigen Stehen auf den nassen Baumstämmen eine Schwäche in den Waden und Knien und mußte doch noch
eine Stunde oder zwei oder mehr zu Fuß laufen, und alles nur, um dann von schluchzenden Müttern, entsetz-
ten Tanten und einem todernsten Vater empfangen zu
werden, welche dem Herrn dafür dankten, daß er wider
Verdienst den entarteten Knaben hatte heil entrinnen
lassen.

Schon in der Kindheit war es so: man bekam nichts
geschenkt, man mußte jedes Glück bezahlen. Und wenn
ich heute nachrechne, in was das Glück einer solchen
Floßfahrt eigentlich bestand, wenn ich alle die Beschwerden, Anstrengungen, Unbilden abziehe, so bleibt
wenig übrig. Aber dieses wenige ist wunderbar; ein stilles, rasch und erregend ziehendes Fahren auf dem kühlen, laut rauschenden Fluß, zwischen lauter spritzendem
Wasser, ein traumhaftes Hinwegfahren unter den Brük-
ken, durch dicke, lange Gehänge von Spinnweben, träu-
merische Augenblicke des Versinkens in ein unsäglich
seliges Gefühl von Wanderung, von Unterwegssein, von
Entronnensein und In-die-Welt-hinein-Fahren, mit der
Perspektive zum Neckar und zum Rhein und nach Holland hinunter – und dies wenige, diese mit Nässe, Frieren, mit Schimpfworten der Flößer, Predigten der Eltern
bezahlte Seligkeit wog doch alles auf, war doch alles
wert, was man dafür geben mußte. Man war ein Flößer,
man war ein Wanderer, ein Nomade, man schwamm an
den Städten und Menschen vorbei, still, nirgends hinge-
hörig, und fühlte im Herzen die Weite der Welt und ein
sonderbares Heimweh brennen. O nein, es war gewiß
nicht zu teuer bezahlt.

1928

MEIN GLAUBE

Ich habe nicht nur in Aufsätzen gelegentlich Bekenntnis abgelegt, sondern ich habe auch einmal, vor etwas mehr als zehn Jahren, den Versuch gemacht, meinen Glauben in einem Buche niederzulegen. Das Buch heißt „Siddhartha", und sein Glaubensinhalt ist von indischen Studenten und japanischen Priestern häufig geprüft und diskutiert worden, nicht aber von deren christlichen Kollegen. Daß mein Glaube in diesem Buch einen indischen Namen und ein indisches Gesicht hat, ist kein Zufall. Ich habe in zwei Formen Religion erlebt, als Kind und Enkel frommer rechtschaffener Protestanten und als Leser indischer Offenbarungen, unter denen ich obenan die Upanischaden, die Bhagavadgita und die Reden des Buddha stelle. Und auch das war kein Zufall, daß ich, inmitten eines echten und lebendigen Christentums aufgewachsen, die ersten Regungen eigener Religiosität in indischer Gestalt erlebte. Mein Vater sowohl wie meine Mutter und deren Vater waren ihr Leben lang im Dienst der christlichen Mission in Indien gestanden, und obwohl erst in einem meiner Vettern und mir die Erkenntnis durchbrach, daß es nicht eine Rangordnung der Religionen gebe, so war doch schon in Vater, Mutter und Großvater nicht bloß eine reiche und ziemlich gründliche Kenntnis indischer Glaubensformen vorhanden, sondern auch eine nur halb eingestandene Sympathie für diese indischen Formen. Ich habe das geistige Indertum ganz ebenso von Kind auf eingeatmet und miterlebt wie das Christentum.

Dagegen lernte ich das Christentum in einer einmaligen, starren, in mein Leben einschneidenden Form kennen, in einer schwachen und vergänglichen Form, die schon heute überlebt und beinahe verschwunden ist. Ich lernte es kennen als pietistisch gefärbten Protestantismus, und das Erlebnis war tief und stark; denn das Leben meiner Voreltern und Eltern war ganz und gar vom Reich Gottes her bestimmt und stand in dessen Dienst. Daß Menschen ihr Leben als Lehen von Gott ansehen und es nicht in egoistischem Trieb, sondern als Dienst und Opfer vor Gott zu leben suchen, dies größte Erlebnis und Erbe meiner Kindheit hat mein Leben stark beeinflußt. Ich habe die „Welt" und die Weltleute nie ganz ernst genommen und tue es mit den Jahren immer weniger. Aber so groß und edel dies Christentum meiner Eltern als gelebtes Leben, als Dienst und Opfer, als Gemeinschaft und Aufgabe war – die konfessionellen und zum Teil sektiererischen Formen, in denen wir Kinder es kennenlernten, wurden mir schon sehr früh verdächtig und zum Teil ganz unausstehlich. Es wurden da manche Sprüche und Verse gesagt und gesungen, die schon den Dichter in mir beleidigten, und es blieb mir, als die erste Kindheit zu Ende war, keineswegs verborgen, wie sehr Menschen wie mein Vater und Großvater darunter litten und sich damit plagten, daß sie nicht wie die Katholiken ein festgelegtes Bekenntnis und Dogma hatten, nicht ein echtes, bewährtes Ritual, nicht eine echte, wirkliche Kirche.

Daß die sogenannte „protestantische" Kirche nicht existierte, vielmehr in eine Menge kleiner Landeskirchen zerfiel, daß die Geschichte dieser Kirchen und ihrer Oberhäupter, der protestantischen Fürsten, um nichts edler war als die der geschmähten päpstlichen Kirche, daß sich ferner beinahe alles wirkliche Christentum, nahezu alle wirkliche Hingabe an das Reich Gottes nicht in diesen langweiligen Winkelkirchen vollzog, sondern in noch winkligeren, aber dafür durchglühten, aufgerüttelten Konventikeln von zweifelhafter und vergänglicher Form – dies alles war mir schon in ziemlich früher Jugend kein Geheimnis mehr, obwohl im Vaterhaus von der Landeskirche und ihren hergebrachten

Formen nur mit Hochachtung gesprochen wurde (eine Hochachtung, die ich als nicht ganz echt empfand und früh beargwöhnte). Ich habe auch tatsächlich während meiner ganzen christlichen Jugend von der Kirche keinerlei religiöse Erlebnisse gehabt. Die häuslichen, persönlichen Andachten und Gebete, die Lebensführung meiner Eltern, ihre königliche Armut, ihre offene Hand für das Elend, ihre Brüderlichkeit gegen die Mitchristen, ihre Sorge um die Heiden, der ganze begeisterte Heroismus ihres Christenlebens empfing seine Speisung zwar aus der Bibellesung, nicht aber von der Kirche, und die sonntäglichen Gottesdienste, der Konfirmandenunterricht, die Kinderlehre brachten mir nichts an Erlebnis.

Im Vergleich nun mit diesem so eng eingeklemmten Christentum, mit diesen etwas süßlichen Versen, diesen meist so langweiligen Pfarrern und Predigten, war freilich die Welt der indischen Religion und Dichtung weit verlockender. Hier bedrängte mich keine Nähe, hier roch es weder nach nüchternen graugestrichenen Kanzeln noch nach pietistischen Bibelstunden, meine Phantasie hatte Raum, ich konnte die ersten Botschaften, die mich aus der indischen Welt erreichten, ohne Widerstände in mich einlassen, und sie haben lebenslang nachgewirkt.

Später hat meine persönliche Religion ihre Formen noch oft verändert, niemals plötzlich im Sinn einer Bekehrung, stets aber langsam im Sinn von Zuwachs und Entwicklung. Daß mein „Siddhartha" nicht die Erkenntnis, sondern die Liebe obenan stellt, daß er das Dogma ablehnt und das Erlebnis der Einheit zum Mittelpunkt macht, mag man als ein Zurückneigen zum Christentum, ja als einen wahrhaft protestantischen Zug empfinden.

Später erst als die indische Geisteswelt wurde die chinesische mir bekannt, und es gab neue Entwicklungen; der klassische chinesische Tugendbegriff, der mir Kung Fu Tse und Sokrates als Brüder erscheinen ließ, und die verborgene Weisheit des Lao Tse mit ihrer mystischen Dynamik haben mich stark beschäftigt. Es kam auch nochmals eine Welle christlicher Beeinflussung durch den Umgang mit einigen Katholiken von hohem geistigem Rang, namentlich mit meinem Freunde Hugo Ball, dessen unerbittliche Kritik der Reformation ich anerkennen konnte, ohne doch Katholik zu werden. Ich sah damals auch ein wenig vom Betrieb und der Politik der Katholiken, und ich sah, wie ein Charakter von der Reinheit und Größe Hugo Balls von seiner Kirche und ihren geistigen und politischen Vertretern, je nach der Konjunktur, bald propagandistisch benutzt, bald fallengelassen und verleugnet wurde. Es war offenbar auch diese Kirche kein idealer Raum für Religion, es war offenbar auch hier Streben und Wichtigtun, Gezänk und roher Machtwille am Werk, es zog sich offenbar auch hier das christliche Leben gern ins Private und Verborgene zurück.

In meinem religiösen Leben spielt also das Christentum zwar nicht die einzige, aber doch eine beherrschende Rolle, mehr ein mystisches Christentum als ein kirchliches, und es lebt nicht ohne Konflikte, aber doch ohne Krieg neben einer mehr indisch-asiatisch gefärbten Gläubigkeit, deren einziges Dogma der Gedanke der Einheit ist. Ich habe nie ohne Religion gelebt und könnte keinen Tag ohne sie leben, aber ich bin mein Leben lang ohne Kirche ausgekommen. Die konfessionell und politisch getrennten Sonderkirchen sind mir immer, und am meisten während des Weltkrieges, als Karikaturen des Nationalismus erschienen, und die Unfähigkeit der protestantischen Bekenntnisse zu einer überkonfessionellen Einheit schien mir immer ein anklagendes Symbol für die deutsche Unfähigkeit zur Einigkeit zu sein. In früheren Jahren blickte ich bei solchen Gedanken mit einiger Verehrung und einigem Neid zur römisch-katholischen Kirche hinüber, und meine Protestantensehnsucht nach fester Form, nach Tradition, nach Sichtbarwerdung des Geistes hilft mir auch heute noch, meine Verehrung für dies größte kulturelle Gebilde des Abendlandes aufrechtzuerhalten. Aber auch diese bewundernswerte katholische Kirche ist mir nur in der Distanz so verehrungswürdig, und sobald ich ihr nähertrete, riecht sie wie jede menschliche Gestaltung sehr nach Blut und Gewalt, nach Politik und Gemeinheit. Immerhin, gelegentlich beneide ich den Katholiken um die Möglichkeit, sein Gebet vor einem Altar zu sprechen statt in dem oft so engen Kämmerlein und seine Beichte in das Loch eines Beichtstuhles hineinzusagen, statt sie immer nur der Ironie der einsamen Selbstkritik auszusetzen.

1931

BEIM EINZUG IN EIN NEUES HAUS

In ein neues Haus einziehen heißt nicht nur etwas Neues anfangen, sondern auch etwas Altes verlassen. Und wenn ich jetzt in unser neues Haus einziehe, so kann ich wohl dem Freunde, dessen Güte ich dies Haus verdanke, von Herzen dankbar sein, ich kann seiner und der anderen Freunde, die am Zustandekommen des Hauses und seiner Einrichtung mitgeholfen haben, in Dankbarkeit und erneuter Freundschaft gedenken. Über das neue Haus aber etwas zu sagen, es erzählend zu schildern, es zu preisen, ihm ein Lied zu singen, dazu wäre ich nicht imstande, denn wie soll man Worte setzen und Lieder singen beim ersten Schritt eines Neubeginns, wie soll man einen Tag vor seinem Abend loben? Wohl können wir bei der Einweihung des neuen Hauses Wünsche im Herzen hegen und unsere Freunde bitten, diese stillen Wünsche für die Zukunft des Hauses und unseres Lebens darin ebenfalls im Herzen zu tragen. Über dies Haus selbst jedoch etwas zu sagen, eine wirkliche Kunde von ihm zu geben, mich im Sinn eines Erlebnisses zu ihm zu stellen und zu bekennen, das vermöchte ich erst in Jahr und Tag.

Wohl aber kann und muß ich bei unserm Einzug ins neue Haus jener anderen Häuser gedenken, welche in früheren Epochen meines Lebens mir Obdach geboten und mein Leben und meine Arbeit beschützt haben. Jedem von ihnen bin ich dankbar, jedes von ihnen bewahrt unzählige Erinnerungen für mich, und jedes hilft in meinem Gedächtnis dazu mit, der Zeit, in der ich es bewohnte, ein eigenes Gesicht zu geben. Darum, wie man bei einer seltenen Familienfeier wohl zuerst das Einstmals beschwört und der Verstorbenen gedenken mag, will ich heute all der Vorgänger unsres schönen Hauses mich erinnern, ihr Bild in mir wachrufen und den Freunden von ihnen erzählen.

Obwohl in charaktervollen alten Häusern aufgewachsen, war ich in meinen jungen Jahren doch zu wenig kultiviert und vor allem zu sehr mit mir selbst beschäftigt, als daß ich dem Haus und der Wohnung, worin ich lebte, viel Aufmerksamkeit und Liebe zugewandt hätte. Zwar war es mir keineswegs gleichgültig, wie mein Wohnraum aussehe, aber wichtig war mir damals am Aussehen meines jeweiligen Zimmers bloß das, was ich selber zu diesem Aussehen beitrug. Es interessierten und erfreuten mich nicht die Dimensionen des Raumes, nicht die Wände, ihre Winkel, ihre Höhe, die Farben, die Fußböden und so weiter, es interessierte mich lediglich das, was ich selber ins Zimmer mitgebracht und aufgestellt, gehängt und geordnet hatte.

Die Art, wie ein zwölfjähriger träumerischer Knabe sein erstes eigenes Zimmer zu schmücken und auszuzeichnen sucht, hat mit Geschmack und Dekoration nichts zu tun; die Antriebe zu diesem Schmücken liegen viel tiefer als aller Geschmack. So habe auch ich einst als Zwölfjähriger, als ich zu meinem Stolz im geräumigen Vaterhaus zum erstenmal mein eigenes Zimmer bekam, den großen und hohen Raum in keiner Weise aufzuteilen und zu beherrschen, ihn durch Farben oder Anordnen der Möbelstücke schön und wohnlich zu machen versucht, sondern mich um die Aufstellung des Bettes, der Schränke und so weiter überhaupt nicht gekümmert, dagegen alle Aufmerksamkeit auf die paar Stellen der Stube gerichtet, die für mich nicht Gebrauchsgegenstände, sondern Heiligtümer waren. Die wichtigste dieser Stellen war mein Stehpult, ich hatte mir lange eins gewünscht und es jetzt bekommen, und an diesem Pult wieder war mir das Wichtigste der Hohlraum unter seinem schrägen Deckel, wo ich ein Arsenal von mehr oder weniger geheimen Trophäen einzurichten bestrebt war, von lauter Dingen, welche man nicht braucht und nicht kaufen kann und welche für niemand als für mich selbst ihren Erinnerungswert und zum Teil auch ihre magischen Bedeutungen hatten. Es war darunter ein kleiner Tierschädel, dessen Herkunft ich nicht kannte, ferner getrocknete Baumblätter, eine Hasenpfote, ein brüchiges Stück dicken grünen Glases und manche andre solche Dinge, die lagen in der Dämmerung ihrer Höhle unter dem Pultdeckel verborgen, von niemand gesehen und gewußt als von mir, meine Besitztümer und meine Geheimnisse, und sie waren mir wertvoller als jeder andre Besitz. Nächst dieser geheimen Schatzkammer kam die obere Ebene des Stehpultes in Betracht, und hier handelte es sich schon nicht mehr um den engsten und eigensten Bezirk, hier spielte schon Dekoration, Aufmachung und auch Großtuerei mit hinein. Hier nämlich wollte ich nicht verbergen und hüten, sondern zeigen und prahlen, hier sollte es großartig und schön zugehen, außer Blumensträußen und Marmorstücken gab es hier Photographien und andre Bildchen zu sehen, und meine höchste Sehnsucht war, hier eine Plastik stehen zu haben, einerlei was für eine, aber etwas Plastisches, ein dreidimensionales Kunstwerk, irgendeine Figur oder einen Kopf, und so stark war dies Verlangen, daß ich einmal eine Mark gestohlen und mir für achtzig Pfennige die winzig kleine Büste des jungen Kaisers Wilhelm aus gebranntem Ton, ein wertloses Massenfabrikat, gekauft habe.

Übrigens war diese Sehnsucht des Zwölfjährigen auch beim Zwanzigjährigen noch vorhanden, und zu den ersten Sachen, die ich mir aus selbstverdientem Gelde kaufte, in Tübingen als Buchhändlerlehrling, gehörte ein schneeweißer Gipsabguß der Hermesbüste des Praxiteles. Ich würde ihn wahrscheinlich heut in keinem Zimmer ertragen, aber damals empfand ich noch beinah ebenso stark wie als Knabe mit meinem tönernen Kaiserbild den primitiven Zauber der Plastik, der körperlichen, greifbaren, abtastbaren Naturnachahmung. Ein wesentlicher Fortschritt des Geschmackes also ist kaum festzustellen, wenn auch freilich der Hermes ein edleres Gebilde war als jene Kaiserbüste. Auch muß ich sagen, daß ich damals, während meiner vier Tübinger Jahre, noch immer gegen Haus und Raum, in denen ich wohnte, sehr gleichgültig war. Mein Tübinger Zimmer in der Herrenberger Straße war alle die vier Jahre hindurch dasselbe, das meine Eltern mir bei meinem Eintritt besorgt hatten: ein nüchternes, ödes Erdgeschoßzimmer in einem öden, häßlichen Hause an einer reizlosen Straße. Obwohl für viel Schönes empfänglich, litt ich damals unter diesem Wohnen keineswegs. Allerdings war es ja auch eigentlich kein „Wohnen", denn ich war von frühmorgens bis zum Abend fort, in der Buchhandlung, und wenn ich dann nach Hause kam, war es meistens schon dunkel, und ich hatte nach nichts Verlangen als nach Alleinsein, nach Freiheit, nach Lektüre und nach eigener Arbeit. Und unter einem „schönen" Zimmer verstand ich auch damals noch nicht einen schönen Raum, sondern einen geschmückten. An Schmuck ließ ich es denn nicht fehlen. An die Wände waren teils in großen Photographien, teils in kleinen Ausschnitten aus illustrierten Zeitschriften oder aus Verlagskatalogen mehr als hundert Bildnisse von Männern angenagelt, die ich aus irgendeinem Grunde bewunderte, und die Sammlung wuchs während jener Jahre beständig; ich erinnere mich noch wohl, wie ich seufzend die etwas teuren Preise für eine Photographie des jungen Gerhart Hauptmann bezahlte, dessen „Hannele" ich damals gelesen hatte, und für zwei Bilder von Nietzsche; das eine war das bekannte mit dem großen Schnurrbart und dem Blick etwas von unten herauf, das andre war die Photographie eines Ölbildes, das ihn als Kranken, mit ganz versunkenem und abwesendem Blick, darstellte, im Freien in einem Krankensessel hockend. Ich stand oft vor diesem Bilde. Außerdem war also der Hermes da und die größte Wiedergabe eines Chopin-Bildnisses, die ich hatte auftreiben können. Außerdem war eine halbe Stubenwand, über dem Sofa, auf studentische Art mit einer Anord-

nung symmetrisch aufgehängter Tabakspfeifen deko-
riert. Ein Stehpult hatte ich auch hier, und in seinem
dunklen Hohlraume war noch immer Zauber, Geheimnis und Schatzkammer, war noch immer Zuflucht vor
der nüchternen Außenwelt in ein magisches Reich; nur
waren es jetzt nicht mehr Schädel, Hasenpfote, ausge-
höhlte Roßkastanien und Glasstücke, sondern in Heften
und auf vielen losen Papieren meine Gedichte, Phantasien und Aufsätze.

Von Tübingen kam ich, zweiundzwanzigjährig, im
Herbst 1899 nach Basel, und dort erst geriet ich in ein
ernsthaftes, lebendiges Verhältnis zur bildenden Kunst:
während meine Tübinger Zeit, soweit sie mir gehörte,
ausschließlich literarischen und intellektuellen Erobe-
rungen gewidmet gewesen war, vor allem der wie berauschten oder besessenen Beschäftigung mit Goethe
und dann mit Nietzsche, ging mir in Basel auch das Auge
auf, ich wurde ein aufmerksamer und bald auch ein wissender Betrachter von Architekturen und Kunstwerken.
Der kleine Kreis von Menschen in Basel, der mich damals
aufnahm und bilden half, war ganz durchtränkt vom Einfluß Jacob Burckhardts, der erst vor kurzem gestorben
war und der dann in der zweiten Hälfte meines Lebens
allmählich jene Stelle einnehmen sollte, welche vorher
Nietzsche gehört hatte. Während meiner Basler Jahre
machte ich denn auch zum erstenmal den Versuch, ge-
schmackvoll und würdig zu wohnen, indem ich mir ein
originelles hübsches Zimmer in einem Altbasler Hause
mietete, ein Zimmer mit großem altem Kachelofen, ein
Zimmer mit Vergangenheit. Ich hatte damit aber kein
Glück; das Zimmer war wunderschön, aber es wurde niemals warm, obwohl der alte Ofen große Mengen Holz
verschlang, und unter seinen Fenstern fuhren durch die
scheinbar so ruhige Gasse morgens von drei Uhr an die
Milch- und Marktwagen vom Albantor her über das Stein-
pflaster mit einem Höllenlärm und raubten mir den
Schlaf; geschlagen floh ich nach einiger Zeit aus dem
schönen Zimmer in eine moderne Vorstadt.

Und jetzt erst beginnt die Zeit meines Lebens, in der ich nicht mehr zufällige und oft gewechselte Zimmer, sondern Häuser bewohnte und in welcher diese Häuser mir lieb und wichtig wurden. In den Jahren zwischen meiner ersten Heirat im Jahre 1904 und meinem Einzug in die Casa Bodmer im Jahre 1931 habe ich vier verschiedene Häuser bewohnt und eines von ihnen selber gebaut. An sie alle muß ich heute denken.

In ein häßliches oder auch nur gleichgültiges Haus wäre ich jetzt nicht mehr gezogen; ich hatte viel alte Kunst gesehen, war zweimal in Italien gewesen, und auch sonst hatte mein Leben sich verändert und bereichert: zugleich mit dem Abschied von meinem bisherigen Berufe beschloß ich zu heiraten und beschloß zugleich, künftig ganz auf dem Lande zu leben. An diesen Entschlüssen sowohl wie an der Wahl der Orte und Häuser, in welchen wir künftig lebten, hatte meine erste Frau großen Anteil. Entschlossen zu einem einfachen, ländlichen, gesunden und möglichst bedürfnislosen Leben, legte sie doch großen Wert darauf, bei aller Einfachheit sehr schön zu wohnen, das heißt in schöner Landschaft mit schöner Aussicht und in schönen, das heißt in charaktervollen, würdigen, nicht gleichgültigen Häusern. Ihr Ideal war das halb bäurische, halb herrschaftliche Landhaus, mit moosigem Dach, geräumig, unter uralten Bäumen, womöglich mit einem rauschenden Brunnen vor dem Tor. Ich selbst hatte ganz ähnliche Vorstellungen und Wünsche und stand in diesen Dingen auch unter Mias Einfluß. So war uns das, was wir zu suchen hatten, etwa vorgezeichnet. Zunächst suchten wir in der Nähe von Basel da und dort in hübschen Dörfern, dann trat durch meinen ersten Besuch bei Emil Strauß in Emmishofen auch der Bodensee in unsern Gesichtskreis, und zuletzt entdeckte, während ich zu Hause in Calw bei Vater und Schwestern saß und „Unterm Rad" schrieb, meine Frau das badische Dorf Gaienhofen am Untersee und darin ein leerstehendes Bauernhaus, an einem kleinen stillen Platz gegenüber der Dorfkapelle. Ich war einverstanden, und wir mieteten das Bauernhaus für einen Mietzins von hundertfünfzig Mark im Jahr, was uns selbst dort und damals wohlfeil erschien. Dort begannen wir uns im September 1904 einzurichten, anfangs mit Enttäuschungen und Schwierigkeiten, mit langem Warten auf die ausbleibenden Möbel und Betten, die aus Basel kommen sollten und die wir Tag um Tag mit dem von Schaffhausen kommenden Morgenschiff erwarteten. Dann ging es vorwärts, und unser Eifer wuchs. Wir strichen das rohe Dachgebälk in den Stuben des obern Stockwerks dunkelrot, die beiden unteren Stuben, die hübschesten des Hauses, hatten alte Wandverkleidungen von unbemaltem Tannenholz, und neben dem gediegenen Ofen war eine sogenannte „Kunst": ein Stück Wand war dort, oberhalb einer rohen Sitzbank, mit grünen alten Kacheln bekleidet, die vom Herdfeuer der Küche her erwärmt wurden. Hier war der Lieblingsplatz unsrer ersten Katze, des schönen Katers Gattamelata. Dies also war mein erstes Haus. Eigentlich freilich hatten wir bloß die Hälfte des Hauses gemietet, die andre Hälfte bestand aus Scheune und Stall, die der Bauer zur eigenen Verwendung behielt. Der Wohnteil des Fachwerkhauses bestand unten aus einer Küche und zwei Stuben, deren größere mit dem großen Kachelofen unser Wohn- und Speisezimmer war, rohe Holzbänke liefen der halben Wand entlang, es war dort warm und behaglich zwischen den Holzwänden. Das kleinere Zimmer daneben war das meiner Frau, dort stand ihr Klavier und Schreibtisch. Eine primitive Brettertreppe führte ins obere Geschoß. Dort war, dem Wohnzimmer unten entsprechend, ein großer Raum mit zwei Fenstern übereck, aus denen an der Kapelle vorbei Stücke der Seelandschaft zu sehen waren; dies war mein Studierzimmer, darin stand der große Schreibtisch, den ich mir hatte bauen lassen und den ich als einziges Stück von damals noch heute habe, auch ein Stehpult stand wieder darin, und alle Wände voll von Büchern. Trat man ein, so mußte man auf die hohe Balkenschwelle achten; wer das außer acht ließ, stieß sich in der niedrigen Türe den Kopf an, es ist manchem passiert. Der junge Stefan Zweig mußte bei seinem Besuch sich erst eine Viertelstunde hinlegen und erholen, ehe er sprechen konnte, er war zu rasch und enthusiastisch eingetreten, als daß ich ihn noch vor der Schwelle hätte warnen können. Daneben waren auf diesem Boden noch zwei Schlafzimmer und darüber ein großer Dachboden. Ein Garten war nicht bei diesem Hause, nur ein kleiner Grasfleck mit zwei, drei geringen Obstbäumen, dazu grub ich dem Hause entlang eine Rabatte und pflanzte Johannisbeersträucher und einige Blumen hinein.

In diesem Haus habe ich drei Jahre gewohnt, während dieser Zeit ist mein erster Sohn zur Welt gekommen und sind viele Gedichte und Erzählungen entstanden. Im „Bilderbuch" und anderwärts findet sich manche Schilderung aus unsrem damaligen Leben. Etwas, was kein späteres Haus mehr zu geben hatte, macht dieses Bauernhaus mir lieb und einzigartig: Es war das erste! Es war die erste Zuflucht meiner jungen Ehe, die erste legitime Werkstatt meines Berufes, hier zum erstenmal hatte ich das Gefühl von Seßhaftigkeit und ebendarum auch zuweilen das Gefühl der Gefangenschaft, des Verhaftetseins an Grenzen und Ordnungen; hier zum erstenmal ließ ich mich auf den hübschen Traum ein, mir an einem Orte eigener Wahl etwas wie Heimat schaffen und erwerben zu können. Und es geschah mit geringen und primitiven Mitteln. Nagel um Nagel in diesen Stuben habe ich selber eingeschlagen, und es waren nicht gekaufte Nägel, sondern die Kistennägel von unsrem Umzug, die ich Stück für Stück auf unsrer steinernen Hausschwelle geradegeklopft hatte. Ich habe die klaffenden Ritzen im Obergeschoß ausgestopft, mit Werg und mit Papier, und rote Farbe drübergestrichen, ich habe in dem schlechten Boden bei der Hauswand gegen Trockenheit und Schatten um die paar Blumen gekämpft. Das Einrichten dieses Hauses war mit dem schönen Pathos der Jugend geschehen, mit dem Gefühl eigenster

Verantwortlichkeit für unser Tun, und mit dem Gefühl, es sei fürs ganze Leben. Dazu hatten wir auch den Versuch gemacht, in dieser bäuerlichen Hütte ein ländliches, einfach-aufrichtiges, natürliches, unstädtisches und unmodisches Leben zu führen. Die Gedanken und Ideale, die uns dabei führten, waren ebenso verwandt mit denen Ruskins und Morris' wie mit denen von Tolstoi. Zum Teil war es geglückt, zum Teil mißlungen, aber es war uns beiden mit allem Ernst gewesen, es war alles in Treue und mit Hingabe getan worden.

Zwei Bilder, zwei Erlebnisse stehen jedesmal scharf und wohlerhalten in meinem Gedächtnis auf, wenn ich an dies Haus und die ersten Gaienhofener Jahre erinnert werde. Das erste Bild ist ein warmer strahlender Sommermorgen, der Morgen meines achtundzwanzigsten Geburtstages. Da wachte ich früh auf, von wunderlichen Tönen geweckt und beinah erschreckt, lief im Hemd ans Fenster, und unterm Fenster stand, von meinem Freund Ludwig Finckh aus den paar Nachbardörfern zusammengeholt, eine ländliche Blasmusik, die spielte einen Marsch und einen Choral, und die Hörner und die Klarinettenklappen funkelten in der Morgensonne.

Dies ist das eine Bild, das mir bei dem alten Hause einfällt. Das andre hat ebenfalls mit meinem Freund Finckh zu tun. Auch diesmal wurde ich aus dem Schlaf geschreckt, aber es war noch mitten in der Nacht, und unterm Fenster stand nicht Finckh, sondern Freund Bucherer und meldete mir, daß das kleine Häuschen, das Ludwig Finckh sich gekauft und soeben für seine junge Frau hergerichtet hatte, in Flammen stehe. Schweigend gingen wir durchs Dorf hinauf, da stand der Himmel hochrot, und das kleine putzige Hexenhäuschen, eben erst frisch ausgebaut, gemalt und eingerichtet, brannte vor unsern Augen bis zur letzten Schindel nieder, während sein Besitzer auf der Hochzeitsreise war und morgen eintreffen und seine Frau in das Haus einführen sollte. Als der Trümmerhaufen noch glühte und rauchte, mußten wir uns auf den Weg machen, um dem Freund entgegenzugehen und ihn und seine Frau mit der Unglücksbotschaft zu empfangen.

Von unsrem Bauernhaus nahmen wir einen langsamen und leichten Abschied, denn wir hatten beschlossen, uns nun selber ein Haus zu bauen. Es hatten sich dafür verschiedene Gründe eingefunden. Erstens waren unsre äußeren Verhältnisse günstig, und bei dem einfach-sparsamen Leben, das wir führten, war jedes Jahr Geld zurückgelegt worden. Dann hatten wir schon lange Sehnsucht nach einem richtigen Garten und nach einer freieren und höheren Lage mit weiter Aussicht. Auch war meine Frau viel krank gewesen, und es war ein Kind da, und solche Luxuseinrichtungen wie eine Badewanne und ein Badeofen schienen uns jetzt nicht mehr so ganz entbehrlich wie vor drei Jahren. Und, so dachten und sprachen wir, wenn unsre Kinder nun hier auf dem Lande aufwuchsen, so war es schöner und richtiger, wenn sie es auf eigenem Grund und Boden, im eigenen Haus, im Schatten eigener Bäume tun konnten. Ich weiß nicht mehr, wie wir diese Auffassung vor uns selber begründeten, ich erinnere mich nur daran, daß es uns wirklich Ernst damit war. Vielleicht stand dahinter nichts als häuslicher Bürgersinn, obwohl der bei uns beiden nie stark gewesen war – aber am Ende waren wir durch die fetten Jahre erster Erfolge verdorben; oder aber spukte auch da so ein Bauerntum-Ideal mit hinein? Ich fühlte mich meiner Bauernideale zwar niemals sicher, auch schon damals nicht, aber von Tolstoi her und auch von Jeremias Gotthelf her und gespeist aus einer damals in Deutschland ziemlich lebhaften Regung von Stadtflucht und Landleben mit moralisch-künstlerischer Begründung lebten nun eben diese hübschen, aber unklar formulierten Glaubensartikel in unsern Köpfen, wie sie auch im „Peter Camenzind" zum Ausdruck kamen. Ich weiß nicht mehr genau, was ich damals unter dem Wort „Bauer" verstand. Heute jedenfalls glaube ich nichts gewisser zu wissen, als daß ich das genaue Gegenteil eines Bauern bin, nämlich (dem angeborenen Typus nach) ein

Nomade, ein Jäger, ein Unseßhafter und Einzelgänger. Nun, damals dachte ich im Grunde wahrscheinlich gar nicht viel anders als heute, aber statt des Gegensatzes „Bauer – Nomade" sah und formulierte ich damals eben den Gegensatz „Bauer – Städter" und verstand unter Bauerntum nicht bloß die Stadtferne, sondern vor allem die Naturnähe und die Sicherheit, die ein nicht von Vernunftsätzen, sondern von Instinkten geleitetes Leben auszeichnet. Daß mein ländliches Ideal selber nur ein Vernunftsatz war, störte mich dabei nicht. Unsre Neigungen haben ja stets eine erstaunliche Begabung, sich als Weltanschauungen zu maskieren. Der Fehler meines Gaienhofener Lebens war denn auch nicht der, daß ich falsche Gedanken über Bauerntum und so weiter hegte, sondern daß ich zum Teil mit meinem Bewußtsein etwas ganz andres wollte und anstrebte, als meine wirklichen Triebe meinten. Wieweit ich dabei Ideen und Wünsche meiner Frau Mia über mich herrschen ließ, kann ich nicht sagen, ihr Einfluß in jenen ersten Jahren war aber, wie ich erst im Zurückblicken sehe, stärker, als ich zugegeben hätte.

Kurz, es war beschlossen worden, Land zu kaufen und zu bauen. Ein von Basel her befreundeter Architekt, Hindermann, war zur Verfügung, die Schwiegereltern gaben den größten Teil der Bausumme als Darlehen, Land war überall billig zu kaufen, ich glaube, das Quadratmeter kostete etwa zwei oder drei Groschen. So haben wir in unsrem vierten Bodenseejahr ein Grundstück gekauft und ein hübsches Haus darauf gebaut. Wir wählten einen Platz weit außerhalb des Dorfes, mit freier Aussicht über den Untersee. Man sah das Schweizer Ufer, die Reichenau, den Konstanzer Münsterturm und dahinter ferne Berge. Das Haus war bequemer und größer als das verlassene, es war Raum darin für Kinder, Magd, Gast, Schränke und Truhen wurden eingebaut, und wir brauchten das Wasser nicht mehr wie bisher vom Brunnen her zu tragen, es gab eine Wasserleitung im Haus und unterm Boden einen Wein- und Obstkeller und eine Dunkelkammer für die Photographien meiner Frau und noch dies und jenes Hübsche und Angenehme. Nachdem wir eingezogen waren, gab es auch Enttäuschungen und Sorgen, die Senkgrube war häufig verstopft, und in der Küche blieb das Altwasser im Schüttstein stehen und drohte überzulaufen, während ich mit dem herbeigeholten Baumeister vor dem Hause auf dem Bauche lag und mit Ruten und Drähten in den wieder aufgegrabenen Ablaufröhren wühlte. Das Ganze aber bewährte sich und machte uns Freude, und wenn auch unser tägliches Leben ebenso einfach geführt wurde wie vorher, so gab es doch eine Menge von kleinem Luxus, den ich mir nie hätte träumen lassen. In meinem Arbeitszimmer war eine Bibliothek eingebaut und ein großer Mappenschrank. An allen Wänden drängten sich die Bilder, wir hatten jetzt manche Künstlerfreunde, kauften einiges und bekamen andres geschenkt. In den Räumen des weggezogenen Max Bucherer wohnten jetzt im Sommer zwei Maler aus München, Blümel und Renner, die wir gern hatten und mit denen ich noch heute befreundet bin.

Besonders üppig und fein hatte ich mir die Heizung meines Studierzimmers ausgedacht: da stand ein großer grüner Kachelofen, der aber als Dauerbrenner mit Kohlen geheizt werden konnte. Wir gaben uns viel Mühe mit ihm und schickten einmal während des Bauens eine ganze Wagenladung Kacheln wieder an die Fabrik zurück, weil sie nicht ganz das schöne Grün hatten, das ich gemeint und bestellt hatte. Aber gerade dieser Ofen zeigte mir die Schattenseiten aller Bequemlichkeiten und technischen Verfeinerung: der Kerl heizte zwar gut, aber bei etwas föhnigem Wetter braute er Gase, die er nicht wieder loswerden konnte, und explodierte dann mit einem Ton, den ich heut noch höre, und die Stube war plötzlich voll Kohlengas, Rauch und Ruß, man mußte das Feuer schleunigst herausholen und löschen und zwei Stunden weit nach Radolfzell laufen, um den Hafner zu holen, und dann war es für manche Tage aus mit Heizung und Studierstube. Drei- oder viermal ist das passiert, und zweimal reiste ich gleich nach dem Unglück ab: kaum war der böse Knall erfolgt und meine Stube eingeräuchert, so packte ich die Handtasche, lief weg, bestellte in Radolfzell den Hafner und fuhr von da nach München, wo ich als Mitherausgeber einer Zeitschrift ohnehin zu tun hatte. Immerhin waren diese Eskapaden seltne Ausnahmen.

Beinahe wichtiger als das Haus wurde mir der Garten. Einen eigenen Garten hatte ich noch nie gehabt, und aus meinen ländlichen Grundsätzen ergab sich von selbst, daß ich ihn selber anlegen, bepflanzen und pflegen mußte, und das habe ich denn auch manche Jahre lang getan. Ich baute im Garten einen Schuppen für das Brennholz und das Gartengerät, ich steckte gemeinsam mit einem mich beratenden Bauernsohn Wege und Beete ab, pflanzte Bäume, Kastanien, eine Linde, eine Katalpe, eine Buchenhecke und eine Menge von Beerensträuchern und schönen Obstbäumen. Die Obstbäumchen wurden im Winter von den Hasen und Rehen abgenagt und zerstört, alles andre gedieh recht schön, und wir hatten damals die Erdbeeren und Himbeeren, den Blumenkohl, die Erbsen und den Salat im Überfluß. Daneben legte ich eine Dahlienzucht an und eine lange Allee, wo zu beiden Seiten des Weges einige hundert Sonnenblumen von exemplarischer Größe wuchsen und zu ihren Füßen viele Tausende von Kapuzinern in allen Tönen von Rot und Gelb. Mindestens zehn Jahre lang habe ich, in Gaienhofen und in Bern, allein und eigenhändig meine Gemüse und Blumen gepflanzt, meine Beete gedüngt und begossen, die Wege von Unkraut befreit, habe all unser vieles Brennholz selber gesägt und gespalten. Es war schön und lehrreich, und wurde doch am Ende zu einer schweren Sklaverei. Das Bauernspielen war hübsch, solang es ein Spiel war: als es sich zur Gewohnheit und Pflicht ausgewachsen hatte, war die Freude daran vorüber. Hugo Ball hat, nach meinen sehr sparsamen Auskünften, den Sinn dieses Gaienhofener

Umweges in seinem Buch gut herausgeschält, wenn auch ein wenig zu kahl und zu wenig gerecht gegen Freund Finckh. Es war mehr Wärme dabei und mehr Unschuld und Spiel, als er ahnen läßt.

Wie sehr übrigens unsre Seele das Bild der Umwelt bearbeitet, verfälscht oder vielmehr korrigiert, und wie sehr die Erinnerungsbilder unsres Lebens von innen her beeinflußt werden, das zeigt mir meine Erinnerung an das zweite Gaienhofener Haus beschämend deutlich. Ich habe vom Garten dieses Hauses heute noch die genaueste Vorstellung, und im Hause selbst sehe ich mein Studierzimmer und dessen geräumigen Balkon deutlich mit allen Einzelheiten, ich könnte noch von jedem Buch die Stelle nennen, die es einnahm. Dagegen ist meine Vorstellung von den übrigen Räumen schon heute, zwanzig Jahre nachdem ich das Haus verlassen, merkwürdig unscharf geworden.

Nun waren wir also richtig für Lebenszeiten eingerichtet und angesiedelt, friedlich stand vor unsrer Haustür der einzige große Baum unsres Grundstücks, ein alter gewaltiger Birnbaum, unter den ich eine Lattenbank gezimmert hatte, fleißig bestellte ich meinen Garten, pflanzte und schmückte, und schon kam mein ältestes Söhnchen mir, im Garten spielend, mit seinem Kinderspaten nach. Aber die Ewigkeit, für die wir gebaut hatten, dauerte nicht lange. Ich hatte Gaienhofen erschöpft, es war dort kein Leben mehr für mich, ich reiste nun häufig für kurze Zeiten weg, die Welt war so weit da draußen, und fuhr schließlich sogar nach Indien, im Sommer 1911. Die heutigen Psychologen, der Schnoddrigkeit beflissen, nennen so etwas eine „Flucht", und natürlich war es unter andrem auch dies. Es war aber auch ein Versuch, Distanz und Überblick zu gewinnen. Im Sommer 1911 fuhr ich nach Indien und kam ganz am Ende des Jahres zurück. Aber das alles genügte nicht. Mit der Zeit fanden sich zu den verschwiegenen inneren Gründen unsrer Unzufriedenheit auch die äußern, die zwischen Mann und Frau leicht diskutierbaren: ein zweiter und dritter Sohn war geboren, der älteste wurde schulpflichtig, meine Frau empfand zuweilen Heimweh nach der Schweiz und auch nach der Nähe einer Stadt, nach Freunden und nach Musik, und allmählich gewöhnten wir uns daran, unser Haus als verkäuflich und unser Gaienhofener Leben als eine Episode zu betrachten. Im Jahre 1912 wurde die Sache reif, es fand sich ein Käufer für das Haus.

Der Ort, an den wir jetzt ziehen wollten, nach acht Gaienhofener Jahren, war Bern. In die Stadt selbst wollten wir zwar nicht ziehen, das wäre uns wie Verrat an unsern Idealen vorgekommen, aber wir wollten in der Nähe von Bern ein stilles ländliches Haus suchen, etwa ein ähnliches wie das wunderschöne alte Landgut, das mein Freund Albert Welti, der Maler, seit einigen Jahren bewohnte. Ich hatte ihn mehrmals in Bern besucht, und sein hübsches, leicht verwahrlostes Haus und Gütchen weit draußen vor der Stadt hatte mir sehr gefallen. Und wenn meine Frau ohnehin, aus Jugenderinnerungen her, eine große Liebe für Bern und Bernertum und alte Berner Landsitze hatte, so war für mich der Umstand, dort einen Freund wie Welti zu wissen, mitbestimmend, als ich mich für Bern entschied.

Als es aber soweit war und wir wirklich vom Bodensee nach Bern umzogen, da sah schon alles wieder anders aus. Ein paar Monate vor unsrer Übersiedlung nach Bern waren Freund Welti und seine Frau rasch hintereinander gestorben, ich war zu seinem Begräbnis in Bern gewesen, und da hatte es sich ergeben, daß es, wenn wir nun schon nach Bern ziehen wollten, das beste wäre, Weltis Haus zu übernehmen. Wir wehrten uns innerlich gegen diese Nachfolgerschaft, es roch uns zu sehr nach Tod, wir suchten auch nach einem andern Unterkommen in der Nähe Berns, aber es fand sich nichts, was uns gefallen hätte. Das Welti-Haus war nicht Weltis Eigentum gewesen, es gehörte einer Berner Patrizierfamilie, und wir konnten Weltis Miete übernehmen, zusammen mit einigem Hausrat und mit Weltis Wolfshündin Züsi, die ebenfalls bei uns blieb.

Das Haus am Melchenbühlweg bei Bern, oberhalb von Schloß Wittigkofen, war nun eigentlich in jeder Hinsicht die Verwirklichung unsrer alten, seit den Basler Zeiten mehr und mehr befestigten Vorstellung von einem idealen Hause für Leute von unsrer Art. Es war ein Landhaus im Berner Stil mit dem runden Berner Giebel, der an diesem Haus durch seine starke Unregelmäßigkeit etwas besonders Gewinnendes an sich hatte, ein Haus, das aufs angenehmste und in einer wie für uns eigens ausgesuchten Mischung bäuerliche und herrschaftliche Merkmale vereinigte, halb primitiv, halb vornehm-patrizisch, ein Haus aus dem siebzehnten Jahrhundert, mit Anbauten und Einbauten aus der Empirezeit, inmitten ehrwürdiger uralter Bäume, von einer riesigen Ulme ganz überschattet, ein Haus voll wunderlicher Winkel und Versponnenheiten, manchmal behaglicher, manchmal spukhafter Art. Es gehörte dazu ein großes Stück Bauernland mit Bauernhaus, die waren an einen Pächter vergeben, von welchem wir die Milch fürs Haus und den Mist für den Garten bekamen. Zu unsrem Garten, der gegen Süden vom Hause abwärts streng symmetrisch mit Steintreppen in zwei Terrassen angelegt war, gehörten schöne Obstbäume und gehörte auch noch, zweihundert Schritt etwa vom Wohnhaus entfernt, ein sogenanntes „Boskett", ein Wäldchen aus ein paar Dutzend alten Bäumen, darunter herrlichen Buchen, das auf einem kleinen Hügel lag und die Gegend beherrschte. Hinter dem Hause rauschte ein hübscher steinerner Brunnen, die große Veranda nach Süden war von einer riesigen Glyzine umwachsen, von dort blickte man über die Nachbarschaft und viele Waldhügel auf die Berge, deren Kette man vom Thuner Vorberggebiet bis zum Wetterhorn alle sah, die großen Berge der Jungfraugruppe in der Mitte. Haus und Garten sind ziemlich ähnlich geschildert in meinem Romanfragment „Das Haus der Träume", und der Titel dieser unvollendeten Dichtung ist eine Erinnerung an meinen Freund Albert Welti, der eins seiner merkwürdigsten Bilder so genannt hatte.

Und innen in diesem Hause gab es mancherlei interessante und schätzenswerte Dinge: hübsche alte Kachelöfen und Möbel und Beschläge, elegante französische Pendülen unter Glasglocken, alte hohe Spiegel mit grünlichem Glas, in dem man wie ein Ahnenbild aussah, ein marmornes Kamin, in dem ich an jedem Herbstabend Feuer brannte.

Kurz, es war alles, wie wir es nicht besser hätten ausdenken können – und war trotzdem schon von Anfang an verschattet und unglücklich. Daß diese unsre neue Existenz mit dem Tod der beiden Weltis begonnen hatte, war wie ein Vorzeichen. Dennoch genossen wir zu Anfang die Vorzüge des Hauses, die unvergleichliche Aussicht, den Sonnenuntergang überm Jura, das gute Obst, die alte Stadt Bern, in der wir einige Freunde hatten und gute Musik hören konnten, nur war alles ein wenig resigniert und gedämpft; erst manche Jahre später hat meine Frau mir einmal gesagt, daß sie von Anfang an in dem alten Hause, von dem sie doch gleich mir entzückt schien, oft Angst und Bedrückung, ja etwas wie Furcht vor plötzlichem Tod und vor Gespenstern fühlte. Es kam nun langsam der Druck heran, der mein bisheriges Leben verändert und zum Teil vernichtet hat. Es kam, nicht ganz zwei Jahre nach unsrer Übersiedlung, der Weltkrieg, es kam für mich die Zerstörung meiner Freiheit und Unabhängigkeit, es kam die große moralische Krise durch den Krieg, die mich zwang, mein ganzes Denken und meine ganze Arbeit neu zu begründen, es kam das jahrelange schwere Kranksein unsres jüngsten, dritten Söhnchens, es kamen die ersten Vorboten der Gemütskrankheit meiner Frau – und während ich durch den Krieg amtlich überanstrengt und moralisch immer mehr verzweifelt war, bröckelte langsam alles das zusammen, was bis dahin mein Glück gewesen war. In der spätern Kriegszeit saß ich in dem abgelegenen Hause, das kein elektrisches Licht hatte, oft ohne Petroleum im Finstern, allmählich ging unser Geld verloren, und schließlich, nach langen bösen Zeiten, kam die

Krankheit meiner Frau zum Ausbruch, sie war lange Zeit in Heilanstalten; im verwahrlosten, viel zu großen Berner Hause war der Haushalt kaum mehr aufrechtzuerhalten, die Kinder mußte ich in Pension weggeben, lange Monate saß ich mit einer treu gebliebenen Magd ganz allein in dem verödeten Haus und wäre längst fortgegangen, wenn mein Kriegsamt mir das erlaubt hätte.

Endlich, als im Frühling 1919 auch dies Amt zu Ende und ich wieder frei war, verließ ich das verzauberte Haus in Bern, in dem ich nun beinahe sieben Jahre gewohnt hatte. Der Abschied von Bern fiel mir im übrigen nicht mehr schwer. Es war mir klargeworden, daß es moralisch nur noch *eine* Existenzmöglichkeit für mich gab: meine literarische Arbeit allem andern voranzustellen, nur noch in ihr zu leben und weder den Zusammenbruch der Familie noch die schwere Geldsorge, noch irgendeine andre Rücksicht mehr ernst zu nehmen. Gelang es nicht, so war ich verloren. Ich fuhr nach Lugano, saß einige Wochen in Sorengo und suchte, dann fand ich in Montagnola die Casa Camuzzi und zog dort im Mai 1919 ein. Aus Bern ließ ich nur meinen Schreibtisch und meine Bücher kommen, im übrigen lebte ich mit gemieteten Möbeln. In diesem letzten meiner bisherigen Häuser blieb ich zwölf Jahre wohnen, die ersten vier Jahre ganz, von da an nur noch in den wärmeren Jahreszeiten.

Dies schöne wunderliche Haus, von dem ich jetzt Abschied nehme, hat mir viel bedeutet und war in mancher Hinsicht das originellste und hübscheste von allen denen, die ich je besaß oder bewohnte. Freilich besaß ich hier gar nichts und bewohnte auch nicht das Haus, sondern nur eine kleine Wohnung von vier Stuben als Mieter, ich war kein Hausherr und Familienvater mehr, der ein Haus und Kinder und Dienstboten hat, seinem Hunde ruft und seinen Garten pflegt; ich war jetzt ein kleiner abgebrannter Literat, ein abgerissener und etwas verdächtiger Fremder, der von Milch und Reis und Makkaroni lebte, seine alten Anzüge bis zum Ausfransen austrug und im Herbst sein Abendessen in Form von Kastanien aus dem Walde heimbrachte. Aber das Experiment, um das es ging, ist geglückt, und trotz allem, was auch diese Jahre schwergemacht hat, sind sie schön und fruchtbar gewesen. Wie aus Angstträumen aufgewacht, aus Angstträumen, die Jahre gedauert hatten, sog ich die Freiheit ein, die Luft, die Sonne, die Einsamkeit, die Arbeit. Ich schrieb noch in diesem ersten Sommer hintereinander den „Klein und Wagner" und den „Klingsor" und entspannte damit mein Inneres so weit, daß ich im folgenden Winter den „Siddhartha" beginnen konnte. Ich war also nicht zugrunde gegangen, ich hatte mich nochmals zusammengerafft, ich war noch der Arbeit, der Konzentration fähig; die Kriegsjahre hatten mich nicht, wie ich halb gefürchtet hatte, geistig umgebracht. Materiell hätte ich jene Jahre nicht zu überdauern und meine Arbeit nicht zu leisten vermocht, wären nicht mehrere Freunde mir immer wieder treulich beigestanden. Ohne die Unterstützung durch den Freund in Winterthur und die lieben Siamesen wäre es nicht gegangen, und einen besonders großen Freundesdienst hat mir Cuno Amiet geleistet, als er meinen Sohn Bruno zu sich nahm.

Und so habe ich also die letzten zwölf Jahre in der Casa Camuzzi gewohnt, Garten und Haus kommen im „Klingsor" und in anderen meiner Dichtungen vor. Manche Dutzend Male habe ich dies Haus gemalt und gezeichnet und bin seinen verzwickten launischen Formen nachgegangen; namentlich in den beiden letzten Sommern, zum Abschied, habe ich vom Balkon, von den Fenstern, von der Terrasse aus noch alle Blicke gezeichnet und viele von den wunderlich schönen Winkeln und Gemäuern im Garten. Mein Palazzo, Imitation eines Barock-Jagdschlosses, der Laune eines Tessiner Architekten vor etwa fünfundsiebzig Jahren entsprungen, hat außer mir noch eine ganze Reihe von Mietern gehabt, aber keiner ist so lange geblieben wie ich, und ich glaube, keiner hat ihn so geliebt (auch belächelt) und ihn sich so zur Wahlheimat werden lassen wie ich. Aus

einer ungewöhnlich üppigen und munteren Baulust entstanden, im lustvollen Überwinden großer Terrain-
schwierigkeiten, hat dieser halb feierliche, halb drollige
Palazzo ganz verschiedene Ansichten. Das Portal des
Hauses führt pompös und theatralisch eine fürstliche
Treppe hinab in den Garten, der in viele Terrassen mit
Treppen, Böschungen und Mauern sich bis in eine
Schlucht hinab verliert und in dem alle südlichen Bäume
in alten, großen Prachtexemplaren vorkommen, ineinander verwachsen, von Glyzinen und Clematis überwuchert. Für das Dorf selbst liegt das Haus fast ganz
verborgen. Aus dem Tale unten sieht es, mit seinen
Treppengiebeln und Türmchen über stillen Wald-
rücken hervorschauend, ganz wie das ländliche Schloß
einer Eichendorff-Novelle aus.

Manches hat sich auch hier während der zwölf Jahre
geändert, nicht bloß in meinem Leben, sondern auch im
Hause und Garten. Der herrliche alte Judasbaum unten
im Garten, der größte, den ich jemals gesehen, der Jahr
um Jahr vom Anfang Mai bis weit in den Juni hinein so
üppig geblüht und im Herbst und Winter mit seinen rot-
violetten Schoten so fremdartig ausgesehen hatte, fiel in
einer Herbstnacht dem Sturm zum Opfer. Die große
Sommermagnolie Klingsors, dicht vor meinem Balkönchen, deren geisterhafte weiße Riesenblüten mir beinahe ins Zimmer hereingewachsen waren, wurde einst
während meiner Abwesenheit umgehauen. Einmal kam
ich nach langer Abwesenheit im Frühling aus Zürich zurück, da war wahrhaftig meine brave alte Haustür verschwunden und die Stelle zugemauert, ich stand verzaubert und wie im Traume davor und fand keinen Eingang
mehr: man hatte ein wenig umgebaut, ohne mir etwas
davon zu sagen. Aber das Haus ist mir durch keine dieser Veränderungen entleidet worden, es war mehr das
meinige als irgendeines der früheren, denn hier war ich
nicht Ehemann und Familienvater, hier war nur ich allein zu Hause, hier hatte ich in bangen harten Jahren
nach dem großen Schiffbruch mich durchgekämpft, auf

einem Posten, der mir oft vollkommen verloren schien, hier hatte ich viele Jahre die tiefste Einsamkeit genossen, und auch an ihr gelitten, hatte viele Dichtungen und Malereien gemacht, tröstende Seifenblasen, und war mit allem so verwachsen, wie ich es seit der Jugend mit keiner andern Umgebung gewesen war. Zum Dank habe ich dies Haus oft genug gemalt und besungen, habe ihm auf viele Arten zu erwidern gesucht, was es mir gab und war.

Wäre ich in meiner Einsamkeit geblieben, hätte ich nicht nochmals einen Lebenskameraden gefunden, so wäre es wohl nie dazu gekommen, daß ich das Camuzzihaus wieder verlassen hätte, obwohl es in vielen Beziehungen für einen alternden und nicht mehr gesunden Menschen unbequem war. Ich habe in diesem märchenhaften Haus auch bitter gefroren und allerlei andre Not gelitten. Darum war in den letzten Jahren je und je der Gedanke aufgetaucht, aber niemals recht ernst genommen worden: vielleicht doch noch einmal umzuziehen, ein Haus zu kaufen, zu mieten oder gar zu bauen, wo ich fürs Alter eine bequemere und gesundere Unterkunft hätte. Es waren Wünsche und Gedanken, nichts weiter.

Da ereignete sich das schöne Märchen: In der „Arch" in Zürich saßen wir an einem Frühlingsabend des Jahres 1930 und plauderten, und die Rede kam auch auf Häuser und Bauen, und auch meine gelegentlich auftauchenden Hauswünsche wurden erwähnt. Da lachte plötzlich Freund B. mich an und rief: „Das Haus sollen Sie haben!"

Auch dies war, so schien mir, ein Spaß, ein hübscher Spaß am Abend beim Wein. Aber der Spaß ist Ernst geworden, und das Haus, von dem wir damals spielerisch träumten, steht jetzt da, unheimlich groß und schön, und soll mir für Lebenszeit zur Verfügung stehen. Wieder einmal unternehme ich es, mich neu einzurichten, und wieder geschieht es fürs „ganze Leben", und diesmal wird das vermutlich stimmen.

Seine Geschichte zu schreiben wird später Zeit sein, sie hat ja kaum begonnen. Heute ist andres an der Reihe. Wir wollen mit den Gläsern anstoßen und den guten, hilfreichen Freunden ins Auge blicken und ihnen danken. Auf sie und auf das neue Haus wollen wir die Gläser leeren.

1931

ERINNERUNG AN S. FISCHER

Im Lauf von dreißig Jahren habe ich S. Fischer als Verleger kennengelernt, und mit der Erfahrung wuchs meine Achtung für ihn, und aus der Achtung wurde mit den Jahren eine bewährte und herzliche Zuneigung.

Der Verkehr zwischen uns begann in meiner Basler Zeit, während ich an meinem ersten Roman schrieb. Jemand hatte Fischer mein kleines Basler Buch, den „Hermann Lauscher", gezeigt. Er las ihn und forderte mich in einer kurzen Mitteilung auf, ihm gelegentlich eine neue Arbeit zur Prüfung vorzulegen. Ich war ein unbekannter junger Autor, und so gefiel es mir sehr, daß diesem angesehenen Verleger etwas von mir in die Hände geraten war und ihm Lust gemacht hatte, es mit mir zu versuchen. Er mußte eine Weile warten, dann konnte ich ihm den „Peter Camenzind" vorlegen, und da dies erste Buch von mir, das bei Fischer erschien, für mich und ihn ein Erfolg wurde, war es uns beiden leichtgemacht, miteinander zufrieden zu sein. Mit den Jahren lernte ich aber auch Fischers Verantwortungsgefühl für diejenigen seiner Autoren kennen, denen der materielle Erfolg spärlicher zufiel; namentlich habe ich mehrmals eingehend mit ihm über Emil Strauß gesprochen und fand ihn bekümmert und sehr ernsthaft um das Finden der Ursachen bemüht, aus welchen ein so bedeutender und von der Kritik voll anerkannter Autor die Popularität nicht fand, die er nach unserer Meinung verdiente. Auch über andere Autoren, deren ich ihm einige zuführte oder empfahl, hörte ich seine vorsichtigen, stets um Gerechtigkeit bemühten Urteile gern. Nicht immer war ich damals seiner Meinung und nicht immer mit ihm zufrieden, oft schien er mir meinen jeweiligen Auffassungen und Vorlieben allzu kühl gegenüberzustehen, schien mir allzu schwer zum Enthusiasmus zu verführen. Es schien zuweilen zwischen ihm und mir ein größerer Altersunterschied als der der Jahre zu bestehen. Allmählich aber lief auch ich mir einige Hörner ab und bekam über meine persönlichen Wünsche hinaus ein Verständnis für die Funktion des Verlegers. Und ich sah, daß Fischer von seinem Verlag, dem bestehenden wie dem werdenden, eine bestimmte Vorstellung hatte, der er mit dem Gefühl hoher Verpflichtung, aber auch mit wachem Instinkt folgte. Ich lernte mit der Zeit auch andere Verleger kennen, von welchen der eine oder andre mir für eine Weile gefiel oder imponierte, aber ich habe es nie bereut, bei Fischer geblieben zu sein. Man konnte ihn nicht zu guter Stunde bei einem Glas Wein zu kühnen Plänen verführen, wie das etwa mit Albert Langen und etwa auch mit Georg Müller möglich war. Aber im Verkehr mit Fischer war eine Stetigkeit und Zuverlässigkeit, die ich bei keinem andern fand. In geschäftlichen Fragen habe ich ihn wenig behelligt und nur wenige vorübergehende Verstimmungen zwischen uns erlebt. Und in manchen wichtigen Dingen, deren Wichtigkeit ich erst im Vergleich mit der Art ihrer Behandlung bei manchem anderen Verlag erkannte, war Fischers Verlag von einer vorbildlichen, niemals enttäuschenden Zuverlässigkeit. Besonders dankbar war ich immer für die Sorgfalt und Wachsamkeit, mit welcher der Verlag die Texte behandelte: war ein neues Buch oder ein Neudruck im Satz, so wurden nicht nur meine Angaben und Korrekturen aufs genaueste respektiert, sondern ich wurde auch wegen jedes strittigen Wortes oder Satzzeichens eingehend befragt. Obwohl ich niemals das Fischersche Verlagshaus in Berlin betreten habe, kann ich bezeugen: es wurde in diesem Haus mit musterhafter Sauberkeit gearbeitet. Briefe, auf die man keine Antwort bekam oder die nicht genau gelesen wurden, Wartenmüssen auf kleine Auskünfte, Ärger wegen unverbindlicher und unpräziser Antworten, das alles gab es dort nicht.

Aus dem Vertrauens- und Achtungsverhältnis zwischen dem älteren Verleger und dem jungen Autor, aus der Zufriedenheit des Autors mit der guten Ordnung des Hauses, dem er sich anvertraut hatte, wurde mit Hilfe unserer nicht allzu häufigen persönlichen Begegnungen allmählich etwas wie eine Freundschaft, langsam nur entdeckte ich in dem geschätzten älteren Mann, der meine Geschäfte so gut führte und mir so manchen Kram abnahm, mit dem ich mich nicht selber befassen mochte, auch den liebenswerten Menschen, lernte seine wohltemperierte, doch eher zarte und mancher Beschattung erreichbare Natur näher kennen, und in den letzten Jahren erlebte ich noch manche Stunde, in der sein Gespräch und auch seine bloße Gegenwart mich erfreut und erwärmt hat. Rührend war mir in den späteren Jahren manchmal das freundliche und etwas schutzbedürftige Lächeln, mit dem er als Schwerhöriger auf das volle Verstehen einer Unterhaltung verzichtete, ein wenig melancholisch konnte dieses Lächeln sein und enthielt doch zuweilen auch einen Anflug von Schelmerei, als wolle es andeuten, daß dies Sichzurückziehen des Schwerhörigen gelegentlich auch Entlastung und Zuflucht sein könne.

Mit diesem Lächeln bleibt mir Vater Fischer im Gedächtnis.

1934

DER LAHME KNABE

Eine Erinnerung aus der Kindheit

Einsam steht und verloren im Bilderbuch meiner Erinn-
     rung
Seine blasse Gestalt, die dürftige, wunderlich fremde,
Namenlose, denn selbst den Namen mißgönnt' ihm sein
     Schicksal;
Einen Über- und Spottnamen nur, seine Lahmheit bezeich-
     nend,
Gab ihm die Knabenschaft, gab ihm die Stadt, einen
     häßlichen Namen,
Den ich nicht mag überliefern, ich suche umsonst im
     Gedächtnis
Seinen wirklichen Namen. Es paßt zu des Knaben Erschei-
     nung,
Daß er so namenlos blieb, ein Zwerg, ein Albe, ein Fremd-
     ling.
Wann ich zuerst ihn sah, wann zuletzt, ich hab es
     vergessen,
Aus der unendlichen Bilderflut der gesegneten Kindheit
Spülte den Fremdling mir einst eine Welle heran, eine
     Weile
War er mir nah, Kamerad halb, halb Lehrer, begönnert und
     Gönner,
War einen Knabensommer, zwei Knabensommer
     Gefährte
Meiner liebsten Tage und Freuden und blieb mir so
     fremd doch,
Daß mit dem Sommer und Herbst er hinschwand, nie mehr
     gesehen,
Nie mehr gesucht und begehrt, und dann plötzlich im
     wachsenden Frühling

Eines Tags, dem Vergessen enttaucht, wieder da war und
da blieb.
Seine Gestalt zu beschwören, die in Jahrzehnten vergeßne,
Ihn noch einmal zu sehn und ihm Gruß und Dank zu
entbieten,
Treibt es mich heut, und ich folge dem Wink des verborge-
nen Mahners,
Sinke geschlossenen Augs in die Zeiten zurück und
besinne
Aller Züge mich wieder des armen seltsamen Knaben.

Als ich ein Knabe war und Lateiner von zehn, elf Jahren,
ein stolzer
Und begehrlicher Knabe, im Innern zwar scheu und voll
Ehrfurcht,
Aber auch reizbar zugleich, zu erzürnen so leicht wie zu
rühren,
Gab es im Städtchen, ein allen bekannter und trauriger
Anblick,
Einen verwachsenen, hinkenden Knaben in ärmlicher
Kleidung,
Der sich elend mit lahmem Beine hinschleppt', mit der
Rechten
Krampfhaft auf einen Krückstock gestützt und die Linke
Stets und bei jedem Schritt auf das Knie gedrückt, seine
Tritte
Klirrten in einem plump hüpfenden, mühsamen Dreitakt.
Klirrten, sag ich, denn um das lahme Bein lagen Schienen,
Eng aus Eisen mit Leder geschnürt, die metallnen Gelenke
Hörte man hart sich bewegen, auch wenn das Aug die
Maschine,
Unter dem weiten langen Beinkleid verborgen, nur
unten
Überm dünnen Knöchel entdeckte. Ich kannte den Knaben,
Wie ein jeder ihn kannte, vom Sehen, es zwang mich die
Neugier,
Halb mit Grausen gemischt, ihm oft mit den Blicken zu
folgen,

Der entstellten Figur mit dem Stock, die im Gehn mit der
    Linken
Fest das linke Knie eindrückte, als dürfe es nimmer
Je sich biegen, und steif im Geklirr seiner Schienen
    enthinkte.
Mich, den Augenfrohen und Schaubegierigen, lockte
Alles Fremde, Groteske, und heimlich hatt ich nicht selten
Seine Gangart schauspielernd kopiert, bis ich Hände und
    Füße,
Beine, Knie und Schultern getreu wie er selbst zu bewegen,
So auch die Art des Gebrechens dumpf nachzufühlen
    vermochte.
Mir im Alter um ein, zwei Jahre voraus, war der Lahme
Im Gesicht so erwachsen, so alt und wissend und frühklug,
Hatte für jeden Gesunden, und so auch für mich, einen
    Blick von
Leise spöttischem Wissen, darin mehr Verachtung als Neid
    lag,
Daß meinem Mitleid für ihn eine heimliche Achtung
    gesellt war.

Diesen Knaben nun sah ich einstmals im Sommer alltäglich
Auf der steinernen Brücke einsam mit Angeln beschäftigt,
Manchmal umstanden von anderen oder gehänselt, es
    gab da
Manch überlieferten Zuruf und Witz, ich habe zum
    Beispiel
Hundertmal eine uralte Formel vernommen, die Warnung:
„Fang nur um Gottes willen den Alten nicht, denn sonst
    gibt es
Niemals Junge mehr" – und ich habe mir damals den
    „Alten"
Manchmal in Phantasien gemalt: einen Wels, einen
    Walfisch,
Ungeheuer und tausend Jahr alt, mit Moos auf dem
    Schädel,
Vater und König der Fische ... Der lahme Knabe war
    meistens

Ganz allein, ich sah ihn mit dünnen Fingern und klugen
Griffen die Schnur auslegen, den Angelhaken mit
            Köder
Neu bestecken, mit Schwung auswerfen die feucht-blanke
            Leine
Oder sie sorgsam und leise ins Nagoldwasser versenken,
Das unterm Bogen der Brücke mit grünem Schimmer
            herstarrte.
Da nun auch mir ein Zug zu der Wassertiefen Geheimnis
Und zum Fischvolk und Fischfang, ich weiß nicht, woher,
            im Geblüt lag
Und ich selber schon öfter die kindischen ersten Versuche
Unternommen, den Fisch am Ufer mit Händen zu
            fangen
Oder am Faden vom Garne, dem Nähzeug der Mutter
            entnommen,
Mit gekrümmter Stecknadel die Angel plump zu ersetzen,
Da auch ich diese Brüstung der Brücke damals nicht selten
Mir zum Jagdgebiet wählte, so ward unversehens der
            Lahme
Bald mir ein häufiger Nachbar und fast Kamerad, wenn
            auch anfangs
Der ironische Blick aus den grauen Augen, der lächelnd
Meine Garne und Haken und mich und mein Tun
            kritisierte,
Mir mißfiel und fatal war. Denn es war jener Lahme
Ja nicht bloß der Ältere, Erfahrne – in Dingen des
            Fischfangs
Und auch in andern wohl weit mir überlegen –, er war
            auch
Arm und elend gekleidet, Volksschüler, für den ich mit
            meiner
Blauen Lateinermütze ein Fremder und Spott war, ein Affe,
Herrensöhnchen und Feind, ich hatte das häufig erfahren,
Und obwohl meiner Eltern Leben bescheiden, mein Anzug
Häufig gestopft und das Schuhwerk mit manchen Flicken
            bedeckt war,
Kannte ich doch aus bittren Erlebnissen alle die Klüfte,

Alle die Gegnerschaften und bösen Schimpfworte, die
    zwischen
Jener Kaste und meiner beständig gefährliche Spannung
Aufrechterhielten, Bereitschaft zu Krieg, zu Angriff und
    Rache.
Dieser Lahme jedoch, trotz seiner ironischen Blicke,
Dachte an keinerlei Feindschaft, er war ja zum Kampf auch
    nicht tauglich.
Einmal kam ich vorüber, da zog er gerade an seiner
Straff gespannten Leine gewandt einen Fisch in die Höhe,
Blinzelte mir, der ich neugierig stehnblieb, listig und
    freundlich
Einen Augenblick zu aus schmalem Augenspalt, löste
Sanft das Fischlein vom Haken und hielt es mir lachend
    entgegen.
„Kennst du ihn?" fragte er mich, und da beschämt ich
    verneinte,
Höhnte er nicht, sondern hielt mir vors Auge den Fisch
    und erklärte
Mir mit zeigenden Fingern und Worten Merkmal um
    Merkmal,
Trübgrüne Farbe des dunkelen Rückens und bläuliche
    Streifen,
Hellen, fettschimmernden Bauch und die harten, stachlich-
    ten Flossen,
Barsch hieß der Fisch, so erfuhr ich, man nannt ihn auch
    Krätzer.
Barsch war trotz reichlicher Gräten ein leckerer Fisch,
    wenn auch längst nicht
Ebenbürtig dem Saibling und gar der edlen Forelle.
Da nun gebrochen das Eis der Fremdheit, so faßt ich ein
    Herz mir,
Lobte den Fisch ihm und pries bewundernd sein Können
    als Angler.
Freundlich darauf, mit dem Lächeln, das später an ihm mir
    so lieb ward,
Zeigte er mir seine Schnur, seinen Haken und zog aus
    zerrißner

Jackentasche ein Ding hervor, ein blechernes Döschen,
Drin er den Köder verwahrte, die schlaff sich windenden
     Würmer.

So begann mein Verkehr mit dem Lahmen und wurde in
     jenem
Sommer zu enger Gemeinschaft, denn unter Knaben
     wächst diese
Leicht aus Bewunderung, aber Bewunderung spendet ein
     Knabe
Willig und ohne zu sparen, sobald ihm ein wirkliches
     Können,
Eine Vollendung in Kunst oder Fertigkeit irgend begegnet.
Mir begegnete sie, dem schüchtern beginnenden Fischer,
In der erstaunlichen Kunst des Älteren, Fische zu
     fangen.
Freilich die Anglerei, die wir beiden gemeinsam
     betrieben,
War urweltlich, barbarisch und primitiv wie von
     Wilden.
Wir entbehrten nicht nur des Gerätes, da war weder
     Rute
Noch auch Fischgarn, Glasschnur und Schwimmer, von
     künstlichen Fliegen
Hatten wir niemals vernommen, das einzige Instrument,
     das
Fertig im Laden wir kauften, waren die Haken,
Kleine stählerne Angeln, zwei Pfennig das Stück, und die
     größern
Kosteten drei – schon sie waren Fortschritt und Luxus,
     verglichen
Mit dem gefeilten Nagel, der roh gebognen Stecknadel,
Die ich anfänglich verwendet. Es fehlte uns, sagt ich, nicht
     Garn nur,
Künstliche Rute und Rolle und all dies nützliche Werk-
     zeug,
Nein, es fehlte auch Lehre gänzlich und Vorbild. Mochten
     vorzeiten

Andre in unsern Gewässern gefischt und vielleicht die
    Regeln des Fischens
Sportgerecht ausgeübt haben – wir konnten's nicht
    wissen.
Wir begannen, Knaben, als wäre die Welt erst gestern
    erschaffen.
Hier standen wir, auf der Brücke, am Ufer, am Rechen der
    Mühle,
Und dort unten im Feuchten, im Dunkeln hausten die
    Fische,
Welchen nachzustellen ein eingeborener Jagdtrieb
Uns geheimnisvoll zwang. Denn der Mensch, solang ihn
    der Geist nicht
Wandelnd erzieht, ist gierig, ist Raubtier und Jäger; und
    spät erst,
Da ich schon größer wurde, begann das Fangen, das
    Quälen
Und das Töten der Fische mir weh zu tun im Gewissen.

So denn nun, zwei Urmenschen mit primitiven Gelüsten,
Primitiven Mitteln betrieben wir Knaben den Fischfang,
Und da war es denn jener, der Lahme, der führte und
    lehrte,
Ohnehin älter als ich und rätselhaft alt durch sein Leiden,
Das von den Menschen ihn trennte und ihren bevorzugten
    Freuden.
Nun aber war außerdem diesem lahmen Knaben vom Blut
    her
Sinn und Spürkraft verliehen für Flüsse und Bäche und
    alle
Ihre kühlen Bewohner, die silbernen Fische, die plumpen
Kroppen, die zähen Krebse. Er kannte sie alle und
    wußte
Ihre verborgenen Orte, ihr Leben und Brauchtum und
    wußte
Mit allereinfachsten Mitteln zu locken sie und überlisten.
Manchmal, erinnr' ich mich, stand ich mit meinem
    kindlichen Fischzeug

Irgendwo dort an der Nagold und hing meine Schnur ins
    Gewässer.
Er aber, wenn er dazu kam, schüttelte lächelnd den Kopf
    und
Sagte allwissend: „Du bist um gute zwei Stunden
    zu früh da,
Komm gegen Abend zurück, dann gibt es hier Barben und
    Barsche."
Oder: „Es nützt dir nichts, an dieser Stelle mit Käse
Oder mit Brot zu ködern, nimm Fliegen!" Und siehe, sein
    Rat war
Jedesmal gut. Und er konnte ein andres Mal sagen: „Da
    stehst du,
Immer die Schnur in der Hand, und immerzu fischst du
    und fischest!
Aber man muß nicht bloß fischen, man muß auch schlen-
    dern und schauen,
Muß das Aug und die Nase spazierenführen. Dort drunten
Nah bei der Insel, ich wette, stehn jetzt, im Seegras
    verborgen,
Rotaugen mehr als genug, die Mäuler gegen die Strömung.
Fangen kannst du sie nicht, es ist nicht die Stunde, doch
    schauen
Wollen wir sie." Und ich haspelte denn meine Schnüre
    zusammen,
Ging mit ihm, und wir schlichen am Ufer abwärts, und
    plötzlich
Blieb er stehn wie gebannt, ins Wasser starrend, dann
    blitzt' er
Mich aus halbgeschlossenem Auge so an und hob sachte
    den Finger,
Meine Blicke zu lenken, und siehe, auch mir ward das
    Auge geöffnet:
Dunkel im bräunlich-goldenen, leise wogenden Seegras
Standen die schmalen Rücken der Fische. Die Strömung
    war kräftig,
Regungslos aber verharrten die Tiere, der Strömung
    entgegen

Fast unmerklich die Flossen rührend, dem Seegras
        verschwistert,
Und nur selten etwa geschah es einmal, daß ein Fisch
        sich
Weich im Flusse zu drehen anhob und daß statt des
        schmalen und dunkeln
Rückens die breite silberne Flanke schwach leuchtete und
        auch
Uns das Auge, das kupferfarbne, anblinkte und schleunig
Wieder verschwand. O da sah oft in kurzen Sekunden das
        wilde
Rätsel der Kreatur uns an und erlosch, und wir standen
Tief aufgeregt, aber starr und schweigend, bis Alltag und
        Straße
Wieder den alten Singsang sangen und wir uns ernüchtert,
Ja verlegen mit künstlichem Lachen und Räuspern zurück
        zum
Rätsellosen und Oftgesehenen wandten. Ich lernte
Vieles und Schönes damals vom Kameraden, dem Lahmen.

War mir in vielem, in allem voraus der andre, so war er's
In der Geduld doch besonders. Die edle Tugend, mir war
        sie
Nicht gegeben, ich habe um sie zeitlebens gemüht mich
Und in Jahrzehnten nur und nur stümperhaft so viel
        erworben,
Als es zur Not bedarf. Und als Knabe war ich besonders
Ungeduldig im Kleinen, Alltäglichen, ging mit den Sachen,
Ging mit dem An- und Ausziehn, dem Schnüren der
        Schuhe, dem Werkzeug
Wenig liebevoll um. Statt dessen hatte mein Freund nun
Ein Paar hagere Hände mit dünnen, fast spinnigen Fingern,
Die ich oft fleißig und emsig, doch niemals hastend
        gesehen,
Freundlich faßten sie zu und liebevoll. Knoten zu schürzen
Oder zu lösen fiel ihnen leicht, und wenn es passierte,
Daß uns einmal das Fischgarn sich durch ein Unglück
        verwirrte,

Griffen die allzu dünnen, doch sicheren Finger behutsam
In den schrecklichen Knäuel, vor dem ich beinah schon
      verzweifelt,
Rückten, legten und schoben und lockerten sachte die
      Knoten,
Welches, zumal bei frisch aus dem Wasser gezogenen
      Schnüren,
Gar nicht so leicht ist, und bald war alles reinlich
      geschlichtet.
Dieser Meister nun war's der Geduld und der Knoten, der
      freundlich,
Unermüdlich mich unterwies. Er lehrte mich vierfach
Schwarzes Nähgarn in halber Armeslänge ans Ende
Meiner Angelschnur knüpfen und an das Garn dann die
      Angel,
Lehrte gerissene Schnüre mich flicken, und wirklich, ich
      lernt es,
Ich, den bislang die Magd wie die Mutter vergeblich
      bemüht war,
Etwas Ordnung zu lehren in Schrank und Wäsche. Ich lernt
      es,
Weil das Endziel der Mühe, der Fischfang, mir wichtig und
      lieb war,
Aber nicht minder auch, weil der Lehrer meine Bewund-
      rung,
Ja, und auch meine Liebe besaß. Aber dennoch war es nicht
      Freundschaft,
Was uns zwei Knaben sommerlang innig verband. Wir
      waren nicht Freunde.
Nicht ein einziges Mal sah ich ihn bei mir im Haus meines
      Vaters,
Spielte unsere Spiele mit ihm oder zeigt ihm den Garten,
Zeigt ihm den Saal und die Bibliothek. Und ebenso bin ich
Niemals bei ihm zu Besuch oder Gast gewesen, ich wußte
Zwar den Hof, wo er wohnte, doch kannt ich das Haus und
      die Tür nicht.
Seine Welt war nicht meine, es ward nicht von Vater und
      Mutter,

Nicht von Schule und Spielkameraden gesprochen, ja selbst
nicht
Seines Gebrechens geschah Erwähnung; nur einmal
Ließ er mich sehn die „Maschine", den Bau aus Eisen und
Leder,
Der ihm das Bein einschnürte, mir den Mechanismus
erklärend.
Auch von andren Dingen, die mir oder ihm wohl zuzeiten
Herz und Seele mochten bewegen, sprachen wir selten,
Und wenn es einmal geschah, so war ich staunender Hörer,
Denn er redete ganz wie Erwachsene, sicher und alle
Diskussionen im Keime erstickend. So sprach er mir einmal
Kühl und ein wenig zynisch vom Tode. Da „strecke" man
sich und sei fertig,
Und es folge nichts nach, denn das, was die Pfaffen erzähl-
ten,
Nehme ein Mann und Wissender ernst nicht, es sei nur
Geschwatze.
Mir blieb die Antwort aus, ich war ja kein Mann, war ein
Kind noch,
Das den Eltern vertraut und dem lieben Gott. Sein
Bekenntnis
Dünkte mir männlich und kam aus Gebieten der Seele,
in die ich
Kaum einen Schritt noch getan. Wir waren also nicht
Freunde,
Waren unendlich weit voneinander. Und dennoch verband
uns
Ein Geheimnis und Zauber zwei Sommer lang fest,
Kameraden
Sind wir gewesen und einig in einem Triebe und Streben,
Einem einzigen nur, doch es band uns lange und innig.

Wunderlich war dieses Knaben Erwachsensein: Das
Gesicht schien
Alt, ja zuweilen fast greise, und war doch unfertig und
heimlich
Voll noch von Kindheit, die Züge klein und die Haut zwar

Bleich und etwas gefaltet, doch jugendlich zart. Jenes Fremde,
Greise und Gnomische lag in den Augen allein und dem Munde,
In der reifen Stille des Blicks und der bitteren Herbe des Mundes.
Hager und spitz war das Kinn und scharf die Kiefer gewinkelt,
Alles Knochenwerk schien vom Fleisch nur lose bekleidet,
In der Stirn von Braue zu Brau' eine Falte gezogen
Und zwei tiefre zu beiden Seiten vom Winkel des Mundes
Schräg nach unten: ein Antlitz, bedeutend gezeichnet
So von Geist wie von Leide, darunter dürftig die schiefe,
Etwas verwachsne Gestalt mit zu hohen Schultern, getragen
Von dem verkümmerten Beinwerk mit Hilfe von Stock und „Maschine".
So erscheint er mir manchmal, mein Fischkamerad, den ich später
Ganz unmerklich verlor, noch ehe der Tod ihn, noch Knabe,
Wegnahm. Er zeigt sich am liebsten an schwülen Tagen im Sommer,
Wenn das Ufer stark riecht und aus Wasser und Seegras zuweilen
Blasen steigen und platzen, auch manchmal über den Spiegel
Wie in suchender Qual ein kleinerer Fisch sich ans Licht schnellt
Oder ein größerer schwer mit aufblinkendem Schwanze emporschnalzt.
Trage ich Schuld, daß wir damals, zwei Fremde, uns einzig
Unterm kühlen Zeichen der Fische begegneten, daß keine Freundschaft
Uns geglückt ist? Hätt ich, dein dankbarer Lehrling, trotz allem
Dich herüberlocken und zwingen sollen in meine
Welt oder dich in die deine hinüber verfolgen,

In die modrigen Höfe, die finstern ärmlichen Häuser,
Wo auch du, Einsamer, doch eine Heimat hattest? Du
    hast mich
Niemals darum gebeten. Warst du schon damals so
    wissend,
Daß du den Abgrund kanntest, dem unsre Verbindung
    entblühte,
Der sie wieder verschlang? Ich denke mir gerne, du seiest
Heimlich ein Fisch- und Zwergen- und Wasserkönig
    gewesen,
Unter die Menschen verirrt, und hoffe, daß du
    zurückfandst
In die kühlen Schauer und Kostbarkeiten der Tiefe,
Heim in die Welt aus Silber und Feuchte und goldenem
    Dunkel,
Wo, von der Strömung gekämmt, das lange Flußgras
    dahinwallt.

                                        1936

ERINNERUNGEN AN OTHMAR SCHOECK

Der Aufforderung, einige Erinnerungen an Begegnungen mit Othmar Schoeck aufzuzeichnen, leiste ich gern Folge. Nur bin ich ein schlechter Memoirenschreiber, denn es fehlt mir dazu eine der wichtigsten Begabungen: die Zuverlässigkeit des Gedächtnisses. Wohl bewahrt mein Gedächtnis erlebte Einzelheiten ganz gut, aber das Ganze einer Beziehung in seiner Kontinuität entzieht sich ihm: ich bewahre die Bilder, vergesse aber die Zeiten, das heißt die Daten und ihre Reihenfolge.

Die Bekanntschaft mit Schoeck verdanke ich unsrem Freund Alfred Schlenker in Konstanz. Damals war Schoeck kaum über zwanzig Jahre alt, und es wurde in Zürich sein „Postillon" aufgeführt, er war meinem Freunde Albert Welti gewidmet, und ich habe noch vieles aus diesem lieben Jugendwerk in Erinnerung, das ich seit wohl fünfundzwanzig Jahren nicht wieder gehört habe. Die Soli sang damals der Tenor Flury, den ich bei jener Aufführung kennenlernte und der dann einige Jahre lang mir in Schoecks nächster Umgebung oft begegnet ist. Er gefiel mir nur mäßig, aber den Postillon sang er prachtvoll, und die süße Innigkeit und unschuldige Melodik des Werkes, samt dem Lenauschen Text und samt der Widmung an Welti, gewann mich von der romantischen und idyllischen Seite her sofort. Ich fühlte mich bei dieser Musik zu Hause wie bei Schubert, und wenn ich auch schon zu jener Zeit viel Problematik in mir trug, so war doch gerade die Musik nicht die Kunst, von welcher ich mir meine Problematik bestätigen lassen mochte. Sondern ich war in der Musik eher konservativ, wie die meisten Dichter, und zur musikalischen Romantik hatte ich damals auch noch ein jugendlich-verliebtes

Verhältnis, das mir erst viel später verlorenging. So wirkte denn das erste Schoecksche Werk, das ich hörte, auf mich noch unproblematischer und zeitabgewandter, als es wirklich war; dazu kamen die beinah zehn Jahre, um die ich älter war als Schoeck, und so nahm ich ihn im ersten Augenblick, obwohl ich ihn sofort gern hatte und auch seine Kraft ahnte, ganz von dieser harmlosen Seite. Das hielt allerdings nicht lange vor, und schon nach wenigen Begegnungen tauchte in unsern Gesprächen als Hauptfigur ein geliebter dämonischer Schatten auf, den wir beide glühend liebten und über den wir oft und oft gesprochen haben: Hugo Wolf.

In jenen Jahren meines ziemlich abseitigen und bewußt stadtfeindlichen Lebens am Untersee war ich zwar nicht ohne Musik, meine Frau spielte viel und gut Klavier, aber es fehlte mir ein musikalischer Freund, mit dem ich nicht nur über Musik sprechen, sondern der mir Musikwerke aller Art rekapitulierend, kürzend und gelegentlich erläuternd hätte vorführen können. Dies nun konnte Schoeck, mit dem ich mich rasch und herzlich befreundete, in einer so universalen und dabei so entzückenden Weise, wie sie mir bisher trotz mancher Musikerbekanntschaften nie begegnet war. Und nun war er für mich durch mehrere Jahre der Türhüter und Schatzbewahrer einer Welt, die ich auf keine andere Art so unmittelbar und frei hätte durchschweifen können. Jeder seiner Freunde erinnert sich dankbar solcher Stunden, in denen Schoeck ihm zu Hause auf seiner Bude oder auf irgendeinem Wirtshausklavier den „Figaro", „Die Zauberflöte", den Rossinischen „Barbier" oder den „Corregidor", oder auch „Die Fledermaus", oder Lieder von Schubert und von Wolf vorführte, leise andeutend alle Stimmen gab, die charakteristischen Themata betonte, sogar die Instrumentierung andeutete, mit Worten, Blicken und Gesten den Gang jedes Werkes miterzählend und zugleich erläuternd. Ein sehr großer Teil von dem, was ich in jenen Jahren an guter Musik näher kennengelernt und woran ich meine Auffassung vom Wesen der

Musik gebildet habe, ist mir aus dieser Quelle geflossen. Manches Werk, das ich im Theater oder Konzertsaal nur ein- oder zweimal im Leben hören konnte, habe ich von ihm wieder und wieder gehört, besonders unsern damaligen Liebling, den „Corregidor". Ich habe für Schoeck in jenen ersten Jahren unsrer Freundschaft, aus dem Bedürfnis des Beschenkten nach Betätigung seiner Dankbarkeit, sogar den Text zu einer romantischen Oper geschrieben und bedaure weder, daß ich das getan habe, noch, daß er den Text nicht brauchen konnte.

In meinem Dorf am Untersee hat Schoeck mich des öfteren besucht, und wenn wir uns, sehr viel später, je und je einmal jener Besuche im Gespräch wieder erinnerten, bekam er manchmal, an damals denkend, einen träumerisch verklärten Ausdruck. „Damals", sagte er sinnend, „hast du immer einen Meersburger Wein im Keller gehabt, einen wunderbaren Wein, weißt du noch?" Es stimmte, wir haben manchen Krug von diesem Meersburger miteinander genossen. Noch sehe ich Schoeck, wie er an jenen Gaienhofener Abenden je und je bei einer Gesprächspause von der Wandbank aufstand und ins Nebenzimmer zum Klavier ging, um ein Lied von Wolf, oder ein neues von ihm selber, oder auch einen Straußwalzer zu spielen.

In den Jahren vor dem Weltkrieg war ich gewohnt, in jedem Frühling einen kurzen Ausflug nach Italien zu machen, und auf mehreren Reisen, meist in kleinere oberitalienische oder toskanische Städte, war Schoeck dabei. Einmal brachten wir – es war außer Schoeck und mir noch der Maler Fritz Widmann dabei – einige Tage in der Città alta von Bergamo zu und saßen an den Abenden in einem kleinen, recht verfallenen Café, dessen Wirt einmal Musikant gewesen war. In der düsteren Kneipe stand ein heruntergekommenes altes Tafelklavier, mit dünnem schleirigem Ton und mancher gesprungenen Saite, auch reichlich verstimmt. Auf diesem Klavier spielte uns Schoeck halbe und ganze Opern, entzückt lauschte die Wirtsfamilie; und einmal bekam auch unser Reisekamerad Widmann Lust, das Instrument zu probieren, setzte sich davor und griff mutig in die Tasten, aber entsetzt sprang er gleich wieder auf, und auch ich probierte es nun und schlug ein paar Töne an – es war ganz und gar unmöglich, aus dieser Ruine etwas wie Ton zu locken. Und doch hatte Schoeck es fertiggebracht, uns darauf Musik zu machen, er hatte das Ding bezaubert, er hatte die Geister der Meister beschworen, und unter seinen Händen war der brave alte Kasten wieder ein Klavier geworden, hatte Rossini und Verdi von sich gegeben und hatte sogar seinen alten Herrn, den Exmusiker, überrascht und entzückt. Es war eins der Beispiele für Schoecks suggestive Kraft: mochte er nun das kaputte Klavier behext haben oder die Zuhörer, jedenfalls war der Zauber gelungen.

Auf einer andern Reise, damals war Fritz Brun mit dabei, sahen wir den jungen Schoeck noch einen anderen Apparat siegreich bezaubern. Es war in Orvieto. Wir hatten den Dom und den Signorelli gesehen, waren durch das Städtchen geschlendert, hatten den Gang in die Tiefe des Pozzo di San Patrizio hinab gemacht und ruhten jetzt in einem Café an der Piazza aus. Dort stand eine merkwürdige Maschine, ein mechanisches Glücksspiel. Dieser Automat hatte kleine Schlitze, in welche man Zwanzigrappenstücke stecken konnte. Je nachdem man das Loch wählte, konnte man, falls man Glück hatte, für seinen Zwanziger zwei, oder fünf, oder zehn, ja sogar zwanzig und vierzig solche Geldstücke zurückgewinnen. Nur kamen natürlich die höheren Zahlen entsprechend selten heraus, und die anwesenden Stammgäste versicherten uns, daß schon mancher von ihnen die Fünf, auch die Zehn und je und je sogar einer auch die Zwanzig gewonnen habe, obwohl natürlich auf Zwanzig zu spielen schon recht gewagt sei. Die Vierzig aber, meinten sie, sei zwar irgendeinmal auch schon herausgekommen, aber ein vernünftiger Mensch setze natürlich auf diese Nummer nicht. Wir faßten allmählich Interesse, standen von unsrem Wermut auf und begannen den Apparat zu betrachten, und schließlich ließen wir uns zwei oder drei Franken wechseln und fingen an, der Maschine unsre Zwanziger in den Rachen zu stoßen, welche sie willig fraß und einmal sogar eine Zwei oder eine Fünf von sich gab. Da erklärte Schoeck, beim Spielen müsse man aufs Ganze gehen, stellte auf die Vierzig ein, spendete sein Geldstück und drückte los. Die Maschine grollte heftig, und in die unten angebrachte muschelförmige Geldschale, und über sie hinaus ins Café, ergoß sich ein Wasserfall von Münzen, vierzig Stück. Der Wirt sprang auf, die Gäste machten Augen, Schoeck erntete mit beiden Händen den Münzenschwall in seine Taschen. Wir lachten sehr und gratulierten ihm, nahmen noch einen Wermut, und ehe wir das Café verließen, steckte er noch einmal spaßeshalber eine Münze hinein, setzte auf Vierzig, und mit Getöse spie der Apparat nochmals vierzig Geldstücke aus. Wir kamen am nächsten Vormittag wieder, und ein drittes Mal tat Schoeck, was kein vernünftiger Mensch tut, und gewann die Vierzig nochmals. Jetzt war es Zeit abzureisen, die Stammgäste und die Nachbarschaft waren beunruhigt. Noch auf dem Weg zum Bahnhof faßte mich ein Mann auf der Straße höflich am Arm, deutete auf den vorausgehenden Schoeck und fragte flüsternd: „Sagen Sie, ist es der dort, der junge Blonde, der dreimal die Vierzig gewonnen hat?"

Manche Male habe ich Freund Schoeck in seinem Elternhaus in Brunnen besucht oder bin von ihm dorthin mitgenommen worden. Da war sein Vater, ein heiterer alter Weiser, in seinem Atelier zurückgezogen lebend, ein stiller Künstler und ein Mann des Maßes und der Harmonie, ich habe ihn sehr geliebt und bewundert, und einst hat er mir von einem seiner süditalienischen Bilder, das ich besonders gerühmt hatte, eine Kopie gemacht und geschenkt; sie hängt in meinem Arbeitszimmer, nicht weit von den beiden kleinen Landschaften von Othmars Hand. Dann war da die Mutter Schoeck mit dem Falkenprofil und den leidenschaftlichen Augen, eine besorgte alte Frau, aber zu manchen Stunden war sie beschwingt und feurig. Mehrmals hat sie mich beiseite genommen und mich innig beschwörend, voll Liebe und voll Sorge, über ihren Sohn ausgefragt, was ich von ihm, von seiner Begabung und von seiner Zukunft halte und ob er nicht gar zu leichtsinnig lebe, sie sei oft sehr in Sorge um ihn. Und dann hörte sie zu, wie ich ihn lobte oder verteidigte, fühlte, wie ich an ihn glaube, und begann in dem sorgenvollen Gesicht mehr und mehr zu strahlen. Ferner war Fräulein Suter da, der gute Hausgeist, und die Brüder Schoeck, zuweilen alle vier zugleich, und nach den Mahlzeiten im kleinen „Stubli" saß man noch stundenlang in fürchterlichem Zigarrenqualm und stritt miteinander und schrie einander an in den heftigsten Diskussionen über Politik und über Religion und Kunst, es ging oft großartig wild zu, ängstlich schmiegte sich der Dachshund Waldi zu Ralphs Füßen, die schöne Katze mit dem Namen Lady saß unbekümmert.

Und dann löste das Konklave sich auf, meistens in Frieden, der Vater verschwand in sein Atelier, und wir schlenderten waldwärts bergan oder nach Brunnen hinein, und gern machten wir dort der achtzigjährigen Großmutter Faßbind einen Besuch, durch deren Fenster man auf den Platz und die Schifflände hinuntersah und die im vornehmen Frieden ihres Alters auf die Gasse und die Menschen und unsre jugendlichen Wichtigkeiten hinabsah, fein und klug und schon ein wenig entfernt.

Im Schoeckschen Haus in Brunnen gab es außer den Menschen noch viel Schönes und Merkwürdiges zu sehen. Über dem Hotel und von seinem Betrieb vornehm distanziert, hauste Vater Schoeck in den höchsten und prächtigsten Räumen des Hauses, umgeben von seinen Bildern und von den tausend Erinnerungsstücken, die er von seinen weiten Malerfahrten vor Jahrzehnten mitgebracht hatte. Gleich im Treppenhaus vor dem Eingang zum großen Atelier schwebte ein riesiger Kondor, den hatte er in Amerika geschossen, und im Atelier gab es ein stattliches Schrankgebäude, das enthielt in vielen, vielen Schubladen eine unendlich große Sammlung von Schmetterlingen aus allen Ländern. Vor allem aber waren da in unerschöpflicher Fülle, Früchte eines stillen Fleißes und einer großzügigen Wanderleidenschaft und Weltneugierde, die Naturstudien von des Alten Hand, meisterhafte Studien aus vielen Ländern und Breitegraden, namentlich aber aus Süditalien und aus dem hohen Norden: Felsenküsten und farbige Hafensiedlungen auf den Lofoten, norwegische Fjorde, violett blühende nordische Heide. Inmitten dieser Sachen empfing uns zuweilen der alte Herr, die Mütze über dem weißen Haar, die hellen klugen Augen freundlich blickend, von uns und der Außenwelt nicht mehr erregbar, aber keineswegs weltfremd. Oft habe ich ihn an der Staffelei gesehen, sorgfältigst mit seiner Palette beschäftigt; manchmal blickte er über den blaugrünen See zum Urirotstock hinüber, dann mischte er wieder prüfend seine abgetönten Blau und Grau. Das Hotel unter ihm und die Welt unter ihm mochten ihren Gang gehen, er ging den seinen.

Einmal brachte Schoeck einen Sommer in einer einsamen kleinen Pension im Zürcher Oberland zu, und ich habe ihn dort einmal besucht. Es regnete viel, man konnte wenig draußen sein. Im Hause war ein kleines Schulmädchen, Schoeck hatte es gern und gab sich viel mit ihm ab, brachte ihm auch hie und da eine Melodie bei, ich hörte ihn mit der Kleinen zweistimmig das Lied einstudieren: „Wer hat die schönsten Schäfchen?" Dort sprachen wir einst auch über Meinrad Lienert, und Schoeck sang und spielte mir sein Lied:

„Nüd Schöiners as wäns dimmered
Äs schöins wildgwachses Liedli."

An jenem Ort lernte ich meinen Freund auch als Maler kennen. Ich wußte zwar längst, daß er zuweilen male, und war davon keineswegs überrascht gewesen, denn im Haus seines Vaters war das kein Wunder, und auf unsern Reisen hatten wir auch oft und intensiv über Malerei gesprochen. Jetzt sprach er mir auch vor der Natur davon, das heißt, wir betrachteten gelegentlich die Landschaft daraufhin, wie sie malerisch wiederzugeben wäre, und hier wie überall ging Schoeck nicht von Theorien und Gedanken aus, sondern vom Sinnlichen. Er sprach gern von dem Reiz und der Qual, die das Suchen eines Farbtones mit sich bringt; und einmal, als er davon sprach, welche sinnliche Wonne das Malen auf den frischen Kalk der Wände den italienischen Meistern der Freskenmalerei bereitet haben müsse, bewegte er dazu die Hand wie zu satten breiten Pinselstrichen und machte zugleich mit den Lippen ein schlürfendes Geräusch, als höre man, wie der Kalk begierig die Farbe einsauge. Es ist gesunden und sinnenfrohen Genies gegeben, eine Menge von dem, was sie gerade mitteilen wollen, auf solchen Wegen mitteilen zu können, es macht einen großen Teil ihres Zaubers aus, und bei Schoeck war nicht selten der Höhepunkt eines Gesprächs eben der Moment, wo das nicht mehr Sagbare durch Mimik oder Tonmalerei ausgedrückt wurde. Ich weiß solche Reize zu schätzen, ich unterliege ihnen wie jeder andre; das Gewinnende und Seltene an Schoeck aber waren für mich nie diese Gaben und Künste selbst, sondern das Maß, mit dem er sie anwendete. Was mich, über die erste Sympathie hinweg, immer wieder an Schoeck angezogen hat, war nicht mehr die naive sinnliche Genialität seines Empfindens und seiner Art, es zum Ausdruck zu bringen – das konnten auch andre, namentlich Frauen konnten es oft fabelhaft, und begabte Tiere konnten es noch besser. Nein, was mich an Schoeck erfreute und mir ihn so wertvoll machte, war das Nebeneinander und die Spannung von Gegensätzen in seinem Wesen, das Beieinander von Robustheit und

Leidensfähigkeit, das Verständnis für die naivsten Freuden gepaart mit dem Verständnis fürs Geistige, die hohe und nicht schmerzlose Differenzierung der Persönlichkeit, die sinnliche Potenz im Verein oder auch im Kampf mit der geistigen. Dieser Mann konnte nicht bloß vorzüglich musizieren und sich in alle andern Künste spielend hineinfühlen, er konnte nicht bloß Frauen charmieren und mit Genuß ein Bankett mitmachen (ja nachts drei Uhr nach reichlichem Bankett und vielen Gläsern Wein, mit der brennenden Zigarre im Mund, auf den Händen durch einen ganzen Speisesaal marschieren!) – nein, er konnte auch weitgehend sich seine Fähigkeiten, seine Konflikte und Probleme bewußt machen und konnte manchmal (es klingt komisch, aber es stimmt) geradezu: denken, und das ist bei Künstlern ebenso selten wie bei andern Menschen. Daß sein Sinnlich-Seelisches am Ende doch stärker ist als das Geistige, daß bei ihm nie das Bewußtsein ernstlich den Instinkt störte oder gar überwog, gehört mit zu seiner Gesundheit und zu seiner Stärke, er ist ja Musiker, nicht Philosoph. Aber er hatte die Fähigkeit zu hoher Differenzierung, zur Einsamkeit, zum Abstrahieren, zum Leiden in sich, er war nicht bloß der charmante liebe Kerl, den man mehr liebt als ernst nimmt, und er war nicht bloß Musikant, sondern auch Schöpfer. Das alles hielt unser Verhältnis in beständiger Lebendigkeit, und wenn man sich einmal übereinander geärgert hatte, war alsbald die Anziehungskraft zwischen uns wieder da.

Aber ich bin abgeschweift, ich wollte noch etwas über Schoecks Malerei sagen. In jenen Gesprächen bekannte er sich zur größten Delikatesse und Sorgfalt im Suchen der Töne und lehnte jedes kindliche oder auch expressionistische Drauflosgehen mit heftigen, wenig gebrochenen Farben ab. „Sieh", sagte er etwa, „dort ganz in der Ferne siehst du die Vorberge mit den beleuchteten Matten. Sie scheinen grün zu sein, nicht wahr? Sie sind ja schon grün, aber in unendlicher Verdünnung, und eigentlich sehen wir sie gar nicht so sehr grün, aber wir wissen: Matten sind grün, also sehen wir sie grün." Jetzt bückte er sich, brach ein Blatt von einer Wiesenpflanze ab und hielt es vor die Aussicht. „Das ist grün!" rief er, „schau, wie das knallt! Daneben ist die Ferne dort farblos." Für einen großen Genuß erklärte er es, auf der Palette die Töne auszupröbeln, bis der Moment erreicht sei, wo sie haarscharf stimmen.

Ich besitze seit langen Jahren zwei Landschaften von Schoeck, zwei winzig kleine Ölbilder. Sie haben ihren hohen Reiz und Wert für mich in all den Jahren nicht verloren, und es ist nicht selten passiert, daß Maler, die mich besuchten und ohne viel Neugierde die Bilder an meinen Wänden betrachteten, plötzlich lebhaft wurden und nach dem Namen des Malers fragten, wenn sie eins dieser Bilder entdeckten. Das eine von ihnen, ein sehr frühes, hat einen ganz merkwürdigen Klang und hat sich eine ganz eigene Aufgabe gestellt: es ist eine Landschaft, ein tief eingeschnittenes Alpental gegen Abend, großenteils schon im Schatten, und ein ganz eigenes Licht herrscht in dieser schweigsamen Landschaft: auf einigen Gipfelkanten und einem Teil des Vordergrundes scheint noch die Sonne, am Himmel über den noch warm beschienenen Felsgipfeln aber steht schon der mehr als halbvolle Mond; sein kühles Weiß steht noch im Gegensatz zu allen Farben der Erde, macht aber doch schon den Himmel kälter und tritt in Beziehung zu den Schatten. Das winzig kleine Bild – man kann es nach Belieben als naiv oder als raffiniert empfinden – hat schon manchen Betrachter nachdenklich gemacht. Und wenn ich, seit langen Jahren räumlich von Schoeck getrennt und noch mehr von ihm getrennt durch seine schon mehr als geniale Schreibfaulheit, etwa einmal ihn vermisse oder wieder einmal durch das Ausbleiben jeder Antwort enttäuscht bin, so habe ich mir angewöhnt, eins seiner Bilder anzusehen und ihn mir dabei zu vergegenwärtigen.

Das zweite Bild von ihm, das bei mir hängt, stammt aus jenem Sommer im Zürcher Oberland, es stellt einen Blick nach der Innerschweiz dar, unter einem verstürmten grauen Regenhimmel herrscht jene Stimmung, die Gottfried Keller so gezeichnet hat:

Es ist ein stiller Regentag,
So weich, so ernst, und doch so klar,
Wo durch den Dämmer brechen mag
Die Sonne weiß und sonderbar.

Vom dunklen Wald des Vordergrundes hebt sich, weit zurückweichend, die Ferne in bleicher Klarheit ab, grell und doch müde bestrahlt von der Sonne weiß und sonderbar, zuhinterst stehen vor einem hellen Himmelsstreifen zart, aber klar die beiden Mythen. Auch dieses Bild ist eine Dichtung, es ist klein wie das andre, aber wenn es auch mit spitzem Pinsel zart·gemalt ist, die Pinselschrift ist dennoch ganz frei und spielend, ohne alle Ängstlichkeit.

Die beiden Bilder gehören für mich mit zum Bild meines Freundes, ebenso wie seine Handschrift, ebenso wie mancher Witz und manches gute Wort auf einer rasch auf Reisen geschriebenen Ansichtspostkarte. Einmal war er in Lucca und schrieb mir von dort auf einer Karte nichts als den ersten Satz aus dem „Marmorbild" von Eichendorff.

Und damit wären wir bei den Dichtern. Das wäre ein großes Kapitel, aber es ist mir unmöglich, das heute in Worte zu bringen. Ich habe mit Schoeck des öftern über Dichter und Dichtungen gesprochen, am häufigsten über die Texte seiner Lieder, und ich darf sagen, daß sein Gefühl für Dichtung und sein Urteil über sie mich oft erfreut und bestätigt und in keinem wichtigen Punkte je enttäuscht hat.

Noch ein letztes Blatt sei diesen Erinnerungen hinzugefügt. Es war im April des Jahres 1916, mitten im Weltkrieg, ich hatte die Einladung zu einer Vorlesung in Winterthur angenommen und war dorthin unterwegs; von Bern, wo ich damals wohnte, war ich nach Zürich gefahren, wollte am Abend zu Freunden nach Winterthur weiter und dort übernachten, am nächsten Tage sollte die Vorlesung sein. In Zürich hatte ich allerlei zu besorgen, Schoeck konnte ich diesmal nicht aufsuchen. Es hatte schon für mich die schreckliche Zeit begonnen, in der ich die Berührung mit dem Schönen, und vor allem mit der Musik, kaum mehr ertragen konnte. Brun in Bern war oft sehr unwillig über mich, wenn er mich zu einem Konzert einlud und ich mich entzog. Aber Musik war für mich damals die stärkste, unmittelbarste Mahnung an alles Zarte, Holde und Heilige, von dem die Welt nichts mehr wissen wollte. Ich konnte zur Not den Krieg noch eine Weile ertragen, weil ich einen Platz in ihm gefunden hatte, wo ich mir einbilden konnte, Menschlichkeit zu üben und Wunden heilen zu helfen; Musik aber konnte ich kaum mehr ertragen, ein paar Takte Musik brachten die ganze notdürftige Ordnung und Zucht, in der ich mich hielt, zum Einsturz und weckten eine nicht auszuhaltende Sehnsucht nach Flucht aus dieser Welt und diesem Kriege.

Müde und von meiner Reise und meinem Vorhaben wenig befriedigt, fand ich mich gegen Abend auf dem Zürcher Bahnhof ein, um mein Köfferchen abzuholen und weiterzufahren. Ich war früh gekommen und stand eine Weile müßig auf dem Bahnhof herum, ein wenig froh über die Aussicht, den Abend wenigstens bei sehr lieben Freunden zubringen zu dürfen, aber weit mehr bedrückt als froh. Es drückte so vieles, es drückte auf die Welt, auf die Schweiz, auf mein eigenes kleines Leben, der Krieg hatte mir sehr wenig übriggelassen, namentlich sehr wenig vom Sinn meines Lebens und Tuns, man atmete Gift statt Luft, man trank Leid und Angst statt Wasser, man aß Gram statt Brot. Nun, ich stand also da herum und dachte unnütze Gedanken, da spürte ich plötzlich eine Hand sich auf meine Schulter legen, schreckte auf und sah Schoeck vor mir. Freundlich fragte er mich, ob ich denn wirklich wegfahren wolle, ich solle doch den Abend in Zürich bleiben und mit ihm verbringen. Ich lachte und sagte, daran dürfe ich nicht denken, ich sei in Winterthur erwartet und mein Zug gehe bald.

Da sah er mich merkwürdig an und sagte mit einer großen, eindringlichen Herzlichkeit: „Nein, nein, fahre du nicht nach Winterthur, wir müssen miteinander sprechen."

In diesem Augenblick spürte ich, daß etwas Besonderes und Schlimmes auf mich warte, ich fühlte eine Beklommenheit und Kälte in mir aufsteigen, die ich selber nicht verstand, und sagte: „Was ist denn los? Sage es mir nur gleich!"

Da sagte er leise: „Du, dein Vater ist gestorben."

Ich war ahnungslos gewesen, die Nachricht kam ganz unerwartet. Sie war gleich nach meiner Abreise in Bern eingetroffen, meine Frau hatte sie an Schoeck weitergeleitet, und er war seit Stunden auf der Suche nach mir.

Und so fuhr ich denn nicht nach Winterthur, sondern schnell nach Bern zurück, denn nach Deutschland zu reisen und meinen Vater vor dem Begräbnis noch einmal zu sehen, das war damals nicht einfach, es stand der Krieg und die Grenzsperre und eine Menge kleiner und großer zäher Widerlichkeiten dazwischen. Für den Augenblick aber, in dem jener erste Schreck und Schmerz ertragen werden mußte, war ein Freund bei mir. Dafür war ich dankbar, und bin es noch heut.

1936

HERR CLAASSEN

In unsrer Schwarzwaldstadt Calw, in welche mein Vater im Jahr 1886 übersiedelt war, tauchte bald darauf eine Gestalt auf, ein ungewöhnlicher, ja höchst merkwürdiger, obwohl sehr stiller Fremdling. Er hieß Herr Claassen, und da er nicht nur zeitweise ein Mitarbeiter des von meinem Vater geleiteten christlichen Verlages war, sondern auch ein häufiger Gast in unsrem Hause, ist mir von ihm eine deutliche und wirksame Erinnerung geblieben, obwohl ich Knabe von dem eigentlichen Wesen, Tun und Leben dieses eigentümlichen Mannes unmöglich mehr als eine äußerliche und gewiß zum Teil mißverstehende Kenntnis gewinnen konnte. Das erste, was mir und uns allen an ihm auffiel und Eindruck machte und was sich nie veränderte und verlor, war seine vollkommene Abgesondertheit und Fremdheit. Es kamen sehr viele Menschen in unser Haus, fremdenscheu waren wir Kinder nicht, und unter den Gästen des Großvaters und der Eltern waren nicht selten auch recht eigentümliche, fremdländische und auffallende Erscheinungen; aber wer eine Weile dablieb und zu unsrem Kreis gehörte, der reihte sich ein, verlor mit der Zeit die Fremdheit, nahm etwas von der Luft und vom Ton unsres Hauses an, sang unsre Lieder, spielte unsre Spiele mit, eignete sich etwas von unsrer Sprache und unsrer Lebensart an. Mit Herrn Claassen war das anders, auch als wir ihn schon jahrelang kannten. Er reihte sich nicht ein, ahmte uns nicht nach, nahm nichts von unsern Arten und Unarten an, er blieb stets und unwandelbar derselbe, stets ein vollkommen einsamer Fremdling, von uns und unsrer Welt aufgenommen, aber nicht beeinflußt und nicht verändert. Es umgab ihn eine andre Atmosphäre als uns, er brachte seine eigene Atemluft mit, er blieb ein Fremder, von den Eltern teils geachtet, teils ertragen, von den Kindern teils belächelt, teils gefürchtet, ein andres Wesen als wir. So hat er denn auch bei uns stets korrekt und fremd „Herr Claassen" geheißen, nie wurde das „Herr" weggelassen, wenn man von ihm sprach, nie avancierte er zum Freund oder Onkel, nie erhielt er einen Spitznamen. Er war damals Mitarbeiter an einem großen theologischen Werk, das der Verlag vorbereitete. Und wie er von unsrer Art zu leben, zu sprechen, zu lachen, zu grüßen nichts annahm, so nahm er geistig von meinem Vater und selbst von meinem verehrten Großvater, dem ehrwürdigen Gelehrten, nichts an; er lernte wohl, das lehnte er nie ab, und tat es nicht umsonst, sondern hatte auch zu geben, aber er war in seiner Richtung, seinem Willen, seiner Denkart, seinen Urteilen vollkommen unbeeinflußbar. Vielleicht war dieser Einsiedler ein Narr, vielleicht ein Weiser, jedenfalls war er umpanzert und gehürnt und nicht zu wandeln noch zu biegen, und bei allem Ungewohnten, das er an sich hatte und das wir Kinder zum Teil als lächerlich empfanden, ging von dieser Unbeirrbarkeit eine kühle Ausstrahlung aus, die ihm Achtung verschaffte, ja gelegentlich Ehrfurcht forderte. Ich habe den Grund seines Geheimnisses erst spät, als er seit Jahrzehnten begraben war und ich selbst ein alter Mann wurde, begriffen.

Herr Claassen war ein großer, hagerer Mann von still würdiger Haltung, stets dunkel gekleidet mit einem schwarzen Mantel und einem schwarzen steifen Hute von besonderer Form, einer Art Halbzylinder, das hagere strenge Gesicht bartlos, mit halblangem Haar, die Stirn edel, hoch und schön durchformt, der Mund etwas gekniffen, mit zwei festgewordenen Falten des Grams in den Wangen, die Augen blau, still, oft wie erloschen oder erstorben, aber eines ungemein ernsten und eindringenden Blickes fähig, wenn er sie langsam einem zuwendete. Die obere Hälfte des Gesichts war größer, schöner, entwickelter als die untere, es war ein typisches

Stirngesicht, und es saß auf einem ganz dünnen, sehnigen Hals. Langsam waren alle seine Bewegungen, der Grund dieser Langsamkeit war aber nicht Trägheit, sondern ein Wille, sich still zu halten und mit einem Minimum an Bewegung auszukommen; wenn er bei uns zu Tische saß, regte sich außer den langsam wandernden Augen nichts an dem ganzen Manne, und im Gehen trug er den Oberkörper steif und würdig, nur seine Beine gingen, alles andre blieb unbewegt. Es war an seiner Gestalt etwas hölzern Trockenes, und ebenso war seine Stimme wie leblos, trocken setzte sie ein wohlüberlegtes und gewissenhaft genau gewähltes Wort hinter das andre. Sah man ihn durch das Städtchen gehen, die hohe hagere Figur im langen dunklen Rocke, einen Stock in der Rechten, tadellos aufrecht, aber völlig in sich gekehrt, so schien er nicht ein Einwohner und Nachbar, schien ohne Beziehung zu Häusern, Gassen und Menschen, schien nur zufällig für eine Stunde, vom Jupiter nach dem Saturn unterwegs, sich im Städtchen aufzuhalten, dergleichen er schon viele gesehen. Er hatte ein Zimmer bei einer frommen Familie in der „Insel" gemietet, einem ärmlichen und etwas finstern Fabrikviertel. Dort lebte er, von alten Büchern umgeben, und studierte und schrieb, holte zuzeiten meinen Vater zu Spaziergängen ab, kam manchmal zu einer Mahlzeit und für einen Abend als Gast, uns Kindern schien er unausdenklich alt zu sein, war aber wohl nicht älter als mein Vater. In seiner Stube, die wir übrigens kaum je einmal zu sehen bekamen, besaß er einen Schatz: eine Truhe voll kleiner, auf dicken Karton geklebter und schon etwas gilbender Photographien, unzähliger, aber wohlgeordneter Photographien, welche er im Lauf seines Lebens gesammelt hatte und auf welchen Gebäude, Skulpturen und Werke der Maler abgebildet waren. Er konnte auch Harmonium spielen, aber auch dabei gab und verhielt er sich nicht so wie wir, wenn wir musizierten, sondern er spielte in einer geisterhaften, beinah bewegungslosen und automatenhaften Art. Er lebte ganz als Einsiedler, und man konnte sich nicht vorstellen, daß auch er einmal jung oder gar ein Kind gewesen sei, daß er Eltern, Geschwister und Verwandte gehabt habe. Und er lebte, von dem Besitz an Büchern und der Bildertruhe abgesehen, vollkommen bedürfnislos, mit einem Teller Suppe, einem Schluck Milch zufrieden.

Und doch war auch dieser entrückte Einsiedler einst jung und nicht gleichgültig gegen die Speisen gewesen, die man ihm vorsetzte. Es gab einen Spruch von ihm, von uns Kindern hundertmal zitiert, gemimt und parodiert, einen Spruch, den er einst bei einem Mittagessen von sich gab, als eines von uns Kindern sich dagegen sträubte, seinen Teller leer zu essen. Da hob Herr Claassen langsam den langen hölzernen Zeigefinger empor, drehte langsam seine blassen großen Augen dem unartigen Kinde zu und sprach in seinem fremdartigen Tonfall, mit seiner feierlichen Lehrhaftigkeit, mit seiner trocknen, erstorbenen Stimme die Worte: „Ich mochte in meiner Jugend nicht Kohl, aber ich mußte." Das Wort ging in unsern Sprachschatz ein. Wer es gebrauchte, der sprach es geziert, übergenau artikulierend, mit Grabesernst und hohler Stimme. Als wir den Spruch damals von seinen Lippen vernahmen, schien er uns schlechthin komisch, und komisch war wohl in der Tat der Widerspruch zwischen der Tatsache vom nicht gemochten Kohl, die er uns mitteilte, und dem feierlichen Ton, der mahnenden Gebärde, dem geschraubten Stil seines Ausspruchs. Wahrscheinlich ist aber doch keines von uns in Lachen ausgeplatzt, und wir beherrschten uns nicht etwa aus Furcht vor Strafe, denn wir wußten Herrn Claassen gegenüber die Eltern, namentlich die Mutter, durchaus auf unsrer Seite; sondern es war die Würde und Unbeweglichkeit, die erstarrte Stilisiertheit des Mannes, die uns trotz allem im Bann hielt. Und wie alles, was Herrn Claassen angeht, so haftet auch jener Spruch vom Kohl in unsrem Gedächtnis, und später, Jahrzehnte später, begann sogar dieser Spruch, der so lang zu unsrem komischen Repertoire gehört hatte, sich für mich mit einer gewissen Bedeutsamkeit zu umspinnen und schien weit mehr zu sagen, als wir darin gesucht und gefunden hatten. Erstens sagte er das Erstaunliche, daß auch Herr Claassen einst jung gewesen war, und sein Gesicht, seine Gebärde und die Stimme, mit der er das Wort Jugend aussprach, schien Herrn Claassens Jugend noch um beträchtliche Zeitstrecken weiter zurück in die Vergangenheit zu schieben. Und was war es, das wir über diese so unendlich ferne, sagenhafte Jugend erfuhren? Daß er nicht mochte, aber mußte. Viel später erst dachte ich darüber wirklich nach und dachte, es werde gewiß nicht nur der Kohl gewesen sein, den er nicht mochte, zu dem er aber gezwungen wurde. Vielleicht hatte es vieles gegeben, was er mochte und nicht durfte, und vieles, was er nicht mochte, aber mußte. Vielleicht war Herr Claassen einst ganz ähnlich gewesen wie andere Menschen, ganz ähnlich wie wir selbst, ein weicher, lebhafter und bewegter Mensch mit Freuden und Leiden, mit Trieben und Leidenschaften, Gelüsten und Geschmäckern, Launen und Stimmungen. Vielleicht hatte er Lieblingsspiele gehabt, bei denen er wild und unbändig wurde, vielleicht hatte er sich vor Gewittern gefürchtet und sich nach schönen Spielsachen gesehnt, vielleicht hatte er auch rezitiert, geschauspielert und Verse gemacht und jenes herrliche und beklemmende Gefühl im Herzen gekannt, wenn eine Musik so unerträglich schön ist, daß man weinen muß. Vielleicht hatte man ihm in früher Jugend das alles ausgetrieben, verboten, zertreten, ausgescholten, ausgeprügelt, vielleicht war es alles langsam und in Schmerzen untergegangen und abgestorben, bis sein ganzes Leben nicht mehr aus Mögen, nur noch aus Müssen bestand. Vielleicht war der lange dürre Zeigefinger, den er ausstrecken konnte, als wäre es ein Uhrzeiger, einst ein rosiges feistes Kinderfingerchen gewesen, und die hart gefalteten Wangen glatt, und die trocknen, blassen Augen feucht und strahlend. Vielleicht wäre Herr Claassen glücklicher und ganz anders gewesen, wenn er so geblieben wäre, wenn er Lachen und Weinen, Leidenschaft und Gelüste nicht so vollkommen abgelegt und vergessen hätte; hübscher, umgänglicher und uns Jungen sympathischer wäre er dann ohne Zweifel gewesen. Aber schließlich gab es viele junge, viele glattwangige und vergnügte, sympathische und umgängliche Menschen, während es einen zweiten Herrn Claassen nicht gab. War seine Würde steif und sein Ernst etwas pathetisch, war seine Sprache geziert und seine Stimme erstorben, so war doch alles in allem in diesem langen, hagern, holzgeschnitzten Heiligen eine Stärke und Größe, ein Wille, ein Beharren, ein Aufrechtstehen, eine Unabhängigkeit, eine Tapferkeit, und dann war in seinem Gehaben und in seinem Blick ein solcher Ernst und eine solche fast flehende Reinheit, ein solches Entferntsein von allem Gemeinen, daß man nicht damit auskam, diesen Fremdling einfach nur von der komischen Seite zu nehmen.

Obwohl ich von den Gesprächen zwischen meinen Eltern und Herrn Claassen nur wenige mit anhörte und nichts, gar nichts von ihnen verstand, denn sie waren stets theologisch, und zudem verfügte Herr Claassen noch über die mir vom häufigen Hören her vertraute Sprache frommer Gelehrtheit hinaus über ganz neue, oft erstaunliche Worte – trotzdem hatte ich ein waches Gefühl und Interesse für die Art von Verhältnis, welches zwischen den Eltern und ihm bestand. Unsre Mutter, daran war nicht zu zweifeln, hatte für und gegen den Fremdling ganz ähnliche Empfindungen wie wir Kinder, nämlich eine immer wieder wache, oft belustigte Neugierde für das Originelle und Fremdartige seiner Erscheinung und seines Gehabens, eine ehrliche, oft prachtvoll und glühend ausbrechende Abneigung gegen das Starre, pedantisch Steife, Beherrschte, Temperamentlose in seinem Auftreten, eine Neigung, ihn nicht so ernst zu nehmen, wie er selbst zu tun schien, und doch wieder ein Gefühl von Ehrfurcht für die Unbeugsamkeit und Gradlinigkeit seines Charakters. Außerdem empfand sie als Frau eine gewisse Dankbarkeit für die mehr als ritterliche Reinheit, mit welcher der Einsiedler von den Frauen dachte und sprach, und zugleich fühlte sie als mütterliche Frau häufig ihr Mitleid durch das Einsame, Hilflose, Öde und Unbehütete seiner Junggesellenexistenz angerufen. Was aber die Meinungen und Lehren anging, die er vortrug, so waren sie ihr nur eben insoweit recht und erträglich, als sie fromm und christlich waren, in allem Einzelnen aber lehnte sie sie entschlossen und kampfbereit, ja gelegentlich entrüstet ab. Mir war es, als dem Sohn und Enkel von Theologen, längst bekannt, daß fromme Christen über Glaubensartikel und Lehrmeinungen äußerst verschiedener Meinung sein konnten, in unsrem protestantisch-pietistischen Kreise war dies etwas Selbstverständliches. Herr Claassen nun dachte sowohl über die Kirche und Gemeinschaft wie über die Praxis des christlichen Lebens ganz und gar anders als meine Mutter, und daß er seine Lehren aus einer gründlichen Bibelkenntnis und einer ungewöhnlich theologischen Belesenheit zu stützen und zu rechtfertigen wußte, schreckte sie gar nicht; wenn er gar über Dinge, von welchen er nach ihrer Meinung unmöglich etwas verstehen konnte, etwa über Kindererziehung, seine scharf formulierten Ansichten kundgab, konnte sie ihm aufs leidenschaftlichste widersprechen. Für Herrn Claassen waren Familie und Hauswesen, und am Ende sogar Kirche und Gemeinde, nichts an sich Heiliges, sondern gehörten der Welt der Kreatur und des Zufalls an, für ihn existierte der Mensch im Grunde nur als einzelner und hatte sich, mit radikaler Ausrottung alles Privaten, zum Opfer zu bringen und dem Erlöser hinzugeben. Er blickte namentlich mit Mißbilligung, ja Verachtung auf jede Zärtlichkeit zwischen Eltern und Kindern, und daß mein Vater seine Tochter nicht selten am Arm führte, empfand er schon eher als frivol.

Mein Vater nun war den theoretisch-theologischen Gesprächen nicht abgeneigt, er war ein guter Zuhörer und konnte sehr duldsam sein, und für die Belesenheit des Herrn Claassen, namentlich in den Kirchenvätern und den Mystikern Tauler, Seuse und Eckehart, hatte er eine entschiedene Hochachtung, wenn er auch Claassens Verehrung für seinen Privatheiligen und Meister Jakob Böhme immerhin mit Mißtrauen betrachtete. Er war in jenen Unterhaltungen und Disputationen meistens der Vermittelnde, stand aber, alles in allem, doch mehr auf der Mutter Seite; ich merkte es wohl.

Eines Nachts nun, als wir wohl schon fünf oder mehr Jahre in Calw gewohnt hatten, brach in der „Insel" ein Brand aus, der in dem alten engen Häusergewinkel furchtbar wütete. Es brannten außer Fabrikgebäuden auch mehrere Wohnhäuser nieder, und sechs Familien wurden obdachlos. Obdachlos wurde auch unser Fremdling. Der Brand war nicht in unserer Nähe, aber die ganze Stadt war alarmiert. Mein Vater ging, als der Brand größer und größer wurde, spät in der Nacht noch aus, um nach Herrn Claassen zu sehen, er war in Sorge um ihn, und in Sorge war er auch um ein sehr seltenes und wertvolles Buch, das bei Herrn Claassen lag und ihm bei seiner Arbeit diente, es war ein schwerer Foliant aus dem sechzehnten Jahrhundert, in Holz und Schweinsleder gebunden, den Claassen aus einer Universitätsbibliothek entlehnt und für den mein Vater sich mitverbürgt hatte. Siehe, da traf er den Gesuchten unterwegs auf der Gasse. Herr Claassen trug einen schwarzen Mantel und den feierlichen Hut, langsam und aufrecht kam er daher, und vor sich her schob er einen kleinen Schubkarren, den er entlehnt hatte und auf dem das riesige Buch lag – das einzige, was er aus seiner Stube und dem Brande hatte retten können. Es war ihm alles verbrannt. Doch verlor er keine Worte darüber, erst später einmal gestand er, es sei unter seiner verlorenen Habe ein unersetzliches Stück gewesen, dessen Verlust ihm sehr leid getan habe: das Bildnis seiner Mutter. Er war mit seinem Schubkarren zu uns unterwegs, um das kostbare Buch meinem Vater anzuvertrauen. Mein Vater nahm ihn mit, nahm ihm das Buch ab und brachte ihn in einem Gastzimmer unter. Mit dieser Geschichte vom großen Brande, der verlorenen Habe und dem geretteten Buch war Herr Claassen aufs neue ein Held und interessanter Mann für uns geworden. Er zeigte sich übrigens in nichts verändert, und in der nächstfolgenden Zeit bekamen wir des öftern durch unsre Basen merkwürdige Geschichten über ihn erzählt. Man hatte nämlich den abgebrannten und obdachlosen Mann bald nachher bei unsrem Onkel Friedrich einquartiert, der eins der ältesten und schönsten Häuser der Stadt besaß, ein in den Berg gebautes großes Haus aus Klosterzeiten, zu dessen Eingangstür man im Freien eine gewaltige Treppe bis zur Höhe des ersten Stockwerks emporstieg und dessen Zimmer meterdicke Wände und massive Deckengewölbe hatten. Dort wohnte Herr Claassen ein Jahr oder länger, und die vielen Töchter unsres Onkels (er hatte ihrer sieben, doch weiß ich nicht, ob damals schon alle geboren waren) fanden den Gast, der auch die Mahlzeiten der Familie teilte, äußerst lästig, sie fürchteten ihn und fanden häufig ihr friedliches Mittagessen durch ihn erheblich gestört und beeinträchtigt. Herr Claassen nämlich litt darunter, wenn er bei Tische die Kinder mit unverhohlenem Vergnügen ihren Hunger stillen sah, und wenn es etwa vorkam, daß eines etwas rasch und heißhungrig aß oder den geleerten Teller mit allzu naiver Dringlichkeit der Mutter zum Nachfüllen darstreckte, dann hatte er Mühe, einer so schamlosen Darbietung des schnöden Trieblebens gegenüber seine Gelassenheit zu bewahren. Er hatte ja auch lange Jahre als Einsiedler gelebt. Tagsüber konnten die Kinder und der Fremdling in dem gewaltigen Hause mit den Gewölben, den tiefen Nischen und den vielen steinernen Treppen einander nach Belieben ausweichen, bei diesen Mahlzeiten aber stießen die beiden Welten je und je feindselig aneinander. Ich weiß von den Geschichten, welche die Basen uns erzählten, nur noch eine einzige, aber wie alles, was mir an Erinnerungen an diesen Mann übriggeblieben ist, ist auch diese Geschichte merkwürdig geladen mit dem Fluidum des Einsiedlers. Also er sah wieder einmal bei

Tische eins der Kinder seinen Teller mit aufregender und unangemessener Eile leer essen, ihn der Mutter hinreichen und mit noch halbvollem Munde um mehr bitten. Da drehte Herr Claassen seine großen, strengen und anklagenden Augen langsam der Kleinen zu, stach mehrmals in der Richtung gegen sie mit dem dünnen hölzernen Zeigefinger in die Luft und sprach, rhythmisch betonend, mit Richterstimme zu dem Kind die Worte:

„Das ist die Gier!
Das ist das Tier in dir!"

Auch dieser Ausspruch wurde natürlich zu einem geflügelten Wort, aber die Basen schätzten die Bereicherung unsres Spruchschatzes nicht so hoch ein, daß sie sie Herrn Claassen verziehen hätten. Sie fürchteten und haßten ihn.

Ich hatte inzwischen Calw und das väterliche Haus verlassen und war auswärts auf Schulen, ich sah Herrn Claassen selten mehr. Als Maulbronner Seminarist, die hebräische Grammatik und ein eher schlechtes Zeugnis im Köfferchen neben den flickbedürftigen Kleidern, kam ich einst wieder in die Ferien nach Hause. In der Vorstellung, die ich damals von mir selbst hatte, war ich eigentlich ein so gut wie erwachsener und schon ziemlich gelehrter junger Mann, doch hinderte dies mich nicht, voll Vergnügen und Leidenschaft in allerlei ziemlich kindliche Spiele und Beschäftigungen zurückzusinken, wobei ich vor mir selbst die Ausrede hatte, es geschehe meinem jüngeren Bruder Hans zuliebe, welcher kaum erst mit dem Lateinlernen begonnen hatte. Zu meinen damaligen Spielereien gehörte das Anfertigen von Feuerwerk nach Hörensagen und nach eigener Erfindung, wobei Salpeter das Hauptmaterial war. Ich hatte eine Anzahl von knallenden teils, teils von leuchtenden und farbigen Präparaten vorbereitet und wollte diese nun, zusammen mit Hans, an einem günstigen Abend auf einem Felsen über der Stadt loslassen. Die Erlaubnis des Vaters dazu zu bekommen war nicht ganz leicht, er schätzte diese Spiele keineswegs und wollte mir namentlich bei einer so gefährlichen Unternehmung den jüngeren Bruder nicht gerne anvertrauen, sah aber freilich ein, daß mir ohne Hans die Sache nicht die halbe Freude machen konnte. Es wurde beraten und hinausgezögert, Vater bestand darauf, daß ein Erwachsener, eine Autorität mit dabei sein müsse, er selber war bei schlechtem Befinden. Ein junger Basler Missionar brachte damals in Calw einen Erholungsurlaub zu und kam oft zu meinem Vater, an ihn wandten wir uns, und er war jung und gefällig genug, die Leitung der Expedition zu übernehmen; er hatte sich in Afrika schwierigeren Aufgaben gewachsen gezeigt. Nun war alles gut, ich bestand darauf, uns gleich für diesen Abend zu verabreden, und mit Dunkelwerden marschierten Hans und ich ab, mit unsern Feuerwerksstücken beladen, wir holten den Missionar ab, der vergnügt mitkam und sich ganz als guten Kameraden zeigte. Oben auf unsrem Felsen machten wir uns mit dem Aufbauen und Auslegen unsrer Sachen viel zu schaffen, es war stockdunkel, kaum konnten wir einander sehen, und jedesmal, wenn eine unsrer Lichtbeschwörungen verpufft war, standen wir blind und mußten eine Weile warten und um uns tasten, um uns wieder zurechtzufinden. Geduldig stand der Hausfreund dabei, leistete etwa auch Beistand, und am Ende war so ziemlich alles abgebrannt und schien uns Brüdern wohlgeglückt. Nur ein flaches längliches Kartongehäuse, ein Produkt meiner Spekulation, war nicht losgegangen, der Zünder mußte erloschen oder abgefallen sein. Ich suchte danach und brauchte lang, bis ich das Ding fand. Als ich es am Boden mit der Hand ertastet hatte, zog ich es an mich und beugte mich im Finstern darüber, um nachzusehen, aus welchem Grunde es versagt habe. Und eben als ich die kleine Teufelsknarre mir dicht vor die Augen hielt, ging der Kobold unbegreiflicherweise doch noch los; für einen schrecklich schönen Augenblick war die Welt, von meiner Hand und dem kleinen Karton in ihr beginnend bis zum Scheitel des Himmels hinauf, ein einziges riesig flammendes Licht, eine ungeheure Woge von Gluthauch wehte mich an und schloß sich saugend um mich zusammen. Es folgte darauf eine tiefe Finsternis, die sich nicht wieder lichten wollte, und ein Augenblick der Leere und Betäubung, dann erwachte ich in glühenden Schmerzen, und mein erster entsetzter Gedanke war, nun sei ich blind. Ich versuchte die Augen zu öffnen, und da es nicht ging, tastete ich mit den Händen nach ihnen und fand das ganze Gesicht als eine brennende Wunde, die Lider von einem heißen Schleim aus Pulverdampf, verbrannter Haut, verbrannten Haaren und etwas Blut bedeckt und unlöslich zusammengeklebt. Erst eine lange Weile später, als ich unten in der Stadt an einen Brunnen geführt wurde und mir das Gesicht abzuwaschen versuchte, gingen die Augen ein wenig auf, ich hielt meine Hand davor und konnte die Hand sehen, und die Freude darüber, daß ich noch sehe, war für einen Augenblick überwältigend, dann aber schlugen die Schmerzen wie Höllenflammen über mir zusammen.

Ich lag nun viele Tage in meinem Zimmerchen im Bett, den ganzen Kopf in einem dicken Brandverband eingebunden, an welchem – was meinen Geschwistern besonders bemitleidenswert schien – über dem Munde ein kleiner Spalt offengelassen war, durch den ich atmen und etwas flüssige Nahrung einnehmen konnte.

In meiner finstern Gefangenschaft erhielt ich manche Besuche, es kamen fast alle Verwandte und Hausfreunde, und besonders saß in den ersten Tagen der arme Missionar oft lang und geduldig bei meinem Bett, der so freundlich die Führung und Verantwortung auf unsrem Nachtmarsch übernommen hatte. Als diese ersten Tage mit den heftigsten Schmerzen und dem Fieber erduldet waren, begann ich mißmutig und ungeduldig zu werden; das Bettliegen mochte hingehen und die schmale Kost am Ende auch, aber dieses blinde Eingebundensein, ohne Augen, ohne lesen zu können, machte mir die Tage bis zur Unleidlichkeit lang. An einem dieser Tage nun hörte ich, wie im Nebenzimmer meine Mutter einen Besuch empfing, es war Herr Claassen, und bald wurde er zu mir hereingeführt, setzte sich neben meinem Bett nieder und blieb eine halbe Stunde da sitzen. Er redete mich mit Sie an, ich war vor kurzem konfirmiert worden, und er, der Korrekte und Förmliche, war der erste, der mir alsbald die Ehre dieser Anrede erwies und niemals mehr ins Duzen zurückfiel.

Herr Claassen räusperte sich und sagte in seiner genau artikulierenden Sprechweise und mit trockener Stimme etwa das Folgende: „Sie sind, mein junger Freund, von einem Unglück heimgesucht worden und haben große Schmerzen zu erdulden. Ohne Zweifel haben Sie sich in diesen Tagen der Prüfung antiker Vorbilder erinnert und sich die Lebens- und Leidenslehre der Stoa zu eigen zu machen versucht."

Ich murmelte hinter meinem dicken Verbande etwas nicht Verständliches, widersprach aber nicht, obwohl ich seine mich ehrende Voraussetzung hätte zurückweisen sollen. Denn ich hatte in diesen Leidenstagen zwar auf die Zähne gebissen und die Schmerzen einigermaßen anständig zu ertragen gesucht, hatte dabei aber weder des Zenon noch des Seneca gedacht, sondern eher an jene Vorbilder des tapferen Schmerzertragens, die ich aus den bis vor kurzem von mir geliebten Indianerbüchern, namentlich dem „Lederstrumpf", kannte. Und es war mir die Nachfolge auch dieser heroischen Vorbilder immer nur für kurze Fristen gelungen, dazwischen hatte ich oft reichlich gestöhnt. Immerhin, im Kern hatte mein ehrwürdiger Besucher und Tröster das Richtige erraten.

Er fuhr nun fort, indem er die Gedanken der stoischen Lebensführung sorgfältig und mit Hochachtung charakterisierte, und ich bekam damals eine Ahnung davon, daß dieser heroische Einsiedler wahrscheinlich einst selber es mit der Verwirklichung des stoischen Ideals sehr ernst genommen habe. Aber, so kam er nun ans Ziel seiner Ermahnung und Tröstung, so edel und ehrwürdig dies stoische Ideal auch sein möge, es könne nicht mehr das unsre sein, denn wir seien nicht antike

Menschen, nicht Griechen noch Römer, sondern es sei inzwischen ein neuer Äon angebrochen und ein neuer Geist in die Welt gekommen und die Sophia der Alten sei nicht mehr die unsre, denn es sei der Erlöser gekommen, der Sohn, das Lamm, um uns durch sein Liebesopfer zu versöhnen und wieder zu Gotteskindern zu machen. Und aus dieser Versöhnung und der gläubigen Hingabe an das geopferte Lamm komme der Seele ein ganz andres Heil und eine andre Freudigkeit, als jene Weisen der alten Welt sich auszudenken vermocht hätten. Ich möge denn, ich junger Geprüfter und Anhänger des stoischen Ideals der Ataraxie, in meinem Unglück und meinen Schmerzen den Wink von oben, die göttliche Führung erkennen, deren Ziel es sei, mich durch den Sohn zum Vater und in der Gotteskindschaft zu jener echten Sophia, jener obersten Weisheit zu bringen.

Er sprach nicht ganz so, wie ich es aus den Reden der Pietisten kannte; seine Worte waren zwar auch feierlich und gesalbt, aber sowohl seine leidenschaftslose, vergeistigte Sprechart wie seine Ausdrücke schienen mir anders, schienen mir edler, persönlicher, geistiger als jene erbaulichen Reden, deren ich so viele gehört hatte. Die Worte des Herrn Claassen machten mir Eindruck, ich neigte dazu, sie ernst zu nehmen. Allein im Grunde verlangte und erwartete ja doch auch dieser seltsame Weise dasselbe von mir, was schon mancher Pietist und Missionar, schon mancher frommgesinnte Onkel mir dringend nahegelegt hatte. Ich sollte durch ein Ja, durch ein Bekenntnis oder Gelübde, durch einen Willensakt eine Umkehr und Wandlung in mir bewirken, deren ich mich wohl bedürftig, aber nicht fähig fühlte. Ich sollte gewissermaßen ein Erlebnis bejahen, das ich gar nicht gehabt hatte. Und eben die Häufigkeit solcher Zureden und Ermahnungen, das Insistieren der gesamten frommen Umwelt auf meine Bekehrung rief auch hier am Ende doch nur Kälte und Widerspruch hervor. Übrigens zwang mich Herr Claassen in keiner Weise zu Antworten oder Gelübden, auch ließ ich ihn feigerweise im

Glauben, mein Sprechvermögen hinter dem Verbande sei weit geringer, als es in Wirklichkeit schon war. Als er sich erhob und meine Hand faßte, dankte ich murmelnd für seinen Besuch.

Als ich wieder genesen war, fragte ich meinen Vater einmal, was eigentlich der Herr Claassen sei. Mein Vater besann sich einen Augenblick, dann sagte er: „Ein Theosoph." Aber auf seinem Gesicht erkannte ich deutlich einen Ausdruck, der etwa sagte: „Laß es dabei bewenden, Junge, das sind Dinge, die man dir noch nicht erklären kann." Und ich fragte nicht weiter. Doch fiel mir das Wort, mit dem mein Vater den Herrn Claassen bezeichnet hatte, nach manchen Jahren wieder ein, als ich zum erstenmal wieder das Wort „Theosoph" und „Theosophie" hörte. Aber die Theosophen, von welchen man mir nun erzählte und deren Schriften man mir zeigte, hatten mit Herrn Claassen sehr wenig Ähnlichkeit, sie waren sehr geschickt im Verwenden indischer Ausdrücke wie Karma, Ahimsa, Samsara und sollten von einer geheimnisvollen Frau Blavatsky abstammen, von welcher die einen sagten, sie sei eine Schwindlerin gewesen, die andern aber, sie müsse notwendig von der Welt so verkannt werden, sei aber in Wahrheit eine Prophetin und eine direkte Schülerin der Mahatmas gewesen. Wie dem nun sei, ich habe in einigen recht wenig bedeutenden Schriften jener Theosophen dann in der Tat einiges gefunden, was mir wichtig wurde und mir den Weg nach Osten, den ich schon seit langem ahnte, finden half.

Ich kam nach jenem Krankenbesuch mit Herrn Claassen nicht wieder in so nahe Berührung, und mit den Jahren entschwand er aus meinem Leben. Dagegen versuchte ich es damals, noch ein Knabe, mehrere Male, diesen mir geheimnisvollen Mann aus seinen Schriften zu ergründen. In der gewaltigen Bibliothek meines Großvaters stand ein Buch, dessen Verfasser Herr Claassen war. Ich nahm es einst in die Hand, las die erste Seite des Vorwortes, und darin war irgendein Klang, der mich anzog, so daß ich von Zeit zu Zeit das Buch von neuem heraussuchte und darin zu lesen mir Mühe gab, aber wenn auch da und dort ein Wort oder Satz mir verständlich und interessant war, es blieb das Buch mir doch vollständig verschlossen und versiegelt; überall stieß ich darin auf Sätze und Redewendungen, an denen mein Verstehenwollen erfolglos zurückprallte. Zu den verständlichen Sätzen des Vorwortes gehörte zum Beispiel dieser:

„Zu der unsichtbaren und unbekannten Idea, dem Ideal der Ideale unsres zu Gott geschaffenen Gemütes, als unsrer wahren Geistes- und Seelennatur den Weg aufs neue zu zeigen, und mit dem Wege das Ziel, und mit dem Ziel den Trieb dahin aufs neue zu wecken aus dem ewigen Grunde in denen, die dahin eingehen wollen: darum ist dieses Buch zuhöchst und auch zunächst geschrieben. Zunächst, denn es geschah um des Nächsten willen; zuhöchst, denn den Preis des Allerhöchsten bezielt es in dem so ganz Unwürdigen, der es schrieb."

Dies konnte ich annähernd verstehen. Aber gleich darauf kamen Sätze wie etwa dieser: „Auf Erden, aber nicht von der Erde und nicht zur Erde geneigt; im Himmel, aber hier noch im verborgenen Himmel des Gemüts, ist und steht, lebt und wirkt die Kirche in den Einzelnen, die zu ihr gehören und des Reiches Kinder sind. In der Menge aber und selbst in der Anstaltlichkeit nach ausgeformter Lehre, ausgebildeter Andachtsübung und gesetzlicher Verfassung ihrer zerteilten Kirchenkörper, nach ihrer ganzen Äußerlichkeit und Gesetzlichkeit, ihrer Zucht und ihrem Mangel an Zucht, nach ihrer unbewußten und bewußten Vermischung mit dem Geiste dieser Welt und ihres Fürsten, ist die Jungfrau, welche allein den Drachen und die Schlange in der Göttlichen Kraft des Sohnes überwinden kann, in Gottes Augen vielfältig zur Hure geworden."

Ich mußte es aufgeben. Dagegen lernte ich bald darauf ein anderes Buch von ihm kennen, es hieß „Schöpfungsharfe" und war eine christliche Anthologie von Gedichten, aber nicht nur von geistlichen, sondern auch von weltlichen, mir zum Teil schon bekannten Dichtern. Und in diesem Buch machten wir, meine Schwester und ich, eine Entdeckung, die mich verblüffte, ja empörte, und die mir für lange Zeit alle Neugierde auf die Schriften Claassens vertrieb. Ich fand da nämlich Gedichte, die mir wohlbekannt waren und die mich dennoch hier mit wunderlich fremdem und entstelltem Gesicht anblickten: der Herausgeber hatte solche Zeilen, deren Inhalt und Gesinnung ihm mißfiel, zum Teil einfach weggelassen, zum Teil auch durch eigene Zutaten verbessert. Übrigens stand auf den Titelblättern aller seiner Bücher nicht „von Johannes Claassen", sondern stets „durch Johannes Claassen", womit zum Ausdruck gebracht wurde, daß der Verfasser sich nicht als den Urheber und Macher dieser Werke ansehe, sondern nur als das Werkzeug, dessen Gott sich bedient hatte, um sie der Welt mitzuteilen.

Meine Erinnerungen an Herrn Claassen sind eigentlich hier zu Ende. Ich sah ihn zwar noch einige Male wieder, aber während der nun folgenden Jahre der Entwicklung, des Kampfes und der Suche nach einem Beruf geriet ich zur ganzen heimatlichen, väterlichen und christlichen Welt in einen immer größeren Konflikt, und jetzt war für meine rabiate Stellungnahme auch Herr Claassen nicht mehr der respektable und interessante Fremdling, sondern eben auch ein Mitglied und Wortführer jener frommen Welt, der ich nicht angehören und mit der ich vorerst keinen Frieden schließen wollte. Und als ich nach Jahren der Entfremdung und des Kampfes um meine Persönlichkeit und meinen Lebensinhalt mich wenigstens mit Vater und Familie wieder versöhnt und in ein herzliches Verhältnis gebracht, als ich geheiratet und meinen Beruf gefunden hatte, da war Herr Claassen beinahe vergessen. Und dann starb er, und mein Vater übersiedelte für seine letzten Jahre nach einem andern Ort, der mir nichts bedeutete, und dann starb auch er, und unversehens war mir die Heimat und das Heimatgefühl, wenn auch nicht das Heimweh, abhanden gekommen, und die Calwer Heimat und die Calwer Jahre wurden zu einer fernen, geliebten, aber unwiederbringlich verlorenen „alten Zeit".

Aus meines Vaters Nachlaß, von dem nur wenige kleine Erinnerungsstücke in meinen Besitz gelangt sind, nahm ich mir auch eine kleine altmodische Photographie in Visitkartenformat mit, welche in den achtziger Jahren in Münster in Westfalen hergestellt ist und Herrn Claassen um wenige Jahre jünger, im ganzen aber doch so zeigt, wie ich ihn in meiner Knabenzeit gekannt habe. Auf der Rückseite steht von des Fremdlings Hand in sehr kleiner Schrift die Widmung: „Dem werthen Hause in Calw. 17. Juni 1890. J. Cl." Aber es kamen Jahre und Jahrzehnte, in denen ich auch dies Bildchen nie mehr in die Hand bekam und schließlich vergaß, daß ich es besessen hatte.

Nun hat es ja aber mit dem Gedenken und Vergessen seine eigene Bewandtnis. Jede Lebensstufe hat ihre Konstellationen und Bilder, und mit dem Beginn des Alterns kommen jene Bilder und Gestalten, die in frühester Jugend für uns bedeutsam waren, unfehlbar, und auch wenn sie ganz und gar vergessen schienen, aus dem Dunkel und der Ferne wieder hervor und durchbrechen die später darüber gelagerten Bilderschichten mit einer langsamen, stillen Penetranz. So ging es auch mir, und siehe da, unter den Figuren aus der Kindheit, deren viele mir mehr als halb verlorengegangen, verblaßt oder einander so ähnlich geworden waren, daß sie ineinander überflossen, stand scharf und klar und ganz mit den Mächten und Ansprüchen einer Hauptfigur auch Herr Claassen auf. Ich hatte sehr wenig Gelegenheit, meine Erinnerungen an Calw aufzufrischen, zu vermehren und zu kontrollieren; eigentlich die einzigen Gelegenheiten dieser Art waren die seltenen Besuche meiner Schwester. So kam ich einst mit ihr auch auf Herrn Claassen zu sprechen, und es zeigte sich, daß auch sie sein Bild in jener Deutlichkeit und Wirklichkeit bewahrt hatte, wie sie nur die Hauptfiguren, die Planeten am Sternhimmel der Kindheit behalten. Wir konnten uns, wenn wir jene Bilderwelt beschworen, dieser oder jener Dienstmagd, Waschfrau oder Bettlerin, dieses oder jenes entfernten Verwandten nur noch ungenau erinnern, und wenn eins von uns von einer Liese oder Lene sprach, konnte es vorkommen, daß auch das andre eine Weile mit von ihr sprach, daß aber nach einer Weile des einen Liese nicht mehr die des andern war und sich als unzuverlässige Schattengestalt erwies. Das Bild des Herrn Claassen aber ließ keine solchen Zweifel zu, er war ein Planet, und sein Bild sowohl wie einige seiner Taten und Aussprüche besaßen alle Merkmale der Wirklichkeit und Legitimität, welche so vielen andern Erscheinungen im Urwald der Kindheit in bedauerlichstem Maße fehlten, so daß wir beide wohl etwa über eine Gestalt, nicht aber über ihren Namen einig werden konnten und dieses oder jenes Diktum zwar gleichlautend aufbewahrt, aber jeder einem anderen Urheber zugeschrieben hatten. Während solcher Unterhaltungen mit meiner Schwester, und namentlich in den Stunden, die auf solche Unterhaltungen folgten, wurde mir unheimlich klar, wie es um alle Geschichte und Chronik beschaffen sei, und mein einstiger Vorsatz oder Wunsch, einmal als alter Mann die Chronik meiner frühen Jugend aufzuschreiben, wurde immer weiter ausgelaugt, aufgedröselt und in hundert brüchige Fäden zerpflückt. Von Herrn Claassen indessen hatten wir beide die gleiche Vorstellung und die gleichen Erinnerungen, dieser Fremdling hatte dem „werthen Hause in Calw" sein Bild unzerstörbar eingezeichnet. Nur freilich wurde meine Neigung, ihm eine besondere Art von Ehrerbietung und Wertschätzung zu widmen, von meiner Schwester nicht geteilt. Sie sah in Herrn Claassen noch immer eine vorwiegend komische und keineswegs sympathische Figur, sie erinnerte sich auch wärmer und genauer als ich an die Feindschaft zwischen ihm und unsrer Mutter, an die Klagen der Basen über ihren Tischgast.

Jenes kleine, vom Photographen Arnemann in Münster gemachte Bildnis konnte ich wieder auffinden; weitere Auskünfte und Zeugnisse über Herrn Claassen aber waren auf keine Weise zu beschaffen. Aber nun war einmal meine Teilnahme für diesen Mann wieder wach geworden, ich stieg in den Brunnen des Gedächtnisses hinab und nährte die Bilder durch Versenkung, es kamen manche Züge seines Gesichtes, vor allem Mund und Augen und über den trockenen Augen die seltsam dreieckig gefalteten Lider, zu vollkommenem Leben zurück; ich konnte Herrn Claassen, den ich vor vielleicht vierzig Jahren zuletzt gesehen, mir wirklicher und getreuer „einbilden" und vorstellen als manchen meiner Nachbarn, den ich erst gestern zuletzt gesehen hatte. Und es wurde nun auch meine Erinnerung an einige Begegnungen und Gespräche, namentlich an jenen Krankenbesuch und seine Rede über die Stoa, wieder stark belebt. Und plötzlich wurde mir Herr Claassen oder doch die Rolle, die er für mich gespielt, und die Bedeutung, die er für mich gehabt hatte, so klar, daß ich vom Augenblick der Erkenntnis an gar nicht mehr begriff, daß dieser Mann mir so lang hatte ein Rätsel sein können.

Claassen war ein Asket, er war ein echter Yogin, nur freilich kein indischer, sondern ein christlicher und abendländischer, und dies war es, was mich früher gehindert hatte, ihn zu erkennen, denn den indischen Büßer und Yogin kannte ich freilich recht wohl, er hatte mich als einer der reinsten und höchstausgebildeten Typen des nach oben strebenden Menschen schon in meiner Jugend, schon bald nach meiner Abwendung vom Christlichen, immer wieder angezogen und viel beschäftigt, ich kannte den Yogin aus der Literatur und Kunst, aus der Meditation, aus eigenen Yoga-Versuchen, war auch im Leben einigen yogakundigen Hindus begegnet. Soweit in unsrer Zeit und unter abendländischen Christen außerhalb des organisierten Mönchtums ein frommes Asketenleben überhaupt möglich war, soweit hatte

Claassen es verwirklicht, und darin vor allem lag auch jene unvergeßliche, wunderbare Ausstrahlung von Fremdheit, Unberührbarkeit und gestirnhafter Einsamkeit, die wir alle um ihn so sehr und oft so lästig gespürt hatten. Dieser Fremdling war darum so fremd, so allein, so stark und unangreifbar, weil er sich von der Mehrzahl der Bedürfnisse befreit hatte, welchen wir anderen unterlagen. Er hatte in sich selbst „die Gier, das Tier in dir" bekämpft und bis zu einem Grade ausgelöscht, den inmitten unsrer Zivilisation wenige erreichen. Und wenn auch der christliche Asket kaum je die Gelöstheit und Heiterkeit, die Unabhängigkeit, ja den göttlichen Humor asiatischer Yogin zu erreichen vermag, wenn ein Zug von Welthaß und Vergrämtheit ihn beinahe immer begleitet und kennzeichnet, und wenn auch dieser Zug bei Claassen ganz deutlich war zutage getreten, so hatte er eben dennoch in seinem ganzen Wesen und Auftreten, Sein und Tun die Merkmale des Yoga-Kundigen, die Gefaßtheit, Sammlung und Stille, die Unbeirrbarkeit, die Strahlungskraft, welche „nicht von dieser Welt" sind.

Es war nicht die Frömmigkeit noch die Christlichkeit, welche mir und uns allen an Herrn Claassen solchen Eindruck gemacht hatte. Fromme und christliche Menschen kannten wir genug, darunter solche von hohen geistigen Graden wie unsern Großvater oder den Christoph Blumhardt, und solche von lauterem Willen und größter Opferbereitschaft wie unsre Eltern. Auch sie lebten fromm, auch sie frönten keinen Lastern und verlangten auch im täglichen Leben sehr viel von sich, sie hatten sich und ihr Leben in den Dienst Gottes gestellt. Aber trotz aller Frömmigkeit atmeten sie doch ebenso wie alle Menschen, lebten in einer Atmosphäre von Gemeinde, Freundschaft, Familie, kannten die Wärme der Zuneigung und die Empfindungen der Zärtlichkeit, kannten und duldeten sogar ein gewisses sinnliches Lebensbehagen, es gab Geburtstagskuchen und Sonntagsbraten, gemeinsames Musizieren, Ausflüge und Wanderungen, und mochten vielleicht auch die Alten und

Frommen dies alles nur Gott zu Ehren treiben und lieben – wir Jungen, Unbekehrten liebten die hübschen und guten Dinge vorerst ganz naiv um ihrer selbst willen. Es gab in unserem Kreise und Hause zwar die Tendenz, auch das Natürliche und Weltliche zu heiligen und auf Gott zu beziehen, aber es gab keinen radikalen Bruch mit Welt und Sinnlichkeit, es gab keine Übung, Technik und Praxis der Entsinnlichung und Vergeistigung. Eben diese Übung, Technik und Praxis aber hatte Johannes Claassen. Woher er sie hatte, weiß ich nicht gewiß, doch ist es mir mehr als wahrscheinlich, daß sie katholisch-mönchischer Herkunft war. Denn er, der Protestant und kirchenfremde Mystiker, zeigte des öftern eine gewisse Sympathie und Verehrung für katholische Geister und Methoden, und eine seiner Schriften (von der ich nur durch meinen Vater weiß, sie war eine Streitschrift gegen den Theologen Ritschl) hat er mit dem Pseudonym Claravallensis gezeichnet. Ob ihm außer den benediktinischen und byzantinischen Klostertraditionen und dem Thomas von Kempen etwa auch die Exerzitien des heiligen Ignatius bekannt und von ihm erprobt worden waren, weiß ich nicht. Ich weiß nur: er hatte aus christlicher, nicht indischer Tradition sich Regeln geholt, nach welchen er systematisch und lebenslang Askese und Versenkung geübt haben muß. Ich habe von hier aus nachträglich alles verstanden, worauf die seltsame Fremdheit und zugleich die starke Wirkung seiner Erscheinung beruhte.

Im Lauf der Jahre, seit die Gestalt des Claravallensis mir wieder aus meinen Jugenderinnerungen nahegetreten war, ist es mir dann auch gelungen, beim Stöbern in Antiquariaten und Katalogen wenigstens zweier von Claassens Schriften habhaft zu werden. Sie sind beide um die Mitte der achziger Jahre erschienen, ganz kurz vor der Zeit, in der er zum erstenmal in Calw auftauchte und unser Haus betrat. Das eine dieser Bücher handelte von dem „Philosophus teutonicus" Jakob Böhme, das andre von dem katholischen Philosophen Franz von Baader, und eins dieser Bücher war ebendasselbe, in dem ich einst als Jüngling erfolglos zu lesen versucht hatte. Nun, ich habe inzwischen etwas hinzugelernt, vor allem die Kunst, mich auch durch fremdartige Syntax, Melodik und Terminologie eines Buches nicht so rasch einschüchtern, ermüden und abschrecken zu lassen. Und so gelingt mir jetzt die Lektüre dieser theosophischen Bücher ganz wohl, wie ich heute auch jene pietistische Literatur zum Teil lesen kann, welche mich in der Jugend mit einer so heftigen Abneigung erfüllte. Ich kann jetzt den „durch Johannes Claassen" dargestellten Böhme und Baader mit Verständnis lesen; nicht daß ich inzwischen ein so guter Christ geworden wäre, aber ich habe auf dem Umweg über Indien und China allmählich gelernt, fremden Vorstellungswelten und fremden Weisheiten Gehör zu schenken und Raum in mir zu gewähren. Und ich muß sagen: die Bücher von Johannes Claassen, sosehr sie samt ihrem Verfasser der Vergessenheit anheimgefallen scheinen, sind vollkommen reife Früchte eines bedeutenden Geistes und Charakters, und sie beschäftigen mich in allem Ernste. Er, der einst neben meinem Bette saß und mir von Seneca und vom Lamm Gottes sprach, spricht heute wieder zu mir, aus zwei schon ziemlich vergilbten und mitgenommen aussehenden Büchern, welche heute außer mir vermutlich sehr wenige Leser mehr haben. Er wird mich nicht in dem Sinne zu seiner Theosophie bekehren, daß ich eine Glaubens- und Denklehre von ihm übernehmen könnte, sowenig wie seine Vorbilder Böhme und Baader mich in diesem Sinne „bekehren" konnten. Aber ich nehme ihn ernst, höre gern auf ihn und lerne gern von ihm. Und so ist aus unsrem „Herrn Claassen", der uns damals durch seine Fremdheit bald erschreckte, bald belustigte, für mich der Autor Johannes Claassen geworden, dessen originelle und fromme Bücher mir jetzt nicht mehr so fremd und unverständlich bleiben wie einst.

Spielend denke ich manchmal: Wie, wenn der Theosoph mich damals, als er mir den Krankenbesuch machte, bekehrt und zum Schüler bekommen hätte? Wären mir dann Umwege erspart oder nur eben andre Wege zu gehen auferlegt worden? Hätte ich die Bhagavadgita, die Upanischaden, die buddhistischen Legenden, den Konfuzius, den Lao Tse und den Dschuang Dsi dann niemals kennengelernt, und welche Dichtungen, Bücher und Systeme hätte ich statt ihrer zu durchwandern gehabt? Wären mir viele Irrtümer, wären mir viele Dummheiten, wären mir viele Plagen erspart geblieben? Wäre ich, von ihm angeleitet und seine Übungen teilend, Herrn Claassen ähnlich geworden?

Es sind müßige Fragen. Ich wäre geblieben, der ich war, und nichts wäre mir erspart geblieben. Es gibt tausend Wege für einen jeden, tausend Möglichkeiten der Geburt, der Wandlung, der Wiederkehr. Vorläufig hat Herr Claassen recht behalten, ich bin nun doch noch sein Schüler geworden und bücke mich heut über das gleiche Buch, das ich als Jüngling so rasch wieder weggelegt habe. Was für mich aus ihm zu lernen ist, wird nicht zu spät kommen.

1936

ERINNERUNG AN HANS

Zu den unvergeßlichen Augenblicken eines Lebens gehören jene seltenen, in welchen der Mensch sich selber wie von außen sieht und plötzlich Züge an sich erkennt, welche gestern noch nicht da oder ihm doch unbekannt waren: mit einem Zusammenzucken und leisen Erschrecken nehmen wir wahr, daß wir nicht das immer gleiche festgeprägte und ewige Wesen sind, als das der Mensch sich meistens fühlt, wir erwachen aus diesem süß lügenden Traum für einen Augenblick, sehen uns verändert, gewachsen oder geschwunden, entwickelt oder verkümmert, sehen und wissen uns für einen Augenblick, sei es entsetzt oder beseligt, mit in dem unendlichen Strom der Entwicklung, der Veränderungen, der rastlos zehrenden Vergänglichkeit schwimmen, von welchem wir zwar wohl wissen, von welchem wir aber gewöhnlich uns selber und etwa einige unsrer Ideale ausnehmen. Denn wären wir wach, dehnten jene Sekunden oder Stunden des Erwachens sich zu Monaten und Jahren, so vermöchten wir nicht zu leben, wir ertrügen es auf keine Weise, und vermutlich kennen die meisten Menschen auch jene kurzen Blicke, jene Sekunden des Wachwerdens nicht, sondern wohnen zeitlebens im Turm ihres scheinbar unveränderlichen Ich wie Noah in der Arche, sehen den Lebensstrom, den Todesstrom an sich vorübertosen, sehen Fremde und Freunde von ihm fortgerissen, rufen ihnen nach, beweinen sie und glauben selbst immerzu fest zu stehen und vom Ufer her zuzuschauen, nicht mitzuströmen und mitzusterben. Jeder Mensch ist Mittelpunkt der Welt, um jeden scheint sie sich willig zu drehen, und jeder Mensch und jedes Menschen Lebenstag ist der End- und Höhepunkt der Weltgeschichte: hinter ihm die Jahrtausende und Völker sind abgewelkt und dahingesunken, und vor ihm ist nichts, einzig dem Augenblick, dem Scheitelpunkt der Gegenwart scheint der ganze riesige Apparat der Weltgeschichte zu dienen. Der primitive Mensch empfindet jede Störung dieses Gefühls, daß er Mittelpunkt sei, daß er am Ufer stehe, während die andern vom Strom hinabgerissen werden, als Bedrohung, er lehnt es ab, erweckt und belehrt zu werden, er empfindet das Erwachen, das Berührtwerden von der Wirklichkeit, er empfindet den Geist als feindlich und hassenswert und wendet sich mit erbittertem Instinkt von jenen ab, die er von Zuständen des Wachwerdens befallen sieht, von den Sehern, Problematikern, Genies, Propheten, Besessenen.

Von jenen Augenblicken eines Erwachens oder Sehendwerdens, so scheint es mir heute, habe auch ich nicht sehr viele gehabt, und manche von ihnen hat mein Gedächtnis durch lange Strecken meines Lebens hin verleugnet und immer wieder mit Staub zu bedecken gesucht. Die paar Erlebnisse des Wachwerdens, welche in meine jungen Jahre fallen, waren die stärksten. Später freilich, wenn wieder einmal eine Mahnung kam, war ich erfahrener, war klüger oder war doch weiserer und besser formulierter Reflexionen fähig, aber die Erlebnisse selbst, die Zuckungen jener wachen Momente, waren in der Jugend elementarer und überraschender, sie wurden blutiger und leidenschaftlicher erlebt. Und wenn zu einem Achtzigjährigen ein Erzengel träte und ihn anredete, so würde das greise Herz auch nicht banger und nicht seliger zu schlagen vermögen als einst, da er jung war und zum erstenmal vor einer abendlichen Gartentür auf Lise oder Berta wartete.

Das Erlebnis, dessen ich mich heute erinnere, hat nicht einmal Minuten gedauert, nur Sekunden. Aber in den Sekunden des Erwachens und Sehendwerdens sieht man viel, und das Erinnern und Aufzeichnen braucht, wie bei Träumen, das Vielfache an Zeit als das Erleben selbst.

Es war in unsrem Vaterhaus in Calw, und es war Weihnachtsabend im „schönen Zimmer", die Kerzen brannten am hohen Baum, und wir hatten das zweite Lied gesungen. Der feierlichste und höchste Augenblick war schon vorüber, der war das Vorlesen des Evangeliums: da stand unser Vater hoch aufgerichtet vor dem Baum, das kleine Testament in der Hand, und halb las er, halb sprach er auswendig mit festlicher Betonung die Geschichte von Jesu Geburt: „Und es waren Hirten daselbst auf dem Felde bei den Hürden, die hüteten des Nachts ihre Herde . . ." Dies war das Herz und der Kern unsres Christfestes: das Stehen um den Baum, die bewegte Stimme des Vaters, der Blick in die Ecke des Zimmers, wo auf halbrundem Tisch zwischen Felsen und Moos die Stadt Bethlehem aufgebaut war, die letzte freudige Spannung auf die Bescherung, auf die Geschenke, und bei alledem im Herzen der leise Widerstreit, der zu allen unsern Festen gehörte, der sie uns ein wenig verdarb und störte und sie zugleich erhöhte und steigerte: der Widerstreit zwischen Welt und Gottesreich, zwischen natürlicher Freude und frommer Freude. War es auch nicht so schlimm wie an Ostern, und war auch am Geburtsfest des Herrn Jesus ohne Zweifel Freude nicht nur erlaubt, sondern geboten, so war doch die Freude über Jesu Geburt im Stalle zu Bethlehem und die Freude am Baum und Kerzenlicht und am Duft der Lebkuchen und Zimmetsterne und die drängende Spannung im Herzen, ob man wirklich das seit Wochen Gewünschte auf dem Gabentisch finden werde, eine wunderlich unreine Mischung. Indessen das war nun so, zu den Festen gehörte ebenso wie die Kerzen und die Lieder auch die leise Betretenheit und dieser sanftbange kleine Beigeschmack von schlechtem Gewissen. Wenn ein Geburtstag im Hause gefeiert wurde, so begann die Feier stets mit dem Singen eines Liedes, das mit der zweifelnden Frage anhob:

> Ist's auch eine Freude,
> Mensch geboren sein?

Nun, es war eine Freude, trotzdem, und als Kind hatte ich Jahr um Jahr über das Fragezeichen hinweggesungen und war überzeugt gewesen, daß das „Mensch geboren sein" wirklich eine Freude sei, zumal an Geburtstagen. Und so waren wir auch heut, an diesem Christabend, alle von Herzen fröhlich.

Das Evangelium war gesprochen, das zweite Lied war gesungen, ich hatte schon während des Singens die Tischecke erspäht, wo meine Geschenke aufgebaut waren, und jetzt näherte sich jeder seinem Platze, die Mägde wurden von der Mutter an die ihren geführt. Es war im Zimmer schon warm geworden und die Luft ganz überfüllt vom Geflimmer der Kerzen, vom Wachs- und Harzgeruch und vom starken Duft des Backwerks. Die Mägde flüsterten aufgeregt miteinander und zeigten sich und betasteten ihre Sachen, eben hatte meine jüngere Schwester ihre Geschenke entdeckt und stieß einen lauten Jubelruf aus. Ich war damals entweder dreizehn oder vierzehn Jahre alt.

Ich hatte mich, wie wir alle, vom Christbaume weg- und den Tischen zugewendet, wo die Geschenke lagen, ich hatte meinen Platz mit suchenden Augen entdeckt und strebte jetzt auf ihn zu. Dabei mußte ich meinen kleinen Bruder Hans und ein niedriges Kinder-Spieltischchen umgehen, auf dem seine Bescherung aufgebaut war. Mit einem Blick streifte ich seine Geschenke, ihr Mittelpunkt und Prunkstück war ein Satz von winzig kleinem Tongeschirr; drollig liliputanische Tellerchen, Krügchen, Täßchen standen da beisammen, komisch und rührend in ihrer hübschen Kleinheit, jede Tasse war kleiner als ein Fingerhut. Über dieses tönerne Zwerggeschirr gebeugt, mit vorgestrecktem Kopf, stand mein kleiner Bruder, und im Vorbeigehen sah ich eine Sekunde lang sein Kindergesicht – er war fünf Jahre jünger als ich – und habe es in dem halben Jahrhundert, das seitdem vergangen ist, manche Male in Erinnerung so wiedergesehen, wie es mir in jener Sekunde sich offenbarte: ein still strahlendes, leicht zum Lächeln zusammengenommenes, von Glück und Freude ganz und gar verklärtes und verzaubertes Kindergesicht.

Dies war das ganze Erlebnis. Es war schon vorüber, als ich mit dem nächsten Schritt bei meinen Geschenken angekommen war und von ihnen in Anspruch genommen wurde, Geschenken, von denen ich heute keins mehr mir vorstellen und benennen kann, während ich Hansens Töpfchen noch in genauester Erinnerung habe. Im Herzen blieb das Bild bewahrt, bis heute, und im Herzen geschah alsbald, kaum daß mein Auge das Brudergesicht wahrgenommen hatte, eine mannigfaltige Bewegung und Erschütterung. Die erste Regung im Herzen war die einer starken Zärtlichkeit gegen den kleinen Hans, gemischt jedoch mit einem Gefühl von Abstand und Überlegenheit, denn hübsch und entzückend zwar, aber kindisch erschien mir solche Verklärtheit und Beseligung über diesen kleinen tönernen Kram, den man beim Hafner für ein paar Groschen haben konnte. Indessen widersprach schon die nächste Zuckung des Herzens wieder: sofort nämlich, oder eigentlich schon gleichzeitig, empfand ich meine Verachtung für diese Krügelchen und Täßchen als etwas Schmähliches, ja Gemeines, und noch schmählicher war mein Gefühl von Klügersein und von Überlegenheit über den Kleineren, der sich noch so bis zur Entrücktheit zu freuen vermochte und für den die Weihnacht, die Täßchen und das alles noch den vollen Zauberglanz und die Heiligkeit hatten, die sie einst auch für mich gehabt hatten. Das war der Kern und Sinn dieses Erlebnisses, das Aufwekkende und Erschreckende: es gab den Begriff „einst" für mich! Hans war ein Kind, ich aber wußte plötzlich, daß ich keines mehr sei und nie mehr sein würde! Hans erlebte sein Gabentischchen wie ein Paradies, und ich war nicht nur solchen Glückes nicht mehr fähig, sondern ich fühlte mich ihm mit Stolz entwachsen, mit Stolz und doch auch beinah mit Neid. Ich blickte zu meinem Bruder, der eben noch meinesgleichen gewesen war, aus einer Distanz hinüber, von oben und kritisch, und fühlte zugleich Scham darüber, daß ich ihn und sein Tongeschirr so hatte betrachten können, so zwischen Mitleid und Verachtung, so zwischen Überheblichkeit und Neid. Ein Augenblick hatte diese Distanz geschaffen, hatte diese tiefe Kluft aufgerissen. Ich sah und wußte plötzlich: ich war kein Kind mehr, ich war älter und klüger als Hans, und war auch böser und kälter.

Es war an jenem Christabend nichts geschehen, als daß ein kleines Stück Wachstum in mir drängte und Unbehagen schuf, daß im Prozeß meiner Ichwerdung einer von tausend Ringen sich schloß – aber er tat es nicht, wie fast alle, im Dunkeln, ich war einen Augenblick wach und mit Bewußtsein dabei, und ich wußte zwar nicht, konnte es aber am Widerstreit meiner Empfindungen deutlich spüren, daß es kein Wachstum gibt, das nicht ein Sterben enthält. Es fiel in jenem Augenblick ein Blatt vom Baum, es welkte eine Schuppe von mir ab. Dies geschieht in jeder Stunde unsres Lebens, es ist des Werdens und Welkens kein Ende, aber nur sehr selten sind wir wach und achten einen Augenblick auf das, was in uns vorgeht. Seit der Sekunde, in der ich das Entzücken im Gesicht meines Bruders gesehen, wußte ich über mich und über das Leben eine Menge Dinge, die ich beim Eintritt in dies festlich duftende Zimmer und beim Mitsingen des Weihnachtsliedes noch nicht gewußt hatte.

Bei den vielen späteren Malen, in denen ich mich des Erlebnisses erinnerte, war es mir jedesmal merkwürdig, wie genau in ihm die beiden gegensätzlichen Hälften ausgewogen waren: dem gesteigerten Selbstgefühl entsprach ein dunkles Gefühl von Schuld, dem Gefühl von Erwachsensein ein Gefühl von Verarmung, dem Klugsein und Überlegensein eine Regung von schlechtem Gewissen, der spöttischen Distanz zum kleineren Bruder ein Bedürfnis, ihn dafür um Verzeihung zu bitten und seine Unschuld als den höheren Wert anzuerkennen. Das klingt alles recht unnaiv und kompliziert, aber in den Momenten des Wachseins sind wir eben keineswegs naiv; in den Momenten, in denen wir nackt der Wahrheit gegenüberstehen, fehlt uns stets die Sicherheit eines guten Gewissens und das Behagen des unbedingten Glaubens an uns selber. Im Augenblick des Wachseins könnte möglicherweise ein Mensch sich töten, niemals aber einen andern. Im Augenblick des Wachseins ist der Mensch stets sehr gefährdet, denn er steht nun offen und muß die Wahrheit in sich einlassen, und die Wahrheit lieben zu lernen und als Lebenselement zu empfinden, dazu gehört viel, denn zunächst einmal ist der Mensch Kreatur und steht der Wahrheit durchaus als Feind gegenüber. Und in der Tat ist ja die Wahrheit niemals so, wie man sie sich wünschen und wählen würde, aber immer ist sie unerbittlich.

Und so hatte auch mich in der Sekunde des Wachseins die Wahrheit angeblickt. Man konnte sie gleich nachher wieder zu vergessen suchen, man konnte sie nachträglich mildern und beschönigen, und das tat man denn auch, jedesmal tat man es. Dennoch blieb von jedem Erwachen ein Blitz zurück, ein Sprung in der glatten Oberfläche des Lebens, ein Schreck, eine Mahnung. Und sooft man sich eines Erwachens später erinnert, sind es nicht die Reflexionen und Beschönigungen, deren man wieder inne wird, sondern das Erlebnis selbst: der Blitz, der Schreck.

Ich hatte, selbst beinah noch Kind, plötzlich die von mir abgewelkte Kindheit leibhaftig vor mir gesehen, im Gesicht des Brüderchens, und die Betrachtungen und Erkenntnisse, die sich mir daraus in den folgenden Stunden und Tagen ergaben, waren nur abblätternde Schalen, sie lagen schon alle im Erlebnis selber. Das meine war eigentlich ein hübsches und freundliches gewesen; was ich gesehen hatte und wofür mir für einen Moment die Augen geöffnet worden waren, war ein liebenswertes, sanftes und holdes Bild. Die Seligkeit auf einem Kindergesicht hatte ich gesehen. Trotzdem war es Blitz und Schreck, denn der Inhalt eines jeden Wachwerdens ist der gleiche, es gibt Millionen Gesichter der Wahrheit, aber nur *eine* Wahrheit. Mir war gezeigt worden, daß der kleine Hans etwas besaß, etwas sehr Schönes und Kostbares. Ich aber hatte es verloren, ich besaß es nicht mehr, und vielleicht hatte ich damit das Allerbeste, das einzige wirklich Wertvolle verloren, denn selig werden ja die Kinder gepriesen, und zu den Erwachsenen wird gesagt, wenn sie ins Reich Gottes wollen: „Wahrlich, so ihr nicht werdet wie dieser Kinder eines ..." Ich hatte das Glück und die Unschuld verloren und hatte es nur daran gemerkt, daß ich es mit Augen, außerhalb meiner, auf dem Gesicht eines andern gesehen hatte. Auch diese Einsicht gehörte zur Frucht des Erlebnisses: Was man besitzt, das sieht man nicht und davon weiß man kaum. Auch ich war ein Kind gewesen und hatte nichts davon gewußt. Jetzt hatte ich Augen bekommen und sah. In Gestalt eines Lächelns und Augenschimmers, in Gestalt eines zarten Leuchtens hatte ich das Glück zu sehen bekommen, das Glück, das man nur besitzen kann, solange man es nicht sieht. Es sah wunderbar strahlend und herzgewinnend aus, das Glück. Aber es hatte auch etwas, worüber man lächeln und dem man sich überlegen fühlen konnte, es war kindlich, und ich war sogar geneigt, es etwas kindisch zu finden, etwas dümmlich. Es forderte zum Neid heraus, aber auch zum Spott, und wenn ich schon des Glücks nicht mehr fähig war, so war ich dafür des Spottes fähig und der Kritik. Und wahrscheinlich hatten die Jünger des Heilands einst genauso auf die seliggepriesenen Kinder geblickt wie ich auf Hans, mit Neid nämlich und zugleich mit etwas Spottlust. Sie wußten sich erwachsen, wußten sich klüger, erfahrener, wissender, sie waren überlegen. Nur daß eben die Erwachsenheit, Klugheit und Überlegenheit kein Glück war und nicht seliggepriesen wurde und keinen ins Reich Gottes führen konnte.

Dies war das Bittere und Anklagende, das mir der Blitz des Wachwerdens gebracht hatte. Aber es war noch etwas anderes Bitteres in der Wahrheit enthalten. Das erste ging nur mich selber an und war moralisch, es war eine Beschämung und Lektion für mich. Das andere aber war allgemeiner, tat im Augenblick weniger weh und ging am Ende doch tiefer – es war nun einmal so mit der Wahrheit, sie war unangenehm und unerbittlich. Nämlich: auch das Glück, das Bruder Hans besaß und von dem sein Gesicht so leuchtend gewesen war, auch dieses Glück war nichts Zuverlässiges, es konnte welken, es konnte verlorengehen, auch ich hatte es ja gehabt und hatte es verloren, und auch Hans, der es noch hatte, würde es einmal verlieren. Davon, daß ich dies wußte, kam es, daß ich außer dem Neid und außer der Spottlust auch noch etwas andres gegen Hans empfand, nämlich Mitleid. Nicht ein brennendes und heftiges Mitleid, sondern ein sanftes, aber herzbewegendes, dasselbe Mitleid, das man mit den Blumen einer Wiese haben konnte, die schon der Schnitter zu mähen begonnen hat.

Ich sage es nochmals: natürlich standen die Begriffe, mit welchen ich jenen seelischen Vorgang darzustellen und zu deuten versuche, mir damals noch nicht zur Verfügung. Ich konnte damals mein Erlebnis nicht analysieren, begann aber allerdings die Versuche dazu noch am selben Abend und habe sie je und je wieder fortgesetzt, bis heute, wo ich zum erstenmal etwas davon niederschreibe. Von manchen meiner heutigen Gedanken weiß ich nicht, ob ich sie auch damals schon hatte oder ob sie erst viel später hinzugekommen sind, wie zum Beispiel der Gedanke an den Tod, den ich damals bestimmt nicht gehabt habe. Ich fühlte mich zwar durch den Anblick meines lächelnden Bruders an die Vergänglichkeit gemahnt, sogar ungemein stark, aber Vergänglichkeit und Tod sind für ein Kind noch weit auseinander. Daß meine Kindheit im Verwelken begriffen sei, daß ich das Beste von ihr schon hinter mir und verloren hätte, dies sagte mein Erwachen mir deutlich, und es sagte mir sogar: auch er, auch dein Brüderchen wird es verlieren, auch er unterliegt dem Gesetz. Daß dies Gesetz aber Tod heiße, das wurde mir von keiner Stimme gesagt, denn ich wußte damals nichts vom Tod und glaubte nicht an ihn. Um die Vergänglichkeit aber wußte ich schon genau, sie war mir aus der Natur und aus den Dichtern sehr wohl bekannt, ich hatte das Fallen der Blätter schon oft genug gesehen. Daß jedes „Erwachen", jede Berührung mit der Wirklichkeit und den Gesetzen unter andrem auch eine Berührung mit dem Tod bedeute, davon wußten meine Gedanken nichts, wenn auch das innerste Empfinden in mir mit Schaudern davon wissen mochte.

Als ich diese Aufzeichnung begann, hatte ich nichts im Sinn, als mir jenen Augenblick in der heimatlichen Weihnachtsstube einmal wieder vor Augen zu rufen, schriftlich dieses Mal, denn manchmal nimmt ein Erlebnis oder Gedanke beim Versuch des Aufschreibens ein etwas anderes Gesicht an, zeigt neue Seiten und geht neue Verbindungen ein. Nun sehe ich aber, daß ich zwar jenes kleine Erlebnis selbst noch mit aller Deutlichkeit vor Augen habe, als sei es von gestern, daß es aber so für sich allein kein volles Leben hat, ja eigentlich nicht einmal recht mitteilbar ist. Auch wenn ich ein großer Dichter wäre, könnte ich den Schein von Glück und Unschuld über dem lieben Kindergesicht meines Bruders nicht so darstellen, daß es einem andern, einem Leser ernstlich etwas bedeuten könnte. Gibt auch das Erlebnis Gelegenheit, allerlei zu erzählen und zu sagen, so handelt dies alles doch nur von mir; nicht auf dem strahlenden Hansgesicht ging das vor, worauf es hier ankommt, sondern einzig in mir selbst. Durch sein Strahlen wurde der kleine Hans mir, ohne davon zu wissen und es je zu erfahren, Anlaß zu einem Erlebnis, zu einer Erweckung und Erschütterung. Und hier stoße ich, überrascht, auf einen kleinen Fund: nicht bloß dieses eine Mal hat Bruder Hans mir, ohne es zu ahnen, den Anstoß zu Erlebnis und Erschütterung gegeben, sondern mehrmals. Wenn ich dem Erlebnis vom Weihnachtsbaum gerecht werden will, darf ich es nicht isolie-

ren und abschnüren, ich muß – auf die Gefahr hin, auch
hier wieder mehr von mir selbst zu sprechen als von ihm
– die Gestalt und das Leben meines Bruders im ganzen
betrachten. Ich bin nicht Künstler genug, um ein ein-
heitliches Bildnis von ihm zu zeichnen – das hieße, mir
selbst den Glauben zu suggerieren, daß ich Hans wirklich und ganz gekannt und verstanden habe. Aber ich
habe einige Erlebnisse und Begegnungen mit ihm gehabt, und wir hatten das gleiche Blut und manche Fami-
lienähnlichkeiten, und obwohl ich ihm niemals ganz na-
hegekommen bin, habe ich ihn doch sehr geliebt. Ich
versuche also von seinem Leben soviel mitzuteilen, als
ich verstehend miterleben konnte. Das ist nur ein ganz
kleiner Teil seiner wirklichen Biographie, die ich nicht
sehr genau kenne, aber er muß Wesentliches von ihm
enthalten, denn merkwürdigerweise und obwohl wir
vom Ende der Kindheit an nie mehr intim miteinander
gewesen sind, haben unsre Lebensläufe sich mehrmals
an wichtigen Punkten einander genähert, und so sehr
verschieden sein Leben von dem meinen war, hat es
doch immer wieder für das meine Bedeutung gehabt,
und einige Male erschien es mir wie ein ganz leicht ver-
zeichnetes Spiegelbild des meinen.
   Hans war nicht auf den Namen Hans getauft, er hieß
nach unsrem Vater Johannes. Niemals hätte ein Mensch
den Einfall haben können, unsern Vater Hans zu nennen; für ihn war Johannes genau der richtige Name, ein
Name, welcher Autorität und Würde hat und dennoch
nicht einer großen Zärtlichkeit entbehrt: Johannes hieß
der „gnostische" Evangelist und der Lieblingsjünger
des Herrn. Der Name war zugleich vornehm, zart und
geistig. Hingegen kam niemand auf den Einfall, unsern Hans Johannes zu nennen. Er war Hans, er war
eine nahe, vertraute, liebe und harmlose Gestalt, an ihm
schien nichts Fremdes und Geheimnisvolles zu sein wie
an Johannes, seinem Vater, er wurde darum vertraulich
und bürgerlich Hans genannt, sein ganzes Leben lang.
Und doch war er nicht so ganz eins mit seinem behag-

lichen Namen und war gar nicht so geheimnislos, wie es schien. Auch er hatte sein Geheimnis, und auch er hatte teil an der Vornehmheit seines Vaters, hatte manche Anlagen sowohl zum Ritter wie zum Don Quichotte.

Als jüngstes meiner Geschwister wuchs er zwischen uns auf, von allen als der Jüngste geliebt, befürsorgt und zuweilen gehänselt, und hat in den Kinderjahren unsern Eltern nur einmal ernste Sorge gemacht, da er als etwa Vierjähriger eines Tages verlorenging. Wir wohnten damals am äußersten Rande der Stadt Basel, da, wo jenseits des Spalenrings und der alten Elsässer Bahnlinie die Stadt sich ins Ländliche auflöste. Einmal nun spazierte der Kleine allein von Hause weg, über die Bahnlinie und stadteinwärts, wo er sich schon nach der ersten Straßenbiegung in einer unbekannten und interessanten Welt befand, in welche er neugierig eindrang. Irgendwo traf er auf spielende Kinder seines Alters, schloß sich ihnen an und spielte ihre Spiele mit, lehrte sie vermutlich auch neue, denn das Spielen war seine eigentliche Begabung, sie ist ihm sein Leben lang treu geblieben. Er gefiel seinen neuen Spielkameraden und hat sie wahrscheinlich dazu verführt, auch ihrerseits ganz im Spiel aufzugehen und die lästigen Ordnungen der Welt zu vergessen; sie spielten, bis es dunkelte und die Kinder von ihren Eltern heimgeholt wurden, und da ging Hans mit, und weil die Kinder nicht von ihm lassen wollten und er auch den Eltern gefiel, behielt man ihn da, vorerst beim Abendessen, und weil er zwar seinen Namen, nicht aber die Adresse seiner Eltern sagen konnte, auch über die Nacht. Wir verbrachten diese Nacht ohne Hans, er fehlte, war verschwunden, vielleicht in den Rhein geraten, vielleicht geraubt worden, es war ein großes Abenteuer, und den Eltern war recht bange. Am Morgen dann meldeten Hansens freundliche Gastgeber die Anwesenheit des fremden Kindes der Polizei, und da Hans dort schon als vermißt gemeldet war, konnte er abgeholt werden. Seine Wirte rühmten sein Betragen und namentlich sein andächtiges Beten bei Tisch und beim Schlafengehen, er schien sie ungern zu verlassen. Wir aber freuten uns sehr, ihn wiederzuhaben, und erzählten die Geschichte von unsrem interessanten verlorengegangenen Bruder oft und mit Stolz.

Viel später erst, wir waren inzwischen nach Calw zum Großvater übersiedelt, und Hans war in die Lateinschule eingetreten, wurde er je und je wieder zum Sorgenkinde. Die Lateinschule, welche auch mir viele Konflikte gebracht hatte, wurde für ihn mit der Zeit zur Tragödie, auf andere Weise und aus anderen Gründen als für mich, und wenn ich später als junger Schriftsteller in der Erzählung „Unterm Rad" nicht ohne Erbitterung mit jener Art von Schulen abrechnete, so war das leidensschwere Schülertum meines Bruders dazu beinah ebensosehr Ursache wie mein eigenes. Hans war durchaus gutwillig, folgsam und zum Anerkennen der Autorität bereit, aber er war kein guter Lerner, mehrere Lehrfächer fielen ihm sehr schwer, und da er weder das naive Phlegma besaß, die Plagereien und Strafen an sich ablaufen zu lassen, noch die Gerissenheit des Sichdurchschwindelns, wurde er zu einem jener Schüler, von denen die Lehrer, namentlich die schlechten Lehrer, gar nicht loskommen können, welche sie nie in Ruhe lassen können, sondern immer wieder plagen, höhnen und strafen müssen. Es sind mehrere recht schlechte Lehrer dagewesen, und einer von ihnen, ein richtiger kleiner Teufel, hat ihn bis zur Verzweiflung gequält. Dieser Mann hatte unter andern bösen Gewohnheiten die, daß er sich beim Abfragen dicht und drohend vor dem Schüler aufstellte, ihn mit schrecklichem Richtergesicht anbrüllte und dann, wenn der verängstigte Schüler natürlich versagte und ins Stottern geriet, seine Frage viele Male wiederholte, in einem rhythmischen Singsang, und dazu im Takt mit seinem eisernen Hausschlüssel auf des Schülers Kopf losschlug. Ich weiß aus späteren Erzählungen meines Bruders, daß dieser böse kleine Tyrann mit seinem Hausschlüssel zwei Jahre lang den kleinen

Hans nicht nur Tag für Tag, sondern oft auch bis in die Angstträume der Nacht hinein gepeinigt hat. Oft kam er in einem hoffnungslosen Krampf von Kopfweh und Todesangst aus der Schule nach Hause. Ich war in jener schlimmsten Zeit seines Schulelendes schon fort von zu Hause und machte, auch ich, den Eltern zeitweise Sorge genug.

Viele Jahre später hat Hans mir versichert, er sei von unsrem Vater strenger erzogen worden als ich. Vielleicht täuschte er sich, ich glaube aber, daß er recht hatte, und zwar waren es ohne Zweifel die schlechten Erfahrungen, die man mit mir gemacht hatte, welche der Jüngere hat büßen müssen. Übrigens war auch mir meine Erziehung nicht leicht und sanft erschienen, trotz der unerschöpflichen Liebeskraft der Mutter und dem ritterlichen, delikaten und zarten Wesen des Vaters. Streng und hart waren nicht sie, sondern das Prinzip. Es war das pietistisch-christliche Prinzip, daß des Menschen Wille von Natur und Grund aus böse sei und daß dieser Wille also erst gebrochen werden müsse, ehe der Mensch in Gottes Liebe und in der christlichen Gemeinschaft das Heil erlangen könne. So wurden wir – denn unsre Eltern liebten uns sehr und waren beide nichts weniger als hart – zwar nicht spartanisch erzogen und wurden körperlich weniger oft und weniger schwer gezüchtigt als viele unsrer Schulkameraden, deren Väter weder Christen waren noch Ideale hatten, jedoch mit Prügeln und Einsperren schnell bei der Hand waren; aber wir lebten unter einem strengen Gesetz, das vom jugendlichen Menschen, seinen natürlichen Neigungen, Anlagen, Bedürfnissen und Entwicklungen sehr mißtrauisch dachte und unsre angeborenen Gaben, Talente und Besonderheiten keineswegs zu fördern oder gar ihnen zu schmeicheln bereit war. Indessen war der Raum, in welchem wir diesem harten Gesetz unterstellt wurden, nicht ein Kerker oder eine nüchtern strenge Erziehungsanstalt, sondern ein mit Liebe, mit Bildung und Geistigkeit und mancherlei Kultur gesättigtes Elternhaus, in dem es außer jenem Gesetz auch eine Menge schöner, lebendiger, liebenswerter und interessanter Gewohnheiten, Übungen, Spiele und Tätigkeiten gab; Singen und Musizieren, Märchenerzählen und Bücherlesen, einen Blumengarten, abendliche Spiele, an welchen die ganze Familie teilnahm und deren manche der Vater selbst ersonnen hatte, Spaziergänge und Freude an Landschaft, Bäumen und Blumen, geschmückte Zimmer an festlichen Tagen. Und vor allem waren da die Eltern, verehrte Vorbilder zwar der christlichen Lebensführung, aber nicht Heiligenfiguren, sondern lebendige, begabte, originelle, warme Menschen, mancher schönen und liebenswürdigen Künste kundig, beide hervorragende Erzähler und Briefschreiber, die Mutter zuzeiten Dichterin, der Vater ein Gelehrter und großer Freund der Sprache und Sprachen, Erfinder von Schreibspielen, Improvisator von Rätseln und Wortspielen. Trotz des Gesetzes, trotz des stets gespannten Zwiespaltes zwischen Unschuld und Gewissen, war das Leben in diesem Hause reich und mannigfaltig und war weder düster noch langweilig. Es gab Konflikte und Bangigkeiten, man stand unter dem Gesetz, aber es gab auch Fröhlichkeit und Feste, an Besuchen und Gästen war niemals Mangel.

Aus dem Reichtum dieses Lebens, in dem jeder Tag mit Bibelwort, Gesang und Gebet begann und endete, nahm von uns Kindern jedes das Seine. Ich nehme an, daß Bruder Hans, ohnehin von der Schule her mit dem Geistigen auf gespanntem Fuß und im Selbstvertrauen geschwächt, von der starken und vielseitig angeregten Geistigkeit des Hauses gelegentlich sich bedrückt fühlte. Ich könnte mir denken, daß er zuzeiten den Vater und den Großvater, der über seiner indischen Gelehrsamkeit saß und etwa einen jungen Indologen dadurch erschrecken und entzücken konnte, daß er ihn in Sanskrit anredete, sowie manchen ihrer Gäste und Hausfreunde als mahnende Vorbilder empfand, als Leute, welche allzuviel Latein, Griechisch und Hebräisch konnten, als daß man hätte hoffen können, sie jemals zu erreichen, da doch schon das Latein und Rechnen in der Schule so mühsam ging. Ich weiß es nicht, ich vermute es nur. Dafür streckte seine bedrängte und gefährdete Natur die Wurzeln nach andrer Nahrung im Elternhause aus, es gab ihrer genug, und vor allem war es die Hausmusik und das gesellige Spielen, worin er Freude fand und keine Bestätigungen seiner Minderwertigkeitsgefühle zu fürchten brauchte. Beim Singen konnte er ganz und gar dabeisein, sich hingeben und ausströmen, und dieses Glück ist ihm bis in seine letzten Zeiten geblieben. Und im Spielen erschien er oft wie ein Besessener und oft wie ein Künstler. Es waren nicht jene seßhaften bürgerlichen Spiele, in welchen es gilt, den Spielgegner an Wachsamkeit, Aufmerksamkeit, Ausdauer und Kombinationskraft zu übertreffen und ihn am Ende beschämt und besiegt zu sehen, nicht jene Brett- und Figurenspiele, bei welchen man einander mit meditierenden oder vom Denken überanstrengten Stirnen gegenübersitzt – nicht diese Spiele waren es, die Hans liebte und in denen er zum Meister wurde. Er bevorzugte die Spiele, die man selber erfindet. Beim Spielen konnte der ruhige und zuweilen ängstliche Knabe sich ganz und gar vergessen, vielmehr ganz und gar er selbst werden und die Welt und Schule vergessen, aufblühen und sich steigern bis zum Genialen. Die Welt der ihm aufgenötigten, halb oder gar nicht verstandenen Zwecke und Regeln zu verlassen und sich in eine selbstgeschaffene Welt sinnvoller, von ihm ersonnener und mit Sinn gefüllter Zwecke und Gesetze zu begeben ist jedem begabten Kind Bedürfnis, und bei Hans handelte es sich zu manchen Zeiten um mehr, es ging ums Leben; um gegen eine von den Erwachsenen ausgesonnene oder von einem unverständlichen Gott geschaffene Weltordnung aufzukommen und nicht von ihr hoffnungslos totgewalzt zu werden, mußte man sich selber seine Welt und Ordnung schaffen.

Es gab Spiele, zu deren Zustandekommen es der Freiheit und Freizeit bedurfte, wie es Spiele gab, die man nicht ohne Apparate, Figuren, Bälle und so weiter spielen konnte. Es gab aber auch Spiele, welche sich nur im Spieler selbst abspielten, welche man überall und zu jeder Zeit und noch mitten unter der Aufsicht ahnungsloser Lehrer oder Eltern spielen konnte. Man ging seinen Weg in die Schule, wenn man nicht gerade verspätet war, nicht selten in einem bestimmten Rhythmus, nach einer ungeschriebenen Musik, und komplizierte und ornamentierte diesen Marsch noch durch besondere Regeln und Verbote, man durfte bestimmte Steine oder Lagen des Straßenpflasters nicht betreten, es gab erlaubte und verbotene Passagen. Manchmal wurde aus dem Schulweg ein solenner Tanz oder eine geometrische Figur. Während der Lektion in der Schule ließ der Tanz sich mit den Fingern auf der Bank, das Takthalten sich mit rhythmischem Atmen weiterspielen. Oder man verabredete mit einem Kameraden vor der Schulstunde: Sobald der Lehrer dies oder jenes Wort sagt, so bedeutet es: ich bin ein Affe. Dann, wenn das Wort fiel und der Lehrer sich als Affen bekannt hatte, brauchte man nur einander einen Blick zuzuschicken, und man hatte mitten in der ödesten Schulstunde eine Sensation, einen Spaß, ein Gefühl von Freude und Triumph.

Am liebsten aber spielten wir Scharade und Theater. Wir haben nie eine Bühne gehabt und niemals Stücke auswendig gelernt, aber wir haben viele Rollen gespielt, manchmal vor den Geschwistern und Kameraden, häufiger allein. Manchmal begaben wir uns in Rollen, die wir tage- und wochenlang nicht wieder losließen. War die Schule, das Gebet, die Mahlzeit zu Ende, war ich wieder mit Hans allein, so waren wir alsbald wieder Räuber, Indianer, Zauberer, Walfischjäger, Geisterbeschwörer. Wenn sich ein paar Zuschauer fanden, spielten wir am liebsten Zauberer. Ich war der Hexenmeister, Hans war der Adept und Famulus. Doch konnten wir diese Vorführungen nur am Abend richtig und wirkungsvoll bewerkstelligen, teils weil wir selber und unsre Zuschauer erst am Abend in die richtige Stimmung kamen, teils weil bei den Zauberstücken das Dunkel unser bester Bundesgenosse und Helfer war. Es gab in unsrem großen alten Hause einen Saal; in dem spielten wir, er war im vorigen Jahrhundert ein Tanzsaal gewesen, mit einer hohen balkonartigen Galerie für die Tanzmusik. Die Zuschauer, Kinder und Mägde, saßen im Dunkeln hinten gekauert auf einer Bank und ein paar Truhen, ich als Zauberer stand am andern Ende des Saales neben einem Tischchen, auf dem meine Zauberwerkzeuge lagen und eine Erdöllampe stand. Hans war mein Schüler und Gehilfe, mußte meine Befehle ausführen und mir bei meinen heimlichen Manipulationen behilflich sein. Wir verfügten über lange, feierliche Zauber- und Beschwörungsformeln, die ich beständig weiter ausbaute und welche für uns beide eigentlich die Hauptsache waren; das Murmeln oder Brüllen dieser Formeln und Anrufungen erzeugte in uns die Stimmung von gewagten nächtlichen und magischen Unternehmungen und hätte uns an sich schon genügt. Die Zuschauer allerdings wollten uns nicht nur deklamieren, psalmodieren oder schauerlich flüstern hören, obwohl manche kleine Base oder Nachbarstochter auch dabei schon in Ekstase oder Todesangst geriet; wir mußten auch den Augen etwas bieten. Wenn ich, im kleinen Lichtkreis der Lampe stehend, phantastisch gekleidet und mit einer spitzen Papiermütze auf dem Kopf, meine Beschwörungen und Evokationen in die finstere Tiefe des Saales richtete, etwa einen Geist oder Teufel beschwor, und wenn sich dann endlich, zögernd, in kleinen Rucken und Stößen dort hinten im Finstern etwas zu regen begann und etwa ein Stuhl oder Schemel mit leisem Scharren sich zu nähern anschickte (er wurde von Hans an einem Faden gezogen), dann waren wir alle verzaubert, und mancher Zuschauer brach in einen Angstschrei aus. Einmal, als ich tief im Deklamieren war und mich ganz als Magier fühlte, schrie ich den Famulus Hans an, er solle mir leuchten. Er packte die schwere Petroleumlampe, balancierte sie etwas zögernd und hielt wieder inne. Ich, ungeduldig, rief ihm mit

Donnerstimme zu: „Ha, du zögerst? Hierher, sag ich dir, hierher, sterblicher Wurm!" Dieser Anruf wirkte so stark, daß Hans die Lampe fallen ließ und um ein Haar wir alle samt Saal und Haus verbrannt wären.

Alles in allem war damals mein brüderliches Verhältnis zu Hans das natürliche und normale, ich habe mich seiner nicht zu schämen. Es ging nicht immer fein und lieblich zu, es gab auch Streit und Balgerei und Schimpfreden; ich war der viel Ältere, der Große, Starke, und Hans war mir gegenüber der Kleine und Schwache, daran war nichts zu ändern. Nun aber steht mir, sobald ich an Hans und an jene Jahre denke, jedesmal ein Bild vor Augen, das diese angenehmen Erinnerungen Lügen straft.

Es ist ein Bild, ebenso scharf und überdeutlich und mir für Lebenszeit eingeprägt wie jenes etwas frühere Bild des entzückten kleinen Hans unterm Weihnachtsbaum. Ich sehe Hans vor mir stehen, den Kopf geduckt und zwischen die Schultern gezogen, denn ich war wütend und wollte ihm eben einen Schlag versetzen. Nun wendet er mir wortlos ein ergebenes und leidendes Gesicht zu, mit einem Vorwurf in den Augen. Wieder ein Erlebnis und ein Erwachen! Jener Blick mit seinem Vorwurf traf mich tief, obwohl er zu spät kam, um mich am Schlagen zu verhindern. Ich ließ die Faust niederfallen, auf eine seiner Schultern, dann lief ich weg, verstört, plötzlich erwacht. Voll Selbstgefühl und Sicherheit, voll Herrengefühl und gerechter Empörung über irgendein Versagen, irgendeine Gehorsamsverweigerung hatte ich die Faust geballt und erhoben, ganz Zorn, ganz Krieger, ganz eins mit mir – und fallen ließ ich sie schon mit Widerwillen und schlechtem Gewissen, uneins mit mir, mich meines Zornes und meiner Gewalttätigkeit schämend, mich andrer Schläge, andrer Mißbräuche meiner Kraft und meines Altersranges erinnernd. Aus den Augen meines Bruders Hans, aus diesem Blick, den ich so gern wieder vergessen hätte und nie mehr vergessen konnte, hatte mich wieder einmal die Wirklichkeit angeblickt, es hatte mich alles Leiden und alle Wehrlosigkeit angeblickt und angeklagt, und meine schöne Wut und Sicherheit war dahin und in einem schrecklichen Erwachen untergegangen: zum erstenmal im Leben hatte ich beim Schlagen den Schmerz und die Beleidigung des Geschlagenen mitgefühlt und hatte im Grund des Herzens gewünscht, er möge nicht so stumm dulden und mir dann verzeihen, sondern aufflammen und Rache an mir nehmen.

Dies sind die beiden Bildnisse meines Bruders, die mir aus der Zeit seiner Kindheit eingebrannt blieben, sie allein von tausend andern sind übriggeblieben: das Kind Hans, über seine irdenen Weihnachtstöpfchen entzückt und wie ein Engel strahlend, und der Knabe Hans, meinen Schlag erwartend und durch seinen stumm anklagenden Blick auf mich zurückwerfend. In manchen Stunden, wenn ich dazu neigte, mein Leben als verfehlt und wertlos anzusehen, stiegen die beiden Bilder auf: der kindlich Strahlende und der kindlich Leidende, und beiden stand ich gegenüber als der scheinbar Überlegene, Ältere, Starke, heimlich aber Beschämte und Gerichtete.

Ich glaube nicht, daß ich nachher Hans je wieder geschlagen habe. Es waren ja jene mit Erlebnis überladenen Augenblicke nur Augenblicke gewesen, im übrigen lebten wir ja gut und freundlich miteinander, besser als viele andere Brüder miteinander lebten. Aber trotz allem schien jenes Augenblicksbild vom geschlagenen Hans mehr Wahrheit zu enthalten als alle die Monate und Jahre. Ich war nicht böser und nicht schuldiger als jedermann, ich kannte viele, die mit weit größeren Sünden unbeschwert dahinlebten; aber ich war wissend geworden, jene Augenblicke hatten mir gezeigt, wie es ist, wie es zugeht, wie wir Menschen leben, wie immer der Größere und Stärkere dem Schwächeren Gewalt antut, wie immerzu die Schwachen unterliegen und dulden müssen und wie dennoch alle Überlegenheiten und Vorrechte dahinfallen, wie dennoch immer wieder das Recht bei den Duldenden ist, wie stumpf und leichthin man das Unrecht begeht, wie es aber aus einem Augenblick, aus dem einzigen Blick eines Auges auf uns zurückstrahlen und uns strafen kann.

Inzwischen waren die Zeiten schon vorüber, in denen ich in meines Bruders täglichem Leben eine Rolle spielte. Ich war fort und kehrte nur für Ferienwochen oder Festtage zurück. Ich wußte wenig mehr von Hans, ich hatte Freunde meines Alters und noch lieber solche, die mir im Alter voraus waren; und Hans selber hatte seine Schulsorgen und hatte selber seine Freunde, und eines Tages bekam er, da ich keinen Musikunterricht mehr nahm, meine Violine und wurde ein eifriger Musikschüler. Von seinen schweren Schulsorgen wußte ich damals kaum, erst viel später hat er mir davon erzählt. Für mich war er noch ein Kind und bedeutete mir eine Mahnung an meine eigene Kindheit, auch als er längst im Schatten der Sorge und des Leides ging. In jenen Ferienzeiten, die an sich schon jedesmal eine Art freundlicher Rückkehr in meine Kinderwelt waren, suchte ich auch je und je aus einem dunklen Bedürfnis die Freuden und Spiele der Knabenzeit wieder auf, und dann war Hans mein Spielkamerad, und es war an manchen Tagen, als wären Jahre wieder ausgelöscht. Dann spielten wir die Knabenspiele wieder, die allgemein üblichen mit Murmeln oder Schlagball und auch unsre privaten, von uns selbst erdachten. Und je mehr ich ein Erwachsener wurde und meine Ziele in der Zukunft und Ferne sah, desto mehr lernte ich Hans als einen ungewöhnlichen Spielkünstler schätzen. Noch immer konnte er sich dem Spiel ganz hingeben; es war, wenn er spielte, nicht ein Teil von ihm doch dem Spiel entwachsen, es war nicht ein Teil seiner Gedanken oder Träume anderswo, bei „ernsteren" oder „wichtigeren" Dingen, sondern er war mit ganzer Seele und mit vollem Ernst beim Spiel.

Der Hans, den ich damals kannte und mit dem ich in den Ferien halbe Tage spielte, schien mir rund und ganz, aber ich sah und kannte nur die Hälfte von ihm, nur die freundliche Seite seines Lebens, das schon damals sehr viel schwerer war, als ich wußte. Daß er in der Schule schwer mitkam und viel geplagt wurde, war mir zwar nicht unbekannt, aber ich hatte es nicht mit angesehen und konnte mich da nicht recht hineindenken, fühlte auch keinen Antrieb dazu, ich war von meinen eigenen, zuzeiten recht verworrenen und bedrängenden Nöten, Wünschen und Hoffnungen genug in Atem gehalten.

Die Schulzeit meines Bruders ging zu Ende, er freute sich sehr darauf und die Eltern nicht minder. Es war nun die Frage, was aus ihm werden solle. Bei seiner Schulmüdigkeit und ausgesprochenen Ablehnung aller Studien und verstandesmäßigen Bildung schien eine Handwerkslehre vielleicht angezeigt, aber seine Freude an Musik und anderen schönen Dingen, und schon seine Herkunft aus einem Geschlecht von Gebildeten und Gelehrten schien es doch zu verbieten, ihn so früh in einen Beruf und Lebenskreis abwandern zu lassen, der ihm vielleicht später doch nicht genügen mochte. Man war in Verlegenheit, es zeigte sich schon damals, daß unser Hans es sehr schwer damit haben werde, einen Weg und Platz im Leben zu finden; vermutlich hat unsre Mutter manches Gebet gesprochen und manchen sorglichen Brief geschrieben und hat die Familie manche Beratung abgehalten, bis der Entschluß gefaßt wurde, den Knaben einem Kaufmann in die Lehre zu geben. Das war, wie mein Vater sich ausdrückte, ein „praktischer" Beruf, man konnte ihn ausüben wie ein Handwerk, nämlich im Kaufladen, während doch in seinen Hintergründen auch etwas wie eine Theorie und Wissenschaft vorhanden war, mit Kanzleien, Archiven, Büros, aus welchen eine Hierarchie von Dienern und Priestern Merkurs sich emporstufte bis zu den ehrwürdigen Ministern und Königen des Welthandels. Vorläufig begann es mit der Handarbeit und dem Laden, Hans wurde Lehrling in einem Laden und lernte Ballen schleppen, Kisten öffnen und zunageln, auf der Leiter turnen und mit der Waage umgehen.

Jetzt schien auch für ihn die Kindheit gründlich zu Ende gegangen zu sein. Zwar hatte die Lateinschule ihn entlassen, aber er hatte sich dafür in ein neues Joch begeben müssen, das sich mit der Zeit als nicht weniger drückend erwies und das er bis zum letzten Tag seines Lebens tragen mußte. Er war in einen Beruf hineingeraten, an dem er keine Freude, zu dem er keine Berufung und wenig Geschick hatte, dem er sich immer wieder einzupassen bemüht war, ohne daß es richtig glückte, und in den er sich schließlich als in ein bittres und unentrinnbares Los ergab.

Ich kenne nicht alle Stationen dieses Weges, obwohl wir die Verbindung nie ganz verloren. Ich versuche, diesen Weg vereinfacht nachzuzeichnen, so wie er mir erscheint, so wie ich ihn abzulesen und zu deuten versuchte. Es gab auf diesem Wege manche Ortsveränderung und manchen Wechsel in der Arbeit, es gab manches Versagen oder unwillige Abbrechen und manche immer neue Anläufe und Versuche. Nach der Lehrzeit versuchte er es wieder in einem Laden, in einem alten gediegenen Hause in der nächsten großen Stadt; dann erschien es ihm notwendig, die formalen Methoden seines Berufes und namentlich der Buchführung gründlicher zu erlernen, es gab Kurse auf Handelsschulen, dann neue Anstellungen, Kurse in Stenographie und Englisch, und schließlich blieb er Sekretär und Korrespondent, meistens in industriellen Betrieben. Nirgends war ihm wohl, nirgends vermochte die Arbeit, so ernst und gewissenhaft er sie nahm, ihn tiefer zu interessieren und ihm Freude zu machen, oft genug mag er an sich und an seinem Leben verzweifelt sein. Aber er hatte die Musik, er spielte Violine, fand manchmal Kameraden zum Singen, und viele Jahre hatte er einen Herzensfreund, seinen Vetter, mit dem er fleißig Briefe wechselte und sich in den Ferien traf. Einmal, Hans war noch in den Zwanzigern und in einer Fabrik im Schwarzwald beschäftigt, überkam ihn Elend und Überdruß allzusehr, er schmiß die Arbeit hin und lief davon, wir waren alle erschrocken und in Sorge. Ich war seit kurzem verheiratet und lebte in einem kleinen Dorf am Bodensee, ich lud ihn ein, sich bei mir zu erholen. Er kam und war mitgenommener und geplagter, als er zugeben wollte, ich half ihm sein Köfferchen auspacken, da kam auch ein Revolver zum Vorschein. Er lachte verlegen, ich auch, dann nahm ich das Ding an mich, um es aufzubewahren, bis er wieder reise. Wir hatten damals eine gute brüderliche Kameradschaft miteinander, er war mehrere Wochen mein Gast, wurde kräftiger und heiterer und begann allmählich sich wieder nach einer Arbeit umzusehen. Aber es scheint mir heute, als sei schon damals etwas nicht ganz Geklärtes in unsrem brüderlichen Verhältnis zueinander gewesen und als habe ich schon damals etwas von der Verschiebung und Entfremdung gespürt, welche dies Verhältnis dann mit den Jahren erfuhr, ohne daß einer von uns es wissentlich verschuldet hätte.

Meine Laufbahn war ebensowenig glatt und ungebrochen gewesen wie die des Bruders, es hatte eine Schultragödie gegeben, auch bei mir, wennschon aus andern Gründen, ich war ungeduldig und gewaltsam aus der Bahn gebrochen, hatte die Eltern schwer bekümmert und war überhaupt dem Bruder darin ähnlich, daß ich mir selber das Leben erschwerte und daß ich zur Bewunderung anderer Charaktere und Leistungen und zum Zweifel an meinen eigenen leicht bereit war. Outsiders waren wir beide. Dagegen hatte ich, anfangs unklar und nur mit halbem Glauben, dann immer energischer und konzentrierter mich auf die Zukunft hin bewegt, von der ich seit Knabenzeiten träumte. Auch als ich, nach schweren Kämpfen, den Eltern nachgab und mich einem Beruf und einer Lehrzeit unterzog, als Buchhändler, hatte ich es im Blick auf mein Ziel getan, es war eine Anpassung, ein vorläufiger Kompromiß gewesen. Ich war Buchhändler geworden, um zunächst einmal von den Eltern unabhängig zu werden, auch um ihnen zu zeigen, daß ich im Notfall mich beherrschen und etwas im bürgerlichen Leben leisten könne, aber es war für mich von Anfang an nur ein Sprungbrett und Umweg zu meinem Ziel gewesen. Und schließlich hatte ich das Ziel erreicht, hatte mich erst vom Vaterhaus, dann vom vorläufigen Beruf befreit, war Schriftsteller geworden, konnte davon leben, hatte mich mit dem Vaterhaus und der bürgerlichen Welt versöhnt und war von ihnen anerkannt. Ich hatte geheiratet, mich fern von allen Städten in einer schönen Landschaft niedergelassen, lebte nach meinem Geschmack, ein Freund der Natur und ein Freund der Bücher, und die Konflikte und Schwierigkeiten, deren auch dies frei gewählte Leben genug enthielt, waren noch nicht ernsthaft und waren mir damals noch kaum bewußt geworden. Für Hans, der damals mein Gast war, mit mir spazierenging oder Ruderfahrten auf dem See unternahm, für Hans war ich ein arrivierter Mann, dem seine Sache geglückt war. Er, so fühlte er, würde niemals arrivieren, ihm würde seine Sache niemals glücken. In einen Beruf verirrt, in dem er es nie weit bringen würde, von der eigenen Unzulänglichkeit überzeugt, ohne Selbstvertrauen, den Frauen gegenüber hoffnungslos schüchtern, ohne einen Traum im Herzen, an dessen Verwirklichung er hätte glauben können, sah er zwischen sich und mir eine Kluft, die für mich kaum sichtbar war, die sich nun aber mit den Jahren vergrößerte und später auch mir immer fühlbarer wurde.

Natürlich hatte er auch seinen Traum in der Seele, seine Vorstellung von Glück und wahrem Leben, aber das Wunschbild ließ sich nicht nach vorn ins Leben projizieren, es wies zurück ins Paradies, in die Kindheit. Als Jüngster war er daran gewöhnt, der Kleinere und Unwissendere zu sein, die Schule hatte ihn noch kleiner gemacht, im Beruf sah er andre ihn überholen, die ihm nur durch Härte und Selbstvertrauen überlegen waren. Und so ist er, während er nach außen allmählich lernte, sich dem Notwendigen zu fügen und wenigstens sein

Brot zu verdienen, in seinem inneren Leben immer nach rückwärts gewendet geblieben, zur Kindheit hin, zu jener unschuldigen, seelenhaften, aber kampflosen Welt der Träume und Spiele, des Singens, des Lachens um nichts, des Wanderns ohne Ziel.

Er fand wieder eine Anstellung, trieb wieder Englisch, spielte Violine, sang in einem Chor mit. Und außer der Musik gab es noch etwas, worin er atmen und schwimmen und sich entfalten und aufblühen konnte, das war der Umgang mit Kindern. Wohnte in erreichbarer Nähe seiner jeweiligen Arbeitsstätte eine befreundete oder verwandte Familie mit Kindern, so brachte er unfehlbar dort seine Sonntage zu, ein immer spielfroher, alle Kinderlaunen und Kinderwünsche verstehender Kamerad und Onkel. Er wurde sehr geliebt, und die Kinder und jungen Leute, mit denen er musizierte oder Scharaden aufführte und die er in seine wahrhaft dichterische Spielwelt einführte, waren ihm für immer zugetan und wußten nichts davon, daß ihr Onkel und Freund ein enttäuschter und oft schwermütiger Mann war. Selbst Kinder zu haben, hat er sich sehnlich gewünscht. Aber da war vieles im Wege. Wovon eine Frau ernähren und kleiden, eine Wohnungsmiete bezahlen? Und das zu können, mußte man zu denen gehören, welche vorwärtskommen und von Stelle zu Stelle nach oben aufrücken. Und dann waren die Frauen so unnahbar, oder so enttäuschend, und wie sollte man es denn auf sich nehmen, fürs ganze Leben einer Frau das Brot und das Glück zu versprechen, wo man sich selbst so wenig trauen konnte?

Manche Jahre lang sahen wir uns nur noch sehr selten, wir wohnten weit voneinander entfernt, schrieben einander zu den Geburtstagen, sonst selten. Wenn ein Buch von mir erschien, schickte ich es ihm, er bedankte sich jedesmal, hat sich aber nie über eines geäußert, ich erfuhr nie, ob eines von ihnen ihm gefallen hat. Drei Jahre vor dem großen Krieg probierte er es noch einmal mit einem Ortswechsel, seinem letzten. Er fand Arbeit in einem Städtchen im Aargau, und ich zog ein Jahr später nach Bern, nun waren wir näher beieinander, ein paarmal kam er über einen Sonntag auf dem Fahrrad zu uns, saß mit uns in der Laube, spielte mit unsern Knaben, man sprach von Basel und Calw, vom Vaterhaus. Hans arbeitete jetzt in einer großen Fabrik, da saß er als Korrespondent in einem der vielen Büros, klagte hie und da ein wenig über die Öde der langen Tage, erzählte von Verwandten in Zürich, bei denen er viele Sonntage mit den Kindern verbrachte. Als der Krieg ausbrach, sprach ich einmal über die Weltpolitik mit ihm, er hörte zu und schüttelte den Kopf, er las selten eine Zeitung und nahm nirgends Partei. Es war merkwürdig mit ihm, halb war er ein Knabe, der Knabe Hans, den ich einmal am Christabend in der Verklärung der Freude gesehen, mit dem ich gespielt und der mich einmal, als ich wütend war und ihn schlug, so stumm mit anklagenden Augen angeblickt hatte, halb war er ein bescheiden kleinbürgerlich aussehender Mann mit einer tiefen Stimme, der den Kopf etwas vorneigte und resigniert einer Arbeit oblag, die ihm nur eben das Brot brachte, ein geduldiger Arbeiter und kleiner Angestellter.

Immerhin hatte er, außer seiner Violine und seinen Sonntagen, die er mit den Neffen in Zürich verspielte oder verwanderte, andre Reserven, aus denen seine Seele sich erneuerte, aus denen er lebte und immer wieder Mut schöpfte. Er war nicht nur im Herzen ein Kind, er war auch fromm geblieben, fromm im doppelten Sinn der Herzensreinheit und der Pietät gegen die Menschen und gegen die Weltordnung, und fromm auch als Christ und Mitglied einer Gemeinde. Er nahm es auf sich, daß er schlecht in die Welt der Geschäfte und Arbeit paßte, daß er auf kleinen und untergeordneten Posten blieb, er anerkannte sein Schicksal, und in den Zeiten, wo es ihm schwer zu ertragen schien, haderte er mehr mit sich selber als mit Gott und der Welt, den Einrichtungen, den Vorgesetzten. Er blieb vollkommen unpolitisch und erlaubte sich keine Kritik, er lebte zwar nicht asketisch oder abstinent, aber äußerst bescheiden, war auch sparsam, denn seine Groschen waren mühsam verdient. Einen Abend oder zwei in der Woche war er im Kirchenchor seiner Gemeinde, übte Choräle und studierte neue Lieder, ein brauchbarer und zuverlässiger Sänger.

Mit dem Weltkrieg kam eine Zeit, in der es Hans besser zu gehen schien als mir. Das Politische berührte ihn nicht, seine Existenz war bescheiden, aber gesichert, und die Welt, wie er sie sah, wurde nicht von den Ministern und Generälen, sondern von Gott regiert. Einmal während des Krieges fanden wir Geschwister uns alle noch einmal zusammen, um unsern Vater zu begraben. Da waren wir alle versammelt, nicht im einstigen Vaterhaus mehr, aber doch um den Vater, sprachen uns aus und waren im Schmerz dieser Tage wieder eins wie in der Kindheit, aufeinander angewiesen, um gemeinsam Leid zu tragen und zugleich das Glück der Zusammengehörigkeit zu fühlen.

In der letzten Zeit des Krieges war von der Freiheit und Sorglosigkeit, in der ich früher gelebt hatte, nichts mehr übriggeblieben. Mein Arbeitszimmer war längst ein Büro geworden, mein Wohlstand dahin, meine bald arbeitsame, bald genießerische Zurückgezogenheit von der Welt zu Ende, ich war dem Krampf und Leid der Welt verflochten und hingegeben, und auch das, was sonst noch mein letzter und innigster Trost gewesen war, die Musik, konnte ich nicht mehr ertragen. Und jetzt wurde meine Frau schwerkrank, ich mußte die Kinder weggeben, es schien alles zusammenbrechen zu wollen, in einem verödeten Hause und Leben saß ich und sah Schlimmes kommen. Gerade in dieser Zeit nun, im Herbst 1918, kam der Brief von Hans, in dem er mich bat, zu seiner Hochzeit zu kommen. Er hatte sich verlobt, ein Strahl Licht war in sein Leben gefallen, er wollte es noch einmal versuchen, sich ein Glück aufzubauen.

Mir nun fiel die Aufgabe zu, bei seiner Hochzeit unsre Familie zu vertreten, die andern waren alle in

Deutschland drüben, die Grenze gesperrt, das trennte mehr als zwanzig Breitegrade. Es fiel mir sehr schwer, diesem Ruf zu folgen, ich war in der Arbeitslast, in der Hetze und Seelennot der Kriegsjahre ein scheuer und verzweifelnder Mensch geworden, zur Not noch fähig, sich Tag um Tag mit lästiger Pflichtarbeit zu beladen und zu betäuben, aber schon seit langer Zeit nicht mehr fähig, irgendwo mitzuschwingen, sich zu freuen oder gar ein Fest zu feiern. Auch das hätte man ja für einen Tag hinunterwürgen können, aber es war mir vor dieser Hochzeit nicht nur meinetwegen bange. Mein eigenes Eheglück war eben erst endgültig gescheitert; mir schien, es wäre tausendmal besser gewesen, wenn ich nie geheiratet hätte, heftig erinnerte ich mich jetzt der inneren Widerstände, mit welchen ich vor vierzehn Jahren mich zur Heirat entschlossen und meine Hochzeit gefeiert hatte. Nein, meine Anwesenheit bei Hansens Hochzeit konnte kein Glück bringen. Es konnte ja doch nichts Gutes daraus werden, wenn unsereiner heiratete und den Bürger spielte, wir taugten dazu nicht, wir taugten zu Einsiedlern, zu Gelehrten oder Künstlern, meinetwegen zu Wüstenheiligen, aber nicht zu Gatten und Vätern. Man hatte sich, als wir Kinder waren, viele Mühe damit gegeben, uns den „Willen zu brechen", wie die fromme Pädagogik das damals nannte, und man hatte in der Tat allerlei in uns gebrochen und zerstört, aber gerade nicht den Willen, gerade nicht das Einmalige und mit uns Geborene, nicht jenen Funken, der uns zu Outsiders und Sonderlingen machte.

Indessen war an Absage und Ausrede gar nicht zu denken. Ich spürte selbst, wie nervös und in mein eigenes Unglück versponnen ich war und wie töricht und unrecht es wäre, dem Bruder das endlich gefundene Glück nicht von Herzen zu gönnen oder es durch mein Fernbleiben von seinem Fest zu trüben, ihm Teilnahme und Segen gewissermaßen zu versagen. Es war mir auch von frühern Beispielen her bekannt, wie wenig angenehm es für einen Hochzeiter ist, völlig allein ohne Fa-

milie und Anhang dem Aufgebot der Brautverwandt-
schaft gegenüberzustehen. Ich fuhr also schwarz gekleidet ins Aargau zu Hans und schämte mich meiner Hy-
pochondrie, denn es war ein schöner und rührender
Anblick, den Bruder still, glücklich und etwas befangen
neben seiner freundlich-ernsten Braut zu sehen, und
dazu fanden sich ihre Schwestern und Schwäger ein, die
mich alle sehr artig aufnahmen und mir alle gefielen, es
war eine rüstige und hochgewachsene Rasse, und noch
ehe wir zum Festmahl ins Haus des Brautvaters in ein
nahegelegenes Dorf hinaus fuhren, zwischen herbstli-
chen Wäldern und Weinbergen bergan, hatte ich schon
den Eindruck gewonnen, es stehe gut mit Hans und seiner Zukunft. Es war seit geraumer Zeit die erste Freude,
die ich erlebte, und die ganze ländliche, gesunde und
friedliche Welt, bei welcher ich da zu Gast war, schien
tausend Meilen weit von allen Kriegen, Revolutionen
und Weltuntergängen zu liegen. Es war ein schönes und
heiteres Fest, ich wurde nicht nur beruhigt, sondern vergnügt, und das Gefühl, den Bruder nach so langem Suchen und Darben versorgt und eingereiht zu wissen, tat
mir gründlich wohl. Das einzige, was mir nicht gefiel
und was ich nur der Höflichkeit wegen loben half, war
die Stadtwohnung des neuen Paares, im Erdgeschoß an
einer lärmigen Straße.

Für mich kam nun eine Zeit, in der ich an Hans wenig denken konnte. Es kam das Ende des Kriegs und die
Revolution, ein sorgenvoll durchfrorener Winter in meinem gespenstisch gewordenen Hause und der Zusammenbruch meiner damaligen Existenz. Im Frühling erst
war es soweit, daß ich meine Bücher, meinen alten
Schreibtisch und ein paar Andenken zusammenpacken
und den Versuch zu einem neuen Lebensbeginn machen konnte. Hans aber war zufrieden, ein guter Ehemann, der am Abend nach seinem grauen Arbeitstag
eine kleine Heimat auf sich warten wußte. Es wurden
ihm zwei Söhne geboren, und nun besaß er in seiner
kleinen Wohnung alles das, was er viele Jahre lang nur

als Gast und an Sonntagen in fremden Häusern gefunden hatte.

Vier oder fünf Jahre nach jenem Hochzeitsfest fügte es sich, daß ich mich einige Zeit in der Stadt aufhalten mußte, wo Hans wohnte, er war nun schon ein Dutzend Jahre am selben Ort und in derselben Fabrik tätig, ist auch vollends dort geblieben, die Jahre der Unrast waren vorüber. Ich fand Hans mit seiner kleinen Familie in einer anderen Wohnung als jener, die mir so mißfallen hatte, er schien mir ruhiger geworden und etwas gealtert, es gab natürlich auch Sorgen. Nach seiner Verheiratung – das erzählte er mir aber nicht, ich erfuhr es erst viel später – hatte der Vorstand seines Büros ihn einmal zu sich bestellt und ihm freundlich auseinandergesetzt, er sei ja nun schon manches Jahr hier angestellt, habe sich auch als fleißig und zuverlässig erwiesen, doch sei seine Tätigkeit ja nur eine subalterne, und da er jetzt Familie habe, müsse er sich klarmachen, daß die Beamtenschaft der Fabrik eine Hierarchie bilde, in welcher er sich bisher mit seinem Platz auf einer der untersten Stufen begnügt habe. Wer aber guten Willen und einige Gaben besitze, der strebe nach oben, wo man nicht nur zu gehorchen, sondern auch zu befehlen lernen müsse, wo man nicht mehr nur beaufsichtigt werde, sondern auch Aufsicht über andre zu führen habe. Man wolle einem Angestellten, der sich brav gehalten und jetzt geheiratet habe, den Weg zu den höheren Stufen nicht versperren, wenn er strebsam sei und sich zutraue, mehr und Wichtigeres als bisher zu leisten, es werde dann auch an einem entsprechend höheren Lohn nicht fehlen. Und so biete man ihm also an, für eine gewisse Probezeit es mit einer etwas verantwortungsvolleren und besser bezahlten Arbeit zu versuchen. Man hoffe, er freue sich über dies Anerbieten und werde sich in der Probezeit bewähren. Der gute Hans hörte dieses ehrerbietig an, stellte auch einige schüchterne Fragen und bat dann um eine Bedenkzeit. Der Vorgesetzte, ein wenig verwundert, daß er nicht sofort zugriff, ließ ihm die gewünschte Frist, und Hans ging an seine Arbeit zurück. Dann war er einige Tage sorgenvoll und in sich gekehrt und kämpfte um seinen Entschluß. Nach abgelaufener Frist meldete er sich und bat, man möge ihn auf seinem bisherigen Posten lassen. Nun erzählte er es auch seiner Frau und hatte einige Mühe, sie davon zu überzeugen, daß er nicht anders habe handeln können. Von da an blieb er, ohne mit weitern Vorschlägen behelligt zu werden, für immer auf seinem bescheidenen Posten an der Schreibmaschine sitzen.

Davon wußte ich damals noch nichts. Ich besuchte Hans ein paarmal, machte mit ihm und den Seinigen einen Sonntagsausflug, hatte ihn einen Abend zum Plaudern und Essen bei mir im Hotel, und jetzt wollte ich auch einmal die Stätte seiner Arbeit sehen. Aber da war kein Zutritt möglich. Hans wehrte erschrocken ab, und der Portier der Fabrik, den ich dann aufsuchte, konnte es mir auch nicht gestatten. So stellte ich mich denn, um wenigstens irgendeine Vorstellung von meines Bruders geheimnisvollem Alltagsleben zu bekommen, eines Tages kurz vor der Mittagsstunde am Eingang zur Fabrik auf, um ihn herauskommen zu sehen und abzuholen. Es war ein gewaltiger Eingang wie zu einer Festung, dahinter saß im Fenster seines Wärterhäuschens der Pförtner und bewachte die Straße. Eine dreifache Straße führte vom Eingangstor zur Fabrik, welche weit hinten lag, eine kleine Stadt von Gebäuden, Höfen und Schloten. In der Mitte lief eine Fahrstraße, rechts und links je ein breiter Gehsteig. Außen vor dem Tore stand ich und wartete, blickte die leere breite Straße hinauf gegen die Gebäude und stellte mir vor, daß in einem von ihnen Tag um Tag und Jahr um Jahr mein Bruder in einem Saal mit vielen Schreibmaschinen sitze und Briefe schreibe. Es war eine sehr ernste, strenge und etwas düstere Welt, in welche ich da blickte, und wenn ich mir dachte, ich müsse mein Leben lang jeden Morgen und jeden Nachmittag pünktlich hier erscheinen, durch dieses Tor die breite Straße hinan und in eines der großen kahlen

Gebäude gehen und dort in einem Büro Befehle und Diktate entgegennehmen und Briefe und Rechnungen schreiben, so mußte ich mir gestehen, daß ich das nicht vermöchte. Gewiß, als Besitzer oder Leiter oder Ingenieur oder Werkmeister hier zu arbeiten, als einer, der das Ganze dieser großen Maschinerie übersah und sich ihm gewachsen fühlte, das war mir vorstellbar. Aber als kleiner Angestellter auf einer der niederen Stufen, als Arbeiter, der nie etwas Ganzes zu machen bekommt, der immer die gleichen Handgriffe zu tun hat oder die gleichen Briefe diktiert bekommt – das war ein Angsttraum. Ich blickte angestrengt durch das Fabriktor hinein, dachte an Hans und sah einen Augenblick sein still verklärtes, leuchtendes Kindergesicht an jenem unendlich fernen Christabend wieder, und das Herz zog sich mir zusammen.

Jetzt sah ich weit hinten zwischen den Gebäuden sich etwas regen, es kamen ein paar Menschen heraus, dann mehr, dann viele, die bewegten sich dem Tore und mir entgegen, und als die ersten schon an mir vorübergegangen waren und sich in die Straßen nach der Stadt hin verloren, quoll von dort innen ein dichter, ununterbrochener Menschenstrom heraus, dunkel floß er in gleichmäßigem Trott heran und an mir vorbei, viele Dutzende, viele Hunderte, auf beiden Gehsteigen kamen sie geströmt, und auf der breiten Straße dazwischen hundert Fahrräder, Motorräder und je und je ein Automobil. Es waren Männer und Frauen, aber viel mehr Männer, manche junge Leute mit bloßen Köpfen, forsch und vergnügt, manche plaudernd, die meisten aber ernst, schweigend, etwas müde, vorwärtsgetrieben im Tempo, das ihnen der große Strom aufzwang. Ich hatte bei den ersten Dutzend mir die Gesichter angesehen, ob Hans unter ihnen sei, aber da es auf allen drei Straßen quoll und quoll und in dem Strom der Gesichter längst nicht mehr die einzelnen zu fassen möglich war, ließ ich die Ströme vorüberziehen und mußte darauf verzichten, den Bruder herauszufinden. Ich stand und schaute zu, wohl eine gute Viertelstunde lang, bis die Flut versiegte und ein Ende nahm und Straßen und Höfe wieder öde lagen, die Rückkehr der Scharen erwartend.

Später habe ich bei jedem Besuche in jener Stadt einige Male diese mittägliche Anabasis abgewartet, manchmal gelang es mir, Hans abzufangen, manchmal war er es, der mich entdeckte und anrief, manchmal auch mußte ich wie jenes erste Mal weggehen, ohne ihn gesehen zu haben. Es war jedesmal eine Qual und eine Lektion für mich. Wenn ich meinen Bruder in der Menge entdeckte und ihn zwischen den andern trotten sah, den Kopf etwas gesenkt, fühlte ich jedesmal ein bittres, nutzloses Mitleid, und wenn er mich dann erblickte und mit einem kleinen, freundlichen Lächeln sein stilles Gesicht erhob und mir die Hand entgegenstreckte, kam ich mir jedesmal einen Augenblick wie der Jüngere und Unfertigere von uns vor. Seine Zugehörigkeit zu diesen tausend Männern, sein geduldiger Schritt und das etwas müde, aber freundliche, so geduldig gewordene Gesicht gaben ihm, den ich bis in seine Mannesjahre immer ein wenig wie ein Kind betrachtet hatte, eine traurige Würde, einen Stempel von Ergebenheit und Geprüftsein, der mich rührte und beschämte.

Obwohl ich jetzt sein Leben besser kannte, das aus den Tagen in der Fabrik und den Abenden in seiner Familie bestand, habe ich doch noch ein paarmal den Versuch gemacht, ihm auch ein Stück von meinem Leben zu zeigen und ihn einmal in meine Kreise zu bringen. Er war ja ein Freund der Musik und selber ein wenig Musikant, und wenn er von Literatur und Philosophie, auch von Politik nichts wissen wollte, so wollte ich doch einmal mit ihm gute Musik hören, ihn für einen Abend oder Sonntag aus seinem Kleinbürgerleben zu uns Künstlern herüberholen, ihn mit nach Zürich in eine Oper, zu einem Oratorium oder Symphoniekonzert nehmen und nachher zu ein paar geselligen und musikalischen Stunden mit meinen Freunden, den Musikern. Ich habe den Versuch damals gemacht und habe ihn bei meinen späteren Besuchen drei-, viermal wiederholt, habe ihn herzlich und dringlich eingeladen und ihm zugeredet, aber es ist mir nicht geglückt, und am Ende gab ich es auf und war enttäuscht. Hans mochte nicht, es lag ihm nichts an der Oper und dem Konzert, nichts an dem Zusammenkommen mit meinen Freunden. Ich aber hatte schon wieder vergessen, wie mir damals, im dritten und vierten Jahr des Krieges, die Musik und die Geselligkeit und jedes Erinnertwerden an die Welt der Kunst unerträglich geworden war, denn das Leben war für mich damals nur noch zu ertragen, wenn man diese köstlichen Dinge vollkommen vergaß und verdrängte; schon bei ein paar Takten Schubert oder Mozart, die einem in einem müßigen Augenblick einfielen, war man ja nah am Weinen. Ich hatte das wieder vergessen, oder sah und spürte doch nicht, daß es vermutlich meinem Bruder nicht anders erging als damals mir, daß sein ganzes tapferes Durchhalten in der Tretmühle des Berufs vielleicht in Frage gestellt und gefährdet worden wäre durch ein rauschhaftes Kunsterlebnis, eine Hingabe an „Die Zauberflöte" oder „Das Oboenquartett". Ich war enttäuscht, daß Hans allen meinen Einladungen sich zu entziehen wußte, es schien mir schade um ihn, daß er der Verlockung nicht folgte, daß er mit seinem kleinen engen Leben zufrieden war, das späte Nachhausekommen fürchtete und sich offenbar vor den Leuten, zu denen ich ihn da bringen wollte, genierte. Es wurde nicht mehr davon gesprochen. Allmählich erfuhr und merkte ich dann auch, daß Hans es nicht gern hörte, wenn ihn jemand aus seiner Bekanntschaft nach seinem Bruder, dem Dichter, fragte. Er hatte mich gern und ist in diesen Jahren nie anders als lieb und freundlich mit mir gewesen, aber meine Schriftstellerei, meine Künstlerfreundschaften, meine geistigen, artistischen, historischen Interessen, das alles war ihm lästig, er wollte damit verschont sein, er lehnte es mit freundlicher Beharrlichkeit ab, daran teilzunehmen.

Ich habe mir darüber manchmal Gedanken gemacht,

denn unser Umgang litt darunter; nicht selten, wenn wir uns nach einer Pause von einem oder zwei Jahren wiedersahen, hatten wir nach den Erkundigungen über Gesundheit und Familie nichts Rechtes mehr miteinander zu sprechen. Ich weiß auch heute über die Gründe dieses Mißverhältnisses nicht genau Bescheid, wenn ich auch manche Vermutungen darüber anstellte. Mir gegenüber war mein Bruder, daran war nicht zu zweifeln, schwer gehemmt, und er zeigte sich mir interesseloser und philiströser, als er wirklich war. Denn in seinem eigenen Kreise war er, wie ich gelegentlich erfuhr, durchaus kein Langweiler, galt vielmehr für einen guten und interessanten Kameraden, der durch Laune, Phantasie und Witz überraschen konnte. Es scheint, daß ich für ihn zeitlebens der ältere Bruder geblieben bin, der fortgeschrittnere und für klüger gehaltene, und daß ich für ihn immer etwas von der Geistigkeit darstellte, mit welcher er im Vaterhaus und in der Schule in Konflikt gekommen war. Es war in ihm wie in mir eine Anlage zum Künstlertum und zum Fabulieren; diese Anlage sah er bei mir zum anerkannten Beruf ausgebildet, ich war ein Artist und Fachmann geworden, während sie bei ihm ein freies und gelegentliches Spiel geblieben war und die Unschuld und Unverantwortlichkeit des Kinderspiels behalten hatte. Aber die psychologische Erklärung will mir nicht genügen. Es war im Leben des Bruders noch eine andre Macht vorhanden, die religiöse. Sie war auch bei mir vorhanden, und sie hatte bei uns beiden dieselbe Wurzel und Herkunft. Aber während ich in der Jugend erst Freidenker, dann Pantheist geworden war und mir manche alte und fremde Theologie und Mythologie angeeignet hatte, und auch bei meiner langsam sich entwickelnden Versöhnung mit der christlichen Frömmigkeit immer kontemplativ und einsam geblieben war, hatte Hans den Glauben der Eltern behalten oder nach einer Zeit der Entfremdung wiedergewonnen und war nicht nur in Gedanken und im Herzen fromm, sondern war es auch in der Gemeinschaft. Ich weiß, daß er auch dort zuzeiten Zweifel hatte und sich gelegentlich mit einer privaten und manchmal eher abenteuerlichen Theologie befaßte; aber er praktizierte seinen Glauben, er war viele Jahre lang und bis zu seinem Ende ein treues Gemeindeglied und ging regelmäßig zu Gottesdienst und Abendmahl.

Diese Frömmigkeit, zusammen mit dem Verantwortungsgefühl für Frau und Kinder, hat ihm die Kraft gegeben, auf seinem so sehr verfehlten und freudlosen Platz im praktischen Leben auszuharren. Und diese beiden Mächte bewahrten ihn auch davor, verbittert zu werden. Sowenig er über die Automobile und Villen der Fabrikdirektoren und das Verhältnis ihrer Gehälter zu seinem nachgrübelte, sowenig verlor er die Freundlichkeit und Achtung gegen die Mitmenschen. Seine Arbeit tat er ungern, aber folgsam und sorgfältig, und wenn er abends mit dem großen Menschenstrom die Fabrik verlassen hatte, ließ er diese Arbeit und die Gedanken an sie ebenfalls hinter sich, er sprach zu Hause nie von ihr. Da gab es andere Sorgen, Krankheit, Geldsorgen, Schulfragen, und es gab Singen und Musizieren, Abendgebet, den Gottesdienst am Sonntag und den Ausflug mit seinen Knaben, wobei er stets ein kleines Liederbuch in der Tasche mit sich trug. Gelegentlich klagte er mir, wenn wir uns wiedersahen, über Veränderungen in seinem Büro, einmal über einen harten Vorgesetzten; damals war es mir mit Hilfe von Freunden möglich, die Spannung auszugleichen. Es schien ihm jahrelang recht gut zu gehen. Nur wenn ich bei meinen gelegentlichen Besuchen in jener Stadt mich zur Mittagszeit am Fabriktor aufstellte und ihn abholte, schien er mir zuweilen etwas allzu alt und erloschen, allzu ergeben und müde. Und als es in der Fabrik anfing an Arbeit zu mangeln, als immer wieder Leute entlassen und die Gehälter kleiner wurden, als seine Augen empfindlich zu werden begannen und im Winter das vielstündige Arbeiten bei künstlichem Licht oft nur schwer ertrugen, fand ich ihn einige Male sehr niedergedrückt.

Und nun komme ich in meinem Bericht zu den Tagen unsres letzten Wiedersehens.

Ich war wieder für kurze Zeit in die Stadt gekommen, es war im November; ich wohnte im selben Hotel, wo ich im Lauf der Jahre manchen Aufenthalt genommen und manchen Abend mit Hans verbracht hatte. Es ging mir wenig gut, und als ich den Weg zur Fabrik einschlug und am Tor auf den Bruder wartete, wollte es mir scheinen, ich sei nun oft genug an dieser Einfahrt gestanden und habe oft genug dem guten Hans aufgelauert und ihn aus dem grauen Strome gefischt, sei oft genug hierher in diese Stadt und dann wieder heim in mein Haus im Tessin gefahren, es wäre nicht schade, wenn das alles sich nicht immer wiederholte, sondern einmal ein Ende nehme. Ob ich nun noch fünfmal oder noch zehnmal in meinen Geschäften hierhergereist käme, ob ich noch ein Buch oder zwei schriebe oder keines mehr, das schien mir belanglos, ich war müde und krank und hatte in diesem Jahr nicht viel Freude an meinem Leben gehabt. Ich besann mich, ob es denn recht sei, in dieser Stimmung von Unlust und Schwäche meinen Bruder zu begrüßen, ob ich nicht eine bessere Stunde dafür abwarten sollte. Aber da schickte der mittägliche Menschenstrom schon seine ersten Wellen heraus, ich blieb, ich fand Hans und nickte ihm zu, er kam wie immer und schüttelte mir die Hand, und wir gingen miteinander stadteinwärts, suchten eine ruhige Seitengasse und gingen da ein wenig auf und ab. Hans wollte hören, wie es mir gehe, aber ich kam nicht recht zum Berichten, ich wußte, wie kurz seine Mittagszeit war und daß seine Frau und sein Essen auf ihn warteten. Wir verabredeten uns für einen Abend ins Hotel und trennten uns bald.

Pünktlich fand Hans sich in meinem Hotelzimmer ein, und nach einigem Zögern und Herumreden fing er plötzlich mit gepreßter Stimme an, mir zu schildern, wie er es jetzt in seinem Büro habe, es sei oft kaum zu ertragen, die Augen machten ihm zu schaffen, es ginge bergab mit ihm, und es sei ihm dort auch niemand wohlgesinnt, es seien jetzt so viele junge Angestellte da, die machten hinter seinem Rücken Bemerkungen über ihn, es werde wohl nächstens dazu kommen, daß man ihn entlasse. Ich erschrak, ich hatte ihn in diesem Ton seit Jahren nicht mehr sprechen hören. Ich fragte, ob etwas Besondres vorgefallen sei. Ja, gab er zu, es sei etwas passiert, er habe eine kleine Dummheit begangen. Es sei da ein Augenblick gekommen, da habe ein Kollege ihn unfreundlich behandelt, und er habe deutlich gemerkt, daß sie alle gegen ihn wären, und da habe er für einen Augenblick die Gewalt über sich verloren und habe zornig gesagt, man solle ihm nur kündigen, er habe ohnehin von allem genug.

Er blickte düster vor sich hin. „Aber Hans", sagte ich, „das ist doch wahrhaftig nicht so schlimm! Wann war es denn, gestern, oder heute?"

Nein, sagte er leise, es sei schon vor ein paar Wochen gewesen. Ich erschrak nochmals. Ich sah, es stand gar nicht gut mit Hans. Daß er sich so beargwöhnt und verfolgt fühlte! Und daß er sich wochenlang mit der Furcht vor den Folgen eines unbeherrschten Augenblicks schleppen konnte! Ich erklärte ihm: wenn seine Vorgesetzten damals seine paar Worte wirklich ernst genommen und ihn hätten entlassen wollen, so hätten sie das inzwischen längst getan. Ich redete ihm eine Weile zu. Daß ihm die jungen Angestellten keinen Respekt zeigten, nun, das sei eben so, er solle sich doch nur erinnern, wie auch wir als junge Burschen uns oft über ältere Leute lustig gemacht und sie komisch gefunden hätten mit ihrem Ernst und ihrer Pedanterie. Mir gehe das, wenn ich unter jüngere Leute komme, manchmal ebenso, man komme sich eingerostet und langweilig vor, und sobald die Jungen das spüren, spielen sie sich gern auf und lassen einen merken, daß wir Alten ihnen nicht imponieren könnten. Und so weiter; ich hielt ihm eine richtige Ermunterungs- und Trostrede. Und Hans ging darauf ein. Er gab zu, das mit den jungen Kollegen sei vielleicht nicht ganz so schlimm, aber er fühle sich seiner Arbeit oft nicht mehr gewachsen, sie mache ihm oft so große Mühe, und Freude habe er ja ohnehin nie an ihr gehabt. Ob ich es nicht für möglich halte, fragte er, daß er an einem anderen Ort Arbeit finde, und ob ich ihm nicht dabei helfen würde, etwas zu finden, ich habe doch manche Freunde und Beziehungen.

Auch das gab mir einen Stich. So gern ich bereit war, ihm jeden Dienst zu tun, und so lieb es mir hätte sein müssen, von ihm darum gebeten zu werden – ich wußte allzu gut, wie schwer er eine solche Bitte aussprach. Er mußte in großer Seelennot sein, wenn er sich so an mich wandte. Offenbar wollte er um jeden Preis fort, es war ihm hier alles entleidet und unerträglich geworden – aber warum hatte er dann doch wieder diese Furcht vor dem Entlassenwerden?

Ich suchte ihn nochmals zu beruhigen. Vor allem versprach ich ihm, daß er auf mich rechnen könne, und wenn er wirklich seinen Posten durchaus nicht behalten wolle, dann müßten wir eben einen andern suchen; aber ich erinnerte ihn auch daran, daß das heute nicht so leicht sei, überall würden Leute entlassen. Jedenfalls möge er doch ja seine Stelle nicht aufgeben, ehe ihm eine andre gewiß sei, er habe doch Frau und Kinder. Darauf ging er ein, ja, er war plötzlich von diesem Gedanken wie eingeschüchtert und schien alles wieder ungesagt zu wünschen. Aber ich bestand darauf, daß er sich ausspreche und mir sage, was er sich denn eigentlich wünsche. Jetzt gestand er, er wünsche nichts andres, als hier herauszukommen, aus diesem Büro, einerlei wohin, nur fort. Er wisse, wie schwer es jetzt sei, eine Stelle zu finden, aber er würde auch mit einem geringeren Lohn und einer geringeren Arbeit zufrieden sein. Er würde zum Beispiel auf eine Stelle als Korrespondent oder Sekretär keinen Wert legen, er würde ebenso gern, oder viel lieber, etwa ein Warenlager beaufsichtigen oder Bürodiener sein, den Boden reinhalten, die Pulte aufräumen, Post wegtragen und dergleichen.

Es läutete zum Abendessen. Seine Not war mir zu Herzen gegangen, ich tröstete ihn nochmals, erinnerte ihn an frühere Male, wo ihm auch alle Wege verbaut schienen und sich dennoch wieder einer geöffnet hatte. Ich schlug ihm vor, wir wollten, solang ich hier in der Stadt sei, seine Sache weiter beraten und durchsprechen, und wenn wir einen Plan fänden, könne er auf meine Hilfe zählen. Sein Gesicht erhellte sich, er war einverstanden. Wir gingen zu Tisch, tranken ein Glas Wein zum Abendessen und sprachen von alten Zeiten, Hans wurde heiterer, beinah vergnügt. In der Halle fanden wir ein Brettspiel, damit setzten wir uns in bequeme Stühle und probierten die alten Spiele einmal wieder, Mühleziehen, Dame, Wolf und Schaf. Wir hatten beide die Übung in diesen Spielen verloren, aber wunderlich versetzten mich der Anblick der Spielfelder und Steine, die Handbewegungen beim Ziehen, das Rückbesinnen auf die Spielregeln in die Kindheit zurück; es fielen mir Dinge ein, an die ich in Jahrzehnten nicht mehr gedacht hatte: der Geruch unsres eichenen Eß- und Spieltisches in Basel, die starken eisernen Scharniere, um die man ihn zusammenklappen konnte, das weiße Lamm im Innern einer Glaskugel, die ich damals besaß, und auf dem Deckelinnern von Mutters Harmonium die Inschrift „Strasbourg – Rue des enfants", über welche ich als Kind eine Zeitlang viel nachgedacht und phantasiert hatte und die für mich etwa „Ruhe des Infanten" bedeutete. O ferne, lebensprühende Welt, Urwald der Kindheit! Und wenn ich meines Bruders Gesicht ansah, das sich bei der Entdeckung, daß seine Partie verloren sei, zu einem knabenhaften bedauernden Lachen zusammenzog, dann spürte ich, daß auch er ein wenig unter dem Zauber stand. Wie duftete es aus den verschollenen Zeiten herüber! Und wie war es möglich, daß aus uns beiden, denen einst das Paradies geblüht hatte, diese beiden alternden Männer geworden waren, welche da in einer Hotelhalle beim Brettspiel saßen und nicht aus ihren Sorgen herausfanden!

Früh wie immer sagte Hans gut Nacht, ich stieg zu meinem Zimmer hinauf, und noch ehe ich im Bett war, hatte der Schimmer von Heiterkeit und Harmlosigkeit, den die letzte Stunde gehabt hatte, sich verloren. Ich vergaß unser Brettspiel und unser Abendessen und hörte nur noch die gepreßte Stimme, mit der mir Hans seine Not und Angst geklagt hatte. So hatte ich ihn seit vielen Jahren nicht mehr sprechen hören. Es war Ernst, das hatte ich sofort gespürt, das Leben meines Bruders stand in einer schweren Krise. Und wie zugleich bitter und furchtsam er von den jungen Leuten im Büro gesprochen hatte – als hätten sie wirklich Macht über ihn! Da war ein Schatten von angstvoller Unvernunft, von Verfolgungswahn zu spüren. Und dieses Hin und Her zwischen seiner Furcht vor einer Kündigung und der Lust, selber zu kündigen und sich davonzumachen! Daß er daran dachte, statt Briefschreiber lieber Bürodiener zu werden, konnte ich verstehen, auch ich hätte wohl lieber den Boden gefegt und die Post weggetragen als Geschäftsbriefe oder Lohnlisten geschrieben. Dieser Wunsch, so schien es mir, war nicht krankhaft, er war in Hansens Geständnis das Positive und Brauchbare. Ich fing an, nachzusinnen, bei welchem meiner Bekannten ich ihm vielleicht einen Platz würde verschaffen können. Aber da war keiner, der nicht seit geraumer Zeit Leute hatte entlassen müssen, keiner, dem nicht das Halten seiner alten Angestellten, besonders der verheirateten, eine ernste Sorge war. Und wenn es wider alles Erwarten gelänge, ihn an einen andern Posten zu bringen, wie lang würde er sich dort halten, wo man ihn nicht kannte, wo er sich nicht, wie hier, auf mehr als zwanzig Dienstjahre berufen konnte? Aber, ob er nun blieb oder wegging, ich wußte ihn seinem alten Feind verfallen, dem Zweifel an sich selber, der ratlosen Furcht vor der Kompliziertheit und Grausamkeit der Welt. Ich lag und plagte mich die halbe Nacht, dann wurde ich des Nachdenkens müde, und jetzt sah ich nur noch das zu mir erhobene Kindergesicht des Bruders, damals, als ich ihn geschlagen hatte. Das ging mit mir bis in den Schlaf hinein.

Der nächste Tag brachte mir unerwartete Aufgaben und Arbeiten, ich hatte den ganzen Tag mit Post und Telephon zu tun, und so ging es einige Tage, und als ich Hans kurz wiedersah, waren wir nicht allein, auch fand ich ihn nicht mehr so gedrückt und erregt wie an jenem Abend. Meine Tage waren ausgefüllt, Besuche kamen und gingen. Hinter allem blieb die Beunruhigung um Hans bestehen; ich war entschlossen, keinesfalls wieder abzureisen, ehe ich seine Sache mit ihm zu Ende besprochen und womöglich geklärt hatte. Vielleicht hätte die Stimmung von Krisis und Gefahr, die ich bei Hans empfand, mich weniger offen und aufmerksam gefunden, wäre sie nicht mit einer ähnlichen Stimmung in meinem eigenen Leben zusammengetroffen. Bedrohungen meiner Existenz von außen und von innen her trafen zusammen, um mir den Blick für ähnliche Konstellationen auch bei andern zu öffnen, und daß der seit Jahren gegen mich so schweigsam gewordene Bruder sich mir jetzt mitgeteilt und erschlossen hatte, beruhte wohl auch auf einer Witterung für das Verwandte in meiner eigenen augenblicklichen Lage.

Es kam nun für mich eine freundliche Unterbrechung in diese schwierigen Tage; zwei meiner Söhne kamen, wie es seit einer Weile schon verabredet war, über einen Sonntag zu mir auf Besuch. Sie kamen am Sonnabend, und ich bat sie, mit mir am Nachmittag ihren Onkel aufzusuchen, ich dachte, es würde ihm eine freundliche und vielleicht wohltuende und aufmunternde Überraschung sein. Wir wurden in der guten Stube empfangen, es waren alle zu Hause, Hans und seine Frau, einer seiner Knaben und, statt des zweiten, ein Pensionär, ein Schüler aus der welschen Schweiz, der zum Deutschlernen hier war und dessen Eltern dafür den zweiten Sohn meines Bruders eingetauscht hatten. Meine Söhne unterhielten sich mit den Jünglingen, und ich saß neben Hans auf dem Kanapee. Hans saß da und hörte auf seine freundliche Art allem zu, was wir erzählten und schwatzten, war aber sichtlich sehr müde nach seiner Arbeitswoche, ich sah ihn des öftern verstohlen gähnen. Er sah sehr friedlich aus, müde und gedankenlos, aber nicht geplagt oder unzufrieden, er fröstelte ein wenig, stand ein paarmal auf, ging zum erlöschenden Ofen und hielt eine Weile beide Hände an die Röhre, um sie zu wärmen. Auch als wir nach einer Stunde wieder aufstanden und uns empfahlen, stand er während unsrer Abschiedsreden beim Ofen, beide Hände um die Röhre gelegt, etwas vornübergebeugt mit seinem müden, aber freundlichen Gesicht. Dann gaben wir uns die Hände. So sehe ich ihn noch, beim Ofen stehend, müde und etwas fröstelnd, offenbar mit seinen Wünschen den Abend und das Bett erwartend.

Keine Ahnung sagte mir, daß ich ihn nie mehr wiedersehen werde. Vielmehr hatte diese Stunde, in der wir nichts als Alltägliches gesprochen hatten und die nichts war als ein artiger Besuch bei Verwandten, meine Sorge um Hans merkwürdig eingeschläfert. Seine gutartige Müdigkeit, sein Gähnen, sein stilles Stehen an der Ofenröhre, seine feierabendliche Dösigkeit hatte mich wie angesteckt, ich sah an diesem Abend weder den Hans mit dem anklagend erhobenen Kinderblick noch den Hans im grauen Strom der Fabrikleute, noch den Hans, der kürzlich bei mir mit so gepreßter Stimme und so unheimlich verworrene Dinge geklagt hatte, ich sah heute nur den Hans des Alltags, vielmehr des Sonnabends, den auf seinem Kanapee etwas dösenden Familienvater, der einen unerwarteten Besuch zwar artig empfängt, aber doch eher durch ihn geniert ist; ich wußte das Bett und dann den Sonntag auf ihn warten, auf den er sich freute, wie ich mich auf den morgigen Tag mit meinen Söhnen freute. Nichts warnte mich, keine Unruhe trieb mich dazu, ihn schon für übermorgen zu mir zu bitten, um seine Sorgen weiterzubesprechen. Wir drei gingen vergnügt und hatten einen heiteren Abend und Sonntag miteinander.

Wenige Tage darauf saß ich am kleinen Schreibtisch meines Hotelzimmers, nach dem Bade noch in Hausschuhen und Schlafrock, und schrieb Briefe, da klopfte es, und man meldete, es sitze unten ein Herr, ein Pfarrer, der mich sprechen wolle. Es störte mich ein wenig, aber an den Briefen konnte ich ja nachher weiterschreiben. Ich zog mich an und ging hinunter. Im Lesezimmer saß ein graubärtiger Herr, und ich sah beim ersten Blick, daß das kein Höflichkeitsbesuch sei. Er stellte sich vor, es war der Pfarrer, dessen Gemeinde mein Bruder angehörte. Er fragte, ob etwa Hans heute bei mir gewesen sei, und nun wußte ich sofort Bescheid und spürte, während wir uns setzten, ein kaltes Unbehagen, eine einschnürende Bangigkeit im Innern. Hans war heut morgen, etwas früher als sonst, von Hause fortgegangen, trotz der Kühle ohne Mantel, und eine Stunde darauf hatte sein Büro nach ihm fragen lassen, er war dort ausgeblieben. Ich sagte dem Pfarrer, was Hans mir neulich erzählt hatte. Er wußte das alles und wußte mehr als ich. Die Furcht, man werde ihn wegen jener unbeherrschten Worte entlassen, war ein Wahn: längst war Hans, noch ehe er mir von der Sache erzählt hatte, zu seinem Vorgesetzten gegangen und hatte die Versicherung erhalten, man denke nicht daran, ihm zu kündigen. Das hatte er also, als er bei mir war, wieder vergessen oder nicht wahrhaben wollen. Ich erzählte dem Pfarrer einiges aus meines Bruders Jugendzeit, er nickte dazu, er kannte ihn sehr gut, er sah die Sache nicht anders an als ich. Wir waren beide in großer Sorge, aber wir ließen nicht sofort den schlimmsten Vermutungen Raum, und vor allem dachten wir an meines Bruders Frau. Wir nahmen vorläufig an, Hans laufe draußen in den Wäldern herum, kämpfe mit seinen Anfechtungen, protestiere durch seine Flucht gegen das Büro und werde, wenn er sich tüchtig müde gelaufen, wiederkommen. Dahin kamen wir überein, und nun lief ich schnell zu Hansens Frau. Ich weiß nicht, ob es die Kraft meines Vorsatzes war, es war wohl eher ein listiger Instinkt, der es mir möglich machte, für diesen ersten Tag nicht nur der tapfern Frau Hoffnung einzureden, sondern selber an die Rückkehr des Vermißten zu glauben. Ich vertraute auf das Kindliche und Gläubige in Hans; so wie er die politischen und sozialen Zustände und Ordnungen hinnahm und anerkannte, auch wo er ihr Opfer war, so anerkannte er auch Gottes Ordnungen und würde sein Leben nicht selbst auslöschen. Er würde seine Mutlosigkeit und Verzweiflung draußen auf den Landstraßen und Waldwegen herumtragen, sich tüchtig müde laufen, einen Tag oder auch zwei Tage lang, dann würde er zurückkommen, vielleicht klein und beschämt und trostbedürftig, aber heil. Heil am Leibe wenigstens, denn daß er am Gemüt nicht mehr heil war, wußten wir beide, seine Frau noch besser als ich. Sie erzählte mir mehrere beklemmende Vorkommnisse aus der letzten Zeit, die es bestätigten. Kürzlich hatte er sich aus einem nächtlichen Angsttraum mit einem so furchtbaren Schrei losgerissen, daß das ganze Haus aufwachte. Und einmal hatte er aus der Nachbarschaft eine klagende oder weinende Stimme vernommen oder zu vernehmen gemeint, hatte in die Richtung gedeutet, aus der sie ihm zu kommen schien, und zu seiner Frau gesagt: „Siehst du, das ist Frau B., die so schrecklich weint. Sie weint aus Mitleid mit uns, sie weiß, daß ich bald entlassen werde und wir unser Brot verlieren." – Und sie bestätigte mir, daß die Versicherung seiner Vorgesetzten, man sei mit ihm zufrieden und werde ihn nicht entlassen, ihn damals nur für Augenblicke beruhigt habe. Er habe sie nicht geglaubt.

Und gestern abend beim Zubettgehen habe er das Nachtgebet nicht selbst sprechen wollen, sondern habe sie gebeten, es zu tun. Nur das Amen habe er laut mitgesprochen. Heut früh sei er etwas zeitiger als sonst aufgestanden und sei fortgegangen, als sie noch zu Bett war. Nachher habe sie gesehen, daß er seinen Mantel dagelassen habe. Es sei gar nicht zu begreifen, daß er ihr diesen Schrecken habe antun können, er müsse verwirrt gewesen sein, er sei gegen sie immer die Rücksicht selbst gewesen.

Als ich später wiederkam und noch keine Nachricht von Hans da war, mußte besprochen werden, ob man sein Verschwinden der Polizei melden solle. Am Ende entschlossen wir uns dazu. Tagsüber hatte sein Sohn schon weiterum auf dem Fahrrad die Gegend durchstreift und nach ihm gesucht und gerufen. Es war nach laufeuchten Tagen heute sehr kühl geworden. Am Abend, als ich ins Gasthaus zurückkehrte, hatte es sachte zu schneien begonnen, dünn und zögernd sanken die Flocken durch das Abendgrau. Mir war kalt, und ich dachte mit beklommenem Herzen an Hans; es stand ihm und uns eine böse Nacht bevor. In meines Bruders Wohnung blieb in dieser Nacht bis zum Morgen das Licht brennen, damit er es sähe, wenn er draußen irrte, und immer saß jemand wach im erwärmten Zimmer, falls er etwa käme. Seiner Frau stand jetzt eine ihrer Schwestern bei, sie hielt sich in all ihrer Not aufrecht und tapfer.

Die Nacht war hingegangen, das Licht gelöscht, der graue kalte Tag gekommen, der zweite Tag ohne Hans. Ich war wieder in seinem Hause gewesen, meine Frau war hergekommen, wir saßen im Hotel und versuchten, etwas zu arbeiten. Da kam ein Besuch, ein junger Dichter fand sich ein, mit dem ich dieser Tage Briefe gewechselt hatte, nun wollte er mich kennenlernen. Es war keine günstige Stunde, seit dreißig Stunden warteten wir, liefen herum und telephonierten, ich hatte keine Hoffnung mehr. Wir gingen in die Halle hinab, und sowenig es uns um Gespräch und Geselligkeit zu tun war, tat es uns doch wohl, das Warten unterbrochen und einen Mann bei uns zu sehen, dessen Gedichte wir vor kurzem erst mit Freude gelesen hatten. Er hatte das Manuskript eines Buches bei sich, das eben gedruckt werden sollte, er kam aus Zürich mit Grüßen von einem gemeinsamen Bekannten, und wie seine Gedichte uns beiden gefallen hatten, so gefiel uns nun auch er selbst. Aber wir waren noch keine halbe Stunde beisammengesessen, da sah ich durch die Glastür jemand sich nähern, einen ehrwürdig und bekümmert aussehenden Mann mit grauem Bart, es war der Pfarrer. Ich ging ihm rasch entgegen, er gab mir die Hand und sagte: „Jetzt ist Nachricht da. Man hat Ihren Bruder gefunden." Ich blickte ihn an, ich wußte schon. „Er ist nicht mehr am Leben", sagte er. Die Polizei hatte ihn im Felde draußen gefunden, etwas abseits der Straße, nicht sehr weit von Hause. Den Revolver von einstmals hatte er längst nicht mehr besessen, sein Taschenmesser hatte ihm genügt.

Als Hans sich vor siebzehn Jahren verheiratet hatte, war es mir zugefallen, dem Entfremdetsten und Familienfernsten der Geschwister, dabeizusein und als einziger die Familie zu vertreten. Ungern war ich zu jenem Fest gekommen, mit tiefem Mißtrauen gegen alles, was Familie, Ehe und bürgerliches Glück heißt, aber doch hatte ich an jenem Tage meine Zugehörigkeit zu Hans und unsre Blutsverwandtschaft als eine starke Macht im Herzen empfunden und war am Abend von der Hochzeit zurückgekommen voll Freude über Hansens Glück und für mein eigenes Leben gestärkt. Alles dieses wiederholte sich nun bei seinem Begräbnis. Auch dieses Mal war es keinem andern der Geschwister möglich, dabeizusein, auch dieses Mal schien niemand in der Welt mir ungeeigneter als ich, an diesem Sarg zu stehen, Bruder und Schwager und Vertreter einer Sippe zu sein. Auch dieses Mal nahm ich die Aufgabe mit Widerstreben auf mich, und auch dieses Mal war alles ganz anders, als ich gedacht hatte.

Es war der letzte Tag des November. Der Schnee war schon wieder vergangen, es regnete leise in den graukühlen Morgen hinein, naß glänzte um das Grab her die lehmige Erde. In seinem Sarge lag Hans, und er hatte ein Lächeln auf dem Gesicht. Nun war der Sarg geschlossen und wurde ins Grab hinabgeseilt. Wir standen unter Regenschirmen auf dem zertretenen Rasen, es war ein großes Trauergeleite mit auf den ländlichen Friedhof gekommen. Der Kirchenchor, in dem Hans so viele Jahre

mitgesungen hatte, war da und sang ihm den Abschieds-
choral, und jetzt trat der graubärtige Pfarrer vor das
Grab, und war der Choral schön gewesen, so war das Ab-
schiedswort des Pfarrers noch schöner, und daß ich seinen und meines Bruders Glauben nicht so völlig teilte,
war jetzt von keiner Bedeutung. Es war ein trauriges
Fest, aber doch ein Fest, ein warmer und würdiger Abschied. Da waren viele Menschen, manche weinten; sie
alle, die ich nicht kannte, hatten Hans gekannt und hatten ihn gern gehabt, manche von ihnen waren ihm seit
Jahren näher gewesen und hatten ihm mehr bedeutet als
ich, und doch war ich der einzige, der von seinem Geschlecht war und der sich in seinem Gedächtnis frühe
Kinderbildnisse dieses Toten bewahrte und seinen Weg
bis in die gemeinsamen Herkünfte zurück kannte und
verstand. Je weiter zurück, desto besser verstand ich ihn.
Auch unsre Base aus Zürich war gekommen, in deren
Hause Hans einst manche Jahre lang seine Sonntage zu-
gebracht hatte, und von den Kindern, deren Onkel und
geliebter Spielkamerad er damals gewesen war, standen
zwei mit mir beim Grabe, längst erwachsene Männer.
Auch nach dem Amen des Pfarrers blieben wir noch
lange stehen, ich hörte von manchem Mund einen Nachklang der Liebe, die Hans erweckt und genossen, und
des kindlichen Zaubers, den er für viele gehabt hatte. Da
war mehr gewesen, als ich gewußt hatte, und wenn mir
das Glück geworden war, meinen Beruf mehr zu lieben
und im Dienst einer edleren Arbeit zu stehen als mein
Bruder, so hatte ich das doch mit einem guten Stück Leben bezahlt, mit einem allzu großen vielleicht, und ich
durfte nicht hoffen, daß um mein Grab her einst so viel
Strahlung und Liebeswärme walten werde wie um dieses
Grab, in das ich jetzt, Abschied nehmend, noch einmal
blickte. Diese Stunde auf dem Friedhof, die ich ein wenig gefürchtet hatte, war merkwürdig schnell hingegangen und merkwürdig schön gewesen. Ich hatte zu dem
Sarg anfangs nicht ohne jenen Neid hinabgeblickt, mit
welchem man im Altern manchmal den betrachtet, der

die Ruhe schon gefunden hat. Auch dies Gefühl war jetzt erloschen. Ich war einverstanden, ich wußte mein Brüderchen geborgen und wußte auch mich nicht am falschen Ort: ich hätte viel versäumt, wenn ich nicht diese bangen Tage mitgelebt und mit an diesem Grabe gestanden hätte.

1936

BASLER ERINNERUNGEN

Meine Beziehungen zu Basel sind so alt wie ich und noch älter, denn nicht nur mein Vater stand im Dienst der Basler Mission, sondern auch schon der Vater meiner Mutter, einer von den gelehrten Missionaren, der gelegentlich junge Indologen dadurch in Erstaunen setzte, daß er Sanskrit nicht bloß lesen, sondern auch sprechen konnte, und der sich um die Kenntnis, Grammatik und Lexikographie des Malajalam und anderer indischer Sprachen verdient gemacht hat. Dieser schwäbische Großvater (der andere war der russische) ist vor einem halben Jahrhundert den Besuchern der Basler Missionsfeste als ständiger Redner der Eröffnungsansprache in der Martinskirche bekannt gewesen. Seine Tochter, meine Mutter, war in Gundeldingen bei Basel erzogen worden und sprach Baseldeutsch so gut wie Englisch oder Malajalam. Ihr jüngster Bruder war mit einer Baslerin verheiratet. Und außer und über all dem war die Basler Mission und ihre oberste Behörde, „die Committée", eine beherrschende und täglich genannte Macht im Leben der Eltern und Großeltern. Ich wußte also von Basel und hatte eine Vorstellung von ihm, noch ehe ich selber, im Alter von annähernd vier Jahren, es zum erstenmal sah. Damals wurde nämlich mein Vater nach Basel versetzt, als Lehrer am Missionshaus, und wir Kinder freuten uns über den Wechsel nicht nur, weil es ein Wechsel war und eine Reise bedeutete, sondern wir hatten auch von Basel eine prächtige und verlockende Vorstellung, denn man hatte uns nicht bloß von der Mission und dem Missionshaus erzählt, sondern auch vom Rhein und den Brücken, der schönen alten Stadt, dem Münster und dem Lällenkönig, und viele dieser Merkwürdigkeiten kannten wir schon aus Abbildungen.

Von 1881 bis 1886 lebten wir dann in Basel und wohnten am Müllerweg, dem Spalenringweg gegenüber; zwischen beiden lief damals die Elsässer Bahnlinie hindurch. Der Anblick der Züge und das häufige Stehen und Warten beim Bahnübergang, wenn man in die Stadt wollte, gehört zu den frühesten meiner Basler Eindrücke. In jenen Jahren hat mein Vater sich um das Basler Bürgerrecht beworben und es erhalten.

Unser Müllerweg mit seiner Umgebung war vermutlich eine ziemlich bescheidene Vorstadtgegend, für uns Kinder jedoch war er ein Paradies und Urwald, in dem die Entdeckungen und Abenteuer kein Ende nahmen. Das Land begann schon ganz in der Nähe unseres Hauses; ein Bauernhof, gegen Allschwil hin gelegen, und eine Kiesgrube in seiner Nähe boten Gelegenheit zu ländlichen Spielen. Und die große, für mich Kleinen endlos große Schützenmatte, damals unbebaut vom Schützenhaus bis zum „Neubad" hinaus, war mein Schmetterlingsjagdgebiet und der Schauplatz unserer Indianerspiele. Manche Erinnerungen jener Zeit sind im Kindheitskapitel des „Hermann Lauscher" aufgezeichnet. Allmählich lernte ich, namentlich auf Sonntagsspaziergängen mit meinem Vater, auch die innere Stadt näher kennen, den Rhein mit der Fähre beim Blumenrain und den Brücken, das Münster und die Pfalz, den Kreuzgang, das historische Museum, das damals überm Kreuzgang untergebracht war. Und von den Eindrücken, die mir das damalige Kunstmuseum bei einigen Besuchen unter der Führung meines Vaters gab, fand ich einige noch vollkommen lebendig, als ich zwölf oder mehr Jahre später wieder nach Basel zurückkehrte; zu diesen Eindrücken gehörten Böcklins Fresken im Treppenhaus, Holbeins Familienbild und der tote Christus, Feuerbachs Aretino und die Kinderidylle und das Bild von Zünd mit dem Kornfeld, das ich als Knabe besonders liebte. In den zwei oder drei letzten Jahren unserer damaligen Basler Zeit war auch die Messe im Oktober ein großes Erlebnis mit den Buden und Karussellen, den Moritatengesängen auf dem Barfüßerplatz und den süßen Meßmocken und den vielen Örgelimännern, die sich bis in unsere Vorstadt hinaus sehen und hören ließen.

Als ich gerade neun Jahre alt war, mußte ich Basel wieder verlassen; mein Vater war zurück ins Schwabenland berufen worden, wir Kinder mußten uns an neue Schulen gewöhnen und das Baseldeutsch wieder verlernen. Die Beziehungen zu Basel freilich blieben, und Besuche aus Basel waren sehr oft bei uns. Doch sah ich die Stadt, mit Ausnahme eines kurzen Ferienaufenthaltes, erst als Erwachsener wieder.

Wie stark Basel in der Kinderzeit auf mich gewirkt hatte, zeigte sich, als ich am Ende einer Lehrzeit als Buchhändler und Antiquar zum erstenmal frei und nach eigener Wahl in die Welt hinauszog. Ich hatte keinen anderen Wunsch, als wieder nach Basel zu kommen; es schien dort etwas auf mich zu warten, und ich gab mir alle Mühe, als junger Buchhandlungsgehilfe eine Stelle in Basel zu finden. Es gelang, und im Herbst 1899 kam ich wieder in Basel an, mit Nietzsches Werken (soweit sie damals erschienen waren) und mit Böcklins gerahmter „Toteninsel" in der Kiste, die meine Besitztümer enthielt. Ich war kein Kind mehr und glaubte mit dem Basel der Kindheit und dem Missionshaus und seiner Atmosphäre nichts mehr zu tun zu haben; ich hatte schon ein kleines Heft Gedichte veröffentlicht, hatte Schopenhauer gelesen und war für Nietzsche begeistert. Basel war für mich jetzt vor allem die Stadt Nietzsches, Jacob Burckhardts und Böcklins. Dennoch galten einige meiner ersten Gänge in jenen Spätsommertagen nach der Ankunft den Stätten der Kindheit: dem Müllerweg, der Schützenmatte, dem Spalentor.

In der Reichschen Buchhandlung (heute Helbing u. Lichtenhahn) trat ich meine Arbeit an, und gleich nach einem der ersten Tage fragte ich meinen Kollegen Helbing, ob ihm vielleicht ein gewisser Dr. Hans Trog bekannt sei. Ich hatte nämlich, noch in Tübingen, von dem jungen Hans Trog eine kleine Biographie Jacob Burckhardts gelesen. Helbing lachte und sagte, der sitze gleich hier nebenan, im selben Haus mit uns, da könne ich ihn aufsuchen. Trog war damals einer der jüngsten Redakteure der „Allgemeinen Schweizer Zeitung", deren Redaktion im Hinterhause unserer Buchhandlung saß. Es ergab sich aus dieser ersten Basler Literatenbekanntschaft eine gelegentliche Mitarbeit am Feuilleton dieser Zeitung, die paar ersten meiner Buchrezensionen sind um 1900 dort erschienen. Und an einem der ersten Basler Sonntage suchte ich nun, recht schüchtern, das Haus des Historikers und damaligen Staatsarchivars Rudolf Wackernagel auf, den „hinteren Württemberger Hof" am Brunngäßli, wohin mich mein Vater empfohlen hatte. Ich wurde dort, und bald darauf auch bei Jakob Wackernagel in der Gartengasse, überaus freundlich empfangen, und bald hatte ich neben meiner Arbeit und meinen Kollegen einen lebhaften Verkehr mit mehreren Basler Familien, die alle der Universität nahestanden und wo ich auch die meisten jüngeren Gelehrten kennenlernte. Am häufigsten sah ich Joël, Wölfflin, Mez und Bertholet, auch Joh. Haller. Ein anderer neugewonnener Freund, mit dem ich eine Zeitlang auch eine gemeinsame Wohnung an der Holbeinstraße hatte, war der junge rheinländische Architekt Jennen, der soeben den ersten Preis in der Konkurrenz um die Erweiterungsbauten des Rathauses gewonnen hatte, ein Neugotiker, Schüler von Schäfer in Karlsruhe und ein überschäumend lebensfroher junger Mensch, der mich Einzelgänger und Asketen in manche Genüsse und Behaglichkeiten des materiellen Lebens einführte. Wir haben in den elsässischen und badischen Wein- und Spargeldörfern manche Schlemmerei veranstaltet, im „Storchen" Billard gespielt und in der „Wolfsschlucht", welche damals noch ein kleines, stilles Weinstübchen war, sowie im „Helm" am Fischmarkt (es ist der „Stahlhelm" im „Steppenwolf") häufig jene Studien getrieben, deren Ergebnis die Camenzindschen Hymnen auf den Wein waren.

Nun, diese Studien hätte ich auch anderswo betreiben können. Aber den Geist, von dem das damalige gebildete Basel, wenigstens soweit es mir sichtbar wurde, beherrscht war, hätte ich nirgends sonst in dieser Reinheit angetroffen, und es wurde mir erst später klar, daß es ein einziger Mann war, der diesem Geist die charakteristische Prägung gegeben hatte. Eine schöne Stadt mit alter Tradition und einer gebildeten höheren Bürgerschaft, einer kleinen Universität, einem schönen Museum und so weiter mochte es auch anderswo geben. Hier aber war alles getränkt vom Geist, vom Einfluß und Vorbild eines Mannes, der einige Jahrzehnte lang dem geistigen Basel als Lehrer und in kulturellen Dingen als Arbiter elegantiarum gedient hatte. Er hieß Jacob Burckhardt und war erst vor wenigen Jahren gestorben. Ich war auch damals schon sein Leser, gewiß, ich hatte schon in Tübingen die „Kultur der Renaissance“ gelesen und in Basel den „Konstantin“, aber ich war noch allzutief von Nietzsche bezaubert, um seinem direkten Einfluß ganz offenzustehen. Desto stärker war der indirekte: ich lebte, ein lernbegieriger und aufnahmebereiter junger Mensch, inmitten eines Kreises von Menschen, deren Wissen und Interessen, deren Lektüre und Reisen, deren Denkart, Geschichtsauffassung und Konversation von nichts und niemand so stark beeinflußt und geformt waren wie von Jacob Burckhardt. Die Sage von mehreren seiner Vorlesungen und Vortragszyklen, namentlich der „Weltgeschichtlichen Betrachtungen“, erreichte mich in diesem Kreise zu einer Zeit, als seine postumen Werke noch nicht erschienen waren, und als ich im Jahre 1901 meine erste italienische Reise antrat, hatte ich nicht nur seinen „Cicerone“ im Köfferchen, sondern es war die ganze Reise, ihre Stimmung und Tendenz, der Kreis dessen, wonach ich suchte und worauf es mir ankam, in einem Maß von ihm beeinflußt, das ich erst viel später voll erkannte, als längst der Zauber Nietzsches erblaßt und

Burckhardt für mich zu einem wirklichen Führer geworden war.

Als ich Basel nach diesen paar lebhaften Jugendjahren wieder verließ, nahm ich außerdem noch andere Einflüsse und Bindungen mit: ich war mit einer Baslerin verlobt, wurde in Basel getraut und habe, wenn auch meine Besuche mit den Jahren seltener wurden, nicht nur mit Basel stets in vielerlei Beziehungen gestanden, sondern ihm auch im Herzen Treue und Dankbarkeit bewahrt.

1937

DER BETTLER

Vor Jahrzehnten, wenn ich an die „Geschichte mit dem Bettler" dachte, war sie für mich eine Geschichte, und es schien mir nicht unwahrscheinlich und auch nicht besonders schwierig, daß ich sie eines Tages erzählen würde. Aber daß das Erzählen eine Kunst sei, deren Voraussetzungen uns Heutigen, oder doch mir, fehlen und deren Ausübung darum nur noch das Nachahmen überkommener Formen sein kann, ist mir inzwischen immer klarer geworden, wie denn ja unsre ganze Literatur, soweit sie von den Autoren ernst gemeint und wirklich verantwortet wird, immer schwieriger, fragwürdiger und dennoch waghalsiger geworden ist. Denn keiner von uns Literaten weiß heute, wieweit sein Menschentum und Weltbild, seine Sprache, seine Art von Glauben und Verantwortung, seine Art von Gewissen und Problematik den anderen, den Lesern und auch den Kollegen, vertraut und verwandt, erfaßbar und verständlich ist. Wir sprechen zu Menschen, die wir wenig kennen und von denen wir wissen, daß sie unsre Worte und Zeichen schon wie eine Fremdsprache lesen, mit Eifer und Genuß vielleicht, aber mit sehr ungefährem Verständnis, während die Struktur und Begriffswelt einer politischen Zeitung, eines Filmes, eines Sportberichts ihnen weit selbstverständlicher, zuverlässiger und lückenloser zugänglich sind.

So schreibe ich diese Blätter, welche ursprünglich nur die Erzählung einer kleinen Erinnerung aus meiner Kinderzeit sein sollten, nicht für meine Söhne oder Enkel, die wenig mit ihnen anfangen könnten, noch für irgendwelche andere Leser, wenn nicht etwa die paar Menschen, deren Kinderzeit und Kinderwelt ungefähr dieselbe wie die meine gewesen ist und die zwar nicht den Kern dieser nicht erzählbaren Geschichte (der mein persönliches Erlebnis ist), doch aber wenigstens die Bilder, den Hintergrund, die Kulissen und Kostüme der Szene wiedererkennen werden.

Aber nein, auch an sie wendet meine Aufzeichnung sich nicht, und auch das Vorhandensein dieser einigermaßen Vorbereiteten und Eingeweihten vermag meine Blätter nicht zur Erzählung zu erheben, denn Kulissen und Kostüme machen noch längst keine Geschichte aus. Ich schreibe also meine leeren Blätter mit Buchstaben voll, nicht in der Absicht und Hoffnung, damit jemanden zu erreichen, dem sie Ähnliches wie mir bedeuten könnten, sondern aus dem bekannten, wenn auch nicht erklärbaren Trieb zu einsamer Arbeit, einsamem Spiel, dem der Künstler gehorcht wie einem Naturtrieb, obwohl er gerade den sogenannten Naturtrieben zuwiderläuft, wie sie heute von der Volksmeinung oder der Psychologie oder der Medizin definiert werden. Wir stehen ja an einem Ort, einer Strecke oder Biegung des Menschenweges, zu dessen Kennzeichen auch das gehört, daß wir über den Menschen nichts mehr wissen, weil wir uns zuviel mit ihm beschäftigt haben, weil zu viel Material über ihn vorliegt, weil eine Anthropologie, eine Kunde vom Menschen, einen Mut zur Vereinfachung voraussetzt, den wir nicht aufbringen. So wie die erfolgreichsten und modernsten theologischen Systeme dieser Zeit nichts so sehr betonen als die völlige Unmöglichkeit irgendeines Wissens über Gott, so hütet sich unsere Menschenkunde ängstlich, über das Wesen des Menschen irgend etwas wissen und aussagen zu wollen. Es geht also den modern eingestellten Theologen und Psychologen ganz ebenso wie uns Literaten: die Grundlagen fehlen, es ist alles fragwürdig und zweifelhaft geworden, alles relativiert und durchwühlt, und dennoch besteht jener Trieb zu Arbeit und Spiel ungebrochen fort, und wie wir Künstler, so bemühen sich auch die Männer der Wissenschaft eifrig weiter, ihre Beobachtungswerkzeuge und ihre Sprache zu verfeinern und dem Nichts oder Chaos wenigstens einige sorgfältig beobachtete und beschriebene Aspekte abzugewinnen.

Nun, möge man dies alles als Zeichen des Untergangs oder als Krise und notwendige Durchgangsstation ansehen – da jener Trieb in uns fortbesteht und da wir, indem wir ihm folgen und unsre einsamen Spiele trotz aller Fragwürdigkeit auch unter allen Erschwerungen weiter treiben, ein zwar einsames und melancholisches, aber doch ein Vergnügen empfinden, ein kleines Mehr an Lebensgefühl oder an Rechtfertigung, haben wir uns nicht zu beklagen, obwohl wir jene unsrer Kollegen recht wohl verstehen, welche, des einsamen Treibens müde, der Sehnsucht nach Gemeinschaft, nach Ordnung, Klarheit und Einfügung nachgeben und sich der Zuflucht anvertrauen, welche als Kirche und Religion oder als deren moderner Ersatz sich anbietet. Wir Einzelgänger und störrischen Nichtkonvertiten haben an unserer Vereinsamung nicht nur einen Fluch, eine Strafe zu tragen, sondern haben in ihr auch trotz allem eine Art von Lebensmöglichkeit, und das heißt für den Künstler Schaffensmöglichkeit.

Was mich betrifft, so ist meine Einsamkeit zwar nahezu vollkommen, und was an Kritik oder Anerkennung, an Anfeindung oder Duzbrüderschaft aus dem Kreise der mir durch die Sprache Verbundenen an mich gelangt, trifft zumeist an mir vorbei, so wie einem dem Tode nahen Kranken etwa die Wünsche besuchender Freunde für Genesung und langes Leben am Ohr vorbei tönen mögen. Aber diese Einsamkeit, dies Herausgefallensein aus den Ordnungen und Gemeinschaften und dies Sich-nicht-anpassen-Wollen oder -Können an eine vereinfachte Daseinsform und Lebenstechnik bedeutet darum noch lange nicht Hölle und Verzweiflung. Meine Einsamkeit ist weder enge, noch ist sie leer, sie erlaubt mir zwar das Mitleben in einer der heute gültigen Daseinsformen nicht, erleichtert mir aber zum Beispiel das Mitleben in hundert Daseinsformen der Vergangenheit, vielleicht auch der Zukunft, es hat ein unendlich großes Stück Welt in ihr Raum. Und vor allem ist diese Einsamkeit nicht leer. Sie ist voll von Bildern. Sie ist eine Schatzkammer von angeeigneten Gütern, ichgewordener Vergangenheit, assimilierter Natur. Und wenn der Trieb zum Arbeiten und Spielen noch immer ein wenig Kraft in mir hat, so ist es dieser Bilder wegen. Eines dieser tausend Bilder festzuhalten, auszuführen, aufzuzeichnen, ein Gedenkblatt mehr zu so vielen andern zu fügen ist zwar mit den Jahren immer schwieriger und mühevoller geworden, aber nicht weniger lockend. Und besonders lockend ist der Versuch des Aufzeichnens und Fixierens bei jenen Bildern, die aus den Anfängen meines Lebens stammen, die, von Millionen späterer Eindrücke und Erlebnisse überdeckt, dennoch Farbe und Licht bewahrt haben. Es wurden ja diese frühen Bilder in einer Zeit empfangen, in der ich noch ein Mensch, ein Sohn, ein Bruder, ein Kind Gottes war und noch nicht ein Bündel von Trieben, Reaktionen und Beziehungen, noch nicht der Mensch des heutigen Weltbildes.

Ich versuche die Zeit, den Schauplatz und die Personen der kleinen Szene festzustellen. Nicht alles ist genau nachweisbar, nicht zum Beispiel das Jahr und die Jahreszeit, auch nicht ganz genau die Zahl der miterlebenden Personen. Es ist ein Nachmittag, wahrscheinlich im Frühling oder Sommer, und ich war damals zwischen fünf und sieben, mein Vater zwischen fünfunddreißig und siebenunddreißig Jahre alt. Es war ein Spaziergang des Vaters mit den Kindern, die Personen waren: der Vater, meine Schwester Adele, ich, möglicherweise auch meine jüngere Schwester Marulla, was nicht mehr nachweisbar ist, ferner hatten wir den Kinderwagen mit, in dem wir entweder ebendiese jüngere Schwester oder aber, wahrscheinlicher, unsern jüngsten Bruder Hans mitführten, der noch nicht der Sprache und des Gehens mächtig war. Schauplatz des Spaziergangs waren die paar Straßen des äußeren Spalenquartiers im Basel der achtziger Jahre, zwischen denen unsre Wohnung lag, nahe dem Schützenhaus am Spalenringweg, der damals noch nicht seine spätere Breite hatte, denn zwei Drittel von ihr nahm die ins Elsaß führende Eisenbahnlinie ein. Es war eine kleinbürgerliche, heitere und ruhige Stadtgegend am äußersten Rande des damaligen Basel, ein paar hundert Schritte weiter lag schon die damals endlose Prärie der Schützenmatte, der Steinbruch und erste Bauernhöfe am Wege nach Allschwil, wo wir Kinder manchmal in einem der dunklen warmen Ställe die Milch frisch von der Kuh zu trinken bekamen und von wo wir ein Körbchen Eier mit nach Hause trugen, ängstlich und stolz darauf, daß uns dies anvertraut wurde. Es wohnten harmlose Bürgersleute um uns herum, einige wenige Handwerker, meistens aber Leute, die in die Stadt zu ihrer Arbeit gingen und feierabends in den Fenstern lagen und Pfeifen rauchten oder in den kleinen Gärtchen vor ihren Häusern mit Rasen und Kies sich zu schaffen machten. Einigen Lärm machte die Eisenbahn, und zu fürchten waren die Bahnwärter, die am Bahnübergang zwischen Austraße und Allschwiler Straße in einer Bretterhütte mit winzigem Fensterchen hausten und wie die Teufel herbeigestürzt kamen, wenn wir einen hineingefallenen Ball oder Hut oder Pfeil aus dem Graben retten wollten, der die Bahnlinie von der Straße trennte und den zu betreten niemand das Recht hatte als ebenjene Wärter, die wir fürchteten und an denen nichts mir gefiel als das allerdings entzückende messingene Hörnchen, das sie an einem Bandelier über die Schulter hängen hatten und auf dem sie, obwohl es nur einen einzigen Ton hatte, alle Stufen ihrer jeweiligen Aufregung oder Schläfrigkeit auszudrücken vermochten. Übrigens war dennoch einmal einer dieser Männer, die für mich die ersten Vertreter der Macht, des Staates, des Gesetzes und der Polizeigewalt waren, überraschenderweise sehr menschlich und nett mit mir gewesen; er hatte mich, der ich mit Peitsche und Kreisel auf der sonnigen Straße beschäftigt war, herbeigewinkt, hatte mir ein Geldstück in die Hand gegeben und mich freundlich gebeten, ihm aus dem nächsten Laden einen Limburger Käse zu holen. Ich gehorchte ihm freudig, bekam im Laden den Käse eingewickelt und überreicht, dessen Konsistenz und Geruch mir allerdings unheimlich und verdächtig war, kehrte mit dem Päckchen und dem Überrest des Geldes zurück und wurde zu meiner großen Genugtuung vom Bahnwärter im Innern seiner Hütte erwartet, das ich zu sehen längst begierig gewesen war und nun betreten durfte. Es enthielt jedoch außer dem schönen gelben Hörnchen, das zur Zeit an einem Wandnagel hing, und dem daneben an die Bretterwand gehefteten, aus einer Zeitung geschnittenen Bildnis eines schnurrbärtigen Mannes in Uniform keine Kostbarkeiten. Leider endete mein Besuch bei Gesetz und Staatsgewalt schließlich doch mit einer Enttäuschung und Verlegenheit, die mir äußerst peinlich gewesen sein muß, da ich sie nicht vergessen konnte. Der heute so gutgelaunte und freundliche Wärter wollte, nachdem er Käse und Geld in Empfang genommen hatte, mich nicht ohne Dank und Lohn entlassen, er holte aus einer schmalen Sitztruhe ein Laibchen Brot heraus, schnitt ein Stück ab, schnitt auch vom Käse ein tüchtiges Stück und legte oder klebte es auf das Brot, das er mir darreichte und das er mir mit Appetit zu essen empfahl. Ich wollte mich samt dem Brote aus dem Staube machen und dachte, es wegzuwerfen, sobald ich den Augen des Spenders entronnen sein würde. Aber er witterte, wie es schien, meine Absicht, oder er wollte nun einmal gern bei seinem Imbiß einen Kameraden haben; er machte große und, wie mir scheinen wollte, drohende Augen und bestand darauf, daß ich gleich hier hineinbeiße. Ich hatte mich artig bedanken und in Sicherheit bringen wollen, denn ich begriff sehr wohl, allzu wohl, daß er mein Verschmähen seiner Gabe und gar meinen Widerwillen gegen die von ihm geliebte Speise als Beleidigung empfinden würde. Und so war es auch. Ich stammelte erschrocken und unglücklich irgend etwas Unbedachtes heraus, legte das Brot auf den Truhenrand, drehte mich um und ging drei, vier rasche Schritte von dem Manne weg, den ich nicht mehr anzusehen wagte, dann schlug ich meinen schnellsten Trab ein und entfloh nach Hause.

Die Begegnungen mit den Wärtern, den Vertretern der Macht, waren in unsrer Nachbarschaft, in der kleinen heiteren Welt, in der ich lebte, das einzige Unvertraute, das einzige Loch und Fenster nach den Dunkelheiten, Abgründen und Gefahren hin, deren Vorhandensein in der Welt mir schon damals nicht mehr unbekannt war. Zum Beispiel hatte ich einmal aus einer Schenke weiter innen in der Stadt das Gegröle betrunkener Zecher vernommen, hatte einmal einen Menschen mit zerrissener Jacke von zwei Polizisten abführen sehen und ein andermal in der abendlichen Spalenvorstadt die teils schrecklich eindeutigen, teils ebenso schrecklich rätselhaften Geräusche einer Schlägerei zwischen Männern mit angehört und mich dabei so gefürchtet, daß unsre Magd Anna, die mich begleitete, mich eine Strecke weit auf den Arm nehmen mußte. Und dann gab es noch etwas, was mir unstreitig böse, scheußlich und durchaus diabolisch vorkam, es war der fatale Geruch im Umkreis einer Fabrik, an der ich mit älteren Kameraden mehrere Male vorbeigekommen war und deren Dunstkreis eine bestimmte Art von Ekel, Beklemmung, Empörung und tiefer Furcht in mir wachrief, welche auf irgendeine wunderliche Weise mit dem Gefühl verwandt war, das Bahnwärter und Polizei mir verursachten, einem Gefühl, an dem außer der bangen Empfindung von Gewalterleiden und Machtlosigkeit auch noch ein Zuschuß oder Unterton von schlechtem Gewissen teilhatte. Denn zwar hatte ich in Wirklichkeit noch nie eine Begegnung mit der Polizei erlebt und ihre Gewalt zu spüren bekommen, aber oft hatte ich von Dienstboten oder Kameraden die geheimnisvolle Drohung gehört: „Wart, ich hole die Polizei", und ebenso wie bei den Konflikten mit den Bahnwärtern war da jedesmal irgend etwas wie eine Schuld auf meiner Seite, die Übertretung eines mir bekannten oder auch nur geahnten und imaginierten Gesetzes vorgelegen. Aber jene Unheimlichkeiten, jene Eindrücke, Töne und Gerüche hatten mich weit von Hause erreicht, im Innern der Stadt, wo es ohnehin lärmig und aufregend, wenn auch freilich höchst interessant zuging. Unsere stille und saubere Kleinwelt vorstädtischer Wohnstraßen mit ihren Gärtchen an der Front und ihren Wäscheleinen an der Rückseite war arm an Eindrücken und Mahnungen dieser Art, sie begünstigte eher den Glauben an eine wohlgeordnete, freundliche und arglose Menschheit, um so mehr, als zwischen diesen Angestellten, Handwerkern und Rentnern da und dort auch Kollegen meines Vaters oder Freundinnen meiner Mutter wohnten, Leute, die mit der Heidenmission zu tun hatten, Missionare im Ruhestand, Missionare auf Urlaub, Missionarswitwen, deren Kinder die Schulen des Missionshauses besuchten, lauter fromme, freundliche, aus Afrika, Indien und China heimgekehrte Leute, die ich zwar keineswegs in meiner Einteilung der Welt an Rang und Würde meinem Vater gleichstellen konnte, die aber ein ähnliches Leben führten wie er und die sich untereinander mit du und Bruder oder Schwester anredeten.

Damit bin ich denn bei den Personen meiner Geschichte angelangt, deren es drei Hauptpersonen: mein Vater, ein Bettler und ich, und zwei bis drei Nebenpersonen sind, nämlich meine Schwester Adele, möglicherweise auch meine zweite Schwester und der von uns im Wagen geschobene kleine Bruder Hans. Über ihn habe ich ein anderes, früheres Mal schon Erinnerungen aufgeschrieben; bei diesem Basler Spaziergang war er nicht Mitspieler oder Miterlebender, sondern nur eben die kleine, der Rede noch unmächtige, von uns sehr geliebte Kostbarkeit im Kinderwagen, den zu schieben wir alle als ein Vergnügen und eine Auszeichnung betrachteten, den Vater nicht ausgenommen. Auch Schwester Marulla, sofern sie überhaupt an jenem Nachmittag mit an unsrem Spaziergang teilnahm, kommt als Mitspielerin nicht eigentlich in Betracht, auch sie war noch zu klein. Immerhin mußte sie erwähnt werden, wenn auch nur die Möglichkeit bestand, daß sie uns damals begleitete, und mit ihrem Namen Marulla, der noch mehr als der ebenfalls in unsrer Umgebung kaum bekannte Name Adele als fremd und wunderlich auffiel, ist auch etwas von der Atmosphäre und dem Kolorit unsrer Familie gegeben. Denn Marulla war eine aus dem Russischen stammende Koseform von Maria und drückte, neben vielen anderen Kennzeichen, etwas vom Wesen der Fremdheit und Einmaligkeit unsrer Familie und ihrer Nationenmischung aus. Unser Vater war zwar gleich der Mutter, dem Großvater und der Großmutter in Indien gewesen, hatte dort ein wenig Indisch gelernt und im Dienst der Mission seine Gesundheit eingebüßt, aber das war in unsrem Milieu so wenig besonders und auffallend, wie wenn wir eine Familie von Seefahrern in einer Hafenstadt gewesen wären. In Indien, am Äquator, bei fremden dunkeln Völkern und an fernen Palmenküsten waren auch alle die andern „Brüder" und „Schwestern" von der Mission gewesen, auch sie konnten das Vaterunser in einigen fremden Sprachen sprechen, hatten lange Seereisen und lange, von uns Kindern trotz ihrer großen Mühsal höchst beneidete Landreisen auf Eseln oder Ochsenkarren gemacht und konnten zu den wunderbaren Sammlungen des Missionsmuseums genaue und zuweilen abenteuerreiche Erzählungen und Erklärungen geben, wenn wir dies Museum im Erdgeschoß des Missionshauses unter ihrer Führung besuchen durften.

Aber ob Indien oder China, Kamerun oder Bengalen, die andern Missionare und ihre Frauen waren zwar weit herumgekommen, schließlich waren sie aber doch beinahe alle entweder Schwaben oder Schweizer, es fiel schon auf, wenn einmal ein Bayer oder Österreicher sich unter sie verirrt hatte. Unser Vater aber, der seine kleine Tochter Marulla rief, kam aus einer fremderen, unbekannteren Ferne, er kam aus Rußland, er war ein Balte, ein Deutschrusse, und hat bis zu seinem Tode von den Mundarten, die um ihn herum und auch von seiner Frau

und seinen Kindern gesprochen wurden, nichts angenommen, sondern sprach in unser Schwäbisch und
Schweizerdeutsch hinein sein reines, gepflegtes, schönes
Hochdeutsch. Dieses Hochdeutsch, obwohl es für manche Einheimische unser Haus an Vertraulichkeit und Behagen einbüßen ließ, liebten wir sehr und waren stolz
darauf, wir liebten es ebenso wie die schlanke, gebrech-
lich zarte Gestalt, die hohe edle Stirn und den reinen,
oft leidenden, aber stets offenen, wahrhaftigen und zu
gutem Benehmen und Ritterlichkeit verpflichtenden, an
das Bessere im andern appellierenden Blick des Vaters.
Er war, das wußten seine wenigen Freunde, und das
wußten schon sehr früh wir Kinder, nicht ein Allerwelts-
mann, sondern ein Fremdling, ein edler und seltener
Schmetterling oder Vogel, aus anderen Zonen zu uns
verflogen, durch seine Zartheit und sein Leiden und
nicht minder durch sein verschwiegenes Heimweh ausgezeichnet und isoliert. Wenn wir die Mutter mit einer
natürlichen, auf Nähe, Wärme und Gemeinschaft ge-
gründeten Zärtlichkeit liebten, so liebten wir den Vater
mit einem leisen Beiklang von Ehrfurcht, von Scheu,
von einer Bewunderung, wie sie die Jugend nicht für das
Eigene und Heimatliche, sondern nur für das Fremde
hat.

Sei das Bemühen um Wahrheit noch so enttäuschend,
sei es noch so illusorisch, es ist dies Bemühen ebenso
wie das Streben nach Form und Schönheit dennoch unentbehrlich bei Aufzeichnungen dieser Art, welche
sonst auf keinerlei Wert Anspruch machen könnten. Es
mag recht wohl sein, daß mein Bemühen um Wahrheit
mich zwar der Wahrheit nicht näher führt, aber es wird,
auf diese oder jene mir selbst vielleicht nicht erkennbare
Weise, dennoch nicht völlig vergeblich sein. So war ich,
als ich die ersten Zeilen dieses Berichtes schrieb, der
Meinung, es wäre einfacher und könnte nichts schaden,
wenn ich Marulla überhaupt nicht erwähnen würde, da
es ja höchst zweifelhaft war, ob sie in diese Geschichte
hineingehöre. Aber siehe, sie war eben doch nötig,

schon ihres Namens wegen. Es hat schon mancher Schreiber oder Künstler sich in einem Werke um dies oder jenes ihm teure Ziel treulich und geduldig bemüht und hat zwar nicht dieses Ziel, wohl aber andere Ziele und Wirkungen erreicht, die ihm gar nicht oder doch weit weniger bewußt und wichtig waren. Man könnte sich etwa recht wohl denken, daß Adalbert Stifter in seinem „Nachsommer" nichts so ernst und heilig genommen, nichts so geduldig und treulich angestrebt habe wie gerade das, was uns an diesem Werke heute langweilig ist. Und dennoch wäre das andere, der neben und trotz der Langeweile vorhandene, der die Langeweile weit überstrahlende hohe Wert dieses Werkes nicht zustande gekommen ohne dies Bemühen, diese Treue und Geduld, diesen Kampf um das dem Schreibenden so Wichtige. So muß auch ich mich bemühen, so viel Wahrheit einzufangen, als irgend möglich ist. Dazu gehört unter anderem, daß ich versuchen muß, meinen Vater noch einmal so zu sehen, wie er an jenem Tag unsres Spazierganges wirklich war, denn das Ganze seiner Persönlichkeit war ja meinem Kinderblick längst nicht übersehbar, ist es auch heute kaum, sondern ich muß versuchen, ihn noch einmal so zu sehen, wie ich ihn als Knabe in jenen Tagen sah. Ich sah ihn als etwas nahezu Vollkommenes und Unnachahmliches, als eine Gestalt gewordene Reinheit und Würde der Seele, als einen Kämpfer, Ritter und Dulder, dessen Überlegenheit durch seine Fremdheit, seine Heimatlosigkeit, seine leibliche Zartheit gemildert und der wärmsten Liebe und Zärtlichkeit zugänglich wurde. Irgendeinen Zweifel an ihm, irgendeine Kritik an ihm kannte ich nicht, damals noch nicht, wenn auch Konflikte mit ihm mir leider nichts Unbekanntes waren. Aber bei diesen Konflikten stand er mir zwar als Richter, Warner, Bestrafer oder Verzeihender gegenüber, zu meiner Not und Beschämung, aber stets war er es, der recht hatte, stets fand ich Tadel oder Strafe durch mein eigenes Wissen bestätigt und anerkannt, noch war ich nie in Gegensatz oder

Kampf mit ihm und seiner Gerechtigkeit und Tugend geraten, dazu führten erst viel spätere Konflikte. Zu keinem andern Menschen, er möge mir noch so sehr überlegen gewesen sein, habe ich dies Verhältnis einer natürlichen, durch Liebe des Stachels beraubten Unterordnung je wieder gehabt, oder wenn ich, wie etwa bei meinem Göppinger Lehrer, ein ähnliches Verhältnis einmal wiederfand, so war es nicht auf lange Dauer und stellte sich mir später beim Rückblick deutlich als eine Wiederholung, als ein Zurückbegehren in jenes Vater-Sohn-Verhältnis dar.

Was ich von unsrem Vater damals wußte, war großenteils aus seinen eigenen Erzählungen gespeist. Er, der im übrigen keine Künstlernatur und an Phantasie und Temperament weniger reich war als unsre Mutter, fand ein Vergnügen und erwarb eine gewisse Künstlerschaft darin, von Indien oder von seiner Heimat zu erzählen, von den großen Zeiten seines Lebens. Vor allem war es seine Kindheit in Estland, das Leben in seinem Vaterhaus und auf den Landgütern, mit Reisen im Planwagen und Besuchen an der See, wovon er uns nicht genug erzählen konnte. Eine überaus heitere, bei aller Christlichkeit sehr lebensfrohe Welt tat sich da vor uns auf, nichts wünschten wir sehnlicher, als auch einmal dieses Estland und Livland zu sehen, wo das Leben so paradiesisch, so bunt und lustig war. Wir hatten Basel, das Spalenquartier, das Missionshaus, unsern Müllerweg und die Nachbarn und Kameraden recht gern, aber wo wurde man hier auf weit entfernte Güter eingeladen, mit Bergen von Kuchen und Körben voll Obst bewirtet, auf junge Pferdchen gesetzt, in Planwagen weit über Land gefahren? Einiges von jenem baltischen Leben und seinen Gebräuchen hatte der Vater auch hier einführen können, es gab bei uns Worte wie Marulla, es gab einen Samowar, ein Bild des Zaren Alexander, und es gab einige aus des Vaters Heimat stammende Spiele, die er uns gelehrt hatte, vor allem das österliche Eierrollen, zu dem wir etwa auch ein Nachbarkind mitbringen durften, um ihm mit diesen Sitten und Gebräuchen Eindruck zu machen. Aber es war wenig, was Vater hier in der Fremde seiner Jugendheimat anzugleichen vermocht hatte, auch der Samowar stand am Ende mehr wie ein Museumsstück da, als daß er benutzt wurde, und so waren es die Erzählungen vom russischen Vaterhaus, von Weißenstein, Reval und Dorpat, vom heimatlichen Garten, von den Festen und Reisen, in denen der Vater nicht nur sich selber des Geliebten und Entbehrten wieder erinnerte, sondern auch in uns Kindern ein kleines Estland anbaute und die ihm teuren Bilder auch in unsre Seelen senkte.

Damit, mit diesem gewissen Kult, den er seiner Heimat und ersten Jugend widmete, mochte es auch zusammenhängen, daß er ein ganz ausgezeichneter Spieler, Spielkamerad und Spiellehrer geworden war. In keinem Hause, das wir kannten, wurden so zahlreiche Spiele gekannt und gekonnt, wurden ihnen so viele und witzige Variationen ersonnen, wurden so viele neue Spiele erfunden. An dem Geheimnis, daß unser Vater, der Ernste, der Gerechte, der Fromme, uns nicht entschwand und zur Altarfigur wurde, daß er trotz aller Ehrfurcht durchaus ein Mensch und unsrem Kindersinn nah und erreichbar blieb, daran hatte sein Spieltalent großen Anteil, ebenso großen wie seine Schilderungen und Geschichten. Für mich, das Kind, war natürlich all das, was ich heute über die biographische und die psychologische Deutung dieser Spielfreude vermute, nicht vorhanden. Vorhanden und lebendig wirksam war für uns Kinder nur dieser sein Kult der Spiele selbst, und er hat nicht nur in unsrer Erinnerung seinen Platz, er ist auch literarisch dokumentiert: unser Vater hat bald nach der Zeit, von der hier die Rede ist, ein volkstümliches Spielbüchlein mit dem Titel „Das Spiel im häuslichen Kreise" geschrieben, das im Verlag unsres Onkels Gundert in Stuttgart erschienen ist. Bis ins Alter und bis in die Jahre der Blindheit hinein blieb die Begabung zum Spielen ihm treu. Wir Kinder wußten es nicht anders und hielten es für selbstverständlich, zum Charakter und zu den Funktionen eines Vaters gehörig: wären wir mit dem Vater auf eine wilde Insel verschlagen oder in den Kerker geworfen worden oder, in Wäldern verirrt, in der Zuflucht einer Höhle gelandet, so wären zwar vielleicht Not und Hunger, gewiß aber nicht Leere und Langeweile zu fürchten gewesen, Vater hätte Spiel um Spiel für uns erfunden, und dies auch noch, wenn wir in Fesseln oder im Dunkeln hätten weilen müssen, denn gerade die Spiele, zu denen es keines Apparates bedurfte, waren ihm die liebsten, zum Beispiel Rätselraten, Rätselerfinden, mit Worten spielen, Gedächtnisübungen anstellen. Und bei den Spielen, bei welchen Spielzeug und Hilfsmittel nicht entbehrlich waren, hat er stets Freude am Einfachsten und Selbstgefertigten und eine Abneigung gegen das von der Industrie Gemachte und im Laden Gekaufte gehabt. Viele Jahre lang haben wir Brettspiele wie Go Bang oder Halma auf Brettern und mit Figuren gespielt, die er selbst angefertigt und bemalt hatte.

Übrigens ist dieser sein Hang zum Zusammensein, zur Geselligkeit im Schutz und unter dem sanften Zwang von Spielregeln später auch bei einem seiner Kinder, seinem jüngsten, zu einem Kennzeichen und Charakterzug geworden: Bruder Hans war darin dem Vater ähnlich, daß auch er im Umgang und Spiel mit Kindern seine beste Erholung, seine Freude und einen Ersatz für vieles fand, was ihm das Leben vorenthielt. Er, der schüchterne und zuzeiten etwas ängstliche Hans, blühte, sobald er mit Kindern allein gelassen, sobald ihm Kinder anvertraut wurden, zu allen Gipfeln seiner Phantasie und Lebensfreude empor, entzückte und bezauberte die Kinder und versetzte sich selbst in einen paradiesischen Zustand von Gelöstheit und Glück, in dem er unwiderstehlich liebenswürdig war und von dem nach seinem Tode selbst nüchterne und kritische Augenzeugen mit einer betonten Wärme sprachen.

Vater also führte uns spazieren. Er war es, der den Kinderwagen die größte Strecke schob, obwohl er keineswegs rüstig war. Im Wagen lag, lächelnd und ins Licht staunend, der kleine Hans, Adele ging an Vaters Seite, während ich mich dem gemessenen Andante des Spazierschrittes weniger anzupassen vermochte und bald vorauslief, bald einer interessanten Entdeckung wegen zurückblieb und darum bettelte, den Wagen schieben zu dürfen, bald mich ohne Rücksicht auf seine Ermüdbarkeit an Vaters Arm oder Rock klammerte und ihn mit Fragen bestürmte. Was auf jenem Spaziergang, einem von tausend ähnlichen, gesprochen wurde, davon ist mir nichts im Gedächtnis geblieben. Geblieben ist mir, und auch Adelen, von diesem Tag und Spaziergang nichts als das Erlebnis mit dem Bettler. Im Bilderbuch meiner frühen Erinnerungen gehört es zu den eindrücklichsten und anregendsten Bildern, anregend zu Gedanken und Grübeleien verschiedenster Art, wie es denn noch heute, wohl fünfundsechzig Jahre später, mich zu diesen Gedanken angeregt und zu der Bemühung mit diesen Aufzeichnungen gezwungen hat.

Wir wandelten gemächlich dahin, die Sonne schien und malte neben jede der in Kugelform geschnittenen Akazien des Weges ihren Schatten, was den Eindruck von Pedanterie, Regelmäßigkeit und Linealästhetik noch verstärkte, den diese Pflanzung mir immer machte. Es geschah nichts als das Gewohnte und Alltägliche: daß ein Briefträger den Vater grüßte und ein vierspänniger Bierbrauerwagen mit schweren, schönen Rossen beim Bahnübergang warten mußte und uns Zeit ließ, die herrlichen Tiere zu bestaunen, die einen ansehen konnten, als wollten sie Gruß und Rede mit uns tauschen, und an denen mir nur das Geheimnis unheimlich war, daß ihre Füße es ertrugen, wie Holz gehobelt und mit diesen klobigen Eisen beschlagen zu werden. Aber als wir schon uns wieder unsrer Straße näherten, geschah doch noch etwas Neues und Besonderes.

Es kam uns ein Mann entgegen, der ein wenig mitleiderregend und ein wenig ungut aussah, ein noch ziemlich junger Mensch mit einem bärtigen, vielmehr seit langer Zeit unrasierten Gesicht, zwischen dem dunklen Haar und Bartwuchs waren Wangen und Lippen von lebhaftem Rot, die Kleidung und Haltung des Mannes hatte etwas Verwahrlostes und Verwildertes, sie machte uns ebenso bange wie neugierig, gern hätte ich mir diesen Mann genauer betrachtet und etwas über ihn erfahren. Er gehörte, das sah ich beim ersten Blick, zu der geheimnisvollen und abgründigen Seite der Welt, er mochte einer von jenen rätselhaften und gefährlichen, aber nicht minder unglücklichen und schwierigen Menschen sein, von denen man gelegentlich als von Herumtreibern, Vaganten, Bettlervolk, Trinkern, Verbrechern sprechen hörte, in Gesprächen der Erwachsenen, welche sofort unterbrochen oder zum Flüstern gedämpft wurden, wenn man bemerkte, daß eins von uns Kindern zuhörte. So klein ich war, so hatte ich doch für ebenjene drohende und beklemmende Seite der Welt nicht nur die natürliche, knabenhafte Neugierde, sondern, so glaube ich heute, ich ahnte auch schon etwas davon, daß diese wunderbar zwielichtigen, ebenso armen wie gefährlichen, ebenso Abwehr wie Brudergefühle aufrufenden Erscheinungen, diese Zerlumpten, Verwahrlosten und Entgleisten ebenso „richtig" und gültig, daß ihr Dasein in der Mythologie durchaus notwendig, daß im großen Weltspiel der Bettler so unentbehrlich sei wie der König, der Abgerissene ebensoviel gelte wie der Mächtige und Uniformierte. So sah ich denn mit einem Schauder, an dem Entzücken und Furcht gleichen Anteil hatten, den zottigen Mann uns entgegenkommen und seine Schritte auf uns zulenken, sah ihn die etwas scheuen Augen auf unsern Vater richten und mit halbgezogener Mütze vor ihm stehenbleiben.

Artig erwiderte Vater seinen gemurmelten Gruß, und mit der größten Spannung sah ich, während der Kleine im Wägelchen beim Halten erwachte und langsam die Augen auftat, der Szene zwischen den beiden einander scheinbar so sehr fremden Männern zu. Stärker noch, als es auch sonst schon des öftern geschah, empfand ich die

Mundart des einen und die gepflegte, genau akzentuierende Sprache des andern als Ausdruck eines innern Gegensatzes, als Sichtbarwerden einer zwischen dem Vater und seiner Umwelt bestehenden Scheidewand. Andrerseits war es aufregend und hübsch, zu sehen, wie der Angesprochene den Bettler so höflich und ohne Ablehnung oder Zurückzucken empfing und als Menschenbruder anerkannte. Der Unbekannte versuchte nun, nachdem die paar ersten Worte getauscht waren, das Herz des Vaters, in dem er einen gutmütigen und vielleicht leicht zu rührenden Menschen vermuten mochte, mit einer Schilderung seiner Armut, seines Hungers und Elendes zu bestürmen, es kam etwas Singendes und Beschwörendes in seine Redeweise, als klage er dem Himmel seine Not: kein Stückchen Brot habe er, kein Dach überm Kopf, keine ganzen Schuhe mehr, es sei ein Elend, er wisse nicht mehr, wohin sich wenden, und er bitte inständig um ein wenig Geld, es sei schon lang keines mehr in seiner Tasche gewesen. Er sagte nicht Tasche, sondern Sack, während mein Vater in seiner Antwort den Ausdruck Tasche vorzog. Ich verstand übrigens mehr die Musik und Mimik des Auftrittes, von den Worten nur wenige.

Schwester Adele, zwei Jahre älter als ich, war nun in einer Hinsicht über Vater besser unterrichtet als ich. Sie wußte, was mir noch lange Jahre verborgen blieb, schon damals: daß nämlich unser Vater so gut wie niemals Geld bei sich trug und daß er, wenn es doch einmal geschah, ziemlich hilflos und auch leichtsinnig damit umging, Silber statt Nickel und große statt kleine Münzen hingab. Sie zweifelte vermutlich nicht daran, daß er kein Geld bei sich habe. Ich dagegen neigte sehr zu der Erwartung, er werde nun, beim nächsten Ansteigen und Schluchzen der Töne in des Bettlers Klagelied, in die Tasche greifen und dem Mann eine ganze Menge von halben und ganzen Frankenstücken in die Hände drücken oder in die Mütze schütten, genug, um Brot, Limburger Käse, Schuhe und alles andre zu kaufen, dessen der

Fremdling bedürftig war. Statt dessen aber hörte ich den Vater auf alle Anrufe mit derselben höflichen und beinah herzlichen Stimme antworten und hörte seine beruhigend und beschwichtigend gemeinten Worte schließlich sich zu einer kleinen, gut formulierten Rede verdichten. Der Sinn dieser Rede war, wie wir Geschwister uns später zu erinnern meinten, dieser: er sei nicht imstande, Geld zu geben, da er keines bei sich habe, auch sei mit Geld nicht immer geholfen, man könne es leider auf so verschiedene Arten verwenden, zum Beispiel statt zum Essen zum Trinken, und dazu wolle er in keiner Weise behilflich sein; dagegen sei es ihm nicht möglich, einen wirklich Hungernden von sich zu weisen, darum schlage er vor, der Mann möge ihn bis zum nächsten Kaufladen begleiten, dort werde er soviel Brot bekommen, daß er mindestens für diesen Tag nicht zu hungern brauche.

Während dieses Gesprächs standen wir die ganze Zeit am selben Fleck auf der breiten Straße, und ich konnte die beiden Männer mir gut ansehen, sie miteinander vergleichen und mir auf Grund ihres Aussehens, ihres Tonfalls und ihrer Worte meine Gedanken machen. Unangetastet natürlich blieb die Überlegenheit und Autorität des Vaters in diesem Wettstreit, er war ohne Zweifel nicht nur der Anständige, ordentlich Gekleidete, sich gut Benehmende, er war auch der, welcher sein Gegenüber ernster nahm, der besser und genauer auf den Partner einging und seine Worte unumwunden ehrlich meinte. Dafür hatte der andere aber diesen Beiklang von Wildheit und hatte hinter sich und seinen Worten etwas sehr Starkes und Wirkliches stehen, stärker und wirklicher als alle Vernunft und Artigkeit: sein Elend, seine Armut, seine Rolle als Bettler, sein Amt als Sprecher für alles verschuldete und unverschuldete Elend der Welt, und das gab ihm ein Gewicht, das half ihm Töne und Gebärden finden, die dem Vater nicht zur Verfügung standen. Und außerdem und über dies alles hinweg entstand während der so schönen und spannenden Bettelszene Zug um Zug zwischen dem Bettler und dem Angebettelten eine gewisse nicht zu benennende Ähnlichkeit, ja Brüderlichkeit. Sie beruhte zum Teil darauf, daß der Vater, von dem Armen angesprochen, ohne Sträuben und Stirnrunzeln den andern anhörte und gelten ließ, daß er keinen Abstand zwischen ihn und sich legte und sein Recht auf Angehörtwerden und Mitleid als ein selbstverständliches anerkannte. Aber dies war das wenigste. War dieser halbbärtige dunkelhaarige Arme aus der Welt der zufriedenen, arbeitenden und jeden Tag satt werdenden Leute herausgefallen, machte er inmitten dieser reinlichen kleinbürgerlichen Wohnhäuser und Vorgärtchen den Eindruck eines Fremdlings, so war ja Vater längst schon, wenn auch auf so ganz andere Weise, ein Fremdling, ein Mann von anderswoher, der mit Leuten, unter denen er lebte, nur in einer losen, auf Übereinkommen beruhenden, nicht gewachsenen und erdhaften Gemeinschaft stand. Und wie der Bettler hinter seinem eher trotzigen und desperadohaften Aussehen doch etwas Kindliches, Naturhaftes und Unschuldiges zu haben schien, so war ja auch bei Vater hinter der Fassade des Frommen, des Höflichen, des Vernünftigen viel Kindhaftes verborgen. Jedenfalls – denn alle diese klugen Gedanken hatte ich damals natürlich nicht – empfand ich, je länger die beiden miteinander und vielleicht aneinander vorbei redeten, desto mehr eine wunderliche Art von Zusammengehörigkeit zwischen ihnen. Und Geld hatten sie also beide keines.

Vater stützte sich auf den Rand des Kinderwagens, während er dem Fremden Rede stand. Er machte ihm klar, daß er gesonnen sei, ihm einen Laib Brot zu geben, doch müsse dies Brot in einem Laden geholt werden, wo man ihn kenne, und der Mann sei nun eingeladen, dahin mitzukommen. Damit setzte der Vater den Wagen wieder in Bewegung, drehte um und schlug die Richtung nach der Austraße ein, und der Fremde marschierte ohne Widerrede mit, war aber wieder etwas scheu geworden und fühlte sich sichtlich nicht recht zufrieden, das Ausbleiben der Geldspende hatte ihn enttäuscht. Wir Kinder hielten uns dicht neben dem Vater und dem Wagen, dem Fremden nicht zu nahe, der sein Pathos ausgegeben hatte und jetzt still und eher mürrisch geworden war. Ich betrachtete ihn aber im geheimen und machte mir Gedanken, es war mit diesem Menschen so viel in unsre nächste Nähe getreten, so viel Bedenkliches, im Sinn des zu Bedenkenden sowohl wie in dem des Bangemachenden, und jetzt, wo der Bettler schweigsam und anscheinend schlechter Laune geworden war, gefiel er mir wieder weniger und glitt wieder mehr und mehr aus jener Zusammengehörigkeit mit dem Vater heraus und ins Unvertraute hinüber. Es war ein Stück Leben, dem ich zusah, Leben der Großen, der Erwachsenen, und da dies Leben der Erwachsenen um uns Kinder her äußerst selten so primitive und elementare Formen annahm, war ich tief davon gefesselt, aber die Fröhlichkeit und Zuversicht von vorher war hingeschwunden, wie an einem heitern Tag plötzlich ein Schleier Licht und Wärme dämpfen und hinwegzaubern kann.

Unser guter Vater freilich schien keine solchen Gedanken zu haben, heiter und freundlich blieb sein klares Gesicht, heiter und gleichmäßig sein Schritt. So zogen wir, Vater, Kinder, Wagen und Bettler, eine kleine Karawane, nach der Austraße weiter und in ihr fort bis zu einem Kaufladen, den wir alle kannten und wo es die verschiedensten Dinge zu kaufen gab, vom Wecken und Brot bis zu Schiefertafeln, Schulheften und Spielzeug. Hier hielten wir an, und Vater bat den Fremden, hier eine kleine Weile bei uns Kindern zu warten, bis er aus dem Laden zurückkäme. Adele und ich sahen einander an, es war uns beiden gar nicht wohl zumute, wir hatten etwas Angst, oder vielmehr ziemlich große Angst, und ich glaube, wir fanden es auch vom Vater sonderbar und nicht recht begreiflich, daß er uns da mit dem fremden Manne so allein ließ, als könne uns unmöglich etwas geschehen, als seien noch niemals Kinder von bösen Männern umgebracht oder entführt und verkauft oder zum

Betteln und Stehlen gezwungen worden. Und beide hielten wir uns, zum eigenen Schutze wie auch zu dem unsres Kleinsten, dicht zu beiden Seiten an den Wagen geklammert, den wir unter keinen Umständen loszulassen gedachten. Schon war der Vater die paar Steinstufen zur Ladentür hinangestiegen, schon legte er die Hand auf die Klinke, schon war er verschwunden. Wir waren mit dem Bettler allein, in der ganzen langen und geraden Straße war kein Mensch zu sehen. Ich redete mir, in der Form eines Gelübdes, innerlich zu, tapfer und männlich zu sein.

So standen wir alle, eine Minute lang vielleicht, und wohl ums Herz war keinem von uns außer dem Brüderchen, das den Fremden überhaupt nicht wahrgenommen hatte und vergnügt mit seinen winzigen Fingerchen spielte. Ich wagte es aufzublicken, nach dem Unheimlichen hin, und sah auf seinem roten Gesicht die Unruhe und Unzufriedenheit noch gesteigert, er gefiel mir nicht, er machte mir richtig Angst, deutlich sah man widersprechende Triebe in ihm kämpfen und nach Taten drängen.

Aber da war er auch schon mit seinen Gedanken und Gefühlen zu einem Ende gekommen, ein Entschluß durchzuckte ihn, und man konnte das Aufzucken mit Augen sehen. Aber wozu er sich entschlossen hatte und was er jetzt tat, war von allem, woran ich etwa gedacht oder was ich gehofft oder gefürchtet hatte, das Gegenteil, es war das Unerwartetste von allem, was geschehen konnte, es überrumpelte uns beide, Adele und mich, vollkommen, daß wir starr und sprachlos standen. Der Bettler, nachdem der Zuck in ihn gefahren war, hob einen seiner Füße in den mitleiderregenden Schuhen, zog das Knie an, erhob beide zu Fäusten geballte Hände bis in Schulterhöhe und lief in einem Schnellauf, den man seiner Figur kaum zugetraut hätte, die lange gerade Straße hinunter, er hatte die Flucht ergriffen und rannte, rannte wie ein Verfolgter, bis er die nächste Querstraße erreicht hatte und für immer unsern Augen entschwand.

Was ich bei diesem Anblick empfand, läßt sich nicht beschreiben, es war ebensosehr Schrecken wie Aufatmen, ebenso Verblüffung wie Dankbarkeit, aber zur selben Sekunde auch Enttäuschung, ja Bedauern. Und nun kehrte heiteren Gesichtes, mit einem langen Laib Weißbrot in der Hand, Vater aus dem Laden zurück, staunte einen Augenblick, ließ sich berichten, was geschehen war, und lachte. Es war am Ende das Beste, was er tun konnte. Mir aber war, als sei meine Seele mit dem Bettler fortgerannt, ins Unbekannte, in die Abgründe der Welt, und es dauerte lange, bis ich zum Nachdenken darüber kam, warum wohl der Mann vor dem Brotlaib davongelaufen war, so wie einst ich vor dem mir dargereichten Bissen des Bahnwärters durchgebrannt war. Tage- und wochenlang behielt das Erlebnis seine Frische und Unausschöpfbarkeit und hat sie, so einleuchtende Begründungen wir später auch dafür ausdenken mochten, bis heute behalten. Die Welt der Abgründe und Geheimnisse, in die der flüchtende Bettler uns entschwunden war, wartete auch auf uns. Sie hat jenes hübsche und harmlose Leben des Vordergrundes überwuchert und ausgelöscht, sie hat unsern Hans verschlungen, und auch wir Geschwister, die wir bis heute und bis ins Alter standzuhalten versucht haben, wissen uns und den Funken in unsern Seelen von ihr umdrängt und umdunkelt.

1948

UNTERBROCHENE SCHULSTUNDE

Es scheint, als müsse ich in meinen späten Tagen nicht
nur, wie alle alten Leute, mich wieder den Erinnerungen
aus den Kinderjahren zuwenden, sondern als müsse ich
auch, zur Strafe gewissermaßen, die fragwürdige Kunst
des Erzählens noch einmal mit umgekehrten Vorzeichen
ausüben und abbüßen. Das Erzählen setzt Zuhörer voraus und fordert vom Erzähler eine Courage, welche er
nur aufbringt, wenn ihn und seine Zuhörer ein gemeinsamer Raum, eine gemeinsame Gesellschaft, Sitte, Sprache und Denkart umschließt. Die Vorbilder, die ich in
meiner Jugend verehrte (und heute noch verehre und
liebe), vor allem der Erzähler der Seldwyler Geschichten, haben mich damals lange Zeit in dem frommen
Glauben unterstützt, daß auch mir diese Zugehörigkeit
und Gemeinsamkeit angeboren und überkommen sei,
daß auch ich, wenn ich Geschichten erzählte, mit' meinen Lesern eine gemeinsame Heimat bewohne, daß ich
für sie auf einem Instrumente und nach einem Notensy-
stem musiziere, das ihnen wie mir vollkommen vertraut
und selbstverständlich sei. Da waren Hell und Dunkel,
Freude und Trauer, Gut und Böse, Tat und Leiden,
Frömmigkeit und Gottlosigkeit zwar nicht ganz so kate-
gorisch und grell voneinander getrennt und abgehoben
wie in den moralischen Erzählungen der Schul- und
Kinderbücher, es gab Nuancen, es gab Psychologie, es
gab namentlich auch Humor, aber es gab nicht den
grundsätzlichen Zweifel, weder am Verständnis der Zuhörer noch an der Erzählbarkeit meiner Geschichten,
welche denn auch meist ganz artig abliefen mit Vorbereitung, Spannung, Lösung, mit einem festen Gerüste
von Handlung, und mir und meinen Lesern beinah

ebensoviel Vergnügen machten, wie das Erzählen einst dem großen Meister von Seldwyla und das Zuhören seinen Lesern gemacht hatte. Und nur sehr langsam und widerwillig kam ich mit den Jahren zur Einsicht, daß meine Art zu erleben und meine Art zu erzählen einander nicht entsprachen, daß ich dem guten Erzählen zuliebe die Mehrzahl meiner Erlebnisse und Erfahrungen mehr oder weniger vergewaltigt hatte und daß ich entweder auf das Erzählen verzichten oder mich entschließen müsse, statt eines guten ein schlechter Erzähler zu werden. Die Versuche dazu, etwa von „Demian" bis zur „Morgenlandfahrt", führten mich denn auch immer mehr aus der guten und schönen Tradition des Erzählens hinaus. Und wenn ich heute irgendein noch so kleines, noch so gut isoliertes Erlebnis aufzuzeichnen versuche, dann rinnt mir alle Kunst unter den Händen weg, und das Erlebte wird auf eine beinah gespenstische Weise vielstimmig, vieldeutig, kompliziert und undurchsichtig. Ich muß mich darein ergeben, es sind in den letzten Jahrzehnten größere und ältere Werte und Kostbarkeiten als nur die Erzählkunst fragwürdig und zweifelhaft geworden.

In unserm wenig geliebten Klassenzimmer der Calwer Lateinschule saßen wir Schüler eines Vormittags über einer schriftlichen Arbeit. Es war in den ersten Tagen nach längeren Ferien, kürzlich erst hatten wir unsere blauen Zeugnishefte abgeliefert, die unsere Väter hatten unterschreiben müssen, wir waren noch nicht so recht wieder an die Gefangenschaft und Langeweile gewöhnt und empfanden sie darum stärker. Auch der Lehrer, ein Mann von noch längst nicht vierzig Jahren, der uns Elf- und Zwölfjährigen aber uralt erschien, war eher gedrückt als schlechter Laune, wir sahen ihn auf seinem erhöhten Throne sitzen, gelben Gesichtes, über Hefte gebeugt, mit leidenden Zügen. Er lebte, seit ihm seine junge Frau gestorben war, mit einem einzigen Söhnchen allein, einem blassen Knaben mit hoher Stirn und blauwäßrigen Augen. Angestrengt und unglücklich saß der ernste Mann in seiner erhabenen Einsamkeit, geachtet, aber auch gefürchtet; wenn er ärgerlich oder gar zornig war, konnte ein Strahl höllischer Wildheit die klassische Humanistenhaltung durchbrechen und Lügen strafen. Es war still in der nach Tinte, Knaben und Schuhleder riechenden Stube, nur selten gab es ein erlösendes Geräusch: das Klatschen eines fallen gelassenen Buches auf dem staubigen Tannenbretterboden, das Flüstern eines heimlichen Zwiegespräches, das kitzelnde, zum Umschauen nötigende Keuchen eines mühsam gedämmten Lachens, und jedes solche Geräusch wurde vom Thronenden wahrgenommen und sofort zur Ruhe gebracht, meistens nur durch einen Blick, ein Warnen des Gesichtes mit vorgerecktem Kinn oder einen drohend erhobenen Finger, zuweilen durch ein Räuspern oder ein kurzes Wort. Zwischen Klasse und Professor herrschte an jenem Tage, Gott sei Dank, nicht gerade eine Gewitterstimmung, aber doch jene gelinde Spannung der Atmosphäre, aus der dies und jenes Überraschende und vermutlich Unerwünschte entstehen kann. Und ich wußte nicht recht, ob dies mir nicht lieber war als die vollkommenste Harmonie und Ruhe. Es war vielleicht gefährlich, es konnte vielleicht etwas geben, aber am Ende lauerten wir Knaben, namentlich während einer solchen schriftlichen Arbeit, auf nichts so begierig als auf Unterbrechungen und Überraschungen, seien sie wie immer geartet, denn die Langeweile und die unterdrückte Unruhe in den allzu lang und streng zum Stillsitzen und Schweigen gezwungenen Knaben war groß.

Was für eine Arbeit es gewesen sei, mit der unser Lehrer uns beschäftigte, während er hinter der bretternen Verschanzung seines Hochsitzes sich mit Amtsgeschäften befaßte, weiß ich nicht mehr. Auf keinen Fall war es Griechisch, denn es war die ganze Klasse beisammen, während in den Griechischstunden nur wir vier oder fünf „Humanisten" dem Meister gegenübersaßen. Es war das erste Jahr, in dem wir Griechisch lernten, und die Abtrennung von uns „Griechen" oder „Humanisten" von der übrigen Schulklasse hatte dem ganzen Schulleben eine neue Note gegeben. Einerseits fanden wir paar Griechen, wir künftige Pfarrer, Philologen und andere Akademiker, uns schon jetzt vom großen Haufen der künftigen Gerber, Tuchmacher, Kaufleute oder Bierbrauer abgehoben und gewissermaßen ausgezeichnet, was eine Ehre und einen Anspruch und Ansporn bedeutete, denn wir waren die Elite, die für Höheres als Handwerk und Geldverdienen Bestimmten, doch hatte diese Ehre, wie billig, auch ihre bedenkliche und gefährliche Seite. Wir wußten in ferner Zukunft Prüfungen von sagenhafter Schwere und Härte auf uns warten, vor allem das gefürchtete Landexamen, in dem die humanistische Schülerschaft des ganzen Schwabenlandes zum Wettkampf nach Stuttgart einberufen wurde und dort in mehrtägiger Prüfung die engere und wirkliche Elite auszusieben hatte, ein Examen, von dessen Ergebnis für die Mehrzahl der Kandidaten die ganze Zukunft abhing, denn von jenen, welche diese enge Pforte nicht passierten, waren die meisten damit auch zum Verzicht auf das geplante Studium verurteilt. Und seit ich selber zu den Humanisten, zu den vorläufig für die Elite in Aussicht genommenen und vorgemerkten Schülern gehörte, war mir schon mehrmals, angeregt vermutlich durch Gespräche meiner älteren Brüder, der Gedanke gekommen, daß es für einen Humanisten, einen Berufenen, aber längst noch nicht Auserwählten, recht peinlich und bitter sein müsse, seinen Ehrentitel wieder abzulegen und die letzte und oberste Klasse unserer Schule wieder als Banause zwischen den vielen andern Banausen abzusitzen, herabgesunken und ihresgleichen geworden.

Wir paar Griechen also waren seit dem Beginn des Schuljahres auf diesem schmalen Pfad zum Ruhme und damit in ein neues, viel intimeres und damit auch viel heikleres Verhältnis zum Klassenlehrer gekommen. Denn er gab uns die Griechischstunden, und da saßen nun wir wenigen nicht mehr innerhalb der Klasse und

Masse, die als Ganzes der Macht des Lehrers wenigstens ihre Quantität entgegenzusetzen hatte, sondern einzeln, schwach und exponiert dem Manne gegenüber, der nach kurzer Zeit jeden von uns sehr viel genauer kannte als alle übrigen Klassenkameraden. Uns gab er in diesen oft erhebenden und noch öfter schrecklich bangen Stunden sein Bestes an Wissen, an Überwachung und Sorgfalt, an Ehrgeiz und Liebe, aber auch an Laune, Mißtrauen und Empfindlichkeit; wir waren die Berufenen, waren seine künftigen Kollegen, waren die zum Höheren bestimmte kleine Schar der Begabteren oder Ehrgeizigeren, uns galt mehr als der ganzen übrigen Klasse seine Hingabe und seine Sorge, aber von uns erwartete er auch ein Mehrfaches an Aufmerksamkeit, Fleiß und Lernlust und auch ein Mehrfaches an Verständnis für ihn selbst und seine Aufgabe. Wir Humanisten sollten nicht Allerweltsschüler sein, die sich vom Lehrer in Gottes Namen bis zum vorgeschriebenen Mindestmaß an Schulbildung schleppen und zerren ließen, sondern strebsame und dankbare Mitgänger auf dem steilen Pfade, unsrer auszeichnenden Stellung im Sinne einer hohen Verpflichtung bewußt. Er hätte sich Humanisten gewünscht, die ihm die Aufgabe gestellt hätten, ihren brennenden Ehrgeiz und Wissensdurst beständig zu zügeln und zu bremsen, Schüler, welche jeden kleinsten Bissen der Geistesspeise mit Heißhunger erwarteten und aufnahmen und alsbald in neue geistige Energien verwandelten. Ich weiß nun nicht, wie weit etwa der eine oder andere meiner paar Mitgriechen diesem Ideale zu entsprechen gewillt und veranlagt gewesen ist, doch nehme ich an, es werde den andern nicht viel anders gegangen sein als mir, und sie werden zwar aus ihrem Humanistentum einen gewissen Ehrgeiz ebenso wie einen gewissen Standesdünkel gezogen, sie werden sich als etwas Besseres und Kostbareres empfunden und aus diesem Hochmut in guten Stunden auch eine gewisse Verpflichtung und Verantwortung entwickelt haben; alles in allem aber waren wir eben doch elf- bis zwölfjährige Schulknaben und vorläufig von unseren nichthumanistischen Klassenbrüdern äußerst wenig verschieden, und keiner von uns stolzen Griechen hätte, vor die Wahl zwischen einem freien Nachmittag und einer griechischen Extralektion gestellt, einen Augenblick gezögert, sondern sich entzückt für den freien Nachmittag entschieden. Ja, das hätten wir ohne Zweifel getan – und dennoch war etwas von jenem andern in unseren jungen Seelen auch vorhanden, etwas von dem, was der Professor von uns so sehnlich und oft so ungeduldig erwartete und forderte. Was mich anging, so war ich nicht klüger als andere und nicht reifer als meine Jahre, und mit weit weniger als dem Paradies eines freien Nachmittags hätte man mich leicht von Kochs griechischer Grammatik und dem Würdegefühl des Humanisten weglocken können – und dennoch war ich zuzeiten und in gewissen Bezirken meines Wesens auch ein Morgenlandfahrer und Kastalier und bereitete mich unbewußt darauf vor, Mitglied und Historiograph aller platonischen Akademien zu werden. Manchmal, beim Klang eines griechischen Wortes oder beim Malen griechischer Buchstaben in meinem von des Professors unwirschen Korrekturen durchpflügten Schreibheft, empfand ich den Zauber einer geistigen Heimat und Zugehörigkeit und war ohne alle Vorbehalte und Nebengelüste willig, dem Ruf des Geistes und der Führung des Meisters Folge zu leisten. Und so wohnte unserem dummstolzen Elitegefühl ebenso wie unserer tatsächlichen Herausgehobenheit, wohnte unserer Isolierung und unserem bangen Ausgeliefertsein an den so oft gefürchteten Scholarchen eben doch ein Strahl echten Lichtes, eine Ahnung echter Berufung, ein Anhauch echter Sublimierung inne.

Augenblicklich freilich, in dieser unfrohen und langweiligen Schulmorgenstunde, da ich über meine längst fertige Schreibarbeit hinweg den kleinen geduckten Geräuschen des Raumes und den fernen, heiteren Tönen der Außenwelt und Freiheit lauschte: dem Flügelknattern eines Taubenfluges, dem Krähen eines Hahnes etwa oder dem Peitschenknall eines Fuhrmanns, sah es nicht so aus, als hätten jemals gute Geister in dieser niederen Stube gewaltet. Eine Spur von Adel, ein Strahl von Geist weilte einzig über dem etwas müden und sorgenvollen Gesicht des Professors, den ich heimlich mit einer Mischung von Teilnahme und schlechtem Gewissen beobachtete, stets bereit, seinem sich etwa erhebenden Blick mit dem meinen rechtzeitig auszuweichen. Ohne mir eigentlich Gedanken dabei zu machen und ohne Absichten irgendwelcher Art, war ich nur dem Schauen hingegeben, der Aufgabe, dieses unschöne, aber nicht unedle Lehrergesicht meinem Bilderbuche einzuverleiben, und es ist denn auch über sechzig Jahre hinweg darin erhalten geblieben: der dünne strähnige Haarschopf über der fahlen scharfkantigen Stirn, die etwas welken Lider mit spärlichen Wimpern, das gelblich-blasse, hagere Gesicht mit dem höchst ausdrucksvollen Munde, der so klar zu artikulieren und so resigniert-spöttisch zu lächeln verstand, und dem energischen, glattrasierten Kinn. Das Bild blieb mir eingeprägt, eines von vielen, es ruhte Jahre und Jahrzehnte unbenützt in seinem raumlosen Archiv und erwies sich, wenn seine Stunde einmal wieder kam und es angerufen wurde, jedesmal als vollkommen gegenwärtig und frisch, als wäre vor einem Augenblick und Liderblinzeln noch sein Urbild selbst vor mir gestanden. Und indem ich, den Mann auf dem Katheder beobachtend, seine leidenden und von Leidenschaftlichkeit durchzuckten, aber von geistiger Arbeit und Zucht beherrschten Züge in mich aufnahm und in mir zum lang dauernden Bilde werden ließ, war die öde Stube doch nicht so öde und die scheinbar leere und langweilige Stunde doch nicht so leer und langweilig. Seit vielen Jahrzehnten ist unser Lehrer unter der Erde, und wahrscheinlich bin von den Humanisten jenes Jahrganges ich der einzige noch lebende und der, mit dessen Tode erst dieses Bildnis für immer auslöschen wird. Mit keinem meiner Mitgriechen, deren Kamerad ich damals nur kurze Zeit gewesen bin, hat mich Freundschaft verbunden. Von einem weiß ich nur, daß er längst nicht mehr lebt, von einem andern, daß er im Jahre 1914 im Kriege umgekommen ist. Und von einem dritten, einem, den ich gern mochte, und dem einzigen von uns, der unser aller damaliges Ziel wirklich erreicht hat und Theologe und Pfarrer geworden ist, erfuhr ich später Bruchstücke seines merkwürdigen und eigensinnigen Lebenslaufes: er, der die Muße jeder Arbeit vorzog und viel Sinn für die kleinen sinnlichen Genüsse des Lebens hatte, wurde als Student von seinen Verbindungsbrüdern „die Materie" genannt, er blieb unvermählt, brachte es als Theologe bis zu einer Dorfpfarre, war viel auf Reisen, wurde beständiger Versäumnisse in seinem Amte bezichtigt, ließ sich noch bei jungen und gesunden Jahren in den Ruhestand versetzen und lag seiner Pensionsansprüche wegen lange mit der Kirchenbehörde im Prozeß, begann an Langeweile zu leiden (er war schon als Knabe außerordentlich neugierig gewesen) und bekämpfte sie teils durch Reisen, teils durch die Gewohnheit, täglich einige Stunden als Zuhörer in den Gerichtssälen zu sitzen, und hat sich, da er die Leere und Langeweile dennoch immer mehr wachsen sah, als beinahe Sechzigjähriger im Nekkar ertränkt.

Ich erschrak und senkte wie ertappt den auf des Lehrers Schädel ruhenden Blick, als dieser sein Gesicht erhob und über die Klasse weg spähte.

„Weller", hörten wir ihn rufen, und gehorsam stand hinten in einer der letzten Bänke Otto Weller auf. Wie eine Maske schwebte sein großes rotes Gesicht über den Köpfen der andern.

Der Professor winkte ihn zu sich an den Katheder, hielt ihm ein blaues kleines Heft vors Gesicht und stellte ihm leise ein paar Fragen. Weller antwortete ebenfalls flüsternd und sichtlich beunruhigt, mir schien, er verdrehe die Augen ein wenig und das gebe ihm ein bekümmertes und ängstliches Aussehen, woran wir bei ihm nicht gewöhnt waren, er war eine gelassene Natur und stak in einer Haut, an welcher vieles ohne Schaden ablief, was anderen schon wehe tat. Übrigens war es ein eigentümliches und unverwechselbares Gesicht, dem er jetzt diesen sorgenvollen Ausdruck gab, ein ganz unverwechselbares und für sich ebenso unvergeßliches Gesicht wie das meines ersten Griechischlehrers. Es waren damals manche Mitschüler meiner Klasse, von denen weder Gesicht noch Namen eine Spur in mir hinterlassen haben; ich wurde ja auch schon im nächsten Jahre in eine andere Stadt und Schule geschickt. Das Gesicht Otto Wellers aber kann ich mir in vollkommener Deutlichkeit noch heute vergegenwärtigen. Es fiel, wenigstens zu jener Zeit, vor allem durch seine Größe auf, es war nach den Seiten und nach unten hin vergrößert, denn die Partien unterhalb der Kinnbacken waren stark geschwollen, und diese Geschwulst machte das Gesicht um vieles breiter, als es sonst gewesen wäre. Ich erinnere mich, daß ich, von dieser Erscheinung beunruhigt, ihn einmal gefragt habe, was denn eigentlich mit seinem Gesichte los sei, und erinnere mich seiner Antwort: „Das sind die Drüsen, weißt du. Ich habe Drüsen." Nun, auch von diesen Drüsen abgesehen, war Wellers Gesicht recht malerisch, es war voll und kräftig rot, die Haare dunkel, die Augen gutmütig und die Bewegungen der Augäpfel sehr langsam, und dann hatte er einen Mund, der trotz seiner Röte dem einer alten Frau glich. Vermutlich der Drüsen wegen hielt er das Kinn etwas gehoben, so daß man den ganzen Hals sehen konnte; diese Haltung trug dazu bei, die obere Gesichtshälfte zurückzudrängen und beinahe vergessen zu lassen, während die vergrößerte untere trotz des vielen Fleisches zwar vegetativ und ungeistig, aber wohlwollend, behaglich und nicht unliebenswürdig aussah. Mir war er mit seinem breiten Dialekt und gutartigen Wesen sympathisch, doch kam ich nicht sehr viel mit ihm zusammen; wir lebten in verschiedenen Sphären: in der Schule gehörte ich zu den Humanisten und hatte meinen Sitz nahe dem Katheder, während Weller zu den vergnügten Nichtstuern gehörte, die ganz hinten saßen, selten eine Antwort auf

Lehrerfragen wußten, häufig Nüsse, gedörrte Birnen und dergleichen aus den Hosentaschen zogen und verzehrten und durch ihre Passivität ebenso wie durch unbeherrschtes Schwatzen und Kichern nicht selten dem Lehrer lästig wurden. Und auch außerhalb der Schule gehörte Otto Weller einer anderen Welt zu als ich, er wohnte draußen in der Nähe des Bahnhofs, weit von meiner Gegend entfernt, und sein Vater war Eisenbahner, ich kannte ihn nicht einmal vom Sehen.

Otto Weller wurde nach kurzem Geflüster wieder an seinen Platz zurückgeschickt, er schien unzufrieden und bedrückt. Der Professor aber war aufgestanden, er hielt jenes kleine dunkelblaue Heft in der Hand und blickte suchend durch die ganze Stube. Auf mir blieb sein Blick haften, er kam auf mich zu, nahm mein Schreibheft, betrachtete es und fragte: „Du bist mit deiner Arbeit fertig?" Und als ich ja gesagt hatte, winkte er mir, ihm zu folgen, ging zur Tür, die er zu meiner Verwunderung öffnete, winkte mich hinaus und schloß die Tür hinter uns wieder.

„Du kannst mir einen Auftrag besorgen", sagte er und übergab mir das blaue Heft. „Hier ist das Zeugnisheft von Weller, das nimmst du und gehst damit zu seinen Eltern. Dort sagst du, ich lasse fragen, ob die Unterschrift unter Wellers Zeugnis wirklich von der Hand seines Vaters sei."

Ich schlüpfte hinter ihm nochmals ins Schulzimmer zurück und holte meine Mütze vom hölzernen Rechen, steckte das Heft in die Tasche und machte mich auf den Weg.

Es war also ein Wunder geschehen. Es war, mitten während der langweiligsten Stunde, dem Professor eingefallen, mich spazieren zu schicken, in den schönen lichten Vormittag hinaus. Ich war benommen vor Überraschung und Glück, nichts Erwünschteres hätte ich mir denken können. In Sprüngen nahm ich die beiden Treppen mit den tief ausgetretenen fichtenen Stufen, hörte aus einem der anderen Schulräume die eintönige, diktie-

rende Stimme eines Lehrers schallen, sprang durchs Tor
und die flachen Sandsteinstufen hinab und schlenderte
dankbar und glücklich in den hübschen Morgen hinein,
der eben noch so ermüdend lang und leer geschienen
hatte. Hier draußen war er es nicht, hier war weder von
der Öde noch von den geheimen Spannungen etwas zu
spüren, die im Klassenzimmer den Stunden das Leben
aussog und sie so erstaunlich in die Länge zog. Hier
wehte Wind und flogen eilige Wolkenschatten über das
Pflaster des breiten Marktplatzes, Taubenschwärme er-
schreckten kleine Hunde und brachten sie zum Bellen,
Pferde standen vor Bauernwagen gespannt, hatten eine
hölzerne Krippe vor sich stehen und fraßen Heu, die
Handwerker waren an der Arbeit oder unterhielten sich
durch ihre niedrig gelegenen Werkstättenfenster mit der
Nachbarschaft. Im kleinen Schaufenster der Eisenhand-
lung lag immer noch die derbe Pistole mit dem blaustäh-
lernen Lauf, die zweieinhalb Mark kosten sollte und mir
seit Wochen in die Augen stach. Verlockend und schön
war auch die Obstbude der Frau Haas auf dem Markt
und der winzige Spielzeugladen des Herrn Jenisch, und
nebenan blickte aus dem offenen Werkstattfenster das
weißbärtige und rotleuchtende Gesicht des Kupfer-
schmiedes, wetteifernd an Glanz und Röte mit dem
blanken Metall des Kessels, an dem er hämmerte. Dieser
stets muntere und stets neugierige alte Mann ließ selten
jemand an seinem Fenster vorübergehen, ohne ihn anzusprechen oder mindestens einen Gruß mit ihm zu tauschen. Auch mich sprach er an: „Ja, ist denn eure Schule
schon aus?", und als ich ihm erzählt hatte, daß ich einen
Auftrag meines Lehrers zu besorgen habe, riet er mir
verständnisvoll: „Na, dann pressier du nur nicht zu viel,
der Vormittag ist noch lang." Ich folgte seinem Rat und
blieb eine gute Weile auf der alten Brücke stehen. Auf
die Brüstung gestützt, blickte ich ins still ziehende Wasser hinab und beobachtete ein paar kleine Barsche, die
ganz tief, nah am Boden, scheinbar schlafend und regungslos am selben Fleck verweilten, in Wirklichkeit

aber unmerklich die Plätze miteinander tauschten. Sie
hielten die Mäuler nach unten gekehrt, den Boden absu-
chend, und wenn sie zuweilen wieder flach und unver-
kürzt zu erblicken waren, konnte ich auf ihren Rücken
das helldunkle Streifenmuster erkennen. Über das nahe
Wehr rann mit sanftem helltönigem Rauschen das Wasser, weiter unten auf der Insel lärmten in Scharen die
Enten, auf diese Entfernung tönte auch ihr Geschwader
und Gequake sanft und eintönig und hatte gleich dem
Strömen des Flusses übers Wehr jenen zauberischen
Klang von Ewigkeit, in den man versinken und von dem
man sich einschläfern und zudecken lassen konnte wie
vom nächtlichen Sommerregenrauschen oder vom leisen
dichten Sinken des Schneefalles. Ich stand und schaute,
stand und lauschte, zum erstenmal an diesem Tage war
ich für eine kleine Weile wieder in jener holden Ewigkeit, in der man von Zeit nichts weiß.

Schläge der Kirchenuhr weckten mich. Ich schrak auf,
fürchtete viel Zeit vertan zu haben, erinnerte mich meines Auftrages. Und jetzt erst fing dieser Auftrag und was
mit ihm zusammenhing meine Aufmerksamkeit und
Teilnahme ein. Indem ich ohne weiteres Säumen der
Bahnhofsgegend zustrebte, fiel mir Wellers unglück-
liches Gesicht wieder ein, wie er mit dem Professor ge-
flüstert hatte, jenes Verdrehen der Augen und der
Ausdruck seines Rückens und seines Ganges, wie er so
langsam und wie geschlagen in seine Bank zurückgekehrt war.

Daß einer nicht zu allen Stunden derselbe sein, daß er
manche Gesichter, mancherlei Ausdruck und Haltung
haben könne, nun, das war nichts Neues, das wußte man
längst und kannte es, an anderen wie an sich selber. Neu
aber war, daß es diese Unterschiede, diesen wunderlichen und bedenklichen Wechsel zwischen Mut und
Angst, Freude und Jammer auch bei ihm gab, bei dem
guten Weller mit dem Drüsengesicht und den Hosentaschen voll Eßbarem, bei einem von jenen dort hinten in
den letzten beiden Bänken, die sich so gar keine Schul-

sorgen zu machen und von der Schule nichts als ihre
Langeweile zu fürchten schienen, einem von jenen im
Lernen so gleichgültigen, mit den Büchern so unvertrauten Kameraden, die dafür, sobald es um Obst und Brot,
Geschäfte und Geld und andere Angelegenheiten der
Erwachsenen ging, uns andern so weit voraus und
beinah schon selber wie Erwachsene waren – das be-
unruhigte mich nun, indem ich meine Gedanken damit
beschäftigte, recht sehr.

Ich erinnerte mich einer seiner sachlichen und lakoni-
schen Mitteilungen, mit der er mich noch vor kurzem
überrascht und beinah in Verlegenheit gebracht hatte.
Es war auf dem Weg zur Bachwiese, wo wir im Schwarm
der Kameraden eine kleine Strecke weit nebeneinander
gingen. Das Röllchen mit Handtuch und Badehose unter
den Arm geklemmt, schritt er in seiner gelassenen Weise
neben mir, und plötzlich blieb er eine Sekunde stehen,
wandte mir sein großes Gesicht zu und sagte die Worte:
„Mein Vater verdient sieben Mark im Tag."

Ich hatte bisher von niemandem gewußt, wieviel er
im Tag verdiene, und wußte auch nicht so recht, wieviel
sieben Mark eigentlich seien, es schien mir immerhin
eine recht schöne Summe, und er hatte sie auch mit
einem Ton von Befriedigung und Stolz genannt. Aber da
das Auftrumpfen mit irgendwelchen Zahlen und Grö-
ßen eine der Spielarten im Unterhaltungston zwischen
uns Schülern war, ließ ich, obwohl er vermutlich die
Wahrheit gesagt hatte, mir nicht imponieren. Wie man
einen Ball zurückschlägt, warf ich ihm meine Entgeg-
nung hin und teilte ihm mit, daß mein Vater im Tag
zwölf Mark verdiene. Das war gelogen, war frei erfunden, machte mir aber keine Skrupel, denn es war eine
rein rhetorische Übung. Weller dachte einen Augenblick
nach, und als er sagte: „Zwölf? Das ist bei Gott nicht
schlecht!", ließ sein Blick und Ton es fraglich, ob er
meine Auskunft ernst genommen habe oder nicht. Er
bestand nicht darauf, mich zu entlarven, er ließ es gut
sein, ich hatte da etwas behauptet, woran sich vielleicht

zweifeln ließ, er nahm es hin und fand es keiner Auseinandersetzung wert, und damit war er wieder der Überlegene und Erfahrene, der Praktiker und beinah Erwachsene, und ich erkannte das ohne Widerspruch an. Es war, als habe ein Zwanzigjähriger mit einem Elfjährigen gesprochen. Aber waren wir denn nicht beide elfjährig?

Ja, und noch eine andere seiner so erwachsen und sachlich hingesprochenen Mitteilungen fiel mir ein, die mich noch mehr erstaunt und bestürzt hatte. Sie bezog sich auf einen Schlossermeister, dessen Werkstatt nicht weit von meinem großväterlichen Hause entfernt lag. Dieser Mann hatte sich eines Tages, wie ich mit Entsetzen von den Nachbarn erzählen hörte, das Leben genommen, etwas, was in der Stadt seit manchen Jahren nicht vorgekommen und mir, wenigstens in solcher Nähe von uns, mitten zwischen den vertrauten lieben Umgebungen meines Knabenlebens, bisher völlig undenkbar gewesen war. Es hieß, er habe sich erhängt, doch wurde darüber noch gestritten, man wollte ein so seltenes und großes Ereignis nicht gleich registrieren und zu den Akten legen, sondern erst sein Grausen und Schaudern daran haben, und so wurde der arme Tote am ersten Tage nach seinem Ende von den Nachbarsfrauen, Dienstmägden, Briefträgern mit einem Sagenkreis umsponnen, von dem auch mich einige Strähnen erreichten. Andern Tages aber traf Weller mich auf der Straße, wie ich scheu nach dem Schlosserhause mit der verstummten und geschlossenen Werkstatt hinüberblickte, und fragte, ob ich wissen wolle, wie es der Schlosser gemacht habe. Dann gab er mir freundlich und mit einem überzeugenden Anschein von absolutem Wissen Auskunft: „Also, weil er doch Schlosser gewesen ist, hat er keinen Strick nehmen wollen, er hat sich an einem Draht aufgehängt. Er hat den Draht und Nägel und Hammer und Zange mitgenommen, ist in den Teichelweg hinausgegangen, fast ganz bis zur Waldmühle, dort hat er den Draht zwischen zwei Bäumen gut festgemacht und sogar noch die übrigen Enden sorgfältig mit der Zange abgezwick, und dann hat er sich an dem Draht aufgehängt. Wenn sich aber einer aufhängt, nicht wahr, dann hängt er sich meistens unten am Hals auf, und dann treibt es ihm die Zunge heraus, das sieht scheußlich aus und das wollte er nicht haben. Also, was hat er getan? Er hat sich nicht unten am Hals aufgehängt, sondern ganz vorn beim Kinn, und darum hat ihm die Zunge nachher nicht herausgehangen. Aber blau im Gesicht ist er doch geworden."

Und nun hatte dieser Weller, der so gut in der Welt Bescheid wußte und sich um die Schule so wenig kümmerte, offenbar eine schwere Sorge. Es bestand ein Zweifel, ob die Unterschrift seines Vaters unter dem letzten Zeugnis wirklich echt sei. Und da Weller so sehr bedrückt ausgesehen und bei seinem Rückweg durchs Schulzimmer einen so geschlagenen Ausdruck gehabt hatte, konnte man wohl annehmen, es habe mit jenem Zweifel seine Richtigkeit, und wenn dem so war, dann war es ja nicht nur ein Zweifel, sondern ein Verdacht oder eine Anklage, daß nämlich Otto Weller selbst seines Vaters Namenszug nachzuahmen versucht habe. Erst jetzt, wo ich nach dem kurzen Freuden- und Freiheitsrausch wieder wach und zum Denken fähig geworden war, begann ich den gequälten und verdrehten Blick meines Kameraden zu verstehen und zu ahnen, daß da eine fatale und häßliche Geschichte spiele, ja ich begann zu wünschen, ich möchte lieber nicht der glückliche Auserwählte sein, den man während der Schulstunde spazieren geschickt hatte. Der heitere Vormittag mit seinem Wind und seinen jagenden Wolkenschatten und die heitere hübsche Welt, durch die ich spaziert war, hatten sich verändert, meine Freude sank und sank, und statt ihrer füllten die Gedanken an Weller und seine Geschichte mich aus, lauter unangenehme und traurig machende Gedanken. War ich auch noch ohne Weltkenntnis und ein Kind neben Wellers sachlicher Erfahrenheit, so wußte ich doch, und zwar aus frommen moralischen Erzählungen für die reifere Jugend, daß das

Fälschen einer Unterschrift etwas ganz Schlimmes, etwas Kriminelles war, eine jener Etappen auf dem Weg, der die Sünder ins Gefängnis und zum Galgen führte. Und doch war unser Schulkamerad Otto ein Mensch, den ich gern hatte, ein gutartiger und netter Kerl, den ich nicht für einen Verworfenen und zum Galgen Bestimmten halten konnte. Ich hätte dies und jenes dafür gegeben, wenn sich herausstellen würde, daß die Unterschrift echt und der Verdacht ein Irrtum sei. Aber hatte ich nicht sein bekümmert-erschrockenes Gesicht gesehen, hatte er nicht recht deutlich merken lassen, daß er Angst und also ein schlechtes Gewissen habe?

Ich näherte mich schon, wieder ganz langsam gehend, jenem Hause, in dem lauter Leute von der Eisenbahn wohnten, als mir der Gedanke kam, ob ich nicht vielleicht etwas für Otto tun könne. Wenn ich nun, dachte ich, gar nicht in dieses Haus hineingehe, sondern in die Klasse zurück und dem Professor melden würde, die Unterschrift sei in Ordnung? Kaum war mir der Einfall gekommen, da spürte ich schwere Beklemmungen: ich hatte mich selber in diese schlimme Geschichte eingeschaltet, ich würde, wenn ich meinem Einfall folgte, nicht mehr zufälliger Bote und Nebenfigur, sondern Mitspieler und Mitschuldiger sein. Ich ging immer langsamer, ging schließlich an dem Hause vorbei und langsam weiter, ich mußte Zeit gewinnen, ich mußte es mir noch überlegen. Und nachdem ich mir die rettende und edle Lüge, zu der ich schon halb entschlossen war, als wirklich ausgesprochen und mich in ihre Folgen verstrickt hatte, sah ich ein, daß das über meine Kräfte gehe. Nicht aus Klugheit, aus Furcht vor den Folgen verzichtete ich auf die Rolle des Helfers und Retters. Ein zweiter, harmloserer Ausweg fiel mir noch ein: ich konnte umkehren und melden, daß bei Wellers niemand zu Hause gewesen sei. Aber siehe, auch zu dieser Lüge reichte mein Mut nicht aus. Der Professor würde mir zwar glauben, aber er würde fragen, warum ich dann so lange ausgeblieben sei. Betrübt und mit schlechtem Gewissen ging ich endlich in das Haus hinein, rief nach Herrn Weller und wurde von einer Frau in den oberen Stock gewiesen, dort wohne Herr Weller, aber er sei im Dienst und ich werde nur seine Frau antreffen. Ich stieg die Treppe hinan, es war ein kahles und eher unfreundliches Haus, es roch nach Küche und nach einer scharfen Lauge oder Seife. Und oben fand ich richtig Frau Weller, sie kam aus der Küche, war eilig und fragte kurz, was ich wolle. Als ich aber berichtet hatte, daß der Klassenlehrer mich geschickt habe und es sich um Ottos Zeugnis handle, trocknete sie die Hände an ihrer Schürze ab und führte mich in die Stube, bot mir einen Stuhl an und fragte sogar, ob sie mir etwas vorsetzen könne, ein Butterbrot etwa oder einen Apfel. Ich hatte aber schon das Zeugnisheft aus der Tasche gezogen, hielt es ihr hin und sagte ihr, der Professor lasse fragen, ob die Unterschrift wirklich von Ottos Vater sei. Sie verstand nicht gleich, ich mußte es wiederholen, angestrengt hörte sie zu und hielt sich nun das aufgeschlagene Heft vor die Augen. Ich konnte sie mir in Muße ansehen, denn sie saß sehr lange Zeit regungslos, starrte in das Heft und sagte kein Wort. So betrachtete ich sie denn, und ich fand, daß ihr Sohn ihr sehr ähnlich sehe, nur die Drüsen fehlten. Sie war frisch und rot im Gesicht, aber während sie so saß, nichts sagte und das Büchlein in Händen hielt, sah ich dies Gesicht ganz langsam schlaff und müde, welk und alt werden, es dauerte Minuten, und als sie endlich das Ding in ihren Schoß sinken ließ und mich wieder ansah oder ansehen wollte, liefen ihr aus beiden weit offenen Augen still und stetig große Tränen herab. Während sie das Heft noch in Händen gehalten und sich den Anschein gegeben hatte, als studiere sie es, waren, wie ich zu wissen meinte, ebenjene Vorstellungen vor ihr aufgetaucht und in traurigem und schrecklichem Zuge vor ihrem innern Blick vorbeigezogen, die auch mich heimgesucht hatten, die Vorstellungen vom Weg des Sünders ins Böse und vors Gericht, ins Gefängnis und zum Galgen.

Tief beklommen saß ich ihr, die für meinen Kinderblick eine alte Frau war, gegenüber, sah die Tränen über
ihre roten Backen laufen und wartete, ob sie etwas sagen
würde. Das lange Schweigen war so schwer zu ertragen.
Sie sagte aber nichts. Sie saß und weinte, und als ich, da
ich es nicht mehr aushielt, endlich selbst das Schweigen
durchbrach und nochmals fragte, ob Herr Weller seinen
Namen selbst in das Heft geschrieben habe, machte sie
ein noch mehr bekümmertes und trauriges Gesicht und
schüttelte mehreremal den Kopf. Ich stand auf, und auch
sie erhob sich, und als ich ihr die Hand hinreichte, nahm
sie sie und hielt sie eine Weile in ihren kräftigen warmen Händen. Dann nahm sie das unselige blaue Heft,
wischte ein paar Tränen von ihm ab, ging zu einer
Truhe, zog eine Zeitung daraus hervor, riß sie in zwei
Stücke, legte eines in die Truhe zurück und machte aus
dem andern säuberlich einen Umschlag um das Heft, das
ich nicht wieder in meine Jackentasche zu stecken
wagte, sondern sorgfältig in der Hand davontrug.

Ich kehrte zurück und sah unterwegs weder Wehr
noch Fische, weder Schaufenster noch Kupferschmied,
stattete meinen Bericht ab, war eigentlich enttäuscht darüber, daß mir mein langes Ausbleiben nicht vorgeworfen
wurde, denn das wäre in Ordnung gewesen und hätte
mir eine Art von Trost bedeutet, so als würde ich zu
einem kleinen Teil mitbestraft, und habe mir in der folgenden Zeit alle Mühe gegeben, diese Geschichte zu
vergessen.

Ob und wie mein Mitschüler bestraft wurde, habe ich
nie erfahren, wir beide haben über diese Angelegenheit
nie ein Wort miteinander gesprochen, und wenn ich je
einmal auf der Straße von weitem seiner Mutter gewahr
wurde, war mir kein Umweg zu weit, um die Begegnung
zu vermeiden.

1948

GLÜCK

Der Mensch, so wie ihn Gott gedacht und wie die Dichtung und Weisheit der Völker ihn manche tausend Jahre lang verstanden hat, ist geschaffen mit einer Fähigkeit, sich zu freuen an Dingen, auch wenn sie ihm nicht nützen, mit einem Organ für das Schöne. An der Freude des Menschen am Schönen haben stets Geist und Sinne in gleichem Maße teil, und solange Menschen fähig sind, sich mitten in den Drangsalen und Gefährdungen ihres Lebens solcher Dinge zu freuen: eines Farbenspieles in der Natur oder im gemalten Bilde, eines Anrufes in den Stimmen der Stürme und des Meeres oder einer von Menschen gemachten Musik, solange ihnen hinter der Oberfläche der Interessen und Nöte die Welt als Ganzes sichtbar oder fühlbar werden kann, worin vom Kopfdrehen einer spielenden jungen Katze bis zum Variationenspiel einer Sonate, vom rührenden Blick eines Hundes bis zur Tragödie eines Dichters ein Zusammenhang, ein tausendfältiger Reichtum an Beziehungen, Entsprechungen, Analogien und Spiegelungen besteht, aus deren ewig fließender Sprache den Hörern Freude und Weisheit, Spaß und Rührung zuteil wird – so lange wird der Mensch seiner Fragwürdigkeiten immer wieder Herr werden und seinem Dasein immer wieder Sinn zuschreiben können, denn der „Sinn" ist ja eben jene Einheit des Vielfältigen oder doch jene Fähigkeit des Geistes, den Wirrwarr der Welt als Einheit und Harmonie zu ahnen. Für den wirklichen Menschen, den heilen, ganzen, unverkrüppelten, rechtfertigt sich die Welt, rechtfertigt sich Gott unaufhörlich durch solche Wunder wie dies, daß es außer dem Kühlerwerden am Abend und dem erreichten Ende der Arbeitszeit auch noch so etwas gibt wie das Erröten der abendlichen Atmosphäre und die zauberisch gleitenden Übergänge vom Rosa ins Violett oder daß es so etwas gibt wie die Verwandlung eines Menschengesichtes, wenn es in tausend Übergängen gleich dem Abendhimmel überflogen wird vom Wunder des Lächelns, oder daß es so etwas gibt wie die Räume und die Fenster eines Domes, daß es so etwas gibt wie die Ordnung der Staubgefäße im Blumenkelch, etwas wie die aus Brettchen gebaute Violine, etwas wie die Tonleiter und etwas so Unbegreifliches, Zartes, aus Natur und Geist Geborenes, Vernünftiges und zugleich Übervernünftiges und Kindliches wie die Sprache. Ihre Schönheiten und Überraschungen, ihre Rätsel, ihre scheinbare Ewigkeit, die sie dennoch nicht entfernt und abdichtet von den Anfälligkeiten, Krankheiten, Gefahren, denen alles Menschliche ausgesetzt ist – das macht sie für uns, ihre Diener und Schüler, zu einer der geheimnisvollsten und ehrwürdigsten Erscheinungen auf Erden.

Und nicht nur daß jedes Volk oder jede Kulturgemeinschaft sich die ihren Herkünften entsprechende und zugleich ihren noch unausgesprochenen Zielen dienende Sprache geschaffen hat, nicht nur daß ein Volk die Sprache des andern lernen, bewundern, belächeln und dennoch niemals ganz und völlig verstehen kann! Nein, es ist auch für jeden einzelnen Menschen, sofern er nicht in einer noch sprachlosen Vorwelt oder in einer zu Ende mechanisierten und damit wieder sprachlos gewordenen Wirklichkeit lebt, die Sprache ein persönliches Eigentum, es haben für jeden Sprachempfänglichen, also für jeden heilen und unzerstückelten Menschen die Worte und Silben, die Buchstaben und Formen, die Möglichkeiten der Syntax ihren besonderen, nur ihm eigenen Wert und Sinn, es kann jede echte Sprache von jedem für sie und mit ihr Begabten auf ganz persönliche und einmalige Weise empfunden und erlebt werden, auch wenn er nichts davon weiß. So wie es Musiker gegeben hat, denen gewisse Instrumente oder ge-

wisse Stimmlagen besonders lieb oder auch besonders
verdächtig oder unvertraut waren, so haben die meisten
Menschen, sofern sie überhaupt einen Sprachsinn haben, zu gewissen Worten und Klängen, gewissen Voka-
len oder Buchstabenfolgen eine eigene Hinneigung,
während sie andere eher meiden, und wenn jemand
einen bestimmten Dichter besonders liebt oder ablehnt,
dann hat daran auch dieses Dichters Sprachgeschmack
und Sprachgehör seinen Anteil, welche dem seiner Leser
verwandt oder fremd sind. Ich könnte zum Beispiel eine
ganze Menge von Versen und Gedichten nennen, welche ich durch Jahrzehnte geliebt habe und liebe, nicht
ihres Sinnes, nicht ihrer Weisheit, nicht ihres Gehaltes
an Erfahrung, Güte, Größe wegen, sondern einzig wegen eines bestimmten Reimes, wegen einer bestimmten rhythmischen Abweichung vom überkommenen
Schema, wegen einer bestimmten Auswahl der bevorzugten Vokale, welche der Dichter ebenso unbewußt getroffen haben kann, wie der Leser sie unbewußt übt.
Man kann aus Bau und Rhythmus eines Prosasatzes von
Goethe oder Brentano, von Lessing oder E. T. A. Hoff-
mann über das Charakteristische, über die leibliche und
seelische Veranlagung des Dichters oft weit mehr schließen als aus dem, was dieser Prosasatz aussagt. Es gibt
Sätze, die bei jedem beliebigen Dichter stehen könnten,
und andre, die überhaupt nur bei einem einzigen wohlbekannten Sprachmusikanten möglich waren.

Für unsereinen sind die Wörter dasselbe, was für den
Maler die Farben auf der Palette sind. Es gibt ihrer zahl-
lose, und es entstehen ihrer immer neue, aber die guten,
die echten Worte sind weniger zahlreich, und ich habe
es in siebzig Jahren nicht erlebt, daß ein neues entstanden wäre. Auch der Farben sind es ja nicht beliebig
viele, wennschon ihre Abtönungen und Mischungen
nicht zu zählen sind. Unter den Wörtern gibt es für jeden Sprechenden Lieblinge und Fremde, bevorzugte
und gemiedene, es gibt alltägliche, die man tausendmal
verwendet, ohne eine Abnützung zu fürchten, und

andre, festliche, die man, sosehr man sie lieben möge, nur mit Bedacht und Schonung, mit der dem Festlichen zukommenden Seltenheit und Auserwähltheit sagt und schreibt.

Zu ihnen gehört für mich das Wort Glück.

Es ist eins von den Wörtern, die ich immer geliebt und gern gehört habe. Mochte man über seine Bedeutung noch soviel streiten und räsonieren können, auf jeden Fall bedeutete es etwas Schönes, etwas Gutes und Wünschenswertes. Und dementsprechend fand ich den Klang des Wortes.

Ich fand, dieses Wort habe trotz seiner Kürze etwas erstaunlich Schweres und Volles, etwas, was an Gold erinnerte, und richtig war ihm außer der Fülle und Vollwichtigkeit auch der Glanz eigen, wie der Blitz in der Wolke wohnte er in der kurzen Silbe, die so schmelzend und lächelnd mit dem Gl begann, im ü so lachend ruhte und so kurz und im ck so entschlossen und knapp endete. Es war ein Wort zum Lachen und zum Weinen, ein Wort voll Urzauber und Sinnlichkeit; wenn man es recht empfinden wollte, brauchte man nur ein spätes, flaches, müdes Nickel- oder Kupferwort neben das goldene zu stellen, etwa Gegebenheit oder Nutzbarmachung, dann war alles klar. Kein Zweifel, es kam nicht aus Wörterbüchern und Schulstuben, es war nicht erdacht, abgeleitet oder zusammengesetzt, es war eins und rund, war vollkommen, es kam aus dem Himmel oder aus der Erde wie Sonnenlicht oder Blumenblick. Wie gut, wie glücklich, wie tröstlich, daß es solche Wörter gab! Ohne sie zu leben und zu denken wäre Welke und Verödung, wäre wie Leben ohne Brot und Wein, ohne Lachen oder Musik.

Nach dieser Seite hin, nach der natürlichen und sinnlichen, hat mein Verhältnis zu dem Wort Glück sich nie entwickelt und geändert, das Wort ist heute so kurz und schwer, so golden und glänzend wie immer, ich liebe es, wie ich es als Knabe geliebt habe. Was aber dieses magische Symbol bedeute, was mit diesem so kurzen wie schweren Wort gemeint sei, darüber haben meine Meinungen und Gedanken viele Entwicklungen erlebt und sind erst sehr spät zu einem klaren und bestimmten Schluß gekommen. Bis weit über die Mitte meines Lebens hinaus nahm ich es ungeprüft und folgsam hin, daß im Munde der Leute Glück etwas zwar Positives und unbedingt Wertvolles, im Grunde aber doch Banales bedeute. Gute Geburt, gute Erziehung, gute Karriere, gute Ehe, Gedeihen in Haus und Familie, Ansehen bei den Leuten, voller Beutel, volle Truhen, an alles dieses wurde gedacht, wenn man „Glück" sagte, und ich tat wie jedermann. Es gab, so schien es, glückliche Menschen und andere, wie es gescheite und andere gab. Wir sprachen von Glück auch in der Weltgeschichte, wir glaubten glückliche Völker, glückliche Epochen zu kennen. Dabei lebten wir selbst mitten in einer ungewöhnlich „glücklichen" Epoche, wir waren vom Glück eines langen Friedens, einer weiten Freizügigkeit, eines bedeutenden Behagens und Wohlseins umspült wie von einem lauen Bade, und doch merkten wir es nicht, es verstand sich dies Glück allzu sehr von selbst, und wir jungen Leute in jener scheinbar so freundlichen, behaglichen und friedlichen Epoche waren, wenn wir etwas auf uns hielten, blasiert und skeptisch gestimmt, kokettierten mit dem Tod, mit der Entartung, mit der interessanten Bleichsucht, während wir vom Florenz des Quattrocento, dem Athen des Perikles und anderen vergangenen Zeiten als von glücklichen sprachen. Das Schwärmen für jene Blütenzeiten zwar verlor sich allmählich, wir lasen Geschichtsbücher, lasen Schopenhauer, wurden gegen die Superlative und gegen die schönen Worte mißtrauisch, wir lernten geistig in einem gedämpften und relativierten Klima leben – und dennoch klang das Wort Glück, wo irgend man ihm unbefangen begegnete, mit dem alten vollen goldenen Ton, blieb Mahnung oder Erinnerung an Dinge höchsten Wertes. Vielleicht, dachten wir zuzeiten, konnten einfache Kindermenschen jene handgreiflichen Güter des Lebens Glück nennen, wir aber dachten bei dem Worte eher an etwas wie Weisheit, Drüberstehen, Geduld, Unbeirrbarkeit der Seele, was alles schön war und uns Freude machte, ohne doch einen so urmäßigen, vollen, tiefen Namen wie „Glück" zu verdienen.

Inzwischen war mein persönliches Leben längst soweit gediehen, daß ich wußte, es sei nicht nur kein sogenannt glückliches, sondern es habe auch das Streben nach sogenanntem Glück darin keinen Raum und keinen Sinn. In einer pathetischen Stunde hätte ich dies Verhalten vielleicht als Amor Fati bezeichnet, doch war ich im Grunde und mit Ausnahme kurzdauernder überhitzter Entwicklungszustände nie sehr zum Pathos geneigt, und auch die unpathetische Schopenhauersche begierdelose Liebe war schon nicht mehr mein unbedingtes Ideal, seit ich die leise, unscheinbare, sparsame und stets ein wenig spöttische Art von Weisheit hatte kennenlernen, auf deren Boden die Berichte über das Leben der chinesischen Meister und die Gleichnisse des Dschuang Dsi gewachsen sind.

Nun, ich möchte nicht ins Plaudern geraten. Ich habe etwas ziemlich genau Bestimmtes zu sagen vor. Zunächst und um bei der Stange zu bleiben, versuche ich mit umschreibenden Worten das zu formulieren, was an Inhalt und Bedeutung heute für mich in dem Worte Glück liegt. Unter Glück verstehe ich heute etwas ganz Objektives, nämlich die Ganzheit selbst, das zeitlose Sein, die ewige Musik der Welt, das, was andre etwa die Harmonie der Sphären oder das Lächeln Gottes genannt haben. Dieser Inbegriff, diese unendliche Musik, diese volltönende und goldenglänzende Ewigkeit ist reine und vollkommene Gegenwart, sie kennt keine Zeit, keine Geschichte, kein Vorher, kein Nachher. Ewig leuchtet und lacht das Antlitz der Welt, während Menschen, Generationen, Völker, Reiche aufsteigen, blühen und wieder in den Schatten und das Nichts hinsinken. Ewig musiziert das Leben, ewig tanzt es seinen Reigen, und was uns Vergänglichen, Gefährdeten und Hinfälligen dennoch an Freude, an Trost, an Lachenkönnen etwa zugeteilt wird, ist Glanz von dort, ist ein Auge voll Glanz, ein Ohr voll Musik.

Ob es nun jemals jene sagenhaften „glücklichen" Menschen wirklich gegeben habe oder ob auch die mit Neid gepriesenen Glückskinder, Sonnenlieblinge und Weltherren nur zuweilen, nur in festlichen und begnadeten Stunden oder Augenblicken vom großen Licht bestrahlt worden seien, sie haben kein anderes Glück erleben, an keiner anderen Freude teilhaben können. Atmen in vollkommener Gegenwart, Mitsingen im Chor der Sphären, Mittanzen im Reigen der Welt, Mitlachen im ewigen Lachen Gottes, das ist unsre Teilhabe am Glück. Viele haben es nur einmal, viele nur wenige Male erlebt. Aber der es erlebt hat, ist nicht nur für einen Augenblick glücklich gewesen, er hat auch etwas vom Glanz und Klang, etwas vom Licht der zeitlosen Freude mitgebracht, und alles, was durch Liebende an Liebe, durch Künstler an Trost und Heiterkeit in unsre Welt getragen worden ist und oft nach Jahrhunderten so hell strahlt wie am ersten Tage, das kommt von dort.

Zu dieser umfassenden, dieser weltgroßen und heiligen Bedeutung ist bei mir das Wort Glück im Lauf eines Lebens gelangt, und vielleicht ist es nötig, den Schulknaben unter meinen Lesern ausdrücklich zu sagen, daß ich hier keineswegs Philologie treibe, sondern ein Stückchen Seelengeschichte erzähle, und daß es mir sehr fernliegt, sie etwa dazu aufzufordern, sie möchten nun auch ihrerseits im mündlichen und schriftlichen Gebrauch dem Worte Glück diese gewaltige Bedeutung geben. Für mich aber hat sich um dies holde, kurze, goldenglänzende Wort herum alles das angesammelt, was ich seit Kindertagen bei seinem Klang empfand. Die Empfindung war beim Kinde gewiß stärker, die Antwort aller Sinne auf die sinnlichen Qualitäten und Anrufe des Wortes heftiger und lauter, aber wäre das Wort an sich nicht so tief, so ursprünglich und so welthaltig, so hätte sich meine Vorstellung von der ewigen Gegenwart, von der „goldenen Spur" (im „Goldmund") und dem Lachen der Unsterblichen (im „Steppenwolf") nicht um dieses Wort herum kristallisiert.

Wenn alt gewordene Menschen sich darauf zu besinnen suchen, wann, wie oft und wie stark sie Glück empfunden haben, dann suchen sie vor allem in ihrer Kindheit, und mit Recht, denn zum Erleben des Glückes bedarf es vor allem der Unabhängigkeit von der Zeit und damit von der Furcht sowohl wie von der Hoffnung, und diese Fähigkeit kommt den meisten Menschen mit den Jahren abhanden. Auch ich, wenn ich mich der Augenblicke meiner Teilhabe am Glanz der ewigen Gegenwart, am Lächeln Gottes zu erinnern suche, kehre jedesmal bei der Kindheit ein und finde dort die meisten und die wertvollsten Ergebnisse dieser Art. Gewiß, blendender und bunter, festlicher kostümiert und farbiger beleuchtet waren die Freudenzeiten der Jünglingsjahre, der Geist hatte an ihnen mehr Anteil als an denen der Kindheit. Aber wenn man genauer und immer genauer zusah, war es doch mehr Spaß und Lustigkeit als wirklich Glück. Man war lustig, witzig, geistreich, man machte manchen guten Spaß. Ich erinnere mich eines Augenblicks im Kreis meiner Kameraden in der blühendsten Jugendzeit: da fragte ein Harmloser im Gespräch, was denn eigentlich ein homerisches Gelächter sei, und ich antwortete ihm durch ein rhythmisches Gelächter, das genau einen Hexameter nachskandierte. Man lachte laut, man stieß mit den Gläsern an – aber Augenblicke dieser Art halten der späten Nachprüfung nicht stand. Das alles war hübsch, war lustig, schmeckte gut, aber Glück war es nicht. Glück, so schien es, wenn man diesen Untersuchungen lange genug nachging, Glück war nur in der Kindheit erlebt worden, in Stunden oder Augenblicken, deren Wiederfinden sehr schwierig war, denn auch dort noch, auch im Bezirk der Kindheit erwies sich der Glanz beim Nachprüfen nicht immer als echt, das Gold nicht immer als völlig gediegen. Wenn ich es ganz genau nahm, so blieben nur ganz wenige Erlebnisse übrig, und auch sie waren nicht Bilder, die man ausmalen, und nicht Geschichten, die man erzählen konnte, sie wichen den Befragungen geschmeidig aus. Meldete sich eine solche Erinnerung, so schien es zuerst, als handle es sich um Wochen oder Tage oder doch mindestens um einen Tag, eine Weihnacht etwa, einen Geburtstag oder einen ersten Ferientag. Aber um einen Kindertag im Gedächtnis wiederherzustellen, bedürfte es Tausender Bilder, und für keinen einzigen Tag, auch nicht für einen halben, brächte das Gedächtnis die ausreichende Menge von Bildern zusammen.

Ob es nun aber Erlebnisse von Tagen, von Stunden oder auch nur von Minuten gewesen sind, erlebt habe ich das Glück manche Male und bin auch in späten Tagen, noch im Alter, ihm für Augenblicke nahe gekommen. Von jenen Glücksbegegnungen der Lebensfrühe aber, sooft ich sie beschworen, befragt und geprüft habe, hat eine besonders standgehalten. Es war in meiner Schulknabenzeit, und das Eigentliche daran, das Echte, Urhafte und Mythische darin, der Zustand des still lachenden Eins-Seins mit der Welt, der absoluten Freiheit von Zeit, von Hoffnung und Furcht, der völligen Gegenwärtigkeit kann nicht lange gewährt haben, vielleicht Minuten.

Eines Morgens erwachte ich, ein lebhafter Knabe von vielleicht zehn Jahren, mit einem ganz ungewöhnlich holden und tiefen Gefühl von Freude und Wohlsein, das mich wie eine innere Sonne durchstrahlte, so als sei jetzt eben, in diesem Augenblick des Erwachens aus einem guten Knabenschlaf, etwas Neues und Wunderbares geschehen, als sei meine ganze klein-große Knabenwelt in einen neuen und höhern Zustand, in ein neues Licht und Klima eingetreten, als habe das ganze schöne Leben erst jetzt, an diesem frühen Morgen, seinen vollen Wert und Sinn bekommen. Ich wußte nichts von gestern noch von morgen, ich war von einem glückhaften Heute umfangen und sanft umspült. Es tat wohl und wurde von Sinnen und Seele ohne Neugierde und ohne Rechenschaft gekostet, es durchrann mich und schmeckte herrlich.

Es war Morgen, durchs hohe Fenster sah ich über dem langen Dachrücken des Nachbarhauses den Himmel heiter in reinem Hellblau stehen, auch er schien voll Glück, als habe er Besonderes vor und habe dazu sein hübschestes Kleid angezogen. Mehr war von meinem Bette aus von der Welt nicht zu sehen, nur eben dieser schöne Himmel und das lange Stück Dach vom Nachbarhause, aber auch dies Dach, dies langweilige und öde Dach aus dunkel-rotbraunen Ziegeln schien zu lachen, es ging über seine steile schattige Schrägwand ein leises Spiel von Farben, und die einzelne bläuliche Glaspfanne zwischen den roten tönernen schien lebendig und schien freudig bemüht, etwas von diesem so leise und stetig strahlenden Frühhimmel zu spiegeln. Der Himmel, die etwas rauhe Kante des Dachrückens, das uniforme Heer der braunen und das luftig dünne Blau des einzigen Glasziegels schienen auf eine schöne und erfreuliche Weise miteinander einverstanden, sie hatten sichtlich nichts andres im Sinn, als in dieser besonderen Morgenstunde einander anzulachen und es gut miteinander zu meinen. Himmelblau, Ziegelbraun und Glasblau hatten einen Sinn, sie gehörten zusammen, sie spielten miteinander, es war ihnen wohl, und es war gut und tat wohl, sie zu sehen, ihrem Spiel beizuwohnen, sich vom selben Morgenglanz und Wohlgefühl durchflossen zu fühlen wie sie.

So lag ich, den beginnenden Morgen samt dem ruhigen Nachgefühl des Schlafes genießend, eine schöne Ewigkeit in meinem Bett, und ob ich ein gleiches oder ähnliches Glück noch andre Male in meinem Leben gekostet habe, tiefer und wirklicher konnte keines sein: die Welt war in Ordnung. Und ob dieses Glück hundert Sekunden oder zehn Minuten gedauert habe, es war so außerhalb der Zeit, daß es jedem andern echten Glücke so vollkommen glich wie ein flatternder Bläuling dem andern. Es war vergänglich, es wurde von der Zeit über-

spült, aber es war tief und ewig genug, um über mehr als
sechzig Jahre hinweg mich noch heute zu sich zurückzu-
rufen und zu ziehen, daß ich mit müden Augen und
schmerzenden Fingern darum bemüht sein muß, es an-
zurufen und ihm zuzulächeln, es nachzubilden und zu
beschreiben. Es bestand aus nichts, dieses Glück, als aus
dem Zusammenklang der paar Dinge um mich her mit
meinem eigenen Sein, aus einem wunschlosen Wohlsein, das nach keiner Änderung, keiner Steigerung verlangte.

Es war noch Stille im Haus und auch von außen her
kein Laut. Wäre diese Stille nicht gewesen, so hätte vermutlich die Erinnerung an die alltäglichen Pflichten, an
das Aufstehen und den Gang zur Schule mein Wohlsein
gestört. Aber es war offenbar weder Tag noch Nacht, es
war das süße Licht und das lachende Blau zwar vorhanden, aber kein Mägdetrab über die Sandsteinfliesen des
Vorplatzes, keine knarrende Tür, kein Bäckerbuben-
schritt auf den Treppen. Dieser Morgen-Augenblick war
außerhalb der Zeit, er rief zu nichts, er wies auf nichts
Kommendes hin, er war sich selbst genug, und da er
mich ganz mit in sich begriff, gab es auch für mich keinen Tag, keinen Gedanken an Aufstehen und Schule, an
halbgemachte Aufgaben oder schlecht gelernte Vokabeln, an hastiges Frühstücken im frisch gelüfteten Eß-
zimmer drüben.

Die Ewigkeit des Glückes erfuhr diesmal ihren Zerfall
durch eine Steigerung des Schönen, durch ein Mehr und
Zuviel an Freude. Während ich so lag und mich nicht
rührte und die lichte stille Morgenwelt in mich eindrang
und mich in sich aufnahm, stieß aus der Ferne her etwas
Ungewohntes, etwas Glänzendes und Überhelles golden
und triumphierend durch die Stille, voll strotzender
Freude, voll lockender und weckender Süßigkeit: der
Klang einer Trompete. Und schon war, während ich,
nun erst völlig wach, mich im Bett aufrichtete und die
Decke zurückschlug, der Klang zweistimmig und mehrstimmig geworden: es war die Stadtmusik, die mit klin-

gendem Spiel durch die Gassen marschierte, ein überaus seltenes und aufregendes Ereignis voll schmetternder Festlichkeit, daß mir das Kinderherz im Leibe zugleich lachte und schluchzte, als wäre alles Glück, aller Zauber der seligen Stunde in diese aufreizenden scharf-süßen Töne zusammengeflossen und ergösse sich nun, geweckt und ins Zeitliche und Vergängliche zurückgekehrt. In einer Sekunde war ich aus dem Bett, bebend vor Festfreude, stürzte zur Tür und ins Nebenzimmer, aus dessen Fenstern man die Straße sehen konnte. In einem Taumel von Entzücken, von Neugierde und Dabeiseinwollen legte ich mich in ein offenes Fenster, hörte beglückt die schwellenden und hochmütigen Klänge der näher kommenden Musik, sah und hörte die Nachbarhäuser und die Straßen erwachen, lebendig werden und sich mit Gesichtern, Gestalten und Stimmen anfüllen – und in derselben Sekunde wußte ich auch alles wieder, was ich in jenem Wohlsein zwischen Schlaf und Tag so ganz vergessen hatte. Ich wußte, daß in der Tat heute keine Schule sei, sondern ein hoher Festtag, ich glaube, es war des Königs Geburtstag, daß es Umzüge, Fahnen, Musik und unerhörte Belustigungen geben werde.

Und mit diesem Wissen war ich zurückgekehrt, stand ich wieder unter den Gesetzen, die den Alltag beherrschen, und wenn es auch kein Alltag war, sondern ein Festtag, zu dem die metallenen Töne mich erweckt hatten, so war doch das Eigentliche und Schöne und Göttliche dieses Morgenzaubers schon vergangen, und hinter dem kleinen holden Wunder schlugen die Wellen der Zeit, der Welt, der Gewöhnlichkeit wieder zusammen.

1949

SCHULKAMERAD MARTIN

In letzter Zeit mußte ich viel an meinen Schulkameraden Martin denken. Aus einer Versenkung und Dunkelheit, in der sein Bild viele Jahre lang mir entschwunden war, drängte es sich in einzelnen leisen, aber energischen Rucken, Schritten und Stößen mir wieder auf, wie am frühen Morgen im dunkeln Schlafzimmer das kommende Tageslicht durch Ladenritzen sich langsam, aber unaufhaltsam einschleicht und aufdrängt, und aus winzigen Erinnerungen setzte dies Bild sich mir wieder zu einem Ganzen zusammen, von welchem ich vermutlich manche Züge aus Eigenem hinzugedacht oder imaginiert habe, denn gekannt habe ich Martin nur in unsern Knabenjahren. Er ging mit mir in Calw in dieselbe Klasse der Lateinschule, von der ich aber für anderthalb Jahre nach Göppingen verpflanzt wurde, dann traf ich ihn als Seminaristen im Kloster wieder, aus dem ich abermals nach kurzer Zeit wieder verschwand, um dann vier Jahre später der Mehrzahl meiner einstigen Mitschüler als Studenten wieder zu begegnen. Unter ihnen war auch Martin, doch ohne daß wir während seiner Tübinger Semester eine andere Beziehung zueinander gefunden hätten als eben die von ehemaligen Schulkameraden, die sich auf der Straße beim Begegnen freundlich zunicken und dabei völlig unbewußt etwas von der anonymen Verbundenheit empfinden, welche nur zwischen Menschen besteht, die einander schon als Kinder gekannt haben und deren dumpf-wohliger Urboden auch der losesten und zufälligsten Beziehung einen Klang und Duft gibt, der allen später erst eingegangenen Verhältnissen und Freundschaften fehlt.
In Tübingen also, wo ich in einer Buchhandlung arbei-

tete und wo Martin Theologie studierte, trafen wir uns wieder, ohne in irgendein intimeres Verhältnis zueinander zu treten. Ob er oder ich der erste war, der Tübingen verließ, weiß ich nicht, Abschied voneinander zu nehmen bestand keine Veranlassung, und wir hätten einander vielleicht überhaupt vergessen, wäre er mir nicht einige Jahre später in Basel unvermutet über den Weg gelaufen. Ich war seit kurzem verheiratet, hatte meine junge Frau, die von einer schmerzhaften Krankheit befallen worden war, aus unsrem primitiven Bauernhäuschen am Bodensee in ihr Basler Elternhaus zur Pflege gebracht und war im Begriff, wieder nach dem Bodensee heimzureisen. Da trafen wir einander und freuten uns beide des Wiedersehens, denn wir standen beide auf einer Stufe des Lebens, wo das Zusammensein mit einem Schulkameraden und das Sprechen von den Knabenzeiten schon etwas nicht mehr Alltägliches ist, sondern etwas Besonderes und Seltenes, ein Glücksfall und kleines Fest. Er war noch immer Student, da er inzwischen zur Philologie hinübergewechselt hatte, und mochte vielleicht mit ähnlichen Sorgen und Gewissensfragen kämpfen, wie sie unausgesprochen mich bewegten, da ich zum erstenmal allein in meine neue Heimat und das kaum begonnene Abenteuer meines stadtflüchtigen Lebens und kleinen Literatendaseins zurückkehrte, mit dem Druck von eingegangenen Bindungen und übernommenen Verpflichtungen, denen ich mich kaum gewachsen fühlen konnte. Jedenfalls begrüßten wir einander erfreuter und wärmer, als wir es noch vor einem Jahr oder zweien getan hätten, wir empfanden einer den andern als stärkenden Anruf aus einer Zeit unsres jungen Lebens, die schon sich leise zu verklären begann, und empfanden beide ein Bedürfnis, dies Zusammensein etwas zu verlängern. So gelang es mir, den gewissenhaften und pünktlichen Martin dazu zu verführen, daß er seiner Tugend untreu wurde und sich für einen Tag oder zwei von mir in mein Bodenseedorf und Bauernhaus einladen ließ. Es war auf seiner Seite wohl auch Neugierde mit im Spiel, denn wie ich früher unter meinen Mitseminaristen die etwas anrüchige Berühmtheit des aus der Schule Entlaufenen genoß, so war ich für sie als junger Autor eines erfolgreichen Buches nun wieder in eine zwar ehrenvollere, aber doch auch unbürgerliche und etwas bengalische Beleuchtung gerückt.

Martin ließ sich also von mir entführen, wir reisten von Basel nach Steckborn, ließen uns dort gegen Abend über den See nach Gaienhofen hinüberrudern, und dort schloß ich mit schwerem Schlüssel mein Häuschen auf, ging im Dorf unsre kleine Magd suchen, daß sie etwas koche und ein Bett für den Gast rüste, und da saßen wir den frühherbstlichen Abend in der holzgetäfelten warmen Stube, bekamen eine bescheidene Mahlzeit und plauderten bei Brot und Wein von Calw und von Maulbronn, von unsern Lehrern in der Lateinschule und auch ein wenig von unsern Plänen, Unternehmungen und Hoffnungen, wobei ohne Absichtlichkeit jeder seine Lage und Aussichten eher ins Schönere steigerte, denn beide begehrten wir nichts weniger, als uns die Probleme und Schwächen unsrer Lage klarzumachen und einander zu zeigen. Wir waren sehr wohlgemut bei unsrem herben Wein, und ich zweifelte, als wir zu Bett gingen, gar nicht daran, daß es mir leicht gelingen werde, den Wiedergefundenen nochmals für einen Tag bei mir zurückzubehalten. Guter Laune führte ich ihn die steile enge Treppe hinauf in das Gastzimmer, machte ihn noch auf die Türschwelle aufmerksam, die aus einem dicken Tragbalken bestand und dem leichtsinnig Eintretenden, der sich nicht ordentlich bückte oder es vermied, auf sie zu treten, recht gefährlich werden konnte, wünschte gute Nacht, holte mir noch eines der frühen Bücher von Hamsun, die damals noch neu und ihren jungen Entdeckern so sehr lieb waren, und ging ebenfalls zu Bett, um bei Kerzenlicht noch eine halbe oder ganze Stunde zu lesen.

In der Frühe aber, lang ehe es Zeit zum Aufstehen war, weckten mich beängstigende Laute aus zu kurzem

Schlaf, ich öffnete die Tür und fand, im Treppenhaus an die Wand gelehnt, im Nachthemde, mit einer erloschenen Kerze in der Hand, meinen Gast im grauen Morgenlicht stehen, stöhnend und bleich wie die gekalkte Wand, was ihn besonders entstellte, da ich ihn von Kind auf nur rotbäckig mit frischen Gesichtsfarben gekannt hatte. Es hatte ihn ein heftiges Unwohlsein überfallen, eine Art von Ruhr oder Darmkrämpfen, er hatte sich mehrmals leise, um mich nicht zu erschrecken, auf den Abort geschlichen, hatte zu erbrechen versucht und sich in Schmerzen gewunden, und nun war ihm die Kerze ausgegangen, und ich fand ihn hilflos und halbtot an die Wand gelehnt, kaum eines Wortes fähig, brachte ihn in sein Bett und saß noch eine Weile bei ihm. Dann bat er mich, mich wieder hinzulegen, ihn aber zum Morgenzug an die Bahn zu bringen, er kenne diese Anfälle seines Leidens allzu gut und wisse sich keine andere Hilfe, als schleunigst nach Hause zu reisen, um sich ausruhen und auf seine Art einigermaßen erholen zu können. So geschah es auch, ich brachte ihn, ohne daß er ein Frühstück annahm, zur rechten Stunde ans Ufer, über den See und in seinen Zug. Noch ohne Farbe im Gesicht, blickte er mit schwachen Lächeln durchs Wagenfenster zu mir heraus und wies mein Anerbieten, ihn nicht allein reisen zu lassen, ein letztes Mal mit Kopfschütteln zurück. Und so fuhr er davon, für immer, denn ich habe ihn damals zum letzten Male gesehen, und es war dies unser einziges Beisammensein im Leben gewesen, bei dem wir, jeder von seiner Seite her, die bloße Schulkameradschaft um ein Schrittchen nach dem Freundschaftlichen hin durchbrochen hatten.

Ich habe Martin nie wiedergesehen. Nach jenem Besuch, der für ihn mit der nächtlichen Erkrankung und überhasteten Abreise, für mich mit einer beinah zornigen Ernüchterung und bittern Heimkehr in mein leeres Haus endigte, in dem mir erst die Frau, dann der Gast erkrankt war, habe ich mehr als zwanzig Jahre lang nichts mehr von ihm gehört. Dann hat er mir, zu meinem fünfzigsten Geburtstag, einen langen Brief geschrieben und dann, wieder nach mehrjähriger Pause, nochmals einen, den letzten. Auch hatte er dafür gesorgt, daß mir nach seinem Tode eine gedruckte Anzeige zugesandt wurde.

Dies also waren meine Beziehungen zu Martin und meine Begegnungen mit ihm: Wir waren in Calw und dann wieder in Maulbronn eine Weile Klassenkameraden gewesen, alles in allem höchstens drei Jahre lang, wir hatten uns dann in Tübingen hie und da auf der Straße zugenickt und ein paar Worte miteinander gewechselt, hatten uns, wieder einige Jahre später, während seines Basler Semesters wieder getroffen und jenes erst freudig begrüßte, dann enttäuschend endende Wiedersehen gefeiert, um dann bis zu seinem Tode nur noch zweimal durch Briefe voneinander zu erfahren, Briefe, denen ja allerdings von seiner Seite her irgendein Bedürfnis oder Drang zugrunde liegen mußte, sonst hätte er sie nicht geschrieben, die ich aber nicht unbedingt hätte beantworten müssen, wäre nicht auch in mir für diesen Martin irgendein Keim von Interesse und Sympathie über die bloße Schulklassenbindung hinaus vorhanden gewesen. Gewiß, es bestand zwischen uns beiden eine vage Anziehung und Freundschaftsmöglichkeit, welcher der Zufall zu wenig entgegengekommen war, um sie gedeihen und Wirklichkeit werden zu lassen, und sie besteht ja noch heute, wie käme ich sonst dazu, noch viele Jahre nach seinem Tode und fast ein halbes Jahrhundert nach unserem letzten Wiedersehen, mich seiner zu erinnern und mich zum Aufzeichnen dieser Blätter verpflichtet zu fühlen, als könnte auf ihnen, was im Leben nicht zustande hat kommen wollen, doch noch erfüllt werden?

Ein Bild Martins zu zeichnen, seine Biographie wenigstens in Stichworten zu berichten, seinen Charakter zu beschreiben oder auch nur ihm einen trockenen, verspäteten Nekrolog zu widmen, dazu reicht mein Wissen über ihn längst nicht aus. Wenn ich von ihm spreche und schreibe, so weiß ich, daß es nicht der wirkliche, historische und echte Martin ist, von dem da gesprochen und berichtet wird, sondern ein nur in meiner Erinnerung und Phantasie vorhandener, ein Bild oder Phantom, dessen Farben ebensosehr aus Vermutungen wie aus Erlebnissen, ebensosehr aus Phantasie wie aus Erinnerungen geschöpft sind. Ob er nun aber wirklich und historisch sei oder nicht, dieser Martin, lebendig und wirksam ist er ohne Zweifel, denn er zwingt mich, unter keineswegs bequemen Umständen ihm zur Erscheinung zu verhelfen. Und so mache ich mich denn an die Arbeit, meinen Martin zu zeichnen.

Aus der Zeit unserer ersten Bekanntschaft, als wir beide zwischen elf und dreizehn Jahre alt waren, erinnere ich mich seiner als eines munteren und vergnügten, aber nicht lauten Knaben von eher kleiner Gestalt mit zierlichen und geschickten Händen und einem angenehmen Gesicht, kräftigem Wangenrot und frisch-zarter, sich leicht bräunender Haut, wozu die hellbraunen Augen gut paßten. Der Blick dieser hübschen Augen war gewöhnlich heiter, freundlich und gewinnend und hatte manchmal auch etwas Schüchternes und Flehendes, um Schonung Bittendes. Ich kann mir denken, daß dieser Blick zeitlebens kindlich, ein wenig schüchtern und ein wenig werbend oder bittend geblieben ist. Vermutlich war es des Kinderblickes wegen, daß man ihn gern mochte und er keine Feinde hatte. Daß aber zwischen ihm und mir, die wir völlig verschiedene Naturen waren, eine der Freundschaft sich nähernde Sympathie zeitweise spürbar wurde, kam davon her, daß er Phantasie hatte und das Schöne liebte, auch dies freilich auf ganz andere Weise als ich. Während ich eher zum Exzentrischen neigte, hatte er eine ausgesprochene Vorliebe und Begabung für das Saubere, Hübsche und Adrette, und während ich mir im Spielen mit Gegensätzen gefiel und gern vom Pathetischen oder Sentimentalen zum Burlesken übersprang, war es mehr seine Sache,

bei unsern Knabenspielen einer von ihm gewählten
Rolle treu zu bleiben. Vor allem war er ein ganz vortreff-
licher Indianer, und wenn ich seiner denke, so sehe ich
ihn meistens in der Rolle und dem Kostüm des Irokesen
oder Mohikaners, denn in dieser Rolle habe ich ihn manches Mal bewundert und auch beneidet, so gut stand sie
ihm zu Gesicht und so schön verstand er sich herzurich-
ten und zu kostümieren. Vor allem besaß er einen von
ihm selbst komponierten und genähten Kopfschmuck,
zusammengesetzt aus grellgefärbten Hühner- und natürlichen Hahnenfedern, ein Schmuckstück, um das ich ihn
eine Zeitlang sehr beneidete und das mir herzustellen
ich nicht fähig war. Ich versuchte es, aber meine Nachahmung war steif und schwunglos neben ihrem Vorbild,
auch saß mein Diadem nicht fest genug, so daß ich, sobald unsere Aktionen einen Laufschritt forderten, meinen schlechten Federputz mit einer Hand auf dem Kopf
festhalten mußte, während die andere den Bogen oder
das Kriegsbeil trug. Und außer dem Kopfschmuck besaß
Martin noch eine andere Kostbarkeit: einen gewölbten
Schild, durch dessen Mitte schräg ein Goldband lief, auf
das er ein Wappen gemalt hatte, das Wappen der Stadt
Calw, einen Löwen, auf drei Bergen stehend. Auch der
Schild war ein Werk seiner geschickten Hände, er verstand sich auf das Zeichnen und Malen, auf das Vergol-
den und Lackieren, und wenn ich viel darum gegeben
hätte, seinen berühmten gewölbten Schild zu besitzen,
noch mehr hätte es mir bedeutet, der zu sein, der diesen
Löwenschild hatte schnitzen, kleistern, malen und ver-
golden können. Dabei war ich Martins Arbeiten gegenüber nicht ganz kritiklos, es entging mir weder, daß
eigentlich das Calwer Wappen nicht auf den Schild eines
Irokesen gehöre, noch daß dies Wappen und die Ornamente nicht frei und großzügig erfunden und hinge-
zeichnet, sondern sorgfältig nach einer Vorlage kopiert
und vergrößert worden waren. Aber gerade das, was
Martins Stärke und Gabe war, fehlte mir: die Genauigkeit und Sauberkeit, die Adrettheit und technische Voll-

endung seiner Arbeit, die Geduld, die Hingabe, der Fleiß und die Freude an einer planmäßig unternommenen und Stufe um Stufe exakt durchgeführten Arbeit.

So war auch Martins Handschrift oft der Gegenstand meiner Bewunderung und meines Neides. Es sah in seinen Schulheften wunderbar geordnet, sauber und freundlich aus, ein Geist der Ordnung, der Symmetrie und Harmonie herrschte in den mit sichtlichem Genuß und Wohlgefallen hingemalten Buchstaben sowohl wie in der Verteilung ihrer Kolonnen über das Exerzierfeld der Seite, es war das Verhältnis der Buchstabengröße zum Zeilenabstand ebenso angenehm und überzeugend wie das der in Zierschrift geschriebenen Überschriften zur Stärke der mit dem Lineal gezogenen Linien, mit denen sie unterstrichen waren. Oft habe ich mich, etwa beim Beginn der Reinschrift einer lateinischen Wochenarbeit, mit dem Vorhaben hingesetzt, auf eine ähnlich angenehme, genau abgemessene und dennoch flüssige Weise zu schreiben. Dann hatte meine Handschrift über ein paar Zeilen hin etwas mehr Haltung als sonst, aber schön wurde sie nie, auch hielt der Wille zu solcher Haltung immer nur eine ganz kleine Weile an, und später, in der Erinnerung des längst Erwachsenen, wollte es mir manchmal scheinen, es habe mein Verlangen nach einer so hübschen Schrift eigentlich etwas anderem gegolten: dem einfacheren, geordneteren und lenksameren Gemüt meines Kameraden.

Außer seiner gewöhnlichen Alltags- und Pflichthandschrift verfügte der junge Künstler aber auch noch über andere Schriften, festlichere, pompösere. Er besaß zweierlei Rundschriftfedern, eine einfache, die nur ungewöhnlich breit und schräg geschnitten war, und eine doppelte, gespaltene, die jedem Schriftzeichen noch eine dünnere zweite Linie mit auf den Weg gab. Mit diesen Federn vermochte er nicht nur so prächtig und vollgültig zu schreiben, als wäre es gedruckte Antiqua, er besaß überdies soviel Phantasie und Feingefühl, daß er die Doppellinien und Schnörkel sowohl wie die Schwellungen des Striches zwischen dick und dünn richtig tanzen, schweben und musizieren lassen konnte – diese Rundschriftkünste fielen mir wieder ein, als mir durch den Meisterdrucker Mardersteig später Albums mit den Typen der vielen verschiedenen Bodoni-Schriften gezeigt wurden.

Außerhalb der Schule kamen wir wenig zusammen, Martin wohnte weit von mir in der oberen Stadt bei einem Lehrer, der sein Onkel war und eine Knabenpension hielt. Ich weiß nicht einmal mehr, ob ich je ins Haus dieses Lehrers gekommen bin, doch kann ich es mir von außen noch wohl vorstellen. Auch den Namen der Gasse, in der es stand, habe ich vergessen. Aber es war jene selbe Gasse, in welcher Knulp seinen Freund, den Schneider Schlotterbeck, besucht hat, und bei den Erinnerungsgängen durch Gerbersau, die ich mit Knulp tat, ist auch jenes Haus und die kleine Gestalt Martins mir zuweilen erschienen. Und damals bei unserem einzigen intimen Zusammensein im Leben, an jenem Tag in Basel und in meinem Bodenseedorfe, sprach er mir auch von jenem Hause und von seiner Liebe zu allen Erinnerungen, die mit Calw, mit seiner Schul- und Knabenzeit zusammenhingen. Mit Lächeln und mit einer hinter Späßen sich versteckenden Rührung kamen wir darauf zu sprechen, welch phantastischer Wert von der Seele kleinen alltäglichen und nichtigen Gegenständen verliehen werden kann, wenn geliebte Erinnerungen sich an sie knüpfen: ein alter Federhalter, ein altmodischer Uhrschlüssel, zu dem die Uhr längst abhanden kam, ein rostiges Taschenmesser. Da war es, daß Martin nachdenklich wurde, eine ganze Weile schwieg und grübelte und dann von einem Reck zu sprechen anfing, einem Turngerät im Hof jenes Hauses gegenüber von Schlotterbeck, und von einem Nagel, den er einst, als er allein in jenem Hofe spielte, in den einen Pfosten dieses Recks geschlagen habe, ohne praktischen Zweck, nur aus Freude daran, diesen zufällig von ihm gefundenen Nagel schön gerade und sicher mit dem Hammer ins Holz zu treiben.

Mit einem heute unbegreiflichen und in dieser Stärke heute nicht wieder erlebbaren Genuß habe er diesen Nagel eingeschlagen, erzählte er, der damals etwa siebenundzwanzigjährig war, er habe damit eine Geschicklichkeitsprobe angestellt, habe aber außerdem irgend etwas wie einen mystischen Akt vollzogen, der dieses allen Pensionären gehörende Reck gewissermaßen zu seinem Eigentum gemacht oder es doch auf eine geheime, nur ihm allein bekannte Art gezeichnet habe.

Damit habe ich wohl das meiste von dem aufgeschrieben, was ich über Martin weiß. Aber mancher Punkte fühlte ich mich doch nicht recht sicher. Ich hätte viel darum gegeben, meine Erinnerungen kontrollieren zu können. Und da es andere zuverlässige Quellen für mich nicht gab, erinnerte ich mich daran, daß mein Schulkamerad mir in seinem späteren Leben mindestens zwei Briefe geschrieben hat. Den ersten schrieb er mir zu meinem fünfzigsten Geburtstag im Jahre 1927, etwa dreiundzwanzig Jahre nach unsrer letzten Begegnung, und den zweiten nicht sehr lange Zeit vor seinem Tode. Es bestand die Wahrscheinlichkeit, daß diese Briefe noch existierten, aber wenig Hoffnung, sie wiederzufinden, aber ich machte mich heute, nachdem meine Aufzeichnungen bis hieher gediehen waren, dennoch an das mühsame Suchen, und es ist nicht ganz umsonst gewesen. Den Brief zwar, der mir der wichtigste schien und an dem mir besonders viel gelegen war, konnte ich nirgends mehr finden, obwohl ich schwören könnte, daß ich ihn aufbewahrt habe. Ich meine seinen letzten Brief. Aber den vom Jahre 1927 habe ich doch wenigstens gefunden und im gleichen alten Briefbündel auch die gedruckte Todesanzeige.

Aber es ging mir mit diesem gefundenen Schatz recht eigentümlich. Der Fund erfreute mich sehr, aber der Brief lautete ganz anders, als ich erwartet und zu wissen geglaubt hatte. Und statt meine Erinnerungen zu klären und eindeutiger zu machen, hat er sie im Gegenteil völlig verwirrt und vollends ganz zweifelhaft gemacht. Er hat mir gezeigt, daß meine Vorstellung von Martin zwar im ganzen nicht unrichtig war, daß aber seine Erinnerungen an gemeinsam mit mir Erlebtes weit von den meinen abwichen, ihnen sogar zum Teil widersprachen. Sein Gedächtnis schien besser gewesen zu sein als das meine, wenigstens hatte es allerlei aufbewahrt, was ich nicht mehr wußte, und dafür wieder etwas weggelassen, was ich als besonders eigentümlich festgehalten hatte.

Merkwürdig und beinah befremdend war es mir schon, daß die Handschrift dieses wiedergefundenen Briefes mit der Handschrift des Knaben Martin, die ich so sehr bewundert hatte, nichts mehr gemeinsam hatte. Es war eine deutliche und ganz hübsche, aber keineswegs kalligraphische und nach jener einstigen Adrettheit strebende Schrift. Der Brief war viele Seiten lang und war ein Gratulations- und gewissermaßen Huldigungsbrief zu meinem fünfzigsten Geburtstag, etwas wie ein Anerkennungs- und verschämter Freundschaftsbrief. Ein Hauptabschnitt bestand aus Feststellungen wie der, daß ich „heute bereits eine abgestempelte offizielle Größe" sei, dieser Teil des Briefes war eher kleinbürgerlich und lehrerhaft, aber weitaus der größte Teil des Schreibens war ein Lobgesang auf unsere Jugend und Schülerzeit, unterbrochen von kleinen Seufzern der Bescheidenheit wie „Du wirst Dich meiner zwar kaum mehr erinnern". Die Hauptsache, der ersehnte große Fund für mich aber war, daß der alte Mitseminarist mir gleichsam als Geburtstagsgabe seine Jugenderinnerungen an mich darbrachte. Begierig las ich diese Seiten. Aber die Mehrzahl der Erlebnisse, deren er da gedachte, fehlte in meinem Gedächtnis. So berichtete er von einem Abend in meiner letzten Tübinger Zeit, an dem er mit anderen frühern Mitschülern, von mir eingeladen, bei mir in meiner Stube gesessen sei und mich das Buch „Eine Stunde hinter Mitternacht" habe vorlesen hören. Er wird gewiß recht haben, aber mir ist an diesen Tübinger Abend keine Spur einer Erinnerung geblieben. Und nun kommt er auf unser Wiedersehen in Basel und unsere gemeinsame Fahrt nach Gaienhofen zu sprechen. Mit größter Spannung las ich diesen Bericht. Auch von diesem Wiedersehen weiß Martin sehr viel mehr als ich, ich beginne mich meiner Vergeßlichkeit nun wirklich zu schämen. Nur bis zur Ankunft bestätigt sein Bericht meine eigene Erinnerung, aber dann fährt er fort: „Anderntags haben wir dann die ganze Künstlerkolonie dort am See entlang abbesucht: E. v. Bodman, W. v. Scholz, auch bei einem Maler haben wir hereingeguckt. Und doch habe ich damals nichts von alledem gehabt. Ich stak damals in schweren inneren Krisen... Ich bin damals ziemlich elend und unglücklich nach Hause gekommen; ich hatte gesehen, was mir fehlte."

Ja, wie ist nun dies? Einen ganzen Tag bin ich also mit meinem Gast bei Bekannten und Freunden in jener Gegend herumgefahren, ohne mehr etwas davon zu wissen. Ich bin bereit, zu seinem Gedächtnis mehr Vertrauen zu haben als zu meinem, ihm war dies alles ja neu, was mir gewohnt war, und bei E. von Bodman bin ich damals in der Tat einigemal zu kurzem Besuch gewesen, nicht aber bei W. von Scholz, so daß es doch wieder aussieht, als habe Freund Martin nachträglich diesen von mir vergessenen Bodenseetag reicher mit Erlebnissen und Begegnungen ausstaffiert, als er gewesen sein kann. Und von dem, was für mich das Haupterlebnis und das Unvergeßliche an jenem Beisammensein war, von seiner schweren Erkrankung nämlich, wußte er überhaupt nichts mehr! Es war ihm entschwunden, so wie mir die Besuchstournee bei meinen Nachbarn am See! So wie er in seinem gutgläubig abgelegten Bericht über diese Fahrt mindestens den Scholz-Besuch hinzuerfunden hatte, so hatte er sein Krankwerden, das mir solchen Eindruck machte und mir für Jahrzehnte sein entstelltes Gesicht und seine wankende Elendsgestalt einprägte, völlig vergessen oder doch nur als ein seelisches Unwohlsein im Gedächtnis behalten! Ach, beinahe wünschte ich, Martins lieber langer Brief wäre verloren geblieben, statt mich vor solche Widersprüche und Zweifel zu stellen!

Dennoch muß ich zu dem stehen, was mein Gedächtnis mir sagt, und müßte es gegen alle scheinbaren Widerlegungen verteidigen. Aber wie eigentümlich beschämend und in Verlegenheit setzend ist doch jede Begegnung mit unserem verborgenen Leben, mit jenen Mächten, die sich über unsern Verstand, unser Bewußtsein, unser Gedächtnis lustig machen, die diktatorisch über unser Erinnern oder Vergessen verfügen! Ich mag die beiden Erinnerungsbilder unserer Begegnung gegeneinander abwägen, wie ich will, sie zeigen mir beide, überdeutlich und mit einem gewissen Hohn, wie anders wir sind, als wir selbst, und auch wie anders, als unsere Nächsten uns sehen. Da war ich einen oder zwei Tage lang mit einem mir lieben, zufällig wiedergefundenen Jugendkameraden zusammen gewesen, und wie hatten wir beide, ohne es zu wollen und zu ahnen, voreinander Theater gespielt und uns selbst und einander belogen! Für mich war Martin der frische blühende Knabe mit den roten Backen und der gesunden, normalen, vielleicht etwas bürgerlichen Seelentemperatur gewesen, und vielleicht hatte gerade dies mich dazu gereizt, ihm meinen Alltag und meine derzeitige Seelenverfassung recht interessant, aufgeräumt und beneidenswert erscheinen zu lassen, während ich in Wahrheit mich von den Problemen meiner Autorschaft, meiner jungen Ehe und meiner gewollt außerbürgerlichen Lebensführung recht bedrängt fühlte. Und er für sein Teil wieder hatte sich verblüffen und blenden lassen, hatte das Abenteuer seiner Hesse-Reise nachträglich sogar noch mit allerlei Zutaten ausgeschmückt, hatte mir seine schweren Probleme, Sorgen und Unsicherheiten ebenso erfolgreich verschwiegen wie ich ihm die meinen und hatte den Ausbruch dieser Nöte in einem Anfall scheinbar schwerer leiblicher Erkrankung nachher völlig zu vergessen vermocht. Was unser Gedächtnis in bezug auf die Gaienhofener Reise so verschieden beeinflußt und zu zwei voneinander so sehr abweichenden Darstellungen geführt hatte, es waren bei ihm wie bei mir die gleichen

Mächte und Ursachen, es waren die Konflikte in seiner wie in meiner Seele und das Bedürfnis, diese Konflikte weder selbst allzu deutlich zu besehen noch gar dem Kameraden sichtbar werden zu lassen. Wie ich in Martins Gedächtnis ein glücklicher Phäake und Tausendsassa, so war er in dem meinen zu einem netten, harmlosen, aber leider zu schweren gastrischen Störungen neigenden Menschen geworden.

Indessen bleibt trotz diesen tiefen und eigentlich schrecklichen Fragwürdigkeiten die Tatsache übrig, daß wir beide einander keineswegs vergessen haben und daß gerade jene einzige ernstliche Begegnung unseres Lebens ihn sowohl wie mich noch nach Jahrzehnten beschäftigen und beunruhigen konnte. Die Ursache dieses Interesses und Nichtvergessenkönnens war bei uns beiden dieselbe, bei ihm hatte sie sich in jener Erkrankung und in deren nachträglichem Vertuschen, bei mir in einer übertrieben angeregten und anregenwollenden Lebendigkeit und Unternehmungslust und in deren nachträglicher Verdrängung geäußert und ausgelebt. Wir hatten, so verschieden unsere Berichte darüber lauten mögen, damals genau das gleiche erlebt: eine Bedrängung durch unlösbar scheinende, schwer drückende Fragen unseres sittlichen Lebens und zugleich ein Verheimlichenwollen und Nichtwahrhabenwollen dieser inneren Nöte. Hätte nicht jeder von uns hinter der Maske unserer Rollen beim andern die gleiche Spannung und Gefahrennähe, die gleiche schwüle Temperatur gewittert, so hätten wir beide diese ganze Geschichte zu vergessen oder doch unwichtig zu nehmen vermocht.

Beinahe bin ich am Ende meines schwierigen Berichtes über eine scheinbar unwichtige Anekdote aus unserer Jugendzeit. Er könnte hier aufhören. Aber es ist doch noch eine Kleinigkeit nachzutragen, freilich auch wieder eine, bei der ich mich schlechterdings auf mein Gedächtnis verlassen muß, ohne dem bei dieser ganzen Untersuchung erworbenen Mißtrauen gegen dieses Gedächtnis, ohne dem schlechten Gewissen, das eigentlich jeden

Autor einer Geschichte oder Historie überkommen müßte, durch Dokumente und Beweisstücke nachhelfen zu können.

Nachzutragen also habe ich die Tatsache, daß Martin mir ja noch einen späteren, einen letzten Brief geschrieben hat. Es ist etwa fünfzehn Jahre her, seit er ihn geschrieben hat und ich ihn gelesen habe, und sowenig ich daran zweifeln kann, daß ich diesen Brief aufbewahrt habe, zu finden ist er nicht, er hätte bei jenem andern Briefe und bei der Todesanzeige liegen müssen, die schon schwer genug zu finden waren.

In diesem letzten Briefe, den er mir schrieb, beschwört Martin wieder mit großer Wärme und Hingabe die Calwer Knabenjahre herauf, überzeugt, daß auch mir jedes Erinnertwerden an sie erwünscht und wohltuend sein werde, worin er sich auch nicht geirrt hat. Diesmal aber hat er mir etwas Besonderes und Konkretes zu berichten: er ist kürzlich in Calw gewesen! Er hat eine Gedächtnis- und Heimwehreise in das Tal und die Stadt seiner, wie ihm scheint, glücklichsten Jahre unternommen, eine lang ersehnte und oft geplante, nun endlich reif gewordene Feier des Wiedersehens. So wie Knulp vor seinem Ende noch einmal sein Städtchen aufsucht und durch alle Gassen und Winkel schlendert, so hatte Martin eine Reise in seine Scheinheimat und in seine Knabenzeit zurück unternommen, war mit Herzklopfen in das Tal der Nagold eingefahren und hatte die alte Stadt am Hang zwischen Waldbergen und Fluß liegen sehen. Es war ein gutes und glückliches Unternehmen gewesen, dankbar und selig berichtet er mir darüber. Die Gassen, der Marktplatz, die Schule, die Namen unserer einstigen Lehrer und mancher Kameraden werden mit Pietät und preisender Liebe genannt. Und beschrieben wird auch, wie der Heimkehrer die Gasse mit dem Hause seines Oheims unverändert und noch etwas gealtert wiederfindet, wie er in das Haus eintritt, in Hausflur und Treppenhaus hineinschnuppert, wie er dann auch das Höfchen, den Ort seiner Knabenspiele, wieder aufsucht und mit Erstaunen und Rührung noch alles unverändert wie vor beinahe einem halben Jahrhundert vorfindet. Es standen auch noch, was er am wenigsten erwartet hätte, die beiden Holzpfeiler des Recks, und in einem dieser Pfeiler stak, über die Jahrzehnte hinweg sein Knabengeheimnis bewahrend, der Nagel, den er einstmals dort eingeschlagen hatte.

1949

AUFZEICHNUNG BEI EINER KUR IN BADEN

Fünfundzwanzig Jahre sind es her, seit ein wohlwollender Arzt mich zum erstenmal als Patienten nach Baden schickte, und die Zeit jener ersten Badener Kur muß mich auch innerlich vorbereitet und zu neuen Erlebnissen und Gedanken fähig gefunden haben, denn es ist damals das kleine Buch „Der Kurgast" entstanden, das ich bis vor kurzem noch bis in die illusionslose Bitternis des Alterns hinein für eines meiner besseren Bücher gehalten und in durchaus sympathischem Andenken getragen habe. Angeregt teils durch die ungewohnte Muße des Kur- und Hotellebens, teils durch einige neue Bekanntschaften mit Menschen und Büchern, fand ich in jenen sommerlichen Kurwochen eine Stimmung der Einkehr und Selbstprüfung, auf der Mitte des Weges vom „Siddhartha" zum „Steppenwolf", eine Stimmung von Zuschauertum der Umwelt wie der eigenen Person gegenüber, eine ironisch-spielerische Lust am Beobachten und Analysieren des Momentanen, eine Schwebe zwischen lässigem Müßiggang und intensiver Arbeit. Und da die Objekte dieser Beobachtungen und spielerischen Schilderungen, die Badekur mit Hotelleben, Kursaalkonzerten und müßigem Flanieren, doch etwas zu klein und gewichtlos gewesen wären, richtete meine Denk- und Schreiblust sich schon bald auf ein anderes, sowohl wichtigeres wie lustigeres Objekt, auf mich selbst nämlich, auf die Psychologie des Künstlers und Literaten, auf die Leidenschaft, den Ernst und die Eitelkeit des Schreibens, das wie alle Kunst das scheinbar Unmögliche wagt und dessen Ergebnisse, wenn es glückt, zwar niemals dem entsprechen und ähnlich sind, was der Schreibende angestrebt und versucht hat, dafür aber gelegentlich hübsch, amüsant und tröstlich ausfallen können so wie die Eisblumen am Fenster eines geheizten winterlichen Zimmers, aus welchen wir nicht mehr den Kampf zwischen gegensätzlichen Temperaturen, sondern Seelenlandschaften und Traumwälder ablesen.

Wiedergelesen hatte ich mein damals entstandenes Buch vom Kurgast in den letzten zwanzig Jahren allerdings nur ein einziges Mal, zum Zweck einer Neuausgabe nach den Jahren der Zerstörung, und dabei hatte ich die allen Künstlern und Literaten bekannte Erfahrung gemacht, daß wir über unsere eigenen Produkte keineswegs ein sicheres und stabiles Urteil haben, daß sie sich in unserem Gedächtnis ganz wunderlich verändern, verkleinern, vergrößern, verschönern oder entwerten können. In der erwähnten Neuausgabe sollte der „Kurgast" mit der ihm zeitlich und thematisch sehr nahe stehenden „Nürnberger Reise" zusammen in einen Band zu stehen kommen, und als ich mich an das Wiederlesen der beiden kleinen Werkchen machte, hatte ich nicht den „Kurgast", sondern die „Nürnberger Reise" als das bessere, geglücktere in Erinnerung, und dies Urteil, dessen Begründung wiederherzustellen mir nicht gelang, saß in mir so fest, daß ich ernstlich erstaunt und wie enttäuscht war, als ich nach vollendeter Lektüre feststellen mußte, daß es sich gerade umgekehrt verhalte und von den beiden einander so ähnlichen Aufzeichnungen der „Kurgast" weitaus die wertvollere und hübschere sei. Er war es, nach meinem jetzigen Urteil, so sehr, daß ich sogar eine Weile daran gedacht habe, die „Nürnberger Reise" in den Neuausgaben meiner Bücher überhaupt wegzulassen. Jedenfalls bestand das Ergebnis dieses sorgfältigen Wiederdurchlesens für mich in der eher erfreulichen Entdeckung, daß ich da vor Jahrzehnten etwas nicht nur leidlich Aufrichtiges, sondern auch Heiteres und Genießbares geschrieben habe, das ich heute nicht mehr zustande brächte.

Inzwischen war auch seit dieser Entdeckung wieder Zeit verstrichen, sie vergeht ja alten Leuten wunderlich

schnell, die Altersjahre verschleißen sich im Vergleich
mit den gediegenen und gehaltvollen der Vergangenheit
wie schlechte, billige Gewebe aus Zellstoff, und es war
nun also fünfundzwanzig Jahre her seit meinem ersten
Besuch in Baden und meinen damaligen Aufzeichnungen. Übrigens muß ich bekennen, daß mir jedesmal,
wenn ich wieder nach Baden komme, jene Aufzeichnungen etwas Sorge machen, denn es ist mehrmals vorgekommen, daß irgendein Mitkurgast das Buch gerade las
und mich daraufhin ansprach, und dies Angesprochen-
werden und Konversation-Erduldenmüssen ist mir von
Jahr zu Jahr mehr zuwider und lästig geworden. Diese
Abneigung war, wie überhaupt der Hunger nach Stille
und Alleinbleiben, in den letzten Jahren immerzu gestiegen und gewachsen, ich war es unendlich müde und
überdrüssig geworden, „in der Leute Mund" zu sein, es
war längst kein Spaß und keine Ehre mehr, sondern ein
Unglück, und wenn ich zeitweise meinen einst so gut
verborgenen Wohnort verlasse, wie etwa zu einer Badener Kur, dann tue ich es, unter andern Gründen, auch
aus Scheu und Widerwillen gegen die Besucher, die immerzu vor meiner Haustür stehen und auf keine leise
oder laute Bitte um Schonung reagieren, die mir das
Haus umschleichen und mir oft noch in den privatesten
und verborgensten Winkeln meines Weinbergs nachstel-
len. Sie haben sich in den Kopf gesetzt, den Sonderling
aufzustöbern, ihn zu stellen, ihm seinen Garten und
sein Privatleben zu zertrampeln, ihm durchs Fenster auf
seinen Arbeitstisch zu glotzen und ihm den Rest von
Achtung vor den Menschen samt dem Rest von Glauben
an den Sinn seines Daseins vollends zu zerschwatzen.
Dies Mißverhältnis zwischen der Welt und mir war seit
Jahren vorbereitet und angewachsen und war, seit die
seit Jahren gefürchtete Invasion aus Deutschland begonnen hatte, zu einer beinah unerträglichen Not geworden. Hundert solcher Überfälle und Zudringlichkeiten
hatte ich mit saurer oder süßer Miene bestanden und erduldet, aber dreimal im Lauf der letzten Invasions-

wochen war es mir auch passiert, daß ich einen Besucher, den ich, als gehörte er ihm, in meinem Garten herumspazieren fand, gestellt und angefaucht hatte. Keine Geduld, keine Müdigkeit ist so tief, daß sie alles ertrüge; kein Topf ist so groß, daß er nicht einmal überliefe.

So war es eine Art Flucht, als ich mich wieder zur Kur in Baden entschloß. Viele Male war ich dort gewesen, immer im Spätherbst, die Bäder sowohl wie der sanft verdummende, regelmäßige Ablauf der Hoteltage, das Hindämmern des spärlichen Novemberlichtes, die Ruhe und angenehme Wärme im halbleeren Hause schienen mir erwünscht, ich würde entweder, wie schon oft, mich in Nichtstun und Schlendrian entspannen oder, wie es andere Male geschehen war, schlaflose Nachtstunden im Bett mit Verseschreiben ausfüllen und dabei höhere Grade des Wachseins als je am Tage erleben, auf jeden Fall war es Abwechslung, und die ist im Klima des Alterns und Schwindens zuzeiten eine nicht kleine Verlokkung. Ich entschloß mich zur Reise, und meine Frau, welche zu den Attraktionen Badens mehr die Nähe Zürichs als die Thermalbäder zählt, war einverstanden. Es wurde gepackt, und es wurde dabei weder mit den Büchern noch mit dem Schreibmaterial gespart. Wir reisten, und wieder einmal hielt ich meinen Einzug in das wohnliche alte Hotel, das mich seit meiner ersten Kur so oft wiedergesehen und gelassen meine Verwandlung in einen älteren und dann in einen alten Herrn zur Kenntnis genommen hatte. Längst gehörte ich zur Garnitur der alten Gäste, der mit nachsichtiger Ehrfurcht belächelten Weißköpfe, und auch diesmal war ich in der Rangordnung vorgerückt, es waren wieder einige von den ganz alten Stammgästen gestorben, die ich manche Male hier angetroffen hatte. Auf ihren Plätzen im Speisesaal saßen jetzt andere Greise, und natürlich gab es auch beim Personal einige neue Gesichter, die dem Stammgast nicht mit dem vertraulichen Lächeln des Wiedererkennens entgegenkamen.

Vieles hatte ich seit zweieinhalb Jahrzehnten in diesem Hause erlebt, vieles gesonnen und geträumt, vieles geschrieben. In der Schublade meines Hotelschreibtischchens waren die Manuskripte des „Goldmund", der „Morgenlandfahrt", des „Glasperlenspiels" gelegen, Hunderte von Briefen, von Tagebuchblättern und einige Dutzend Gedichte waren in den Zimmern, die ich hier bewohnt hatte, entstanden, Kollegen und Freunde aus manchen Ländern und aus manchen Perioden meines Lebens hatten mich hier besucht, fröhliche, gesellige und trinklustige Abende hatte ich hier gehabt und auch viele kleinlaute Schleimsuppentage, Zeiten des Arbeitsrausches und Zeiten der Müdigkeit und Dürre. Es gab hier, im Hause wie im Städtchen, kaum eine Ecke ohne Erinnerungen, ja ohne vielfache Schichten einander überlagernder Erinnerungen für mich. Leute, die keine Heimat kennen, hegen für solche Orte reicher und alter Erinnerungen zuzeiten eine gewisse sich selbst ironisierende, aber nicht unzärtliche Liebe. Da gab es im dritten Stock jenes helle dreifenstrige Zimmer, in dem ich das Gedicht „Nachtgedanken" und das Gedicht „Besinnung" geschrieben hatte, das erste in der Nacht, nachdem in den Zeitungen die ersten Meldungen über Judenpogrome und Synagogenbrände in Deutschland gestanden hatten. Und im andern Flügel des Hauses waren einst, einige Monate vor meinem fünfzigsten Geburtstag, die „Gedichte im Krankenbett" entstanden. Und unten in der Halle hatte ich damals die Nachricht vom Verschwinden meines Bruders Hans empfangen und ebendort einen Tag später die Todesbotschaft. Nun wohnte ich schon seit manchen Jahren stets im selben Zimmer, im ältesten Teil des Hauses, und es hätte mir leid getan, wenn ich die blau-rot-gelbe Blumenstraußtapete an seinen Wänden nicht mehr vorgefunden hätte. Aber sie war noch vorhanden, samt Schreibtisch und Leselampe. Dankbar begrüßte ich die kleine Scheinheimat.

Es ließ sich alles friedlich und wohlig an. Zwar war da unter den Stammgästen, die wir im Hause antrafen, eine Dame zu sehen, die schon seit einigen Jahren zur selben

Jahreszeit wie ich hier zu weilen pflegte und die mich früher mehrmals unerbittlich zu langen einseitigen Konversationen eingefangen hatte; aber sie kannte mich nun, es war das letzte Mal zu einer kleinen Szene zwischen uns gekommen, die ich wohl als endgültig glaubte betrachten zu dürfen. Wir wichen ihr aus, und wenn ich je einmal unbegleitet in ihre Nähe geriet, suchte ich mit solcher Eile und Wichtigkeit irgend jemand anderen, daß kaum jemand das Herz gehabt hätte, mich aufzuhalten.

Als Lektüre hatten wir den „Idioten" von Dostojewski mitgenommen und zu lesen begonnen. Er war ebenso spannend, wie er es vor dreißig Jahren gewesen war, aber die Spannung wurde diesmal doch zuweilen enttäuscht, das Buch schien mit den Jahren an Substanz und Gehalt etwas verloren zu haben, der nichtigen Menschen und törichten vielstündigen Gespräche waren es statt dessen anscheinend mehr geworden. Es wird, falls wir noch eine Weile leben, wieder mit diesem Buche dahin kommen, wohin es vor langen Jahren nach den beiden ersten Lesungen gekommen ist: es wird außer der unvergeßlichen Gestalt des Fürsten nichts im Gedächtnis haften als die Gestalten Rogoschins und der beiden Frauen und von den Szenen die des Anfangs in der Eisenbahn, die beiden in Rogoschins düsterem Hause, die der geschwätzigen Nachtgesellschaft auf der Terrasse Lebedews und die schreckliche, in welcher die beiden jungen Frauen sich anspeien und der Fürst bei Nastasja zurückbleibt. Dazwischen, so wird man sich erinnern, laufen Hunderte von Seiten lang diese Gespräche – die man aber nach sehr langer Zeit doch einmal wieder zu lesen sehr große Lust spüren wird. Wir waren beide wieder von der flackernden, zuckenden Atmosphäre des Romans gefesselt und etwas erregt, und es paßte ganz in diese Stimmung, als eines Abends nach Tische meine Frau zu mir ins Zimmer trat und sagte: „Da draußen vor deiner Tür läuft ein Mörder auf und ab."

„Den muß ich sehen", sagte ich und ging rasch hinaus.

Da ging richtig ein Mensch unruhig und flackernd in
großer Erregung hin und her durch die Gänge und das
Vestibül, ein junger Mann, ein Ausländer offenbar, doch
war nicht das Östliche und Jüdische an ihm das, was mir
auffiel, der Typus ist mir wohlbekannt und sympathisch,
sondern was ihn wie ein Mal zeichnete und was meiner
Frau das Wort „Mörder" suggeriert hatte, war nur sein
augenblicklicher Zustand, eine leicht unheimliche Art
von Unruhe, von Fieber und Getriebenheit. Aber ein
Mörder war er nicht, das wußte ich nach dem ersten
Blick auf ihn, eher vielleicht ein Selbstmörder, dazu
hätte die Getriebenheit und Rastlosigkeit seines Auftre-
tens gepaßt, und doch war auch dies nicht wahrscheinlich. Wahrscheinlich und nahezu gewiß war nur, daß
dieser „Mörder" ein Mensch in hoher Erregung sei, ein
Mensch unter Druck und in Not, wahrscheinlich und nahezu sicher war auch, daß er es auf mich abgesehen
habe, und zwar weniger einer Hilfe oder eines Rates wegen, sondern um des Redens willen. Ich ging langsam an
ihm vorbei und sah ihn mir an, zuerst mit einer Empfindung wie Mitleid, dann aber mehr und mehr mit Furcht.
Denn dies, sah ich, war einer, der sprechen wollte und
mußte, vielleicht weil er etwas auf dem Herzen hatte,
was ihm den Atem beengte, vielleicht nur weil er länger, als er ertragen konnte, einsam gewesen war und
jetzt den Druck von innen nicht mehr bemeistern
konnte. Ich verlor mich in einen Seitenkorridor, und es
war mir nicht wohl dabei, denn ich spürte mit beinahe
völliger Gewißheit, daß er mich, sobald ich zurückkäme,
ansprechen und auf mich losreden werde, und davor war
mir richtig bange. Denn nichts konnte mich bei meinem
derzeitigen Zustande großer Enttäuschtheit, Menschen-
flucht und tiefem Zweifel am Sinn und Wert von allem,
wofür ich gelebt und gearbeitet hatte, nichts konnte
mich in dieser Verfassung mehr erschrecken und zur
Verzweiflung bringen als der Überfall eines Mannes, der
genau alles das suchte, was ich ihm nicht zu geben hatte:
Vertrauen, Echo, Aufnahmebereitschaft für seine Fragen

oder Klagen oder Anklagen. Unsere taktischen Bedingungen waren allzu ungleich: ich war schwach, müde, in Abwehrstellung und dabei im voraus des Unterliegens gewiß; er aber war jung und kräftig und hatte hinter sich den starken Motor seines Fiebers, seiner Erregung oder Wut oder Neurose oder wie man das nennen mochte. Ich hatte allen Grund, mich vor ihm zu fürchten. Aber ich konnte mich ja nicht ewig hier in Gang und Treppenhaus aufhalten und konnte nicht meine Frau, die in meinem Zimmer auf mich wartete, der Möglichkeit aussetzen, daß er dort eintrete und sie erschrecke. Ich mußte zurück, in Gottes Namen. Die Redelust oder Klage- oder Angriffslust dieses Getriebenen und „Mörders" war ein Seelenzustand, den ich sehr wohl kannte, viele Menschen waren im Lauf der Jahre und Jahrzehnte in diesem Fieber zu mir gekommen, entweder weil sie bei mir besonderes Verständnis vermuteten, oder einfach weil ich zufällig ihnen gerade über den Weg lief. Viele Klagen hatte ich angehört, viele Beichten, viele wilde Räsonnements, viele Explosionen aufgestauten Leides und Grolles, und nicht selten war es mir zum wertvollen Erlebnis, zur stärkenden Bestätigung oder zur nützlichen Erfahrung geworden. Aber jetzt, auf dieser Stufe meines schwierig und arm gewordenen Lebens, wo schon jede Annäherung von Menschen, jede sich aufdrängende neue Bekanntschaft als Last und Gefahr empfunden wurde, jetzt war solch ein Überfallenwerden von einem Stärkeren und Zäheren mir im tiefsten zuwider, es zog sich alles in mir zu abwehrender Kälte und Härte zusammen, und ich kehrte mit unmutigem Schritt und mit einem Gesicht, das vermutlich nichts Freundliches versprach, zu meiner Zimmertür zurück. Richtig, er trat vor, und jetzt erst sah ich sein vorher im Halbdunkel gebliebenes Gesicht, als er es gegen mich wandte, im matten Lampenlicht, ein aufgeregtes, aber gutes Gesicht, jung und offen, aber auch entschlossen und voll angespannten Willens.

Er sagte, er sei gleich mir hier Gast im Hause und

habe soeben meinen „Kurgast" gelesen, es habe ihn stark aufgeregt und gereizt, und er müsse unbedingt mit mir darüber sprechen.

Ich erklärte ihm kurz, daß meinerseits nicht das mindeste Bedürfnis nach Gesprächen vorhanden sei, daß ich mich im Gegenteil auf der Flucht vor einer sehr lästig gewordenen Invasion von Gesprächslustigen befinde. Wie erwartet, gab er nicht nach, ich mußte ihm versprechen, ihn andern Tages anzuhören, doch bat ich ihn, sich mit einer Viertelstunde zu begnügen. Er grüßte und ging, ich kehrte zu meiner Frau zurück, die mir weiter aus dem „Idioten" vorlas, und während die Freunde Rogoschins, Hippolyts und Koljas ihre langen Reden hielten, schienen die meisten von ihnen mir dem Unbekannten im Vestibül zu gleichen.

Als ich dann zu Bett gegangen war, zeigte es sich, daß der Fremde schon jetzt das Spiel gewonnen habe: ich bereute es sehr, ihn nicht gleich noch an diesem Abend angehört zu haben, denn nun belästigte mich die Aussicht auf morgen und die eingegangene Verpflichtung und verdarb mir den Schlaf. Und was hatte der Mann gemeint, wenn er sagte, die Lektüre meines Buches habe ihn „gereizt"? Denn diesen Ausdruck hatte er gebraucht. Er war also vermutlich auf Dinge in meinem Buch gestoßen, die ihm unverdaulich und zuwider waren, über die er Aufklärung verlangen oder gegen die er protestieren würde. So war ich denn für die halbe Nacht beschäftigt, diese halbe Nacht gehörte nicht mir, sondern dem Fremden. Ich mußte liegen und mir Gedanken über ihn machen, ich mußte liegen und mir ausmalen, was er etwa sagen und fragen würde, ich mußte liegen und mich damit plagen, aus dem Gedächtnis den ungefähren Inhalt des Buches vom Kurgast zu rekapitulieren. Auch darin war der Unheimliche mir ja überlegen: er kannte das Buch, das ich vor fünfundzwanzig Jahren geschrieben und vor einigen Jahren zuletzt wieder gelesen hatte, aus frischer Lektüre. Erst als ich mir über mein Verhalten im bevorstehenden Gespräch einigermaßen klargeworden war, gelang es mir, an anderes zu denken und schließlich einzuschlafen.

Es kam der andere Tag und es kam die Stunde nach Mittag, auf die wir beide warteten, der Fremde und ich. Er kam, und wir saßen im selben Vestibül, in dem gestern abend seine drohende Gestalt aufgetaucht war. Wir saßen einander gegenüber an einem sehr hübschen alten Spieltisch mit eingelegter Arbeit, er trug mitten in seiner runden Platte ein Schachbrett mit Feldern aus hellem und dunklem Holz; ich hatte an glücklicheren Tagen an diesem Tische manchmal Schach gespielt. Es war in diesem Raume auch jetzt bei Tage nicht sehr viel heller als gestern abend, aber mir schien, ich sehe das Gesicht meines Gegenüber jetzt doch erst richtig. In der Lage und Stimmung, in der ich mich befand, wäre es mir eigentlich lieber gewesen, dies Gesicht unsympathisch finden zu können, es hätte mir die Abwehrhaltung erleichtert. Aber es war durchaus sympathisch, das Gesicht eines klugen und gebildeten Juden, eines Juden aus dem Osten, der fromm erzogen und selbst fromm gewesen und in der Schrift bewandert, der aber auf dem Wege zum Theologen und Rabbiner stutzig geworden und umgekehrt war, denn er hatte eine Begegnung mit der Wahrheit selbst, mit dem lebendigen Geiste gehabt. Er war erschreckt und erweckt worden, er hatte, vermutlich zum erstenmal, ein Erlebnis gehabt, das auch ich einigemal in meinem Leben gehabt hatte, er war in einer seelischen Verfassung, die auch ich an mir und an andern hatte kennenlernen, in einem Zustand des Wachseins, der Einsicht und des Wissens, der geistigen Gnade. In diesem Zustande weiß man alles, das Leben blickt uns wie eine Offenbarung an, die Erkenntnisse früherer Stufen, die Theorien, Lehren und Glaubenssätze sind dahingefallen und wie Spreu verweht, die Gesetzestafeln und Autoritäten zerbrochen. Es ist ein wunderbarer Zustand, die Mehrzahl der Menschen, auch der geistigen und suchenden, lernt ihn niemals kennen. Auch mir war er geworden, auch mich hatte dies wunderbare Wehen

berührt, auch ich hatte, ohne die Lider zu senken, der
Wahrheit ins Auge sehen dürfen. Diesem jungen Bevorzugten war, wie ich nach zwei tastenden Fragen erfuhr,
das Wunder in der Gestalt des Lao Tse erschienen, die
Gnade trug für ihn den Namen Tao, und wenn es noch
etwas wie ein Gesetz oder eine Moral für ihn gab, so war
es die Mahnung: allem offenzustehen, nichts zu verachten, über nichts abzuurteilen, alle Ströme des Lebens
durch sein Herz fluten zu lassen. Diese Seelenverfassung hat für den, der in sie eintritt, namentlich wenn
er es zum erstenmal erlebt, durchaus den Charakter
des Endgültigen, sie ist der religiösen Konversion, der
Bekehrung, nahe verwandt. Alle Fragen scheinen be-
antwortet, alle Probleme lösbar, alle Zweifel für immer
erledigt. Diese Endgültigkeit aber, dieses sieghafte „für
immer" ist eine Täuschung. Die Zweifel, die Probleme, die
Unsicherheit und der Kleinmut werden wiederkehren,
der Kampf dauert fort, das Leben ist wohl sehr viel reicher, aber um nichts weniger schwierig geworden. Auf
diesem Punkte schien der Jünger des Lao Tse zu stehen:
noch beschwingt und durch und durch verwandelt und
erneuert vom Erlebnis der Freiheit und Gnade, war er
offenbar schon wieder von Schatten verfolgt und im Begriff, aus der seligen Schwebe in die Welt der Konflikte
zurückzustürzen, und daran war ich mitschuldig.
   Denn nun war diesem jungen Begnadeten ein Buch in
die Hände gefallen, mein „Kurgast", er hatte es gelesen,
und es war ihm zum Stein des Anstoßes geworden.
Denn das grenzenlose Offenstehen war hier auf eine
Grenze, das All-Bejahen auf einen Widerstand gestoßen,
er hatte ein Buch gelesen, ein törichtes und sehr unzu-
längliches Buch, und diese Lektüre hatte seine hohe Be-
gnadung, sein Erlebnis einer All-Harmonie durchbrochen, ein enger und ich-befangener, nörgelnder und
hochmütiger Geist hatte ihn daraus angesprochen, und
er hatte diese störende Stimme nicht überlegen und lächelnd in die große Harmonie einordnen, hatte ihr nicht
mit Lachen antworten können, sondern war an diesem

Stein angestoßen und gestolpert, das Buch hatte ihn, statt ihn zu erheitern, geplagt und geärgert. Besonders geärgert hatte ihn die Arroganz, mit der der Autor, von seinem Künstlerstandpunkt, seinem Geschmackspuritanismus aus, über die Freude des Publikums an „kitschigen" Filmen nörgelnd räsonierte, ohne doch verbergen zu können, daß auch er im tiefsten Grunde seines Trieblebens Freude an diesem Kitsch und Lüsternheit nach ihm empfinde. Und beinahe noch törichter, ja anstößig war die Art und der Ton, wie der Kurgast vom indischen Gedanken der Einheit sprach, an den er massiv und buchstabentreu wie ein Schüler ans Einmaleins zu glauben, den er wie ein Dogma, wie eine autoritäre Wahrheit anzubeten schien, während doch für den Wissenden das Tat Twam Asi bestenfalls eine schöne Seifenblase, ein trügerisch schillerndes Gedankenspiel sein mußte.

Dies etwa war der Inhalt unseres Gespräches, das, wie vereinbart, nicht viel länger als eine Viertelstunde gedauert hat. Es wurde beinahe ganz von ihm allein geführt, denn ich leistete keinen Widerstand, ich machte ihn nicht darauf aufmerksam, daß, wenn man allem offenstehe, man sich über ein Buch nicht so sehr ärgern sollte, daß man das Bedürfnis habe, es dem Autor bei lebendigem Leibe um die Ohren zu schlagen, noch dachte ich während dieser Viertelstunde daran, daß mein Buch, wie jedes dichterische Gebilde, nicht bloß aus Inhalten bestehe, daß vielmehr die Inhalte relativ belanglos seien, ebenso belanglos wie die etwaigen Absichten des Autors, sondern daß es für uns Künstler darauf ankomme, ob anläßlich der Absichten, Meinungen und Gedanken des Autors ein aus Sprach-Stoff, aus Sprach-Garn gewobenes Gebilde entstanden sei, dessen nicht meßbarer Wert weit über dem meßbaren der Inhalte stehe. Ich konnte dies schon darum nicht sagen, weil es mir während unseres „Gespräches" gar nicht einfiel und weil ich, während mein Partner mit einer schönen Leidenschaftlichkeit über mein Buch sprach, ihm vollkommen recht geben mußte. Er sprach ja nur von den Inhalten, das andre hatte ihn nicht berührt. Ich wäre während jener Viertelstunde bereit gewesen, das Buch zu verleugnen und zurückzunehmen, wenn dies möglich gewesen wäre, denn es war nicht nur die Kritik dieses Lesers, soweit sie die Gedanken des Buches betraf, vollkommen gerechtfertigt, sondern es tat mir auch aufrichtig leid, mit meinem Buche einem edlen und reinen Gemüt ein Ärgernis gegeben zu haben.

Schweigend und beklommen blickte ich bald auf Gesicht und Hände meines Kritikers, die nicht welk und grau wie die meinen, sondern gleich seiner Stimme und seiner ganzen vitalen Gegenwärtigkeit jung und geschmeidig und kraftvoll waren, bald blickte ich auf die schönen Ornamente und Holzfarben des Spieltisches, an dem wir beiden Spieler saßen und der vermutlich noch vom Geschmack und von der Spielfreude seiner längst vergessenen Schöpfer zeugen würde, wenn auch mein junger Partner alt und welk und der Worte und Meinungen müde geworden wäre.

Meine Frau war bei dieser Unterredung nicht zugegen, es hätte den Mann im Sprechen hemmen müssen. Jetzt aber, da die Viertelstunde überschritten war, erschien sie und setzte sich zu uns, und unter diesem Schutz brachte ich, der während der ganzen Zusammenkunft kaum den Mund geöffnet hatte, noch ein paar Worte heraus, die vielleicht entspannend und versöhnlich waren.

So gern ich mich verabschiedete und so unnütz eine Verlängerung der Begegnung gewesen wäre, tat es mir doch im Herzen etwas weh, daß ich diesem aufrichtig suchenden Manne nichts zu geben und entgegenzuhalten gehabt hatte als die Maske des müden Alten, dem nichts mehr daran liegt, Urteile über sich und seine Bücher anzuhören oder gar sich gegen Urteile zu verteidigen. Gern hätte ich ihm irgend etwas Hübsches geschenkt, damit ihm von dieser Stunde, die ich vorerst eher als fatal empfand, doch etwas Erfreuliches bleibe.

Und dann hat es noch Tage und Nächte gedauert, bis die Niedergeschlagenheit nachließ, in der mich die Begegnung gelassen hatte, und bis ich mich mit dem Gedanken trösten konnte, es werde das starre Schweigen und widerstandslose Sichzurückziehen des Alten dem Jungen, sobald ihm wieder Tao zuteil würde, zu ebenso fruchtbarem Nachdenken oder Meditieren dienen wie jedes andere Verhalten, das ich seinem Anruf gegenüber hätte anwenden können.

1949

GEDENKBLATT FÜR ADELE

(15. August 1875 – 24. September 1949)

Meinen Freunden und vielen meiner Leser wohlbekannt, da ihre Gestalt in manchen meiner Erzählungen
und zuletzt noch im „Brief an Adele" erscheint, hat
meine ältere Schwester mich durch mein ganzes Leben
begleitet wie ein freundliches Gestirn, ein guter Geist.
Wer sie näher gekannt hat, trägt ihr Bild unvergeßbar in
sich, viele Briefe von Trauernden haben es mir versichert. Den anderen möge mein Gedenkblatt dienen, um
ihre Vorstellung von Adeles Persönlichkeit zu vervoll-
ständigen.

Mein Verhältnis zu ihr war eine lebenslange, seit der
frühesten Dämmerung des Lebensmorgens bis in diese
Abendstunde währende Liebe, die dauerndste und die
glücklichste, ungetrübteste meines Lebens. Es war eine
Verbundenheit ebenso vom Blute wie vom Geist des
Elternhauses her, doch diese habe ich auch mit meinen
andern Geschwistern gehabt. Bei Adele kam noch etwas hinzu, sie war uns andern überlegen, nicht durch
ein einzelnes Talent, sondern durch ein Charisma, eine
Schönheit und Festlichkeit des ganzen Wesens, eine
Neigung zum Schönen, Heiteren und Freundlichen,
eine beinah unbegrenzte Fähigkeit der Hingabe an das
Eigentliche und Unwiederbringliche, nämlich an den
Augenblick, an die Stunde, eine Gegenwärtigkeit und
frohe Offenheit für alles ihr Begegnende, für die Natur,
für die Menschen, für die Kunst, für Glück und Leid, für
das Lebendige in jeder Gestalt.

Adele war die einzige von uns, die das Erbe beider Eltern in sich zu einer völligen Einheit und Harmonie gebracht hat: das helläugig Nordische des Vaters und das

glühend dunkeläugige, in Hingabe und Liebe unerschöpfliche, Herzlichkeit und Werbung strahlende Wesen der Mutter. Und die dunklern Seiten der beiden,
ihre Gefahren und Abgründe, ihre Anfälligkeit für
Schwermut und Lebensunlust, haben, so scheint es, in
Adele trotz der Zartheit und Verletzbarkeit ihres vornehmen Wesens keinen Boden gefunden, es sei denn in
ihrem Verständnis für die seelischen Leiden anderer. So
ist sie zwischen ihren zwar lebhaften, aber eher etwas
schwerlebigen Geschwistern die Beschwingte und Be-
gnadete gewesen. Wenn man zu ihr kam, erwartete
einen nicht nur Liebe und Verständnis, sondern auch
eine gewisse Bezauberung, man wurde durch ihre Strahlung daran gemahnt, daß eigentlich das Leben etwas
Göttliches, Fröhliches und Festliches, daß die Stunde
und der Augenblick jeder Hingabe, jedes Schmuckes, jeder Pflege würdig sei. So zart sie war, und sie war es
schon als Kind, so kamen doch immerzu weit stärkere,
robustere Menschen als Bedürftige zu ihr und verließen
sie beschenkt, gehoben, getröstet. Und dies wird bei der
Mehrzahl ihrer vielen Freunde und Schützlinge vor allem fortleben und ihr Bild verklären: dieser Glanz, diese
Festlichkeit und Dankbarkeit, diese Unfähigkeit zum
Übelnehmen und Bösesein. So wie im Werk eines
Künstlers oder Dichters im tiefsten Grunde, aller Tragik
und aller Problematik zum Trotze, ein Glaube an das
Seiende, an das Leben, an den Sinn der Welt vorhanden
sein muß, wenn er unser Herz erreichen soll, so war in
Adeles Leben, obwohl sie nichts dergleichen bewußt gedacht oder gar je gesagt hat, das Frommsein, das Einverständnis mit dem Ganzen, der Sinn für das hohe festliche Spiel des Lebens stets wach und der Mitteilung an
andre nicht durch Worte, sondern durch Gebärde, Blick
und Lächeln fähig.

Aus unsrer Kindheit sind mir zwei Erlebnisse und Bilder ganz besonders lebendig und frisch geblieben. Das
eine gehört noch unsrer Basler Zeit an, einer Zeit, über
die ich jetzt mit niemandem mehr reden und Erinnerun-

gen austauschen kann. Ich war vielleicht fünf, Adele sieben Jahre alt, es war in der Zeit der Fastnacht, und wir waren auf dem Rückweg von einer Besorgung oder einem Besuch begriffen, aus den benachbarten Straßen tönte zuweilen Gelächter, Geschrei und Geheul herüber, das rührte von maskierten Knabenrudeln her, die ihr Stadtviertel durchschwärmten und vor denen wir, ihrer Harmlosigkeit unkundig, eine große Furcht im Herzen trugen. Wir hatten die Birmannsgasse glücklich hinter uns und gingen in einer kurzen, damals beinahe häuserlosen Straße, in der wir uns sicherer fühlten, denn auf beiden Seiten lag statt der Häuserzeilen je ein altes Gut, dessen hohe Bäume wir kannten und liebten und dessen Herrenhaus kaum sichtbar in der Tiefe stand, ein Bezirk der Stille und einer kultivierten Ländlichkeit, deren Schönheit wir auch damals schon, kleine Kinder, unbewußt empfanden. Hier fanden wir, so früh im Jahre es auch war, schon ein paar gefallene Haselnußblüten längs der grauen Mauer liegen, und ich bückte mich nach ihnen. Noch hundert Schritte oder wenig mehr, so würden wir die Bahnlinie und hinter ihr unser Haus sehen können, und dann, so schien es uns, konnte uns nichts mehr geschehen. Aber noch eh wir so weit gekommen waren, brach von neuem ein Gejohle los, gemischt mit dem Geräusch von Knarren und Kindertrommeln, und es kam uns eine kleine Horde von Fastnachtsbuben direkt entgegen. Es waren „die Masken", die gefürchteten, sie kamen in einem dichtgedrängten Schwarm die Straße herab, in einer erschreckenden Wolke von humoristisch gemeintem Lärm, und je näher sie kamen, desto grausiger und dämonischer blickten die starren Maskengesichter mit Bärten, Höckernasen oder überweit geschlitzten Mündern uns an. Mir war todesbange, obwohl ich hätte sehen können, daß die Masken nur wenig größer waren als ich selbst, und obwohl sie keine feindseligen Absichten gegen uns zu erkennen gaben. Ich drängte mich angstvoll an Adele, und sie blieb vor mir in beschützender Stellung bei der Mauer stehen, wandte den Heranziehenden den Rücken, faltete die Hände und sprach vertrauensvoll ein Gebet an den Heiland, er möge doch machen, daß die Masken uns nichts tun. Sie taten uns auch nichts, sie zogen an uns vorbei, glotzten uns aus den Teufelsfratzen an und schwenkten ihre Knarren gegen uns, aber ohne uns zu berühren.

Das andre Bild hat sich mir ein paar Jahre später auf einem Gang am Sonntagvormittag von Calw ins Pfarrhaus Möttlingen so stark eingeprägt, daß es zeitlebens für mich ein Urbild gewesen ist, alles umschließend und bedeutend, was Heimat, Kindheit, Unschuld und Glück heißt. Wir zwei waren da an einem hellen Sommermorgen nach dem berühmten Pfarrhaus unterwegs, unter Adeles Führung, und es ist da nichts geschehen oder getan oder gesprochen worden, dessen Spur in mir geblieben wäre, das ganze Bild ist nichts als lichter sonntäglicher Sommermorgen, es weht ein sanfter Wind in gilbenden Kornfeldern, und am Rand eines Kornfeldes steht Adele mit einem neuen Strohhut in den Ähren und Blumen, den Nelken, Kornraden, Margueriten und Taubenkröpfchen, steht und pflückt und ordnet die langstieligen lachenden Blumen zu einem Strauß für ihre Freundin, die Pfarrerstochter von Möttlingen. Auch dies schönste Bildnis der Schwester, das mein Gedächtnis bewahrt hat, ist wie so manches spätere bestrahlt von einem Goldglanz der Sonntäglichkeit, auch hier ist im Bannkreis der Schwester das Leben ein Fest, eine ebenso fromme und kultische wie heitere und beschwingte Zeremonie und Feier.

Es kam die Zeit, wo ich der Obhut und Bemutterung der älteren Schwester entwuchs, es kamen Zeiten, in denen Elternhaus, Schule und Heimat von meinem jungen, noch ziellosen Lebensdrang als Kerker empfunden wurden, aber nie war die Schwester in diese Spaltungen, Entfremdungen und Emanzipationen einbegriffen, sie blieb die gehorsame und geliebte Tochter und war doch zugleich Freundin und Vertraute des unruhigen Bruders. Überhaupt ist sie nur sehr selten in ihrem Leben

Partei gewesen; sie brachte es fertig, zwischen Menschen verschiedener und einander feindlicher Art und Gesinnung parteilos zu stehen, beiden Lagern freundgesinnt und hilfreich, von den Spannungen und Gegensätzen unberührt.

Zeitweise wurde nun das Verhältnis des kleinen Bruders zur größeren Schwester umgekehrt; ich war nun der Begabte, der Schaffende und Erfolgreiche, schließlich der Berühmte, sie bewunderte meine späten Arbeiten nicht weniger treu, freudig und auf jede Kritik verzichtend, wie sie einst die Anfängerverse des Knaben bewundert hatte. Sie bewahrte Dinge auf, die ich am Wege hatte liegenlassen, sie sammelte meine Verse, Bilder und Briefe und hielt mich für das, was in Wahrheit sie selber war: für das Genie in der Familie. Doch hat sie in Zeiten, wo ich umstritten und angegriffen war, sich zwar unerschrocken zu mir bekannt, schon während mancher Verleumdungen im ersten Weltkriege, aber nie sich mit andersdenkenden Freunden zerstritten, sie wurde immer auch noch der andern Seite gerecht, vielmehr sie überwand die Gegensätze weder durch Gerechtigkeit noch durch Gescheitheit, sondern blieb einfach stehen, wo sie immer stand, auf einer Ebene oberhalb und außerhalb der Parteien, Meinungen und Streitigkeiten. Einige meiner Schriften blieben ihr lange Zeit unvertraut und etwas unheimlich, „Knulp" war ihr zu vulgär, und gar der „Demian" und „Der Steppenwolf" gaben ihr zu schaffen, aber zu einer Minderung ihres Vertrauens und ihrer Liebe hat das nie geführt.

Eine große Rolle in ihrem Leben hat die uns von der mütterlichen Seite her vererbte Liebe zur Musik gespielt: Gesang, Klavier und Orgel, Hausmusik und Kirchenmusik. Sowenig wie unsre Kinderheimat war ihr Haus und Tag ohne Musik zu denken. Noch in ihren letzten, schweren Stunden stand sie ihr bei.

Erbschaft von Eltern und Großeltern her war auch die Gastlichkeit. Ihr Haus und Tisch stand, wie es zu einer guten Christin und Pfarrfrau gehört, jederzeit Gästen of-

fen, auch noch und erst recht in Zeiten der Not. Und so
gern sie schenkte und bewirtete, wichtiger als die Speisen waren ihr die Blumen auf dem Tisch.

Neben der Freude am Schönen war aber noch etwas
Gemeinsames zwischen Adele und mir da, etwas, was
scheinbar nicht ganz zu ihrem sonstigen Wesen paßt
und dennoch sehr dazu gehört. Adele hatte, ebenso wie
ich, in sich eine Neigung und einen Auftrag zum Bewahren. Noch zwei Monate vor ihrem Tode war sie,
längst schwer herzleidend, mein Gast in Montagnola.
Da saß sie die halben Tage halb liegend auf einer sonnigen Terrasse, und jeden Tag schrieb sie mit ihrer schönen leichten Handschrift alles auf, was sie gesehen und
erlebt hatte, und damit nicht genug, sie trug immer, und
auch bei den kleinen Ausflügen im Wagen meiner Frau,
Bleistift und Papier bei sich, und wenn sie vom Wagen
aus etwas besonders Schönes sah, blickte sie uns flehend
an, wir mußten halten, und sie zeichnete eifrig und sorgfältig ein Stück Landschaft oder eine Architektur auf ihr
Papier. Wenn ich sagte, dieser Trieb sei scheinbar im
Widerspruch zu ihrem übrigen Charakter gestanden, so
meinte ich es so: da sie, umgekehrt wie ich, im Leben
und Alltag, im Gestalten der jeweiligen Lebensstunde
ihre Frömmigkeit zum Ausdruck brachte und im Leben,
nicht im Bilden Künstlerin war, hätte man vermuten
können, sie lege auf das Aufzeichnen und Aufbewahren
wenig Wert, sie kenne die Angst des Künstlers und die
des Bürgers vor der Vergänglichkeit, vor dem Tod und
dem Vergessen nicht. Dem war aber nicht so. Ihr war
zum Beispiel bei meinem literarischen Tun nichts so
vertraut und verwandt wie die Abwehr gegen das Vergehen und Untersinken, der leidenschaftliche Kampf um
das Gedenken, das Aufzeichnen, das Festhalten und
Weitergeben. Und diese Abneigung gegen das Versin-
kenlassen, dieses Kämpfen um Gedenken, um Fortleben
des Geliebten und Wertvollen machte sie nicht nur zur
Brief- und Tagebuchschreiberin, zur Zeichnerin und zur
Sammlerin von Dokumenten und Erinnerungsstücken

mancher Art, es machte sie auch zum Mittelpunkt dessen, was in einzelnen Zweigen unsrer Familie an Ahnenkult und Familiensinn noch übrig ist. Sie war es, die als ganz junges Mädchen die weite Reise in die Heimat des Vaters gemacht und seine Beziehungen zur Heimat und Verwandtschaft neu belebt und fortgeführt hat. Sie war es, die bis nach Rußland und Amerika für die Mehrzahl unsrer Verwandten die geliebte Vertreterin der Familie und ihrer Traditionen und Eigentümlichkeiten war, und das galt merkwürdigerweise für beide Seiten, für die Hessesche wie für die Gundertsche, und sie war es, an die sich entfernte Verwandte oder Freunde der Familie wandten, wenn sie über eine Person, eine Verwandtschaftsbeziehung, über den Verbleib verschollener Glieder Auskunft begehrten. Darüber ist sie auch zur Autorin geworden, sie hat das Leben unsrer Mutter aus deren Briefen zusammengestellt und die Hauptsache zu dem mit mir gemeinsam verfaßten Büchlein über unsren Vater beigetragen.

Vielleicht habe ich auf diesen Blättern nun aber doch das Bild der Teuren allzu licht gemalt und allzu sehr eine falsche Vorstellung von ihrem Leben erweckt, die Vorstellung nämlich, es sei dieses Leben gewissermaßen schattenlos und tiefenlos gewesen. Wir Nächsten wissen, daß es nicht so war und daß Adele genug zu tragen und zu leiden gehabt hat. Indes ist sie damit fertig geworden, sie hat getragen und hat gelitten und dennoch das fromme Ja zum Schicksal, die Heiterkeit und Stille über den Stürmen nicht verloren. Es sollte ja auch hier nicht ihr Leben erzählt werden, ich wäre dazu nicht imstande. Es sollte das schöne Einmalige, das liebenswerte und segensreiche Wunder ihres Wesens angedeutet und dankbar gepriesen werden. So wie mir alle, die unsre Mutter gekannt hatten, noch viele Jahre nach ihrem Tode versicherten, daß ihnen eine Frau von solcher Kraft der Liebe und Güte, ein so an alles Edle und Wahre gemahnender Blick nie wieder begegnet sei, so werden nun viele von Adele erzählen, die so begnadet war, mit einem Blick und einem Strahlen ihres lichten Gesichtes mehr schenken zu können als andre mit allen Worten der Welt.

In meinem Leben ist Adele die dauerhafteste Liebe geblieben. Es gab stärkere Affekte, leidenschaftlichere Lieben und Freundschaften, aber auch die mir Nächsten, meine Frau, meine Söhne, meine paar nächsten Freunde, haben mit mir ja nicht jenen Urboden aller Erinnerungen, die Kinderzeit und Heimat, gemeinsam. Wohl mir, daß ich sie habe und so herzlich an meiner Trauer teilnehmen sehe! Es ist tröstlich, es hilft. Aber es ist nun etwas hingegangen, was nicht zu ersetzen und nicht zu wiederholen ist.

Doch bin ich nach dem Tod von Adele nicht als Letzter zurückgeblieben. Es ist noch eine Schwester da, die nicht nur in Liebe und gemeinsamer Trauer zu mir hält, die noch ein Stück Kindheit mit mir erlebt hat und für mich eine Verbundenheit mit den Wurzeln, ein lebendiges Stück Heimat und Elternhaus bedeutet.

Und es war eine Gnade, daß sie gerade in jenen Tagen bei mir war, daß sie die Sorge um Adele mit mir teilte und gemeinsam mit mir die Todesnachricht empfing. Sie war eine Weile unser Gast gewesen und sollte nun zurückkehren, in zwei oder drei Tagen, wir brachten den Abend miteinander zu, und sie las mir den schönen „Gartenaere" von Emil Strauß vor, da kam Ninon mit der schlimmen Botschaft, und wir saßen alle drei erschrocken und bekümmert, aber Marulla war die am meisten Gefaßte und Heitere, sie war die erste, die begriff, daß in Adeles Sinn dieser Tod ein Fest der Erlösung sei und eher wie ein ernstes Fest begangen als mit Klagen und Kopfhängen aufgenommen werden müsse. Und ehe sie mit dem Packen begann, um in der Frühe des nächsten Tages heimzureisen, setzte sie sich noch und las mit freudiger Stimme die „Losung" des Tages aus dem Herrnhuter Losungsbüchlein vor, das ihren Tag begleitet und mitbestimmt, wie es dies einst bei unsern

Großeltern und Eltern getan hatte. Und am andern Morgen, zwischen den gepackten Koffern, erbot sie sich, ein paar Blumen aus meinem Garten mitzunehmen, um sie Adele mitzugeben.

In der Stunde, in der unsre Schwester in Korntal begraben wurde, ging ich in den Garten hinaus, auf den Wegen am Waldrande lagen überall gefallene stachelige Kastanien, in Sonne und leisem Herbstdunst lag das Seetal, beglänzte ferne Dörfer blickten von den Hängen her, und in den Wäldern wurde eine Vorahnung der kommenden Herbstfarben spürbar. Ich dachte an Adeles letztes Fest in der Ferne. Nachher schrieb mir eine Verwandte, die dabeigewesen war: „Die Trauerfeier war so schön, wie ich noch nie eine erlebt habe."

Es ist jetzt kühler geworden um uns her, wir fühlen mehr als sonst, daß wir alt sind und an den Abschied denken müssen. Das Herz trauert über die Vergänglichkeit, ergibt sich ihr aber ohne Widerstreben. Der Geist aber stellt sich ihr mit seinen Waffen und versucht immer wieder, sie zu überwinden.

1949

GROSSVÄTERLICHES

Ein Gedicht
aus dem Jahr 1833 von Hermann Gundert
geschrieben zum 50. Geburtstag seines Vaters,
kurz nach dem Tode der Mutter

Daß es Abend wird,
Soll ich's beklagen?
Daß die Sonne geht,
Müde von Tages Arbeit,
Daß die Wolken rings
Düstere Schatten ziehn,
Daß herab die Gestirne
Flimmern auf nächtliche Stille?

Draußen schreitest du jetzt
Durch welke Herbsteserstlinge,
Die wenigen Opfer kalter Nächte.
Aber um dich am Hügel
Kochet sich milder Wein.
In reichlichem Drange
Saugen die reifenden Früchte
Mütterliche Kräfte,
Regen auch Blumen sich noch
Kindlich zufrieden,
Und ein friedlicher Stern
Grüßet dankbar nickend
Blumen und Rebgewind,
Blätter und Früchte
Und das ernste Menschenantlitz,
Das ihrer sich freut,
Und den Ähren schüttelnden Wagen,
Der nach der Scheune ächzet.

Das sind Bilder
Aus freier Gotteswelt,
Aber sie wechseln in bunter Erscheinung.
Eines nur kehret mir stets zurück:
Das Menschenauge, das sie fasset!

Warst du die Blume nicht,
Träumend an Mutterbrust?
Du nicht die reifende Frucht im Lebenssommer?
Bist du nicht noch die kochende Beere,
Die des Kelterers harret,
Daß er prüf ihre Kraft und Milde?

Auch die Ähre wohl bist du
Auf trockener Furche,
Die ihre Schwester sieht dem Schnitter verfallen
Und im Schmerze sich beugt,
Wenn sie die Rosse erschaute,
Die ihr Nächstes tragen
In unbekannte Kammern.

Aber von wechselnder Erdgeburt
Blickst du hinauf zum ewigen Himmel.
Und wenn ein Laub dir schwebt
Im Abendwinde
Welk auf gewelktes Haar,
Achtest du nicht der Wind' und Wolken,
Spähest lieber durch müde Zweige
Nach dem blühenden Sternenlicht.

Denn der Tag ist zu Ende,
Da des Jünglings flammende Kraft,
Stehend auf Bergeshöhe,
Sonne zu werden sich schwur
Für unendliche Geister.
Nun er sieht, daß Abend geworden
Und verdeckt die Lebenssonne
Dem tiefgefurchten Erdental,

Wünscht er nur zu gleichen den Sternen
Und für ewig die Sonne zu schauen
Und mit den Lichtern droben
Ihr nachzustrahlen in die Wette.

Auf der Schwelle stehst du deines Jahrhunderts.
Hier die Wiege, da du geweint,
Dort die Welten, die dich erwarten!
Und die Vollendeten droben
Winkend zu froherem Wirken.
Und die Anvertrauten unten
Schwankend in redlichem Streben.

Beut die Rechte hinauf,
Die du ihr einmal gegeben, der ewig Geliebten,
Daß die Kampferprobte
Helfe zum letzten Schritt!

Aber die Linke laß
Und dein wachendes Auge
Und der Liebe Gedächtnisflammen
Den jüngern Pilgern!

Mein Großvater Hermann Gundert hat dies Gedicht,
das wohl ebensosehr ein Versuch zur Klärung des eige-
nen Innern war wie ein Trostwort an den verwitweten
Vater, als neunzehnjähriger Student geschrieben. Der
Kundige erkennt leicht, daß es ein von Hegel und In-
dien beeinflußter, aber auch mit Hölderlin vertrauter
Geist ist, der in dieser Dichtung um Ausdruck ringt. Der
Autor dieser begabten Verse hat später keine solchen Ge-
dichte mehr geschrieben. Diese jugendlich-genialischen
Verse sind in der aufgewühltesten und gefährdetsten
Zeit seines Lebens entstanden, kurz vor der endgültigen
„Bekehrung" des Jünglings, die den enthusiastischen
Pantheisten zum Entschluß brachte, sein Leben fortan
der Heidenmission in Indien zu widmen.

Das Gedicht meines Großvaters besaß ich in einer alten Abschrift von der Hand meiner Mutter, die ich inzwischen dem Marbacher Schillermuseum auf dessen Ansuchen hin überlassen habe. Es geriet mir durch einen Zufall zu einer Stunde wieder in die Hände, wo ich seinen sichtbaren Schönheiten ebenso wie seinen Unterströmungen, seinem bangen Geheimnis, offen war, und es machte mir bei dieser Wiederbegegnung einen so starken Eindruck, daß ich beschloß, diese kleine Kostbarkeit zu retten. Die Gundert-Nachkommen, denen ich den Druck geschickt habe, haben sich artig dafür bedankt, doch eher etwas verwundert und kopfschüttelnd, sie wußten mit dem kuriosen Geschenk nicht viel anzufangen, und auch die Mehrzahl der anderen Empfänger nahm es achtungsvoll, aber ohne Bewegung auf, weder von der Kraft dieser jünglinghaften Dichterworte noch von dem geheimen Seelenfeuer berührt, in dem diese Worte glühten. Aber inzwischen sind doch auch andere Stimmen zu mir gedrungen, und sie haben die erste kleine Enttäuschung weit überwogen. Der erste, den jenes Gedicht wirklich ansprach und aufrief, war jener Dr. Lützkendorf, der vor zwanzig Jahren eine der ersten Dissertationen über mich und meine geistigen und religiösen Herkünfte geschrieben hat. Ich zitiere aus seinem Brief vom Februar 1952:

„... Als ich damals meine Arbeit über Sie schrieb und mich kühn genug fand, Ihr Werk nach Art und Herkunft zu klassifizieren – heut weiß ich selbst nicht mehr, woher dieser anmaßende Mut kam –, war dieser Hermann Gundert mir von Anfang an als ein Besonderer und Anderer erschienen, einer, von dem ich gern mehr gewußt hätte, als so verstreut zu erfahren war. Diese Mischung von genialischer Begeisterung und zielstrebiger Zähigkeit, die wiederum in geheimnisvolle ‚bengalische‘ Beleuchtung getaucht war, ließ mich viel an ihm herumrätseln und machte ihn mir immer wieder zum Quell und Ursprung vieler Besonderheiten, die auch Sie besaßen. Ich war sehr glücklich, ihm in diesem Gedicht aus dem Jahre 1833 so seltsam wiederzubegegnen. – In mancher Hinsicht ist mir diese

Begegnung nun ein Trost dahin geworden, daß wir auch unsere Zeit nicht immer nur nach den lauten Stimmen beurteilen dürfen, nach dem Geschrei und all der Verantwortungslosigkeit, die sich da breitmachen. Unverlierbar hat sich das Wesen und die stille Wirkung in die Tiefe, die von diesem jungen Geist vor hundert Jahren ausging, bis heute erhalten. Wäre er nicht Ihr Großvater gewesen, so hätten wir davon kaum erfahren – aber es wäre doch all das trotzdem vorhanden gewesen. – – Sicherlich leben doch auch heute solche Hermann Gunderts – bedeutende Männer, denen es genügt, den Kreis ihres Lebens zu erfüllen, und die doch die Kraft hätten, auch die große Berühmtheit zu tragen und zu ertragen. Ich denke mir, daß solche Kräfte in einem Volk immanent bleiben und daß man, sosehr auch diese Zeit dazu herausfordert, zuletzt doch nicht verzweifeln darf."

Ich weiß nicht, ob es dem Verfasser dieses schönen Briefes bekannt war, daß der Großvater Gundert, wenn auch verkleidet, aber in der Bedeutung, die er für mich hatte, durchaus treu gezeichnet, in einer kleinen, Fragment gebliebenen Dichtung von mir eine Rolle spielt, in der „Kindheit des Zauberers". Sie steht in dem Buch „Traumfährte". In diesem Großvater, bei dessen Tode ich sechzehnjährig war, habe ich nicht nur einen weisen und, unbeschadet seiner großen Gelehrsamkeit, sehr menschenkundigen alten Mann kennengelernt, sondern auch einen Nachklang, eine unter Frömmigkeit und Dienst am Reich Gottes etwas verborgene, aber doch sehr lebendig gebliebene Erbschaft von der wunderlich aus materieller Enge und geistiger Großartigkeit gemischten Schwabenwelt, die in den schwäbischen Lateinschulen, in den evangelischen Klosterseminaren und im berühmten Tübinger Stift sich gegen zwei Jahrhunderte lang erhalten und immerzu mit wertvoller Tradition bereichert und ausgedehnt hat. Dies ist nicht bloß die Welt der schwäbischen Pfarrhäuser und Schulen, zu der auch Männer von großem Geist und vorbildlicher Seelenzucht wie Bengel, Oetinger, Blumhardt gehört ha-

ben, sondern in der auch Hölderlin, Hegel, Mörike groß-
geworden sind.

Es roch in dieser Welt so wie in meines Großvaters
Wohnung, nach Pfeifenrauch und Kaffee, nach alten Büchern und Herbarien, und da diese theologisch gefärbte,
aber keine Richtung vom Pietismus bis zum radikalen
Freidenkertum ausschließende Geisteswelt Jahr um Jahr
die Elite der Lateinschülerschaft des Landes in sich aufnahm, gab es hier durch eine Reihe von Generationen
ein Gewimmel von bedeutenden, originellen, eigentümlichen Gestalten, deren jede, wenn sie nicht selbst ein
Mittelpunkt und Fixstern wurde, doch zum Freundes-
und Lebenskreise eines dieser Sterne gehörte, Aufzeichnungen, Briefwechsel und Bildnisse hinterlassen und
wieder Söhne oder Schüler in diese Überlieferung eingeführt hat, ist da ein Reichtum, ein Überfluß an mehr
oder weniger geistbestimmtem Leben angehäuft worden
wie kaum in einem anderen deutschen Gau.

So lernte ich im Großvater Gundert und durch ihn
eine provinziell gefärbte, aber bis ins Höchste reichende
Geisteskultur kennen, die ihre ganz eigene Prägung,
ihre eigene Sprache, ihr eigenes, recht originelles und
zum Teil schrulliges Vokabular hatte und die in ihm weder durch die in Indien gelebten Jahrzehnte noch durch
seine unzähligen, in vielen Sprachen unterhaltenen in-
ternationalen Beziehungen und Freundschaften noch
auch durch die Ehe mit einer französisch sprechenden
und kalvinistisch erzogenen Welsch-Schweizerin noch
durch seine nie unterbrochene indologische Arbeit ver-
dünnt oder verfälscht worden war.

Für mich ist die lebendigste und köstlichste Erinnerung an ihn die folgende. Ich war nicht ganz fünfzehn
Jahre alt und hatte als Schüler des Klosterseminars Maulbronn, auf einer der untersten Sprossen also jener Leiter,
die zum Stift, zur Gelehrsamkeit, ins Pfarramt oder auf
den schwäbischen Parnaß führt, die schwerste Krise meines Schullebens erlitten und ein kaum zu sühnendes, unbegreifliches, Schmach auf mich und meine so ehrbare

Familie häufendes Verbrechen begangen: ich war davongelaufen, war einen Tag lang in den Wäldern gesucht und der Polizei gemeldet worden, hatte mir beim Übernachten auf freiem Felde bei zehn Grad Kälte beinah den Tod geholt und war nun nach meiner Entlassung aus Krankenstube und Karzer in die Ferien nach Hause gekommen, vom Seminar zwar noch nicht endgültig entlassen und ausgeschieden, aber doch in meinem Studiengang beinah hoffnungslos gefährdet. Als Verbrecher und Feind behandelt zu werden, namentlich von seiten der Verwandtschaft, wäre mir vielleicht weniger schrecklich gewesen als die Milde und verlegene Ängstlichkeit, mit der man mich als einen von unheimlicher und möglicherweise ansteckender Krankheit Befallenen umschlich. Einer der ersten Pflichtbesuche nun, die ich nach meiner Ankunft in der Heimat zu machen hatte, und der wichtigste und für mich schwierigste, war der beim verehrten, geliebten, im Augenblick aber auch sehr gefürchteten Großvater. Ich konnte kaum daran zweifeln, daß meine Eltern sich von diesem Besuch viel versprachen und daß sie den verehrten Alten gebeten hatten, mich auf Herz und Nieren zu prüfen und mir die Größe und zu vermutenden Folgen meines Verbrechens klarzumachen. Mein Gang zu ihm, in das liebe alte Haus und die Treppen bis zu seinem hoch gelegenen sonnigen Studierzimmer hinauf, war der Gang des Sünders zum Gericht. Im großen Vorraum standen wie immer die Hunderte und Tausende von Büchern, die mich schon damals gewaltig anzogen und deren ich später so viele lesen sollte, es war hier dämmerig und überaus stille, durch das einzige Fenster sah ich hell die Wand des Hinterhauses leuchten, von der Sonne bestrahlt, mit dem großen finstern Loch des Dachbodenfensters, über dem etwas schief und überanstrengt das kleine Rad des Aufzugs hing, zum Hinaufseilen des Brennholzes. Es hatte alles, auch die graue feierliche Reihe der Folianten in den untersten Fächern der Schäfte, die genaue Regelmäßigkeit der Abstände zwischen den verbleichten Titelschildern langer Reihen von

Zeitschriften-Bänden und der leise, flüchtige Schimmer von Gold auf den Lederrücken, in dieser vermeintlichen Schicksalsstunde eine scheinbare Über-Realität und Bedeutsamkeit, die mich bedrückte, und es sprach alles von einer Welt der Ordnung, Sauberkeit und Gültigkeit, aus der mich zu entfernen und zu verlieren ich den ersten fatalen Schritt schon getan hatte, eben den Schritt, wegen dessen ich mich hier zu verantworten haben würde.

Und so betrat ich denn furchtsam das Heiligtum, roch den Duft von Pfeifenrauch, Papieren und Tinte, sah die Sonnenlichter auf den mit Büchern, Zeitschriften, Manuskripten in vielen Sprachen bedeckten Tischen spielen und sah mir gegenüber, mit dem Rücken zur Fenster- und Sonnenseite, auf seinem alten Kanapee in sonnendurchschienener Rauchwolke den Alten sitzen und langsam von seiner Schreibarbeit aufblicken. Ich grüßte leise und gab ihm die Hand, gefaßt auf Verhör, Urteil und Verdammung. Er lächelte mit dem feinen, so vieler Sprachen kundigen Munde aus dem breiten weißen Bart hervor, und noch mehr mit den hellblauen Augen, und schon ließ die bange Spannung in mir nach, und ich spürte, daß hier nicht Urteil und Strafe auf mich warte, sondern Verständnis, Altersweisheit, Altersgeduld samt etwas Spott und Schelmerei. Und nun tat er den Mund auf und sagte: „So, du bist's, Hermann? Ich habe gehört, du habest neulich ein Geniereisle gemacht."

Eine „Geniereise", so hatte man, ein gutes halbes Jahrhundert früher, solche besonderen, aus Übermut, Unbotmäßigkeit oder auch aus Verzweiflung unternommenen Sprünge und Abenteuer unter den Tübinger Studenten genannt. Und erst um manche Jahre später wurde mir bekannt, daß einst auch er, der Großvater, der als Christ wie als Gelehrter berühmte Mann, eine Weile in der gefährlichen Atmosphäre gelebt hatte, in der man solche Geniestreiche begeht. In ebenjener glühenden und gefährdeten Epoche seiner Jugend, deren der Großvater sich in diesem Augenblick vermutlich entsann, die von ihm und seinen nächsten Freunden in einem Gewitterschein zwischen jugendlich-genialischem Hochgefühl und selbstmörderischer Verzweiflung durchlebt worden war, in ebenjener Epoche hat er das Gedicht geschrieben, das ich 120 Jahre nach seiner Entstehung wieder ans Licht gezogen habe.

Und zu ebenjenem Gedicht schrieb mir ein Pariser Germanist dieser Tage die Worte: „Ich wollte Ihnen nur sagen, wie lieb mir das Gedicht von Hermann Gundert ist, eine zarte Schlingpflanze um einen festen Stamm. Wichtig auch ist mir das, weil man so die Bedeutung der Familienüberlieferung erkennt; sie belastet, aber sie hilft auch weiter, wenn man über die kritischen Verknotungen hinüberkommt. Ich konnte das im Fall von Albert Schweitzer studieren; vielleicht wissen Sie auch, daß J.-P. Sartre sein Großneffe, nämlich der Enkel seines Oheims aus Paris ist. Dieser Oheim war ein Germanist und Hans-Sachs-Forscher, der selber zuletzt ganz dem Sachs glich mit seinem weißen Bart und dem derben Humor. Mit einer solchen Lehrer- und Pastoren-Ahnenschaft kann Sartre sich schon ohne Risiko den Nihilismus erlauben; seine Anhänger, die meist keine solche Schutztruppe im Hintergrund haben, verkommen dabei oft . . .“

Mir aber, der ich längst eine Anzahl Enkel und nahezu das Alter meines Ahnen erreicht habe, ist es eine eigentümliche Art von Freude und Genugtuung, daß ich ihn, der freilich darüber nur gelächelt hätte, jetzt nicht mehr nur in der pietistisch-missionarischen Welt unvergessen und fortwirkend weiß. Mochte er selbst in seinen späteren Jahren nichts mehr davon wissen oder wissen wollen, er war doch einst auf den Wegen Hölderlins, Hegels und Mörikes gegangen, hatte sich mit sauber geschnittener Gänsekielfeder den Klavierauszug der „Zauberflöte“ abgeschrieben, Gedichte gemacht und sich gelegentlich eine Geniereise erlaubt.

1952

HERBSTLICHE ERLEBNISSE

Der unvergleichliche Sommer dieses Jahres, eines für mich an Geschenken, Festen, Herzenserlebnissen, aber auch an Plage und Arbeit überreichen Jahres, begann gegen sein Ende hin etwas von seiner so freundlichen, gnädigen, heiteren Laune zu verlieren, er bekam Anfälle von Trübsinn, von Ärger und Unlust, ja schon von Überdruß und Sterbensbereitschaft. War man nachts bei hellstem Sternenhimmel zu Bett gegangen, so empfing einen zuweilen am Morgen ein dünnes, graues, müdes und krankes Licht, die Terrasse war naß und strömte feuchte Kälte aus, der Himmel ließ schlaffe, formlose Wolken bis tief in die Täler herabhängen und schien jeden Augenblick zu neuen Regengüssen bereit, und die Welt, die eben noch in Sommerfülle und Sommersicherheit geatmet hatte, roch bang und bitter nach Herbst, Verwesung und Tod, obwohl noch immer die Wälder und sogar die Grashänge, die sonst um diese Jahreszeit verbrannt und braungelb stehen, ihr festes Grün behielten. Er war krank geworden, unser eben noch so rüstiger und zuverlässiger Spätsommer, er war müde geworden, hatte Launen und „mauderte", wie man im Schwäbischen sagt. Aber er lebte noch. Beinahe jedem dieser Anfälle von Schlaffheit, Sichgehenlassen und Verdrießlichkeit folgte ein Sichwehren und Aufblühen, ein Zurückstreben in das schöne Vorgestern, und diese Tage – oft waren es nur Stunden – des Wiederauflebens hatten eine besondere, rührende und beinah ängstliche Schönheit, ein verklärtes Septemberlächeln, in dem Sommer und Herbst, Kraft und Müdigkeit, Lebenswille und Schwäche wunderbar gemischt waren. An manchen Tagen kämpfte sich diese Altersschönheit des Sommers langsam und mit Atempausen, Pausen der Erschöpfung, durch, zögernd eroberte das überklare, zarte Licht sich den Horizont und die Berggipfel, und am Abend lag Welt und Himmel in beruhigter, stiller Heiterkeit, kühlklar und weitere helle Tage versprechend. Aber über Nacht ging alles wieder verloren, am Morgen schleifte der Wind schwere Regenschweife über die triefende Landschaft hin, vergessen war das heitre verheißungsvolle Lächeln des Abends, weggewischt die duftigen Farben und aufs neue erloschen und in Müdigkeit ertrunken die helle Tapferkeit und der Siegermut nach dem Kampf von gestern.

Es war nicht nur meinetwegen, daß ich diese Schwankungen und seltsam exzentrischen Umschwünge der Witterung mit Mißtrauen und einiger Beunruhigung beobachtete. Es war nicht nur mein Alltagsleben, das von diesen Einbrüchen bedroht war und sich auf eine Zeit des Eingesperrtseins in Haus und Stube gefaßt machen mußte. Es stand auch ein wichtiges Ereignis bevor, für das ein freundlicher Himmel und etwas Wärme mehr als erwünscht schienen: der Besuch eines lieben alten Freundes aus Schwaben. Dieser Besuch, schon mehrmals verschoben, war jetzt in wenigen Tagen fällig. Es hätte mir, obwohl der Freund nur für einen einzigen Abend mein Gast sein wollte, einen Verlust bedeutet, wenn Ankunft, Hiersein und Abreise bei unfrohem und finsterem Wetter hätten stattfinden müssen. So sah ich den Krankheiten und Erholungen, dem unruhigen Auf und Ab der Witterung mit Sorge zu. Mein Sohn, der mir während einer langen Abwesenheit meiner Frau Gesellschaft leistete, half mir in Wald und Rebberg, ich tat im Hause meine tägliche Arbeit, suchte auch ein Gastgeschenk für den erwarteten Besuch heraus, und abends erzählte ich meinem Sohn ein wenig von dem Erwarteten, von unserer Freundschaft und von dem Wesen und Wirken meines Freundes, der in seinem Lande von den Wissenden als Erbe und Verkörperung der besten Tradition, als einer der guten Geister des Landes verehrt und geliebt wird. Wie leid hätte es mir getan, wenn Otto, der meines Wissens seit Jahrzehnten nicht mehr im Süden gewesen war und der mein Haus, meinen Garten und meine Aussicht übers Seetal noch nie gesehen hatte, dies alles fröstelnd und im naß-düstren Licht eines Regentags erblickt hätte. Heimlich aber beschäftigte und plagte mich auch noch ein andrer Gedanke, ein eigentümlich beengender und beschämender: Mein Jugendfreund, erst Rechtsanwalt, dann Oberbürgermeister einer Stadt, dann eine Weile Staatsbeamter, dann im Ruhestand mit allerlei, zum Teil wichtigen Ehrenämtern beladen, hatte nie in sehr behaglichen oder gar üppigen Verhältnissen gelebt, hatte unter Hitlers Regiment als nicht ›gleichzuschaltender Beamter mit großer Familie eine Hungerzeit, dann den Krieg, die Bombardierungen, den Verlust von Heim und Habe erlitten, sich tapfer und heiter mit einem spartanisch bedürfnislosen Leben abgefunden – wie würde es ihm vorkommen, mich hier, vom Krieg verschont, in einem geräumig-behaglichen Hause zu finden, mit zwei Arbeitsräumen, mit Dienstboten und mancher Bequemlichkeit, die ich nur schwer hätte entbehren können, die ihm aber wie veralteter Luxus erscheinen würde? Gewiß, er wußte um mein Leben so einigermaßen Bescheid, er wußte, daß ich all dies Angenehme und vielleicht Üppige nach langen Entbehrungen und unter schweren Verzichten erworben oder geschenkt bekommen habe. Aber trotzdem, mein Wohlstand würde zwar keinen Neid bei ihm, dem vielleicht lautersten meiner Freunde, erwecken können, doch würde er am Ende ein Lächeln unterdrücken müssen über all das Überflüssige und Unnötige, was er bei mir vorfand und was mir nötig zu sein schien. Komische Wege führt einen das Leben: Einst hatte ich manche Hemmungen und Schwierigkeiten, weil ich arm war und Fransen an den Hosen hatte, und jetzt waren es Besitz und Behagen, deren ich mich zu schämen hatte. Mit dem Beherbergen der ersten Emigranten und Flüchtlinge hatte das begonnen.

Meinem Sohn erzählte ich, wann und wo wir beiden Freunde uns zuerst hatten kennenlernen. Vor einundsechzig Jahren, es war auch damals September, waren wir von unsern Müttern im Kloster Maulbronn als Schüler eingeliefert worden, ich habe das einst in einem meiner Bücher beschrieben, es ist eine in Schwaben wohlbekannte Zeremonie. Dort wurde Otto mein Schulkamerad, noch nicht aber mein Freund. Das ergab sich erst bei späten Wiederbegegnungen, aber es wurde eine feste, unsentimentale, aber herzliche Freundschaft daraus. Mein Freund hatte zur Dichtung eine unmittelbare, starke Beziehung, ererbt schon von einem gelehrten und kultivierten Vater und ein Leben lang gepflegt und genährt, das machte ihn empfänglich für Werk und Person eines ihm noch durch gemeinsame Erinnerungen verbundenen Dichters. Und mir war der Freund bewunderns- und zuzeiten auch beneidenswert durch seine feste Verwurzelung in einem Heimatboden und Volkstum, das verlieh seinem ohnehin gesetzten und ruhigen Wesen eine Sicherheit und breite Basis, die mir fehlte. Er war weit von jedem Nationalismus entfernt und gegen patriotisches Großtun und Schreiertum womöglich noch empfindlicher als ich, aber er war in seinem Schwaben, seiner Landschaft und Geschichte, seiner Sprache und Literatur, seinem Besitz an Sprichwörtern und Brauchtum vollkommen zu Hause, und was als natürliches Erbe begonnen hatte, das Vertrautsein mit den Geheimnissen, den Wachstums- und Lebensgesetzen, auch den Krankheiten und Gefahren dieses heimatlichen Volkstums, war in Jahrzehnten durch Erfahrung und Studium zu einem Wissen geworden, um das mancher rednerische Patriot ihn beneidete. Für mich jedenfalls, den Außenseiter, war er eine Verkörperung des besten Schwabentums.

Und schließlich also kam er an, das Fest des Wiedersehens fand statt. Er war ein klein wenig älter und seine Bewegungen etwas langsamer geworden seit unsrer letzten Zusammenkunft, aber wie jedes frühere Mal erschien er mir für sein Alter, das ja auch das meine war, bewundernswert rüstig und kräftig, fest stand er auf seinen geübten Wanderbeinen, wie jedesmal kam ich mir neben ihm eher windig und schwächlich vor. Und er kam nicht ohne Gastgeschenk. Als Sendbote meiner schwäbischen Verwandten brachte er mir ein schweres Paket mit, das enthielt, soweit sie sich eben erhalten hatten, alle Briefe, die ich seit etwa 1890 bis 1948 an meine Schwester Adele geschrieben hatte. So brachte er mir nicht nur die Möglichkeit mit, im Gespräch Vergangenes zu beschwören, sondern auch noch eine ganze Truhe voll kondensierter, dokumentierter Vergangenheit. Aber obwohl mir mein für ihn bereitgelegtes Geschenkchen jetzt recht gewichtlos erscheinen wollte, spürte ich doch vom Augenblick seiner Ankunft an nichts mehr von Beschämung und führte ihn heiter und guten Gewissens durch mein Haus. Wir freuten uns beide aneinander, er war bei guter Reisestimmung, und bei mir war mit dem Gast ein Stück Knabenzeit und Jugendheimat eingekehrt. Es gelang mir auch, ihn von seiner Absicht abzubringen, gleich am nächsten Morgen wieder abzureisen, er willigte ein, diese Abreise um einen Tag aufzuschieben. Mit meinem Sohn ging er um wie ein freundlichhöflicher alter Herr, dem noch mit fünfundsiebzig Jahren eine neue Bekanntschaft nicht Last, sondern anregende Freude ist. Martin spürte denn auch, daß er da einen besonderen und wertvollen Mann dürfe kennenlernen, er hat uns beide auch mehrmals, wie wir im Gespräch vor dem Hause standen, mit der Kamera beschlichen und aufgenommen.

Von denen, für die ich diesen Bericht aufschreibe, sind nur sehr wenige so alt wie ich. Die meisten von ihnen wissen nicht, was für alte Leute, zumal wenn sie ihr Leben fern von den Räumen und Bildern ihres Jugendlebens verbracht haben, ein Gegenstand bedeuten kann, der ihnen die Wirklichkeit jener Jugendzeit bezeugt, ein altes Möbelstück, eine verbleichende Photographie, ein Brief, dessen Handschrift und Papier beim

Wiedersehen ganze Schatzkammern vergangenen Lebens öffnet und beleuchtet und in dem wir Scherznamen und familiäre Ausdrücke entdecken, die heute niemand mehr verstünde und deren Klang und Gehalt wir selbst erst wieder mit einer kleinen angenehmen Anstrengung uns klarmachen müssen. Und viel mehr, sehr viel mehr als solche Dokumente aus ferner Zeit bedeutet die Wiederbegegnung mit einem lebendigen Menschen, der einst mit dir Knabe und Jüngling gewesen ist, der deine längst begrabenen Lehrer gekannt und Erinnerungen an sie aufbewahrt hat, die dir verlorengegangen sind. Wir sehen einander an, der Schulkamerad und ich, und jeder sieht am andern nicht nur den weißen Schopf und die müden Augen unter den faltig und etwas starr gewordenen Lidern, er sieht hinter dem Heute das Damals; es sprechen nicht nur zwei alte Männer miteinander, es spricht überdies der Seminarist Otto mit dem Seminaristen Hermann, und jeder sieht unter den vielen darübergeschichteten Jahren noch den vierzehnjährigen Kameraden, hört seine Knabenstimme von damals, sieht ihn in der Schulbank sitzen und Gesichter schneiden, sieht ihn Ball oder Wettrennen spielen, mit fliegenden Haaren und blitzenden Augen, sieht auf dem noch kindlichen Gesicht die ersten Morgenlichter der Begeisterung, der Rührung und der Andacht bei frühen Begegnungen mit dem Geist und mit dem Schönen.

Nebenbei bemerkt: Daß häufig Menschen im Alter den Sinn für Geschichte bekommen, den sie in der Jugend nicht hatten, beruht auf dem Wissen um diese vielen Schichten, die im Lauf mancher Jahrzehnte des Erlebens und Erleidens sich in einem Menschengesicht und einem Menschengeist überdecken. Im Grunde, wenn auch längst nicht immer bewußt, denken alle Alten historisch. Sie sind mit der obersten Schicht, die den Jungen so gut steht, nicht zufrieden. Sie möchten sie nicht missen oder tilgen, aber sie möchten unter ihr auch die Folge jener Erlebens-Schichten wahrnehmen, die der Gegenwart erst ihr volles Gewicht geben.

Nun, unser erster Abend war ein wirkliches Fest. Es kamen nicht nur Jugenderinnerungen zur Sprache, und es blieb nicht bei Berichten über Leben, Befinden oder kürzlich erfolgten Tod unserer Kameraden von Maulbronn, es kam auch zu Gesprächen und Bekenntnissen allgemeiner Art, über schwäbische und über deutsche Dinge, über das kulturelle Leben dort drüben, über Taten und Leiden bedeutender Zeitgenossen. Doch waren unsere Gespräche vorwiegend heiter, auch von sehr ernsten Sachen wurde mehr spielend und mit der Distanz geredet, welche uns Alten aktuellen Dingen gegenüber natürlich und bekömmlich ist. Doch war es für mich, den Einsiedler, immerhin eine ungewohnte Erregung, man war länger als sonst bei Tische geblieben, hatte drei Stunden geredet und reden gehört, war durch Grüße aus der einstigen Heimat erwärmt und tief ins Gestrüpp der Erinnerungen gelockt worden, und ich fühlte voraus, daß darauf eine schlechte Nacht folgen werde, worin ich nicht irrte. Aber ich war freudig bereit, das schöne Erlebnis auf meine Weise zu bezahlen. Nur war ich am Morgen krank und müde und froh, daß mein Sohn mir so hilfreich und freundlich zur Seite stand. Der Freund war munter und gelassen wie immer, ich hatte ihn niemals krank, nervös, verdrossen oder übermüdet gesehen. Ich hielt mich in den Morgenstunden ganz still, schluckte ein Pulver und wurde von Mittag an wieder aufnahmefähig. Die Witterung war heiter, und ich konnte den Gast zu einer Rundfahrt um unsern Hügel einladen. Es war mir weder beschämend, noch weckte es Neid in mir, ihn so rüstig, wohl ausgeschlafen, für alles empfänglich neben mir zu sehen, es tat mir im Gegenteil wohl, es umgab diesen lieben Mann eine Aura von Ruhe und antiker Ataraxie, die ich willig und dankbar wahrnahm und auf mich wirken ließ. Wie gut, wie schön und richtig war es doch, daß wir beide so verschieden an Temperament, Konstitution und Gaben waren! Vielmehr: wie schön war es, daß jeder von uns seinem Wesen treu geblieben und gerade das geworden war, was seine Natur hergab, der gelassene, aber unermüdliche Beamte mit der starken Neigung zu Dichtung und Gelehrsamkeit und der nervöse, allzu leicht ermüdbare und heimlich dennoch zähe Literat. Alles in allem genommen, hatte jeder von uns beiden so ziemlich das erreicht und verwirklicht, was er von sich verlangen durfte und was er der Welt schuldig war. Vielleicht war Ottos Leben das glücklichere, aber über „Glück" dachten wir beide nicht viel nach, jedenfalls war es nicht das Ziel unseres Strebens gewesen.

In einer Hinsicht hatte ich etwas vor ihm voraus. Ich war drei Monate älter als er und hatte das Jubiläum des fünfundsiebzigsten Geburtstags hinter mir, es war bestanden, mein Dank war abgestattet, und vom persönlichen Erscheinen bei den Festlichkeiten war ich von den verständigen Veranstaltern dispensiert geblieben. Er aber, mein wackerer Schwabe, hatte all dies, und ohne solche Dispensation, noch vor sich, in Bälde mußte er sich der festlichen Strapaze stellen, und es würde keine kleine Strapaze sein, es standen ihm mancherlei Ehrungen bevor. Ein Jubiläumsgeschenkchen lag auch von mir für ihn schon in Stuttgarter Freundeshänden bereit, ein kleines Bildermanuskript. Kein Zweifel, er würde mit dem Bevorstehenden besser fertig werden als ich, er würde den Feierlichkeiten, Allokutionen, Auszeichnungen mit Würde und Artigkeit zu begegnen wissen und die hundert Händedrücke und Bücklinge sorgfältig erwidern. War er auch nicht so exponiert im Rampenlicht gestanden wie ich, so war doch auch ihm das weise Wort „Bene vixit qui bene·latuit" nicht zum Leitspruch des Lebens geworden, er war ein Mann, den viele kannten, der vermutlich außer den Nazis noch andre Feinde gehabt und manchen Kampf bestanden hatte und der jetzt am Abend seines treuen und arbeitsamen Lebens für die Wissenden zu den unentbehrlichen Repräsentanten schwäbischen Geistes gehörte. Wir sprachen von seinem nah bevorstehenden Ehrentage nicht, wohl aber von jenen Institutionen des heimischen Kulturlebens, die seine Mitarbeit in schweren Zeiten entscheidend gestützt, ja gerettet hatte. Auch von unsern Frauen sprachen wir ein wenig, gedachten der seinen, die in jüngster Zeit krank gewesen war, und der meinen, die seit ein paar Wochen wohlverdiente Ferien angetreten und, ihrer größten Sehnsucht folgend, Ithaka, Kreta und Samos aufgesucht hatte.

Auch unser zweiter und letzter Abend war vollkommen heiter und harmonisch, brachte eine neue Menge von Funden aus dem Schatz von einst und manchen guten Spruch aus des Freundes Erfahrung. Er war zu gewissenhaft und liebte die Sprache allzusehr, um ein wortgewandter Causeur sein zu können, aber er sprach ohne Anstrengung, nur langsam und mit sorgfältiger Wahl der Worte. Später als beabsichtigt nahmen wir dann Abschied voneinander, er wollte morgens zu einer Stunde reisen, in der mein Tag noch nicht so recht begonnen hat, und ich wußte ihn von meinem Sohne sorglich begleitet. Beim Abschied lächelten wir einander zu, ohne über das, was wir beide dachten, ein Wort zu sagen: „Dieses war nun vielleicht doch das letzte Mal." Ich nahm das dicke Briefpaket, sein Mitbringsel, mit in mein Schlafzimmer hinauf, ohne es jedoch an diesem Abend schon zu öffnen. Statt dessen suchte ich das Bild des Freundes in mir zu befestigen und sann seinem tapferen, geduldigen und ritterlichen Leben nach, noch eine Stunde und länger.

Dies Leben war trotz schwerer Schicksalszeiten ruhiger und gleichmäßiger verlaufen als das meine, das im Vergleich damit launisch, sprunghaft und exzentrisch im Tempo gewesen war. Gewiß hätten wir auch über manche Fragen, zumal politische, zu gewissen Zeiten uns nicht so völlig frei und leidenschaftslos aussprechen können wie heute. Aber wenn auch auf noch so verschiedenen Wegen und in noch so verschiedener Gangart, hatten wir also doch im späten Alter diese Zone eines gelassenen Betrachtens erreicht, wo man einander seine Gedanken, auch über das Heikle und Schlimme, ohne Rückhalt und ohne Furcht, mißverstanden zu werden oder Ärgernis zu geben, mitteilen kann und im Grunde jeder die des andern bestätigt. Ob das ein seltener, ein Glücksfall ist oder ob es noch viele gäbe, mit denen mir, wenn ich sie kennte, Gespräche in dieser Tonart und in diesem Tempo andante möglich wären? Unnütze Frage – vorerst jedenfalls war es gut, in späten Lebenstagen, in den Tagen, da ein Leben nach der Dominante und sinnvollen Auflösung strebt, diese Art von Gleichklang mit einem andern zu erleben. Für mich war dieser Tag mit meinem Gast ein Gewinn und ein Fest gewesen, und ich glaube, er war es auch für ihn.

In diesen Tagen fing ich an, während der Liegestunde nach Mittag die alten Briefe zu lesen. Bis in die Maulbronner Zeit reichten sie nicht zurück, aber in die Tübinger und Basler Jugendjahre, und so hatte ich, als Ersatz für die mit dem Freunde entschwundene Brücke in die Frühzeit, stets die Möglichkeit, an Hand meiner eigenen Briefe für eine kleine Weile jene Zeiten zu erwecken; ich habe seither jeden Tag nach Tisch eine viertel oder halbe Stunde mit diesen Blättern aus den neunziger Jahren hingebracht. Da waren Berichte über meine Lektüre von Goethe, von Ossian, von C. F. Meyer, und mit einem Male sah ich mein Tübinger Zimmer wieder mit den vielen Bildnissen an den Wänden, aus Zeitschriften und Katalogen ausgeschnitten und mit Reißnägeln auf die Tapete geheftet, um die es nicht schade war. Es waren alle mir erreichbaren Porträts von Dichtern und Musikern dabei, das stattlichste war ein großes Bildnis von Chopin, eine Phototypie mit breitem Rande, für die ich drei Mark ausgegeben hatte. Das war damals viel Geld. Und zwischen den berühmten Köpfen hingen, sorgfältig symmetrisch geordnet, große und kleine Tabakspfeifen, eine von ihnen, mit buntbemaltem Kopf, reichte, wenn man sie stehend rauchte, mit dem andern Ende bis zum Boden. Und da sah ich plötzlich auch den Stehpult aus weißem ungestrichenem Holz wieder, an dem ich stehend die Mehrzahl dieser Briefe geschrieben hatte, und von diesem Augenblick an war auch meine Handschrift von damals mir wieder ganz vertraut, sie hat während meiner Tübinger Jahre einmal sich stark geändert unter dem Einfluß eines Schönschreibkurses, der auch Heilung vom Schreibkrampf versprach und den ich einige Wochen lang auf Wunsch oder Befehl meines Prinzipals, des Buchhändlers Sonnewald, besuchte. Auch seine Gestalt wurde mir wieder deutlich vorstellbar, und die meiner Kollegen, und die einiger Tübinger Professoren, und die einiger Tübinger Mädchen, denen ich Verehrung darbrachte. Und abendliche Gänge zur sauren Milch nach Schwärzloch, Nachtgänge durch die Alleen am Neckar, Sonntagsfahrten nach Reutlingen und Hauffs Lichtenstein, und die damaligen Freunde und Zechkameraden, zu welchen übrigens Freund Otto nicht gehörte, mit ihm begann die Freundschaft erst später. Die meisten von jener Tübinger Freundesrunde, von denen im „Lauscher" erzählt wird, leben noch heute, doch bin ich nur noch mit zweien von ihnen in loser Verbindung.

Die Tage wurden immer herbstlicher, die Regentage immer finsterer, die heitern immer kälter, auf vielen Gipfeln lag schon Schnee. Der Sonntag nach meines Gastes Abreise war besonders schön, wir fuhren auf eine Höhe, von der die Walliser Berge zu sehen sind, um die meisten Dörfer her waren die Leute noch mit der Weinlese beschäftigt. Wir freuten uns der farbigen Bilder und wünschten, der Freund möchte diesen Tag noch mit uns erlebt haben, dies Blau, Gold und Weiß der fernen Bergzüge, diese kristallne Heiterkeit der Lüfte, diese bunten Gruppen der Weinleser in den Rebenterrassen.

Und um eben diese Stunde, wo wir unterwegs seiner dachten, ist mein Freund gestorben.

Er war wohlbehalten und fröhlich heimgekehrt, hatte mehreren Freunden auf Postkarten von seinem Besuch in Montagnola erzählt, auch meiner Schwester, hatte mir seine Heimkehr gemeldet, war auch gleich wieder von einem seiner Ämter stark in Anspruch genommen worden. Und an jenem Nachmittag, der uns mit so ungewöhnlich edlem Licht und Farbenschimmer beschenkte, war er gestorben, ohne Sträuben, nach einem ganz kurzen Unwohlsein. Ich erfuhr es schon am nächsten Morgen durch ein Telegramm, das mich um ein paar Worte bat, die man am Grabe sprechen könnte, und bald auch durch ein Briefchen seiner Frau. Es lautete: „Am gestrigen Sonntag um zwei Uhr ist mein Mann unerwartet und kampflos gestorben. Er hat bei Ihnen Freundschaft und Liebe erfahren dürfen bei seinem Besuch, und dafür möchte ich Ihnen danken. Seien Sie auch jetzt mit guten Gedanken bei ihm."

Ja, ich war mit meinem ganzen Herzen bei ihm. Sosehr der Verlust weh tat, vor allem andern schien mir doch dieser Tod eines Mannes, den schon als Lebenden viele gute und bewährte Menschen oft als Vorbild betrachtet hatten, bewundernswert vorbildlich. Verantwortung und treue Arbeit bis zum letzten Tage und dann kein Krankenlager, keine Klage, kein Appell an Mitleid und Fürsorge, nur ein schlichter, stiller, sanfter Tod. Ein Tod, mit dem man trotz aller Trauer einverstanden sein mußte, ein Tod, der ein tapferes, dienendes Leben sanft beendete und den Freund, der wohl um seine eigene Müdigkeit nicht gewußt hatte, den Ansprüchen der Welt und den Anstrengungen, die das Jubiläum ihm in wenigen Tagen gebracht hätte, freundlich entzog.

Herbstlich ist jeder Rückblick, auf eigenes oder auf fremdes Leben, herbstlich ist alle Geschichte, herbstlich alle Hingabe an die Erinnerung. Mit schwachen Kräften und unter schweren Störungen habe ich diese Seiten geschrieben, ein Durcheinander vermutlich von Wichtigem und Belanglosem, ich bin eines Urteils darüber nicht fähig. Sie sind nicht Dichtung, nicht einmal Literatur. Sie sind monologische Aufzeichnung, doch nicht für mich selbst, ich bedürfte ihrer nicht, sondern für einige Freunde und für Freunde meines lieben Schulkameraden. Daß er einen Augenblick, ehe er sich die Ruhe gönnte, noch bei mir vorsprach, an meinem Tische saß,

mir Grüße und Gaben der Heimat brachte, daß ich vielleicht der letzte war, mit dem er jenseits von Alltag und
Amt eine Aussprache gehabt hat, daß er mich noch einmal mit seiner Freundschaft und Nähe, mit der von ihm
ausgehenden Ruhe, Wärme und Heiterkeit beschenkt
hat, war eine Gnade. Ohne dies Erlebnis wäre ich vermutlich auch nicht fähig gewesen, sein Ende zu verstehen oder, weil „verstehen" ein zu großes Wort ist, es so
anzunehmen und einzuordnen, als gut, als richtig, als
harmonischen Ausklang. Möge es auch anderen seiner
Freunde so gehen, und möge ihnen und mir zu Zeiten,
da wir dessen bedürfen, seine Gestalt, sein Wesen, sein
Leben und Ende ein Trost und ein stärkendes Beispiel
sein.

1952

ÜBER DAS ALTER

Das Greisenalter ist eine Stufe unsres Lebens und hat wie alle andern Lebensstufen ein eigenes Gesicht, eine eigene Atmosphäre und Temperatur, eigene Freuden und Nöte. Wir Alten mit den weißen Haaren haben gleich allen unsern jüngern Menschenbrüdern unsre Aufgabe, die unsrem Dasein den Sinn gibt, und auch ein Todkranker und Sterbender, den in seinem Bett kaum noch ein Anruf aus der diesseitigen Welt zu erreichen vermag, hat seine Aufgabe, hat Wichtiges und Notwendiges zu erfüllen. Altsein ist eine ebenso schöne und heilige Aufgabe wie Jungsein, Sterbenlernen und Sterben ist eine ebenso wertvolle Funktion wie jede andre – vorausgesetzt, daß sie mit Ehrfurcht vor dem Sinn und der Heiligkeit alles Lebens vollzogen wird. Ein Alter, der das Altsein, die weißen Haare und die Todesnähe nur haßt und fürchtet, ist kein würdiger Vertreter seiner Lebensstufe, sowenig wie ein junger und kräftiger Mensch, der seinen Beruf und seine tägliche Arbeit haßt und sich ihnen zu entziehen sucht.

Kurz gesagt: Um als Alter seinen Sinn zu erfüllen und seiner Aufgabe gerecht zu werden, muß man mit dem Alter und allem, was es mit sich bringt, einverstanden sein, man muß ja dazu sagen. Ohne dieses Ja, ohne die Hingabe an das, was die Natur von uns fordert, geht uns der Wert und Sinn unsrer Tage – wir mögen alt oder jung sein – verloren, und wir betrügen das Leben.

Jeder weiß, daß das Greisenalter Beschwerden bringt und daß an seinem Ende der Tod steht. Man muß Jahr um Jahr Opfer bringen und Verzichte leisten. Man muß seinen Sinnen und Kräften mißtrauen lernen. Der Weg,

der vor kurzem noch ein kleines Spaziergängchen war,
wird lang und mühsam, und eines Tages können wir ihn
nicht mehr gehen. Auf die Speise, die wir zeitlebens so
gern gegessen haben, müssen wir verzichten. Die körperlichen Freuden und Genüsse werden seltener und
müssen immer teurer bezahlt werden. Und dann alle die
Gebrechen und Krankheiten, das Schwachwerden der
Sinne, das Erlahmen der Organe, die vielen Schmerzen,
zumal in den oft so langen und bangen Nächten – all
das ist nicht wegzuleugnen, es ist bittere Wirklichkeit.
Aber ärmlich und traurig wäre es, sich einzig diesem
Prozeß des Verfalls hinzugeben und nicht zu sehen, daß
auch das Greisenalter sein Gutes, seine Vorzüge, seine
Trostquellen und Freuden hat. Wenn zwei alte Leute
einander treffen, sollten sie nicht bloß von der verfluch-
ten Gicht, von den steifen Gliedern und der Atemnot
beim Treppensteigen sprechen, sie sollten nicht bloß
ihre Leiden und Ärgernisse austauschen, sondern auch
ihre heiteren und tröstlichen Erlebnisse und Erfahrungen. Und deren gibt es viele.
Wenn ich an diese positive und schöne Seite im Leben der Alten erinnere und daran, daß wir Weißhaarigen
auch Quellen der Kraft, der Geduld, der Freude kennen,
die im Leben der Jungen keine Rolle spielen, dann steht
es mir nicht zu, von den Tröstungen der Religion und
Kirche zu sprechen. Dies ist Sache des Priesters. Wohl
aber kann ich einige von den Gaben, die das Alter uns
schenkt, dankbar mit Namen nennen. Die mir teuerste
dieser Gaben ist der Schatz an Bildern, die man nach
einem langen Leben im Gedächtnis trägt und denen man
sich mit dem Schwinden der Aktivität mit ganz anderer
Teilnahme zuwendet als jemals zuvor. Menschengestal-
ten und Menschengesichter, die seit sechzig und siebzig
Jahren nicht mehr auf der Erde sind, leben in uns weiter,
gehören uns, leisten uns Gesellschaft, blicken uns aus
lebenden Augen an. Häuser, Gärten, Städte, die inzwischen verschwunden oder völlig verändert sind, sehen
wir unversehrt wie einst, und ferne Gebirge und Mee-

resküsten, die wir vor Jahrzehnten auf Reisen gesehen, finden wir frisch und farbig in unsrem Bilderbuche wieder. Das Schauen, das Betrachten, die Kontemplation wird immer mehr zu einer Gewohnheit und Übung, und unmerklich durchdringt die Stimmung und Haltung des Betrachtenden unser ganzes Verhalten. Von Wünschen, Träumen, Begierden, Leidenschaften gejagt, sind wir, wie die Mehrzahl der Menschen, durch die Jahre und Jahrzehnte unsres Lebens gestürmt, ungeduldig, gespannt, erwartungsvoll, von Erfüllungen oder Enttäuschungen heftig erregt – und heute, im großen Bilderbuch unsres eigenen Lebens behutsam blätternd, wundern wir uns darüber, wie schön und gut es sein kann, jener Jagd und Hetze entronnen und in die vita contemplativa gelangt zu sein. Hier, in diesem Garten der Greise, blühen manche Blumen, an deren Pflege wir früher kaum gedacht haben. Da blüht die Blume der Geduld, ein edles Kraut, wir werden gelassener, nachsichtiger, und je geringer unser Verlangen nach Eingriff und Tat wird, desto größer wird unsre Fähigkeit, dem Leben der Natur und dem Leben der Mitmenschen zuzuschauen und zuzuhören, es ohne Kritik und mit immer neuem Erstaunen über seine Mannigfaltigkeit an uns vorüberziehen zu lassen, manchmal mit Teilnahme und stillem Bedauern, manchmal mit Lachen, mit heller Freude, mit Humor.

Neulich stand ich in meinem Garten, hatte ein Feuer brennen und speiste es mit Laub und dürren Zweigen. Da kam eine alte Frau, wohl gegen achtzig Jahre alt, an der Weißdornhecke vorbei, blieb stehen und sah mir zu. Ich grüßte, da lachte sie und sagte: „Sie haben ganz recht mit Ihrem Feuerchen. Man muß sich in unsrem Alter so allmählich mit der Hölle anfreunden." Damit war die Tonart eines Gesprächs angeschlagen, in dem wir einander allerlei Leiden und Entbehrungen klagten, aber immer im Ton des Spaßes. Und am Ende unsrer Unterhaltung gestanden wir uns ein, daß wir trotz alledem ja eigentlich noch gar nicht so furchtbar alt seien und kaum als richtige Greise gelten könnten, solang in unsrem Dorf noch unsre Älteste, die Hundertjährige, lebe.

Wenn die ganz jungen Leute mit der Überlegenheit ihrer Kraft und ihrer Ahnungslosigkeit hinter uns her lachen und unsern beschwerlichen Gang, unsre paar weißen Haare und unsre sehnigen Hälse komisch finden, dann erinnern wir uns daran, wie wir einst, im Besitz der gleichen Kraft und Ahnungslosigkeit, ebenfalls gelächelt haben, und kommen uns nicht unterlegen und besiegt vor, sondern freuen uns darüber, daß wir dieser Lebensstufe entwachsen und ein klein wenig klüger und duldsamer geworden sind.

1952

ENGADINER ERLEBNISSE

Liebe Freunde,
je länger man sich darum bemüht hat, desto schwieriger und problematischer wird einem das Arbeiten mit der Sprache. Bald werde ich, allein schon aus diesem Grunde, nicht mehr imstande sein, irgend etwas aufzuzeichnen. So müßten wir uns, ehe ich euch von Engadiner Erlebnissen erzähle, eigentlich darüber einigen, was wir denn unter „Erlebnis" verstehen. Das Wort hat, wie so viele andre, während der relativ kurzen Zeit meines bewußten Lebens viel an Wert und Gewicht verloren, und von dem Goldgewicht, das es etwa im Werk von Dilthey einst hatte, bis zu der Entwertung durch den Feuilletonisten, der uns erzählt, wie er Ägypten, Sizilien, Knut Hamsun, die Tänzerin X. „erlebt" habe, während er all das vielleicht nicht einmal gut und treu gesehen und notiert hat, ist es ein weiter Weg nach unten. Aber ich muß, wenn ich meinem Verlangen folge und euch auf dem Umweg über Schrift und Druckerschwärze zu erreichen versuche, mich ein wenig blind machen und die Fiktion zu erhalten streben, es habe meine veraltete Sprache und Schreibweise noch immer für euch dieselbe Gültigkeit wie für mich, und es sei ein „Erlebnis" für euch wie für mich mehr als ein flüchtiger Sinneseindruck oder ein beliebiger unter den hundert Zufällen des täglichen Lebens.

Etwas andres, das mit der Sprache und meinem Handwerk nichts zu tun hat, ist es mit der Erlebensweise alter Menschen, und hier darf und mag ich mir keine Fiktion und Illusion erlauben, sondern bleibe bei dem Wissen um die Tatsache, daß ein Mensch jüngeren oder gar jugendlichen Alters überhaupt keine Vorstellung von der

Weise hat, in der alte Leute erleben. Denn es gibt für diese im Grunde keine neuen Erlebnisse mehr, sie haben das ihnen Gemäße und Vorbestimmte an primären Erlebnissen längst zugeteilt bekommen, und ihre „neuen" Erfahrungen, immer seltener werdend, sind Wiederholungen des mehrmals oder oft Erfahrenen, sind neue Lasuren auf einem längst scheinbar fertigen Gemälde, sie decken über den Bestand an alten Erlebnissen eine neue, dünne Farb- oder Firnisschicht, eine Schicht über zehn, über hundert frühere. Und sie bedeuten dennoch etwas Neues und sind zwar nicht primäre, aber echte Erlebnisse, denn sie werden, unter andrem, jedesmal auch zu Selbstbegegnungen und Selbstprüfungen. Der Mann, der das Meer zum erstenmal sieht oder den „Figaro" zum erstenmal hört, erlebt anderes und meist Heftigeres als der, der es zum zehnten oder fünfzigsten Male tut. Dieser nämlich hat für Meer und Musik andre, weniger aktive, aber erfahrenere und geschärftere Augen und Ohren, und er nimmt nicht nur den ihm nicht mehr neuen Eindruck anders und differenzierter auf als der andre, sondern es begegnen ihm beim Wieder-Erleben auch die früheren Male, er erfährt nicht nur Meer und „Figaro", die schon bekannten, auf neue Weise wieder, sondern er begegnet auch sich selbst, seinem jüngeren Ich, seinen vielen früheren Lebensstufen im Rahmen des Erlebnisses wieder, einerlei ob mit Lächeln, Spott, Überlegenheit, Rührung, Beschämung, Freude oder Reue. Im allgemeinen ist es dem höheren Alter gemäß, daß der Erlebende seinen früheren Erlebensformen und Erlebnissen gegenüber mehr zur Rührung oder Beschämung als zum Gefühl der Überlegenheit neige, und namentlich dem produktiven Menschen, dem Künstler, wird in den letzten Stadien seines Lebens die Wiederbegegnung mit der Potenz, Intensität und Fülle seiner Lebenshöhe nur selten das Gefühl erwekken: „O wie schwach und töricht war ich damals!", sondern im Gegenteil den Wunsch: „O hätte ich noch etwas von der Kraft von damals!"

Zu den mir bestimmten, mir gemäßen und wichtigen Erlebnissen gehören nächst den menschlichen und geistigen auch die der Landschaft. Außer den Landschaften, die mir Heimat waren und zu den formenden Elementen meines Lebens gehören: Schwarzwald, Basel, Bodensee, Bern, Tessin, habe ich einige, nicht sehr viele, charakteristische Landschaften mir durch Reise, Wanderung, Malversuche und andre Studien angeeignet und sie als für mich wesentlich und wegweisend erlebt, so Oberitalien und namentlich die Toskana, das Mittelländische Meer, Teile von Deutschland und andre. Gesehen habe ich viele Landschaften, und gefallen haben mir beinahe alle, aber zu schicksalhaft mir zugedachten, mich tief und nachhaltig ansprechenden, allmählich zu kleinen zweiten Heimatländern aufblühenden wurden mir nur ganz wenige, und wohl die schönste, am stärksten auf mich wirkende von diesen Landschaften ist das Obere Engadin.

Ich bin in diesem Hochtal wohl etwa zehnmal gewesen, einige Male nur für Tage, des öftern aber für Wochen. Ich sah es zum erstenmal vor beinah fünfzig Jahren, da brachte ich als junger Mann eine Ferienzeit in Preda über Bergün zu, zusammen mit meiner Frau und meinem Jugendfreund Finckh, und als es Zeit wurde, heimzukehren, entschlossen wir uns, noch eine tüchtige Wanderung zu machen. In Bergün unten schlug mir ein Schuster neue Nägel in die Sohlen, und zu dreien wanderten wir mit Rucksäcken über die Albula die lange schöne Bergstraße und dann die noch sehr viel längere Talstraße von Ponte nach St. Moritz, auf einer Landstraße ohne Automobile, aber mit unendlich vielen kleinen ein- und zweispännigen Wägelchen, in einem nicht aufhörenden Staubgewölk. In St. Moritz dann verabschiedete sich meine Frau und reiste mit der Bahn nach Hause. Während nun mein Kamerad, der die Höhe schlecht ertrug und nachts nicht schlief, immer stiller und mißlauniger wurde, kam mir trotz Staub und Hitze das oberste Inntal wie ein vorgeträumtes Paradies entgegen. Ich spürte, daß diese Berge und Seen, diese Baum- und Blumenwelt mir mehr zu sagen habe, als bei diesem ersten Anblick voll aufzunehmen und mir anzueignen möglich sei, daß es mich irgendeinmal hieher zurück- ziehen würde, daß dieses so strenge wie formenreiche, so ernste wie harmonische Hochtal mich angehe, mir et- was Wertvolles zu geben oder etwas von mir zu fordern habe. Nach einem Übernachten in Sils-Maria (wo ich heute wieder bin und diese Notizen schreibe) standen wir am letzten der Engadiner Seen, ich forderte meinen reisemüden Freund vergeblich auf, er möge doch die Augen auftun, über den See weg nach Maloja und gegen das Bergell blicken und sehen, wie unerhört edel und schön dies Bild sei, es war vergeblich, und gereizt sagte er, mit ausgestrecktem Arm in die gewaltige Raumtiefe weisend: „Ach was, das ist eine ganz gewöhnliche Kulis- senwirkung." Worauf ich ihm vorschlug, er möge die Landstraße nach Maloja gehen, während ich auf der an- dern Seeseite den Fußweg nahm. Am Abend saß auf der Terrasse der Osteria Vecchia jeder von uns beiden, weit vom andern, allein an einem Tischchen und aß seinen Imbiß, erst am nächsten Morgen versöhnten wir uns und sprangen vergnügt die Abkürzungen der Bergellstraße hinab.

Das zweite Mal war ich wenige Jahre später in Sils zu einer Zusammenkunft mit meinem Berliner Verleger S. Fischer, nur für zwei oder drei Tage, und wohnte als sein Gast im selben Hotel, das ich in den letzten Jahren jeden Sommer wieder aufsuche. Dieser zweite Aufent- halt hinterließ nur wenige Eindrücke, doch erinnere ich mich eines schönen Abends mit Arthur Holitscher und seiner Frau, wir hatten einander damals viel zu sagen.

Und dann war noch ein andres Erlebnis da, ein An- blick, der mir seither bei jedem Wiedersehen wieder teuer und wichtig wurde und das Herz bewegte: das dicht an den Felshang gedrückte, etwas düstere Haus, in dem Nietzsche seine Engadiner Wohnung hatte. Inmit- ten der lauten bunten Sport- und Touristenwelt und der großen Hotels steht es heute trotzig und blickt etwas verdrossen, wie angewidert, Ehrfurcht und Mitleid weckend und dringlich mahnend an das hohe Menschenbild, das der Eremit auch noch in seinen Irrlehren aufgerichtet hat.

Darauf vergingen Jahre, ohne daß ich das Engadin wiedergesehen hätte. Es waren meine Berner Jahre, es waren die traurigen Kriegsjahre. Da, als ich zu Anfang des Jahres 1917 vom Arzt dringend wegkommandiert wurde, krank von meiner Kriegsarbeit und noch mehr vom Kriegselend überhaupt, war ein schwäbischer Freund von mir in einem Kurhaus über St. Moritz und lud mich dorthin ein. Es war mitten im Winter, dem bitteren dritten Kriegswinter, und ich lernte das Tal, seine Schönheiten, seine Schroffheiten und seine Heil- und Trostkräfte von einer neuen Seite kennen, lernte wieder schlafen, wieder mit Appetit essen, brachte die Tage auf Skiern oder Schlittschuhen zu, konnte nach einer kleinen Weile wieder Gespräch und Musik ertragen, sogar ein wenig arbeiten, stieg zuweilen allein auf Skiern zur Corvigliahütte hinauf, zu der noch keine Seilbahn führte, und war meistens der einzige Mensch oben. Und dort erlebte ich, im Februar 1917, auch einen unvergessenen Morgen in St. Moritz. Ich hatte dort etwas zu besorgen, und als ich den Platz vor der Post betrat, kam aus dem Postgebäude, vor dem auffallend viele Menschen sich gesammelt hatten, ein Mann mit Pelzmütze heraus und begann laut aus einem soeben eingetroffenen Extrablatt vorzulesen. Die Leute umdrängten ihn, auch ich lief zu ihm hinüber, und der erste Satz, den ich verstehen konnte, lautete: „Le czar démissionna." Es war die Nachricht von der russischen Februarrevolution. Ich bin seither hundertmal durch St. Moritz gefahren oder gegangen, aber selten ohne an jener Stelle des Februarmorgens von 1917 zu gedenken und meiner damaligen Freunde und Wirte, von denen längst keiner mehr lebt, und jenes Rucks und Schocks in der Seele, den ich empfand, als nach einem kurzen Patienten- und Rekonvaleszentendasein im Frieden der Chantarella die Stimme jenes Vorlesers mich drohend und mahnend in die Gegenwart und Weltgeschichte zurückrief. Und so ist es überall, wohin ich in dieser Gegend komme, es blickt mich überall das Ehemals und mein eigenes Gesicht und Wesen an, das einst dieselben Bilder vor Augen hatte; ich begegne dem noch nicht Dreißigjährigen, der seinen Rucksack fröhlich die vielen Kilometer durch die Augusthitze trug, und dem zwölf Jahre Älteren, der in schwerer Krise, vom Erleiden des Krieges geweckt, gefoltert und gealtert, hier oben eine kurze Pause der Erholung, der Stärkung und Neubesinnung fand, und dann wieder jenen späteren Stufen meines Lebens, in denen ich das liebe Hochtal wiedersah, Skikamerad von Thomas Manns jüngstem Töchterchen, Abonnent der inzwischen erbauten Corviglia-Bahn, manchmal begleitet von Freund Louis dem Grausamen und seinem klugen Dachshund, des Nachts stiller Arbeiter über dem Manuskript des „Goldmund". O was für ein geheimnisvoller Rhythmus von Gedenken und Vergessen spielt in unsern Seelen, geheimnisvoll und ebenso beglückend wie beunruhigend auch für den, der die Methoden und Theorien der modernen Psychologie einigermaßen kennt! Wie gut und tröstlich, daß wir vergessen können! Und wie gut und tröstlich, daß wir die Gabe des Gedächtnisses haben! Jeder von uns weiß um das, was sein Gedächtnis aufbewahrt hat, und verfügt darüber. Keiner von uns aber kennt sich aus im ungeheuren Chaos dessen, was er vergessen hat. Manchmal kommt nach Jahren und Jahrzehnten, wie ein ausgegrabener Schatz oder wie ein vom Bauern aufgepflügtes Kriegsgeschoß, ein Brokken des Vergessenen, des als unnütz oder unverdaulich Weggeschobenen wieder an den Tag, und in solchen Augenblicken (im „Goldmund" ist solch ein großer Augenblick geschildert) will uns all das viele, Kostbare, Herrliche, was den Bestand unsrer Erinnerung ausmacht, wie ein Häufchen Staub erscheinen. Wir Dichter und Intellektuellen halten sehr viel vom Gedächtnis, es ist unser Kapital, wir leben von ihm – aber wenn uns solch ein Einbruch aus der Unterwelt des Vergessenen und Weggeworfenen überrascht, dann ist stets der Fund, er sei erfreulich oder nicht, von einer Wucht und Macht, die unsern sorgfältig gepflegten Erinnerungen nicht innewohnt. Mir kam zuweilen der Gedanke oder die Vermutung, es könnte der Trieb zum Wandern und Welterobern, der Hunger nach Neuem, noch nicht Gesehenem, nach Reise und Exotik, der den meisten nicht phantasielosen Menschen zumal in der Jugend bekannt ist, auch ein Hunger nach Vergessen sein, nach Wegdrängen des Gewesenen, soweit es uns bedrückt, nach Überdecken erlebter Bilder durch möglichst viele neue Bilder. Die Neigung des Alters dagegen zu festen Gewohnheiten und Wiederholungen, zum immer erneuten Aufsuchen derselben Gegenden, Menschen und Situationen wäre dann ein Streben nach Erinnerungsgut, ein nie ermüdendes Bedürfnis, sich des vom Gedächtnis Bewahrten zu versichern, und vielleicht auch ein Wunsch, eine leise Hoffnung, diesen Schatz an Bewahrtem vielleicht noch vermehrt zu sehen, vielleicht eines Tages dieses und jenes Erlebnis, diese und jene Begegnung, dies oder jenes Bild und Gesicht, das vergessen und verloren war, wiederzufinden und dem Bestand an Erinnertem beizufügen. Alle alten Leute sind, auch wenn sie es nicht ahnen, auf der Suche nach dem Vergangenen, dem scheinbar Unwiederbringlichen, das aber nicht unwiederbringlich und nicht unbedingt vergangen ist, denn es kann unter Umständen, zum Beispiel durch die Dichtung, wiedergebracht und dem Vergangensein für immer entrissen werden.

Eine andre Art von Wiederfinden der Vergangenheit in neuer Gestalt ist es, wenn man nach Jahrzehnten Menschen wiedertrifft, die man einst jünger und anders gekannt und geliebt hat. So hatte ich in einem überaus schönen und behaglichen Engadiner Haus mit Arvenstuben und Specksteinöfen einst einen Freund wohnen, den mit Klingsor befreundeten Magier Jup. Er hat mich oft und fürstlich bewirtet und verwöhnt, als ich noch Skiläufer und Stammgast der Corvigliahütte war. Es spielten damals in seinem Hause drei liebe Kinder, zwei Knaben und ein Jüngstes, ein Mädchen, bei dem mir schon beim ersten Anblick auffiel, daß jedes seiner Augen größer war als sein Mündchen. Den Magier selbst habe ich zwar seit Jahrzehnten nicht wiedergesehen, er sucht die Berge nicht mehr auf, aber vor einigen Jahren geschah es, daß ich mit seiner Frau wieder zusammentraf und bei ihr auch die nun erwachsenen Kinder wiedersah, einen Musiker, einen Studenten und das Mädchen, das noch immer durch die großen Augen und das kleine Mündchen auffiel und eine aparte Schönheit geworden war und mit Begeisterung von ihrem Pariser Professor sprach, bei dem sie vergleichende Literaturwissenschaft studierte. Sie war auch dabei, als Freund Edwin Fischer uns im Hause ihrer Mutter einen Nachmittag Bach, Mozart und Beethoven spielte. Auch er, der Musiker, ist mir seit der Zeit, da er mir in Bern, ein noch ganz junger Mann, seine Vertonungen meiner „Elisabeth"-Gedichte vorführte, immer einmal wiederbegegnet, jedesmal auf einer anderen Lebensstufe, und die kollegiale Freundschaft hat sich mit jedem Mal bewährt und gestärkt.

So kam und kommt bei jeder Wiederkehr mir hier geliebte Vergangenheit entgegen, unwiederbringliche und doch beschwörbare. An ihr das Heute und mein heutiges Ich zu messen bringt Freuden und Beschwerden, beglückt und beschämt, macht traurig und tröstet. Die Hänge zu sehen, die ich einst zu Fuß oder auf Skiern viele Male mühelos erstieg und deren kleinster mir jetzt unersteigbar wäre, der Freunde zu denken, mit denen ich viele meiner Engadiner Erlebnisse habe teilen dürfen und die nun längst in ihren Gräbern ruhen, tut ein wenig weh. Jene Zeiten und jene Freunde aber im Gespräch oder im einsamen Gedenken zu beschwören, im reichen Bilderbuch der Erinnerungen zu blättern (immer mit der ganz leisen Hoffnung, es könne auch einmal ein verlorenes, vergessenes Bild wieder auftauchen und alle anderen überglänzen) ist Freude, und wie die Kräfte abnehmen und die Spaziergängchen von Jahr zu Jahr kürzer oder mühsamer werden, so wächst andrerseits mit jeder Wiederkehr und jedem Jahr diese Freude am Beschwören und Gedenken, und immer vielfältiger wird die Freude daran, das heute Erlebte in das tausendfältige Geflecht des Erinnerten einzubeziehen. An der Mehrzahl dieser Erinnerungen hat mein Lebenskamerad, hat Ninon teil, seit jenen Skiwintern vor bald dreißig Jahren bin ich nie ohne sie hier oben gewesen, und wie die Abende im Magierhause und die mit S. Fischer, mit Wassermann und Thomas Mann hat sie auch vor zwei Jahren die herrliche Wiederbegegnung mit meinem Maulbronner Schulkameraden Otto Hartmann miterlebt, dem erfreulichsten und edelsten Vertreter guten Deutschtums und Schwabentums unter meinen Freunden. Es war ein hoher Festtag, der Freund schenkte uns einen Tag seiner kurzen Ferien, wir führten ihn im Wagen nach Maloja und auf den Julier, unterm hohen Augusthimmel standen die Berge kristallen, schweren Herzens sagte ich ihm abends Lebewohl. Aber unser eher schüchtern ausgesprochener Wunsch, wir möchten uns doch vielleicht noch einmal wiedersehen, ist in Erfüllung gegangen: wenige Tage vor seinem Tode war er noch einmal in Montagnola mein Gast, dona ferens, ich habe euch in einem Gedenkblatt davon erzählt.

Und nun bin ich auch in diesem Sommer wieder hier heraufgekommen, auf einem neuen Wege diesmal, denn am Tag unsrer Reise war im Bergell die Straße verschüttet, die Brücken zerstört, und wir mußten den uns bis dahin unbekannten Umweg über Sondrio, Tirano, das Puschlav und den Berninapaß nehmen, einen weiten, aber überaus schönen Umweg, dessen tausend Bilder mir jedoch bald wieder in Unordnung und ins Schwinden gerieten; am besten erhalten hat sich der Eindruck der gewaltigen, hundertfach gefältelten und terrassierten oberitalienischen Weinhügel, ein Bild, das mir in jüngeren Jahren wenig interessant gewesen wäre. Damals war es die menschenlose, ungezähmte, wilde und womöglich romantische Landschaft, auf die ich begierig war, viel später erst und mit den wachsenden Jahren immer mehr ist mir auch das Zusammen von Mensch und Landschaft, ihre Formung, Überlistung und friedliche Eroberung durch Acker- und Weinbau lieb und interessant geworden: Terrassen, Mauern und Wege, den Hängen angeschmiegt und deren Formen verdeutlichend, Bauernklugheit und Bauernfleiß im stillen zähen Kampf mit den zerstörerischen Wildheiten und Launen der Naturgewalten.

Die erste wertvolle Begegnung dieses Bergsommers war eine menschliche und musikalische. Schon seit Jahren war in unsrem Hotel der Cellist Pierre Fournier gleichzeitig mit uns Sommergast gewesen, nach dem Urteil vieler heute der Erste in seinem Fach, nach meinem Eindruck der gediegenste aller Cellisten, im Virtuosen seinem Vorgänger Casals ebenbürtig, im Künstlerischen ihm eher überlegen in der Strenge und Herbheit des Spiels sowohl wie in der Reinheit und Konzessionslosigkeit seiner Programme. Nicht daß ich, was diese Programme betrifft, immer und überall mit Fournier übereinstimmen würde, er spielt manchen Komponisten mit Liebe, auf den ich ohne Schmerz verzichten könnte, etwa Brahms, aber auch diese Musik ist ja eine ernste und ernst zu nehmende, während der berühmte Alte einst neben der ernsten und echten auch allerlei Prunk- und Mätzchenmusik gespielt hat. Also Fournier mit Frau und Sohn war uns nicht nur vom Hören, sondern seit Jahren auch vom Sehen wohlbekannt, doch hatten wir einander jahrelang in Ruhe gelassen, einander nur aus der Ferne zugenickt und einer den andern leise bedauert, wenn er ihn von Neugierigen belästigt sah. Diesmal aber, nach einem Konzert im Rathaus von Samaden, ergab es sich, daß wir näher miteinander bekannt wurden, und er bot mir freundlich an, einmal für mich privat zu spielen. Da er schon bald reisen mußte, mußte dies

Zimmerkonzert gleich am nächsten Tage stattfinden, und es traf sich, daß dies ein Unglückstag war, ein Tag des Unwohlseins, des Ärgers, der Müdigkeit und Verstimmung, wie sie auch noch auf der Stufe der Alters-Scheinweisheit uns von unsrer Umgebung und von unbeherrschten Strebungen des eigenen Herzens beschert werden können. Beinahe mußte ich mich dazu zwingen, zur vereinbarten Stunde am Spätnachmittag das Zimmer des Künstlers aufzusuchen, mit meiner Verstimmung und Traurigkeit kam ich mir vor, als sollte ich mich ungewaschen mit an eine festliche Tafel setzen. Ich ging hin, trat ein, bekam einen Stuhl, der Meister setzte sich, stimmte, und statt der Luft von Müdigkeit, Enttäuschung, Unzufriedenheit mit mir und der Welt umgab mich alsbald die reine und strenge Luft Sebastian Bachs, es war, als sei ich aus unserm Hochtal, dessen Zauber sich heute an mir wenig bewährt hatte, plötzlich in eine noch viel höhere, klarere, kristallnere Bergwelt gehoben worden, die alle Sinne öffnete, anrief und schärfte. Was ich selber diesen Tag über nicht vermocht hatte: aus dem Alltag heraus den Schritt nach Kastalien zu tun, das vollzog die Musik an mir in Augenblicken. Eine Stunde oder anderthalbe weilte ich hier, zwei Solo-Suiten von Bach anhörend, mit kurzen Pausen und wenig Gespräch dazwischen, und die kraftvoll, genau und herb gespielte Musik schmeckte mir wie einem Verschmachteten Brot und Wein, sie war Nahrung und Bad und half der Seele, wieder zu Mut und zu Atem zu kommen. Jene Provinz des Geistes, die ich mir einst, im Dreck der deutschen Schande und des Krieges erstickend, zur Rettung und Zuflucht erbaut hatte, tat mir ihre Tore wieder auf und empfing mich zu einer ernst-heiteren, großen, im Konzertsaal nie ganz zu verwirklichenden Feier. Geheilt und dankbar ging ich davon und habe noch lange daran gezehrt.

In früheren Zeiten habe ich ein ähnliches ideales Musizieren oft erlebt, ich habe zu den Musikern immer ein nahes und herzliches Verhältnis gehabt und habe viele

Freunde unter ihnen gefunden. Seit ich zurückgezogen lebe und nicht mehr reisen kann, sind diese Glückstage natürlich selten geworden. Übrigens bin ich im Genießen und Beurteilen von Musik in mancher Hinsicht anspruchsvoll und rückständig. Ich bin nicht mit Virtuosen und in Konzertsälen aufgewachsen, sondern mit Hausmusik, und die schönste war immer die, bei der man selber mit tätig sein konnte; mit der Geige und ein wenig Singen habe ich in den Knabenjahren die ersten Schritte ins Reich der Musik getan, die Schwestern und namentlich Bruder Karl spielten Klavier, Karl und Theo waren beide Sänger, und wenn ich die Beethoven-Sonaten oder die weniger bekannten Schubert-Lieder in der frühen Jugend von Liebhabern zu hören bekam, deren Leistung keine virtuose war, so war es doch auch nicht ohne Nutzen und Ergebnis, wenn ich etwa Karl lange Zeit im Nebenzimmer um eine Sonate werben und kämpfen hörte und schließlich, wenn er sie „hatte", den Triumph und Gewinn dieses Kampfes miterleben durfte. Ich bin später, in den ersten Konzerten berühmter Musikanten, die ich hörte, allerdings für eine Weile dem Zauber der Virtuosität manchmal wie einem Rausch erlegen, es war hinreißend, die großen Könner das Technische bewältigen zu hören mit dem Anschein lächelnder Mühelosigkeit gleich jener der Artisten auf dem Seil und am Trapez, und es schmeckte bis zum Wehtun süß, wenn sie an dankbaren Stellen einen kleinen Drücker und Hochglanz zugaben, ein schmachtendes Vibrato, ein wehmütig hinsterbendes Diminuendo, aber es dauerte doch nicht allzu lange mit diesem Bezaubertsein, ich war gesund genug, um die Grenzen zu spüren und hinter dem sinnlichen Zauber eben doch das Werk und den Geist zu suchen, nicht den Geist des blendenden Dirigenten oder Solisten, sondern den der Meister. Und mit den Jahren wurde ich eher überempfindlich gegen den Zauber der Könner und jenes vielleicht winzige Zuviel an Kraft, Leidenschaft oder Süße, das sie einem Werk hinzufügten, ich liebte weder die geistreichen noch die traumwandlerischen Dirigenten und Virtuosen mehr und wurde ein Verehrer der Sachlichkeit, jedenfalls ertrage ich seit Jahrzehnten ein Übertreiben nach der asketischen Seite hin weit leichter als das Gegenteil. Dieser Einstellung und Vorliebe nun entsprach Freund Fournier vollkommen.

Ein andres Musikerlebnis, mit einer heiteren, ja lustigen Episode, erwartete mich bald darauf bei einem Konzert von Klara Haskil in St. Moritz. Es war, von drei Scarlatti-Sonaten abgesehen, nicht ganz das Programm, das ich mir gewünscht hätte, das heißt: es war ein durchaus schönes und edles Programm, nur enthielt es, eben außer Scarlatti, keines meiner Lieblingsstücke. Ich hätte, wäre „der Wünsche Gewalt" mir gegeben gewesen, zwei andere Sonaten von Beethoven gewählt. Und dann versprach das Programm die „Bunten Blätter" von Schumann, und ich flüsterte Ninon noch grade vor dem Beginn des Konzertes zu, wie leid es mir tue, daß nicht statt der „Bunten Blätter" die „Waldszenen" uns erwarteten, sie seien schöner oder doch mir weit lieber, und mir läge so viel daran, das mir liebste kleinere Stück von Schumann, den „Vogel als Prophet", noch einmal oder mehrere Male zu hören. Das Konzert war dann sehr schön, und ich vergaß meine allzu privaten Liebhabereien und Wünsche. Aber der Abend war noch darüber hinaus glückbringend. Die Künstlerin, die sehr gefeiert wurde, schenkte am Ende noch eine Zugabe, und siehe, es war nichts andres als mein lieber „Vogel als Prophet"! Und wie bei jedem Wiederhören dieses holden und geheimnisvollen Stückes erschien mir die Stunde wieder, in der ich es einst zum erstenmal gehört habe, erschien mir die Stube meiner Frau im Gaienhofener Haus mit dem Klavier, erschienen mir Gesicht und Hände des Spielers, eines lieben Gastes, ein großes bärtiges und bleiches Gesicht mit dunklen traurigen Augen, tief über die Tasten geneigt. Er hat sich, dieser liebe Freund und feinfühlige Musikant, bald danach das Leben genommen, eine Tochter von ihm schreibt mir noch heutzutage zuweilen und war froh, als ich ihr Liebes und Schönes von ihrem Vater erzählen konnte, den sie kaum mehr gekannt hat. So war auch dieser Abend, in einem Saal voll eher mondänen Publikums, für mich ein kleines Gedächtnisfest und voll von Anklängen intimer und teurer Art. Man trägt vieles durchs lange Leben in sich herum, das erst mit uns selbst erlöschen und verstummen wird. Der Musikant mit den traurigen Augen ist seit nahezu einem halben Jahrhundert tot, mir aber lebt er und ist mir zuzeiten nah, und das Stück vom Vogel aus den „Waldszenen" ist, wenn ich es nach Jahren wiederhöre, noch über seinen eigenen, Schumannischen Zauber hinaus stets ein Quell von Erinnerungen, von denen das Klavierzimmer in Gaienhofen samt dem Musikanten und seinem Schicksal nur Bruchstücke sind. Es klingen dabei noch viele andre Töne auf bis in die Knabenzeit zurück, wo ich vom Klavierspiel meiner ältern Geschwister her manches kleine Schumann-Stück im Kopf hatte. Und auch das erste Bildnis von Schumann, das mir noch in Kinderzeiten vor Augen gekommen ist, ist unvergessen geblieben. Es war farbig, ein heute wohl nicht mehr genießbarer Farbdruck der achtziger Jahre, und war ein Blatt in einem Kinder-Kartenspiel, einem Terzett mit Porträts von berühmten Künstlern und Aufzählung ihrer Hauptwerke; auch Shakespeare, Raffael, Dickens, Walter Scott, Longfellow und andre haben für mich zeitlebens jenes kolorierte Kartengesicht behalten. Und jenes Terzettspiel mit seinem für die Jugend und einfache Leute eingerichteten Bildungs-Pantheon von Künstlern und Kunstwerken mag vielleicht die früheste Anregung zu jener Vorstellung einer alle Zeiten und Kulturen umfassenden Universitas litterarum et artium gewesen sein, die später die Namen Kastalien und Glasperlenspiel bekam.

In den Jahrzehnten meiner Beziehungen zu unsrem Hochtal, dem schönsten mir bekannten Geburtshause eines großen Stromes, habe ich natürlich auch das Fortschreiten der Mechanisierung, der Überschwemmung mit Fremden und der Spekulation beobachten können, beinahe ebensosehr wie in der Umgebung meines Tessiner Wohnortes. St. Moritz war schon vor fünfzig Jahren nichts andres mehr als ein betriebsames Fremdenstädtchen, und der schiefe alte Kirchturm schien schon damals betrübt und senil über dem Gedränge der öden Nutzbauten zu hängen, gewärtig einer nutzbringenderen Verwendung seiner geringen Grundfläche und jede Stunde bereit, vollends der Statik verlustig zu gehen und einzustürzen. Indessen steht er heute noch unverändert und hält gelassen sein Gleichgewicht, während manche der überdimensionierten, brutalen Spekulationsbauten der Zeit um 1900 schon wieder verschwunden sind. Aber überall innerhalb des nicht großen Raumes zwischen St. Moritz und Sils und bis weit ins Fex hinein schreitet die Parzellierung und Ausschlachtung des Bodens, die Besiedelung mit großen und kleinen Wohnhäusern, die Überfremdung der Bevölkerung mit jedem Jahre rascher fort. Es stehen da eine Menge von Häusern, in denen nur wenige Monate, ja oft nur wenige Wochen des Jahres Menschen wohnen, und diese an Zahl immer wachsenden neuen Mitbewohner der Talgemeinden bleiben zum großen Teil den alten Bewohnern, deren Heimat sie aufkauften, fremd, auch die Wohlgesinnten sind den größten Teil des Jahres nicht da, sie erleben die bitteren Zeiten des Einwinterns, der Lawinen, der Schneeschmelze nicht mit und haben kaum teil an den oft schweren Sorgen und Nöten der Gemeinden.

Gelegentlich tut es wohl, im Wagen eine Gegend aufzusuchen, an der die letzten Jahrzehnte nichts oder wenig verändert haben. Meine Spaziergänge reichen nicht mehr weit, aber mit dem Auto läßt sich mancher Wunsch erfüllen. So habe ich mir seit Jahren gewünscht, einmal den Ort wiederzusehen, an dem einst meine jugendliche erste Wanderung in diesen Bergen begann, den Albulapaß und Preda. Die Fahrt ging diesmal in umgekehrter Richtung als einst der Fußmarsch, und jenes staubige Sträßchen zwischen St. Moritz und Ponte, auf dem einst die vielen lustigen Kutschen fuhren, war nicht wiederzuerkennen. Aber über Ponte, das heute La Punt heißt, waren wir bald in einer stillen strengen Steinwelt angelangt, in der ich, eine nach der andern, Formen und Situationen von damals wiederfand; auf der Höhe des Passes saß ich lang abseits der Straße auf einem Grashügel und fand im Anblick der langen, kahlen, aber vielfarbigen Bergzüge und der kleinen Albula (deren hübscher Name mich immer an die „animula vagula blandula" gemahnt) einzelne völlig verloren geglaubte Erinnerungen an die Wanderung in jenem Sommer 1905 wieder. Unverändert blickten die kahlen schroffen Steinrücken und Geröllfelder herab, und wir hatten für eine kleine Weile jenes ebenso wohltuende wie mahnende Gefühl, das der Aufenthalt am Meere oder in einer menschen- und kulturlosen Bergwelt geben kann, das Gefühl, außerhalb der Zeit geraten zu sein oder doch in einer Art von Zeit zu atmen, die keine Minuten, Tage und Jahre kennt und zählt, sondern nur übermenschliche, jahrtausendweit voneinander entfernte Meilensteine. Es war schön, dies Hin und Her des Empfindens zwischen zeitloser Urwelt und den kleingeteilten Zeitstrecken des eigenen Lebens, doch ermüdete es auch, machte traurig und ließ alles Menschliche, alles Erlebte und Erlebbare so vergänglich und gewichtlos erscheinen. Am liebsten wäre ich nach unsrer Rast auf der Höhe umgekehrt, ich hatte genug an Eindrücken, übergenug an beschworener Vergangenheit in mich eingelassen. Aber da war in meinem Gedächtnis noch das winzige Preda, die paar Häuser am Eingang des Tunnels, wo ich damals, ein junger, noch kinderloser Ehemann, Ferienwochen verbracht hatte. Und dann war da, noch weit stärker rufend, das Erinnerungsbild eines kleinen tiefgrünen Bergsees mit dunkelblauen Pfauenaugen. Den wollte ich wiedersehen, und wir hatten uns ja auch darauf eingerichtet, über Tiefencastel und den Julier zurückzufahren. Bald waren wir bei den ersten Arven und Lärchen, bald auch begann ich auf dieser Seite des Passes kleine Zeichen von Zeit und Zivilisation zu spüren; bei einer nochmaligen Rast fanden wir die bisher vollkommene Stille des Tals vom hartnäckigen Geräusch eines Motors durchschnitten, den ich für einen Bagger oder Traktor hielt, doch war es nur, winzig in der Tiefe, eine kleine Mähmaschine in den Wiesen. Und nun tauchte der See auf, der Palpuogna-See, in dessen glatter kühlgrüner Fläche sich Wald und Berghang spiegelten, überragt von den drei düster-wilden Schroffen. Er war beinahe so schön und verzaubert wie vorzeiten, wenn auch an seinem Abfluß allerlei gedämmt und korrigiert war und am Straßenrand eine Anzahl rastender Autos stand. Doch mit der Annäherung an Preda schwand meine Aufnahmebereitschaft und meine Freude am Wiedersehen und am Erwecken alter Erinnerungen vollends dahin. Ich hatte daran gedacht, dort einen Augenblick haltzumachen, das kleine Haus zu suchen, in dem wir damals gewohnt hatten, und nach den Bewohnern zu fragen. Aber das mochte ich jetzt nicht mehr, es schien mir unnötig zu erfahren, daß natürlich der alte Nicolai und die Seinen längst gestorben seien. Auch war es einer der ersten heißen Tage dieses kühlen Regensommers, und hier wehte schon keine Höhenluft mehr. Es ist auch wohl möglich, daß hier sich Vergessenes aus der Zeit meiner Jugend und ersten Ehe in mir regte, daß es nicht nur Reisemüdigkeit und Sommerhitze war, die mich so lähmte und traurig machte, sondern ebenso ein Gefühl von Unzufriedenheit und Reue über manche Strecke meines Lebens und eine Trauer über die Unkorrigierbarkeit alles Getanen und Gewesenen. Ich fuhr ohne Halt durch das kleine Preda, das ich eigentlich hatte wieder aufsuchen wollen, und drängte nur noch auf Rückkehr. Während ich in Gedanken jene Unzufriedenheit und Reue ein wenig zu prüfen bemüht war, kam ich, ohne auf bestimmte Taten oder Versäumnisse meines früheren Lebens zu stoßen, die vergessen gewesen wären, wieder einmal auf jenes merkwürdige, dumpfe und nie ganz zu bewältigende Schuldgefühl zurück, das Menschen meiner Generation und meiner Art anfallen kann, wenn sie der Zeit vor 1914 gedenken. Wen die Weltgeschichte seit jenem ersten Zusammenbruch der Friedenswelt erweckt und durchgerüttelt hat, der wird die Frage nach der Mitschuld nicht völlig los, obwohl sie eigentlich eher dem Jugendalter angemessen ist, denn Alter und Erfahrung sollten uns gelehrt haben, daß diese Frage mit der nach unsrem Anteil an der Erbsünde identisch ist und uns nicht beunruhigen sollte, man kann sie den Theologen und Philosophen überlassen. Aber da innerhalb meiner Lebensdauer die Welt, in der ich lebte, aus einer hübschen, spielerischen und etwas genießerischen Friedenswelt zu einem Ort des Grauens geworden ist, werde ich gelegentliche Rückfälle in dies schlechte Gewissen wohl noch einige Male erleiden. Vermutlich ist ja dies Sichmitverantwortlichfühlen am Weltlauf, das der von ihm Befallene zuweilen gern als Zeichen eines besonders wachen Gewissens und einer höhern Menschlichkeit deutet, nur ein Kranksein, nämlich ein Mangel an Unschuld und Glauben. Der völlig wohlbeschaffene Mensch wird nicht auf den hochmütigen Gedanken kommen, er müsse die Laster und Krankheiten der Welt, ihre Friedensträgheit und ihre Kriegsroheit mitverantworten, er sei groß und wichtig genug, um das Leid und die Schuld in ihr mehren oder mindern zu können.

Es war mir in diesem Engadiner Sommer noch eine andre Begegnung mit der Vergangenheit bestimmt, an die ich nicht gedacht hätte. Ich hatte nicht viel Lektüre mitgenommen, lasse mir in die Ferien auch nur die Briefpost nachschicken. So war ich überrascht, als eines Tages von meinem Verleger ohne den Umweg über Montagnola ein Päckchen eintraf. Es enthielt eine neue Ausgabe des „Goldmund", und indem ich das Buch betrachtete, Papier, Einband und Umschlag zur Kenntnis nahm und mir schon zu überlegen begann, wem ich das Buch schenken könne, um nicht mein Gepäck damit zu beschweren, fiel mir ein, daß ich es ja seit seiner Entstehung, vielmehr seit den Korrekturen zur ersten Auflage vor wohl fünfundzwanzig Jahren nie mehr gelesen habe. Einst hatte ich das Manuskript dieser Dichtung zweimal von Montagnola nach Zürich, von da nach der Chantarella mitgeschleppt, auch erinnerte ich mich an zwei, drei Kapitel, die mich Mühe und wache Nächte gekostet hatten, aber das Ganze war mir, wie die meisten Bücher es mit den Jahren für ihre Autoren werden, ein wenig fremd und unbekannt geworden, und ich hatte bisher nie das Bedürfnis gespürt, die Bekanntschaft zu erneuern. Jetzt, indem ich ein wenig darin blätterte, schien es mich dazu aufzufordern und fand mich dazu willig. So war denn „Goldmund" wohl zwei Wochen lang meine Lektüre. Er war eines meiner erfolgreicheren Bücher gewesen, er war eine Zeitlang, wie der unangenehme Ausdruck heißt, „in der Leute Mund", und der Leute Mund hatte nicht immer mit Dank und Lob darauf geantwortet, sondern der gute „Goldmund" ist, nächst dem „Steppenwolf", dasjenige meiner Bücher gewesen, über das ich die meisten Vorwürfe und Entrüstungsausbrüche geerntet habe. Es erschien nicht lang vor der letzten Krieger- und Heldenepoche Deutschlands und war in hohem Grade unheldisch, unkriegerisch, weichlich und, wie man mir sagte, zur zuchtlosen Lebenslust verführend, es war erotisch und schamlos, deutsche und schweizerische Studenten waren dafür, daß es verbrannt und verboten werden müsse, und Heldenmütter teilten mir, unter Anrufung des Führers und der großen Zeit, ihre Entrüstung in oft mehr als unartigen Formen mit. Doch waren es nicht diese Erfahrungen, die mich zwei Jahrzehnte lang das Wiederlesen meiden ließen, es hatte sich einfach und absichtslos aus gewissen Änderungen in meiner Lebensführung und Arbeitsweise ergeben. Früher hatte ich die meisten meiner Bücher bei Gelegenheit von Neuausgaben der Korrektur wegen wiederlesen müssen, hatte manche auch bei diesem Anlaß etwas bearbeitet und namentlich gekürzt. Aber mit der Zunahme der Augenschwierigkeiten hatte ich diese Arbeit später möglichst vermieden, und seit langem war sie mir durch meine Frau abgenommen worden. Zwar hatte ich eine gewisse Liebe zu „Goldmund" nie verloren, er war in einer eher schönen und beschwingten Zeit entstanden, und die Schimpfworte und Ohrfeigen, die er hatte über sich ergehen lassen müssen, sprachen, wie beim „Steppenwolf", in meinem Herzen mehr für als gegen ihn. Aber das Bild von ihm, das ich in mir trug, hatte sich wie alle Erinnerungen im Lauf der Zeiten etwas verändert und verwischt, ich kannte ihn nicht mehr gut, und jetzt, wo das Bücherschreiben längst ein Ende genommen hatte, durfte ich wohl eine Woche oder zwei an die Erneuerung und Richtigstellung dieses Bildes wenden.

Es war ein freundliches und wohltuendes Wiedersehen, und nichts in dem Buche forderte mich zu Tadel oder gar Reue auf. Nicht daß ich mit allem ganz und gar einverstanden gewesen wäre, das Buch hatte natürlich Fehler, und es schien mir, wie beinah alle meine Schriften beim Wiederlesen nach sehr langer Zeit, ein bißchen zu lang, ein wenig zu gesprächig, es war vielleicht zu oft das gleiche mit etwas anderen Worten wiederholt. Auch blieb mir die schon oft erlebte, etwas beschämende Einsicht in die Mängel meiner Begabung und die Grenzen meines Könnens nicht erspart, es war ja eine Selbstprüfung, und so zeigte auch diese Lektüre mir meine Grenzen wieder einmal deutlich. Es fiel mir vor allem wieder einmal auf, wie die meisten meiner größeren Erzählungen nicht, wie ich bei ihrer Entstehung glaubte, neue Probleme und neue Menschenbilder aufstellten, wie das die wirklichen Meister tun, sondern nur die paar mir gemäßen Probleme und Typen variierend wiederholten, wenn auch von einer neuen Stufe des Lebens und der Erfahrung aus. So war mein Goldmund nicht nur im Klingsor, sondern auch schon im Knulp präformiert, wie Kastalien und Josef Knecht in Mariabronn und in Narziß. Aber diese Einsicht tat nicht weh, sie bedeutete nicht nur eine Minderung und Verengung meiner Selbsteinschätzung, die vorzeiten freilich erheblich größer war, sie bedeutete auch etwas Gutes und Positives, sie zeigte mir, daß ich trotz mancher ehrgeiziger Wünsche und Strebungen im ganzen meinem Wesen treu geblieben war und den Weg der Selbstverwirklichung auch durch Engpässe und Krisen hindurch nicht verlassen hatte. Und der Tonfall dieser Dichtung, ihre Melodie, das Spiel der Hebungen und Senkungen, war mir nicht entfremdet und schmeckte nicht nach Vergangenheit und abgewelkter Lebensepoche, obwohl ich die Leichtigkeit des Flusses heute nicht mehr aufzubringen fähig wäre. Diese Art von Prosa entsprach mir auch heute noch, und von ihren Haupt- und Nebenstrukturen, ihrer Phrasierung, ihren kleinen Spielen hatte ich nichts vergessen; es war die Sprache weit mehr als die Inhalte des Buches, was ich treu und unverfälscht im Gedächtnis behalten hatte.

Im übrigen aber: Wie unglaublich viel hatte ich vergessen! Ich stieß zwar auf keine Seite und keinen Satz, der mir nicht sofort wieder bekannt gewesen wäre, aber beinahe bei keiner Seite und keinem Kapitel hätte ich vorauszusagen gewußt, was auf der folgenden Seite stehen werde. Genau aufbewahrt hatte das Gedächtnis kleine Einzelheiten wie den Kastanienbaum vor der Klosterpforte, das Bauernhaus mit den Toten darin, Goldmunds Pferd Bleß, auch Wichtigeres wie einige der Freundesgespräche, den nächtlichen Ausflug „ins Dorf", das Wettreiten mit Lydia. Aber vergessen, unbegreiflicherweise vergessen hatte ich das meiste von dem, was Goldmund mit dem Meister Niklas erlebt, vergessen den pilgernden Toren Robert, vergessen die Episode mit Lene und wie ihretwegen Goldmund zum zweitenmal einen Menschen tötet. Einiges, was ich als gelungen und schön in Erinnerung hatte, enttäuschte ein wenig. Einige Stellen, die mir einst beim Schreiben Kummer gemacht hatten und mit denen ich nicht recht zufrieden gewesen war, hatte ich Mühe wiederzufinden und fand sie in Ordnung.

Es fielen mir während dieser Lektüre, die ich langsam und gründlich vornahm, auch Erlebnisse aus der Zeit der Entstehung ein, die mit dem Buch zusammenhingen. Eines davon teile ich euch mit, da einige von euch wahrscheinlich mit dabeigewesen sind. Es war gegen Ende der zwanziger Jahre, ich hatte eine Vorlesung in Stuttgart versprochen, weil ich die Jugendheimat wiedersehen wollte, und war Gast eines meiner dortigen Freunde, der nicht mehr lebt. „Goldmund" war damals noch nicht erschienen, aber der größere Teil des Buches war im Manuskript fertig, und ich hatte, nicht sehr klug, ausgerechnet das Kapitel mit dem Bericht von der Pest zum Vorlesen mitgebracht. Es wurde mit Achtung angehört, mir war damals diese Schilderung besonders wichtig und lieb, und meine Geschichten vom schwarzen Tod schienen Eindruck zu machen, es verbreitete sich ein gewisser Ernst im Saale, vielleicht war es auch nur ein Schweigen des Unbehagens. Aber als die Vorlesung beendet war und sich der „engere Kreis" in einem beliebten Wirtshause zum Abendessen zusammenfand, kam es mir vor, als habe Goldmunds Wanderung durch das große Sterben die Lebenstriebe der Zuhörer gewaltig angeregt. Ich selber war noch ganz voll von meinem Pest-Kapitel, zum erstenmal hatte ich ein Stück meiner neuen Dichtung, nicht ohne inneres Widerstreben, öffentlich vorgezeigt, ich war noch mitten darin und war nur sehr ungern der Einladung zu diesem freundschaftlichen Zusammensein gefolgt. Und nun hatte ich, einerlei ob mit Recht oder nicht, den Eindruck, als stürzten sich die hier Zusammengekommenen, erlöst aufatmend nach dem Anhören meiner Geschichte, mit verdoppelter Gier ins Leben. Es war ein lärmend wildes Gedränge um die Plätze, um die Kellner, um die Speise- und Weinkarte, lachende, vergnügte Gesichter und schallende Begrüßungen ringsum, auch die beiden Freunde zu meiner Seite hörte ich mit angestrengten Stimmen gegen das Getöse ankämpfen, um ihre Platten mit Omeletten, mit Leber oder Schinken zu bestellen, mir schien, ich sei mitten in eines der Gelage hineingeraten, bei denen Goldmund im Kreise der Lebensgierigen, die Todesangst betäubend, den Becher leerte und die aufgepeitschte Fröhlichkeit noch höher zu stacheln verstand. Aber ich war nicht Goldmund, ich fühlte mich verloren und von dieser Fröhlichkeit ausgestoßen und angewidert, es war mir nicht möglich, sie zu ertragen. So schlich ich mich zur Türe und hinaus und war verschwunden, ehe jemand mich vermissen und zurückholen konnte. Das war kein kluges und kein heldenhaftes Verhalten, ich wußte es auch damals schon, aber es war eine instinktive, nicht zu beherrschende Reaktion.

Ich habe daraufhin noch ein- oder zweimal öffentlich vorgelesen, weil ich mein Wort schon gegeben hatte, dann aber niemals mehr.

Über diesen Aufzeichnungen ist nun auch dieser Engadiner Sommer dahingegangen, es wird Zeit zum Pakken und Abreisen. Die paar Blätter vollzuschreiben hat mir mehr Mühe gemacht, als sie wert sind, es will mir nicht recht mehr gelingen. Etwas enttäuscht reise ich wieder heim, enttäuscht über manches physische Versagen und noch mehr darüber, daß ich mit allem Bemühen und großem Aufwand von Zeit nichts Besseres zustande gebracht habe als diesen Rundbrief, den ich doch vielen von euch längst schuldig war. Wenigstens steht etwas Schönes, etwas sehr Schönes mir noch bevor, die Heimfahrt über Maloja und Chiavenna, die jedesmal neu bezaubernde Fahrt aus der kühl-klaren Berghöhe in den warmen sommerdunstigen Süden, der Meira nach und den Buchten und Städtchen, den Gartenmauern, Ölbäumen und Oleandern des Comersees entgegen. Dies will ich noch einmal dankbar schlürfen. Habet Nachsicht und lebet wohl!

1953

FÜR MARULLA

Schwesterchen! Gestern hat man dich auf dem alten Friedhof in Korntal begraben, der vom Geist und Duft, von der Stille und Würde des einst „heiligen" Korntal bis in diese unheiligen Tage hinein wohl am wenigsten eingebüßt hat.

Auf unsres Vaters Grab war die Tanne, die ich einst jung und klein und seither nicht wieder gesehen habe, ein hoher stattlicher Baum geworden. Ihn hat man dieser Tage fällen und ausgraben müssen, damit das Grab nun auch dich aufnehmen könne, und man hat recht daran getan, denn dort ist dein Platz, beim Vater, dessen einsamem Alter du einst mit vielen Opfern gedient und beigestanden hast.

Die langen Jahre dieses Dienstes haben ihre Prägung an dir hinterlassen und dir unter uns Hesse-Kindern eine besondere Art von Respekt verschafft, und zu den Opfern, die du damals ohne Sträuben brachtest, gehört vermutlich auch der Verzicht auf jene andre Liebe und Bindung, die dir wie jedem wohlgeratenen jungen Menschen angestanden hätte. Auch der jungfräuliche und beinah ein wenig klösterlich anmutende Charakter deines späteren Lebens stand unter dem Zeichen des Vaters. Wenn von diesem alten frommen Manne in seinen Korntaler Jahren, nach der Mutter Tod, so viel Stille und heiter-ernste Würde ausgestrahlt hat, wenn er so vielen, die ihn damals kannten, und sogar vielen, die ihn nur vom Sehen und von weitem kannten, fürs Leben unvergeßlich geblieben ist als eine Patriarchengestalt wie aus biblischen Zeiten, so hat dein Opfer, dein Dabeisein, deine Fürsorge, Pflege, Gesellschaft und Mitarbeit, zumal in den Jahren seiner Blindheit, mit daran teil. Einen

„Urchristen" hat Bischof Wurm ihn mir einst genannt und hat ein andermal geschrieben, er sei eine der beiden verehrungswürdigsten Persönlichkeiten gewesen, denen er in seinem Leben begegnet sei.

Nun ist der Vater seit bald vier Jahrzehnten tot, auch Bischof Wurm und die meisten, die unsern Vater noch gekannt und verehrt haben, auf Vaters Grab ist Moos gewachsen und die hohe Tanne, nun hat auch sie Platz machen müssen, und du, Schwesterchen, bist zu ihm heimgekehrt. Ihr habt mich allein zurückgelassen, ihr Geschwister, damit für eine Weile noch euer und der Eltern und des Märchens unsrer Kindheit gedacht werde. Ich habe diesem Gedächtnis zeitlebens oft gehuldigt und ihm kleine Denkmäler errichtet, es ist in vielen meiner Erzählungen und Gedichte etwas von jenem Märchen festzuhalten versucht worden, nicht eigentlich den Lesern zuliebe, sondern im Grunde nur für mich und euch, meine fünf Geschwister, denn nur ihr konntet die unzähligen Geheimzeichen, Andeutungen und Anspielungen darin verstehen, und bei jedem Erkennen und Wiederfinden des gemeinsam Erlebten habt ihr dieselbe, etwas wehe Wärme im Herzen gespürt, wie ich sie beim Beschwören des Unwiederbringlichen gespürt hatte.

Wenn ich nun heute, in Gedanken bei deinem Grabe, jener Erzählungen und Gedichte wieder gedenke, so ist es nicht nur jene etwas wehe Freude, die ich empfinde, sondern auch etwas anderes, Plagendes, eine Unzufriedenheit mit mir und meinen Geschichten, ja beinahe etwas wie Reue oder schlechtes Gewissen. Denn es ist in jenen Schriften und Gedichten immer nur von einer Schwester die Rede, obwohl ich doch so glücklich war, deren zwei zu haben. Schon früher war ich darüber gelegentlich etwas betroffen. In manchen Fällen allerdings ist dieses Zusammenziehen von zwei Schwestern in eine nichts als eine Vereinfachung, eine Sparsamkeit oder auch Bequemlichkeit, beruhend auf einem Unvermögen, einem Mangel in meiner Anlage, der es mir stets verboten hat, Erzählungen mit vielen Personen zu schreiben.

Es hängt dies, wie ich immer fühlte, vor allem mit einem vollkommenen Mangel an dramatischer Begabung oder dramatischem Temperament zusammen. Aber natürlich habe ich im jahrzehntelangen vergeblichen Kampf mit diesem Mangel auch Entschuldigungen, Beschönigungen, ja Ehrenrettungen für mein Unvermögen gefunden.

Einst hat ein großer Dichter des Fernen Ostens nach der Prüfung eines Schülergedichtes, in dem „einige Pflaumenblüten" vorkamen, den Spruch getan: „*Eine* Pflaumenblüte wäre genug gewesen." So, schien mir, war es nicht nur erlaubt und verzeihlich, wenn ich in meinen Erzählungen aus zwei Schwestern eine machte, es war sogar vielleicht ein Gewinn, eine Verdichtung. Nur hielt dieser angenehme Aspekt des Problems meinen Selbstprüfungen meistens nicht lange stand, und aus guten Gründen. Denn die *eine* Schwester meiner Erzählungen ist für Leser, die uns persönlich kennen, eigentlich immer Adele und nicht Marulla gewesen, auch kommt dein Name in meinen Schriften, glaube ich, nur ein einziges Mal vor, in der Geschichte vom Bettler, während Name und Gestalt Adeles meinen Lesern oft begegnet ist.

Nicht daß ich der Meinung wäre, ich sei dir eine Rechtfertigung oder eine Bitte um Verzeihung schuldig. Es hätte dessen zwischen uns nicht bedurft. Es war ja auch richtig und natürlich, daß Adele mir näherstand, zumal in früheren Zeiten, denn es ist richtig und natürlich, daß ein frühreifer junger Mensch Freunde sucht und bevorzugt, die älter sind als er, und namentlich in den Kinderzeiten waren die zwei Jahre des Altersunterschiedes zwischen Adele und mir gerade unbedeutend genug, um die Kameradschaft nicht zu erschweren, und doch wieder so gewichtig, daß ein gelegentliches gelindes Bemuttertwerden beim Knaben, so gern er bei andrem Anlaß den Ritterlichen spielte, nur die Zärtlichkeit erhöhte.

Der einen Schwester meiner Geschichten zum Trotz aber waret ihr beide mir keineswegs etwas wie ein Symbol, oder war etwa nur Adele mir lieb, interessant und wichtig, sondern ich habe euch beide schon in den ersten Lebensjahren durchaus als zwei scharf individualisierte Gestalten gesehen und erlebt, und mit den Jahren hat diese Verschiedenheit für mich immer mehr an Genauigkeit und an Reiz gewonnen. Wir waren sechs Geschwister, und wir waren einander zeitlebens sehr zugetan und fanden an der Verschiedenheit unserer Charaktere und Temperamente, wie sich das in einer leidlich wohlbeschaffenen Familie von selbst versteht, eher noch mehr Freude und Spaß und Anlaß zu vermehrter Liebe als an dem, was uns allen gemeinsam war. Es haben ja auch im Heranwachsen und Älterwerden einige von uns manches von dem, was uns durch Erziehung gemeinsam war, abgestreift, ohne daß darum unsere Geschwisterliebe gelitten hätte.

Wir waren etwa mit einem Sextett zu vergleichen, einem Zusammenspiel von sechs Stimmen aus sechs Instrumenten, nur daß es da kein Klavier und keine erste Geige gab, vielmehr gab es sie natürlich, aber sie lagen nicht in festen Händen, es war jeder von uns zeitweise Hauptperson: ein jedes bei seiner Geburt, bei bestandenen Prüfungen, bei Verlobung und Hochzeit, noch mehr bei Gefährdung und drohendem oder erlittenem Leid. Es mochte vielleicht – ich weiß es nicht – jedes von uns Jüngeren gelegentlich die Strahlungswärme, die Heiterkeit und Anziehungskraft beneiden, die Theo und Adele mitbekommen hatten, oder die freundliche Gelassenheit Karls, aber es hatte auch jedes seine eigenen Gaben und Fähigkeiten einzusetzen, auch unser lieber Kleinster, Hans, der ohne die Vergewaltigung durch eine Bestie von Lehrer und die zu frühe und nicht geglückte Berufswahl wohl einen helleren Weg hätte gehen können. Denn – auch dies weiß ich nicht, es ist nur ein Vielleicht – wenn wir auch die Kraft und Geschmeidigkeit aufgebracht haben, dem Leben standzuhalten, so waren wir doch alle zart und differenziert genug, um für Zweifel an uns selbst, für Bangigkeiten und Nöte bis zur Verzweiflung ebenso anfällig zu sein wie unser Hans.

Mit Adele verglichen, dem Phantasiemenschen mit dem festlichen Wesen und dem starken Hunger nach Schönheit, warst du nüchterner, kühler, aber auch kritischer, und für etwas Spaß warst du stets zu haben. Wenn du nicht die Anregbarkeit und den wundersamen Enthusiasmus Adeles hattest, so warst du dafür vorsichtiger und präziser im Urteilen, weniger leicht zu blenden und hinzureißen und genauer im mündlichen und schriftlichen Ausdruck, da spürte man auch Vaters Schule und Vorbild. Für manche Personen und manche Erlebnisse hat dein Witz die treffende Bezeichnung gefunden. Gegen die Welt der Phantasie und der Kunst verhieltest du dich nicht spröde, aber zurückhaltend, das Schöne war dir lieb, aber du mochtest nicht gern von ihm geschmeichelt, verführt oder überrumpelt sein. Was nur schön war, nur wohlgefiel, war dir verdächtig, es mußte auch Wahrheitswert haben.

Es ist mir, du habest einmal mir gesagt oder geschrieben, wie du über Verse denkst. Meine Erinnerung daran ist nicht genau, aber es war etwa so: du schätzest und liebest zuzeiten ein echtes Gedicht sehr, aber du seiest nicht der Meinung, ein guter Gedanke werde unbedingt dadurch noch besser, daß er in Versen statt in Prosa formuliert werde, und noch weniger könntest du glauben, daß ein schlechter, unklarer, halber Gedanke dadurch besser und fertiger werde, daß man ihn in Verse kleide. Als ich zu deinem letzten Geburtstag dir ein Gedicht schrieb und sandte, das einzige, das ich mir in diesen späten, dürren Jahren noch gewissermaßen abgezwungen habe, da habe ich glücklicherweise an jenes Urteil von dir nicht gedacht. Ich wollte dir ja nicht mit schönen Versen kommen, sondern dir nur zeigen, daß ich an dich gedacht und mir eine kleine Mühe um dich gemacht habe. Aber nachher, als meine eher unklaren und unfertigen Verse weggeschickt waren, fiel es mir wieder ein, ich schämte mich ein wenig und war dann froh, als meine Gabe dennoch freundliche Aufnahme fand.

Einmal, das muß ich heute bekennen, war ich dir ein

wenig böse und ein wenig von dir enttäuscht und habe dir damit durchaus unrecht getan. Es war auf jener „Nürnberger Reise", die ich in einer Erzählung der zwanziger Jahre aufgezeichnet habe, in einer krisenhaften und oft bösen Zeit meines Lebens, der die Katharsis durch den „Steppenwolf" noch nicht gelungen war. Du warst damals in München, und mir war es in der schwülen und bedrückten Stimmung jener Tage bei der Rückkehr aus Nürnberg tröstlich, in München nicht nur einen alten Freund zu einem Zechabend auf mich warten zu wissen, sondern auch dich, eines von uns, jemand aus der schönen heiligen Morgenfrühe des Lebens. Ich kam dahergetrieben in der gepreßten drängenden Strömung der knappen Enge, die mein Leben damals zu passieren hatte, und erhoffte vom Wiedersehen und Gespräch mit einem meiner paar Nächsten, von Kind auf Vertrauten irgend etwas Schönes und Unmögliches, einen sonst nirgends erreichbaren Grad von Verstandenwerden, ja von Geborgenheit und Rettung, etwas, was in Wirklichkeit niemand mir zu geben und zu sein vermocht hätte. Und als ich dich in München in einer mir fremden Welt und Familie heimisch und leidlich zufrieden fand, nicht ohne Freude über unser Wiedersehen, aber nicht gestimmt und geneigt, mir gegenüber die Rolle einer Vertrauten zu übernehmen, zog ich mich enttäuscht und abgekühlt zurück, und es kam diesmal zu keiner wirklichen Herzlichkeit. Was ich damals in München, einen Augenblick lang, bei dir gesucht hatte, hätte niemand mir geben können, auch Adele nicht, auch Vater und Mutter nicht. Aber ich war in meiner Klemme befangen, und später erst, eine gute Weile später, konnte ich es verstehen und konnte dir dafür dankbar sein, daß du deine Ruhe und Distanz behieltest und es ablehntest, mir in die Wüste meiner Verirrtheit zu folgen.

Schön war es, dich in Montagnola als Gast zu haben, einmal mehrere Wochen während einer Reise Ninons, da lebten wir sehr still und meist heiter miteinander, und wenn du mir am Abend vorlasest, mir englische Texte auszugsweise übersetztest, mir klar und knapp über etwas, was du auf meine Bitte hin gelesen hattest, Bericht gabst, dann konnte ich mir das Leben vorstellen, das du mit unsrem Vater in den Jahren seiner Witwerschaft geführt hast, Helferin und Kamerad. Ach, und am Ende eines solchen Gastaufenthaltes bei uns kam das, was uns für den Rest unserer Tage vollends ganz nah und innig verband: die Nachricht von Adeles Tod, nach dem wir beide als letzte der Geschwister übrigblieben. Von da an gehörten wir wieder ganz zusammen, auch während deiner so langen und schlimmen Leidenszeit, obwohl wir uns nur noch ein einziges Mal wiedersehen konnten.

Es fiel in dieser letzten Zeit unserer Verbundenheit auch etwas dahin und verlor sein Gesicht, was sonst immer ein wenig gestört und getrennt hatte. Es war meine Schriftstellerei, oder vielmehr mein Stehen in der Öffentlichkeit, das Getue mit der Berühmtheit, das Andrängen der echten und der unechten Verehrer, von dem auch du oft genug belästigt wurdest. Adele hatte das leichter genommen, es hatte ihr auch etwas Spaß gemacht und geschmeichelt, einen berühmten Bruder zu haben, es war ein Stückchen Schmuck und Festlichkeit für sie. Du aber hattest in deiner edlen Nüchternheit diese Berühmtheit, die Öffentlichkeit, diese Feiern und Verehrer sehr kritisch betrachtet. Du wußtest zwar, wie ich selber über diese Dinge dachte, aber du sahest mich und mein Leben doch in immer steigendem Maß von diesem wuchernden Apparat aufgefressen und eingeengt, sahst mich an aufgedrängte Pflichten hingegeben, die mein eigenes, privates Leben aussogen und verarmten. Und gerade dies eigenste, ganz private Leben war es, dem du zugetan warst und das du gern mehr, als mir möglich war, mit mir geteilt hättest. Berühmt oder nicht, ich war dein Bruder, und du warst mir schwesterlich zugetan, und wenn die Berühmtheit mich dir und dem engern, natürlichen Kreis der Nächsten wegnahm, sahest du darin mit Recht einen Verlust, für dich wie für mich. Und auch mit diesem leidigen Verlust hast du fertig zu werden verstanden und hast begriffen, daß ich ihm nicht entrinnen konnte, daß ich nicht nur meine Bücher schreiben, sondern auch den schönen wie den lästigen Folgen dieser Schreiberei mich nach meinem Vermögen stellen mußte.

Über eines, etwas sehr Wichtiges, habe ich mit dir niemals gründlich gesprochen, sowenig wie mit den andern Geschwistern. Ich meine den Glauben, in dem wir aufgewachsen sind und den wir sechs nicht alle behalten haben. Adele, du und Hans, ihr seid jedes in seiner Weise dem Glauben der Eltern treu geblieben, und ich habe Grund zu glauben, daß der deine dem des Vaters am ähnlichsten und der Formulierung am zugänglichsten war, ja er war in eurem Katechismus, den schönen Kirchenliedern des siebzehnten Jahrhunderts und einem kleinen Zuschuß aus Spener, Bengel und Zinzendorf eigentlich so ziemlich fertig ausgedrückt.

Was ich mit unsern Eltern nie hätte ernstlich durchsprechen können, die Geschichte meiner Kritik und meines Zweifelns an diesem Glauben und mein allmähliches Hinfinden in eine außerkonfessionelle, aus griechischen, jüdischen, indischen, chinesischen Quellen ebenso wie aus christlichen, genährte Frömmigkeit, das hätte ich, sollte man meinen, mit dir recht wohl zum Gegenstand von Gesprächen machen können. Es geschah aber dennoch nicht. Es war doch eine Scheu, ein Verbot vorhanden, der Respekt sowohl vor der Überzeugung des andern wie die uns allen gemeinsame Abneigung gegen alles Bekehrenwollen machte es unmöglich und noch tiefer die Empfindung, es dürfe an dem uns unbedingt Gemeinsamen nicht geklopft und gerüttelt werden. Und so schufen und lebten wir Geschwister über dogmatische Abgründe hinweg einen schönen duldsamen Frieden. Hätte man deinen Christenglauben meinem Weltglauben nackt gegenübergestellt, sie hätten sich scheiden müssen wie Wasser und Feuer, wie Ja und

Nein. Aber das, was als nie formulierter Glaube, als innerer Kompaß dein wie mein Leben geleitet hat, war dennoch etwas uns Gemeinsames, vermutlich war es gut, daß wir fühlten, dies sei heilig und unberührbar.

Ich habe Abschied von dir genommen, Marulla, ohne an das Wiedersehen zu glauben, dessen du noch in deinen letzten Leidensträumen gewiß warst. Aber ich habe dich nicht verloren, du bist bei mir, wie es alle meine liebsten Toten sind. So wie Adele oder Mutter mir zuzeiten gegenwärtig sind, etwa um mich zu mahnen, daß ich über dem Alltag das Göttliche und Festliche nicht vergessen möge, so wirst du mir vor allem dann beistehen, wenn ich in Gefahr bin, Ungenauigkeiten zu begehen und in Unwahrheit zu verfallen, aus Eile, aus Spielerei, aus phantastischer Verlorenheit. Dann wirst du, so glaube und hoffe ich, mir einen Blick zuwerfen aus deinem Bezirk von Jungfräulichkeit, Ordnung und unbestechlicher, auch durch Bruderliebe unbestechlicher Wahrhaftigkeit.

1953

EIN MAULBRONNER SEMINARIST

Im Kloster Maulbronn, wo seit etwa anderthalb Jahrhunderten schwäbische Knaben als Stipendiaten wohnen und, zu evangelischen Theologen bestimmt, in Latein, Hebräisch, klassischem und neutestamentlichem Griechisch unterrichtet werden, tragen die Arbeitsräume dieser Knaben schöne, vorwiegend humanistische Namen; sie heißen etwa Forum, Athen, Sparta, und einer von ihnen heißt Hellas. In dieser Stube Hellas steht an zwei Wänden mit kleinen Zwischenräumen etwa ein Dutzend Arbeitspulte, an denen die Seminaristen ihre Schulaufgaben besorgen, ihre Aufsätze schreiben, ihre Wörterbücher und Grammatiken stehen haben, aber auch eine Photographie der Eltern oder der Schwester, und unter dem Pultdeckel werden neben den Schulheften auch Freundes- und Elternbriefe, Lieblingsbücher, gesammelte Mineralien und die eßbaren Gaben der Mutter aufbewahrt, die jeweils mit dem Wäschepaket kommen und das trockene Vesperbrot veredeln, ein Topf Konfitüre etwa oder eine haltbare Wurst, ein Glas Honig oder ein Stück Geräuchertes.

Ziemlich in der Mitte der Längswand, unter einer mit Glas gerahmten Zeichnung mit einer allegorisch-klassischen Idealfrauengestalt, dem Wahrzeichen der Stube Hellas, stand oder saß an seinem Pult in der Zeit um 1910 ein Knabe namens Alfred, ein Lehrerssohn aus dem Schwarzwald, ein Fünfzehnjähriger, der heimlich Gedichte machte und öffentlich wegen seiner glänzenden deutschen Aufsätze berühmt war; sie wurden des öfteren vom Repetenten der Klasse als Musterstücke vorgelesen. Im übrigen machte sich Alfred, wie mancher junge Poet, durch allerlei sonderlinghafte Züge und Gewohnheiten teils merkwürdig, teils unbeliebt; beim Aufstehen am Morgen war er meist der letzte seines Schlafsaals, der aus dem Bett zu bringen war; sein einziger Sport war das Lesen, auf Neckereien konnte er bald mit schneidendem Hohn, bald mit beleidigtem Schweigen und Sicheinkapseln antworten.

Unter den Büchern, die er am meisten liebte und beinahe auswendig wußte, war auch der Roman „Unterm Rad", ein nicht geradezu verbotenes, von den Autoritäten aber wenig geschätztes Buch. Vom Verfasser dieses Buches wußte Alfred, daß er auch einmal, vor etwa zwanzig Jahren, Seminarist in Maulbronn und Bewohner der Stube Hellas gewesen war. Er kannte auch Gedichte dieses Verfassers und war heimlich gesonnen, in dessen Fußtapfen zu treten und ein bekannter und von den Philistern beargwöhnter Schriftsteller und Dichter zu werden. Allerdings war jener Verfasser von „Unterm Rad" einst nicht sehr lang im Kloster und in der Stube Hellas geblieben, er war entsprungen und hatte schwierige Jahre zu überstehen gehabt, ehe er seinen Kopf durchgesetzt hatte und ein sogenannter freier Schriftsteller geworden war. Nun, wenn Alfred bisher auch diesen Sprung ins Ungewisse nicht getan hatte, sei es aus Verzagtheit, sei es aus Rücksicht auf seine Eltern, wenn er Seminarist geblieben war und vielleicht in Gottes Namen auch noch Theologie studieren würde, einmal würde doch der Tag kommen, an dem er die Welt mit Romanen und Gedichten beschenken und an denen, die ihn heute verkannten, edle Rache nehmen würde.

Eines Nachmittags nun, während der Zeit der „stillen Beschäftigung", hatte der Jüngling den Deckel seines Pultes hochgeschlagen, nach irgend etwas im Innern dieser Schatzkammer suchend, die neben dem Honigtöpfchen von zu Hause auch seine lyrischen und anderen Manuskripte barg. Er war in träumerischer Stimmung und fing an, die vielen mit Tinte oder Bleistift geschriebenen oder mit dem Taschenmesser eingekratzten Namen früherer Nutznießer dieses Pultes zu studieren, lauter Namen, die mit dem Buchstaben H begannen, denn die durch alle Stuben laufende Reihe der Schüler-plätze war nach dem Alphabet geordnet, und die mittle-ren Pulte hatten durch Jahrzehnte immer Seminaristen gedient, deren Name mit H begann. Es war unter ihnen der verdienstvolle Otto Hartmann und auch jener Wil-helm Häcker, der heute im Kloster als Professor für Griechisch und Geschichte amtete. Und im gedankenlo-sen Starren auf das Durcheinander der alten Inschriften zuckte er plötzlich auf: da stand in ungefüger Hand-schrift mit Tinte ins helle Holz des Pultdeckels gekrit-zelt ein Name, den er kannte und hochhielt, der mit H beginnende Name jenes Dichters, den er zum Liebling und Vorbild erkoren hatte. Also hier, genau an seinem, an Alfreds Pult hatte der merkwürdige Mann einst seine Lieblingsdichter gelesen und seine lyrischen Versuche geschrieben, in diesem Fach hatte er sein lateinisches und griechisches Wörterbuch, den Homer und den Li-vius stehen gehabt, hier hatte er gehockt und die Pläne für seine Zukunft ausgesponnen, von hier war er eines Tages zu jenem Spaziergang aufgebrochen, von dem er der Legende nach als Gefangener eines Landjägers an-derntags zurückgekehrt war! War das nicht wunderbar? Und war es nicht wie ein Vorzeichen, ein Schicksalswink und hieß: Auch du bist ein Dichter und etwas Besonde-res, Schwieriges, aber Kostbares, auch du bist berufen, auch du wirst einst der Stern junger Nachfolger und ihr Vorbild sein!

Kaum konnte Alfred das Ende der Schweigestunde er-warten. Die Glocke schlug an, alsbald kam Bewegung und Lärm in die stille Stube, Geschrei, Gelächter, Zu-schlagen von Pultdeckeln. Ungeduldig winkte der Jüng-ling seinen nächsten Nachbarn heran, mit dem er sonst kaum etwas zu teilen pflegte, und als der nicht sofort herüberkam, rief er aufgeregt: „Du, komm, ich muß dir etwas zeigen." Gelassen näherte sich der andere, und Al-fred zeigte ihm begeistert die von ihm entdeckte In-schrift mit dem Namen des Mannes, der vor zwanzig

Jahren hier gehaust hatte und im Kloster Maulbronn eine ganz eigene, leidenschaftlich umstrittene Berühmtheit genoß.

Aber der Kamerad war kein Dichter und kein Schwärmer, auch war er bei seinem Pultnachbarn an Phantastereien gewohnt. Ungerührt betrachtete er die Buchstaben, die ihm des anderen Zeigefinger wies, wandte sich ab und sagte mit einer Art spöttischen Mitleids nur: „Ach, den Namen hast ja doch du selber da hingemalt." Erbleichend wandte Alfred sich ab, wütend über die Abfuhr und wütend über sich selber, daß er seinen Fund nicht hatte für sich behalten können und ihn gerade diesem Theodor hatte zeigen müssen. Man wurde nicht verstanden, man lebte auf einer anderen Ebene, man war allein. Lange fraßen der Groll und die Enttäuschung in ihm fort.

Von Alfreds Maulbronner Taten und Leiden ist uns weiter nichts bekannt, auch seine Aufsätze und Verse haben sich nicht erhalten. Doch wissen wir über den Ablauf seines späteren Lebens in großen Zügen Bescheid. Er durchlief die beiden Seminare, bestand jedoch die Aufnahmeprüfung ins Tübinger Stift nicht. Ohne Begeisterung, der Mutter zuliebe, studierte er Theologie, zog als Freiwilliger in den ersten Weltkrieg, kehrte als Feldwebel zurück, scheint aber nie im Kirchendienst gewesen zu sein, sondern wandte sich einer kaufmännischen Tätigkeit zu. Im Jahr 1933 machte er den großen Rausch nicht mit, setzte sich gegen die Hitlerleute zur Wehr, wurde verhaftet und vermutlich schmachvoll behandelt, denn nach der Entlassung erlitt er einen Nervenzusammenbruch und wurde kurzerhand in eine Irrenanstalt gesteckt, von wo seine Angehörigen keinerlei Nachricht mehr erhielten, außer im Jahr 1939 eine kurze Todesanzeige. Keiner seiner einstigen Mitseminaristen, keiner seiner Tübinger Bundesbrüder stand mehr mit ihm in Verbindung. – Vergessen aber ist er trotzdem nicht.

Durch Zufall erfuhr ebenjener Theodor, sein Maulbronner Stubenkamerad und Pultnachbar, die traurige

Geschichte seines erfolglosen Lebens und seines elenden Untergangs. Und da Alfreds Lieblingsdichter und Vorbild, der Autor von „Unterm Rad", noch am Leben und erreichbar war, hatte Theodor das drängende Gefühl, es sei hier etwas gutzumachen und es müsse irgendwie und irgendwo das Gedächtnis dieses begabten Unglücklichen und seiner jünglingshaften Liebe zu jenem Dichter fortleben. Er setzte sich hin und schrieb jenem H. H., der in unvordenklicher Zeit Alfreds Vorgänger an jenem Pult in der Stube Hellas gewesen war, einen langen Brief mit der Geschichte seines armen Maulbronner Mitschülers. Es ist ihm gelungen, den alten Mann für seine Geschichte so zu interessieren, daß er, damit die Kunde vom Seminaristen Alfred noch eine Weile fortlebe, diesen Bericht aufgesetzt hat. Denn das Bewahren und Erhalten und der Protest gegen Vergänglichkeit und Vergessenheit gehören ja, neben andern, zu den Aufgaben des Dichters.

1954

BESCHWÖRUNGEN

Wenn ich meinen Rundbrief mit der Anrede „Liebe Freunde" beginne, so muß ich der Mehrzahl der Empfänger sagen, daß nicht sie in erster Linie gemeint sind. Vielmehr gelten meine kleinen Berichte vor allem jenem Kreise von Zeit- und Altersgenossen, mit denen ich die lebendigsten und wertvollsten Erinnerungen teile, die der Kindheit und Jugend. Und von diesen Freunden sind sehr wenige mehr da, ich spreche in meinen Rundbriefen schon mehr zu Toten als zu Lebenden, es sind schon mehr Beschwörungen als bloße Anreden, wenn ich „Liebe Freunde" sage. Es mag ein jüngerer Freund mir noch so lieb sein, so fehlt im Gespräch mit ihm doch eine Dimension, und wenn ich die Wahl hätte, ob ich mich mit dem klügsten oder edelsten Mann unsrer Zeit unterhalten wolle oder aber mit einem, der noch den Stadtmusikus Speidel in Calw, den Rektor Bauer in Göppingen oder den Ephorus Palm in Maulbronn gekannt und mit meinem Großvater gesprochen hat, dann fiele diese Wahl mir leicht. Und von den paar übriggebliebenen Zeugen jener mythischen Räume voll strahlender Bilder, welche ewig scheinen und doch bald erloschen sein werden, von diesen paar Mitschülern, Vettern und Cousinen, mit denen man über den Großvater und über den Rektor Bauer sprechen könnte, falls sie einem gegenübersäßen, von ihnen sinkt einer um den andern hinab, das vergangene Jahr hat mir unheimlich viele von ihnen entzogen und unerreichbar gemacht. Indessen vollzieht sich – und ich nehme an, dies sei ein normaler und von vielen erlebbarer Vorgang – mit dem Tode eines Mitgliedes dieses engsten Ringes jedesmal ein eigentümlicher Prozeß der Verwandlung und Sublimierung: der Gestorbene, der zwar mein Calwer Schulkamerad Theodor, aber außerdem auch Oberforstrat oder Kommerzienrat, ehrwürdiger Mitbürger und Gemeinderatsmitglied seines Städtchens, Vater und Großvater vieler Nachkommen war, der mir bei einem etwaigen seltenen Wiedersehen vielleicht durch seine laut und befehlshaberisch gewordene Stimme, vielleicht durch seinen ungebrochenen militanten Nationalismus oder durch seine Urteile über Kunst und Dichtung einigermaßen fremd und beinah unbekömmlich geworden war, er ist nicht mehr Vater und Großvater, nicht mehr Geheimrat oder Fabrikant, sondern wird mit dem Ablegen seiner späten Verkleidungen unfehlbar wieder ganz zum Schulkameraden, hat nichts Fremdes und irgend Störendes mehr an sich, sondern blickt aus den hellen blauen Knabenaugen des Theodor oder Wilhelm, er ist in den Saal der strahlenden Bilder zurückgekehrt und gehört mir nicht weniger, sondern eher etwas mehr an als noch vor kurzem, da er lebte und Titel trug und Ansichten verfocht. Er hat keine Titel, keine Ansichten, kein Vermögen, keinen guten oder bösen Ruf mehr, sondern ist ganz und gar wieder jener, der sich so gut auf das Entwirren von Angelschnüren oder das Stehlen von Taubeneiern verstand. Und so hoffe auch ich, der ich manchem Jugendgenossen, sei es durch meine Denkart, sei es durch Klatsch, der ihm über mich zugetragen wurde, sei es durch Erfolge, Titel und Etikettierungen, mehr oder weniger verdächtig geworden war, daß ich nach dem Ablegen dieser schmückenden Zutaten wieder für jene vom engsten Kreis nur noch der Hesse aus der Bischofstraße sein werde, der die Klasse oft durch Späße unterhielt und von dem der Rektor Weizsäcker damals sagte, er sei nicht wert, daß ihn die Sonne anscheine. Wir alle, so denke ich es mir, der Theo und der Wilhelm oder August samt dem Rektor Weizsäcker, kehren aus den Irrwegen und Irrtümern unsres Lebens in jene Form von Unsterblichkeit zurück, die für uns Menschen und unsre Menschendinge mir denkbar, ja gewiß ist, eine problematische und von keinem Dogma verbürgte Unsterblichkeit, die aber in manchen Fällen ziemlich haltbar sein kann, wenn nämlich Überlieferung, Sage, Dichtung menschlichen Gestalten oder Taten oder Erlebnissen jene Dauer über den Tod hinaus verleiht, die ein Menschenalter, ein Jahrhundert oder auch Jahrtausende währen kann. So haben nicht nur der ehrwürdige Buddha samt Ananda und Kaundynia, nicht nur Alkibiades oder der Apostel Paulus samt ihren Meistern die Unsterblichkeit oder Zeitlosigkeit erlangt, sondern auch Myrtill und Chloe, Eupalinos und Telemachos, das arme Mädchen Ophelia oder Villons dicke Margot, denn es gehören der problematischen und doch unleugbaren Unsterblichkeit die (vielleicht) erfundenen Gestalten der Dichtung nicht minder an als die historischen.

Genug, ich wende mich euch noch Lebenden zu, die ihr Gruß und Bericht von mir erwartet, und beginne mit der Weihnacht. Da führte gleich das erste und merkwürdigste der Geschenke tief in die Welt der Erinnerungen hinein. Verwandte in Schwaben schenkten mir eine rührende Kostbarkeit: ein Heft, ein Korntaler Schulheft aus dem Jahr 1857, beinahe hundert Jahre alt und zwanzig Jahre älter als ich, ein leicht angegilbtes, aber offenbar diese hundert Jahre lang mit schonender Sorgfalt behandeltes Heft im Format der üblichen Schulhefte; doch scheint es kein ganz gewöhnliches Schülerschreibheft zu sein, denn es hat einen für die damalige Zeit und für Korntal eher prächtigen, ja prunkvollen Umschlag, mit einem von pseudogotischen Ornamenten umrahmten, grell kolorierten Bild und einem erbaulichen Vers auf der Vorder- und Rückseite, und zwar ist es vorn die Stiftung des Abendmahls, bei der man unter den Jüngern den Johannes und den Judas zu erkennen glaubt, auf der Rückseite aber steigt der Heiland zwischen drei schreckbetäubten und einem noch schlafenden Wächter triumphierend aus dem Grabe, bewillkommnet von einem anbetenden Engel in den Lüften. Auf beiden ihn verherrlichenden Bildern ist Jesus am schlechtesten weg-

gekommen, trotz der Auszeichnung durch den Licht-
schein ums Haupt macht er keine gute Figur. Die ganze
Ausstattung des Heftes aber muß als festlich bezeichnet
werden, entweder gab es im berühmten Korntaler Institut solche Prachthefte als Prämien für Musterschüler,
oder sie waren im Laden zu kaufen und für einen Zögling gewiß nur durch Zusammensparen mehrerer
Wochen-Taschengelder erstehbar.

Nun, dieses prachtvoll gewesene Heft ist im Jahr 1857,
als es noch neu in grellen Farben strahlte, Eigentum
meiner damals fünfzehnjährigen Mutter gewesen und ist
von ihr in schöner Schrift, aber mit äußerster Ausnut-
zung des Raumes, mit ihren damaligen Lieblingsgedich-
ten vollgeschrieben worden, eine private Anthologie,
mit Schillers „Taucher" beginnend. Die noch halb kindliche, doch schon sehr geläufige Handschrift hat noch
nicht ganz die Schönheit, die wir später in ihren Briefen
so sehr liebten und bewunderten, aber sie ist schon unverkennbar die ihre. Wenn der fromm-pathetische Umschlag eine Zusammenstellung erbaulicher Texte erwarten ließ, so wurde ein etwaiger Entdecker dieses ohne
Zweifel sehr im geheimen gehüteten Schatzes enttäuscht; die Anthologie der Fünfzehnjährigen besteht
aus lauter weltlichen, größernteils schönen Gedichten.
Auf Schiller, von dem acht Gedichte darin stehen, folgen
Goethe, Uhland, Lenau, Hebel, Kerner, auch von Eichendorff und Rückert findet sich je ein Gedicht, es fehlen nicht Heines „Lorelei", Schwabs „Gewitter" und Mat-
thissons „Totenopfer", dann einige verschollene Sachen
wie der „Löwe von Florenz" von Bernhardi, eine lange
anonyme Ballade „Wittekind" und ein sehr langes, wunderlich verzwicktes humoristisches Gedicht von Langbein mit dem Titel: „Das Abenteuer des Pfarrers
Schmolke und Schulmeister Bakel". Was Schiller betrifft,
so wissen wir, daß das Lesen seiner Gedichte den Schülerinnen streng verboten war. Wir wissen auch, daß Mutters älterer Bruder Hermann, in der Blüte seiner genia-
lisch-revolutionären Sturm-und-Drang-Periode stehend,

ein begeisterter Schiller-Leser war und mit seiner Schwester einen lebhaften Briefwechsel unterhielt.

Das ganze Heft wäre, abgesehen von seinem farbenfrohen Umschlag und der lieben Schülerinnenhandschrift, des Erwähnens nicht wert, wenn ihm nicht noch etwas beiläge, nämlich ein paar Blätter von gleichem Format, von der Besitzerin mit Nadel und Nähfaden sorgfältig zusammengeheftet, und ebenfalls von derselben Hand mit Gedichten eng beschrieben, und hier fand ich weder Goethe noch Matthisson noch Langbein, sondern die Verse waren alle von der Schreiberin selbst verfaßt, Verse der Mädchenfreundschaft und schwärmerischen Jugendwehmut, einige Gedichte in englischer, eins in französischer Sprache. Die Gedichte reichen über Korntal hinaus bis zu meiner Mutter Rückkehr nach Indien, die für mich wichtigsten aber stammen noch aus der Instituts- und Internatszeit und sind, wenn auch im Ausdruck unbekümmert oder konventionell, voll heftigen jugendlichen Erlebens, namentlich voll Schmerz und bitterer Empörung über den Verlust der geliebtesten Freundin, die sich bei den Lehrern und Leitern der frommen Anstalt so unbeliebt zu machen verstand, daß sie aus der Schule fortgejagt wurde. Ach, daran hatte ich seit Jahrzehnten nicht mehr gedacht, und doch war die Gestalt dieser Jugendfreundin und die Schwärmerei meiner Mutter mir so bekannt, als hätte ich sie miterlebt. Denn als wir noch Kinder waren, hat sie uns zuweilen, lächelnd und doch in beinah leidenschaftlichem Ton, jene Mädchengeschichte erzählt. Olga hieß ihre Freundin und war das schönste, das begabteste, das am meisten umschwärmte Mädchen der Oberklasse, und meine Mutter war ihr, der um etwa zwei Jahre Älteren, mit jener Art von Liebe, Bewunderung und Hingabebereitschaft zugetan, wie sie nur in diesem Alter von der Jüngeren, Unreiferen, Liebebedürftigeren der glänzenden „Großen" und Schönen, der Überlegenen und Unerreichbaren dargebracht werden kann. Man kann diese Geschichte in der Biographie meiner Mutter nachlesen.

Sie begann damit, daß die „Große" der Kleinen, die sie im Dunkeln vor Heimweh weinend antraf, mit einer freundlichen Gebärde Mitgefühl bekundete, und fand ihren Höhepunkt an dem Tag, da Olga vor der Klasse als Sträfling und Höllenbraten stand und vom Herrn Pfarrer wegen unerhörter Sünden gebrandmarkt und den Schülerinnen jeder Umgang mit ihr verboten wurde. Jetzt war die Jüngere, bisher nur schüchtern Anbetende es, die der nun doppelt Geliebten sich endlich nähern, sie trösten und tapfer zu ihr stehen durfte. Das Verbrechen der Sünderin war natürlich eine Liebelei mit einem flotten Jüngling aus der Knabenschule. Mit Heldenmut und auch mit einem gewissen bitteren Genuß nahm die Adorantin an der Verfemung und Ächtung ihrer Freundin ihren Anteil auf sich, denn sie war schon seit einer Weile voll Trotz und Auflehnung gegen die Anstalt und durchlebte eine Periode der Weltlichkeit, Auflehnung und geistigen Hoffart, für die sie bald bestraft und bis zur Gefährdung gedemütigt werden sollte. Sie hat diese Periode der Weltlust und Hoffart selbst bitter bereut und sie uns nie anders dargestellt denn als eine Entgleisung. Wir Kinder aber hörten sie, die große Erzählerin, von nichts so gerne sprechen wie von dieser Zeit, und unsre Sympathien waren nicht bei Korntal und dem Pfarrer, sondern durchaus bei den jungen Sünderinnen.

Und jetzt hielt ich also die Blätter in Händen, auf denen meine Mutter ihre Korntaler Freuden und Leiden, ihre Freundinnen und vor allem jene nie vergessene Olga besungen, gepriesen und beklagt hat. Ich schäme mich, dies alles so lang vergessen zu haben, und erzähle euch davon, denn es liegt mir daran, daß ihr davon wisset und daß jener bittersüße Mädchenfrühling und jene Olga nicht vergessen werden.

Dies also war das merkwürdigste und am wenigsten erwartete meiner Christgeschenke. Die andern, soweit sie euch interessieren könnten, hingen alle mit meinem letzten, sommerlichen Rundbrief, den „Engadiner Erlebnissen" und jenem darin erwähnten Klavierstück von

Schumann, dem „Vogel als Prophet", zusammen. Ich hatte im Engadiner Brief meine alte und große Liebe zu diesem wundersamen Stück bekannt, und nun kam von einer Frankfurter Gönnerin eine Photokopie vom Originalmanuskript dieser musikalischen Dichtung. Die Dame hatte gewußt, daß das Original in Paris aufbewahrt werde, und hatte Mühe und Kosten nicht gescheut, es für mich photographieren zu lassen. Aber damit nicht genug: ein Berliner Pianist, der ebenfalls jenen Rundbrief gelesen hatte, beschloß ebenfalls, mich mit dem „Vogel" zu beschenken, er spielte ihn für mich auf eine Platte und schickte sie mir zu. Ich war sehr erstaunt. Aber wie das mit solchen privaten Schallplatten meistens ist, es gab eine Enttäuschung. Die Platte war allzu leicht und biegsam, es hätte eines beinahe gewichtlosen Hebels bedurft, um sie zu spielen, es mißglückten alle Experimente mit den beiden mir zur Verfügung stehenden Apparaten, es entstand nur ein gespenstisch hinsterbendes Klagegeräusch, und übrig blieb nur die unerwünschte Aufgabe, dem Spender zugleich mit meinem Dank einen Bericht über diese mißglückten Versuche zu schreiben. Wir waren alle drei enttäuscht und betrübt, Ninon, ich und unser Gast aus Göttingen. Doch vergingen nur Tage, da überraschte mich Ninon mit der Mitteilung, der „Vogel" sei nun doch zu spielen, und siehe, die dünne unspielbare Platte hatte sich in eine feste und brauchbare verwandelt, die wir alsbald auflegten, und Schumanns holdes Zauberstückchen schwang sich, von Cortot gespielt, aufrauschend ins Gehölz empor, uralt und ewig jung, und das kleine Wunder gehört mir nun für immer. Es war der Gast, der Zeuge meiner Enttäuschung, der diese Wiedergutmachung hinter meinem Rücken vollzogen hatte.

Die Briefpost war über die Zeit von Weihnacht und Neujahr wieder groß, ich bin erst nach der Mitte des Januar mit dem Lesen fertig geworden. Viele schöne, viele ernste und bedenkenswerte Briefe waren dabei. Und einer war darunter, an sich gewiß nicht wichtig, aber er hat mir etwas Vergessenes ins Gedächtnis zurückgerufen, wovon ich euch erzählen möchte. Es war der schwärmerische Brief eines jungen Idealisten in Norddeutschland. Ich erinnere mich der Ursache nicht mehr, die diesen Brief ins Dasein rief. Vielleicht hatte sein Verfasser irgendwelche skeptische oder pessimistische Äußerungen von mir gelesen und wollte mich aufrichten, trösten und bekehren, das kommt nicht selten vor. Vielleicht aber wollte er auch nur den Anlaß der Jahreswende dazu benützen, ein Glaubensbekenntnis abzulegen und es mir als Festgabe zu überreichen. Es war ein rührend lieber, gläubiger, ahnungsloser Knabenbrief mit der Anrede „Verehrter Freund". Der junge Mensch wollte durchaus nicht leugnen, daß wir in einer schwierigen und harten Welt und Zeit leben, daß es Geldgier und Genußsucht, Materialismus und Atombomben gebe. Aber, so schien ihm, warf man einen Blick in die Seele des Völkerlebens und der Weltgeschichte, dachte man an die herrliche Rede des Professors M. über die Zukunft des Humanismus, an die kürzliche Verleihung zweier Friedenspreise an hochverdiente Männer, oder hatte man es miterlebt, wie kürzlich bei den Klängen von Beethovens Neunter Symphonie in S. den riesigen Saal eine festliche Woge der Ergriffenheit und hoher Gesinnung geradezu sichtbar durchflutete, ja dann könne man nicht mehr daran zweifeln, daß es vorwärtsgehe auf Erden, daß eine große, eine herrliche Zeit bevorstehe, ja schon angebrochen sei und allen, die eines guten Willens seien, ihr Morgenrot verheißungsvoll entgegenstrahle. Schön sei es, erhebend und nicht minder verpflichtend, in einer solchen Zeit, einer solchen Sternstunde zu leben, dem Morgenrot entgegen seinen Lebensweg anzutreten und zu wissen, daß rings in der Welt, im Westen wie im Osten, Menschen guten Willens vorhanden seien, um die etwa noch lauernden Mächte der Finsternis zu bannen, die geheiligten Lehren der großen Menschheitsführer endlich in die Tat umzusetzen und endgültig dem Guten zum Sieg zu verhelfen.

Mit Lächeln bald und bald mit Wehmut las ich den Monolog des edlen Marquis Posa, gedachte jener so prächtigen Verse „Wie schön, o Mensch, mit deinem Palmenzweige –", mit denen ein ähnlich gläubiger Idealist den Anbruch eines neuen, besseren Jahrhunderts begrüßt hatte, und hatte keine Mühe, mir das Zustandekommen eines solchen Dokumentes zu rekonstruieren: Der Jüngling hatte ein junges, heißes Herz, er hatte zwei oder drei Freunde, die seine edlen Gesinnungen teilten, er hatte einen berühmten Professor reden, er hatte die Neunte Symphonie gehört, vielleicht zum erstenmal, er hatte sie nicht nur gehört, sondern erlebt, und nicht nur erlebt, sondern entdeckt, ja schon beinah selbst erschaffen, er war auf ein edles humanistisch-pazifistisches Blatt abonniert, dessen Artikel ihn jede Woche erbauten und in seiner Gesinnung bestärkten, er hatte nie eine Zeitung wirklich gelesen, hatte sich nie darum bemüht, die Abonnentenzahl seines Blattes mit der einer großen Zeitung zu vergleichen – kurz, er hatte sich, natürlich unbewußt, mit seiner Gesinnung, seinen Freunden, mit Schiller und Beethoven und den Artikeln seiner friedeversprechenden Wochenschrift eine Atmosphäre geschaffen, die ihn vor dem Eindringen der leidigen Wirklichkeit schützte und in der er sich gut, wohl und glücklich fühlte, und da er sich so fühlte, wie konnte es da etwa bedenklich und übel um die Welt stehen, wurden nicht wundervolle Reden gesprochen und von frommen Gemeinden angehört und beherzigt, wurde nicht prachtvoll musiziert, glühte nicht Schillers und Beethovens schöner Götterfunken in jungen Herzen? Nein, es war unrecht, von nichts als Kriegsgefahr und Atomwaffen zu unken, an die Formeln der Kernphysiker oder gar der ehrgeizigen Politiker zu glauben und sich von den übeltönenden Pessimismen und Nihilismen der Existentialisten anstecken zu lassen.

Es war ein schöner, jugendstrahlender, herrlich frommer, herrlich törichter, idealer Optimismus, den der liebe Jüngling da als seine Weltanschauung verkündete.

Die Farben waren etwas grell, etwas dick aufgetragen, der Aufbau mutete etwas unoriginell und unpersönlich an, es stand ein nicht selbstgefundener Katechismus, ein Vorbild, etwas wie eine Schablone dahinter, eine allzu hübsche, allzu unerprobte Art von populärer Philosophie, für die nicht Schiller und Beethoven, sondern eher gewisse heilverkündende Lehren und Wegweiser verantwortlich waren, Schriften, wie sie seit jener Zeit des Menschen mit dem Palmenzweige zu Hunderten erschienen und von Millionen verschlungen worden waren, Schriften mit Titeln wie „Die Krankheit unsrer Zeit und ihre Heilung" oder „Einfacher Wegweiser zum Glück auf sittlicher Grundlage" oder „Wiedergefundenes Paradies auf Grund rationaler Körper- und Seelenkultur" oder ähnlich, Broschüren und Schmöker vieler verschollener oder noch tätiger Heilande also, deren Zauber für unsereinen etwas durchsichtig und fadenscheinig ist, die aber im Munde eines eben erst Bekehrten, eines edlen, schwärmerischen und hingabefähigen Jünglings wieder manches an Reiz und Frische gewinnen können.

Ich las diesen hübschen und wohlgemeinten Brief, wie gesagt, mit einer gewissen Rührung, doch auch mit einiger Ironie, so etwa wie Heinrich Heine jenes Mädchengesicht mag betrachtet haben, von dem er sang „Du bist wie eine Blume" und dann „Betend, daß Gott dich erhalte so rein und schön und hold". Etwas in mir wehrte sich dagegen, diese treuherzige Blauäugigkeit auch nur in Gedanken zu verspotten, und indem ich dann, einen Tag später, das Schreiben nochmals las, erschrak ich plötzlich, und es fiel mir wie Schuppen von den Augen. Die Augen schließend, sah ich einen Raum und eine Szene, die ich in meiner Jugend erlebt und später scheinbar völlig vergessen hatte. Ich sah einen großen, etwas düstern, hohen Raum mit vielen bis zur Decke hinaufreichenden, auf beiden Seiten eng mit Büchern vollgestopften Regalen, vorn im hellern Teil des Raumes standen zwei Schreibtische mit Tintenfässern und Holzkästchen voll alphabetisch geordneter Katalog-zettel. Es war das Antiquariat im Pfluggäßlein in Basel, in dem ich einst etwas länger als ein Jahr gelernt und ge-arbeitet habe. Sein Besitzer war ein alter weißbärtiger Junggeselle, ein behaglicher, bequemer alter Herr, dem ich weit häufiger in einigen Weinstuben und an den Bil-lards des „Storchen" begegnet bin als in seinem Bücher-laden. Das Antiquariat wurde seit langen Jahren von seinem Faktotum geführt, von dem aus Steckborn stammenden Herrn Julius Baur, als dessen Schüler und Gehilfe ich seit kurzem dort arbeitete. Auch Julius Baur war Junggeselle, etwas jünger als sein Patron, aber ein Junggesellen-Original auch er, und einer der reinsten, gutartigsten, wahrhaftigsten und liebenswertesten Men-schen, die ich gekannt habe. Von ihm habe ich viel ge-lernt, zunächst im Beruf, denn er war nicht nur ein per-fekter Antiquar, mit allen Hilfsmitteln und Spielregeln der Bibliographie vertraut, mehrerer Sprachen mächtig und in mehreren überaus belesen, Liebhaber namentlich der älteren italienischen und französischen Literatur, er war überdies ein gewiegter Wanderer und Kenner bei-nahe aller Talschaften der Schweiz. Denn dies waren seine beiden großen Passionen: die Sprachen und die Welt der Bücher einerseits und als Gegengewicht das Durchwandern seines Heimatlandes in ausgedehnten Fußmärschen. Und wie er sich die Welt der Bücher mit allen Mitteln der Bibliographie zu erschließen und über-sichtlich zu machen wußte, so war er als Wanderer nicht nur ein ausdauernder Fußgänger, sondern auch ein kenntnisreicher Pfadfinder, im Kartenlesen sattelfest und stets mit den besten und neuesten Karten (Dufour und Siegfried hießen sie damals) ausgerüstet und aufge-schlossen und neugierig überdies für Sprachen, Mundar-ten, Lokalgeschichten. Wüßte ich all das noch, was er mir in guten Stunden mitteilte, über Bräuche und Feste, Flur- und Hausnamen, Sprachinseln, Zaunkonstruktio-nen, Etymologie der Namen für Kühe und Stiere, ich könnte den ganzen Bedarf der Schweizer Sender an Folkloristik decken. Und er, der wie ein Büßer lebte und nahezu mit Brot und Wasser auszukommen wußte, war ein Verschwender und großer Herr, wo es um seine Wanderausrüstung und namentlich um Landkarten und Führer ging, er erwarb jedes neue Blatt der offiziellen Landeskarten, und er ließ jedes Blatt von einem Buchbinder, dessen Material und Arbeit er genau überwachte, auf die gediegenste Leinwand ziehen. Er erzählte mir von einem Pfarrer in einem Bergtal, der ein Lob- und Preisgedicht auf seine Landschaft gedichtet hatte. Den Anfang des langen Lehrgedichtes weiß ich noch:

Dies schöne Tal,
An Form oval,
Voll Mineral . . .

Alte Bücher und neue Landkarten, Schatzgraben im Antiquariat und Fußwandern, das waren die beiden Gebiete, auf denen der ältliche Einsiedler sich auskannte und die er meisterte, in allem übrigen war er, bei großer Gescheitheit, ein Kind. Seine Vorliebe für das Romantische und Italienische war groß, und für Kollegen, die in Italien es zu etwas Tüchtigem gebracht hatten, wie etwa Ulrico Hoepli oder Olschki in Florenz, hatte er Worte der Bewunderung, ja Verehrung. Ach, und einmal, in einer besonders vertraulichen Stunde, gestand er mir, der unerfüllte, große Wunsch seines Lebens sei gewesen, er möchte, statt ein Thurgauer, ein Graubündner sein.

Als ich, einem alten Wunsche nachgebend, aus dem Sortimentsbuchhandel ins Antiquariat hinüberwechselte, kam ich eigentlich als Störenfried in die friedevolle Beschaulichkeit dieses alten Gehäuses, dessen Hieronymus seine Einsamkeit liebte, die er lange Zeit beinah ungestört hatte genießen dürfen, denn sein Chef kam nur noch selten her, und beinah ebenso selten verirrte sich ein Käufer in das enge Gäßchen und die drei Treppen hinauf in sein Antiquariat. Aber wenn mein Eintritt ihm lästig war, und mindestens im Anfang war er das ohne Zweifel, so bekam ich davon nicht das mindeste zu spüren. Julius Baur war der freundlichste und argloseste Mensch, den man sich denken konnte, er hat mich von Anfang an bis zum letzten Tag niemals anders als lächelnd, gütig und brüderlich-kollegial betrachtet und behandelt, er hat sich, während ich täglich aus seinem überlegenen Wissen und Können Nutzen zog, gewiß beinahe dieser Überlegenheit geschämt und sie nach Kräften dissimuliert. Er war gegen jedermann so, nie hätte er jemandem weh tun oder gar jemanden verachten können. Er machte den Eindruck eines etwas kauzigen und versponnenen Einsiedlers ohne Formen und ohne Weltkenntnis und war hinter seinem ergebenen, freundlichen und schüchternen Lächeln ein Weiser hohen Ranges. Ich war zu jung und allzu egoistisch meinen eigenen Zielen zugewandt (das halbfertige Manuskript des „Peter Camenzind" lag im Schreibpult meines Mietzimmerchens), um den vollen Wert dieses demütigen Weisen erkennen zu können, aber ich liebte ihn von allem Anfang an und war oft genug beschämt, wenn er etwa mein Zuspätkommen nach einer verbummelten Nacht ebensowenig zu bemerken schien wie mein Verschwinden in den Dachstock, wo ich etwas vom versäumten Schlaf nachzuholen versuchte. Mein Vorgesetzter und Lehrer war gegen jedermann gleich artig, stand jedem mit der gleichen freundlichen Geduld zur Verfügung, so daß ich nie hätte sagen können, ob er auch mich gern habe wie ich ihn. Aber manchmal schien es mir doch, als seien wir Freunde geworden, zumal in den nicht häufigen Stunden, in denen es zwischen uns zu vertraulicheren Mitteilungen und Geständnissen kam.

Habe ich mich verplaudert, habe ich zu lange bei den Erinnerungen an meinen lieben Kollegen und Lehrmeister verweilt? Ich glaube nicht. Ich glaube, er hätte ein noch weit umfangreicheres Gedenkblatt verdient. Und ich gäbe viel darum, ein Bild von ihm zu besitzen. Sich photographieren zu lassen war damals eine feierliche Angelegenheit, zu der er sich wohl nie entschlossen hätte. Doch besitze ich ein liebes und kostbares Andenken an ihn; das Geschenk, das er mir zu meiner Hochzeit gemacht hat. Es war natürlich ein Buch, ein altes und seltenes, die Erstausgabe von Pietro Aretinos Briefen in Quart, gedruckt von Francesco Marcolini in Venedig im Jahr 1538.

Ich war von dem Neujahrsbrief jenes jugendlichen Idealisten ausgegangen, dem rührenden und auch etwas drolligen, und muß nun erzählen, welche Szene es war, an die mich ein bestimmtes Wort jenes Briefes beim zweiten Lesen ganz plötzlich erinnerte. Es war das Wort vom „Sieg des Guten". Ein rührendes und ein törichtes Wort, und ich selber habe es mir einst in jenen Basler Jugendjahren zu eigen gemacht und mit Pathos ausgesprochen, und zwar nicht einem Kameraden und Altersgenossen gegenüber, sondern ausgerechnet im Gespräch mit dem unscheinbaren Weisen und Heiligen Julius Baur. Wir hatten sonst nicht die Gewohnheit, weltanschauliche Gespräche zu führen, doch ist es einmal zu einem solchen gekommen, einem Gespräch nicht so sehr wie einem Monolog, den ich bestritt und dessen freundlich-geduldiger Zuhörer der andere war. Den Anlaß habe ich vergessen, auf irgendeinem Wege brachte eine Unterhaltung uns auf das Thema Weltgeschichte und Geschichtsdeutung, es mag der Anfang des Gespräches im Schatten Hegels oder Jacob Burckhardts gestanden haben. Kurz, ich kam über der Frage in Fahrt, und während ich, alles in allem, zu jener Zeit noch vorwiegend in einer Hermann-Lauscher-Stimmung lebte und, außer etwa Chamberlains „Grundlagen des 19. Jahrhunderts", noch wenig dergleichen Geschichtsdeutungen gelesen hatte, überkam mich jungen Burschen eine Beredsamkeit im Dienste des Guten und Edlen, und je freundlicher mein Partner schwieg und mit gesenktem Haupt meiner prächtigen Rede lauschte, desto schöner und üppiger gedieh sie und war ein Glaubensbekenntnis oder doch Stimmungsausbruch zugunsten der höheren Bestimmung des Menschen und eines Sinnes der Weltgeschichte, und diesen Sinn bezeichnete ich in meinem flammenden Lobgesang ausdrücklich als den „Sieg des Guten über das Gemeine", und eben dies Wort vom Sieg des Guten hatte mich in dem Brief meines jungen Lesers irritiert und aufgeweckt und hatte blitzschnell das Antiquariat, den lieben Julius Baur, jene ganze Basler Zeit und vor allem jene Vormittagsstunde heraufbeschworen, in der ich meinem Zuhörer ebenso gegenübergestanden bin wie heute der Briefschreiber mir. Genau sah ich die hagere Gestalt und das freundlich-faltige Gesicht des Junggesellen wieder, sah seine gütig-stillen Augen hinter der Nickelbrille und das höflich-nachsichtige Lächeln in seinen Zügen und spürte sogar etwas von dem berauschten Schwung meiner Rede wieder. Es war ja das erste Mal, daß ich meinem Kollegen, meinem älteren Mit-Einsiedler zwischen den hohen staubigen Bücherwänden, mein Innerstes und Bestes meinte eröffnen zu müssen. Während mir die Worte immer leichter und dichter zuströmten, wurde ich meiner angeblichen Sache immer gewisser, ich vollzog im Reden, was ich im eigentlichen Denken nie vollzogen hatte, und ich zweifelte nicht daran, daß ich das innig gewünschte Ziel meiner Anstrengung erreichen werde, daß mein Lehrer und Freund mir freudig zustimmen und sich zu meinem Glauben an den Sieg des Guten bekennen werde.

Der liebe Mann lauschte mit leicht gesenktem Kopf meinem Gesange, das gütige Lächeln wich nicht aus seinen Zügen, kein Wort und keine Gebärde der Ungeduld oder des Widerspruchs unterbrach mich, ja das Lächeln und der Ausdruck von Wohlwollen in seinem furchigen Gesicht schien noch zu wachsen und immer heller und lieber zu werden. Und so schloß ich denn meine Sinndeutung der Weltgeschichte mit der Frage „Das Ganze ist ja so klar – Sie sind doch gewiß auch meines Glaubens?" Da hob er mir langsam sein Gesicht entgegen, das aufs freundlichste zu lächeln fortfuhr, und schweigend schüttelte er den Kopf, vielmehr er bewegte ihn ganz langsam und sachte drei, vier Male nach rechts und nach links. Ich nahm dies wortlose Nein im ersten Augenblick beinah ungläubig entgegen, so sehr hatte ich gehofft und geglaubt, das Wahre gesagt und ihn überzeugt zu haben, falls er nicht ohnehin längst schon meiner Meinung sei. Nur langsam wurde mir klar, daß dies freundliche Kopfschütteln in der Tat ein glattes und entschiedenes Nein bedeute und daß hinter dem Nein ein Glaube oder Unglaube stehe, der keiner Argumente und keiner Beredsamkeit bedurfte, und daß dieser mir vorerst kaum begreifliche Glaube oder Unglaube fester stehe und weit mehr Wirklichkeit enthalte als meine ganze wortreiche Geschichtsphilosophie. Und wenn jetzt mein Briefschreiber vor mir stünde, so würde meine Antwort auf seinen begeisterten Optimismus dieselbe sein, die Meister Baur einst mir gegeben hatte. Auch ich würde nicht widersprechen, ich würde nur freundlich den Kopf schütteln. Nicht daß ich nicht an „das Gute" und dessen vollen Sinn und Wert glaubte! Das Gute war unzerstörbar, es war so real und so wirksam wie das Böse und Gemeine. Aber durfte man das einen „Sieg" nennen? Nein, man muß diese Fanfarenworte den Jünglingen überlassen. Manche Gedanken kommen mir, wenn ich an meinen Antiquar denke, den ich so lang im Gedächtnis vernachlässigt habe. Es geht in unsrem geistigen Haushalt oft merkwürdig zu. Zum Beispiel: Als ich vor dreißig Jahren den „Siddhartha" schrieb, habe ich bei der Gestalt des Fährmanns Vasudeva niemals an einen mir persönlich bekannten Menschen gedacht, und bestimmt nicht an Julius Baur. Und doch scheint es mir heute, ich sei in Baurs Gestalt einmal im Leben dem weisen Fährmann wirklich begegnet und sei nur zu unreif gewesen, um es zu merken. Alles, was wir erleben, kann ja Sinn gewinnen. Für mich hat der Zuruf des wackeren jungen Schwärmers den Sinn und den Auftrag gehabt, mich an eine edle und unbegreiflicherweise beinah vergessene Gestalt aus meiner eigenen Jugend zu erinnern und mir eine fruchtbare Wiederbegegnung mit ihr zu ermöglichen. O ihr toten Freunde, wie unsterblich seid ihr, wie beglückend und wie schmerzlich könnet ihr jederzeit wieder lebendig werden!

Hier fällt Freund Zeller mir ein, der im vergangenen Jahr, dreiundachtzig Jahre alt, gestorben ist, manche von euch haben ihn gekannt, er hat die Zerstörung von Ulm und all seinem Eigentum, darunter viele kostbare Mörike-Reliquien, tapfer und klaglos überlebt, auch noch zwei Umsiedlungen und zuletzt den Tod seiner Frau, ein Mann ohne Tadel, eine der markanten Schwabengestalten, in denen unbeugsame Tapferkeit und unerschöpfliche Güte sich mit einem glücklichen Humor vertrugen. Seit seine Briefe nicht mehr kommen, seit ich ihm meine Grüße und Arbeiten nicht mehr schicken kann, ist ein Mangel in meinem Leben zu spüren. Dieser kraftvolle, furchtlose, aufrechte und stets heitere Alte war in den letzten Jahren immer müder und schwerhöriger, nach dem Tode seiner Frau sehr schwach, hinfällig und immer trauriger geworden, zuletzt war er beinahe taub, und sein Geist begann einzuschlummern, blitzte aber in seinen letzten, mühselig hingekritzelten, oft kaum noch les- und deutbaren Briefen manchmal in irgendeiner überraschenden Wendung doch wieder prachtvoll auf. Das letzte Lebendige, was ich von ihm vernahm, kam mir durch einen Brief meines Vetters Wilhelm zu. Er wird, glaube ich, nichts dagegen haben, wenn ich dies Letzte nicht durch Nacherzählen verdünne, sondern seine eigenen Worte euch mitteile. Er schrieb mir: „In U. erlebten wir Tod und Begräbnis der guten Frau Zeller. Dein alter Freund ist übel dran. Er weiß kaum noch, was mit sich anfangen. Liegen soll er nicht, gehen kann er nicht mehr allein, so sitzt er wie ein Gefangener in der Zelle, kann nicht mehr lesen und hört kaum noch ein Wort. Aber im Kern ist er groß und gütig wie immer, und am Tag der Beerdigung, als die andern vom Friedhof heimkehrten – er selbst konnte nicht hin –, saß er wie ein König unter den Seinen. Aus den oft wirren Sätzen sprach ein Geist, der hoch über den Trümmern des irdischen Lebens seine eigene Stätte hat. Auf eine belanglose Frage von mir, die er nicht verstand und sich nach eigenem Vermuten deutete, antwortete er, indem er Brust und Kopf und linke Hand wie die Sache klärend aufhob: ‚Ich bin immer für die kühnste Lösung.' Ich ging damit weg wie mit einem Vermächtnis."

1954

NOTIZBLÄTTER UM OSTERN

Es gehört zu der Stimmung und eigentümlich locke-
ren Konsistenz der späten Lebenstage, daß das Leben
sehr an Wirklichkeit, oder Wirklichkeitsnähe, verliert, daß
die Wirklichkeit, an sich schon eine etwas unsichere Dimension des Lebens, dünner und durchsichtiger wird,
daß sie ihren Anspruch an uns nicht mehr mit der früheren Gewalt und Rücksichtslosigkeit geltend macht, daß
sie mit sich reden, mit sich spielen, mit sich handeln
läßt. Die Wirklichkeit für uns Alte ist nicht mehr das Leben, sondern der Tod, und den erwarten wir nicht mehr
von außen, sondern wissen ihn in uns wohnen; wir wehren uns zwar gegen die Beschwerden und Schmerzen,
die seine Nähe uns bringt, nicht aber gegen ihn selbst,
wir haben ihn angenommen, und wenn wir uns etwas
mehr als früher hüten und pflegen, so hüten und pflegen wir ihn mit, er ist bei uns und in uns, er ist unsre
Luft, unsre Aufgabe, unsre Wirklichkeit.

Darüber verliert nun die Umwelt und Wirklichkeit,
die uns einst umgab, sehr viel an Realität, ja sogar an
Wahrscheinlichkeit, sie ist nicht mehr selbstverständlich
und unbestritten gültig, wir können sie bald annehmen,
bald ablehnen, wir haben eine gewisse Macht über sie.
Das tägliche Leben gewinnt dadurch eine Art von spiele-
rischer Surrealität, die alten, festen Systeme gelten nicht
mehr so recht, die Aspekte und Akzente haben sich verschoben, die Vergangenheit stieg im Verhältnis zur Gegenwart hoch im Wert, und die Zukunft interessiert uns
überhaupt nicht mehr ernstlich. Damit bekommt unser
Verhalten im Alltag, von der Vernunft und von den alten Regeln aus betrachtet, etwas Verantwortungsloses,
Unernstes, Spielerisches, es ist jenes Verhalten, das der

Volksmund „Kindischwerden" nennt. Es ist viel Richtiges daran, und ich zweifle nicht, daß ich ahnungslos und zwangsläufig eine Menge von kindischen Reaktionen auf die Umwelt hervorbringe. Doch geschehen sie, wie die Beobachtung mich lehrt, durchaus nicht immer ahnungslos und unkontrolliert. Es kann von alten Leuten Kindisches, Unpraktisches, Unrentables und Spielerisches auch bei vollem (oder halbem?) Bewußtsein und mit einer ähnlichen Art von Spielgenuß getan werden, wie ihn das Kind empfindet, wenn es mit der Puppe spricht oder lediglich durch seine eigene Stimmung und Gesinnung den kleinen Küchengarten der Mutter in einen von Tigern, Schlangen und feindlichen Indianerstämmen belebten Urwald umzaubert.

Ein Beispiel: Dieser Tage ging ich des Vormittags nach gelesener Post in den Garten. Ich sage „Garten", doch ist es in Wirklichkeit ein ziemlich steiler und sehr im Verwildern begriffener Grashang mit einigen Rebenterrassen, wo die Rebstöcke zwar von unsrem alten Taglöhner gut gehalten werden, alles andre aber die heftige Tendenz zeigt, sich in Wald zurückzuverwandeln. Wo vor zwei Jahren noch Wiese war, da ist das Gras jetzt dünn und kahl, statt seiner gedeihen Anemonen, Salomonssiegel, Einbeere, Heidelbeere, da und dort auch schon Brombeere und Heidekraut, dazwischen überall wolliges Moos. Dies Moos samt seinen Nachbarpflanzen müßte von Schafen abgeweidet und der Boden von ihren Hufen festgetreten werden, um die Wiese zu retten, aber wir haben keine Schafe und hätten für die gerettete Wiese auch keinen Dung, und so kriecht das zähe Wurzelgeflecht der Heidelbeere und ihrer Kameraden von Jahr zu Jahr tiefer ins Grasland hinein, dessen Erde damit wieder zu Waldboden wird.

Je nach Laune sehe ich dieser Rückverwandlung mit Unmut oder mit Vergnügen zu. Manchmal mache ich mich über ein Stückchen der sterbenden Wiese her, gehe dem wuchernden Wildwuchs mit Rechen und Fingern zu Leibe, kämme ohne Erbarmen die Moospolster zwischen den bedrängten Grasbüscheln heraus, reiße ein Körbchen voll Heidelbeerkraut mit den Wurzeln aus, ohne doch an einen Nutzen dieses Tuns zu glauben, wie denn meine Gärtnerei im Lauf der Jahre ganz zu einem Einsiedlerspiel ohne praktischen Sinn geworden ist, das heißt, einen solchen Sinn hat es nur für mich allein, als persönliche Hygiene und Ökonomie. Ich brauche, wenn die Schmerzen in Augen und Kopf zu lästig werden, einen Wechsel der mechanischen Tätigkeit, eine physische Umstellung. Die in langen Jahren von mir zu diesem Zweck erfundene gärtnerische und köhlerische Scheinarbeit hat nicht nur dieser körperlichen Umstellung und Entspannung zu dienen, sondern auch der Meditation, dem Fortspinnen von Phantasiefäden und der Konzentration von Seelenstimmungen. – Zuweilen also suche ich meiner Wiese das Waldwerden etwas zu erschweren. Ein andermal bleibe ich vor jenem Erdwall stehen, den wir vor mehr als zwanzig Jahren am Südrand des Grundstücks aufgeworfen haben, er besteht aus der Erde und den zahllosen Steinen, die beim Ziehen eines Schutzgrabens, zur Abhaltung des benachbarten Waldes, ausgehoben wurden, und war einst mit Himbeeren bepflanzt. Jetzt ist dieser Wall mit Moos, Waldgräsern, Farnen, Heidelbeeren überzogen, und einige schon ganz stattliche Bäume, namentlich eine schattige Linde, stehen dort als Vorposten des langsam wieder andrängenden Waldes. Ich hatte, an diesem besonderen Vormittag, nichts gegen Moos und Gestrüpp, gegen Verwilderung und Wald, sondern sah dem Gedeihen der wilden Pflanzenwelt mit Bewunderung und Vergnügen zu. Und in der Wiese standen überall die jungen Narzissen, mit fleischigem Blattwerk, noch nicht ganz erblüht, mit noch geschlossenen, noch nicht weißen, sondern sanftgelben Kelchen von der Farbe der Freesien.

Ich ging also langsam durch den Garten, sah mir das junge, rotbraune und von der Morgensonne durchschienene Rosenlaub und die kahlen Strünke der eben wieder ausgepflanzten Dahlien an, zwischen denen mit unbändiger Lebenskraft die feisten Schäfte der Türkenbundlilien emporstrebten, hörte weiter unten im Gelände den treuen Weinbergmann Lorenzo mit Gießkannen klappern und beschloß, ihn anzusprechen und allerlei Gartenpolitik mit ihm zu beraten. Langsam stieg ich von Terrasse zu Terrasse den Hang hinab, mit einigem Werkzeug bewaffnet, freute mich an den Traubenhyazinthen im Grase, die ich vor vielen Jahren einst zu Hunderten über den Hang verteilt habe, überlegte mir, welches Beet dies Jahr für die Zinnien in Betracht komme, sah mit Freude den schönen Goldlack blühen und sah mit Unbehagen die Lücken und brüchigen Stellen in der aus Zweigen geflochtenen Umzäunung des oberen Komposthaufens, der ganz mit dem schönen Rot der gefallenen Kamelienblüten bedeckt war. Ich stieg vollends hinab bis zum ebenen Gemüsegarten, begrüßte Lorenzo und brachte das geplante Gespräch in Gang durch die Frage nach seinem und seiner Frau Befinden und einen Meinungsaustausch über das Wetter. Gut, daß offenbar etwas Regen kommen würde, meinte ich. Lorenzo aber, der beinah gleich alt ist wie ich, stützte sich auf seinen Spaten, warf einen kurzen schrägen Blick auf das treibende Gewölk und schüttelte den grauen Kopf. Es werde heut kein Regen kommen. Man könne ja nie wissen, es gebe auch Überraschungen, obgleich . . ., und nochmals schielte er listig himmelwärts, schüttelte den Kopf energischer und schloß das Regengespräch: „No, Signore."

Wir sprachen nun von den Gemüsen, den frisch gesteckten Zwiebeln, ich lobte alles sehr und lenkte zu meinen eigentlichen Anliegen hinüber. Die Umzäunung droben beim Komposthaufen könnte wohl nicht lang mehr halten, ich würde zu ihrer Erneuerung raten, natürlich nicht gerade jetzt, wo es alle Hände voll und mehr noch zu tun gäbe, aber so gegen den Herbst oder Winter hin vielleicht einmal? Er war einverstanden, und wir fanden, wenn er dann an diese Arbeit gehe, wäre es

richtig, nicht bloß das Geflecht aus grünen Kastanien-
ästen zu erneuern, sondern auch gleich die Pfähle. Sie
würden zwar schon noch ein Jährchen standhalten, aber
es wäre doch besser ... Ja, sagte ich, und da wir schon
vom Komposthaufen sprächen, wäre es mir auch lieb,
wenn er im Herbst nicht wieder die ganze gute Erde den
oberen Beeten geben, sondern mir etwas für die Blu-
menterrasse beiseite tun würde, wenigstens ein paar
Schubkarren voll. Gut, und dann dürften wir auch nicht
vergessen, dies Jahr die Erdbeeren zu vermehren und
das unterste Erdbeerenbeet, das bei der Hecke, das
schon manche Jahre stehe, abzuräumen. Und so fiel bald
mir, bald ihm noch dies und jenes Gute und Nützliche
ein, für den Sommer, für den September, für den Herbst.
Und nachdem wir das alles schön durchgesprochen hatten, ging ich weiter, und Lorenzo machte sich wieder an
die Arbeit, und wir waren beide mit den Ergebnissen
unserer Beratung zufrieden.

Keinem von uns war es eingefallen, etwa plump an
einen uns beiden wohlbekannten Sachverhalt zu erinnern, was unser Gespräch gestört und illusorisch gemacht hätte. Wir hatten schlicht und gutgläubig, oder
doch nahezu gutgläubig, miteinander verhandelt. Und
doch wußte Lorenzo ebensogut wie ich, daß dies Gespräch mit seinen guten Vorsätzen und Planungen weder in seinem noch in meinem Gedächtnis haften
würde, daß wir beide es in längstens vierzehn Tagen
ganz und gar würden vergessen haben, Monate vor den
Terminen für das Instandsetzen des Komposthaufens
und für das Vermehren der Erdbeerpflanzen. Unser
Morgengespräch unter dem nicht zum Regnen geneig-
ten Himmel war einzig um seiner selbst willen geführt
worden, ein Spiel, ein Divertimento, eine rein ästheti-
sche Unternehmung ohne Folgen. Mir war es ein Vergnügen gewesen, eine Weile in Lorenzos gutes altes
Gesicht zu blicken und Objekt seiner Diplomatie zu
sein, die dem Partner, ohne ihn ernst zu nehmen,
eine Schutzwand hübschester Höflichkeit entgegenstellt.

Auch haben wir als Altersgenossen ein Gefühl von Brüderlichkeit füreinander, und wenn einer von uns einmal besonders stark hinkt oder besondere Schwierigkeiten mit den geschwollenen Fingern hat, wird darüber zwar nicht geredet, aber der andere lächelt verstehend und leicht überlegen und hat für diesmal das Gefühl einer gewissen Genugtuung, auf der Basis einer Zusammengehörigkeit und Sympathie, wobei jeder nicht ungern sich als den augenblicklich Rüstigeren empfindet, doch aber auch mit einem vorwegnehmenden Bedauern des Tages denkt, an dem der andre nicht mehr neben ihm stehen wird.

Und jedesmal, wenn ich mit Lorenzo rede, muß ich an Natalina denken, die nun schon mehr als zehn Jahre begraben liegt und nach deren Tod ich einst zum erstenmal in meinem Garten und bei meinem Spiel mit gärtnerischer Arbeit jenes etwas bittre Gefühl von Leere und Nutzlosigkeit spürte, das mir mit der Zeit so vertraut geworden ist. Übrigens waren, was den Garten betrifft, Natalina und Lorenzo keineswegs einig und Freunde, sondern betrachteten einander mit dem wachen, mißtrauisch-spöttischen Blick kritischer Konkurrenten. Er, der Bauer, war Schwerarbeiter, seine Sache war Graben, Wasser oder Steine schleppen, Pfähle spitzen und eintreiben, Bäume fällen. Sie aber, die kleine, zierliche, geschickte, überaus redegewandte Natalina, war im Umgang mit Pflanzen ebenso begabt und erfolgreich wie am Kochherd, ihr gedieh unter zart sorgenden Händen noch der verlorenste Ableger und Wurzelstrunk, heut noch steht da und dort ein Denkmal ihrer feinfühligen Gartenkunst, eine altmodische Zentifolienrose, eine riesige Hortensie, ein paar Christrosen, die schöne weiße Lilie. Man kann sie nicht vergessen, sie half unsre besten Jahre behüten und verschönern, sie war mein Hausgeist während meiner Eremitenjahre und unsere treue Dienerin und Kameradin nach der Heirat und dem Hausbau. Ach, und wie sie sich auszudrücken verstand! Ihre treffenden Vokabeln, ihre schön und straff gebauten Sätze hätten weder Manzoni noch Fogazzaro Schande gemacht, und einige ihrer klassischen Formulierungen werden bei uns noch heute zuweilen zitiert. So etwa der von dem großen rotblonden Kater, den sie nach vollendetem Hausbau leihweise für einige Tage zu uns bringen wollte, um etwa vorhandene Mäuse zu verjagen, der aber gleich wieder davonlief, nach Natalinas Deutung entsetzt über die Pracht unserer neu eingerichteten Stuben. „Ma lui, spaventato di tanto lusso, scappava." Zu deutsch: Er aber, erschreckt durch soviel Luxus, ergriff die Flucht.

An Ostern hörte ich am Radio auch dies Jahr wieder die Matthäus-Passion. Diese sakrale Feier erlebe ich jedesmal etwas anders, denn bis in meine Knabenjahre zurück, wo ich das von der Mutter mitgegebene Stückchen Schokolade längst vor dem Ende des ersten Teiles schon aufgegessen hatte und die vielen Wiederholungen in den Arien und Chören, zumal im Schlußchor, nur mit Ungeduld ertrug, da ich so langem passivem Stillsitzen noch nicht gewachsen war, hat dies Erlebnis so viele Vorgänger, daß die Erinnerungen in ganzen Schwärmen kommen und einander überschneiden. Doch sind die frühen unter ihnen stets die stärksten: jene technisch unvollkommenen, von Ausführenden und Hörern aber tief erlebten Passionen in der Calwer Kirche unter der Leitung meines Onkels Friedrich, der die schönen dunkeln Augen meiner Mutter hatte und in dessen Kirchenchor meine Schwestern und Basen mitsangen. Am genauesten hat mein Musikgedächtnis eine Aufführung bewahrt, bei der meine beiden älteren Stiefbrüder die Rollen des Evangelisten und des Christus sangen und bei der ich schon die Beklommenheit und Kinderungeduld jener frühesten Aufführung überwunden hatte. Es mochte bei den ungezählten späteren Passionen, die ich hörte, den Christus und den Evangelisten wer immer singen, gewisse Stellen hörte ich doch jedesmal mit den Stimmen und dem Ausdruck meiner Brüder wieder. Auch einige

Aufführungen unter Freund Volkmar Andreae sind mit manchen Einzelheiten haftengeblieben: die Erstaufführung der Matthäus-Passion in Italien, in Mailand, wo meine Bekanntschaft und langjährige Freundschaft mit Ilona Durigo ihren Anfang nahm; dann viel später jene andre, die Andreae tapfer durchführte, während seine auch uns Freunden teure Mutter auf dem Totenbett lag, und jene, bei der ich zum letztenmal die Stimme Ilonas hörte, nicht lang vor ihrem Tode.

Von allen christlichen Festen ist seit Jahrzehnten Ostern das einzige, das ich noch mit Gefühlen der Frömmigkeit und Ehrfurcht erlebe, es gehört zu diesem Fest die zage Süßigkeit des Frühlingsanfangs ebenso wie die Erinnerung an die Eltern und an das Eiersuchen unter den Fliederbüschen im Gärtchen, die Musik Bachs nicht minder als die Stimmung um die Zeit meiner Konfirmation, der Streit zwischen der Ehrfurcht vor der Frömmigkeit meiner Eltern und ersten Mißgefühlen und Einwänden gegen den formulierten und kirchlich gebundenen Glauben. Dieses Hin und Wider zwischen Ehrfurcht und Revolte klingt, über so viele Jahrzehnte hinweg, auch bei jedem Wiederhören der Bachschen Passionen leise wieder in mir an, bald wehmütig, bald ironisch betont. Meine Ehrfurcht ist dann beim Leiden Jesu, bei seinem Ringen in Gethsemane, und meine Kritik wendet sich gegen einige Stellen des Textes und namentlich gegen die Jünger. Nicht nur, daß sie schliefen, während ihr Meister einsam den letzten Kampf kämpfte! Das Schlafen war am Ende verständlich, es war verzeihlich, es kam nicht nur aus Trägheit und aus Furcht vor dem schwer Ertragbaren, es hatte auch etwas Kindliches und Naturhaftes. Aber daß der eine Jünger seinen Meister verriet, der andre, der „Fels", ihn verleugnete und daß aus ihrem Kreise jene überhitzte, Zerwürfnis und Rangstreit nicht ausschließende Stimmung von Wundersucht, Legendenbildung und Kirchengründertum entstand, das hat mich zu gewissen Zeiten meines Lebens sehr gegen die Jünger eingenommen, und einige Male, es ist lange her, hat diese kritische Einstellung mir sogar die Feierstimmung beim Hören der Passion etwas beeinträchtigt. Als wären die Jünger in Bachs Passionen oder in den Kreuzigungsgruppen der Maler und Bildschnitzer wirklich dieselben wie die der protestantischen Dogmengeschichte und Bibelkritik! Als hätte ich nicht beim Hören des Berichtes über Petri Verleugnung dessen Angst, Verwirrung und seine furchtbare Scham und Reue noch weit besser nach- und mitempfinden können als das Leiden Jesu! Doch war jene Beeinträchtigung meiner Andacht durch das Mitwirken kritischer Antriebe ja nichts anderes als das Zucken in einer Narbe, die einst eine Wunde gewesen war.

Da fällt ein Brief mir ein, den ich einem sympathischen Theologen, einem Geistlichen im deutschen Osten, geschrieben habe und der einige meiner Freunde interessieren könnte. Er hatte mir ein paar Fragen gestellt, darunter die, ob ich in Josef Knecht so etwas wie einen Bruder Christi sehe, und eine andere, die nationale und rassische Verschiedenheit der religiösen Vorstellungswelten betreffend. Er hatte von den so verschiedenen „Augen" gesprochen, mit denen die Völker des Göttlichen gewahr werden. Aus meiner Antwort teile ich die paar charakteristischen Sätze mit:
„Zu Ihrer Frage sage ich: Ja, das indische, römische, jüdische Auge sind, Gott sei Dank, überaus verschieden. Die Nationen, Kulturen, Sprachen mögen alle Bäume sein, aber einer ist eine Linde, einer ein Ahorn, einer eine Fichte usw. Der Geist, sei er nun theologisch gekleidet oder anders, neigt immer ein wenig zu sehr zum Begriff, zur Verflachung, zur Typisierung, er ist mit ‚Baum' zufrieden, während Leib und Seele mit ‚Baum' nichts anfangen können, sondern Linde, Eiche, Ahorn brauchen und lieben. Ebendarum sind die Künstler vermutlich Gottes Herzen näher als die Denker. Wenn nun Gott sich im Inder und Chinesen anders ausdrückt als im Griechen, so ist das nicht ein Mangel, sondern ein

Reichtum, und wenn man alle diese Erscheinungsformen des Göttlichen mit einem Begriff zusammenfassen will, entsteht keine Eiche und keine Kastanie, sondern bestenfalls ein ‚Baum‘.

In Josef Knecht sehe ich nicht, wie Sie andeuten, einen Bruder Christi. In Christus sehe ich eine Erscheinung Gottes, eine Theophanie, deren es ja manche gab und gibt. In Knecht würde ich eher einen Bruder der Heiligen sehen. Auch ihrer gibt es viele, unendlich viel mehr, als es Theophanien gibt; sie sind die ‚Elite‘ der Kulturen und Weltgeschichte, und sie unterscheiden sich von ‚gewöhnlichen‘ Menschen dadurch, daß sie die Einordnung und Hingabe an Überpersönliches nicht auf Grund eines Mangels an Persönlichkeit und Eigenart leisten, sondern durch ein Plus an Individualität.“

1954

RUNDBRIEF AUS SILS-MARIA

Liebe Freunde!
Es wird Zeit, euch wieder einen Gruß und Bericht zu schreiben. Seit meinem letzten Rundbrief an Ostern war ich wie die meisten Leute durch die lange Nässe und Kälte bedrängt, und heute, im August, wo ich diesen Brief zu schreiben beginne, tue ich es im geheizten Hotelzimmer und mit der Wollweste angetan. In solchen Zeiten ist für die Alten wenig andres tunlich, als sie nach Möglichkeit zu überstehen und die Geduld und Heiterkeit, die der heutigen Welt so sehr fehlen, nicht ganz zu verlieren. Dazu genügen allerdings die guten Vorsätze nicht, es muß auch von außen dies und jenes Stärkende und Erfrischende hinzukommen, aus der Natur, aus dem Leben, aus der Kunst. Und da diese Stärkungen nicht ausgeblieben sind und ich sogar einige ungewöhnliche Trost- und Leckerbissen dargereicht bekam, will ich euch von ihnen zu erzählen versuchen.
Das erste und vielleicht gehaltvollste, lang und schön nachwirkende Erlebnis war, in den Tagen vor Pfingsten, ein Wiedersehen mit meinem japanischen Vetter Wilhelm, das erste nach vierundzwanzig Jahren. Briefe und andre Grüße zwar hatten wir immer getauscht, er ist ja unter meinen Freunden der, der am tiefsten und innigsten in die Welt des Fernen Ostens eingedrungen, vielmehr von ihr freundlich und mütterlich aufgenommen und genährt worden ist. Aber gesehen hatten wir uns eben allzulange nicht mehr, und da er nicht nur die Liebe zum alten China und Japan mit mir teilt (vor einem Jahre erst erschien in München das herrliche Buch „Die Lyrik des Ostens", in dem er den chinesischen und japanischen Teil betreut hat) – da er also

nicht nur einen großen Teil meiner geistigen Interessen teilt, sondern außerdem und überdies seit meinem neunten Lebensjahr mir befreundet und als naher Verwandter intimer bekannt und verbunden ist als andre, später hinzugewonnene Freunde, habe ich mir seit langem dies Wiedersehen gewünscht. Dies Jahr nun faßte ich mir ein Herz und bat den fleißigen und vielbeschäftigten Mann, eine Einladung nach Montagnola anzunehmen. Und er sagte zu und kam, wir hatten vier kostbare Tage miteinander. Da wurden denn Gestalten, Häuser, Gärten und viele andre Bilder von einst heraufgerufen und für einen Augenblick mit dem Zauber und der heiligen Wirklichkeit des Unwiederbringlichen erfüllt, die überragende Gestalt des Großvaters obenan, das Gundert-Haus in der Stuttgarter Lenzhalde, damals weit außerhalb der Stadt gelegen, und das noch geheimnisreichere ehrwürdige alte Haus in Hirsau, aus dem meines Vetters Vater sich die zweite Frau, Wilhelms Stiefmutter, geholt hatte, ein großes Haus mit vielen Räumen, deren Mehrzahl man niemals betreten und über deren Bestimmung man als Knabe sich Gedanken gemacht hatte, im Garten der Dirlitzenbaum und der mit den grünen Jakobi-Äpfeln und der immerzu kühl plätschernde steinerne Brunnen, in dessen schattig dunkler Tiefe ein großer Fisch hauste, eine starke Forelle, die zu besuchen und zu belauern ich bei keinem Wiedersehen versäumte. Es überlief mich ein Schauer von Freude und von Unheimlichkeit, als Wilhelm mir sagte, daß diese Forelle, über deren hohes Alter wir vor bald siebzig Jahren Vermutungen anstellten, noch heute lebe und im bemoosten alten Steintroge hause. Ich merkte erst später, als mein Gast wieder fort war, daß ich versäumt hatte, ihn zu fragen, ob er diese Kunde nur vom Hörensagen habe oder selbst wieder dort gewesen, das uralte Tier gesehen und wiedererkannt habe. Ich glaube, ich unterließ die Frage weniger aus Zerstreutheit als aus Scheu davor, die Legende vielleicht zerstört zu sehen. Denn die Forelle im riesigen Steintrog im Garten des Hauses „Zum

Hirsch und Lamm" gehört von Knabenzeiten her für mich zu Hirsau als ebenso wichtige und ehrwürdige Erscheinung wie der Eulenturm, die große Ulme und die herrliche Nagoldbrücke mit der Ölmühle.

Es war, wie ich gestehen muß, bei diesem Wiedersehen und diesem Austausch von Erinnerungen nicht ich, sondern mein Vetter der Gebende, und so ist es beinahe bei jeder Aussprache mit Freunden oder Kollegen, ich empfinde es jedesmal etwas beschämend auch im Gespräch mit Thomas Mann, der zur Zeit ein Stockwerk über mir im selben Hotel wohnt und mir öfter eine Abendstunde schenkt. Ich habe zeitlebens, am meisten aber in den späten Jahrzehnten sehr viel Distanz und Einsamkeit gebraucht, um mich zu bewahren, und die Gabe, mich im Gespräch mitzuteilen, ist mit der Zeit mir verkümmert und beinah verlorengegangen, es läßt sich durch guten Willen und Anstrengung nichts daran verbessern. Dafür bin ich ein dankbarer Hörer und habe an einem Gespräch oft noch tagelang und länger zu zehren und herumzusinnen. So war es mit den Calwer, Stuttgarter und Hirsauer Erinnerungen, die der Vetter in mir weckte und deren viele allzu intimer Art waren, als daß ich sie weitergeben dürfte. Es war wunderbar, wie mein Japaner, der doch auch schon die Siebzig hinter sich hat, bei diesen Gesprächen oft ganz und gar wieder der zwölf- und vierzehnjährige Knabe wurde und sein vertrautes Gesicht sich in das des Knaben und Jünglings zurückverwandelte. Wie Gewölke verzog sich die Prägung durch das Alter aus seinen Zügen, es verlor sich auch für Augenblicke jene andere Prägung, die asiatische, welche ihm von seinen in Japan verlebten Jahrzehnten geblieben ist, und er war ganz wieder der Wilhelm der neunziger Jahre. Er war damals ein frommer und gutartiger Knabe, und nach den Studentenjahren zog er nach Japan, in der Absicht, dort als Missionar zu wirken, vorerst aber sich so tief und genau wie nur möglich in das fremde Land und Volk einzufühlen und einzuleben, jahrelang trug er japanisches Gewand, wohnte und schlief, aß und trank auf japanisch, und so wie sein helles schwäbisches Gesicht dort jenen Überzug von asiatischer Stille, Geduld und Versunkenheit bekam, so wurde sein geistiges Wesen, ohne daß ein schroffer Bruch mit seiner protestantisch-pietistischen Tradition nötig gewesen wäre, durch die Aufnahme des östlichen Gutes an Überlieferung, Weisheit und Moral langsam gedehnt und erweitert und vermochte die Sprachen, die Literaturen und Religionen des Ostens nicht nur als Erlerntes in sich zu speichern, sondern es auch in sich fruchtbar und zu Leben werden zu lassen.

So bedeutet mir das Gespräch und der Briefwechsel mit ihm mehr als der mit einem meiner echten, gebürtigen Japaner. Wilhelm bringt mir jedesmal den ganzen Osten mit und versteht ihn anders mitzuteilen als jene, denn er tut es in meiner Sprache, in einem Deutsch, das seine spezielle Färbung, seine eigenen Vokabeln und Tönungen vom hohen Ernst bis zum hellen Spaß nicht nur aus dem Schriftdeutschen, sondern darüber hinaus aus dem Schwäbischen, dem Tübinger Stiftlerischen und schließlich dem Gundertischen bezieht; er spricht zu mir, auch wenn es um japanische Lyrik, um Lao Tse oder andere fernöstliche Heiligtümer geht, in einer Sprache, die nur wir und ein paar andre aus jener Überlieferung Hergekommene verstehen. Und er hatte ein höchst kostbares und merkwürdiges Gastgeschenk mitgebracht, Proben nämlich aus der Arbeit, die ihn zur Zeit beschäftigt. Er hat es unternommen, die älteste und originellste Sammlung von Anekdoten aus dem frühen chinesischen Zen-Buddhismus samt den Kommentaren späterer Jahrhunderte zu übersetzen, denen er seinen eigenen Kommentar folgen läßt. Es ist für den mit den Geheimnissen Chinas und des Zen noch ganz Unvertrauten ein phantastisches, ja verrücktes Gespinst von überlieferten Sprüchen und Taten eines der großen Zen-Meister, umschlungen und überwuchert von den Kommentaren seiner bedeutendsten Nachfolger, eine Sammlung von Beispielen aus des alten Meisters Methode, seine Schüler reif zu machen für das Nacherleben von Buddhas Erleuchtung, und die Erziehungsmittel des Alten sind mannigfaltig, sie reichen vom liebevoll-weisen Spruch bis zur Ohrfeige und Maulschelle. Zwei der Beispiele samt Kommentargespinst haben wir an zwei Abenden durchgenommen, und es war eine Gedanken- und Seelenkur von großer Intensität, ein Bad in chinesisch-buddhistischer Strenge und Heiterkeit, mit Tiefsinn ebenso geladen wie mit Humor. Mit Ergriffenheit und zugleich mit Lachen sahen wir aus dem Gespräch des Wasserbüffels mit der alten Kuh samt den Kommentaren alles heraufsteigen, was die fruchtbaren Jahrtausende jenes Ostens an Wissen über Mensch und Welt, über Leben und Tod, an Überwindung des Leides durch Geduld, durch Hingabe, durch Spiel und Spaß haben wachsen lassen. Es war mir eine Freude, daß auch Ninon, mit Chinesischem und Japanischem wenig bekannt und sonst wenig nach dieser Seite neigend, vom Wundergespinst eingefangen, gefesselt und hoch erfreut wurde.

Ungern ließ ich den Gast, nachdem er sich freundlich einen weiteren Tag des Bleibens hatte abschmeicheln lassen, mit seinem schwäbisch-japanischen Gesicht und mit seinem kostbaren Manuskript wieder abreisen, der Abschied tat weh. Übrigens: So jung er aussehen konnte, in einem Punkt war er älter und behinderter als ich, er war etwas schwerhörig geworden. Aber auch dies Gebrechen war nicht ohne Phantasie und Spaß: Ninon und ich stellten gemeinsam fest, daß die Schwerhörigkeit nicht völlig unabhängig vom jeweiligen Gesprächsthema war und daß, wenn von Lyrik des Ostens oder von Zen die Rede war, das Gehör unsres Japaners alsbald wackerer wurde.

Das Erfrischungsbad und der angeschlagene Gong wirkten nach. Kaum war Wilhelm fort, so forderte eine offizielle Angelegenheit meine Entscheidung. Ich hatte zu einer Frage, zu der ein inneres Verhältnis in mir nicht bestand, ja oder nein zu sagen. Meine primitive Reaktion lautete nein, wie ich überhaupt dazu neige, den Anrufen und Forderungen der Welt möglichst wenig Macht über mich einzuräumen. Aber ich spürte auch, daß diese Abwehr und dies Sichentziehen, wenn auch tausendmal erlaubt und zu rechtfertigen, hier eine gewisse Schroffheit und Unartigkeit bedeuten würde. So sagte denn die Natur nein, die Vernunft neigte zum Ja. Und da ich eingedenk des Vetters und des Wasserbüffels noch stark von Osten her bestrahlt war, tat ich, was ich seit langer Zeit nicht mehr getan hatte, ich gab die Entscheidung dem chinesischen Orakel anheim, dem I Ging, erhielt eindeutigen Bescheid und richtete mich danach.

Und wieder gleich darauf kam jener Studentenbrief, den ich unter dem Titel „Yin und Yang" euch Freunden mitgeteilt habe und der mich so stark an meine östlichen Gestirne mahnte. Wenn ich ihn auch öffentlich erscheinen ließ („Neue Zürcher Zeitung" vom 2. Juli 1954), so tat ich es weniger wegen der Beziehung dieses Studenten zu mir als wegen seines Eigengewichtes, ich glaube, daß sein junger Verfasser seiner Generation, und auch uns Alten, soweit wir noch offene Ohren haben, Ernstliches zu sagen haben wird.

Das Radio nehme ich nicht viel in Anspruch, ein- bis zweimal in der Woche etwa, im Winter etwas häufiger, hier oben in den Bergen überhaupt nicht. Einige Wochen vor unsrer Ferienreise entdeckte Ninon im Programm etwas, was sie hören wollte, und da erlebte ich etwas ungewöhnlich Holdes und Wehmütiges. Es wurde eine Platte übertragen, Schumanns Zyklus „Frauenliebe und -leben", gesungen von der jung gestorbenen Engländerin Kathleen Ferrier. Was ich da gehört habe, geht mir noch heute in mancher wachen Nachtstunde nach, einzelne Verszeilen und Worte habe ich mit allen Schwingungen im Gedächtnis behalten. Das Erlebnis des Anhörens dieser mechanisch übertragenen Gesänge war eines der komplizierten, reich geschichteten, mit Erinnerungen und Assoziationen stark beladenen. Da war vor allem die Liederfolge selbst, dieser etwas altmodische und etwas sentimentale Zyklus, den ich seit Jahrzehnten nicht mehr gehört noch wiederzuhören begehrt, den ich aber in früher Jugend beinahe auswendig kannte, denn es gab damals keine singende junge Dame, die sich nicht dieser Lieder bemächtigt hätte; das Werk befand sich auch im Notenvorrat unsres Hauses, ich hatte die Texte oft gelesen und oft die Melodie eines der Lieder auf dem Klavier meiner Schwestern nachgetippt. So war es ein Erinnertwerden an die bewegte, problemreiche, schwierige und herrliche Zeit des beginnenden Jünglingsalters, was mich da anfaßte und bewegte, im allmählichen Wiedererkennen der einzelnen Lieder tauchte unser Calwer Musikzimmer, in dem auch jedes Jahr der Christbaum stand, vor mir auf, und bei einigen Liedern erschienen auch die Gestalten der jungen Sängerinnen wieder, von denen ich sie einst hatte singen hören: Freundinnen meiner Schwestern, mit den Frisuren und Kleidern, den Verliebtheiten und den Spöttereien jener Zeit, eines andern Jahrhunderts. Damals, halb Knabe, halb Jüngling, hatte ich die Texte der Schumann-Lieder (wie es ja auch eigentlich sein sollte) ebenso ernst genommen und geglaubt wie die schöne Musik, und was ich an Schüchternheit den Mädchen gegenüber und an romantisch-ritterlicher Frauenverehrung in mir hatte, war aus diesen Versen, in denen eine überwirklich edle, idealisierte Frau ihre Freuden und Leiden Gesang werden läßt, weiter gespeist und bestärkt worden. Es hatten auch zwei, drei der dilettantischen Sängerinnen von damals mir in der Tat diesen überaus schönen und rührenden, idealen Eindruck gemacht, während es allerdings unter jener Mädchenschar auch solche gab, die ich mit kaum ganz unterdrückter Lachlust als Affen zu erkennen glaubte. Was war das für eine bewegte, stürmische, bald verzweifelte, bald lustige Zeit gewesen! Sie sprach mich aus Schumanns edler Musik in ihrer idealen, aus den Liedertexten in ihrer fragwürdigen Gestalt an, es wurde mir die Zimmerpalme und die Calla meiner Mutter auf dem geflochtenen runden Blumentisch vor dem Fenster mit Abendsonne wieder sichtbar und der Notenschrank mit den Beethoven- und Schubert-Bänden, den Silcher-Liedern und den Loewe-Balladen, das Klavier, an dem Marulla übte oder Adele Karls Gesang begleitete – und auch mich hat sie oft begleitet, denn hell und frech und mit manchen rhythmischen Vergewaltigungen sang ich jene Lieder, die mir besonders gefielen und die ich auswendig konnte, gern und oft und war, ohne es zuzugeben, der Schwester für die Geduld und Schmiegsamkeit dankbar, mit der sie den Klavierpart meiner begeisterten Deklamation anzupassen verstand.

Dies etwa war es, was an wiederauferstehender Vergangenheit mich beim Anhören erfüllte, und hinzu kam nun die stillere und verständigere, urteilsfähigere Teilnahme am Dichterischen wie am Musikalischen dieser Darbietung, es stritten rührende Erinnerungen aus der Lebensfrühe mit kritischen Gedanken, und das Ganze dieser „Frauenliebe" war nicht mehr so ganz wie einst, es war von der Zeit angenagt, es hatte weder meinem eigenen Altwerden noch den Veränderungen der Welt in sechzig Jahren völlig standgehalten. Es waren in Schumanns Musik großartige und bezaubernde Einfälle, es gab auch in den Versen einige Zeilen, die noch heute Leben hatten, aber eigentlich wünschte ich weder der Musik noch der Dichtung wegen das Ganze jemals wiederzuhören. Es gab soviel Edleres, Vollkommeneres, Dauernderes.

Und dennoch hätte ich viel darum gegeben, hätte ich den Rundfunk dazu bringen können, diese Sendung alsbald zu wiederholen. Und in den seither vergangenen Wochen hat der Eindruck dieses Vortrags standgehalten, haben beinahe jeden Tag Stellen daraus mich verfolgt und hat die Erinnerung an die Art, wie diese jung gestorbene Engländerin die Lieder Schumanns sang, sich zu etwas Großem und Ewigem verdichtet, zu einem Beispiel und Vorbild echter Kunstübung. Denn nicht nur die singenden Jungfern, von denen ich in einer andern Welt und Zeit den „Liederkreis" hatte vortragen hören, wurden zu nichts vor diesem Gesang, es verblaßten auch manche berühmte und verehrte Künstler und Kunstleistungen vor dieser über das Grab hinweg erhalten gebliebenen Reinheit und Vollkommenheit. Die Stimme kraftvoll, warm und vollkommen beherrscht, Sprache und Vortrag von einer beinah mathematisch anmutenden Treue, Keuschheit und absoluten Genauigkeit, dennoch ohne jede Härte, denn die Stimme sowohl wie die menschliche Wärme und Reife dieser begnadeten Toten milderten die kristallene Klarheit ihres Gesangs oder gaben dieser beinah entstofflichten Klarheit etwas blumenhaft Holdes, das einem ganz zart und rührend das Herz bewegte.

So wurde mir in den vielleicht zwanzig Minuten Radiohörens ein Erlebnis, das vom Persönlichen und Privatesten bis in die Abstraktion und vom gemüthaft Warmen bis zur Andacht in der Verehrung des absolut Schönen reichte. Wir bedürfen dieser Andacht in unserer kranken und erschütterten Welt, sie ist das Ewige Lämpchen, das wir nicht erlöschen lassen dürfen. Hier ist ein Hort und eine Zuflucht, ebenbürtig dem heiteren Tiefsinn des Ostens.

Vor fünfundsechzig Jahren saß ich in Göppingen in der berühmten Schule des Rektors Bauer, dessen Aufgabe es war, die tauglichsten seiner Schüler Jahr für Jahr durch das Nadelöhr des „Landexamens" in jene Elite der schwäbischen Lateinschüler zu bringen, aus der die evangelische Kirche und die humanistischen Schulen Württembergs ihren Nachwuchs an Geistlichen und Lehrern beziehen. Aber weit darüber hinaus war unser Rektor, damals schon siebzigjährig, ein Lehrer und Erzieher ganz großen Stils und ein bis zum Schnurrigen origineller, phantasievoller und selbstherrlicher Charakter, jenem berühmten chinesischen Wasserbüffel recht wohl vergleichbar. Die Schulbehörde war stolz auf ihn, und er besaß die Bewunderung und Liebe mehrerer Generationen von Schülern, aber er konnte seine Vorgesetzten in Stuttgart auch tüchtig in Verlegenheit bringen durch Maßnahmen, die damals schon höchst eigenmächtig und kühn waren, heute aber ganz undenkbar wären. So hat er zum Beispiel einmal seine Schulklasse, die nach einem fleißigen Jahr etwas müde und unlustig geworden war und die er wieder munter und eifrig sehen wollte, vier Wochen vor der offiziellen Zeit in die Ferien geschickt.

Damals nun, wir waren dreizehn bis vierzehn Jahre alt, gab es in unsrer Klasse einen fleißigen und etwas schüchternen Knaben Hans, der zu den guten und selten gescholtenen Schülern gehörte und niemals auffiel, es sei denn durch ein zartes, rosiges Gesicht, das leicht und tief erröten konnte. Er spielte keine Rolle und wollte keine spielen, er war bräver als die meisten von uns, namentlich als Edmund und ich, und was an besonderen Gaben des Geistes und Charakters in ihm steckte, war noch unsichtbar und wartete auf die Erweckung, die er erst um Jahre später, als Tübinger Student, intensiv und erfolgreich erlebt hat. Er blieb bei der Theologie, gehörte zu den Jüngern von Naumann und Traub und hat bis ins hohe Alter der Kirche und ihrem liberalen, sozial eingestellten Flügel gedient.

Edmund dagegen war ein Junge, den man beachten und bemerken mußte, obwohl er uns nur in den Schulstunden und ihren kurzen Pausen Gesellschaft leistete, er war nicht wie wir andern in einer Göppinger Schülerpension untergebracht, sondern kam jeden Tag ein paar Stationen weit mit der Bahn gefahren und entschwand uns nach Schulschluß wieder. Er war ganz hell, beinahe weißblond, mit einem klugen, aufmerksamen, sehr wachen Gesicht und Blick, rasch und wendig wie ein Marder oder Eichhorn, allen voran im Turnen, Klettern, Schlittschuhlaufen, Rennen, auch spielte er gleich mir die Geige, freilich sehr viel geschickter. Er brachte sie meistens mit in die Schule, und unser alter Rektor forderte ihn zuweilen zum Spielen auf, namentlich hatte er ihm ein altmodisches militärisches Trompetensignal durch Vorsingen beigebracht, das Edmund ihm und uns häufig vorspielen mußte, wobei ich jedesmal die Taktfestigkeit, den sicheren Strich und namentlich das überaus rasche Tempo bewunderte, mit dem er die kleine Tonfolge stramm herunterspielte.

Dies also waren Hans und Edmund, der eine heute Dekan im Ruhestand, der andre noch in voller Tätigkeit als Rechtsanwalt, denn er ist der Theologie, zu der er bestimmt war, nicht treu geblieben, sondern hat als Student seine eigentliche Begabung entdeckt und zum Schrecken seines guten Vaters beschlossen, Jura zu studieren. Auf die warnende Frage seines Vaters „Woher willst du denn wissen, ob du Talent zum Juristen hast?", gab er schlagfertig zurück: „Und woher willst denn du wissen, daß ich Talent zum Theologen habe?"

Und nun geschah es, nicht durch Zufall, sondern mit einiger Nachhilfe von unserer Seite, daß wir drei Lateinschüler, der Theologe Hans, der Jurist Edmund und ich, diesen Sommer in Maloja samt unsern Frauen im Garten eines Gasthofs bei Tee, Wein und Kuchen saßen und die drei weißhaarigen Knaben bei Gesprächen über den Rektor Bauer und unsere Schülerzeit, beim Heraufholen von Namen, Gestalten und Begebenheiten aus der Zeit fünfundzwanzig Jahre vor dem ersten Weltkrieg lebhaft und warm wurden, von ihren Frauen mit liebevoller Nachsicht, von den benachbarten Fremden mit leicht spöttischer Neugierde beobachtet. Es war, eine gute Stunde lang, ein großes Fest, eine Orgie der Erinnerung, der Pietät und Kameradschaft, nicht im mindesten dadurch beeinträchtigt, daß das Leben uns weit auseinandergeführt und daß Hans und Edmund sich seit jener Schülerzeit um 1890 überhaupt nicht wiedergesehen hatten. Was die leibliche Verfassung angeht, war Hans in ähnlicher Lage wie ich, nicht rüstig mehr und beim Gehen bald ermüdet, geistig aber waren wir noch halbwegs munter. Edmund jedoch war auch heute noch kräftig und gewandt, kühn und abgehärtet und brachte es anderntags fertig, während wir in Mänteln und Wollwesten leicht fröstelten, im eiskalten See zu schwimmen.

Es war gut, daß wir dies Wiedersehen ermöglicht hatten. Es sind sehr wenige mehr von der Knabenschar übrig, die einst in der mit Pfeifenrauch gewürzten Schulstubenluft bei Rektor Bauer oder im Kloster Maulbronn sich um Latein und Griechisch bemüht und unter des Rektors Kommando Wettläufe und Schneeballschlachten ausgeführt haben. Und unser freudiges Wiedersehen war kaum beendet, als einer der schwarzrandigen Briefe, die so schmerzlich oft unsre Tagespost verdunkeln, mir den Tod eines Kameraden aus jener Zeit meldete. Edmund war schon abgereist, selber seinen Wagen in einem Tag nach Schwaben heimwärts steuernd. Hans aber blieb noch ein paar Tage in unsrer Nähe, wir holten ihn noch zweimal zu Spazierfahrten ab, und auf einer dieser Fahrten geschah uns nochmals ein schönes kleines Wunder, das wir nicht vergessen wollen.

Freund Hans und seine Frau kannten den Julier nicht, und wir wollten sie dorthin führen. Gemächlich fuhren wir die klassische Paßstraße hinan, sahen über den Sattel der Fuorcla hinweg die hohen schneereichen Gipfel der Berninagegend auftauchen und immer höher und mächtiger werden, sahen die hellgrünen Weiden mit dem schönen Vieh, die geliebten roten Felsklötze neben der Straße, fuhren begierig den Säulen der Paßhöhe und der schroff abweisenden Urwelt der kahlen, aber farbenschönen Felswände, Schutthalden und Geröllfelder entgegen, besuchten den kleinen See und gedachten beim Anblick der militärischen Vorrichtungen zur Sperrung des Passes nicht nur der lang vergangenen Kämpfe gewesener Großmächte um diese alte Heerstraße, sondern auch der von uns miterlebten Kriege, denn es war der vierzigste Gedenktag der ersten Kriegserklärungen des Jahres 1914, und Hans sprach mit bewegter Stimme nicht nur vom Unsinn dieser beiden Kriege, sondern überhaupt von der deutschen Tragik und was alles hätte werden und zur Blüte kommen können, wenn sich um den Kern des alten demokratischen Schwaben ein ganz anderes Reich gebildet hätte, nicht ein Römisches und nicht ein bismarckisch-preußisches, sondern eben ein schwäbisches. Es sprach aus ihm, dem einst schüchtern-schweigsamen Knaben, nicht nur ein belesener idealistischer Historiker, sondern auch einer, der mit seiner Frau unter dem törichten letzten Kaiser und unter der Schreckensherrschaft der Hitlerzeit Furchtbares erlitten und Unersetzliches verloren hat. Ebendarum stellte ich ihm auch nicht die Frage, die ich sonst unfehlbar gestellt hätte, ob nicht auch er und die Seinen in jenem Jahr der zweiten deutschen Präsidentenwahl für Hindenburg gestimmt und damit in aller Gutgläubigkeit dem kommenden Furchtbaren ahnungslos die Tür geöffnet habe. Es war nicht möglich, die Frage zu stellen, und es wäre ja auch sehr unnütz gewesen. Auch meine Nächsten in Deutschland, auch meine eigenen Geschwister, hatten für den senilen Kriegsmann gestimmt und hatten in der Folge Ärgeres erleben und erleiden müssen als ich.

Wir fuhren langsam paßabwärts, dem Tal der Julia, der zweistämmigen Arve und Bivio entgegen, unter den drohenden Riesenwänden und einem aufgeregten, dramatischen Wolkenhimmel hin, eine Stimmung, wie sie zum Julier paßt, manchmal an Caspar David Friedrich, manchmal an Grünewald erinnernd, zwischen Verfinsterungen und plötzlichen kurzlebigen Sonnenstreifen spielend, ein- oder zweimal meinte man schwachen Donner zu hören. So kamen wir ins Tal hinab, stiegen aus, schlenderten durch Bivio, ruhten beim Tee im Gasthaus die Augen aus und traten bei schwerer Bewölkung und ersten Regenspritzern die Rückfahrt an. Vom großen Autobetriebe blieben wir nicht ganz ungeschoren, es kam eine Stelle, wo von oben und unten Wagen um Wagen in langer Schlange stehenbleiben mußte, und in der Mitte stand krumm und traurig ein halb zerschmetterter Wagen so lange und sperrte die Straße, bis die wartenden Wagen eine genügende Zahl Männer entlassen hatten, die den armen Schwerkranken beiseite schleppten und die Bahn frei machten. Menschen hatten, wie es schien, nicht Schaden gelitten, und wir dachten nicht lange mehr der Störung nach, denn mit dem sinkenden Tag wurden Berge und Himmel, wurden Wettergewölk und Sturmstimmung immer größer und mächtiger, es schien, als flöhen wir geduckt vor einem drohenden Weltuntergang.

Aber mitten in dieser prächtig wilden Verdüsterung geschah überraschend das holde Wunder: Vor uns erhob sich, saftig in seinen starken Farben leuchtend, ein schöner vollkommener Regenbogen. Zu beiden Seiten stand er mit den Füßen im Geröll und dünnen Gras, aus dem er das lichte kühle Grün emporzuziehen schien. Wie ein festlich offenes Tor stand er vor uns und nahm noch immer an Leuchtkraft und Farbenstärke zu. Freund Hans, der hinter mir saß, legte mir die Hand auf die Schulter und sagte: „Sieh, das soll uns ein Zeichen sein, das bedeutet Frieden." Es war der versöhnliche Abschluß unsrer frühern Betrachtungen über die beiden Kriege.

Indessen gelang es uns nicht, durch das gleißende farbige Tor zu fahren, sondern der Bogen, stets auf beiden Talseiten bis zum Boden sichtbar, schwebte leuchtend vor uns her, immer zum Greifen nah, so neckisch wie feierlich, immer dicht vor uns, nie erreichbar, und begleitete uns so die ganze lange Paßstraße entlang. Nochmals berührte Hans meinen Arm, und als ich mich lächelnd zu ihm umwandte, meinte er: „Er schwebt vor uns her, der Friede, er lacht uns an, er tröstet uns, aber wir erreichen ihn nicht, wir werden ihn nie erreichen."

Daß man doch immer wieder, auch wo man es gerne vermiede, auf Krieg und Frieden zu sprechen kommen muß! Auf den allerseits so gut vorbereiteten, wenn auch nur von wenigen gewünschten Krieg und den so gar nicht vorbereiteten und doch von nahezu allen ersehnten Frieden. Es scheint unvermeidlich.

Wir Literaten können im Kampf gegen den Krieg wenig tun, ist es doch nicht einmal der mächtigen römischen Kirche gelungen, um den Frieden nicht nur zu beten, sondern ihn praktisch verwirklichen zu helfen. Und trotzdem hat der Geist und hat das Wort seine unversiegbare Kraft und damit seine dauernde Verantwortung. Es gibt einen lieben Kollegen, einen der tapfersten, ehrwürdigsten Verteidiger des Wortes gegen die Stummheit und Sturheit der Maschinen und Kanonen. Ich habe ihn eben erst zum zweitenmal für den Nobelpreis vorgeschlagen, es ist Martin Buber. Ich will ein Wort von ihm an den Schluß dieses Briefes setzen und bitte euch, es aufmerksam zu lesen. Es lautet:

„Der Krieg hat von je einen Widerpart, der fast nie als solcher hervortritt, aber in der Stille sein Werk tut: die Sprache – die erfüllte Sprache, die Sprache des echten Gesprächs, in der Menschen einander verstehen und sich miteinander verständigen. Es liegt im Wesen schon des primitiven Krieges, daß er jeweils da beginnt, wo die Sprache aufhört, das heißt, wo die Menschen sich nicht mehr miteinander über die strittigen Gegenstände zu unterreden oder sie der schlichten Rede zu unterbreiten vermögen, sondern miteinander der Sprache entfliehen, um in der Sprachlosigkeit des Einanderumbringens eine vermeintliche Entscheidung, sozusagen ein Gottesurteil, zu suchen; bald bemächtigt sich freilich auch der Krieg der Sprache und versklavt sie in den Dienst seines Schlachtgeschreis. Wo aber die Sprache, und sei es noch so scheu, wieder von Lager zu Lager sich vernehmen läßt, ist der Krieg schon in Frage gestellt.“

1954

TAGEBUCHBLÄTTER 1955

13. März

Heut ist Sonntag, vor den Fenstern kämpft die Sonne mit steigenden und wirbelnden Nebelschwaden, ich habe gut geschlafen und bin doch todmüde und schwindlig, mußte zum Frühstück Herztropfen nehmen. Dann fiel mir ein: im Rundfunk wurde heut morgen ein Kapitel aus dem „Klingsor" gesendet, von einem guten Schauspieler gesprochen. Mir war es recht, es enthob mich für eine halbe Stunde aller Entschlüsse und Beschäftigungen. Ninon kam, und ich legte mich in der Bibliothek aufs Sofa. Der Sprecher konnte viel, er machte es gut. Er las den „Kareno-Tag" aus dem „Klingsor", ich paßte anfangs nicht besonders auf, aber es zog mich dann doch völlig in die Erzählung hinein, die ich nur sehr fragmentarisch im Gedächtnis hatte. Und da kam denn beides herauf aus den Abgründen der Vergangenheit und des Vergessens: die Klingsor-Dichtung samt der Zeit ihrer Entstehung, dem brennenden Sommer 1919, dem ersten nach dem Krieg, dem ersten meines Tessiner Lebens. Mit Staunen hörte ich zu und nahm die sich drängenden, glühenden, flackernden Bilder in mich auf, es war eine schöne und spannende Dichtung, atemlos scheinbar und doch durchaus wohlproportioniert und in sich ruhig, und ich sah mich während der ganzen Vorlesung doppelt, sah mich als den, der den Klingsor-Sommer und Kareno-Tag erlebt, und sah mich als den andern, der ihn, beinah gleichzeitig, geschrieben hatte. Das waren zwei wunderbar lebendige, sprühende, funkelnde Burschen, der Erlebende und der Dichtende, es schien ihnen nichts zu kühn, nichts zu schwierig, nichts zu ausgefallen und närrisch, sie wurden mit allem fertig.

Aus einer ungeheuren Ferne, aber überdeutlich in allen Zügen, sah ich den Zaubertag sich abspielen, bewunderte den Maler, wie er wandern, lieben, beobachten, genießen, trinken, plaudern konnte, ein Hundertstel davon würde mich umbringen, und wie ihm die Einfälle zuströmten, immer gleich ein paar aufs Mal, und wie er mit ihnen fertig wurde und sie zu formulieren und hinzustreuen wußte, scheinbar verantwortungslos, aber durchaus bewußt und beherrscht, ebenso glühend wie kühl, ebenso naiv wie artistisch. Mit geschlossenen Augen, immer ein wenig vom Schwindel belauert, hörte ich dem Vorleser zu, der mir mich selbst auf der Höhe des Lebens vorführte und dazu die Gestalten jener sommerlich berauschten Freundesrunde, von denen beinah alle längst in Gräbern ruhen und vergessen sind und die andern haben sich verloren und haben jenen Tag und jenen Sommer und all das vergessen, was mir beim Zuhören heute das Herz so schmerzlich schön bewegt. Wunderbarer Zauber, glühend trauriger Zauber der Vergänglichkeit! Und noch wunderbarer das Nichtvergangensein, Nichterloschensein des Gewesenen, sein geheimes Fortleben, seine geheime Ewigkeit, seine Erweckbarkeit in der Erinnerung, sein Lebendigbegrabensein im stets wieder zu beschwörenden Wort! Und wer ist es, der auf dem Sofa liegt, leicht vom Schwindel gewiegt und entzückt vom Erzähler und seiner Geschichte, ein erloschener Alter, viel weniger wirklich als sein aus der Zeitentiefe zurückbeschworenes Selbstbildnis?...

14. Mai

Allerlei geträumt, das teils mit meiner Lektüre der letzten Zeit, teils mit familiären Erinnerungen zusammenhängt, aufgerufen durch mehrere Todesnachrichten aus dieser Sphäre, und alles auf jene prächtig-trügerische Traumbühne gestellt, in einen Raum, der nicht so sehr Raum ist als ein ständiges Wechseln von verschiedenen Dimensionen der Zeit, ein Vermischen von vielerlei Arten von Vergangenheit. Die wirkliche, erlebte Vergangenheit war dabei nicht nur umgedichtet und umgeschichtet, es war auch das Erlebte auf gleiche Ebene und in gleiche Beleuchtung gestellt wie Gelesenes. Was nun das Gelesene betrifft, so bestand es aus Bruchstücken von André Gides Tagebüchern der dreißiger Jahre, die ich in letzter Zeit las und wo der große Kamerad sich in seiner hartnäckigen und gewissenhaften Art bald mit den Problemen der sozialen Moral, bald mit denen des Alterns herumschlägt und wo leicht senile Betrachtungen mit solchen von jugendlichster Vitalität abwechseln. Außerdem war ich und bin ich – denn die Lektüre ist längst noch nicht beendet – mit einem Buch beschäftigt, einem ungewöhnlichen und aufregenden Buch, dem Roman „Heimat ohne Gnade" von Friedrich Forrer. Unter den vielen deutschen Romanen, die den ganzen Tisch in der Bibliothek und noch eine ganze Ecke am Boden meines Studierzimmers in Stapeln bedecken und irgendeine Reaktion von mir erwarten, ist mir da etwas erfreulich Kräftiges und Gekonntes begegnet, das ich vermutlich nicht so bald wieder vergessen werde. Aus Klängen dieses Romans, aus Notizen bei Gide und aus jüngst Erlebtem oder Erinnertem brachte ich im Traum ein vielfädiges Gespinst und beziehungsreiches, wenn auch sinnleeres Spiel zuwege, Lustspiel könnte ich sagen, aber es schimmerte durch die muntere Glasur immerhin viel von der Bedrohtheit des Weltzustandes und von den Spätproblemen des eigenen Lebens aus ungewissen Tiefen herauf wie dunkle Tangflora unter glatter Wasserfläche.

15. Mai

Ein Regensonntag, die nasse Kühle nach vielen Wochen großer Trockenheit angenehm ungewohnt, auch fürs Auge eine veränderte, umgekehrte Welt: vorher glasklare, genau gezeichnete Ferne und etwas staubige Nähe, jetzt aber eine feucht, grün und üppig wogende Nähe, die sich in konturlose wallende Hintergründe von Dampf und Wolken verliert. Bei wütenden Schmerzen keine Arbeits- oder Lesemöglichkeit. Dafür stand im Programm von Beromünster für den Vormittag etwas Lockendes: doppelchöriges Orchesterkonzert in C-Dur von Händel und Concerto für Orchester 1944 von Bartók. Ein Programm, das Carlo Ferromonte nicht gebilligt hätte und das auch mir etwas kraß zusammengestellt vorgekommen war, das sich aber beim Hören dann überraschend bewährte. Es waren zwei Welten und Zeiten da einander gegenübergestellt, zwei einander fremde, gegensätzliche Welten, Yin und Yang, Kosmos und Chaos, Ordnung und Zufall, jede von einem überlegenen, vollkräftigen Meister zur Darstellung gebracht. Händel – das war Symmetrie, Architektur, gebändigte Heiterkeit und gebändigte Klage, kristallen und logisch. Das war eine Welt, in der der Mensch als Gottes Ebenbild regierte, mit felsenfester Basis und genau bestimmter Mitte. Sie war schön, diese Welt, unsäglich schön, strahlend, gefüllt bis zum Rand mit freudiger Kraft, zentriert und geordnet wie ein farbig triumphierendes Rosettenfenster in einem Dom oder wie ein ins Rund der Lotosblüte eingebautes asiatisches Mandala. Und diese edle Welt wurde noch schöner, gewann noch an Wert und Beglückung, an kristallener Vorbildlichkeit dadurch, daß sie fern und vergangen, verlorengegangen und aus unserer anderen Zeit und Welt her mit der Sehnsucht beschworen war, die den verlorenen Paradiesen zukommt.

Dagegen diese andere Musik, die heutige, die von Bartók! Statt Kosmos Chaos, statt Ordnung Wirrnis, statt Klarheit und Kontur zerflatternde Wogen klanglicher Sensationen, statt Aufbau und beherrschtem Ablauf Zufälligkeit der Proportionen und Verzicht auf Architektur. Und doch auch sie meisterhaft. Auch sie schön, herzbewegend, großartig, herrlich begnadet! War Händel schön wie ein Stern oder eine Rosette, so war der andere schön wie die Silberschrift, mit der der Sommerwind ins Gras phantastische Partituren zeichnet, war schön wie Schneeflockengewimmel und wie kurzlebige dramatische Spiele des abendlichen Lichtes auf den Flächen von Wüstendünen und schön wie verwehte Geräusche, von denen man nicht weiß, ob sie Lachen oder Schluchzen seien, Geräusche, die man etwa, halb erst wach, am ersten Morgen in fremder Stadt, in fremdem Zimmer und Bett auf einer Reise vernimmt, die zu deuten man Verlangen, aber keine Zeit hat, denn eins geht mit rastlos schnellem Gerissel ins andre über. So rieselt, lacht, schluchzt, hustet, stöhnt, zürnt und spielt diese sinnlich reiche, farbige, schmerzlich schöne Musik dahin, ohne Logik, ohne Statik, ganz Augenblick, ganz schöne hinsterbende Vergänglichkeit. Und sie ist darum noch schöner und wird dadurch noch unwiderstehlicher, daß sie eben die Musik unserer Zeit ist, daß sie unser Empfinden, unser Lebensgefühl, unsere Schwächen und Stärken ausspricht. Sie spricht uns und unsre fragwürdigen Lebensformen aus, und damit bejaht sie uns, sie kennt wie wir die Schönheit der Dissonanz und des Schmerzes, die reichen Skalen gebrochener Töne, die Erschütterung und Relativierung der Denkformen und Moralen und nicht minder die Sehnsucht nach den Paradiesen der Ordnung und Geborgenheit, der Logik und der Harmonie.

Tröstlich ist, daß allem Vermuten nach diese beiden Musikarten und Welten samt ihren Zwischenstufen in solchen Meisterwerken fortbestehen und immer wieder erinnerbar und beschwörbar bleiben werden und daß, sollte auch einer spätern Epoche der Schlüssel zu ihnen verlorengehen, dieser Schlüssel höchstwahrscheinlich wiedergefunden werden wird. Es werden noch viele Generationen sehnsuchtsvoll oder belustigt, bewundernd oder verwundert sich über die Brunnenschächte der Vergangenheit beugen und darüber staunen, daß alles Gewesene, wofern es von Meistern dargestellt worden ist, ewige Dauer hat.

Es ist heißer Sommer geworden, mit öfteren heftigen Gewittern, etwas launisch und wetterwendisch, aber kräftig und wüchsig, das Laub und die Kastanienblüte von gewaltiger Fülle und Üppigkeit, die Beeren überreich wie seit Jahren nicht. Ich habe das Haus verlassen, um die Augen auszuruhen und eine Weile im Freien zu sein, und stehe unten im Garten bei meinem Feuerplatz nahe der Hecke, der Fußweg liegt eine Strecke weit schwarz voll großer gefallener Maulbeeren. Ich schichte meinen Köhlermeiler zurecht, es ist viel Papier zu verbrennen, und ich meide das Haus mit etwas schlechtem Gewissen, denn es herrscht dort festliche Bedrängnis, morgen ist Geburtstag, und begonnen hat er schon vor Tagen mit Briefen in großer Zahl, Drucksachen, Bücherpaketen, und auch manche Freundesgaben sind schon angekommen; bei der Haustür steht eine Kiste mit Wein vom gesegneten Südhang des Schlosses Girsberg, es liegen Rollen da, die Zeichnungen, Radierungen und Noten enthalten, zumeist Liederkompositionen. Der schwäbische Maler Hugo Geißler hat eine schöne Zeichnung des Hauses gesandt, das ich mir vor fünfzig Jahren am Bodensee gebaut habe; die Bäume und Hecken darum sind groß geworden, doch kenne ich alles wieder und denke der Zeit, da ich in diesem neugebauten Hause und seinem neu angelegten Garten den jungen schwäbischen Dichter Martin Lang so oft als Gast und Mitarbeiter bei mir hatte. Ach, auch von ihm liegt etwas bei den vielen Postsachen, ein mir gewidmetes märchenhaftes Prosastück, aber nicht mehr er selbst hat es mir geschickt, er ist, er, der niemals krank war, neulich plötzlich davongegangen und verschwunden. Er, der Pfarrerssohn von der Schwäbischen Alb, hat damals in seiner Jugendfrische des öftern mein Leben mitgelebt und erhellt, wir haben miteinander geplaudert, gedichtet, orplidische Mythologien erfunden, im Garten gearbeitet, Wein getrunken, Feuerwerk abgebrannt und Schmetterlinge gesammelt. Wie viele Freunde hat dies Jahr mir schon genommen! Doch denke ich ihrer heute ohne Trauer, sie leben fort, sie gehen durch meine Gedanken und Träume nicht anders, als da sie lebten.

Ich habe mein Feuer angezündet und bin mit einem hohen Haufen noch halbgrüner Äste und Zweige beschäftigt, sie sind Überbleibsel der letzten schweren Gewitterstürme und hauptsächlich des großen Mordes, der im Frühling auf Verordnung des Forstamtes an meinem Wald begangen worden ist, es liegen da und dort noch große Stapel von Ästen und Rindenriemen, Stoff für Hunderte von Feuern. Ich zerkleinere, was heut verbrannt werden soll, und scheide die stärkern Stücke für den Wintervorrat aus. Ich knicke und breche die Zweige, vergesse allmählich die oben wartende festliche Post, die uns ohnehin für lange Zeit zu tun geben wird, und an Stelle der gewissen Bangigkeit vor all dieser Arbeit kommt ein eher fröhliches Gefühl in mir auf, Anklang an die gespannt erwartungsvolle Festvorfreude jener Geburtstage der Knabenzeit, als dieser Tag noch keine Briefe brachte und die Geschenke aus einem Knäuel Angelschnur, ein paar Bogen Schreibpapier und einem Glastöpfchen voll Honig aus Onkel Friedrichs „Gütle" bestanden. Das lag und stand auf einem kleinen Tischchen, dazu ein runder Kirschkuchen mit so vielen brennenden Kerzen, als meinem Alter zustanden, und vor das Tischchen führte mich die Mutter an der Hand, und wir alle sangen das Geburtstagslied, in das auch der Papagei Polly oboenhafte Jubeltöne mischte. So etwas noch einmal zu erleben würde einem das alte Herz sprengen.

Doch hat die Freude und haben die Wunder nicht aufgehört. Während ich stand und Holz brach und mit den lang gestorbenen Lieben Gemeinschaft hatte, kam wie ein goldener Blitz aus blauem Sommermorgenhimmel etwas Fremdes geschossen, hell gelbgrün leuchtend, schwirrte an meinem Kopf vorbei, war im Weißdorn verschwunden, kam aber alsbald wieder hervorgeflogen und setzte sich zu meinen Füßen in die Zweige und war ein Papagei, ein Sittich, ein irgendwoher entkommener und mir zugeflogener Fremdling aus schönen Welten.

„Ja, wo kommst denn du her?" fragte ich ihn, und es war ein Glück, daß ich aus jenen Jugendtagen her die Papageiensprache konnte. Der schöne leuchtende Vogel verstand mich zwar nur halb, denn ich sprach die Sprache Pollys, der ein grauer rotschwänziger, sprachbegabter und weiser Afrikaner und mehr als zwanzig Jahre unser lieber Hausgenosse gewesen war, aber war es auch nicht ganz die Mundart der grüngelben Sittiche, so war es doch Papageiisch, was ich redete, und so hob der Fremdling sein Köpfchen mir entgegen und blickte mich fragend an, und als ich mich bückte und das Gespräch aus nächster Nähe fortführte, blickte und nickte er ohne Scheu und funkelte mit den kleinen Augen, hörte artig meine Begrüßungen und Fragen an und zwitscherte mir allerlei kurze, „staccato" gesprochene Antworten zu. Er begann auf der Erde nach Futter zu suchen, kam auch dem Feuer ganz nahe und schien den Rauch nicht als lästig zu empfinden, aber die paar feisten blanken Maulbeeren, die ich für ihn pflückte und ihm dicht vor den Schnabel legte, ließ er unbeachtet liegen. Ich nahm nun, in meiner Köhlerarbeit fortfahrend, einen langen Kastanienzweig in die Hand und wollte auch ihn zerkleinern und dem Feuer opfern, da flog Freund Sittich auf, schwang sich in die Luft und saß alsbald auf der Spitze meines Zweiges, schaute lustig auf mich herab und hatte nichts dagegen, als ich den Zweig sachte auf und ab bewegte. Ich habe seit vielen Jahren an diesem Platz, zu allen Zeiten des Jahres und des Tages, unendlich vieles beobachtet und erlebt, Besuche von Amseln, ein paarmal von Igeln oder Schlangen und einmal den Besuch einer dicken schweren Schildkröte, aber etwas so Holdes, märchenhaft Unwahrscheinliches und doch so Vertrauliches war mir da noch nie begegnet wie diese vielleicht zehn Minuten während Visite aus dem Urwald ferner Zonen, dem Urwald ferner, vogelsprachekundiger Kindheit –

oder war es der Wald des Piktorparadieses, der mir den blitzenden lustigen Vogel herübergeschickt hatte? Noch ein paarmal ließ Herr Sittich sich von mir sanft auf unsrem Zweige wiegen, dann war er des Spaßes satt und entflog, in die Hecke erst, dann auf die Birke, dann fort und davon.

Was mir bei diesem Abenteuer und nachher an Erinnerungen, Anklängen, Gedanken und Phantasien durch den Kopf ging, das aufzuschreiben würde Tage und Tage fordern. Es ist nicht möglich und ist auch nicht nötig. Allmählich kehrte ich aus der Verzauberung zurück, lang nach der Abreise des gelbgrünen Exoten, und es fiel mir wieder ein, was alles oben im Haus auf mich warte. Ich packte zusammen, die Zappetta, das Aschensieb, die Gartenschere, nahm die Gerla auf den Rücken und stieg langsam den heißen Hang an den Rebenreihen vorbei nach oben. Auf der Terrasse beim Atelier stellte ich meine Sachen ab und langte nach dem Türgriff. Aber noch hatte dieser traumhaft-festliche Morgen seine Zauber nicht erschöpft.

Es wächst an einem der Granitpfeiler dieser Terrasse ein hoher Rosenstamm empor, seine diesjährige Blüte ist längst vorbei, zu seinen Füßen steht eine kleine üppige Wildnis von Montbretien und etwas zu alt gewordenen Türkenbundlilien, die wohl etwa in einer Woche die ersten Blüten haben werden. Aus diesem grünen Laubwinkel sah ich, vom starken Licht geblendet, etwas Dunkles emporschweben, lautlos und schattenhaft. Es war kein Vogel, es war ein Schmetterling, und zwar der hier sehr selten gewordene Trauermantel, den ich seit wohl drei, vier Jahren nie mehr zu Gesicht bekommen hatte. Es war ein großes, schönes, noch nicht lange ausgeschlüpftes Tier. Dunkel flatterte es mir um die Augen, schwebte von mir weg und wieder zu mir zurück, beroch mich, umflog mich und ließ sich auf meiner linken Hand nieder. Da blieb der Falter sitzen, legte die Flügel zusammen, deren untere Seiten so trübe Ruß- und Aschenfarben haben, breitete sie wieder aus und zeigte das tiefe samtene Braunviolett mit den neapelgelben Randstreifen und der köstlichen Reihe blauer Punkte, die so edel und diskret zwischen dem lichten Rande und der mit Caput mortuum wiederzugebenden Dunkelheit steht. Langsam, im Rhythmus ruhiger Atemzüge, schloß und öffnete der Schöne seine Sammetflügel, hielt sich mit sechs haardünnen Beinchen an meinem Handrücken fest und entschwebte nach einer kurzen Weile, ohne daß ich das Loslassen spürte, in die große heiße Helligkeit hinaus.

DER TRAUERMARSCH

Gedenkblatt für einen Jugendkameraden

Es ist, glaube ich, im „Glasperlenspiel" irgendwo von privaten Assoziationen die Rede, speziell von der Verknüpfung zwischen bestimmten Takten eines musikalischen Werkes mit ebenso genau bestimmten privaten Erlebnissen. Vor kurzem wurde ich in einer Ausruhstunde beim Radiohören daran erinnert. Ich hörte einen jungen Pianisten Chopin spielen und hörte ihm und Chopin so zu, wie man bei körperlicher Müdigkeit eben Musik anhört, mit halber Aufmerksamkeit, etwas zerstreut und passiv, mehr den klanglichen Reizen hingegeben als den Linien der Konstruktion folgend. Da wurde auch die bekannteste von Chopins Etüden gespielt, ein Stück, das ich weniger als die meisten andern dieses Meisters liebe, so daß meine Aufmerksamkeit noch mehr ermüdete und beinahe einschlief. Plötzlich aber schlug der Spieler den ersten Takt des Trauermarsches an, und ich erwachte jäh wie von einem unvermuteten Stoß, doch erwachte ich nicht nach außen und zu erneuter Hingabe an die Musik, sondern nach innen, ins Land der Erinnerungen. Denn Chopins Trauermarsch gehört für mich zu den Stücken, mit denen assoziativ ein Erlebnis verknüpft ist, das durch all die Jahrzehnte hin unfehlbar bei jedem Wiederhören aufersteht.

Wann ich den Marsch zum erstenmal gehört habe, darauf kann ich mich nicht besinnen, obwohl in jenen Jünglingsjahren Chopin mein Lieblingsmusiker gewesen ist. Bis zu meinem zwanzigsten Jahr habe ich, außer den Oratorien in der Kirche und einigen Liederkonzerten, nur Hausmusik gehört, und da gehörte Chopin nächst den Beethoven-Sonaten, Schumann und Schubert zu den bevorzugten Komponisten; die traurigsüßen Melodien einiger Walzer, Mazurken und Préludes kannte ich schon als Knabe auswendig. Den Trauermarsch aber habe ich zwar vermutlich gehört, nicht aber erlebt. Das Erlebnis kam erst später, während meiner Tübinger Buchhändlerjahre. Da stand ich eines Tages in Heckenhauers Laden und ordnete einen Stoß Teubnerscher Klassiker nach dem Autorenalphabet, und es war ein besonderer Tag: ein Student sollte heut begraben werden, und nicht ein beliebiger, sondern ein Maulbronner Schulkamerad von mir, ein Student also, den ich als Knabe gekannt und auch hier in Tübingen noch gelegentlich gesehen und gesprochen hatte. Seit Großvater Gunderts Tod, seit sechs oder sieben Jahren etwa, hatte ich das nicht mehr erlebt, daß der Tod mit gespenstischer Hand aus meiner Nähe, aus meinem Lebenskreise eine Seele pflückte, und jetzt zum erstenmal war ich, obwohl dieser arme Student mich weit weniger anging als damals mein Großvater, differenziert und gefühlig genug, um den Schauer aus dem Jenseits zu spüren und das Ereignis nicht nur als Sensation zu empfinden. Als ich gestern die Nachricht vom Tod meines einstigen Kameraden Eberhard erfuhr, hatte ich die kühle Hand von Freund Hein, oder doch ihren Schatten, auf der eigenen Haut gespürt, es war das erstemal, daß ich einen Tod nicht nur als einen Verlust oder als ein fremdes Schicksal, sondern als ein Mitberührter und Miteinbezogener erlebte. Und nun war überdies das Ende unsres Eberhard kein gewöhnliches, er war nicht an einem Lungenleiden oder einem Typhus gestorben, sondern von eigener Hand, er hatte sich erschossen. Im friedlichen Tübingen war in jener Zeit, am Ende des vorigen Jahrhunderts, ein Studentenbegräbnis ein seltenes und von der ganzen Stadt beachtetes Ereignis, und gar ein Studentenselbstmord. Auch waren Universität und Studentenschaft damals noch lebendige Gemeinschaften mit starkem Gemeinschaftsgeist und unverbrüchlichen Gesetzen und Bräuchen: wurde ein Student begraben, so begleiteten ihn auf dem Wege zum Friedhof nicht nur seine Freunde oder Bundesbrüder, sondern es nahmen auch viele Studenten und Bürger teil, die ihn nicht gekannt hatten, und es war Ehrensache sämtlicher Studentenverbindungen, Delegierte zur Trauerfeier abzuordnen.

So stand ich denn in Heckenhauers Laden, die Hände mit den griechischen Autoren, die Gedanken aber mit Eberhard und dem erwarteten Trauerzug beschäftigt, als aus einer Nachbargasse her eine pathetisch-schwermütige Blasmusik aufklang und sich langsam näherte. Schon hatten auch meine älteren Kollegen an ihren Stehpulten im Hinterraum des Ladens es gehört und kamen heraus, ihnen nach trat ich ins Freie hinaus, und da standen wir und sahen den Leichenzug langsam, langsam heranwogen, voran der schwarze Wagen mit dem bekränzten Sarg, hinter ihm festlich-feierlich in pompösem Zug die Chargierten der Korps im Wichs mit Stürmern, Binden, hohen Stulpenstiefeln und gesenkten Degen, und ebenso die Burschenschaften, und dann die andern Studentenverbindungen, die Stadtmusik inmitten, ein langer, prächtig farbiger Zug, über dem wie eine Trauerfahne diese schwere, schwermütige, prunkvoll trauernde Chopin-Musik wehte und wogte, diese pathetischen Marschtakte, die ich noch viele Male in meinem Leben, und nie mehr ohne die schmerzlich aufbrechende Erinnerung an diese Stunde, hören sollte. Zwischen den Häuserwänden und dem gewaltigen hohen Aufbau der Stiftskirche staute und fing sich das Gewoge der Blasmusik in verwirrendem Dröhnen, und während ich des armen Toten dachte, den ich wenig gekannt und doch merkwürdig gern gehabt hatte, störte und schmerzte mich ein wenig das Verhalten meiner Kollegen und vieler anderer Zuschauer, die den Platz säumten und alle Fenster füllten und deren Gesichter, wie mir schien, weder Schmerz noch Andacht, sondern nur Neugierde und Schaulust ausdrückten. Langsam, langsam, und mir doch viel zu schnell, flutete der Trauerzug vorüber und verschwand, die schöne und schreckliche Trauermusik aber war aus der Straßenschlucht, in die das Schauspiel versunken war, noch eine ganze Weile zu hören, und es war mir widerlich und schmerzlich, aus der hohen ernstprächtigen Sphäre der Feier in den Laden und den staubigen Alltag zurückkehren zu müssen.

In jenen Tagen schon, und später aufs neue jedesmal, wenn diese von Trauerwollust schwelende Musik mich an den lieben Eberhard erinnerte, war es mir merkwürdig, wie wenig ich von ihm wirklich wußte und wie lieb und wichtig dies wenige mir doch war. Oft und oft, mit jahrelangen Pausen dazwischen, habe ich den Faden meiner Erinnerungen an ihn hervorgezogen und mich jedesmal darüber gewundert, wie kurz dieser Faden war. Ich hatte Schulkameraden gehabt, die mir ziemlich gleichgültig waren und über die ich doch im Gedächtnis viele Andenken aufbewahrte: Schülergeschichten, drollige Aussprüche, Spitznamen, Abenteuer auf Schulausflügen oder beim Indianerspiel. Bei Eberhard war es umgekehrt: mit Ausnahme einer allerdings unvergeßlichen Begebenheit im Maulbronner Hörsaal gab es keine Schulerlebnisse mit ihm; es war mir auch unbekannt, ob er ein guter oder schlechter Schüler gewesen sei, ob er Musik getrieben oder andere private Interessen gehabt habe, auch seine Handschrift hatte ich mit Wissen nie gesehen. Trotzdem wußte etwas in mir soviel über ihn, daß ich bei der Nachricht von seinem freiwilligen Tod zwar Schmerz und Mitleid, aber keine Verwunderung empfand.

Zu dem Bilde, das ich in mir von ihm bewahrte, stand dieser Tod nicht in Widerspruch, er paßte vielmehr zu ihm, ich fand ihn seinem Leben adäquat und hätte mit etwas Übertreibung sagen können, ich habe ihn eigentlich erwartet. Und dieses Erinnerungsbild namens Eberhard war nun allerdings weder verschwommen noch unvollständig, es war genau und eindeutig, ebenso genau und eindeutiger als die Bilder von Kameraden, die mir befreundet und durch viele Gespräche und gemeinsame Erlebnisse verbunden waren. Der Eberhard, den ich von der Maulbronner Knabenzeit her kannte oder zu kennen glaubte und dessen Gestalt und Gesicht mir noch nach sechzig und mehr Jahren genau erinnerlich sind, gehörte in unsrer Schar von etwas mehr als vierzig Seminaristen zu jenen, die älter als ihr Jahrgang zu sein schienen. Die meisten von uns sahen gleichaltrig aus, sie waren eben vierzehnjährige Buben. Einige, obwohl sie um nichts jünger waren, sahen ihres kleinen Wuchses oder ihrer Kindergesichter wegen wie jüngere Brüder von uns aus, und einige wenige schienen uns an Alter überlegen, schienen reifer und dem Erwachsensein näher.

Zu ihnen gehörte Eberhard. Ich sehe ihn eher groß von Gestalt, hager und etwas eckig, mit knochigem Gesicht, das verschlossen, scheu und unkindlich wirkte, wie denn eine angeborene Scheu und Fremdheit ihn von den andern zu trennen und fernzuhalten schien. Das drückte sich in seiner Haltung aus, einer unfreien, zwanghaften, von Hemmungen beherrschten Haltung, und noch mehr in seinem Blick. Dieser Blick, zusammen mit eben jener seltsam gespannten Haltung, hätte für schüchtern gelten können, war es aber nicht, es fehlte ihm gar nicht an Selbstbewußtsein – nein, er war nicht schüchtern, nur etwas scheu und alt, sehr fremd, sehr ausweichend und auf der Hut vor Zudringlichkeiten aus einer Welt, in die der junge ernste Mensch offenbar nicht recht paßte, in der er nicht heimisch werden konnte noch wollte. Damals, als wir noch Knaben waren, sah ich diese Zeichen zwar alle und fühlte sie genau, ohne sie aber zu deuten, und ich zweifle nicht daran, daß auch ich, wie wir alle, gelegentlich diesen scheuen Fremdling in seiner Einsamkeit und Verborgenheit verletzt, geärgert oder erschreckt habe. Wissentlich und willentlich freilich habe ich es nicht getan, denn ich besinne mich wohl darauf, daß ich die Einsamkeit und Abwehrhaltung des stillen Mannes als etwas zwar Auffallendes und Befremdendes, aber auch als etwas Respektables empfand. Der scheinbar Wehrlose war von seiner Fremdheit und Empfindlichkeit wie von einer Wolke oder Aura umhüllt, die auch etwas Auszeichnendes, einen Adel bedeutete.

Nun muß ich auch die einzige kleine Geschichte erzählen, die mir von Eberhard bekannt ist. Die ganze damalige Maulbronner Promotion hat diese Geschichte miterlebt und sich ihrer unzählige Male erinnert, sie gehört zum Bestand der vielen Anekdoten um die Person unsres Ephorus und wurde dieses Mannes wegen aufbewahrt und immer wieder erzählt. Erst nach unsres Mitschülers Tod bekam diese ursprünglich nur komische Schulgeschichte einen Beiklang von Ernst und Unheimlichkeit.

Unser Ephorus, der Direktor des Seminars, galt für einen guten Hebraisten und war ein vielseitig begabter und interessanter Mann, kein guter Direktor und Erzieher zwar, und leider kein zuverlässiger Charakter, aber anregend und machmal faszinierend, ein Deklamator und Schauspieler, der die Rolle des Charmeurs ebenso glänzend zu spielen verstand wie die des Unnahbaren oder die der gekränkten Majestät. Seine Aussprüche und Redeblüten wurden von uns Schülern geschätzt und gesammelt, sie reizten sehr zur nachahmenden Wiedergabe, und manche von ihnen sind als klassische Kathederblüten jahrzehntelang unter den schwäbischen Humanisten berühmt gewesen. So las er uns in einer Hebräischlektion einmal die Geschichte vom Sündenfall mit leidenschaftlichem Pathos in der Ursprache vor, und bei jenem Ruf Jahwes, der auf deutsch „Adam, wo bist du?" lautet, brach er, der entzückte Philologe, in die begeisterten Worte aus: „Meine jungen Freunde, wie mag dieses Dagesch forte implicitum von den göttlichen Lippen geklungen haben!"

Dieser merkwürdige Mann also, dem es zuweilen auch beliebte, den Kerngesunden und Forschen zu spielen, der er nicht war, stand uns eines Tages wieder als Lehrer gegenüber. Zwischen Katheder und Wandtafel ging er elastisch auf und ab, warf uns bald wohlwollende, bald rügende Blicke zu, er hatte höchst ausdrucksfähige Augen, und freute sich seiner Macht und Pracht. Da blieb sein Blick auf dem Schüler Eberhard ruhen, der saß gebückt, abwesend, in sich versunken mit halbgeschlossenen Augen da, vielleicht schlummernd und müde, vielleicht auch intensiv an Gedanken arbeitend, die nichts mit Schule und Hebräisch zu tun hatten. Alsbald entfaltete der große Theatraliker ein prächtiges Mienenspiel, sein Gesicht drückte Erstaunen, leichten Unwillen, halbe Belustigung aus, elastisch auf dünnen Sohlen näherte er sich dem Träumer und rief ihn plötzlich mit metallener Stimme und zwischen Spaß und Unwille spielendem Ton mit den Worten an: „Eberhard! Und Sie wollen ein deutscher Jüngling sein? Sie sitzen ja da wie eine geknickte Waldblume." Wir alle blickten belustigt und neugierig hinüber und sahen, wie Eberhard aus seiner gebückten Haltung aufschrak, sich verwirrt und blinzelnd zusammenraffte und den Mimen ergeben und hilflos ansah. Wie gesagt, der Vorgang wurde von allen, oder nahezu allen, als komisch empfunden, wir waren geneigt, nicht nur den Ephorus und sein Theater, sondern auch den erschrockenen Jüngling drollig und belustigend zu finden. Die meisten von uns haben erst nach Jahren, nach unsres Kameraden Tod, das Ganze in einem andern Licht zu sehen begonnen, auch mir ist es so gegangen, und mit den Jahren bekam für mich die beliebte drollige Geschichte immer mehr etwas Unheimliches und Gleichnishaftes, es wurde der eitle Katstederheld allmählich zum Sinnbild aller Macht und aggressiven Aktivität, und der andere stellte alle Verlorenheit und wehrlose Schwäche des Träumers oder Denkers dar, des Einzelgängers und Schlechtangepaßten. Es war ein Aufeinanderprallen von Welt und Gemüt, von robuster Wirklichkeit und Traum. Eine Gegenüberstellung, wie sie Jean Paul unübertrefflich und unvergeßlich dargestellt hat in der Szene, wo nach der Schreckensnacht im Flätzer Gasthof der Dragoner dem Feldprediger

Schmelzle auf die Schulter haut mit dem Ruf: „Wie geschlafen, Herr Schwager?"

Aus der Maulbronner Zeit habe ich keine anderen Erinnerungen an Eberhard. Unsre Schulkameradschaft hat
nur Monate gedauert, ich verließ die Klosterschule vor
der normalen Zeit, und erst einige Jahre später traf ich,
Buchhändler in Tübingen geworden, meine Kommilito-
nen dort als Studenten wieder. Ich fand auch Eberhard
dort wieder, aber ohne daß es zu einer Annäherung gekommen wäre. Immerhin traf ich ihn ein paarmal auf der
Straße, wir grüßten einander freundlich, wechselten ein
paar Worte und gingen weiter. Nur ein einziges Mal haben wir etwas mehr miteinander gesprochen. Er fragte
mich nach meinen Interessen und Beschäftigungen, ich
ging erfreut darauf ein und erzählte ihm von meiner
Lektüre, meinen Goethe- und Novalis-Studien, und er
hörte artig zu, aber mit jenem alten Blick aus großer
Ferne und Fremde her, der sich in den paar Jahren nicht
verändert hatte und der mir sagte, daß meine Worte nur
sein Ohr erreicht hätten. Zu einer nochmaligen Begegnung ist es nicht gekommen, doch blieb meine Teilnahme und beinah Liebe für ihn fortbestehen. Seine
Fremdheit, Einsamkeit und Gefährdung weckte nicht
nur etwas wie Mitleid in mir, sie war mir unterhalb oder
oberhalb des Rationalen verständlich, weil sie als Ahnung und Möglichkeit auch in mir vorhanden war. Ich
war freilich ein ganz anderes Temperament als er, wechselnder, beweglicher, munterer auch und zu Geselligkeit
und Spiel geneigter, aber Einsamkeit und Sichfremdwis-
sen unter den andern waren auch mir wohlbekannt. Jenes Stehen am Rande der Welt, an jener Grenze des Lebens, jene Verlorenheit und jenes Starren in ein Nichts
oder Jenseits, die zu Eberhards Wesen zu gehören und
seine dauernde Haltung zu sein schienen, sie hatten für
Stunden oder Augenblicke auch mir das Leben fragwürdig gemacht und den Spaß daran verdorben. Da, wo er
immer und jeden Tag zu stehen oder zu kauern schien,
war ich immerhin auch schon gewesen. Nur war es mir

stets gelungen, aufatmend ins Gewohnte und Geordnete zurückzukehren, wo es sich leichter leben ließ.

Dies waren die Erinnerungen, Mahnungen, Gedanken und Stimmungen, die mir so stark und schmerzlich das Herz bewegten, als ich, den Trauermarsch betäubend in den Ohren, den Sarg des Schwermütigen und hinter ihm den langen feierlichen Zug verschwinden sah, und die mich jedesmal seither wieder überkamen, wenn ich diese Musik vernahm. Sie beschwor mir stets unfehlbar die Gestalt unsres Eberhard herauf, mit der unfesten und etwas verkrampften Haltung des Kopfes und der Schultern, mit den schönen traurigen Zügen und dem ins Bodenlose abirrenden, hilflos sanften Blick. Ich habe mich, meinen Gepflogenheiten ganz entgegen, nie um Daten und Berichte über sein kurzes schweres Leben bemüht, ich glaubte das Wesentliche zu wissen. Aber um viele, sehr viele Jahre später kam zu meinem Wissen noch etwas hinzu. Es kam mir das Bildnis eines bedeutenden, jung gestorbenen Dichters vor Augen, den ich mit einer ähnlichen Mischung von Liebe und Mitleid, von Verstehen und Fremdbleiben gern hatte wie meinen Maulbronner Kameraden. Das schöne traurige Jünglingsgesicht mit dem schmerzlichen Blick war dem Gesicht Eberhards bestürzend ähnlich. Der traurig blickende, jung gestorbene Dichter hieß Franz Kafka.

1956

FREUND PETER

Am 28. März war der 68. Geburtstag von Peter Suhrkamp. Er beging ihn in einem Frankfurter Spital, tod-
krank. Ich schenkte ihm mein letztes Gedicht, die „Morgenstunde", mit einem Aquarell geschmückt. Er zeigte
es den Freunden, die ihn besuchten, trank auch einen
Schluck Champagner. Drei Tage später, am Morgen des
31. März, ist er gestorben. Ich habe den treuesten meiner
Freunde verloren, und den unentbehrlichsten.

Wenn einem ein Freund gestorben ist, merkt man
erst, in welchem Grade und welcher besondern Färbung
man ihn geliebt hat. Und es gibt ja viele Grade und viele
Färbungen der Liebe. Und meistens zeigt sich dann, daß
Lieben und Kennen nahezu dasselbe sind, daß man den
Menschen, den man am meisten liebte, auch am besten
kennt. Der Grad des Schmerzes, den man im Augenblick
des Verlustes empfindet, ist nicht entscheidend, er
hängt zu sehr von unsrem augenblicklichen Zustand ab.
Es gibt Zeiten, Tage, Stunden, in denen wir mit der Vergänglichkeit und dem Gesetz des Welkens und Sterbens
einverstanden sind, da trifft uns eine Todesnachricht
nur so, wie ein Windhauch im Herbst den Baum trifft: er
schaudert leicht und seufzt ein wenig, läßt eine Hand-
voll welken Laubes dahinwehen und sinkt in seine träu-
mende Ruhe zurück. Zu andern Stunden würde der
Schmerz über denselben Tod wie Feuer brennen oder wie
ein Axthieb treffen. Es ist auch nicht dasselbe, ob ein
Tod uns überrascht oder ob wir ihn erwartet, oft gefürchtet, oft in der Phantasie voraus erlebt haben. So war
es bei Freund Peter. Durch manche Jahre liebten ihn
seine Nächsten als einen Leidenden, schwer Gefährdeten, in ständiger Todesnähe Weilenden. Er mochte im

lebhaften, zuweilen leidenschaftlichen Gespräch noch
soviel Leben und Energie ausstrahlen – wenn man ihn
dann nachher vor dem Haus ein paar vorsichtige Kran-
kenschritte tun sah, die hohe Gestalt leicht nach vorn geneigt, die Arme schlaff hängend, mit starrem Gesicht
und müden Augen in die Landschaft blickend, oder wenn
mitten im angeregten Sprechen eine Hustenattacke
ihn überfiel, jener von uns allen gefürchtete, grausige,
bellende, schüttelnde Husten, bei dem sein liebes Gesicht sich verzog und rot anlief, wenn er langsam und
mühsam sich vom Stuhl erhob und uns mit abwinkender
Gebärde verließ, dann wußte man Bescheid, und bei jedem Abschied fürchtete man, es möchte der letzte sein.

So kam mir die Nachricht von Peters Ende weder
überraschend noch erschreckend. Der Schmerz zuckte
und brannte nicht, er ließ sich Zeit, er ist auch jetzt
nicht zu Ende erlitten. Aber sehr bald hat das Bild des
Freundes in mir jene Verwandlung, Festigung und Klärung erlebt, welche nur den Bildern der uns sehr teuren
und wichtigen Vollendeten zukommt, ja welche in unsrem Gedächtnis und inneren Bildersaal eigentlich erst
Tote zu Vollendeten macht. Denn wir kennen ja so
manche Tote, die wir nie als Vollendete empfinden und
benennen. Mein Freund war seit Jahren an der Grenze
des Lebens gewandelt und war schon in manchem
Augenblick für mich in jene Distanz gerückt, die unsern
Lieben sonst erst der Tod verleiht. Er war dann aus dieser Distanz wieder zurückgekehrt, aus der Würde des
Todgeweihten in den Alltag des Lebenden und Tätigen,
aus der Überlegenheit dessen, der überwunden hat, in
die Atmosphäre des Augenblicks und des Zufalls. Aber
nun, da keine solche Rückkehr mehr möglich war, sah
und spürte ich, daß Peter schon lange für mich mehr zu
den Vollendeten, Überwirklichen (ich mag nicht sagen
„Verklärten") als zu den mit mir auf gleicher Ebene Lebenden gehört hatte. Ein wenig spielte dabei mein Wissen um die Zeit seiner großen Prüfung mit, war er doch
in der finstersten Zeit Deutschlands zum Tod verurteilt

und wie Dostojewski nur knapp der Hinrichtung entronnen. Dazu seine hoffnungslose Krankheit.

Wir hatten uns zwar bei jedem Abschied mit den unausgesprochenen Fragen in die Augen geblickt: „Ob wir einander noch einmal wiedersehen?" und: „Wirst du es sein oder ich, der zuerst verschwindet?". Aber im Innersten hatte ich ihn, den viel Jüngeren, doch stets in größerer Todesnähe gesehen als mich. Er war, der Jüngere und oft so knabenhaft und beinah allzu jung Erscheinende, der Reifere und Ältere von uns beiden gewesen. Von den beiden Lebenstemperaturen und Haltungen, die sein kühnes und beinah abenteuerliches Leben wechselnd bestimmt haben, hatte die passive und resignierende die Oberhand gewonnen. Denn zwischen den beiden Polen einer kühnen Aktivität, eines schöpferischen und erzieherischen Wirkenwollens und einer Sehnsucht nach Weltflucht, Stille, Verborgenheit hat sein ganzes Leben sich abgespielt.

Seit Peter Suhrkamps Martyrium in Gefängnis und Konzentrationslager, dem er nur durch Zufall und im Wirrwarr des deutschen Untergangs entkam, war seine schon im ersten Krieg sehr erschütterte Gesundheit gebrochen, das Herz schwer angeschlagen und von der Lunge nur noch Reste lebendig. Wenn er trotzdem manche Jahre nicht nur vegetierte, sondern intensiv lebte und Großes leistete, so tat er es aus dem Erbe an alter dauerhafter Bauernrasse, das er mitbekommen hatte. Auch als das Individuum schon eigentlich verbraucht und aufgezehrt war, hielt dies zähe Erbe den Schatten noch aufrecht und erlaubte ihm beinah unbegreifliche Anstrengungen.

Dieser Vorrat an Zähigkeit, an Erdnähe, an Ordnungssinn und duldender Kraft lag zeitlebens im Streit mit seinem individuellen Temperament und Charakter, die ihn gezwungen haben, das väterliche Bauernerbe auszuschlagen, die Heimat zu meiden, öfter den Beruf zu wechseln und als Lehrer, Soldat, Offizier, Dramaturg, Redakteur, Verleger und Schriftsteller sich allein und unabhängig die Welt zu erobern. Kehrte er einmal zu

Besuch auf den väterlichen Hof zurück, wie er es in einem vorbildlich schönen Prosastück beschrieben hat, dann war er dort ein Fremder und völlig Unverstandener. Saß er aber im Gespräch einem aufgeregten jungen Literaten, einem nervösen Geschäftsmann, einem Regisseur oder Schauspieler gegenüber, dann wirkte schon seine bedächtige oldenburgische Sprache zähmend, beruhigend, zu Besinnung mahnend, und es sprach in guten Stunden die ganze geduldig-zähe Bauernweisheit seiner Väter aus ihm.

Seine Freude am Lesen wie am Schreiben litt in den letzten Jahren sehr und erstarb beinahe unter dem Druck der dauernden Überbürdung im Beruf. Seine Leidenschaft fürs Erziehen und die fürs Theater aber blieb bis zuletzt lebendig. Sein glühendes Interesse für die Bühne, für das Sichtbarmachen und Hörbarmachen der Dichtung war dem Gestaltungstrieb des passionierten Erziehers ebenso nah verwandt wie dem des Verlegers, das Schöne herzustellen, es so überzeugend, so einfach, so dauerhaft wie möglich herzustellen.

In unsrer Freundschaft gab es, wie in jeder, ein Fundament von Verwandtschaft, von Ähnlichkeit der Anlagen und der Einstellung zur Welt: beide hatten wir die Empfänglichkeit und den Eigensinn des Künstlers, das starke Bedürfnis nach Unabhängigkeit, beiden hatten die Vorfahren eine genaue, strenge Ordnung und Moral vererbt, die auch nach ihrer freiheitlichen Durchbrechung geheim, aber mächtig fortwirkte. Aber wie in jeder Freundschaft waren es dann, über diesem gemeinsamen Boden, grade die Verschiedenheiten, an denen das Interesse und die Liebe sich immer wieder neu entfachte. Jeder von uns hatte Eigenheiten, Neigungen und Gewohnheiten, die zu bemängeln der andre beständig Lust spürte und die ihm doch anziehend, lustig oder rührend waren. Doch bestand zwischen uns eine gegenseitige Achtung, die es nie zu anderer als freundschaftlicher und schonender Kritik kommen ließ. Als Peter mich kennenlernte, war ich der Ältere, Arrivierte, den er als Knabe schon gelesen hatte, und später am entscheidenden Wendepunkt seiner Laufbahn nach dem Kriege, als er zwischen völliger Resignation und zögernder Bereitschaft zu Neubeginn schwankte, war ich die kräftigste seiner Stützen gewesen. Ich dagegen verehrte in ihm, noch mehr als den hochbegabten Verleger und Schriftsteller, den Dulder und Helden, den Mann, der unendlich viel mehr Furchtbares und Feindseliges ertragen und bestanden hatte als ich und als jeder meiner andern Freunde.

Freund Peter ist viel geliebt worden, sein Charme war groß, und nicht nur, wenn er ihn bewußt spielen ließ. Auch in seinen finstern und selbstmörderischen Stunden, während man ihn vielleicht schalt oder doch zu schelten große Lust hatte, mußte man ihn lieben. Besonders gern hatte ich seinen Anblick bei der Arbeit, vormittags in meiner Bibliothek oder auf der Terrasse. Er hatte dann seine Papiere und Drucke samt Feder und Bleistift so anständig und ordentlich vor sich auf dem Tisch liegen und saß so still, aufmerksam, gesammelt und vertieft über der Arbeit wie ein Hieronymus. Viel gäbe ich dafür, das noch einmal sehen zu dürfen.

Nach seinem Tod bekam ich von Freunden, Kollegen und Lesern viele teilnehmende Briefe, den schönsten von Rudolf Alexander Schröder. Es wurden mir auch manche Zeitungen mit Nachrufen zugesandt, alle des Lobes voll für den vorbildlichen Verleger sowohl wie für den tapferen Kämpfer und Dulder der Greuelzeit. Viel weniger war von seinem Werk als Schriftsteller und Dichter die Rede, ach viel zu wenig und viel zu ahnungslos! Sein literarisches Werk ist nicht sehr umfangreich. Wir, seine Autoren und Freunde, haben seine „Ausgewählten Schriften" in zwei schönen Bänden herausgebracht, es geschah in zweien Malen, zu seinem sechzigsten und seinem fünfundsechzigsten Geburtstag, es war ein schönes Festgeschenk und hat ihm Freude gemacht. Aber diese beiden Bände sind nur in einer kleinen, nicht käuflichen Auflage erschienen, die in ihnen wiedergedruckten Schriften sind euch also nicht zugänglich, sofern ihr nicht etwa Besitzer der alten Jahrgänge der „Neuen Rundschau" seid.

Aber zum Glück konnten wir Suhrkamp dazu bewegen, die paar schönsten und am meisten dichterischen seiner Schriften im Jahr 1957 in einer hübschen und wohlfeilen Ausgabe herauszubringen. Ich habe damals manchen von euch das kleine liebenswerte Buch geschenkt. Es heißt „Munderloh", dies war der Titel eines Romans, den Suhrkamp während der Untersuchungshaft als politischer Gefangener Ende 1944 zu schreiben begann. Er ist Fragment geblieben, aber die etwa hundert Seiten dieser bedeutenden Dichtung, die von Peters Leben als jungem Dorflehrer erzählen, sind mir lieber als manche berühmte Bücher unsrer Zeit und als manche avantgardistische Bücher, denen Peter als Verleger sich mit rührender Hingabe gewidmet hat. Und weiter enthält der kostbare Band einige Prosastücke, die ich für schlechthin klassisch halte und die in jedes deutsche Lesebuch gehören, namentlich den „Besuch" und den „Apfelgarten". Bessere Prosa hat in unsrer Zeit niemand geschrieben.

Es ist nicht schwer, der Lebensleistung eines Mannes, der vorwiegend in der Öffentlichkeit gewirkt hat, annähernd gerecht zu werden. Viel verborgener und letztlich nur der liebenden Ahnung zugänglich bleibt das, was er gelitten hat. Je größer und tiefer das Leiden, desto weniger wird er davon reden. Nun, Peter hat von dem vielen Furchtbaren, das er erlebt hat, einiges auch den nahen Freunden erzählt, heiter und überlegen, etwa den Untergang seines schönen und geliebten Berliner Heims in einer Bombennacht oder die phantastische Odyssee seiner Rückkehr aus der Gefangenschaft. Es waren Leiden, Verluste, Prüfungen, die er bestanden hatte, mit denen er fertig war. An die schlimmsten Erlebnisse und Qualen in der Hitlerschen Hölle rührte er selten und scheu mit einem Wort, dorthin kann nur die Phantasie mitleidender Liebe ihm folgen. Vom schweren körperlichen Leiden seiner letzten Jahre wissen wir alle.

Aber das war nicht alles. Er, der so viel geliebt wurde

und so mühelos Autorität zu wahren wußte, hat alle die Jahre seit dem letzten Krieg in einer großen Einsamkeit gelebt, ohne Familie, ohne Behagen und Fürsorge, in einer nur zum Teil gewollten asketischen Primitivität, einer verzweifelt trotzigen Verlassenheit. Und dieser Vereinsamung und Verlorenheit, dieser äußern Heimatlosigkeit entsprach eine innere, die wir wenige Male im vertrautesten Gespräch nur tastend berührt haben. Er hatte Deutschlands unheimliche Geschichte miterlebt, die ruhmrednerischen „großen Zeiten", die Kriege, die Niederlagen, die Revolution, die Barbarei, die Zerstörungen, und zuletzt den Wiederaufbau, er hatte in dem strebsamen, erfolgreichen, amerikanisierten Deutschland selber mit aufgebaut, mit gezaubert, mit Erfolg gehabt, und hatte doch mit seinen hellblauen traurigen Augen mit jedem Tage tiefer diesen Jahrmarkt des Fleißes, der Vergeßlichkeit, der Streberei und Großmannssucht durchschaut, er glaubte längst nicht mehr an die innere Wirklichkeit, an die Echtheit der Welt, in der er lebte und eine bedeutende Rolle spielte, es wurde ihm nicht warm und nicht wohl in dieser Welt, und er, der so gern lebte, der so wohlbeschaffen für den Genuß des Lebens gewesen wäre, ist vermutlich am Ende doch gern gestorben und hat den Kram hinter sich gelassen.

Ich wage die Indiskretion und zitiere einen Satz aus R. A. Schröders Brief: „In welcher Einsamkeit hat Suhrkamp die Erdenhölle seiner letzten, qualvollen Jahre durchleiden müssen, dabei immer wieder den Mut zu wohlwollender, großmütiger, auch in ihren Irrtümern ehrwürdiger Haltung aufbringend."

Wenn ich irgendwo in Gespräch oder Lektüre der zum Klischee gewordenen Phrase vom „wahren" oder „echten" oder „heimlichen" Deutschland begegne, dann sehe ich Peters hohe, hagere Gestalt. Und auch Schröder gehört dazu.

1959

SOMMERBRIEF

Liebe Freunde! Man kann seine Ferien auf vielerlei Arten zubringen. Diesmal traf es mich, daß ich etwa die Hälfte meines Engadiner Sommers als Gefangener im Bett und Hotelzimmer liegen und Geduld haben mußte. Es ging ganz gut; von den gröbsten Belästigungen durch die Krankheit abgesehen, war es keine schlechte Zeit. Die ersten Tage und Nächte verhalf mir ein leichtes Fieber zu einem dauernden Dösen und Halbschlummer, und alles in allem war ich ein wenig stolz darauf, daß ich es, nach sehr vielen Jahren zum erstenmal, fertigbrachte, eine Reihe von Tagen im Bett zu bleiben, im Bett, das ich sonst wenig liebe. Doch genug vom Kranksein, es sind andere kleine Erfahrungen, Erlebnisse und Beobachtungen, von denen ich euch erzählen will.

Als Lektüre hatte ich mir den „Simplizius Simplizissimus" aufs Tischchen gelegt, darin las ich während der Gefangenschaft ziemlich viel, etwa zwei Drittel des Buches, das ich in der Jugend sehr geliebt habe und von dem ich zu Hause mehrere schöne Ausgaben stehen habe. Diesmal, nach jahrzehntelanger Pause, blieb es beim Lesen der zwei Drittel, dann hatte ich genug. Krieg und Elend, Hunger und Totschlag, abgebrannte Höfe und Dörfer, Städte unter Artilleriebeschuß, das sind für uns Heutige keine interessanten Themen mehr. Was diese zum Teil großartigen Schilderungen auch heute noch lebendig erhält, das ist ihr Humor, eine oft komödienhafte, possenreißerische, oft aber auch bis in die Tiefe reichende Lustigkeit, ohne die das berühmte Buch ebensowenig mehr bestehen könnte wie der „Don Quijote" ohne Sancho Pansa. Und dann die Sprache! Die ist gespickt mit Vokabeln, Redensarten, Sprichwörtern und

Gleichnissen teils bäurischer, teils soldatischer Herkunft, es quillt da ein lebendiges, duftendes, immer ein wenig zum Lachen neigendes und zum Lachen verführendes Deutsch, und dieses urchige Deutsch wieder ist verbrämt und durchflochten mit grellbunten Zieraten aus der Sprache der Gelehrsamkeit und des Militärwesens. Diese Sprache kommt daher wie ein Dragoner oder Musketier des langen Krieges, ein derber westfälischer Soldat mit einem guten westfälischen Dickschädel und guten naiven Knabenaugen, aber mit aufgezwirbeltem Schnurrbart und in Pluderhosen und geschlitzten Bauschärmeln. Ich kam nicht bis ans Ende des Buches, aber es war doch wieder köstlich.

Mehr Zeitvertreib aber und Seelenspeise brachte mir eine andere Beschäftigung, für welche Bettliegen und Zimmerarrest gute Vorbedingungen sind: das Blättern in meinem Bilderbuch, das Aufrufen, Beschauen und Kontrollieren des Schatzes an Bildern, die mein Gehirn aus frühern und frühesten Stufen des Lebens aufgenommen hat. Da war jedes Wiederfinden beglückend, jedes Vergessenhaben eine beschämende Lücke. Viele Spiele habe ich da getrieben. Etwa stellte ich mir die Aufgabe, das Bild einer Gasse in mir wieder aufzubauen, in der ich einst nicht nur jedes Haus, nein auch so ziemlich jeden Bewohner und jeden Hund gekannt habe, einer Gasse in Calw, in Basel, in Tübingen. Neben unsrem Calwer Hause in der Bischofstraße stand auf der einen Seite die Post mit einem Biedermeiergiebel, auf der andern kam zuerst das Haus des Gipsermeisters Staudenmayer, das später einmal abbrannte, dann kam der Schreiner Schwenker, und dann – dann kam schon eine Lücke: zwischen Schwenker und der Brauerei von Schechinger mußte es noch ein Haus oder zwei geben, die ich nicht mehr fand, deren Bild in mir erloschen und gestorben war, Dann freilich, nach Schechinger und dem Einstieg zu einem Fußweg, der zu den Gärten hinter der Häuserfront bergan führte, kam etwas Unvergessenes und Unvergeßliches: das Bischofsbrünnele. Da war im

Erdgeschoß eines Hauses ein Loch, eine tiefe Nische, zwei Sandsteinstufen führten in einen kleinen quadratischen, dämmrigen Raum hinab, und dort floß kühl und kräftig mit sanftem Geräusch eine herrliche Quelle, deren Abfluß unterirdisch in die nahe Nagold ging. Es kam vor, daß mein Vater, der ein Asket und dennoch in den einfachsten Dingen ein Feinschmecker war, uns mit dem graublauen Krug aus Steingut dorthin schickte, wenn ihm das Leitungswasser aus der Küche entleidet war. In Zeiten, da die Nagold hoch ging und Überschwemmung zu erwarten war, für uns Kinder ein Fest, bei der Schneeschmelze oder nach Gewitterregen, war der vertiefte Quellraum, das Bischofsbrünnele, die erste Stelle unsrer Gasse, an der man das Steigen der Grundwasser beobachten konnte. Manchmal ging es sehr rasch, andre Male langsamer, daß das Brunnenstübchen sich mit Wasser füllte, das Wasser stieg dann zur ersten, zur zweiten Stufe empor, überrann erst in dünnem, dann immer stärkerem Überlauf die Sandsteinschwelle, ergoß sich auf die Gasse und bildete dort einen Teich, der sich gemächlich ausdehnte, bis er auch unser Haus erreichte, und wir Knaben durchquerten die wachsende Überschwemmung auf Stelzen so lange, bis einer das Gleichgewicht verlor, ins braune Wasser fiel und seine Stelzen schwimmen sah. Dann erhob sich Geschrei, Gelächter und Wehklage, viele Fenster gingen auf, und Väter, Mütter, Tanten riefen ihre erregten Mahnungen und Befehle zu uns herab, die dem Vergnügen ein Ende machten. Es blieb dann noch von der Schwelle des Haustores oder von einem Fenster im Erdgeschoß aus das Angeln nach kleinem Treibgut und das Schwimmenlassen von Holzschnitzeln und Papierschiffchen.

Von jenem Brünnelein abgesehen, war die uns gegenüberliegende Straßenseite interessanter und abwechslungsreicher als die unsre. Da kam zuerst das schöne alte Seegersche Haus, reich und wohlhäbig-geräumig, unser Hausarzt wohnte dort mit einer alten wunderlichen Tante, dann kam der Staud, das war ein Bildhauer, sein

Erdgeschoß war eine offene Werkstatt, voll von Marmor- und Sandsteinblöcken, fertigen und halbfertigen Grab- steinen, Kreuzen und Grabtafeln, marmornen Engeln und bronzenen Palmzweigen. Thomas Wolfe hat in sei- nem schönsten Buch, „Schau heimwärts, Engel“, eine solche Werkstatt, die seines Vaters, beschrieben. Weiter gaßabwärts kam ein ganz schmales Haus mit sehr spit- zem Giebel, die Front nur zwei Fenster breit, ein armes Haus, da wohnte ein Metzger Frohnmeyer, ein hagerer und ernster Mann. An dies Haus habe ich eine unheimli- che Erinnerung. Ich war schon vielleicht zwölf, dreizehn Jahre alt, da starb des Metzgers Frau, und irgend jemand – nicht die Eltern – suggerierte mir den Auftrag, hin- überzugehen und Beileid auszusprechen. Es fiel mir schwer, doch ging ich. Unten in der Metzig war kein Mensch, ich stieg die enge Treppe hinauf und klopfte an die einzige Tür, sie ging auf, und es saß die kleine Fami- lie schweigend am Tisch beim Mittagsmahl, und dicht daneben in der engen düstern Stube lag auf dem Schra- gen die tote Frau.

Auch an dies traurige Bild hatte ich seit vielen Jahren nicht mehr gedacht, nun fand es sich wohlerhalten in meiner Galerie neben den tausend anderen, und man- che dieser Bilder sind auch in meinem spätern Leben, oft seltsam verwandelt, wiedergekehrt und haben irgendwelche Bedeutung gewonnen. So war zum Bei- spiel unser Hausarzt, der mit der Tante, nicht nur unser Doktor, dem man die Zunge zeigen mußte und der einen bei geheuchelter Krankheit listig durchschaute, sondern auch ein Freund und Gönner der Basler Mis- sion und dadurch unsrem Haus noch mehr verbunden. Es gibt eine Gruppenaufnahme der Teilnehmer an einer Missionskonferenz in Bremen, etwa ums Jahr 1890, da stehen neben vielen anderen damaligen Missionsgrößen und Missionsgönnern nicht nur mein guter Vater und der Vater von Rudolf Alexander Schröder, sondern auch unser Calwer Doktor, der meinen Vater auf der Reise zu dieser Veranstaltung begleitet hat.

Und gleich nach dem düsteren kleinen Metzgerhaus kam wieder ein großes, breit und hoch, mit zwei Höfen, weitem Tor, vielen Stockwerken und hohen dämmerigen Dachböden, da roch es herb nach Lohe und Tierhäuten und den Chemikalien der Gerberei, und Gerber Nascholds Tochter, mit meiner älteren Schwester gleichaltrig und befreundet, hat mir sechzig Jahre später wieder Briefe geschrieben, bis auch sie dahinging. Hinter Nascholds Haus und seinem Lohgarten floß die Nagold und stand die Stellfalle, die Schleuse, die nur hochgezogen wurde, wenn ein Floß aus Tannenstämmen den Fluß hinabfuhr; dort gab es zwischen der Nagold und einem Mühlkanal ein steiniges, mit Gesträuch und Weiderich überwachsenes Inselchen, Heimat unzähliger Gänse und Enten.

Ihr seht, mein Bilderspiel führt zu so vielen Erinnerungen und Evokationen, daß schon die paar Häuser neben dem unsern Stoff zu zwanzig solchen Briefen gäben. Das Leben ist zu kurz für solche Arbeit, es ist überhaupt zu kurz. Man muß sich beschränken und dankbar dafür sein, daß es ein paar Erinnerungsbücher gibt, die sich vor uns auf die Suche nach der verlorenen Zeit begeben haben, Proust vor allem, und auch etwa in ganz anderer, schlichterer Form der Baron von Taube, der seinen väterlichen Gutshof in Estland ein wunderschömes Denkmal gesetzt hat (v. Taube, Im alten Estland).

Ich verzichte denn auf weitere Proben aus meinem Gedächtnis-Bilderbuch, ich habe ja auch nicht mit ihm, mit Schlummern und mit „Simplizius" allein die Krankentage hingebracht. Zum Beispiel kam auch immer wieder Post, und tagelang hatte ich ganze Stöße ungeöffneter Briefe um mein Bett herum liegen; erst mit beginnender Genesung konnte ich mich ihrer im Ernst annehmen. Da fand ich allerlei Bemerkenswertes und zuerst etwas Widerwärtiges und Störendes. Es hatte mich neulich ein Mann darum gebeten, in ein kleines älteres Buch von mir, das ich nicht mehr schätze, eine Widmung zu schreiben. Es wäre leichter gewesen, in

Gottes Namen ja zu sagen, als mich zu weigern. Aber ein nicht zu unterdrückendes Gefühl warnte mich: der Brief des Mannes machte mir einen so widerwärtigen, ja feindseligen Eindruck. Es mag unrecht sein, wenn man einen Menschen ablehnt, ihn als gering oder böse empfindet und nicht dem allgemeinen Gebot der Nächstenliebe, sondern dem ganz subjektiven Gefühl oder Instinkt gehorcht, einfach weil uns an einem Mitmenschen die Nase, der Blick, der Geruch, die Stimme, das Gehaben mißfällt und mißtrauisch macht. Nun, ich folgte dem Instinkt, der mir sagte, es sei nicht gut, mit diesem Mann zu tun zu haben; ich schrieb ihm kühl, aber nicht unhöflich, daß ich seinen Wunsch nicht erfüllen könne. Und jetzt war von diesem Mann wieder ein Brief da, ein böser, gekränkter, wehtunwollender und auch drohender, ein Brief, in dem der vom Instinkt Abgelehnte sich vollends unaufgefordert entblößte und zu erkennen gab. Solche Enthüllungen, in denen jemand Form und Haltung verliert und das bisher maskierte Gesicht uns nackt in seiner hilflosen Unschönheit herzeigt, sind immer erschütternd; ich habe ihrer nicht viele, aber doch einige erlebt, sie tun uns auf eine ebenso quälende wie beschämende Art weh. Ich brauchte einen ganzen Tag, um damit fertig zu werden.

Wunderlich hat mich auch ein anderer Brief berührt. Ein Freund berichtete mir von einem Ausflug nach Maulbronn, wo er eine Führung durchs Kloster genoß. Es führte ihn und seine Begleiter der Kustos, der offizielle Fremdenführer, und er konnte mir von einigen Veränderungen und Neuentdeckungen in dem herrlichen alten Bau berichten. Des weitern aber fing der Kustos an einer geeigneten Stelle, mit Hölderlin beginnend, von einigen ehemaligen Klosterschülern zu erzählen an, und da kam auch ich an die Reihe, der entlaufene Seminarist vom Jahrgang 1891/92; und der beredte Märchenerzähler gab eine angeblich auf Berichten von Augenzeugen beruhende, spannende und rührende Schilderung von Hesses Flucht. An einem Winterabend, so lautete die Legende, sei der Schüler Hesse von einigen seiner Kameraden vermißt worden; sie hätten sich aufgemacht, ihn zu suchen, hätten seine Spuren im tiefen Schnee entdeckt, ihn selbst aber erst am andern Morgen gefunden, wo er halb erfroren ohne Mantel oder Handschuhe in einem Gebüsch gelegen habe, aus dem sie ihn hervorzogen, um ihn ins Kloster zurückzubringen. Die mit manchen hübschen Einzelheiten geschmückte Erzählung war schön, nur war alles und jedes erfunden und erdichtet, vom Schnee und von den Fußspuren bis zur Auffindung durch die Kameraden und zum Hervorgezogenwerden aus dem Gesträuch. Das einzig Wahre an der Geschichte war die bittere Kälte jener schneelosen Märznacht und der Mangel an etwas Warmem; ich trug ein ziemlich dünnes Kleid, das aus einem abgelegten Anzug meines älteren Bruders Theodor geschneidert war. In Wirklichkeit war die Geschichte jener Flucht nicht so hübsch und rührend und doch weit härter als das, was in der Legende von ihr übriggeblieben ist.

Besuche gab es auch. Liebe Freunde von uns wohnen nebenan und haben uns viel Freundliches und Hilfreiches erwiesen. Und für ein paar Tage kam, vom Kongreß des PEN-Clubs her, Freund Kenji Takahashi aus Tokio, mein japanischer Übersetzer und Biograph. Er kam mit Lächeln, ließ Papiervögel flattern, brachte Geschenke von manchen Freunden und Lesern mit, Briefchen, bemalte Fächer, ein Tuch mit einer Hiroshige-Landschaft, schön lackierte Eßstäbchen. Von Japan war er über den Nordpol nach Kopenhagen geflogen, mit einer Stunde Aufenthalt in Alaska. Als er davon erzählte, dachte ich an meinen Flug mit Oskar Bider, 1912 oder 1913, wo ich auf winzigem Hocker frei in der Luft saß und die Beine überm Berner Münster baumeln ließ.

Schön war sodann mein erster, ganz kleiner Ausgang auf ebenem Weg durch den Lärchenwald. Es gibt eine sehr hübsche Geschichte von W. Saroyan, aus der Zeit, wo er als junger Bursch in einem kalifornischen Weinberg arbeitete. Da kaufte er sich einmal eine Zeitschrift und fand darin viele Bilder eines mexikanischen Malers. Zum erstenmal ging ihm da das Phänomen der Schönheit auf: daß alle Dinge auf Erden schön sind oder schön sein können, wenn ein Künstler sie betrachtet, und daß das Entdecken und Festhalten dieser Schönheit ein hohes Glück bedeutet. Ich humpelte am Arm meiner Frau langsam und etwas mühsam dahin und war dabei sehr glücklich, denn das schöne Gefühl des Genesens machte in dieser Stunde auch mich zum Künstler und machte für meine Augen alles und jedes schön: die alten Lärchenstämme und jede Biegung ihres geschmeidigen Geästes, jede Arabeske, die das Wiegen ihrer Zweigspitzen im leichten Winde in das Blau und Weiß des Himmels schrieb, die sanft gekrümmte Linie eines zu Tal führenden Fußpfades, die mit zäher Kraft geladenen Wülste der dicken Baumwurzeln, auf die wir unsre Sohlen setzten, die schattigen und die besonnten Moospolster, die Schnecke am Stiel eines Grashalms, das von braunen Adern durchzogene grüne Blatt eines Löwenzahns, das Aufblitzen eines Wassertropfens am dürren dünnen Zweig eines erstorbenen Zwergbäumchens, die mattglasige Quarzader quer durch einen geborstenen Stein, aber auch die Ameise, die mir beim Stehenbleiben über den Schuh rannte, und noch das silberne Fetzchen Stanniol, dessen Aufgabe es gewesen war, ein Stückchen Schokolade zu umhüllen, und das sich jetzt ganz und glücklich der Aufgabe widmete, etwas von dem blauen und dem goldenen Licht dieser Stunde zu spiegeln und mitten in einer feuchten Schattenmulde den Stern zu spielen.

1959

ERINNERUNGEN AN ÄRZTE

Das Haus Rosengart

In einem der drei Jahre, die ich im alten Bauernhaus am Untersee wohnte, tauchte eines Tages ein Besucher auf, der seine Ferien in dem einzigen, recht primitiven Gasthäuschen unseres Dorfes verbrachte. Er kam aus Frankfurt, war Arzt und hieß Josef Rosengart. Ein Mann mit einem Vogelgesicht, dem zwei Eigenschaften den Charakter verliehen, die man sonst selten nebeneinander auf einem Gesicht antrifft: Klugheit und Verwundertsein. Daß ich es als Vogelgesicht im Gedächtnis behalten habe, mag von dem Haarschöpfchen herrühren, das stets über der Mitte seiner Stirn emporragte und mich an den Federschopf des Hähers erinnerte. Diese Stirn und das ganze Gesicht, obwohl damals noch jung, trug tiefe Runzeln, es war da viel Haut vorhanden, weit mehr als der Knochenbau zur Bedeckung bedurft hätte, und die Bewegungen, Wülste und Faltungen dieser Haut gaben dem Gesicht für den ersten Blick etwas Kauziges, erwiesen sich aber als Mittel zu sehr differenzierten Ausdrucksmöglichkeiten, an denen Mund und Augen lebhaft teilhatten. Hinter diesen Wülsten und Falten konnten die Augen trauernde Weisheit, genau beobachtende Aufmerksamkeit, warme Teilnahme, aber je nachdem auch eulenspiegelische Schelmerei und Spaßfreude bekunden.

Während dieses kurzen Aufenthaltes in unserem Dörfchen kam Doktor Rosengart mir noch nicht eigentlich nahe, doch immerhin soweit, daß er mich viel später, da in seiner Stadt ein Vortrag von mir angekündigt wurde, als Wohngast in sein Haus am Reuterweg einlud. Ich nahm an, wurde abgeholt, bekam ein Gastzimmer, bekam einen sehr schönen Moselwein vorgesetzt und lernte nun erst den Doktor und mit ihm seine stille gute Frau und seine beiden Knaben kennen, zwei lebhafte und voneinander sehr verschiedene Brüder, der eine mehr intellektuell aussehend und geistig und humanistisch interessiert, der andere mehr liebenswürdiger Spielkamerad und Charmeur. Die Familie, in der eine angenehme, leise von der stillen Mutter kontrollierte Temperatur herrschte, brachte des öfteren ihre Ferien in Tremezzo am Comersee zu: kein zufällig gewählter Ort etwa, sondern die Heimat der berühmten genialen Familie Brentano, deren Andenken in Frankfurt nächst dem von Goethe noch in hohen Ehren stand. Überhaupt: das damalige Frankfurt! Ich habe diese Stadt in ihrem damaligen wohlbehaltenen Zustand sehr geliebt, sie war so behaglich wie ehrwürdig mit den reizvollen altertümlichen Gassen, Gäßchen und Winkeln voll origineller kleiner und großer Giebel- und Fachwerkhäuser, dem herrlichen Goethehaus, dem Römer, den breiten heiteren Main. Stattlich und stolz, aber längst noch keine Großstadt, beherrscht von einem demokratischen, kunstfreundlichen und kulturwilligen Bürgergeist mit stark jüdischem Einschlag, war sie mir schon von weitem, noch eh ich sie mit Augen sah, dadurch sympathisch, daß sie vom Berliner Kaiserhaus abgelehnt und gemieden wurde. An der Aversion der Majestät gegen eine so alte und ehrwürdige Stadt war nicht nur deren Stolz und Unabhängigkeitssinn als gewesene Freie Reichsstadt, war nicht nur die Judenschaft und wohl auch das geringe Verständnis der Hohenzollern für Goethe schuld, sondern auch in hohem Maß die liberale und bürgerstolze „Frankfurter Zeitung". Zu ihr hatte die Familie Rosengart nahe Beziehungen. Es gefiel mir in diesem Frankfurt überaus gut, und dazu trug das Doktorhaus und meine beginnende Freundschaft mit ihm vieles bei. Ich lernte die Stadt ein wenig kennen, war des öfteren in Goethes Vaterhaus am Hirschgraben, im Städelschen Museum, in der Oper, und wenn die Söhne meines neuen Freundes schulfrei waren, spielte ich mit ihnen Boccia hinterm Haus, sie hatten eine Vorliebe für dies Spiel aus Tremezzo mitgebracht. Auch machte ich bei meinen mehrmaligen Frankfurter Aufenthalten manche wertvolle Bekanntschaft, so mit dem frommen alten Maler Steinhausen und seiner Familie, mit der Malerin Ottilie Röderstein, einer der unabhängigsten und gediegensten Frauen, die mir je begegnet sind, ich saß ihr zu einem Porträt in ihrem Atelier im Städelschen Institut und besuchte sie auch in ihrem Haus am Fuß des Taunus.

Einige Jahre hindurch hatte ich Rosengart nur als Freund und Gönner, als guten und witzigen Gesprächspartner und lieben Gastgeber gekannt. Dann kam der Tag, an dem ich ihn auch als Arzt und er mich als Patienten kennenlernte. Im Jahre 1909 hatte ich auf einer norddeutschen Reise, wie früher schon manche Male, Tage heftigen Unwohlseins, die ich als Blinddarmreizungen erkannte. Ich schrieb an den Freund, daß ich ihn auf der Heimreise in Frankfurt besuchen und diesmal auch konsultieren möchte, er lud mich ein, und kaum hatte er mich angeschaut, so riet er mir unbedingt zur Operation, die ein ihm befreundeter Chirurg ausführen werde. Ich war einverstanden, ich wurde in ein Spital gebracht und operiert. Und jetzt, kurz nach dem Erwachen aus der Narkose, sah ich das Freundes- und Vogelgesicht schöner und unvergeßlicher als je. Ich lag dösig und passiv, und er beugte sich über mich und sah mich an mit einem Ausdruck der Besorgnis, des Wohlwollens, ja der Zärtlichkeit, der nicht mehr freundschaftlich oder väterlich, sondern geradezu mütterlich war und den ich mit in die Genesung und ins weitere Leben nahm.

Als Freund Rosengart starb, war Hitlers braune Knabenarmee schon stattlich, aber noch nicht an der Macht, er ist in Ruhe und Ehren als beliebter Arzt mit dem Titel Sanitätsrat dahingegangen. Aber ich muß nun auch seines Sohnes Paul gedenken, den ich als Knaben kennenlernte und der als Gymnasiast oder Student in den Krieg von 1914 ziehen mußte. In französische Gefangenschaft geraten, landete er nach dem üblichen Hin und Her in einem der größten Kriegsgefangenenlager, in Nevers, und als am ersten Morgen dort die neu Gekommenen antreten mußten, um sich in die Listen eintragen zu lassen, schritt ein französischer Reserveoffizier die Front ab, blieb plötzlich überrascht stehen und rief: „Rosengart!" Der Offizier war bis zum Sommer 1914 in Frankfurt am Gymnasium Lehrer des Französischen und Rosengart sein Schüler gewesen. Ich aber war damals in Bern Leiter einer Bücherzentrale für deutsche Kriegsgefangene und konnte den Jüngling einigermaßen mit Lektüre versehen. Nun, er überstand den Krieg, kehrte heim, studierte Medizin, wurde Arzt und heiratete eine sehr liebenswerte arische Frau, übernahm nach des Vaters Tod dessen Haus und Praxis, ich war dort noch einmal zu Gast. Wenige Jahre später kam Hitler zur Macht, der junge Arzt mußte Praxis, Haus und Frau dahinten lassen und fliehen, machte böse Zeiten des Elends durch, trat beim Beginn des zweiten Weltkrieges in die französische Armee ein, es hätte ihm passieren können, diesmal als Franzose in deutsche Gefangenschaft zu kommen. Doch kam es glücklicherweise dazu nicht. Heute hat er in Strasbourg eine große Praxis, und wenn er gelegentlich in die Schweiz kommt, besucht er mich, und wir sprechen von Frankfurt und seinen Eltern und von vielem anderem, was uns verbindet.

Besuch bei einem Dorfarzt

Meine erste Heirat fand im Sommer 1904 in Basel statt. Meine Braut hatte, während ich in Calw an einem Buch arbeitete, eine ländliche Wohnung für uns gesucht und in einem kleinen Dorf am deutschen Ufer des Bodensees ein leerstehendes altes Bauernhaus entdeckt, etwas primitiv und auch etwas verwahrlost, aber hübsch und still. Das einzige Komfortable im Haus war ein schöner alter Kachelofen mit „Kunst", von der Küche her heizbar, Wasser gab es nicht, das mußte vom Brunnen in der Nähe geholt werden, Gas oder elektrisches Licht gab es in der ganzen Gegend nicht, und es war auch nicht ganz einfach, das Dörfchen zu erreichen oder zu verlassen; außer dem Dampfschiff, das nur sehr selten und bei Eis oder Sturm oft gar nicht fuhr, gab es nur einen Pferdepostwagen, mit dem man in stundenlanger Fahrt, mit langen Aufenthalten in jedem Zwischendorf, eine Bahnstation erreichen konnte.

Es war aber gerade das, was wir uns gewünscht hatten, ein verwunschenes, verborgenes Nest ohne Lärm, mit reiner Luft, mit See und Wald, und die Miete für unser ganzes Haus mit fünf Stuben kostete, glaube ich, etwa hundertfünfzig Mark im Jahr. Wir hatten unsere Sachen schon vor manchen Tagen vorausgeschickt, aber als wir jungen Eheleute nun in unserem Dorf ankamen und einziehen wollten, standen wir vor einem leeren Haus, außer meinen Bücherkisten war noch nichts angekommen, weder Möbel noch Betten, es blieb uns nichts übrig, als zu warten und vorerst irgendeinen Gasthof aufzusuchen. Es wurde uns einer drüben am Schweizer Ufer empfohlen, wir ließen uns über den See rudern und fanden gute Aufnahme und Unterkunft. Immerhin, der Beginn unseres Unternehmens war etwas enttäuschend: meine Frau hatte sich auf den Einzug und auf das Einrichten gefreut, ich auf das Aufstellen meiner Bibliothek und das Einweihen des großen neuen, aus München bestellten Schreibtisches, an dem ich noch heute arbeite. Statt dessen saßen wir untätig in einem fremden Dorf und Gasthaus, konnten auf das andere Ufer und „unser" Dorf hinüberblicken, fuhren immer wieder mit dem kleinen Dampfer übers Wasser und sahen uns jedesmal enttäuscht: unser Hausrat war nicht eingetroffen. Irgend etwas schien da nicht zu stimmen bei unserem Sprung ins neue Leben, das ich mir knabenhaft halb als Idylle, halb als Robinsonade vorgestellt hatte, irgendein Kobold schien da zu spucken. Doch waren wir jung, vergnügt und neugierig genug, um nicht schon damals solche Gedanken zu hegen, man ist ja nachher immer scheinbar klüger als in der lebendigen Gegenwart und trägt, wie die leidigen Geschichtsphilosophen es tun, im erinnernden Nachzeichnen des Erlebten Zusammenhänge, Entwicklungslinien und Deutungen hinein, die man dann gern schon dazumal gehabt zu haben sich einbildet. Wir waren im großen ganzen recht vergnügt auf Ausflügen, Schiffs- und Ruderbootfahrten, studierten den üppigen Flor in den gepflegten Bauerngärten und die Mundart der Thurgauer, und für mich waren namentlich die Fischerdörfer und die Ufergebiete mit ihren tausend Pfählen, ihren heimlichen Strömungen und ausgedehnten hohen Schilfwäldern von hoher Anziehungskraft.

Etwas wie Beängstigung aber empfand ich, als an einem dieser heimlosen Ferientage meine Frau mir gestand, daß sie ernstliche Schmerzen beim Bücken und manchmal auch beim Gehen habe. Ich kannte sie als zäh und tapfer, das Gegenteil von wehleidig, ich wußte sie, furchtlose und ausdauernde Bergsteigerin und groß beim Klettern im Fels, mir an physischer Konstitution und Leistungsfähigkeit überlegen und konnte mir wohl denken, sie habe schon eine gute Weile sich mit diesen Schmerzen geschleppt und sie erst eingestanden, als sie nicht mehr zu verheimlichen waren. Darum erschreckte mich ihre Klage. Sofort erkundigte ich mich, ob es einen Arzt am Ort gebe. Richtig, es gab einen, die Wirtsleute rühmten ihn sehr, er sei unmenschlich gescheit, habe schon manchem wunderbar geholfen und nehme von armen Patienten wenig oder nichts, schenke ihnen sogar manchmal die Arzneien. So ließen wir uns denn das Haus des Dorfarztes zeigen, fanden ihn auch zu Hause und wurden gleich empfangen.

In einem altmodisch-behaglichen Studierzimmer saß hinter einem breiten, mit allerlei Zeug vollgestapelten Schreibtisch ein gut und freundlich aussehender Herr, er hätte etwa ein Pfarrer oder Gelehrter sein können, an den Arzt erinnerte in dem dämmrigen Zimmer einzig eine Reihe von Flaschen und Fläschchen, die in Griffnähe neben ihm standen. Wir waren jung und empfanden beide noch dem Medizinmann gegenüber eine gewisse respektvolle Schüchternheit, er war auch erheblich älter als wir und fand sich nicht wie wir in einer ungewohnten Situation, er strahlte vielmehr eine heitere Sicherheit aus, übrigens auch ein natürliches Wohlwollen, und empfing uns gutgelaunt und zu angenehmer Konversation bereit, während wir, klein und etwas ängstlich, seiner Einladung folgten und Platz nahmen. Und so blieb es über die ganze Zeit unserer Unterhaltung: wir, die Schwachen, saßen gespannt und mit gezwungener Höflichkeit auf unseren Stühlen, und er, der Starke und Joviale, saß bequem und väterlich einige Meter von uns entfernt in seinem Armsessel und blieb trotz aller unserer Versuche, die Distanz zu durchbrechen, der Führende in der Konversation. Es war vom Wetter, von der Landschaft, vom Gasthaus, von Sehenswürdigkeiten in der Umgebung, von Fischerei und Obsternte die Rede, zwischenhinein auch von den Schmerzen im Rücken meiner Frau, die er jedoch nicht besonders ernst nahm. „Ja, ja, so junge Frauchen haben recht oft solche Beschwerden, man darf es nicht tragisch nehmen, immerhin gebe ich Ihnen dann etwas zum Einreiben mit, es kann nichts schaden." Und so weiter und weiter. Zu einer Untersuchung war er nicht zu bewegen, er blieb hinterm Schreibtisch thronen. Schließlich mußten wir Abschied nehmen, er stand auf, reichte uns eine Flasche Opodeldok, und seine letzten Worte waren: „Fahren Sie doch gelegentlich nach Konstanz und fragen Sie nach Engstlers Biergarten, da bekommen Sie ein gutes Pilsener und können unter den Bäumen im Schatten sitzen, und da singen die Vögel, das ist so schön wie ein Militärkonzert und kostet keinen Rappen." Wir fragten, was wir schuldig seien, und bezahlten für Konsultation samt Arznei fünf Franken. Bald darauf wurde an anderer Stelle die Krankheit meiner Frau als Ischias erkannt, sie lag viele Wochen damit in Basel und hatte noch jahrelang mit heftigen Rückfällen zu tun.

Ein Arzt großen Stils

Der bedeutendste aller Ärzte, mit denen ich bekannt und deren Freund ich wurde, war Albert Fraenkel. Die Geschichte der Medizin kennt ihn als den Initiator der intravenösen Strophanthin-Injektion in der Zeit um 1900. Seine beiden Heimatorte, Heidelberg und Badenweiler, verdanken ihm die Gründung großer Sanatorien und die Heranbildung einer Elite von jungen Ärzten. In der kurzen Zeit, in der ich ihm nahetrat und einige Male sein Gast war, es waren die letzten paar Jahre vor dem ersten Weltkrieg, war Fraenkel der König von Badenweiler. Die Patienten, Tuberkulöse und Herzkranke, kamen von allen Seiten, in Luxuswagen aus dem Elsaß, aus Luxembourg, dritter Klasse aus dem deutschen Osten, aus Polen und Rußland, manche trugen, des Deutschen nicht mächtig, Papptäfelchen angehängt mit Aufschriften wie „Badenweiler, Dr. Fraenkel" oder „Badenweiler, Villa Paul". In den paar Jahren meiner Besuche hatte Fraenkel zwei ständige Mitarbeiter. Einer von ihnen leitete die „Villa Paul", ein Sanatorium für Lungenkranke, der andere, Dr. M. Hedinger, wohnte wie der Meister in eigenem Hause, und in Fraenkels nächster Nähe wohnten und arbeiteten stets ein oder zwei junge Assistenten. Fraenkel empfing und beriet die zuströmenden Patienten teils in seiner Villa, teils in den beiden kleinen Sanatorien, teils in privaten Wohnungen im Dorf, wo man ihn täglich viele Male in seiner leichten Pferdekutsche antreffen konnte. Zwei seiner Mitarbeiter habe ich näher kennengelernt und beide in schöner und dankbarer Erinnerung behalten: den Dr. Hedinger und Dr. Heinecke. Hedinger, der später in Baden-Baden eine eigene große Praxis hatte und durch seine Arbeiten über Ischias bekannt ist, hat mir einst eine nicht vergessene Wohltat erwiesen. Ich war einmal nicht als Fraenkels Freund und Hausgast, sondern als Patient oder doch Erholungsbedürftiger in Badenweiler und wohnte einige Wochen in der „Villa Hedwig". Manches, was mich damals drückte

und erst später zur Klärung kam, hatte mich von zu
Hause weg in die anregende und heilsame Atmosphäre
von Badenweiler getrieben, wo außer der zentralen
Person des großen Arztes manches mich wohltuend
ansprach: die herrliche Lage am Fuß eines waldigen
Schwarzwaldberges mit dem weiten Blick übers Rheintal
auf die Vogesen, der an meine Heimat erinnernde Tannenwald mit Lichtungen, in denen Weiderich und Fingerhut in großer Üppigkeit wuchsen, die Nähe Basels und
Freiburgs, auch der alemannische Charakter der Dörfer
und ihr Dialekt, die Mundart Hebels. Trotz alldem war
ich in jenen paar Wochen, mit Ausnahme der vielen
höchst angeregten und heiteren Stunden in Fraenkels
Haus und Familie, nicht eben frohgemut. Außer privaten Sorgen empfand ich auch mit wachsender Stärke das
politische Unbehagen in der überheblichen, protzigen
Gesellschaft des Wilhelminischen Deutschland, ein Unbehagen, ähnlich dem, das heute nahezu jedermann angesichts der Machtanhäufungen und Rüstungen in Ost
und West empfindet. Mich führte es, noch zwei Jahre
vor dem Ausbruch des Krieges, aus Deutschland und
aus vielen Bindungen und Traditionen hinaus. Doch war
es damals noch nicht ganz soweit, ich hatte noch an vielem zu kauen, was schlecht schmeckte und nicht zu ver-
dauen war. Und so gab es denn Stunden und Tage der
Depression und des Mißmuts. An einem solchen Tag
lief ich finstern Gesichts dem Dr. Hedinger in die
Hände, der fragte mich, was mir fehle, und als ich nichts
andres als ein allgemeines Taedium vitae nennen
konnte, lud er mich ein, mit in sein Haus zu kommen,
da führte er mich ins Musikzimmer, wo ein schöner Flügel stand, bot mir einen Sessel und spielte mir eine halbe
Stunde Bach. Es war eine vorzügliche Therapie.

Und jener andere Fraenkel-Schüler, der ganz junge
Assistent Heinecke, später Leiter des Sanatoriums Wald-
eck, der für Brahms schwärmte und mit einer sehr liebenswerten Tochter der „Villa Hedwig" verlobt war, hat
mir ebenfalls einmal einen wertvollen Dienst erwiesen.

Ich war mit meinem Roman „Roßhalde" beschäftigt, in dem Krankheit und Sterben eines begabten und liebenswürdigen Knaben zum Gleichnis wird für das Welken und Sterben einer Ehe. Über diese Krankheit, eine Meningitis, und ihre Symptome erbat ich mir von Heinecke medizinische Auskünfte. Er verstand genau, woran mir gelegen war, und schilderte mir einige Details mit großer Eindringlichkeit, man findet sie alle treu in meinem Buche verwendet.

Aber zurück zu Fraenkel! Die Arbeitskraft des sehr zarten, durch eine frühe Tuberkulose geschwächten und zu vorsichtigem Leben gemahnten Mannes war ein reines Wunder, ich habe schon damals über dieses scheinbare Perpetuum mobile einer übermenschlichen, jeden Tag sich erneuernden Energie viel nachgedacht. Zwar sah ich den Verehrten an manchem Abend nach zwölf- und mehrstündiger intensiver Arbeit vollkommen erschöpft und zusammengesunken, im bleichen Gesicht auch das Hellblau der Augen wie erblaßt und erloschen, aber am nächsten Morgen zu früher Stunde stand er den schon auf ihn wartenden Assistenten und Kranken wieder ganz zur Verfügung. Was mich an ihm am meisten in Erstaunen setzte, war seine seelische Offenheit, ein grenzenloses, scheinbar ganz passives Offenstehen für alles, was der Tag und die Stunde ihm vor die Augen und Ohren stellten, die Berichte und Fragen der Mitarbeiter und der Pflegerinnen, die Klagen und Leidensgeschichten der Patienten, der klugen und der dummen, der geschwätzigen und der gehemmten, der cholerischen und der geduldigen. Kam er mittags aus diesem anspruchsvollen Vielerlei nach Hause zu Tisch, so ging er mit der gleichen Bereitschaft, Sorgfalt und Genauigkeit auf die Gespräche der Familie und Gäste ein, all dies mannigfache Leben, alle diese vielen Gestalten und Anliegen, Geschichten und Schicksale schienen in ihn einzuströmen, ohne den geringsten Widerstand anzutreffen, er nahm sie wie Atemluft in sich auf und hatte Aufmerksamkeit und Gedächtnis nicht nur für das Bedeutende oder das medizinisch Interessante, sondern auch für eine Menge kleiner Züge, rührender oder drolliger, er hätte drei Theaterdichter stets mit Stoff versehen können. Es sah so aus, als sei dies beständige Aufnehmen und Offenstehen ganz ungewollt und passiv. Doch war es das natürlich nicht, und im Gespräch merkte ich sehr bald, daß er das Wahrgenommene auch nach Merkmalen ordnete, siebte und in Kategorien brachte. So konnten wir heitere Gespräche über die verschiedenen Typen von Patienten, von Hoteliers und Zimmervermietern, namentlich aber über die von Ärzten und von Pflegerinnen haben, die wir mit Vergnügen klassifizierten und etikettierten, etwa die damenhafte, die fromme, die sentimentale, die kaltschnäuzige, die neckische Schwester, der vergnügte Hebammen- und der mechanisierte Laborantinnentyp usw. Fraenkel war sehr weitherzig und duldsam, hatte aber doch auch seine kräftigen und dauernden Aversionen, zum Beispiel gegen einen berühmten Kollegen, von dem er gern sagte: „Er sieht aus wie ein Theologe, und das ist er ja auch." Und als ich bald nach jenem Aufenthalt in der „Villa Hedwig" eine kleine Sanatoriumsskizze schrieb, in der ich ihn und seine ärztliche Psychologie zu zeichnen versuchte, lachte er mich nach der Lektüre herzlich an und sagte: „Ich hatte geglaubt, ich hätte Sie erwischt. Aber jetzt bin ja ich es, den Sie erwischt haben."

Nach Kriegsbeginn im Jahr 1914 schrieb er mir nach Bern, er könne sich meine Einstellung etwa als „Verstandesneutralität" denken, er dagegen mit den Seinen sei „stramm national". Er hat denn auch seinem Vaterland im Kriege und nachher im größten Maßstab gedient. Mit dem Kriege riß die Verbindung zwischen ihm und mir ab, und ich wußte sehr viele Jahre nichts mehr von ihm. Dann an einem Sommertag in den dreißiger Jahren saß ich mit meiner Frau und einem Gast hinter unserem Hause in Montagnola im Walde am Steintisch. Ein Besuch wurde gemeldet. Ich fragte nach seinem Namen. Es sei ein alter Herr, seinen Namen wolle er nicht nennen.

Und schon kam er den Fußweg zwischen den Kastanien gegangen, ein hagerer Alter mit weißem Haar und Bart und ganz farblosem Gesicht, und fragte: „Kennen Sie mich noch?" Es war Fraenkel. Mehr als zwanzig Jahre hatten wir uns nicht mehr gesehen. Er sah dem jüngeren Fraenkel sehr ähnlich, wenn er am Abend eines strengen Arbeitstages so blaß und erloschen bei Tische saß. Die Braunen hatten ihn nicht umgebracht, aber seiner Titel, seiner Funktionen, seiner Ehre und Würde beraubt. Er verlor nicht viele Worte darüber. Den zweiten Krieg hat er nicht mehr erleben müssen.

Großvater Hesse

Arzt war auch einer meiner Großväter, der baltische. Im Jahr 1802 in Dorpat geboren, früh vaterlos geworden, war er nach der Mutter und nach eigenem Willen zum Theologen bestimmt. Hochbegabt, lustig und leichtsinnig absolvierte er ohne viel Mühe das Gymnasium, spielte aber im letzten Schuljahr so heftig den Studenten und flotten Burschen, daß einer seiner Lehrer ihn dafür zu strafen beschloß. Er hatte bei der Maturitätsprüfung in Griechisch zu prüfen und nahm den Jüngling mit ungewöhnlicher Schärfe ins Gebet. Dieser war ein guter Schüler, was die Kenntnisse betraf, aber bekanntlich ist Griechisch eine reiche und komplizierte Sprache, und ein gerissener Examinator wird auch einen gut beschlagenen Prüfling diese oder jene seltene Vokabel, diesen oder jenen verzwickten Aorist oder Dualis abzufragen finden, bei denen er versagt. Und so bekam Großvater im Griechischen nicht eine Eins, sondern eine Zwei. Für die Zulassung zum theologischen Studium war aber die Eins unerläßlich, und als der Junge gleich von der Prüfung weg zur Universität lief, um sich immatrikulieren zu lassen, mußte der Rektor ihm sagen, daß er ihn nicht als Theologen einschreiben könne. In seinen ein halbes Jahrhundert später geschriebenen Erinnerungen heißt es: „. . . und ich empfing in Eile meine Matrikel als Mediziner, und es kam in dieser leichtsinnigen Weise die wichtige Berufsentscheidung für mein ganzes Leben zustande ... In Sprüngen eilte ich nach Hause, zog den längst fertiggelegenen neuen grünen Sommerrock mit den goldenen Litzen an und stellte mich Mutter und Schwester als Studiosus vor."

Im Jahre 1826 legte er sein medizinisches Examen ab, es war einfacher als heutzutage. Es begann mit einer mündlichen Prüfung, zu der die Studenten in ihren Wohnungen feierlich vom Pedellen geladen wurden. Die mündliche Prüfung dauerte einen Nachmittag von zwei bis zehn Uhr, bei zweien der Professoren mußte Latein gesprochen werden, dazwischen wurden aber auch Erfrischungen gereicht, „... ein und das andre Mal nahm ich einen Schluck Wein". Nachher gab es noch schriftliche Arbeiten, eine chirurgische Operation, eine anatomische Demonstration, „... alles wurde mit Freuden geleistet, das Examen war bestanden. Ach, das war so gut, und das Beste die Freude der lieben Mutter." Und nun mußte die gute Mutter sofort Geld aufnehmen, denn der Sohn hatte beschlossen, ins „Vaterland" zu reisen und es zu durchwandern. Das Vaterland war Deutschland, für ihn wie alle Balten jener Zeit. Auf kleinem Segelschiff bei Sturm und Kälte kam er in vier Tagen nach Dänemark. Das prächtige und elegante Kopenhagen imponierte ihm zunächst sehr, doch wurde er, im schlechten Wanderkleid mit Ränzel wie ein Handwerksbursch aussehend, von den dortigen Professoren, an die er Empfehlungsbriefe aus Dorpat bei sich hatte, kühl und verächtlich empfangen. „Ich ließ sie stehen", schreibt er, „warf die übrigen Empfehlungsbriefe ins Feuer, packte meine Illusionen ein, ließ mir eine feine Kleidung machen und zog davon." Er sieht und besteigt das erste Dampfschiff, in Kiel und Hamburg kann er Krankenhäuser besuchen und Operationen beiwohnen, er sucht Ärzte und Theologen auf, an die er empfohlen ist, wandert zu Fuß, den Ranzen auf dem Rücken, durch halb Norddeutschland. Im Bad Pyrmont sieht er die

Spielbank und wird von der fixen Idee besessen, hier könne er sich Reisegeld bis nach Italien gewinnen, verliert aber nur und marschiert weiter, nach Göttingen und dann dem Harz entgegen. Im berühmten Brocken-Gasthaus findet er viele Touristen. „Wir gingen schlafen, aber schon um drei Uhr war's damit aus, es galt, den Sonnenaufgang zu sehen. Aber ich habe nie was Koddrigeres gesehen: alle voll Schlaf, in den desperatesten Nachttoiletten drängten sie sich ins Freie, da war's aber bitterkalt, und an Pelzen war kein Vorrat da. Nun, die Sonne ging auch auf, da, wo Halle an der Saale liegt, aber es war im Nebel so wenig schön ihr Angesicht, als wäre sie auch leidend von Frost und Müdigkeit."

Ich besitze in einer genauen Abschrift Großvaters Memoiren. Dieser feurige, ebenso enthusiastische wie burschikose Jüngling, dessen Lebenslust und Lebensmut auch eine kindlich vertrauensvolle Frömmigkeit umfaßte, ist der Arzt, Wohltäter, gelegentlich auch Tyrann einer kleinen Stadt in Estland und eines weiten Umkreises mit seinen herrschaftlichen Gütern geworden. Er ist jung, feurig, lustig, fromm und burschikos geblieben bis ins höchste Alter, ist mit dreiundachtzig Jahren noch auf einen seiner Bäume gestiegen, um einen Ast abzusägen, und samt der Säge abgestürzt, doch ohne Schaden zu nehmen. Er hat seiner Stadt Weißenstein ein Waisenhaus gegründet, hat Feste mit Rheinwein gefeiert und Stegreifreden in Versen gehalten, aber auch Erbauungsstunden, hat allen Armen gegeben – er hieß „der Doktor, der alles wegschenkt" – und zum Kummer seiner Familie immer wieder arme Patienten mit nach Hause gebracht und wochen- oder monatelang im eigenen Hause gepflegt. Als Arzt war er nicht zimperlich, er brach kranke Zähne „mit dem Schlüssel" und operierte kühn ohne Narkose und Assistent, er hatte sich durch ein rauhes Leben in primitiven Verhältnissen zu schlagen. Er hat drei Frauen gehabt und begraben, hat als russischer „Kronarzt" und Staatsrat sich den Teufel um Vorschriften oder Mahnungen der Regierung gekümmert, wenn sie ihm unnütz oder schädlich zu sein schienen. Bis ins hohe Alter hat dieser Mann Lebenskraft, Lebensfreude, Gottvertrauen, Autorität und Liebe ausgestrahlt, er wurde vierundneunzig Jahre alt und hat erst in den letzten Jahren das Leben als mühsam und traurig empfunden. Eine Nichte von ihm, Monika Hunnius, hat im Jahr 1921 ein sehr liebes und herzenswarmes Büchlein mit dem Titel „Mein Onkel Hermann" erscheinen lassen (bei Salzer in Heilbronn, es hat viele Auflagen erlebt, ist aber leider jetzt vergriffen). Darin erzählt sie, die ein Liebling meines Großvaters war, ihre Erinnerungen an ihn und sein Haus. Ich habe als Schüler in Maulbronn noch ein paar Briefe von dem damals Neunundachtzigjährigen bekommen. Sein Leben zu erzählen würde ein ganzes Buch fordern, ich will nur noch eine Episode beifügen.

Die große deutsche Reise, die ihn bis Zürich und bis Wien führte, hat fünfzehn Monate gedauert. Zur Rückfahrt von Lübeck bis Riga brauchte das kleine Segelschiff zwölf Tage. Dort in Riga stand ihm Großes bevor. Er berichtet darüber: „Auf den Sonnabend früh hatte ich die Post-Telega bestellt, die Abreise war bestimmt, da kam am Freitag abend meines Gastfreundes Schwager aus Kurland und brachte die jüngste Schwester der Hausfrau mit, Jenny Lass. Mein präpariertes Feuer war von ihrer Erscheinung in lichten Flammen . . . Jenny, 1807 geboren, war die jüngste von fünf Schwestern . . . Was soll ich noch beschreiben? Ich bestellte meine Postpferde ab. Am Sonntag waren wir auf einem Höfchen bei guten Freunden. Am Montag suchte ich die Einsamkeit, um meinem Herzen Luft zu machen. Ich weinte mich aus, weil ich nicht wußte, wie mir geschehen war. Sollte ich? – Durfte ich? und doch konnte ich nicht von ihr lassen, ich hatte keinen anderen Gedanken als Jenny.. Aber wie sollte ich mit ihr allein zusammenkommen? Das war eine quälende Geschichte, denn aufschieben und abwarten konnte ich ja nicht, ich war in der Fremde und mußte nach Hause, später hatte ich mit Riga keine Möglichkeit des Verkehrs. Es galt ein Entweder-Oder, womöglich im Augenblick. Ruhiges Erwägen war mir nicht möglich. Kennenlernen? Dazu ist Zeit und ruhiger Verkehr nötig – und ich hatte nichts als Liebesfeuer und Eile. Endlich am Mittwochabend kam es zu einem Spaziergang. Therese, ein paar Kinder, Jenny und ich gingen in den schönen Wörmannschen Garten. Da bestiegen wir einen Schneckenberg, und oben machte ich Jenny den Vorschlag, hinunterzulaufen und zu sehen, wer von uns beiden schneller sei. Jenny rannte voraus, ich ihr nach, und sehr bald standen wir uns in einer dunklen Grotte gegenüber, der Höhlung des künstlichen Berges. Wunderbar! Ich faßte ihre Hand und fragte: ‚Jenny, willst du mein Weib sein?‘ – aber wo war es hier möglich, ein ruhiges Reden und eine Antwort zustande zu bringen? Wir mußten zu den anderen, die uns schon auf dem Fuß folgten, und taten, als sei nichts vorgefallen. So ging es nach Hause, dort nahm ich Platz auf dem Balkon und hatte Dünastrom und Brücke und Stadt im Licht der sinkenden Sonne vor mir und starrte darauf hin – ein Melancholischer! Derweil hatte Jenny mit der Schwester gesprochen, kam leise mir nach und legte mir den Finger auf die Schulter, ich nahm sie in den Arm und hielt sie fest und ließ sie nicht den Mund auftun. Ich war im ganzen vollen Liebesglück und damit auf dem Gipfel meines bisherigen Lebens, Sehnens und Strebens.“

1960

VIERZIG JAHRE MONTAGNOLA

Als ich vor einundvierzig Jahren, auf der Suche nach einer Zuflucht, zum erstenmal nach Montagnola kam und eine kleine Wohnung mietete, unter deren Balkönchen damals neben späten Magnolien ein gewaltig hoher Judasbaum in Blüte stand, war ich ein Mann „in den besten Jahren" und war gesonnen, nach einem vierjährigen Krieg, der auch für mich mit Niederlage und Bankrott geendet hatte, von vorn anzufangen. Und Montagnola war damals ein Dörfchen, zwar kein ärmliches und geducktes wie manches andere in der Gegend, aber doch ein bescheidenes, kleines und stilles, in dem es ein paar herrschaftliche Häuser aus älterer Zeit und zwei, drei neuere Landhäuser gab, das aber einen vorwiegend bäuerlichen Anblick bot. – Heute, ein paar Jahrzehnte später, bin ich kein Mann in guten oder besten Jahren mehr, sondern einer von den gebrechlichen und etwas komischen Gemeinde-Greisen, der nicht daran denkt, mit irgend etwas von vorn zu beginnen, der sein Grundstück kaum mehr verläßt und drunten auf dem Friedhof von St. Abbondio einen hübschen kleinen Platz gekauft hat. Montagnola ist kein Dorf und macht keinen bäuerlichen Eindruck mehr, es ist ein Vorstädtchen mit etwa viermal so vielen Einwohnern, mit einem stattlichen Postamt und Konsumladen, einem Café und einem Zeitungskiosk geworden, wir nennen es unter uns „Stadt Segelfoss", an Hamsun denkend.

So ändern sich mit den Jahren die Menschen und die Dinge, es läßt sich nichts dagegen tun. – Aber in diesen paar Jahrzehnten habe ich in Montagnola viel Gutes, ja Wunderbares erlebt, von Klingsors flackerndem Sommer bis heute, und habe dem Dorf und seiner Landschaft viel zu danken. Ich habe meiner Dankbarkeit auch immer wieder Ausdruck zu geben versucht. Ich habe oft und oft das Lied dieser Berge, Wälder, Rebenhänge und Seetäler gesungen, auch jenes Balkönchen in Klingsors Wohnung und jener hohe Judasbaum – er war der höchste, den ich je gesehen, und ist später einem Föhnsturm zum Opfer gefallen – sind beschrieben und gepriesen worden. Ich habe Hunderte von Bogen guten Malpapiers und viele Farbtuben verbraucht, um mit Aquarellfarben oder Zeichenfeder den alten Häusern und Hohlziegeldächern, den Gartenmauern, dem Kastanienwald, den nahen und fernen Bergen meine Reverenz zu erweisen. Auch manchen Baum und Strauch habe ich hier gepflanzt, ein kleines Bambusgehölz am Waldrande und viele Blumen und so hoffe ich, wenn ich auch kein Tessiner geworden bin, die Erde von St. Abbondio werde mich freundlich beherbergen, wie es Klingsors Palazzo und das rote Haus am Hügel so lange Zeit getan hat.

1960

BRIEF IM MAI

Nein, lieber Freund, ich will Dir weder von den Krankheiten und anderen Plagen des Winters noch von diesem stürmischen und üppigen Frühling berichten, sondern von den kleinen Erlebnissen, Freuden und Mahnungen, die auch dem müden Alter noch gegönnt sind. Je kleiner der Raum wird, in dem ich lebe (schon mein Garten ist mir längst zu groß, es können Monate vergehen, ehe ich bis zur Quelle oder bis zur Einfahrt komme), je weiter die Welt abrückt (schon Lugano, schon unser eigenes Dorf werden mir allmählich fremd), desto wichtiger und nachwirkender werden die Eindrücke, Spiele und Träume jener Stunden, in denen die Seele offensteht und alterslos auf die Rufe und Bilder antwortet, die ihr wie Schneeflocken oder wie Blätter vom Lebensbaum vorüberwehen.

In der Karwoche, Du weißt es längst, habe ich beinah in jedem Jahr meines Lebens eines der großen Oratorien gehört, einst in Kirchen oder Konzertsälen, jetzt am Radio oder von Platten. Auch diesmal konnte ich eine Aufführung der Matthäus-Passion hören. Es war schön und herzbewegend und brachte wie jedesmal eine Flut von Erinnerungen heran, bis in die Knabenzeit zurück. Stärker und intensiver nachwirkend aber war diesmal ein anderes Werk der alten Kirchenmusik, das ich nie gehört und von dessen Schöpfer ich nichts gewußt hatte. Es heißt „Auferstehungshistorie", ist im Jahr 1621 vom Braunschweiger Kantor Siegfried Otto Harnisch komponiert und bringt jene so eigen und erregend zwischen Bericht und Fabel schwebende Legende vom leeren Grab Christi und von seinen Erscheinungen vor den

Frauen und den Emmaus-Jüngern zur Darstellung. Wie in andern ähnlichen Werken ist die Hauptrolle die des Evangelisten, und sie ist hier streng und sachlich die des Berichters, beinahe völlig frei von Ornament, Koloratur und Lyrik. Kein Orchester, keine Orgel, nicht einmal ein Cembalo. Schöne, kurze Chöre, herrliche zwei- und vierstimmige Arien. Und nun das Unerwartete und im ersten Augenblick Beklemmende, dann wunderbar Beglükkende und als richtig Empfundene: alle Worte Christi werden nicht von einem Solisten gesungen, sondern sind zwei- bis vierstimmige Gebilde zartester Lyrik, tönen geisterhaft aus unirdischen Fernen her und beschwören in ihrem Gegensatz zum beinah nüchternen Erzähler die so seltsam und unheimlich widersprüchliche, überwirkliche Stimmung dieser Historie oder Legende mit unwiderstehlicher sanfter Gewalt. Es ist, als habe dieser Kantor, indem er die Jesusworte statt von einem Jesus von Frauen- und Jüngerstimmen singen läßt, geradezu der heimlichen Fragwürdigkeit dieser Geschichte zum Ausdruck verholfen, als habe er das Phantom wissentlich als nur in den Seelen der Gläubigen existent darstellen wollen (was ich jedoch nicht behaupten möchte). Der Komponist, Zeitgenosse von Schütz und der großen Kirchenlieddichter, ist jung gestorben, viel mehr konnte ich mit meinen Hilfsmitteln nicht über ihn in Erfahrung bringen. Aber da war noch sein Name! Er war mir beim Lesen des Programms nicht weiter merkwürdig erschienen; erst als ich sein herrliches Werk angehört hatte, gewann auch er für mich Bedeutung. Harnisch hieß er, und ich mußte mich eine kleine Weile besinnen, ehe mir bewußt wurde, woher der Name mir teuer und wichtig war. Und jetzt sehe ich den Braunschweiger Kantor als Großvater oder eher Urgroßvater des Schultheißen Harnisch im Dorf Elterlein, dessen Söhne Walt und Vult zu den geliebtesten Gestalten der deutschen Dichtung gehören.

Das erinnert mich daran, daß ich Dich auf eine sehr merkwürdige Dichtung aus unsrer Zeit aufmerksam machen wollte, die ich weder Deiner Frau noch Deinen Kindern, wohl aber Dir empfehle. Es ist ein sehr umfangreicher, sehr anspruchsvoller, sehr kühn und männlich fabulierter Roman von Wolf von Niebelschütz, heißt „Die Kinder der Finsternis" und spielt in einem irrealen, erfundenen Land, aber einer genau historischen Zeit, nämlich dem zwölften Jahrhundert. Erfundene und echt geschichtliche Personen und Taten spielen ineinander, und es wird langsam, Zelle um Zelle, eine kleine Modellwelt aufgebaut, in der und an der die europäische Geschichte jenes Jahrhunderts sich abspielt und in der weder Barbarossa noch der Herr von Dassel noch die Reihe der Päpste und Gegenpäpste gut wegkommen, noch weniger Minnesang und kokettes Ritterwesen. Erzählt wird in kurzen, harten Sätzen, äußerst konkret und dicht, die Erfindungskraft des Dichters scheint unerschöpflich, seine Lust am Fabulieren ebenso unbändig wie sein von diskretem Humor gefärbtes Ausspielen einer primitiv natürlichen, sinnlich derben, bäurischen und im Grunde heidnischen Volkswelt gegen das schön kostümierte, ins Preziöse verkleidete Barbarentum der Großen, der Machthaber, Ritter und Pfaffen. Ich hatte mir das sehr stattliche Buch zur Weihnacht gewünscht, hatte mich eine Weile nicht an die Lektüre getraut, da der schwere dicke Band schon den Händen bang machte, dann aber war das Werk manche Wochen hindurch meine Abendlektüre gewesen, von der ich, als sie zu Ende ging, nicht ohne eine gewisse Trauer Abschied nahm. Diese Dichtung hatte mir nun so lange Zeit jeden Abend bis zum Lichtlöschen Gesellschaft geleistet, hatte mich mit unzähligen Bildern beschenkt, mir über viele schlaflose Stunden weggeholfen – es schien mir unrecht, diese Wohltaten so ohne Sang und Klang hinzunehmen. Ich schrieb also dem Dichter einen kleinen Dankbrief. Antwort kam aber nicht von ihm, sondern von seiner Frau, die mir mitteilte, daß er schon seit zwei Jahren nicht mehr am Leben sei.

Als Kind habe ich mehrmals von meiner Mutter, von

deren Schwägerin und anderen Missionarsfrauen erzählen hören, wie sie nach ihrer ersten Landung in Bombay über das schöne Wetter und den wolkenlosen Himmel entzückt waren, wie diese sonnige Klarheit auch am nächsten Morgen und weiter Tag um Tag und Woche um Woche anhielt, wie man ihrer und der Hitze und Trockenheit müde wurde und sich nach Wolken, Dunkel, Regen sehnte. Da kam mir nun ein kleines Geschenk aus Indien zugereist, jemand in New Delhi schickte mir als Dankeszeichen für eine Gefälligkeit eine Grammophonplatte mit indischer Musik. Das Stück, das der Hindukünstler spielte, heißt „Rag Surmalahar" und drückt die Freude über das Nahen des Regens aus. Vermutlich hat meine Mutter vor etwa hundert Jahren dieses selbe Stück spielen hören und sich mit dem Musikanten nach langer Dürre auf den ersten Regen gefreut. Man hatte dies Geschenk für mich gewählt, weil man meine lebenslangen liebevollen Beziehungen zu Indien und ebenso Josef Knechts urzeitlichen Beruf als Regenmacher kannte. In der Tat schien denn auch dieses gewiß uralte Regenlied nicht nur die Hoffnung auf Feuchte und die Freude über die Vorzeichen der kommenden Regenzeit auszudrücken, es schien auch eine magische, regenmacherische Beschwörung zu sein. Gespielt wurde es auf jene Weise, die den Reiz und Zauber aller primitiven Volksmusik ausmacht, kindlich fromm nämlich und mit naiver Hingabe, dabei aber höchst genau und differenziert, mit virtuoser Technik. Über das Instrument, auf dem es geblasen wurde, war ich nicht recht im klaren. Ich neigte anfangs dazu, es für eine Nasenflöte zu halten, mußte aber beim zweiten Anhören unserm Gast, der Herrin des Hügels, recht geben, die es als eine Art Dudelsack erkannte. Es war zweistimmig und sehr in die Oktave verliebt. Der Klang war beim Anschwellen und Forte stark näselnd wie so viele Musik des Fernen Ostens, ich hatte malaiische und japanische Lieder so durch die Nase gesungen gehört; in den hohen Lagen aber und im Piano verlor der Klang diese Färbung

und wurde zum zartesten Flöten- oder Fistelton. Das
Stück begann mit der Anrufung des kommenden Regens
durch das Blasinstrument allein, einem rein lyrischen
Singsang. Aber es blieb nicht dabei, es wurde der ersehnte Regen nicht nur begrüßt und gepriesen, er wurde
bald auch beschworen und herangezaubert, und zwar
durch lockende Nachahmung. So wie einst der Regenmacher durch Grünholzfeuer mit schwelendem Rauch
den Himmel zur Bildung von Wolken angeregt und
überredet hatte, so begann jetzt die Hindumusik dem
Himmel zu zeigen, was Regen ist: leise erst und tröp-
felnd setzte eine Trommel ein, eine Holz- oder Rinden-
trommel vermutlich, ahmte gefühlig das zarte Klopfen
anhebenden Regens nach und begleitete von da an bis
zum Schluß, angenehm abgestimmt, den auf und ab
schwellenden Gesang des Dudelsacks. Und während ich
aufmerksam und erfreut zuhörte, lief irgendwo in mir
innen ein Band mit Bildern ab, meist lang vergessenen, von
Flöte und Trommel wieder geweckten und belebten Bildern: meine Mutter an ihrem Nähtischchen sitzend und
uns Kindern von Indien erzählend, mein Großvater, bär-
tig und stark, im weißen Tropenkleid, im Ochsenwagen
wochenlange Reisen durch indische Länder bestehend,
mein Vater, krank auf der Veranda eines Bungalows liegend, mit dem kleinkarierten großen schottischen Shawl
bedeckt, den ich später erbte, kanaresische Vokabeln me-
morierend oder Notizen in Gabelsberger Stenographie
in sein Merkbuch schreibend. Und weiter Bild an Bild,
bis zu denen meiner eigenen Indienreise, mit badenden
Elefanten, Höhlentempeln und gewaltigen Nachtgewit-
tern.

Du weißt, daß ich auch das Träumen unter Umständen zu den Dingen zähle, die ich Erlebnisse nenne.
Ohne daß ich mit Freud und Jung gebrochen hätte, bin
ich doch – Ausnahmen zugegeben – des Verstehen-
und Deutenwollens müde geworden und zu der naiven
und kindlichen Weise zurückgekehrt, mit der die Künstler die Welt und also auch die Traumwelt betrachten, als

Erscheinung, als Bild, als Augen- und Sinnenerlebnis oder dann als groteskes Gedankenspiel. Ob ein Traum mich auf Trübungen meines Verhältnisses zu Freunden, auf Störungen in meinem seelischen Haushalt, auf baldigen Tod oder andre drohende Gefahren aufmerksam machen wolle, lasse ich gern ununtersucht; er muß schon stark anklopfen, wenn ich mich darauf einlassen soll. Aber wenn er mich zum Staunen über die Buntheit und Pracht seiner Kulissen und Kostüme, zum Entzücken über ideale Landschaften und Phantasiegärten, zur frohen Rührung über die Wiederkehr geliebter, lang verstorbener Menschen, zum Lachen über ein ausgelassenes Spielen mit gedanklichen, sprachlichen oder visuellen Kombinationen und Verrenkungen bringt, dann gehört ihm meine Aufmerksamkeit, meine Hingabe und Dankbarkeit.

Zwei kleine aparte Traumbruchstücke aus den letzten Tagen (nein, Nächten) will ich Dir ihrer Kuriosität wegen mitteilen.

Ich bin etwa zwanzigjährig und Buchhändler in Tübingen. Es ist, glaube ich, das erste Mal, daß ich im Traum mit meinem damaligen Prinzipal, dem Herrn Sonnewald, zu tun habe. Er war ein noch junger, etwas lungenkranker, ein wenig ängstlich oder schüchtern wirkender Mann mit hellblondem Vollbart, verheiratet mit einer Engländerin, die während der dreieinhalb Jahre meiner dortigen Tätigkeit nicht ein einziges Mal unsre Räume im Erdgeschoß, den Buchladen, das Kontor und das Antiquariat, betreten hat, sondern unsichtbar mit drei hübschen kleinen Kindern eine Treppe höher in Räumen wohnte, die uns Unteren ebenso unbekannt und unbetretbar blieben wie ihr das Kontor. Im Traum nun war ich wieder der junge Untergebene und er der nicht gerade gefürchtete, aber doch in hohem Respekt stehende Herr Prinzipal, Herr sowohl unten im Laden wie oben in der Wohnung. Im Traum aber hatte er überdies ein privates Büro für sich allein, vor dessen Tür ich stand und anklopfte. Ich trat ein und sah ihn in einem erstaunlich großen, höchst komfortabel ausgestatteten Raume sitzen. Er hieß mich näher treten, er saß hinter einem riesigen Tisch, der voll großer Blätter lag, neben sich hatte er eine Staffelei stehen und auf ihr eines dieser Blätter aufgestellt, es war ein Aquarell, ein wenig an die meinen erinnernd, aber weit größern Formats, auch gekonnter und mit tief glühenden Farben. Ich stand und staunte bald das große Aquarell, bald den auf so ungewöhnliche Art beschäftigten Herrn Sonnewald an. Er schien zu merken, wie erstaunt und neugierig ich war, wußte auch sehr wohl, daß es mir nicht zustand, dieser Neugierde mit einer Frage Ausdruck zu geben, und verharrte eine gute Weile schweigend. Dann erbarmte er sich meiner, wies mit großer Gebärde erst auf den papierbedeckten Tisch, dann auf das schöne leuchtende Staffeleiblatt und sagte mit einiger Feierlichkeit: „Ich muß da ein Insel-Bändchen zusammenstellen." Ob es hier um eine Auswahl meiner eigenen, durch Zauber verschönerten Malereien, ob um Werke eines mir unbekannten Malers ging oder gar er selbst der Urheber dieser Werke war und wie er dazu kam, im Auftrag des Insel-Verlags tätig zu sein, diese Fragen blieben offen.

Die andere Traumszene spielte in einem völlig veränderten Montagnola. Überraschend war hoher Besuch erschienen: André Gide stand da, wollte mich noch einmal sehen, war aber wortkarg und schlechter Laune und zog sich bald ins Gastzimmer zurück. Als er sich wieder zeigte, trat er mit mir vor die Haustür, vermutlich zu einem Spaziergang entschlossen, blieb aber dicht vor dem Haus stehen, zögerte, wie im Nachdenken versunken, und vollführte dann eine tiefe Kniebeuge. Aus dieser ohnehin schon mühsamen Stellung streckte er ein Bein nach vorn in die Luft, etwa wie slawische Tänze es verlangen, nur viel langsamer und feierlicher, es war ein unverkennbar religiöser, sakraler Akt, dessen Bedeutung ich nicht erraten konnte. Als er sich wieder aufgerichtet hatte, gab er mir eine Erklärung mit den Worten: „Alles ist. Alles ist nicht. Es ist indisch." – „Ah", sagte ich, „also die Coincidentia oppositorum." Er starrte mich verloren an, offensichtlich überlegend, ob er mir zustimmen solle oder nicht, sagte aber nichts. Und plötzlich stand noch ein dritter Mann bei uns, ein sehr französisch aussehender Herr, brünett mit Schnurrbart, und alsbald war ich für Gide nicht mehr vorhanden, er begann mit seinem Landsmann zu plaudern und ging in lebhaftem Gespräch mit ihm fort. So ließ er mich stehen, ohne Erklärung, ohne Abschied, dem Pariser zuliebe. Es war nicht hübsch.

Lebe wohl, Du hast lang genug mit meinen Histörchen Geduld gehabt. Schreibe wieder Deinem

H. H.

1962

ANHANG

NACHWORT

Er sei ein schlechter Memoirenschreiber, sagt Hermann
Hesse von sich, denn dazu fehle ihm eine der wichtigsten Begabungen: die Zuverlässigkeit des Gedächtnisses.
„Wohl bewahrt mein Gedächtnis erlebte Einzelheiten
ganz gut, aber das Ganze einer Beziehung in seiner Kontinuität entzieht sich ihm: ich bewahre die Bilder, vergesse aber die Zeiten, das heißt die Daten und ihre
Reihenfolge." Einst habe er den Wunsch gehabt, die
Chronik seiner frühen Jugend aufzuschreiben, aber dieser
Vorsatz sei „immer weiter ausgelaugt, aufgedröselt und
in hundert brüchige Fäden zerpflückt" worden. Gerade
deshalb scheint ein Versuch geboten, einige dieser „Fäden" zu einem Ganzen zu knüpfen. Dem Autor geht es
bei seinen Skizzen und Reflexionen niemals um die
bloße Wiedergabe von Erlebnissen und Begegnungen,
stets erzählt er auch „ein Stückchen Seelengeschichte".
Sein „Bilderbuch der Erinnerungen" ist Ausdruck einer
lebenslangen autobiographischen Bemühung, die den
Prozeß einer „Ichwerdung" sichtbar machen will.
Für den Dichter Hermann Hesse sei es charakteri-
stisch, meint Hugo Ball, daß er jeden Schritt seines Lebens dokumentiert habe. Ständige Selbstbefragung und
Selbstprüfung gehört zu den Merkmalen dieses Werkes.
Vor allem nach der „großen moralischen Krise", die
sich lange vor 1914 abzeichnet und während des ersten
Weltkrieges ihren Höhepunkt erreicht, verstärkt sich
der Willen zur radikalen, bekenntnishaften Äußerung.
Eine „problematisch und unsicher gewordene Dichtung"
überredet leicht dazu, eben jene Problematik und Unsicherheit zum Gegenstand der Darstellung zu machen.
Er habe, schreibt Hesse 1926 in einem Brief an Heinrich

Wiegand, schon seit Jahren den ästhetischen Ehrgeiz aufgegeben und schreibe keine Dichtung, „sondern eben Bekenntnis".

Die strenge Forderung nach Wahrhaftigkeit und das Bemühen, „etwas weniger zu lügen, als in der Literatur sonst üblich ist", schließt die Frage nach den Möglichkeiten und den Grenzen des Erzählens in sich ein. Der tief empfundene Gegensatz zwischen Kunst und Leben, seit der Jahrhundertwende ein zentrales Thema in der Literatur, macht jede Äußerung fragwürdig und suspekt. Die „Problematik aller Geschichte und allen Erzählenwollens", wie es in einem Brief an Thomas Mann von 1933 heißt, verweisen den Schriftsteller immer entschiedener in den Bezirk seiner unmittelbaren Erfahrung. Er sei zu der Einsicht gekommen, schreibt Hesse 1948, daß seine Art zu erleben und seine Art zu erzählen einander nicht entsprechen, daß er „dem guten Erzählen zuliebe" die Mehrzahl seiner Erlebnisse und Erfahrungen „mehr oder weniger vergewaltigt" habe und daß er entweder auf das Erzählen verzichten oder sich entschließen müsse, statt eines guten ein schlechter Erzähler zu werden. Da die Voraussetzungen für die überlieferte Kunst des Erzählens offenbar abhanden gekommen sind, begnügt sich der Dichter mehr und mehr damit, Lebensschicksale und Erinnerungsbilder von Verwandten, Freunden und Weggefährten aufzuzeichnen.

Selbstgewählte Isolierung und Nachlassen der erzählerischen Produktivität haben zur Folge, daß Hermann Hesse in den vierziger und fünfziger Jahren, nach dem „Glasperlenspiel", fast nur noch mit kleineren Prosastücken, mit Erinnerungen und Betrachtungen an die Öffentlichkeit tritt. Die Einsamkeit des Alters, sagt er, sei für ihn nicht leer, sondern voll von Bildern. „Sie ist eine Schatzkammer von angeeigneten Gütern, ichgewordener Vergangenheit, assimilierter Natur. Und wenn der Trieb zum Arbeiten und Spielen noch immer ein wenig Kraft in mir hat, so ist es dieser Bilder wegen. Eines dieser tausend Bilder festzuhalten, auszuführen, aufzuzeichnen, ein Gedenkblatt mehr zu so vielen andern zu fügen ist zwar mit den Jahren immer schwieriger und mühevoller geworden, aber nicht weniger lockend."

Die umfänglichsten und detailkräftigsten „Gedenkblätter" entstehen in den dreißiger Jahren. Später werden sie mit einiger Regelmäßigkeit durch neue Porträtskizzen, Reflexionen und tagebuchähnliche Aufzeichnungen ergänzt. „Herbstlich", schreibt der Autor 1952, „ist jeder Rückblick, auf eigenes oder auf fremdes Leben, herbstlich ist alle Geschichte, herbstlich alle Hingabe an die Erinnerung." In den Jahren vor seinem Tode begnügt er sich weitgehend mit dem „Rundbrief" als der nun gemäßen Form öffentlicher Mitteilung.

Die „dunkle Brunnenstube früher Erinnerungen" wird zum Ort ständiger Wiederbegegnung und Selbstinspizierung. Vor allem im Alter nimmt die Neigung zu, „sich des vom Gedächtnis Bewahrten zu versichern". Im spielerischen Befragen der „Bilder" und Bewußtseinsinhalte treten vergessene Erinnerungen wieder zutage. Als „ein Verfechter des Einzelnen, der Persönlichkeit", der sich stets nur an den einzelnen, an das Individuum gewendet habe, erzählt oder beschreibt der Dichter mit Vorliebe Schicksale einzelner Menschen. Wie die Titelfiguren seiner Romane und Erzählungen, die er als „Symbol und Träger" seines Erlebens, seiner Gedanken und Probleme verstanden wissen will, so erzählen auch die Erinnerungsbilder vertrauter Gestalten etwas von seinem Leben, seiner „Seelenbiographie". Im Porträtieren eines Gesichts, in der Darstellung eines Menschenschicksals findet die „Freude am Beschwören und Gedenken" ihren sinnfälligsten Ausdruck. Der Tod von Freunden und nahen Verwandten holt Verlorenes wieder ins Gedächtnis, macht Vergangenes gegenwärtig und bewahrt die einstigen Weggefährten für die Lebenden. Erst im Bewußtsein und im „inneren Bildersaal" des Dichters, meint Hesse, werden die Toten zu „Vollendeten".

Das Geheimnis und die seltsame Verwobenheit der

Bilder und Erinnerungen fordert zur Analyse heraus. Der Autor, während des Krieges mit der Psychoanalyse bekannt geworden und selbst verschiedentlich in Behandlung, ist voller Mißtrauen seinem Gedächtnis gegenüber, er kennt die Bedrängungen der Seele, weiß, was wir alles verheimlichen, nicht wahrhaben wollen. Indem er sein Gedächtnis prüft, den „geheimnisvollen Rhythmus von Gedenken und Vergessen" beobachtet und das „ungeheure Chaos" dessen ausmißt, was man vergessen hat, liefert er wichtige Hinweise zur „Psychologie des Künstlers und Literaten". Die Gedenkblätter und Erinnerungsbilder, in verschiedene Sammlungen eingegangen und zum Teil erst nach seinem Tode ediert, geben Einblick in die Werkstatt des Schriftstellers und in die Problematik seiner geistigen Existenz.

Von wechselnden Beobachtungspunkten und Erinnerungsstufen aus lassen sich die Stationen dieser Entwicklung verfolgen: Calw, Göppingen, Maulbronn, Cannstatt, Tübingen, Basel, Gaienhofen, Bern und Montagnola. Durch die sich ständig verschiebenden Perspektiven und Ansichten werden autobiographische Hintergründe sichtbar, stellen sich Beziehungen her zu den großen Romanen und Erzählungen. Die „wunderlich aus materieller Enge und geistiger Großartigkeit gemischte Schwabenwelt", der Hermann Hesse entstammt, die klassisch-romantische Literaturtradition, in der er aufgewachsen ist, der Einfluß von Schopenhauer, Nietzsche und Jacob Burckhardt, deren Schriften seine frühen Schriftstellerjahre begleiten – all das zeichnet sich ab im Lichte eines sich verändernden, zuweilen auch widersprechenden Urteils. Hinzu kommt die „von der mütterlichen Seite her vererbte Liebe zur Musik", ohne die das lyrische und erzählerische Werk Hesses schwerlich zu denken ist, bis hin zu den Musikerlebnissen der späten Jahre, die eine „Flut von Erinnerungen" auslösen.

Je zweifelhafter und fragwürdiger dem Dichter alle Literatur, alle zeitgenössische Politik zu werden droht, um so öfter flüchtet er in das Zauberreich der Kindheit und

Heimat, den „Urboden aller Erinnerungen". Hier, im „Urwald der Kindheit", findet er „jene unschuldige, seelenhafte, aber kampflose Welt der Träume und Spiele, des Singens, des Lachens um nichts, des Wanderns ohne Ziel". Heimat, Unschuld, Kindheit und Glück werden für ihn fast zu Synonymen.

Die Kinderjahre haben sich für Hesse keineswegs so problemlos und glücklich gestaltet, wie der Schriftsteller sie in späteren Jahren zuweilen darstellt. Aber diese frühe Zeit wurde für ihn mit zunehmendem Alter zu einem unentbehrlichen Refugium, aus dem seine künstlerische Produktivität gespeist wurde. Die „goldene Legende" der Kindheit liefert eine Art Gegenentwurf zu dem „schlechten Sensationsstück", dem „dummen Affentheater" spätbürgerlicher Welt. Vor allem aber soll die Naivität und Intensität kindlichen Erlebens, durch kein Gedankenschema und Vorurteil verfälscht, in der Imagination zurückgewonnen werden. Die „lebendigsten und wertvollsten Erinnerungen", meint Hesse, stammen aus der Kindheit und Jugend; hier herrscht die „absolute Freiheit von Zeit, von Hoffnung und Furcht". Calw, die Stadt der Kindheit, oder Gerbersau, die Stadt der frühen Erzählungen, erscheinen als „Vorbild", als „Urbild der Stadt". Immer häufiger kehrt der Schriftsteller zurück zu den „Orten reicher und alter Erinnerungen", beschwört er die „sagenhafte Weisheit der Kindheit", taucht er in die „vielfarbene Welt der Knabenfreuden".

Der freie, spielerische Umgang mit der Welt, ein Vorrecht kindlicher Existenz, soll im hochgeistigen Spiel der Kunst wiedergewonnen werden. Jene „naive und kindliche Weise" erst, mit der der Künstler nach Hesse die Welt betrachtet und zu der er selbst im Alter glaubt zurückgekehrt zu sein, gewährt Unbefangenheit und Souveränität der Wirklichkeit gegenüber. Der „Kult der Spiele", im Elternhaus getrieben und durch den Vater gefördert, der so viele Spiele kennt, im jüngeren Bruder fortlebend, dessen eigentliche Begabung das Spielen ist, wird zu einem bestimmenden Element im Werk des

Dichters. Viele seiner Erinnerungen betrachtet Hermann Hesse als eine Art Gedächtnis- und Bilderspiel, und von manchen der Spiele, die ihm von Jugend an vertraut sind, meint er früheste Anregungen für das „Glasperlenspiel" erhalten zu haben.

Kunst und Spiel empfehlen sich als ausgleichendes, versöhnendes Element gegenüber den Forderungen, den Zwängen des Daseins. Wo sie fehlen oder sich nicht entfalten können, verarmt die Seele, verrauscht die „Magie". Gerade beim Eintritt in „das Leben nach Zielen, nach Zahlen, das Leben der Ordnung und der Ämter" kommt es bei sensibleren Naturen zu Konfliktsituationen, zu existentiellen Krisen. Den oft qualvollen „Abschied von der Jugend" hat Hesse in seinen Erzählungen und Erinnerungsbildern immer wieder nachgezeichnet. Seine Versuche, „die eigene Jugend psychologisch verstehen zu wollen", holen die Eltern und Großeltern, die Geschwister und Weggenossen der Kindheit in der Vorstellung zurück. Er geht den „Weg der Selbstverwirklichung" nach, den er glaubt „auch durch Engpässe und Krisen hindurch nicht verlassen" zu haben, indem er von der Suche junger Menschen nach Lebenssinn und Lebenserfüllung erzählt.

Gerade im Vergleich mit dem Schicksal des jüngeren Bruders, der es schwer hat, „einen Weg und Platz im Leben zu finden", der seine künstlerischen Neigungen in einem ungeliebten Brotberuf begraben muß, bleiben die Bedrohungen der eigenen Existenz gegenwärtig. Von einer „ratlosen Furcht vor der Kompliziertheit und Grausamkeit der Welt" ist auch Hermann Hesse in seiner Kindheit und Jugend nur zu oft befallen worden. Die Jahre „des Kampfes und der Suche nach einem Beruf", des Kampfes um seine „Persönlichkeit", seinen „Lebensinhalt" sind auch für ihn angefüllt mit qualvollen Erfahrungen, ziellosen Ausbruchsversuchen und reuevollen Selbstbescheidungen. Nicht von ungefähr gehört das Gedenkblatt für Hans zu den umfangreichsten dieser Erinnerungstexte.

Zauber und Problematik der Jugend bleibt ein Grundthema im Werk Hermann Hesses. In der „Vorwelt der Jugend und der Erinnerungen" findet der Schriftsteller jene Seelenlandschaft, die Einkehr und Selbstprüfung verlangt. Man hat Hesse einen „Dichter der Jugend" genannt; sowohl um die Jahrhundertwende als auch in der Zeit nach dem ersten Weltkrieg, in den Krisenjahren um 1930 oder in der bürgerlichen Studentenbewegung der sechziger und siebziger Jahre spricht er mit seinen Büchern verschiedene Generationen junger Menschen an. Die Frage der „Selbstverwirklichung", was immer man darunter verstehen mag, hat er in seinen Schriften ständig neu zu stellen und in eindringlichen poetischen Bildern und Gleichnissen zu gestalten versucht.

Selbstverwirklichung – das ist auch und vor allem eine Frage des gesellschaftlichen Raumes, der Entfaltungsmöglichkeiten, die dem einzelnen offenstehen. Die Auseinandersetzungen mit dem pietistischen Elternhaus, der Protest gegen den strenggläubigen Vater, der dem eigenwilligen und schwierigen Sohn ein „völliges Einverständnis" versagt, machen den Heranwachsenden empfänglich für soziale Fragestellungen. Dem sensitiven Knaben, der an einer verständnislosen Umwelt leidet, bleiben die „geheimnisvollen und abgründigen Seiten des Lebens" nicht verborgen. Auch das kleinstädtische Calw ist nicht frei von „Brudergefühle aufrufenden Erscheinungen". Das Haus des Vaters befindet sich nur wenige Schritt von den „elendesten Armutsgassen" entfernt, einer „lichtlosen Winkelwelt ..., seltsam fremd und unerforschlich". Einige der unverwechselbaren, ausdrucksstarken Gesichter in seinem „Bilderbuch" der frühen Erinnerungen bezieht Hesse gerade aus diesem Lebensbezirk.

Die Bettler und Hausierer, die wandernden Handwerksgesellen und Vagabunden rufen Furcht und Abscheu hervor, gleichermaßen aber Neugier und Sympathie. Und sie vermitteln ein Gefühl von Freiheit und Ungebundenheit, das die streng umgrenzte Kleinbürgerwelt nicht zu geben vermag. Voller Neid und Sehnsucht verfolgt der Knabe die Flößer auf der Nagold, die „Unseßhaften, Wilden, Wanderer, Nomaden", Vertreter eines aussterbenden Gewerbes und eines zu Ende gehenden Zeitalters. Wenn er sich ihnen heimlich anschließt, dann verletzt er mehr als nur ein Erwachsenengebot, er tritt über in jenen magischen Kreis, der jenseits aller Zwänge und Autoritäten liegt. Eine verbotene Floßfahrt weckt ein „unsäglich seliges Gefühl von Wanderung, von Unterwegssein, von Entronnensein und In-die-Welt-hinein-Fahren", ein Gefühl, das im Werk Hermann Hesses leitmotivisch immer wieder hervortritt.

Die eineinhalb Jahre, die der siebzehn- und achtzehnjährige Hermann Hesse als Lehrling in der Calwer mechanischen Werkstätte und Turmuhrenfabrik von Perrot arbeitet, erscheinen dem Schriftsteller später gar in einem sozialrevolutionären Lichte. Nicht ohne ironische Distanzierung sieht er sich als „Sozialdemokraten", meint „sozialdemokratische Ansichten" zu vertreten. Immerhin aber vermitteln diese Monate unter Handwerkern und Arbeitern Erfahrungen, Einblicke in Lebensschicksale und Lebenshaltungen, die in seinem Werk, vielfältig modifiziert, Spuren hinterlassen. Die innere Beziehung zur Welt der arbeitenden Menschen, zu den Armen und Abseitsstehenden verleiht seinen Erzählungen und Skizzen jene emotionale Kraft und Klarheit, die ihren Zauber nicht verloren hat.

Im Spiegel vieler Schicksale und Begegnungen liefert Hesse Beiträge zur Chronik seines Lebens und seiner Zeit. Was er in diesen Gedenkblättern und Betrachtungen mit größtmöglicher Aufrichtigkeit protokolliert, läßt keine Zweifel zu über seine Haltung zu den Grundfragen der Epoche. Schon früh distanziert er sich von der „schlechten, bösen und im Grunde dummen Politik", die in Deutschland seit 1870 gemacht worden sei. Lange vor 1914 empfindet er ein „politisches Unbehagen in der überheblichen, protzigen Gesellschaft des Wilhelminischen Deutschland", ein Unbehagen, das ihn „noch zwei

Jahre vor dem Ausbruch des Krieges aus Deutschland und aus vielen Bindungen und Traditionen" hinausführt. Und als er sieht, daß das deutsche Bürgertum nicht bereit ist, aus der Niederlage von 1918 zu lernen, und „die deutsche Blindheit, Wurstigkeit und Roheit in allem Politischen" fortbesteht, da sagt er sich „für immer vom politischen Deutschland" los und erwirbt 1923 die Schweizer Staatsangehörigkeit. Der Dichter, der sich während der Hitlerjahre schämt, „der deutschen Literatur anzugehören", macht niemals ein Hehl aus seinem Urteil über die „schwierige und harte Welt" des Spätkapitalismus von heute mit ihrer „Geldgier und Genußsucht", diesem „Jahrmarkt des Fleißes, der Vergeßlichkeit, der Streberei und Großmannssucht".

So gesehen liefern diese Bilder und „Beschwörungen" mehr als nur flüchtige Porträtskizzen und Retrospektiven. Sie sind Teil einer großen Konfession, unentbehrliche Bindeglieder zwischen dichterischem Werk und Biographie. Der leidenschaftliche Kampf des Schriftstellers „um das Gedenken, das Aufzeichnen, das Festhalten und Weitergeben" ist nicht zu trennen von dem „Glauben an einen Sinn des Lebens", der nach Hesses Überzeugung aller Kunst zugrunde liegt, dem Glauben „an den Menschen als eine wunderbare Möglichkeit", die so stark und verlockend ist, „daß sie immer wieder als Hoffnung und als Forderung spürbar wird".

Fritz Hofmann

BIBLIOGRAPHISCHE HINWEISE

Dieser Ausgabe liegen folgende Bände zugrunde:

Bilderbuch. Schilderungen, Berlin 1926 (veränderte Neuausgabe Berlin 1958).
Gedenkblätter, Berlin 1937 (erweiterte Neuausgabe 1950, wiederum erweiterte Ausgabe 1962).
Kleine Betrachtungen. Sechs Aufsätze, Zürich 1942.
Späte Prosa, Berlin 1951.
Beschwörungen. Späte Prosa. Neue Folge, Berlin 1955.
Eigensinn. Autobiographische Schriften, Frankfurt am Main 1972, Auswahl von Siegfried Unseld, Frankfurt am Main 1972.
Die Kunst des Müßiggangs. Kurze Prosa aus dem Nachlaß, herausgegeben von Volker Michels, Frankfurt am Main 1973.
Briefe an Freunde. Rundbriefe 1946–1962, zusammengestellt von Volker Michels, Frankfurt am Main 1977.
Kleine Freuden. Verstreute und kurze Prosa aus dem Nachlaß, herausgegeben von Volker Michels, Frankfurt am Main 1977.

Die Jahreszahlen wurden entweder von Hesse oder von den Herausgebern der Nachlaßbände hinzugefügt und bezeichnen zumeist die Entstehungszeit. Einzelne frühe Texte liegen in zahlreichen Nachdrucken mit zum Teil wechselnden Titeln vor. Hier bezieht sich die Jahreszahl auf den zugrunde liegenden Druck.

5 *Der Mohrle* – Auch erschienen unter dem Titel „Der kleine Mohr", „Knabenerlebnis" und „Erlebnis aus der Knabenzeit". Die Skizze gehört zu dem Zyklus „Aus der Knabenzeit". Unser Text folgt den „Gedenkblättern" (1962).

11 *Porträt* – Abgedruckt in der Monatsschrift „Die Rheinlande", 13. Jg., Düsseldorf 1913, S. 391. Unser Text folgt dem „Bilderbuch" (1958).

14 *Aus Kinderzeiten* – Abgedruckt in der Monatsschrift „Die Rheinlande", 4. Jg., Düsseldorf 1903/04, S. 433–440. Un-

ser Text folgt der Ausgabe „Erzählungen", Band 1, Leipzig 1973.

33 *Der Hausierer* – Unter dem Titel „Hotte Hotte Putzpulver" 1901 zum erstenmal gedruckt. Auch erschienen unter dem Titel „Eine Gestalt aus der Kinderzeit", „Eine Gestalt aus der Kindheit", „Der Zwerg aus der Falkengasse", „Jugenderinnerung", „Begegnung mit Hotte Hotte Putzpulver" und „Der Knabe und der Alte". Die Skizze gehört zu dem Zyklus „Aus der Knabenzeit". Unser Text folgt dem Band „Die Kunst des Müßiggangs" (1973).

38 *Das erste Abenteuer* – Abgedruckt im „Simplicissimus", 10. Jg., München 1905/06, S. 596. Unser Text folgt dem Band „Die Kunst des Müßiggangs" (1973).

44 *Auf dem Eise* – Auch erschienen unter dem Titel „Emma Meier" und „Der Kavalier auf dem Eise". Die Skizze gehört zu dem Zyklus „Aus der Knabenzeit". Unser Text folgt dem Band „Die Kunst des Müßiggangs" (1973).

48 *Nachtgesicht* – Abgedruckt in der Wochenschrift „Jugend", Jg. 1913, München, S. 1076. Unser Text folgt dem „Bilderbuch" (1958).

50 *Der Brunnen im Maulbronner Kreuzgang* – Abgedruckt in der Halbmonatsschrift „März", 8. Jg., Heft 4, München 1914, S. 66–70. Unser Text folgt dem „Bilderbuch" (1958).

56 *Eugen Siegel* – Unter dem Titel „ – noch ein dritter gefallen" veröffentlicht im „Stuttgarter Neuen Tagblatt", Nr. 255, vom 22. Mai 1915, S. 5. Unser Text folgt den „Gedenkblättern" (1962).

63 *Zum Gedächtnis* – Abgedruckt in der illustrierten Monatsschrift „Die Schweiz", 20. Jg., Nr. 6, Zürich, Mai 1916, S. 261–267. Unser Text folgt den „Gedenkblättern" (1962).

75 *Über Albert Welti* – Abgedruckt in der illustrierten Monatsschrift „Die Schweiz", 20. Jg., Nr. 11, Zürich, November 1916, S. 633–636.

82 *Heimat* – Abgedruckt in der Zeitschrift „Der Sonntagsbote für die deutschen Kriegsgefangenen", 3. Jg., Heft 5, Bern 1918, S. 7–8. Unser Text folgt dem „Bilderbuch" (1958).

85 *Einkehr* – Abgedruckt in der „National-Zeitung", Basel, vom 24. August 1924. Unser Text folgt der Sammlung „Kleine Freuden" (1977).

90 *Alemannisches Bekenntnis* – Geschrieben im Herbst 1919 als Vorwort zum „ Alemannenbuch", Bern 1919. Unser Text folgt dem Band „Eigensinn" (1972).

95 *Kindheit des Zauberers* – Abgedruckt in der Zweimonatsschrift „Corona", 7. Jg., Zweites Heft, München–Berlin–Zürich 1937, S. 131–152. Unser Text folgt dem Band „Eigensinn" (1972).

114 *Biographische Notizen* – Der Beitrag ist einem Brief an Hermann Missenharter von 1923 entnommen. Unser Text folgt dem Band „Eigensinn" (1972).

123 *Das verlorene Taschenmesser* – Abgedruckt im Schweizerischen Jahrbuch „Die Ernte", 7. Jg., Basel 1926, S. 145–148. Unser Text folgt dem „Bilderbuch"(1958).

129 *Aus meiner Schülerzeit* – Veröffentlicht in „Velhagens & Klasings Monatsheften", 41. Jg., Heft 11, Berlin-Bielefeld-Leipzig-Wien, Juli 1927, S. 524–528. Unser Text folgt den „Gedenkblättern" (1962).

142 *Stiller Abend* – Geschrieben in der Nacht vom 8. auf den 9. Dezember 1927. Abgedruckt in der „Kölnischen Zeitung" vom 22. Dezember 1927. Erschienen auch unter dem Titel „Knopf-Annähen". Unser Text folgt der Sammlung „Kleine Freuden" (1977).

148 *Floßfahrt* – Unter dem Titel „Flöße auf der Nagold" abgedruckt in der „Schwarzwaldzeitung", Nr. 59, Freudenstadt, vom 10. März 1928. Unser Text folgt dem Band „Die Kunst des Müßiggangs" (1973).

153 *Mein Glaube* – Abgedruckt in „Dichterglaube. Stimmen religiösen Erlebens", herausgegeben von Harald Braun, Berlin 1931, S. 123–127. Unser Text folgt dem Band „Kleine Betrachtungen" (1942).

158 *Beim Einzug in ein neues Haus* – Als Manuskript gedruckt, Montagnola 1931. Unser Text folgt den „Gedenkblättern" (1962).

180 *Erinnerung an S. Fischer* – Abgedruckt in der „Neuen Rundschau", 45. Jg., Zwölftes Heft, Berlin, Dezember 1934, S. 571–573.

183 *Der lahme Knabe* – Abgedruckt in der Zweimonatsschrift „Corona", 6. Jg., Erstes Heft, München-Berlin-Zürich 1936, S. 48–58.

196 *Erinnerungen an Othmar Schoeck* – Unser Text folgt den „Gedenkblättern" (1962).

209 *Herr Claassen* – Abgedruckt in der Zweimonatsschrift „Corona", 6. Jg., Fünftes Heft, München-Berlin-Zürich 1936, S. 593–617. Unser Text folgt den „Gedenkblättern" (1962).

233 *Erinnerung an Hans* – Abgedruckt in der Zweimonatsschrift „Corona", 6. Jg., Zweites Heft, München-Berlin-Zürich 1936, S. 189–240. Unser Text folgt den „Gedenkblättern" (1962).

283 *Basler Erinnerungen* – Unter dem Titel „Ein paar Basler Erinnerungen" abgedruckt in der „National-Zeitung", Basel, vom 4. Juli 1937. Unser Text folgt der Sammlung „Die Kunst des Müßiggangs" (1973).

289 *Der Bettler* – Abgedruckt in der „Neuen Zürcher Zeitung", Nr. 2092, 2100, 2111 und 2123, vom 7. bis 11. Oktober 1948. Unser Text folgt der Sammlung „Späte Prosa" (1951).

311 *Unterbrochene Schulstunde* – Veröffentlicht in den „Schweizer Monatsheften", 28. Jg., Zürich 1948/49, S. 561–573. Unser Text folgt der Sammlung „Späte Prosa" (1951).

329 *Glück* – Veröffentlicht in der „Neuen Schweizer Rundschau", 17. Jg., Zürich 1949/50, S. 3–11. Unser Text folgt der Sammlung „Späte Prosa" (1951).

341 *Schulkamerad Martin* – Unter dem Titel „Gedenkblatt für Martin" abgedruckt in der „Neuen Zürcher Zeitung", Nr. 1513 und 1556, vom 23. und 30. Juli 1949. Unser Text folgt der Sammlung „Späte Prosa" (1951).

357 *Aufzeichnung bei einer Kur in Baden* – Veröffentlicht in den „Schweizer Monatsheften", 29. Jg., Heft 10, Zürich, Januar 1950, S. 595–604. Unser Text folgt der Sammlung „Späte Prosa" (1951).

371 *Gedenkblatt für Adele* – Geschrieben im September 1949. Veröffentlicht in der „Neuen Schweizer Rundschau", 17. Jg., Zürich 1949/50, S. 360–366. Unser Text folgt den „Gedenkblättern" (1962).

380 *Großväterliches* – Geschrieben im März/April 1952. Abgedruckt in der „Neuen Zürcher Zeitung", Nr. 848, vom 19. April 1952. Unser Text folgt dem Band „Beschwörungen" (1955).

389 *Herbstliche Erlebnisse* – Geschrieben im September/Oktober 1952. Abgedruckt in der „Neuen Zürcher Zeitung", Nr. 2245 und 2253, vom 13. und 14. Oktober 1952. Unser Text folgt dem Band „Beschwörungen" (1955).

402 *Über das Alter* – Geschrieben im November 1952. Unter dem Titel „Vom Altsein" abgedruckt in der Schweizerischen Monatsschrift „Du", 13. Jg., Heft 2, Zürich, Februar 1953, S. 39–40. Unser Text folgt dem Band „Beschwörungen" (1955).

406 *Engadiner Erlebnisse* – Geschrieben im Oktober 1953. Abgedruckt in der „Neuen Schweizer Rundschau", 21. Jg., Zürich, Februar 1954, S. 323–339. Unser Text folgt dem Band „Beschwörungen" (1955).

429 *Für Marulla* – Geschrieben im März 1953. Unter dem Titel „Nachruf für Marulla" abgedruckt in der „Neuen Schweizer Rundschau", 20. Jg., Zürich 1952/53, S. 707–712. Unser Text folgt dem Band „Beschwörungen" (1955).

438 *Ein Maulbronner Seminarist* – Abgedruckt in der „Stuttgarter Zeitung", Nr. 104, vom 7. Mai 1955. Unser Text folgt dem Band „Beschwörungen" (1955).

443 *Beschwörungen* – Geschrieben im Januar 1954. Unter dem Titel „Rundbrief im Februar" abgedruckt in der „Neuen Zürcher Zeitung", Nr. 298, vom 7. Februar 1954. Unser Text folgt dem Band „Beschwörungen" (1955).

461 *Notizblätter um Ostern* – Geschrieben im April 1954. Abgedruckt in der „Neuen Zürcher Zeitung", Nr. 1198, vom 16. Mai 1954. Unser Text folgt dem Band „Beschwörungen" (1955).

471 *Rundbrief aus Sils-Maria* – Geschrieben im August 1954. Abgedruckt in der „Neuen Zürcher Zeitung", Nr. 1999, 2000, 2004 und 2005, vom 18. August 1954. Unser Text folgt dem Band „Beschwörungen" (1955).

486 *Tagebuchblätter 1955* – Abgedruckt in der „Neuen Zürcher Zeitung", Nr. 678, 1374 und 1788, vom 16. März, 24. Mai und 4. Juli 1955. Unser Text folgt dem Band „Beschwörungen" (1955).

496 *Der Trauermarsch* – Geschrieben im Oktober 1956. Abgedruckt in der „Neuen Zürcher Zeitung", Nr. 3443, vom 2. Dezember 1956. Unser Text folgt den „Gedenkblättern" (1962).

505 *Freund Peter* – Unter dem Titel „Bericht an die Freunde. Zum Gedenken an Peter Suhrkamp" abgedruckt in der „Neuen Zürcher Zeitung", Nr. 1276, vom 26. April 1959. Unser Text folgt den „Gedenkblättern" (1962).

512 *Sommerbrief* – Geschrieben im August 1959. Abgedruckt in der „Neuen Zürcher Zeitung", Nr. 2479 und 2480, vom 18. August 1959. Unser Text folgt dem Band „Briefe an Freunde" (1977).

520 *Erinnerungen an Ärzte* – Geschrieben im März 1960. Veröffentlicht in: „Ciba-Symposium", Basel, vom 8. Dezember 1960. Unser Text folgt der Sammlung „Kleine Freuden" (1977).

536 *Vierzig Jahre Montagnola* – Abgedruckt in der „Neuen Zürcher Zeitung" vom 26. Mai 1962. Unser Text folgt der Sammlung „Kleine Freuden" (1977).

538 *Brief im Mai* – Abgedruckt in der „Neuen Zürcher Zeitung" vom 26. Mai 1962. Unser Text folgt dem Band „Briefe an Freunde" (1977).

PERSONENREGISTER

REGISTER DER ERWÄHNTEN WERKE
HERMANN HESSES

INHALT

ISBN 3-351-00135-5

1. Auflage 1986
Aufbau-Verlag Berlin und Weimar
Lizenzausgabe für die Deutsche Demokratische Republik
mit Genehmigung des Suhrkamp Verlages, Frankfurt am Main
Der Vertrieb in der Bundesrepublik Deutschland,
in Berlin (West) und im Ausland ist nicht gestattet.

Einbandgestaltung Erich Rohde
Karl-Marx-Werk, Graphischer Großbetrieb, Pößneck V 15/30
Printed in the German Democratic Republic
Lizenznummer 301. 120/105/86
Bestellnummer 613 353 8
01800